Das große Hesse/Schrader Bewerbungshandbuch

Das große Hesse/Schrader Bewerbungshandbuch

Alles, was Sie für ein erfolgreiches Berufsleben wissen müssen

Die CD-ROM

Mit diesem Buch erhalten Sie auch eine CD-ROM. Um auf die Inhalte zugreifen zu können, müssen Sie vor dem erstmaligen Gebrauch folgenden Code eingeben:

E 3 1 0 7 P

Auf der CD sind zusätzliche Informationen zu allen Phasen der Bewerbung sowie Hörbeispiele, Videos, Mustervorlagen und Lerntests. Eine genaue Übersicht finden Sie auf der Innenseite des Buchumschlags.

Die Autoren
Jürgen Hesse, Jahrgang 1951, geschäftsführender Diplom-Psychologe im Büro für Berufsstrategie, Berlin.
Hans Christian Schrader, Jahrgang 1952, Diplom-Psychologe in Baden-Württemberg.

Anschrift der Autoren
Büro für Berufsstrategie
Hesse/Schrader
Oranienburger Str. 4–5
10178 Berlin
Tel. 030 288857-0
Fax 030 288857-36
info@berufsstrategie.de

ISBN 978-3-86668-405-8

© 2011 by Stark Verlagsgesellschaft mbH & Co. KG
www.stark-verlag.de
1. Auflage 2010

Das Werk und alle seine Bestandteile sind urheberrechtlich geschützt. Jede vollständige oder teilweise Vervielfältigung, Verbreitung und Veröffentlichung bedarf der ausdrücklichen Genehmigung des Verlages.

Übersicht über die Hauptkapitel

- 12 Fast Reader
- 13 Vorwort zur Neuausgabe

- 17 **Auftakt**
- 18 Stimmen und Stimmungen
- 20 Überblick
- 20 Arbeitssuche: Sprüche und Fakten
- 26 Essentials
- 36 Das Gebot der Stunde: Trauen Sie sich etwas zu
- 44 Auf den Punkt gebracht

- 45 **Bestandsaufnahme**
- 46 Vorbereitung
- 47 Orientierungstest
- 55 Die Botschaft
- 58 Ihre Persönlichkeit
- 69 Prüfungssituation Bewerbung
- 71 Auf die richtige Einstellung zur Einstellung kommt es an
- 72 Ihr Kommunikationsziel
- 75 Fähigkeiten entdecken
- 80 Begabungen und Eigenschaften
- 85 Zielvorstellungen
- 88 Was alles möglich ist
- 90 Auf den Punkt gebracht

- 91 **Berufserfolgsstrategien**
- 92 Jobsuchstrategien
- 95 Der Schlüssel zum Menschen
- 97 Was ist Erfolg?
- 98 Die EKS-Methode
- 109 20 Stufen zur Erfolgsintelligenz
- 114 Recherche
- 115 Networking
- 124 Traumdeutung oder: Was Arbeitgeber sich wünschen
- 128 Auf den Punkt gebracht

- 131 **Bewerbungswege**
- 132 Stellenangebote
- 133 Stellengesuch
- 140 Telefon

- 152 Internetrecherche
- 163 Initiativbewerbung
- 166 Wiedereinstieg nach der Elternzeit
- 168 Teilzeitarbeit
- 170 Auf den Punkt gebracht

- 173 **Arbeitszeugnisse**
- 174 Zeugnistypen
- 177 Gesetzliche Regelungen
- 180 Geheimsprache im Arbeitszeugnis
- 187 Kommentierte Zeugnisbeispiele
- 197 Zeugnisformulierungen und deren Bedeutung auf einen Blick
- 199 Textbausteine
- 209 Auf den Punkt gebracht

- 211 **Bewerbungsunterlagen**
- 212 Das Ziel
- 216 Und immer aufs Neue: Der Lebenslauf
- 223 Die Dritte Seite oder: Was mir wichtig ist
- 225 Die Anlagen: Wichtige Ergänzung Ihrer schriftlichen Vorstellung
- 234 Das Anschreiben: Auch die Form muss stimmen
- 238 Die Präsentation: Formvollendet bis zum Schluss
- 240 Umgang mit Chiffreanzeigen
- 241 Neue Formen der Bewerbung
- 248 Kommentierte Beispiele
- 285 Lebenslauf-Tuning
- 314 Wenn eine Absage kommt
- 315 Auf den Punkt gebracht

- 317 **Bewerben im Netz**
- 318 Zeitgemäß bewerben
- 321 Die E-Mail-Bewerbung
- 330 Online-Bewerbungsformulare
- 353 Profile auf der Firmenhomepage
- 354 Online-Assessments
- 357 PowerPoint-Präsentation

362	Die eigene Homepage
365	Das Weblog
367	Das Bewerbervideo
371	Ihre E-Reputation
375	Auf den Punkt gebracht

377 Einstellungstests
- 378 Das ganze Leben ist ein Test
- 379 Intelligenztests
- 403 Leistungs-Konzentrationstests
- 410 Persönlichkeitstests
- 416 Assessment Center: Tagelang unter Beobachtung
- 439 Kurz auf den Punkt gebracht
- 441 Lösungen zu den Testaufgaben

443 Vorstellungsgespräche
- 444 Worauf es ankommt
- 446 (Er-)Forschungsgebiet: Ihre Seele
- 461 Die Ausgangspositionen
- 468 Vor dem Auftritt
- 477 Fragenrepertoire und Gesprächsablauf
- 506 Gesprächsführung und Gesprächspsychologie
- 527 Nach dem Auftritt
- 537 Auf den Punkt gebracht

541 Arbeitseinstieg
- 542 Geschafft!
- 545 Die Phasen des Neuanfangs
- 547 Wenn's am Arbeitsplatz kracht
- 549 Auf den Punkt gebracht

551 Resümee
- 552 Die 50 wichtigsten Merksätze für die Bewerbung

557 Anhang
- 558 Anmerkungen
- 559 Literatur
- 561 Was Sie noch wissen sollten
- 562 Stichwortverzeichnis

Zu vielen Themen dieses Buches finden Sie auf der CD-ROM weiterführende Informationen, Anregungen, Beispiele und Zusammenfassungen. Allein die fast 100 Mustervorlagen für Bewerbungen erleichtern Ihnen die Arbeit bei der Entwicklung Ihrer Unterlagen.

Eine Übersicht über die CD-ROM-Inhalte finden Sie auf der Innenseite des Buchumschlags.

Hinweis

Lesen Sie zunächst die Kapitel, die Sie ganz besonders interessieren. Sie müssen sich nicht durch den ganzen Text „quälen". Gleichwohl ist das Buch so aufgebaut, dass Sie sich eine sehr solide Ausgangsbasis erarbeiten, wenn Sie es Kapitel für Kapitel lesen und bearbeiten.

Inhalt

- 12 Fast Reader
- 12 Für eilige Leser
- 13 Vorwort zur Neuausgabe

- 17 **Auftakt**
- 18 Stimmen und Stimmungen
- 20 Überblick
- 20 Arbeitssuche: Sprüche und Fakten
- 26 Essentials
- 36 Das Gebot der Stunde: Trauen Sie sich etwas zu
- 36 Stärken Sie Ihr Selbstbewusstsein
- 37 1. Schritt: Reflexion
- 40 2. Schritt: Aktion
- 42 3. Schritt: Autonomie
- 44 Auf den Punkt gebracht

- 45 **Bestandsaufnahme**
- 46 Vorbereitung
- 47 Orientierungstest
- 54 Interpretation
- 55 Die Botschaft
- 58 Ihre Persönlichkeit
- 59 Was für ein Mensch bin ich?
- 63 Stärken und Schwächen
- 68 Lernziel Selbstdarstellung
- 69 Prüfungssituation Bewerbung
- 71 Auf die richtige Einstellung zur Einstellung kommt es an
- 72 Ihr Kommunikationsziel
- 75 Fähigkeiten entdecken
- 80 Begabungen und Eigenschaften
- 85 Zielvorstellungen
- 88 Was alles möglich ist
- 90 Auf den Punkt gebracht

- 91 **Berufserfolgsstrategien**
- 92 Jobsuchstrategien
- 95 Der Schlüssel zum Menschen
- 97 Was ist Erfolg?
- 98 Die EKS-Methode
- 99 Erste Etappe: Die vier Prinzipien der EKS-Strategie
- 101 Zweite Etappe: Sieben Schritte zum Erfolg
- 109 20 Stufen zur Erfolgsintelligenz
- 114 Recherche
- 115 Networking
- 117 Aufbau eines Beziehungsnetzes
- 119 Das passende Netzwerk finden
- 119 Pflegen Sie Ihr Beziehungsnetz
- 124 Traumdeutung oder: Was Arbeitgeber sich wünschen
- 128 Auf den Punkt gebracht

- 131 **Bewerbungswege**
- 132 Stellenangebote
- 133 Stellengesuch
- 134 Sechs Schritte zum wirkungsvollen Stellengesuch
- 140 Telefon
- 145 Das 1x1 des erfolgreichen Telefonierens
- 149 Nützliche Hinweise
- 152 Internetrecherche
- 153 Die Suche nach Informationen über Arbeitgeber
- 154 Die Suche nach Stellenangeboten in Zeitungen

155	Die Suche nach Stellenangeboten auf den Firmenhomepages	208	Dankes-Bedauern-Formel (im Endzeugnis)
156	Die Suche auf virtuellen Arbeitsmärkten	209	Zukunftswünsche
157	Das Stellengesuch im Netz	238	**Auf den Punkt gebracht**
159	Die elektronische Kontaktaufnahme		
160	Social Networking: Die Suche nach Kontakten im Netz	211	**Bewerbungsunterlagen**
163	**Initiativbewerbung**	212	**Das Ziel**
166	**Wiedereinstieg nach der Elternzeit**	214	**Der Aufbau Ihrer Bewerbungsunterlagen**
168	**Teilzeitarbeit**	216	**Und immer aufs Neue: Der Lebenslauf**
170	**Auf den Punkt gebracht**	218	Form
		218	Gliederung
		219	Inhalt
		219	Grundschema
		222	Hinweise
173	**Arbeitszeugnisse**	223	**Die Dritte Seite oder: Was mir wichtig ist**
174	**Zeugnistypen**	224	Die Gestaltungsdetails
174	Das einfache Zeugnis		
175	Das qualifizierte Zeugnis	225	**Die Anlagen: Wichtige Ergänzung ihrer schriftlichen Vorstellung**
176	Das Zwischenzeugnis		
177	Das Berufsausbildungszeugnis	226	Foto
177	Das Praktikums-, Ferien-, Aushilfs-, Nebenjobzeugnis	229	Zeugnisse
177	**Gesetzliche Regelungen**	229	Handschriftenprobe
180	**Geheimsprache im Arbeitszeugnis**	230	Referenzen
		232	Arbeitsproben
187	**Kommentierte Zeugnisbeispiele**	232	Deckblatt
189	Zum Zeugnis von Mechthild Meyer	232	Inhaltsübersicht
		233	Einleitungsseite
191	Zum Zeugnis von Mechthild Meyer (2. Version)	233	Seite mit persönlichen Daten
		233	Anlagenverzeichnis
193	Zum Zeugnis von Peter Preussag	234	**Das Anschreiben: Auch die Form muss stimmen**
196	Zum Zeugnis von Antonia Arndt	235	Anrede
197	**Zeugnisformulierungen und deren Bedeutung auf einen Blick**	236	Auftakt
		236	Hauptteil
199	**Textbausteine**	237	Schluss
199	Einleitung	237	Die DIN-5008-Richtlinien
199	Positions-, Aufgaben- und Tätigkeitsbeschreibung	238	**Die Präsentation: Formvollendet bis zum Schluss**
199	Leistungsbeurteilung		
204	Verhaltensbeurteilung	238	Verpackung
206	Zeugnisabschluss	239	Versand

240	Übergabe	322	Typische Fehlerquellen
240	Umgang mit Chiffreanzeigen	323	Was steckt drin?
241	**Neue Formen der Bewerbung**	323	Absender und Adressat
242	Was gibt es?	323	Worum geht es?
243	Ihr Profil	324	Variationsmöglichkeiten
245	Ein kleiner Hinweis	326	Form des Anschreibens
246	Kurzbewerbung und Bewerbungsflyer	326	Kontaktdaten/Signatur
		326	Lebenslauf
248	**Kommentierte Beispiele**	327	Foto
254	Zu den Unterlagen von Brunhild Musterfrau	327	Zeugnisse
		327	Anlage
262	Zu den Unterlagen von Dr. Andreas Anders	328	Dateiformate
		329	Testlauf
271	Zu den Unterlagen von Maria Münch	329	Nachfass-E-Mail
		330	**Online-Bewerbungsformulare**
279	Zu den Unterlagen von Stefan Sommer	331	Tipps zur Onlinebewerbung
		331	Onlineformulare Schritt für Schritt
284	Zur Bewerbung von Ulrich Gerstner	333	Beruflicher Hintergrund
		334	Offene Fragen
285	**Lebenslauf-Tuning**	334	Dateianhänge
286	Lücken füllen	335	Wartezeit
288	Probleme beheben	335	So könnte es sein
290	Wie Personalchefs Lücken und Probleme deuten	335	Beispiel für ein Onlineformular: Einfache Version
291	Die wichtigsten Fälle	339	Beispiel für ein Onlineformular: Komplizierte Version
291	Arbeitslosigkeit		
292	Zu viele Wechsel, kein roter Faden	347	Worauf Sie bei Onlineformularen achten müssen
294	Wiedereinstieg nach Auszeit	350	Hürden
297	Böse Gegenargumente	350	Warum muss man Bewerbungsformulare überhaupt nutzen?
306	Zu den Unterlagen von Ivo Romanovic		
		351	Variationen
312	Zu den Unterlagen von Elvira Bader	352	Die optimale Form
		352	Testlauf
314	**Wenn eine Absage kommt**	353	Die Grenzen des Verfahrens
315	Auf den Punkt gebracht	353	**Profile auf der Firmenhomepage**
316	Die wichtigsten Bausteine Ihres Werbeprospektes in eigener Sache	354	**Online-Assessments**
		354	Was wird getestet?
		355	Testverfahren: Hintergründe
		355	Gründe für ein Online-Assessment
317	**Bewerben im Netz**	356	Ein Beispiel: Die Karrierejagd
318	Zeitgemäß bewerben	356	Schwachstellen des Online-Assessments
321	**Die E-Mail-Bewerbung**		
321	Vorüberlegungen	357	**PowerPoint-Präsentation**
		358	Gestaltung

358 Texte
359 Format und Umfang
362 **Die eigene Homepage**
362 Das Medium richtig einsetzen
362 Technische Umsetzung
363 Inhaltliche Umsetzung
364 Domainname
364 Acht Regeln für die perfekte Homepage
365 **Das Weblog**
367 **Das Bewerbervideo**
367 Was sollte ein gutes Video leisten?
368 Plattformen und Dienstleister
369 Aufwand
370 Inhalt und Tipps
370 Verpackung und Form
370 Übermittlung
371 Fünf Regeln für das perfekte Video
371 **Ihre E-Reputation**
371 Unser Ruf im Netz
372 Leicht zu finden
372 Polieren Sie Ihren Ruf
373 Schützen Sie Ihre Daten
373 Vorbildlich: Herr Müller
374 E-Reputations-Ratschläge
375 **Auf den Punkt gebracht**

377 **Einstellungstests**
378 **Das ganze Leben ist ein Test**
379 **Intelligenztests**
379 Allgemeinwissen
387 Logisches Denken/Abstraktionsfähigkeit
399 Praktisch-technische Intelligenz
403 **Leistungs-Konzentrationstests**
410 **Persönlichkeitstests**
411 16 PF
413 Der Satzergänzungstest
415 Biografische Fragebögen
416 So bewältigen Sie Persönlichkeitstests

416 **Assessment Center: Tagelang unter Beobachtung**
419 Der Beginn
421 Unter Druck
424 Die entscheidenden Kriterien
425 Die Kunst der Selbstdarstellung
427 Gruppendiskussion
429 Rollenspiel
433 Präsentation
435 Postkorb-Übung
436 Stressinterview
437 Abschlussgespräch
438 Durchhalten bis zum Schluss
439 **Auf den Punkt gebracht**
441 **Lösungen zu den Testaufgaben**
441 Allgemeinwissen
441 Logisches Denken/Abstraktionsfähigkeit
442 Praktisch-technische Intelligenz

443 **Vorstellungsgespräche**
444 **Worauf es ankommt**
446 Persönlichkeit, Motivation und Kompetenz
446 (Er-)Forschungsgebiet: Ihre Seele
448 Einschätzungsfragen zu Ihrer beruflichen (Ziel-)Orientierung
451 Einschätzungsfragen zu Ihrem Arbeitsverhalten
453 Einschätzungsfragen zu Ihrer sozialen Kompetenz
457 Einschätzungsfragen zu Ihrer seelischen Verfassung
459 Sympathiebonus
461 **Die Ausgangspositionen**
461 Bedürfnisse der Arbeitgeber
461 Ein Anforderungsprofil
465 Die Position des Bewerbers
467 Informationsrecherche zu Aufgabe, Position und Anbieter
468 **Vor dem Auftritt**
469 Ihr eigenes Drehbuch
471 Die entspannte Anreise

472	Ihre Kleidung	527	Nach dem Auftritt
474	Ihr Auto	528	Der Blick zurück
474	Zur Not auch eine Lüge	529	Nachfassbrief
477	**Fragenrepertoire und Gesprächsablauf**	531	Zum Umgang mit Absagen
482	Auftakt: Begrüßung und Einleitung des Gesprächs	532	Das zweite Vorstellungsgespräch mit der Gehaltsverhandlung
484	Bewerbungsmotive und Leistungsmotivation	537	**Auf den Punkt gebracht**
489	Beruflicher Werdegang		
491	Persönlicher, familiärer und sozialer Hintergrund	541	**Arbeitseinstieg**
496	Gesundheitszustand	542	Geschafft!
497	Berufliche Kompetenz und Eignung	545	Die Phasen des Neuanfangs
499	Informationen für den Bewerber	547	Wenn's am Arbeitsplatz kracht
500	Arbeitskonditionen	549	**Auf den Punkt gebracht**
501	Fragen des Bewerbers		
503	Abschluss des Gesprächs und Verabschiedung	551	**Resümee**
506	**Gesprächsführung und Gesprächspsychologie**	552	Die 50 wichtigsten Merksätze für die Bewerbung
507	Unter mehr als vier Augen: Das Gruppengespräch		
509	Frage- und Antworttechniken	557	**Anhang**
514	Rhetorik: Wie Sie richtig argumentieren	558	Anmerkungen
517	Antworten auf Angstfragen	559	Literatur
518	Das Stressinterview: Gelassenheit ist Trumpf	561	Was Sie noch wissen sollten
522	Körpersprache: Deutliche Aussagen ohne Worte	562	Stichwortverzeichnis

Fast Reader

Für eilige Leser

Die perfekte Bewerbung: Alles Wissenswerte dazu finden Sie in diesem Buch. Wir geben Ihnen detaillierte Erläuterungen mit Beispielen und vielen Anregungen. Sie erfahren,

- wie Sie sich optimal auf Ihr Bewerbungsvorhaben vorbereiten
- wie Sie Marketing in eigener Sache betreiben
- worauf es bei den schriftlichen Unterlagen ankommt
- wie Sie das Internet für Ihre Bewerbung nutzen
- wie Sie sich professionell über Onlineformulare bewerben
- welche alternativen Bewerbungsformen existieren
- wie Sie im Vorstellungsgespräch eine gute Figur machen
- was beim Einsteig in den neuen Job zu beachten ist

Im Einzelnen werden folgende Themen behandelt:

- Vorbereitung mit Tests zur beruflichen Orientierung und Neupositionierung sowie Fragen zu den eigenen Fähigkeiten, Wünschen und Möglichkeiten (siehe S. 45)
- Strategien für den Bewerbungserfolg (siehe S. 91)
- Bewerbungswege wie das erfolgreiche Stellengesuch (siehe S. 133), das überzeugende Telefonat (siehe S. 140), das Internet als Recherche- und Kontaktinstrument (siehe S. 152), die kreative Initiativbewerbung (siehe S. 163), Online- und E-Mail-Bewerbungen (siehe S. 317)
- Arbeitszeugnisse und deren Aussagewert (siehe S. 173)
- Alles über die schriftliche Bewerbung (siehe S. 211)
- Methoden, den Lebenslauf zu »tunen« (siehe S. 285)
- Alles über die Bewerbung im Netz (siehe S. 317)
- Einstellungstests und Assessment Center (siehe S. 377)
- Alles zum Vorstellungsgespräch (siehe S. 443)
- Wie Sie Ihr Gehalt effektiv verhandeln (siehe S. 532)
- Der gelungene Einstieg (siehe S. 541)

---

* Wenn wir im Folgenden überwiegend die männliche Form (Mitarbeiter, Kollege, Vorgesetzter etc.) verwenden, soll das keine Diskriminierung der Leserinnen darstellen, sondern geschieht allein deshalb, um den Sprachfluss nicht zu stören.

Vorwort zur Neuausgabe

Was sind die Hauptworte des Lebens?
Gesundheit, Liebe und *Arbeit* gehören sicher mit dazu, haben ihren festen Platz ganz weit vorn. Diese und andere psychologische Themen beschäftigen uns immer wieder, sind Quellen der Freude wie auch des Leids. Orientierung ist dabei sehr wichtig und doch ist es genau das, was das Schwierigste zu sein scheint: den Wegweiser zu finden. Die alltagspsychologische Themenpalette ist breit. Wenn es um Fragen aus der Arbeitswelt geht, wenn es darauf ankommt, aus und mit seinem Können beruflich etwas Sinnvolles zu machen, stehen wir Ihnen als Hesse/Schrader-Autorenteam gerne zur Verfügung und berichten von unseren Erfahrungen als Berufsstrategen und Berater. Kurzum: Wir erklären die Spielregeln des Arbeitsalltags. Das war so, ist so und wird so sein ...

Das dürfen Sie erwarten
In der Neuauflage unseres Erfolgsratgebers *Das große Hesse/Schrader Bewerbungshandbuch* werden Sie lernen, wie Sie sich Schritt für Schritt Ihre optimale Bewerbungsstrategie erarbeiten. Wir unterstützen Sie dabei. Sie werden erfahren, wie Sie Ihr persönliches Bewerberprofil entwickeln, wie man professionell Bewerbungsunterlagen erstellt und sich auf Vorstellungsgespräche und Einstellungstests vorbereitet. Einen breiten Raum nimmt die Bewerbung im Netz ein, die mehr und mehr an Bedeutung gewinnt – von der E-Mail-Bewerbung über das Ausfüllen von Onlineformularen bis hin zur eigenen Bewerberhomepage und der PowerPoint-Präsentation. Ausführlich haben wir uns auch mit den sozialen Netzwerken im World Wide Web beschäftigt – überhaupt ist ein gut funktionierendes Netzwerk ein wichtiger Bestandteil Ihrer Bewerbungsstrategie. Viele kommentierte Beispiele und Hinweise auf weitere Informationen auf der beiliegenden CD-ROM runden unser Standardwerk ab.

Bleiben Sie aktiv – arbeiten Sie!
Es ist jedoch bei aller Vorbereitung und Unterstützung nicht vorhersehbar, wie lange Ihre Bemühungen andauern werden, bis Sie erfolgreich sind und den Arbeitsplatz erobern, den Sie sich wünschen und verdient haben. Deswegen legen wir Ihnen nahe, Ihre Arbeitssuche in einen Rahmen von anderen Aktivitäten einzubetten, die Sie bei guter Stimmung (mental, seelisch) und in guter Form (Bewegung, Sport) halten – beides unerlässlich für eine gelungene (Selbst-)Präsentation!

Viele Arbeitsuchende stellen binnen relativ kurzer Zeit Unternehmungen ein, die sie vorher jahrelang betrieben haben. Sie ziehen sich zurück aus ihrem sozialen Umfeld und werden nach und nach immer passiver. Das ist in jeder

Hinsicht Gift. Es verdirbt Ihnen die Lebensfreude, schwächt Ihre Energie und isoliert Sie. Keine guten Voraussetzungen, um einen Job zu finden! Sie sollten neben den Bewerbungsanstrengungen auf möglichst vielen Ebenen regelmäßig aktiv sein.

Es spielt keine Rolle, ob das ein Aushilfsjob ist, ein Minijob oder auch ein Ehrenamt. Wichtig ist, dass Sie in nicht-privaten sozialen Zusammenhängen bleiben. Diese fordern Kompetenzen von Ihnen, die Sie andernfalls nach und nach weniger gut beherrschen und am Ende ganz verlieren. Sie müssen in Arbeitszusammenhängen zur vereinbarten Zeit an einem vereinbarten Ort sein, Sie sind verantwortlich dafür, gesetzte Ziele zu erreichen, Sie müssen sich melden, wenn sie krank oder anderweitig verhindert sind. Sie arrangieren sich mit unterschiedlichen Menschen – egal, ob Sie sie mögen oder nicht –, fügen sich in Weisungen, besprechen Inhalte, Wege, Kompromisse. Arbeit ist der einzige Weg, sich die Berufsfähigkeit zu erhalten. Berufsfähigkeit wiederum ist einer der wesentlichen Punkte, auf die Arbeitgeber bei der Einstellung achten. Nebenbei knüpfen Sie auf diese Weise neue Kontakte, erweitern Ihr Netzwerk – ein zweiter hilfreicher Aspekt bei der Stellensuche. Nicht zuletzt können Sie sich durch Arbeit Erfolgserlebnisse verschaffen, die in dieser Phase meistens nicht sehr zahlreich sind. Wichtig: Lassen Sie sich eine Bestätigung oder ein Zeugnis geben, damit Sie Ihr Engagement, Ihre Arbeit belegen können.

Zudem ist es sinnvoll, Ihren Körper möglichst fit zu halten. Hierbei geht es nicht um Gewichte heben oder um eine Traumfigur, sondern um regelmäßige Bewegung: Gymnastik, Joggen, Treppensteigen – ganz egal. Es sollte etwas sein, das Ihnen Freude macht, sonst hören Sie nach kurzer Zeit wieder damit auf. Alles, was Ihre Kondition erhält, Ihre Beweglichkeit, ist gut für Ihre Psyche sowie für Ihr Wohlbefinden und Durchhaltevermögen. Sport ist außerdem eine Möglichkeit, andere Menschen zu treffen, Beziehungen herzustellen und zu pflegen, ohne dass Sie stets nur über Ihre Jobsuche, Ihre Arbeitslosigkeit sprechen.

Es sollte eine Selbstverständlichkeit für Sie sein, dass Sie sich weiterbilden. Das können gezielte Kurse an der Volkshochschule sein oder von der Arbeitsagentur bezuschusste Maßnahmen. Aber auch aus der Tagespresse, Bibliothek oder aus dem Internet können Sie kontinuierlich aktuelle Informationen gewinnen, wie sich Ihre Branche, Ihr Beruf, die Arbeitswelt entwickelt. Sie sollten Ihr Wissen aktuell halten, sich so informieren, dass Sie jederzeit mit gutem Kenntnisstand eine Arbeit in Ihrem Feld aufnehmen könnten. Arbeitgeber interessieren sich heutzutage auch gelegentlich für Ihre Allgemeinbildung, Ihr Interesse am politischen und gesellschaftlichen Geschehen. Übrigens: Volkshochschulen und andere Träger haben häufig Spezialtarife für Arbeitslose, am Geld muss es nicht scheitern! Halten Sie sich fit – körperlich und geistig. Das beschert Ihnen auch neue Gesprächsthemen und Interessen und verhindert eine ausschließliche Fokussierung auf die mühsame Stellensuche.

Jede Aktivität außerhalb Ihrer Wohnung bereichert als Sekundäreffekt Ihr Netzwerk. Ein Netzwerk ist nichts anderes als der Kreis von Menschen, in dem Sie leben. Denken Sie gezielt darüber nach, wer Ihnen behilflich sein könnte – für Informationen, Fragen, Tipps. Wenn es Ihnen peinlich ist, immer nur zu »nehmen«, der Bittsteller zu sein, denken Sie sich einen Tauschhandel aus: Eine Freundin aus dem Personalbereich checkt Ihre Unterlagen, Sie hüten dafür einen Abend ihre Kinder. In jedem Falle sollten Sie offen mit Ihrer Suche umgehen. Wenn die Menschen in Ihrer Umgebung nicht wissen, was Sie suchen, können Sie Ihnen nicht helfen. Das bedeutet: nicht jammern und klagen, aber informieren!

Unsere Empfehlung ist: Beherzigen Sie die Anregungen im vorliegenden Buch, damit Ihre Bewerbung, Ihre Präsentation optimal ist. Sie können sich jedoch nicht an sieben Tagen in der Woche 24 Stunden lang bewerben. Strukturieren Sie Ihre Woche, Ihre Monate – machen Sie sich einen richtigen Plan, was Sie vorhaben und halten Sie ihn ein. Aber Vorsicht: Menschen ohne Arbeit werden von ihrer Umgebung gern für dies und das eingespannt. Das ist meistens nett gemeint (damit Sie etwas zu tun haben, sich nützlich fühlen), lassen Sie sich dadurch aber nicht von Ihren Zielsetzungen und Zeitplänen ablenken.

Regelmäßig arbeiten, kontinuierlich bewerben, Sport machen, weiterbilden: Struktur gibt Sicherheit, innen und außen. Verbringen Sie Ihre Freizeit mit Menschen, die Sie mögen, und Unternehmungen, die Ihnen Spaß machen. Denn Lebensfreude ist auch erlaubt, wenn Sie noch keine ordentlich bezahlte, reguläre Arbeit haben. Führen Sie ein vollständiges Leben!

Und noch etwas: Vertrauen Sie uns, wir wissen, wovon wir schreiben! Unsere über 25-jährige Erfahrung macht uns zu *den* Experten auf dem Gebiet der Bewerberberatung! Über 150 Bücher mit einer Gesamtauflage von über 5,5 Millionen belegen, dass unsere Methode der Vorbereitung die beste ist. Und die über 100 Menschen aus ganz Deutschland, die sich durchschnittlich werktäglich an uns wenden, um durch uns und unsere Kollegen in den *Büros für Berufsstrategie* beraten zu werden, beweisen es immer wieder: Unser Ansatz hilft wirklich weiter!

Wir wünschen Ihnen bei der Suche nach einem Job alles Gute – legen Sie los!

Jürgen Hesse und Hans Christian Schrader

Übrigens: Stiftung Warentest hat dieses Buch bereits zum zweiten Mal in Folge zum Testsieger in der Rubrik »Bewerbungsratgeber« erklärt!

Auftakt

»Wünsche sind die Vorboten unserer Fähigkeiten.«
Johann Wolfgang von Goethe

Jede Reise beginnt mit dem ersten Schritt, und am schwierigsten zu finden ist immer der Wegweiser.

Was auch immer Ihre persönlichen Motive sind, sich mit sich selbst und Ihrem beruflichen Werdegang auseinanderzusetzen, dieses Buch wird Wegweiser und Schlüssel für Sie sein, um Ihre beruflichen Fähigkeiten und Ziele zu identifizieren. Es wird Ihnen helfen, sie erfolgreich am Arbeitsmarkt umzusetzen. Es wird Sie begleiten, denn jede Phase einer Bewerbung birgt neue Chancen und Möglichkeiten. Eine Gelegenheit, sich intensiv mit sich selbst auseinanderzusetzen, mit den eigenen Wünschen und den Herausforderungen des Arbeitsmarktes. Mithilfe unserer gezielten Vorbereitung stärken Sie Ihre Durchsetzungsfähigkeit. Hier ist der Schlüssel für Ihren zukünftigen beruflichen Erfolg.

Stimmen und Stimmungen

»Ich bin überzeugt, dass die Chance, einen Arbeitsplatz zu finden, sehr viel mit der eigenen Ausstrahlung zu tun hat. Als ich vor Jahren arbeitslos war, sank mein Selbstbewusstsein immer tiefer in den Keller. Und es lief mit den Bewerbungen auch immer schlechter. Das Gegenüber im Vorstellungsgespräch merkt das auch, ob man wirklich von einer Stelle begeistert ist oder ob man nur so tut, weil man dringend einen Job braucht, um endlich nicht mehr arbeitslos zu sein. Ich habe zum Glück über eine Bekannte einen schönen Arbeitsplatz gefunden. Vor einem halben Jahr habe ich mich noch einmal spaßeshalber woanders beworben, um zu sehen, wie meine Chancen sind. Von drei Bewerbungen habe ich zwei Einladungen zum Vorstellungsgespräch bekommen. Bei einer Firma hätte ich sofort anfangen können.«

Angestellte, 37

»Ob mir das Arbeitsamt helfen kann? Da bin ich skeptisch. Die haben ja auch keine Angebote. Und wenn sie eins haben, dann sieht es so aus, dass da schon 25 Bewerber vor einem sind, und die sind dann zum Teil jünger als ich. Einer kriegt die Stelle, und 24 Leute gucken in die Röhre ... Meine Chancen sind schlecht, obwohl ich ja ein Schnäppchen für den Arbeitgeber wäre. Er würde für mich im ersten Jahr 50 oder sogar 75 Prozent des Lohns vom Arbeitsamt bekommen. Aber was nützt das, wenn er keine Arbeit hat oder sich nicht traut?«

Bewerber, Anfang 50, langzeitarbeitslos

»Als ich mich vor einem Jahr um eine Ausbildung als Bankkaufmann beworben hatte, war mir klar, dass es wichtig ist, sehr viel Eigeninitiative zu bringen. Ich habe mir die Mühe gemacht, persönlich bei mehreren Banken vorbeizugehen, um mich zu erkundigen, ob sie Azubis einstellen und bis wann man sich beworben haben muss. Die meisten Erfahrungen waren positiv. Die Bank, bei der ich dann angefangen habe, hat mir hinterher ausdrücklich bestätigt, dass mein persönlicher Besuch sehr gut ankam. So habe man gleich den Eindruck gehabt, dass ich sehr motiviert sei. Klar, es gab auch Banken, die haben gesagt, dass niemand Zeit hätte und dass ich meine Unterlagen schicken soll. Aber mir war das einen Versuch wert. Natürlich muss man noch den Einstellungstest packen. Aber ich hatte von Anfang an bei dem Ausbildungsleiter einen Stein im Brett. Und das hat mir geholfen.«

Bankazubi, 20

»Ich bin Abteilungsleiter in einem Industrieunternehmen und hatte mich um eine höhere Position beworben, also zum Hauptabteilungsleiter. Ich hatte gute Karten. Meine schriftlichen Unterlagen sind sehr gut angekommen. Dann folgte die Einladung zum Vorstellungsgespräch. Ich habe mir davor wenig Gedanken darüber gemacht, welche Fragen man mir stellt, sondern ganz auf meine Spontaneität vertraut. Im Nachhinein betrachtet war das ein Fehler. Denn manche Fragen machten mich wirklich sprachlos, sodass meine Antworten nicht gerade überzeugend ausfielen. Das muss ich leider zugeben. Zum Beispiel wurde ich nach meinem größten Fehler und meinem Lebensmotto gefragt oder was mir bei meinem jetzigen Chef nicht so gut gefällt. Ich habe zum Teil nur geantwortet, dass mir da jetzt auf die Schnelle gar nichts einfällt – das war natürlich nicht die adäquate Antwort aus dem Munde einer Führungskraft. Aus diesem Vorfall habe ich gelernt, und beim nächsten Vorstellungsgespräch werde ich vorher alle möglichen Fragen durchgehen und mir vor allem gute Antworten überlegen.«

Abteilungsleiter, 35

»Ich weiß noch, wie ich mich über mein Diplom gefreut habe und vor allem darüber, dass es nun endlich vorbei ist mit den Hausarbeiten, Prüfungen, Klausuren, Tests. Aber da habe ich mich zu früh gefreut. Denn nachdem ich mich als Trainee bei der Personalberatungsfirma beworben hatte, bekam ich eine Einladung zu einem Assessment Center. Die nannten das zwar Beurteilungsseminar, aber es war dasselbe in Grün. Wir waren 14 Bewerberinnen und Bewerber und wurden zwei Tage lang getestet … Ich habe es tatsächlich gepackt. Aber ich bin nicht mehr so naiv zu glauben, dass es das jetzt war mit den Prüfungen. Schließlich müssen in diesem Unternehmen alle, die in höhere Positionen wollen, durch weitere entsprechende Assessment Center. Ohne die hat man keine Chance auf die große Karriere. Und die möchte ich machen.«

Hochschulabsolventin, 28

In der Tat, Prüfungssituationen werden uns wohl das ganze Leben begleiten. So schön und befriedigend es ist, eine Prüfung bewältigt zu haben, Sie können sicher sein: Die nächste wartet schon auf Sie. Wenn Sie vorhaben, sich zu bewerben, dann stecken Sie ja schon mittendrin in einer solchen Prüfungssituation. Und darauf können Sie sich vorbereiten wie auf andere Prüfungen auch.

Überblick

Vorab kurz einige Hinweise zum Aufbau dieses Handbuches, das in neun Hauptkapitel untergliedert ist:

- Bestandsaufnahme, weil die richtige Vorbereitung die Weichen erfolgreich stellt
- Berufserfolgsstrategien, damit Sie wissen, wie Sie dem Erfolg auf die Sprünge helfen können
- Bewerbungswege, weil viele Wege nach Rom führen und Sie alle kennen sollten
- Arbeitszeugnisse, damit da nichts Falsches zwischen den Zeilen über Sie steht
- Schriftliche Bewerbung – Ihr optimaler Verkaufsprospekt
- Bewerben im Netz, damit Sie über den Bewerbungsweg Nr. 1 gut informiert sind
- Einstellungstests und Assessment Center: Wir schauen hinter die Kulissen
- Vorstellungsgespräch – alle Fragen und Ihre Antwortstrategien und vieles mehr
- Arbeitseinstieg: So klappt es von Anfang an

Für den schnellen Überblick ist diesen Kapiteln eine kurze, wegweisende Einleitung vorangestellt. In den Zusammenfassungen am Ende jedes Kapitels finden Sie die wichtigsten Informationen kurz und knapp auf den Punkt gebracht. Zwischendurch werden Sie auf besondere Hinweise für spezielle Zielgruppen wie angehende Azubis, ältere Bewerber, Frauen und Führungskräfte stoßen – auf einen Blick an den gepunkteten Umrandungen erkennbar.

Arbeitssuche: Sprüche und Fakten

Es gibt etwa vier Millionen Arbeitslose in der Bundesrepublik. Jeder dritte Arbeitsplatz, so schätzen Experten, ist gefährdet. Eine Garantie auf einen lebenslangen Arbeitsplatz ist längst Schnee von gestern. Es kann heutzutage jeden treffen: den ungelernten LKW-Fahrer wie den Spitzenmanager, junge wie ältere Arbeitnehmer, ob lange Jahre in einer Firma beschäftigt oder noch ganz neu im Unternehmen. Kurz: Es gibt keine Sicherheit.

Da ist es verständlich, dass viele Menschen Angst haben, den Job zu verlieren. Die Furcht vor der Arbeitslosigkeit ist eine der größten – wie sich in Umfragen immer wieder bestätigt. Vor allem die Angst davor, keinen neuen Job zu finden, dann abzurutschen und womöglich auf Arbeitslosengeld II (»Hartz IV«) angewiesen zu sein.

Es wird immer neue Arbeitsplätze geben

Diese Ängste haben durchaus ihre Berechtigung. Und wir raten bestimmt nicht dazu, leichtfertig damit umzugehen, als ob sich alles von selbst löst. Andererseits muss man sich klar vor Augen führen: Der Arbeitsmarkt ist wie nie in Bewegung. Unternehmen kommen und gehen, demzufolge entfallen Arbeitsplätze, aber es entstehen eben immer wieder auch neue. Zeiten, in denen man sein Leben lang ein und denselben Arbeitsplatz eingenommen hat, sind längst vorbei. Immer mehr setzen sich befristete Arbeitsverträge durch. Knapp vier Millionen aller abhängig Beschäftigten haben einen befristeten Arbeitsplatz. Für viele heißt das: Sie müssen immer wieder was Neues suchen. Und es gibt sie, die Arbeitsplätze. Jedes Jahr scheiden etwa 3 Prozent aller Arbeitnehmer aus dem Arbeitsleben aus. Mitarbeiter werden befördert, anderen wird gekündigt, wieder andere kündigen selbst, machen sich selbstständig oder legen eine Pause ein (Elternzeit, Sabbatical etc.). Das bedeutet für Sie, dass doch immer wieder Stellen frei werden. Diese gilt es nur zu finden. Wenn Sie Ihre Suchstrategien verbessern, erhöhen Sie Ihre Chancen um ein Vielfaches.

Das soll nicht heißen, dass es ganz einfach ist, wenn man nur will. Wir warnen ausdrücklich vor solchen Sprüchen, die ja immer wieder ins Feld geführt werden und Ihnen bestimmt nicht unbekannt sind.

»Wer arbeiten will, der kriegt auch Arbeit.«

- Wahr ist, dass Ihre innere Einstellung viel mit Ihrem Erfolg bei der Arbeitssuche zu tun hat. Denn Motivation und Engagement schlagen sich auch in der Art und Weise nieder, wie Sie die Suche angehen und natürlich auch, wie Sie sich einem potenziellen Arbeitgeber präsentieren.
- Unwahr ist, dass es nur auf »das Wollen« ankommt. Auch das berühmte Quäntchen Glück muss mithelfen, dass es mit dem Job etwas wird.

»Leistung zahlt sich aus«, oder: »Karriere kommt von Können.«

- Wahr ist, dass Leistung und Können gute Karrierebeschleuniger sind. Natürlich wünscht sich jeder Arbeitgeber Mitarbeiter, die fähig sind und etwas leisten. Nicht umsonst wird mithilfe von Einstellungstests zu prüfen versucht, wie leistungsfähig und kompetent die Kandidaten sind.

- Unwahr ist, dass allein Leistung und Können zählen. Wir wissen, dass etwa in Vorstellungsgesprächen die Persönlichkeit und damit der Faktor Sympathie ganz entscheidend sind. Ein Bewerber kann noch so kompetent und leistungsbereit sein, wenn dem Personalchef dessen Nase nicht gefällt, wird er kaum die Chance erhalten, seine Fähigkeiten in dem neuen Unternehmen unter Beweis zu stellen.

»Spätestens mit 45 ist alles gelaufen.«

- Wahr ist, dass es für ältere Bewerber sehr schwer ist, auf dem Arbeitsmarkt wieder Fuß zu fassen – besonders dann, wenn sie bereits arbeitslos sind. In einer Gesellschaft, die die Jugend zum Maß aller Dinge erhebt, wird man als nicht mehr junger Mensch viel zu schnell abgeschrieben.
- Unwahr ist, dass man gar keine Chancen hat. Gerade als älterer Bewerber gilt es jedoch, alternative Wege bei der Jobsuche zu gehen. Viel Eigeninitiative, die Bereitschaft zu Flexibilität und Mobilität sind wesentliche Voraussetzungen für den Bewerbungserfolg. Und natürlich vor allem: Selbstvertrauen.

»In bestimmten Branchen, z. B. der Werbung, wird man nur eine Chance bekommen, wenn man sich eine geniale Bewerbungsidee einfallen lässt.«

- Wahr ist, dass Sie keine Bewerbung schreiben sollten, wie hundert andere sie auch abschicken. Das gilt übrigens nicht nur für die Werbebranche. Schließlich wollen Sie auf sich aufmerksam machen und sich positiv von der Konkurrenz abheben.
- Unwahr ist, dass die Bewerbung immer ein echter Kreativitätsknaller sein muss – etwa die ins Nutellaglas gestopfte Bewerbung für die Firma Ferrero oder ein Paar knallrote Schwimmflügel mit dem Hinweis: »Mit mir gehen Sie nicht baden.« Bewerbungen dieser Art sind wirklich Geschmackssache und bestimmt kein Garant für den Erfolg einer Bewerbung.

Sie sehen – ein Funken Wahrheit steckt in jedem Bewerbungsmärchen. Aber sehr oft ist es eben wirklich nur ein Fünkchen.

Die Wahrscheinlichkeit, an den Arbeitsplatz Ihrer Wahl zu kommen, erhöht sich in dem Maße, wie Sie Ihre Bewerbungsstrategie verbessern.

Wenn Sie verstehen, wie der Arbeitsmarkt funktioniert, werden Sie zu der absolut sicheren Gewissheit gelangen: Ich finde einen passenden, angemessenen Arbeitsplatz. Wie schnell Ihnen das gelingt, hängt wesentlich davon ab, welche Suchmethoden Sie einsetzen.

Wer weiß, wo er suchen muss, wer die notwendigen Qualifikationen mitbringt und wer in der Bewerbungsphase überzeugt, hat gute Aussichten auf einen dieser Jobs. Sie sollten allerdings realistisch sein. Unter Umständen müssen Sie sich zumindest vorübergehend für eine Beschäftigung entscheiden, die nicht ganz Ihren Wunschvorstellungen entspricht. Für den Einstieg reicht es heute in vielen Bereichen nicht mehr aus, hoch qualifiziert und absolut motiviert zu sein. So gibt es zum Beispiel wesentlich mehr Juristen mit ausgezeichnetem Examen als freie Arbeitsplätze auf dem Markt. Es wäre töricht, in dieser Situation zu behaupten: »Du musst es nur wollen, dann wirst du dein Berufsziel auch erreichen.«

Sie sollten sich also auch darüber im Klaren sein, dass neue Arbeitsplätze Verschlechterungen mit sich bringen können. Stellen Sie sich darauf ein, dass Sie Ihren Traumjob eventuell nur über Umwege erreichen. Trotzdem gilt der Grundsatz: Es gibt immer freie Arbeitsplätze. Nur sind die oft nicht auf normalem Wege zu finden. Seien Sie kreativ: Genau bei diesem Prozess wollen wir Ihnen mit diesem Buch helfen.

Wissen, wie der Arbeitsmarkt funktioniert

Es mag ganz einfach klingen, und Sie können vielleicht sogar mit Recht behaupten, Sie wüssten das alles schon. Und doch ergibt sich offensichtlich bei der Umsetzung dieser einzelnen Schritte für viele Arbeitsuchende eine Reihe von Problemen.

Zunächst müssen Sie sich selbst besser kennenlernen und überlegen, wo Sie Ihre Fähigkeiten und Kenntnisse einsetzen wollen. Sprechen Sie anschließend mit Leuten, die in den von Ihnen bevorzugten Tätigkeitsfeldern arbeiten, und bringen Sie in Erfahrung, ob diese mit ihrer Arbeit zufrieden sind und wie sie die Arbeitsstelle gefunden haben. Wählen Sie dann alle Arbeitgeber aus, für die Sie gerne arbeiten möchten, und nicht nur die, von denen Sie wissen, dass es dort freie Stellen gibt.

Natürlich müssen Sie sich gründlich über diese Unternehmen informieren, bevor Sie Kontakt aufnehmen. Erkundigen Sie sich, wer in diesen Firmen über Neueinstellungen entscheidet. Nutzen Sie wenn irgend möglich Ihre persönlichen Kontakte, um die Personalverantwortlichen zu treffen. Zeigen Sie den Entscheidungsträgern, wie Sie zum Unternehmenserfolg beitragen können.

Sie dürfen sich bei Ihrer Bewerbung nicht allein darauf beschränken, Ihre Unterlagen zu verschicken. Wer Bewerbungsschreiben als einzige Methode einsetzt und dann keine schnellen Erfolge sieht, läuft Gefahr, mutlos zu werden. Wer verschiedene Methoden variiert – Stellenanzeigen auswerten, ein eigenes Stellengesuch aufgeben, gezielte Kontakte bei Fachmessen und anderen Gelegenheiten knüpfen usw. –, verbessert aktiv seine Chancen. Das Internet – als Recherchetool und vielfältiger Bewerbungsweg – steht sicherlich heute an erster Stelle. Wichtig ist vor allem, dass Sie nicht die Geduld verlieren und optimistisch bleiben. Zugegeben: leicht gesagt und schwer durchzuhalten – aber haben Sie nicht schon ganz andere Krisen in Ihrem Leben erfolgreich überwunden? Na sehen Sie, es geht!

Vorbilder helfen

Wenn Sie eine neue Stelle suchen, bedeutet das harte Arbeit für Sie. Eine Möglichkeit, die Suche zu beschleunigen, ist, mit Leuten zu sprechen, die erfolgreich bei der Arbeitssuche waren und eine Stelle fanden, mit der sie zufrieden sind. Vereinfacht ausgedrückt: Imitieren Sie diese Menschen. Übertragen Sie deren Erfolgsmethode auf Ihre eigene Situation. In der Fachsprache der Unternehmen nennt man das Benchmarking. Letztendlich gilt dies für alle Bereiche, in denen Sie Erfolg haben wollen.

Vielleicht haben Sie auch falsche Vorstellungen davon, was Sie in Ihrem Wunschberuf erwartet. Manche haben die Erwartung, den ganzen Tag Menschen helfen zu können, und entdecken zu spät, dass sie die meiste Zeit Akten bearbeiten müssen. Andere freuen sich darauf, großartige Grafiken am Computer zu erstellen, sitzen dann aber häufiger in Besprechungen als am Bildschirm. Auch in diesem Fall hilft es, mit Arbeitnehmern aus verschiedenen Branchen Kontakt aufzunehmen, um sich ein realistisches Bild zu machen.

Gehen Sie davon aus, dass Sie zukünftig mehrere Male in Ihrem Leben einen neuen Arbeitsplatz suchen müssen. Wenn Sie jetzt aus eigener Kraft einen Job finden, wissen Sie beim nächsten Mal besser, worauf es wirklich ankommt.

Am allerwichtigsten ist die richtige Einstellung zur Einstellung: zum Suchprozess, zur Arbeit selbst und zum möglichen Arbeitgeber.

Sehr wahrscheinlich arbeiten Sie zunächst einmal für die Sicherung Ihres Lebensunterhalts. Darüber hinaus erwarten Sie von Ihrer Arbeit für sich Zufriedenheit und Bestätigung. Da sich aber heute die Anforderungen in jedem Beruf sehr schnell verändern, sollten Sie Ihre berufliche Tätigkeit immer auch als Lernerfahrung betrachten. Sie werden ständig dazulernen müssen. Seien Sie darauf nicht nur (passiv) vorbereitet, sondern (aktiv) wissbegierig. Beweisen Sie jedem potenziellen Arbeitgeber, wie sehr Sie an neuen Aufgaben interessiert sind und wie schnell Sie lernen.

Befriedigende Arbeit

In früheren Zeiten gab es mehr Arbeitsplätze und -aufgaben, mit denen eine direkte Anerkennung und Bestätigung verbunden war. Im Zeitalter der Globalisierung und der voranschreitenden Entfremdung können Sie nur noch von wenigen Arbeitgebern direktes Lob und Wertschätzung erwarten. Gerade in größeren Unternehmen werden Sie vermutlich auf diese Art von »Belohnung«

verzichten müssen. Daher ist es wichtig, sich eine Arbeit zu suchen, die Ihre Selbstachtung und Ihr Selbstwertgefühl durch inhaltliche Erfolge stärkt. Lassen Sie sich lieber nicht auf Arbeiten ein, bei denen die einzige Anerkennung im Lob des Abteilungsleiters liegt. Bevor Sie Ihre Arbeitssuche beginnen, sollten Sie daher gut überlegen, welche Arten von Arbeit Ihnen durch das bloße Tun Spaß machen und Befriedigung geben würden.

Sie können sich sehr vorsichtig oder mit vollem Enthusiasmus auf den Arbeitsmarkt begeben. Wenn Sie widerwillig an die Suche herangehen, gleich eine Lebensstellung erwarten und auf jeden Fall Überraschungen vermeiden wollen, dann erweist sich Ihre Arbeitssuche garantiert als äußerst schwierig, und Sie werden sich mit den langweiligsten Aufgaben begnügen müssen.

Warten Sie nicht auf den »richtigen Zeitpunkt« für Ihren Karrierewechsel, den gibt es sowieso nicht. Die Lage wird immer schwierig sein; immer werden Sie Hindernisse überwinden müssen; immer erwartet Sie eine unkalkulierbare Herausforderung.

Falls Sie kein Single sind, sollten Sie in jedem Fall gemeinsam mit Ihrer Familie oder Ihrem Partner überlegen, welche Auswirkungen ein Arbeitsplatz- oder gar Berufswechsel haben kann. Wie denkt Ihre Familie über Ihre Pläne? Werden Ihre gemeinsamen Ersparnisse aufgebraucht? Wird sich der Lebensstandard ändern? Sind alle Betroffenen zu diesem Opfer bereit?

Der Zeitpunkt der Kündigung

Wenn Sie nicht arbeitslos sind, müssen Sie entscheiden, ob Sie kündigen wollen, bevor Sie Ihre neue Karriere beginnen. Die meisten Bewerbungsratgeber beginnen mit einer Warnung an den Leser: Kündigen Sie Ihren Arbeitsplatz nicht, bevor Sie einen neuen Arbeitsvertrag unterschrieben in der Hand halten. Mag der momentane Frust bei Ihrem jetzigen Job auch noch so groß sein – handeln Sie nicht unüberlegt, lautet die Mahnung der Berater.

Wer erst nach seiner Kündigung auf Arbeitsplatzsuche geht, gerät unter Druck und ist vielen Arbeitgebern suspekt. Noch schlimmer: Wer arbeitslos ist und sich aus dieser Situation heraus bewirbt, erfährt häufig ein gewisses Misstrauen oder sogar eine Art Ablehnung.

Wir ersparen uns und Ihnen hier diese mahnenden Worte. Sie werden wissen, was Sie tun, und es auch verantworten können. Trotzdem folgende Anmerkungen: Wenn sich ein Paar nach vielen gemeinsamen Jahren trennt, liegt häufig der Verdacht nahe, einer der Partner – insbesondere der, der die Trennung betreibt – habe einen neuen Partner für sich gefunden, den er/sie klar bevorzugt. In der Regel bestätigt sich das dann auch umgehend. In den Augen der Mitwelt findet dieses Vorgehen selten besondere Zustimmung oder gar Sympathie. Man identifiziert sich eher mit dem/der Zurückgelassenen.

Anders sieht es aus, wenn sich ein Paar trennt und keine neue Außenbeziehung dafür verantwortlich ist, sondern lediglich die Entscheidung des einen Partners oder beider gemeinsam, nicht mehr miteinander leben zu können und zu wollen. Trennungsmotiv ist dann die Erkenntnis, dass es zusammen nicht mehr geht. Die Akzeptanz dieser Art von Trennung ist weitaus höher, ja nötigt sogar Respekt ab. Als Außenstehender bewundert man den Mut der Beteiligten.

Bei der Trennung des Arbeitnehmers von seinem Arbeitgeber herrscht eine andere Moral: Wer hier seine »Außenbeziehung« legalisiert, ohne den beruflichen Status quo aufgekündigt zu haben, gilt als clever – ist kein »Bigamist«. Wer dagegen erst kündigt und dann auf Suche geht, gilt als dumm, wenn nicht sogar als verrückt, mindestens aber als unüberlegt Handelnder.

Argumentationshilfe

Die folgenden Sätze sind an die Adresse der Personalchefs gerichtet: Die Diskriminierung eines Bewerbers, der erst gekündigt und dann vielleicht ein oder zwei Monate pausiert hat, bevor er sich bewirbt, erscheint uns nicht gerechtfertigt. Eigentlich verdient dieser Bewerber eher Bewunderung für die korrekte Trennungsabwicklung von seinem vorherigen Arbeitgeber. Dieses Vorgehen spricht für Mut und Selbstbewusstsein, denn eine freiwillige (schöpferische) Pause kann der Arbeitsleistung gut bekommen – vorausgesetzt natürlich, man kann sich die Arbeitsunterbrechung (finanziell) leisten. Hier ist es an der Zeit, auf Arbeitgeberseite über eine Korrektur stereotyper Sichtweisen und Beurteilungen nachzudenken.

Diese Sätze sind auch als Argumentationshilfe gegenüber einem Personalchef geeignet, wenn Sie sich in ebendieser Situation befinden sollten, also vor einem neuen Bewerbungsvorhaben gekündigt haben.

Essentials

Die aktuellen Arbeitsmarktdaten sind trotz aller konjunkturellen Schwankungen nicht gerade ermutigend, aber Sie wissen so gut wie wir: Das Jammern über die miese Lage bringt gar nichts – höchstens das Gefühl, den Frust mal wieder etwas ablassen zu können. Dagegen ist auch nichts zu sagen, wenn man es dabei nicht belässt, sondern überlegt, was zu tun ist. Das Problem soll nicht heruntergespielt werden, denn so einfach ist die Situation mit Sicherheit nicht. Gleichwohl hat eine Bewerbung auch sehr viel mit der inneren Einstellung zu tun. Schließlich muss ich andere von mir und meiner Leistung überzeugen. Wie kann ich das, wenn ich selbst nicht richtig überzeugt bin?

Steiniger Weg

Vor Ihnen liegt also ein steiniger Weg. Stellen Sie sich darauf ein, und entwickeln Sie die Vorstellung, dass das Ganze eine Art Reise ist. Und dazu bedarf es selbstverständlich einiger Planung und Vorbereitung, um das Projekt erfolgreich durchzuführen. Je besser Sie vorbereitet sind, desto weniger bringen Sie auftretende Schwierigkeiten vom Weg ab.

Sie werden zunächst vor allem folgende Dinge brauchen:

- Mut
- Engagement
- das berühmte Quäntchen Glück

Entscheidend für Ihren persönlichen Erfolg sind die folgenden Weichensteller, die Essentials eines jeden Bewerbungsvorhabens:

- Kompetenz
(berufliche und persönliche, das Wissen um die Dinge, auf die es ankommt)
- Leistungsmotivation
(der Wunsch, etwas leisten zu wollen, Zielstrebigkeit)
- Persönlichkeit
(das bedeutet zunächst einmal Charakterstärke, Mut und Aufgeschlossenheit)

Hinzu kommen sieben weitere wesentliche Faktoren.

Entwickeln Sie Ausdauer und Geduld
Ausdauer gehört sicherlich zu den wichtigsten Faktoren für ein erfolgreiches Bewerbungsvorhaben. Wer zu schnell resigniert, wird seine Ziele niemals erreichen können. Wer hingegen – trotz offensichtlicher Aussichtslosigkeit – zu lange an einer Sache festhält, blockiert sich auf seinem Lebensweg unnötig selbst. Erkennen Sie, wann Beharrlichkeit notwendig ist und wann Flexibilität. Das muss sich übrigens nicht nur auf das Berufsleben beschränken, auch in anderen Situationen, wie im wiederholten Werben um einen Menschen, in den man verliebt ist, kann ein realistisches Maß an Beharrlichkeit zum erhofften Ergebnis führen.

Beharrlichkeit und Durchhaltevermögen

Auch wenn Sie zwischendurch einmal einen Durchhänger haben, geben Sie nicht auf. Wie in der Liebe, so auch im Berufsleben: Auf jeden Topf passt ein Deckel!

Bleiben Sie gelassen
Haben Sie keine Angst vor Rückschlägen. Alle Menschen machen Fehler, und niemand begeht sie absichtlich. Was Menschen jedoch unterscheidet, sind die Konsequenzen daraus. Viele Menschen entwickeln Versagensängste, die meist schon in der Kindheit entstehen und einem erfolgsorientierten Handeln im Wege stehen. Einen Fehler zu begehen ist jedoch nicht dasselbe wie Versagen. Lernen Sie aus Fehlern und machen Sie sie möglichst nicht noch einmal.

Erkennen Sie Ihre wirklichen Fähigkeiten
Sie müssen den Arbeitgeber von Ihrer Leistungsfähigkeit überzeugen. Mehr als alles andere interessiert ihn, welchen Gewinn es *ihm* bringen wird, wenn er Sie einstellt. Seien Sie also auf die Frage »Was können Sie für mich, für das Unternehmen tun?« vorbereitet. Ziehen Sie eine Bilanz Ihrer Fähigkeiten und Stärken und fragen Sie sich, welche Eigenschaften Sie wirklich für die angestrebte Stelle qualifizieren.

Wenn Sie mehrere Jahre erfolgreich in einem Unternehmen gearbeitet haben, sollte es einfach für Sie sein, Ihr Können in Worte – oder besser noch in Zahlen – zu fassen. Beeindruckender als Vokabeln wie »leistungsfähig«, »motiviert« und »belastbar«, die zwar großartig klingen, aber wenig aussagen, sind konkrete Ergebnisse. Ist es Ihnen beispielsweise gelungen, den Umsatz Ihrer Abteilung im Laufe von fünf Jahren um 30 Prozent zu steigern, wird das den Arbeitgeber, für den Sie in Zukunft arbeiten wollen, sehr interessieren.

Falls Sie keine Berufserfahrung mitbringen, weil Sie gerade erst Ihr Studium oder eine Ausbildung beendet haben, fällt es Ihnen womöglich schwerer, Erfolge anzuführen, die den Arbeitgeber neugierig auf Sie machen. Natürlich ist Ihr guter Abschluss eine großartige Leistung, die Sie nur durch Zielstrebigkeit und Leistungswillen erreicht haben. Der Personalchef will jedoch nicht nur wissen, was Sie *gelernt* haben, sondern vor allem, was Sie *können*.

Ihre Schlüsselqualifikationen

Sie sollten jetzt Antworten auf genau diese Frage finden, damit Sie im Gespräch mit dem Arbeitgeber nicht ins Stottern geraten. Wenn Sie Ihre Schlüsselqualifikationen, Ihre spezifischen Fähigkeiten nicht spontan benennen können – so geht es übrigens den meisten Leuten –, müssen Sie sich jetzt die Antworten erarbeiten. In diesem Buch finden Sie Übungen, die Ihnen dabei helfen.

Entwickeln Sie Ihr Selbstvertrauen

Im Laufe des Bewerbungsprozesses sollten Sie in der Lage sein, dem Arbeitgeber selbstbewusst gegenüberzutreten, wobei diese Sicherheit durch das Bewusstsein der eigenen Fähigkeiten und Motivation viel eher und besser zustande kommt. Weder übersteigertes Selbstwertgefühl noch übertriebene Bescheidenheit sind auf dem Arbeitsmarkt gefragt.

Sie werden im Verlauf des Buches immer wieder darauf stoßen, dass nur derjenige erfolgreich ist, der weiß, was er will und was er kann. Wenn Sie mit Entscheidungsträgern sprechen, sollten Sie ihnen etwas zu bieten haben, denn kein Arbeitgeber hat Lust, seine Zeit zu vergeuden. Sie müssen ihm das Gefühl geben, dass er von einem Gespräch mit Ihnen profitiert. Stellen Sie dabei nicht Ihre Person, sondern Ihre Leistungen in den Vordergrund.

Bilden Sie Ihr Bewusstsein

Entwickeln Sie Ehrgeiz, den Erfolg potenzieller Arbeitgeber zu steigern. Verabschieden Sie sich vom reinen Anspruchsdenken (»Ich will mindestens 2.000 Euro netto, ein 13. Monatsgehalt, abends pünktlich um 17 Uhr gehen, ein modernes Büro ...«). Fragen Sie nicht, was das Unternehmen für Sie tun kann, sondern was *Sie* für das Unternehmen tun können.

Denken Sie nicht (länger): »Arbeit ist das, was ich von neun bis um fünf mache, damit ich genug verdiene. Das Leben findet nach fünf und an den Wochenenden statt.« Die Vorstellung von Arbeit als Zwang und Freizeit als Vergnügen ist immer noch weitverbreitet und geht Hand in Hand mit dem naiven Wunsch, für wenig Arbeit möglichst viel Geld zu bekommen. Dass man mit dieser Einstellung im Berufsalltag weder glücklich noch erfolgreich wird, liegt auf der Hand. Wenn Sie sich jetzt also beruflich neu orientieren, sollten Sie dabei unbedingt Ihre Interessen berücksichtigen, denn sonst wird es Ihnen am nötigen Engagement, dem echten Enthusiasmus fehlen.

Mental vorbereitet

Und noch etwas ist sehr wichtig: Für Ihre eigene Person benötigen Sie jetzt eine Art Bewusstseinstraining und mentale Vorbereitung auf das von Ihnen angestrebte Berufsziel. Sie müssen Ihr Wissen um besondere Spezialkenntnisse erweitern, die Ihnen bei der Realisierung Ihres Vorhabens entscheidend helfen werden. Dazu ist eine intensive Auseinandersetzung mit Ihren Vorstellungen, inneren Werteinstellungen und realistischen wie unrealistischen Wünschen unbedingt notwendig. Allzu häufig werden gerade an diesem wichtigen Vorbereitungspunkt furchtbare, leichtfertige Fehler gemacht, die ein Bewerbungsvorhaben ungemein behindern, manchmal sogar verhindern.

Suchen Sie sich Unterstützer
Sie werden das Projekt Bewerbung kaum ohne Hilfe und Unterstützung durch andere meistern. Sie brauchen moralische Unterstützung. Vielleicht kennen Sie Ihre Stärken bereits und wissen, dass Sie leistungsfähig und qualifiziert sind. Es ist hilfreich, dies auch von anderen zu hören. Sie brauchen Freunde, die sagen: »Du kannst das!«, die Sie aber auch kritisch beobachten.

Ermutigung

Intensivieren Sie Kontakte zu denjenigen in Ihrem Bekanntenkreis, die genau wie Sie gerade Erfolg versprechend am eigenen beruflichen Ein- oder Aufstieg arbeiten, denn nur hier können Sie mit konstruktiver Hilfe rechnen. Wenn die meisten Ihrer Schul- oder Studienfreunde schon seit Jahren in ihren Wunschberufen arbeiten und Karriere machen, ist das wunderbar – vor allem für Ihre Freunde. Natürlich können diese Freunde Ihnen als Vorbilder dienen und Ihnen zeigen, was möglich ist und wie es geht.

Weil es den Erfolgsverwöhnten meist an Verständnis für Ihre derzeitige Situation fehlt, wird die entscheidende Motivation für Ihre Bewerbungsaktivitäten sehr wahrscheinlich nicht aus diesem Kreis kommen. Eher hören Sie da schon einmal ein mitleidiges »Mensch, dass du immer noch nicht das Richtige gefunden hast. Nun bewirb dich aber auch endlich mal«. Gut gemeint, aber letztlich entmutigen solche Sprüche nur, weil im Unterton mitschwingt, dass man Sie für einen Versager hält. Hier ist wirklich Selbstschutz in Form von kritischer Distanz angezeigt.

Entscheidend ist die innere Einstellung
Menschen sind aus verschiedenen Gründen unzufrieden mit ihrer beruflichen Situation. Sie hatten vielleicht nicht die Möglichkeit, den Beruf zu wählen, bei dem ihre Fähigkeiten und Interessen mit ihrem Karriereziel übereinstimmten; sie haben keine Aufstiegschancen, sind gelangweilt und unproduktiv; sie verdienen zu wenig; sie wollen einen anderen Karriereweg einschlagen; die Vorstellungen und Ziele des Arbeitgebers sind nicht mit den eigenen zu vereinbaren; sie klammern sich nur an ihre Beschäftigung, weil sie das Geld zum täglichen Leben brauchen.

Wunsch nach Veränderung

Deshalb wechseln jedes Jahr Millionen von Menschen ihren Arbeitsplatz. Sie sehen also, dass Ihr Wunsch nach Veränderung durchaus zu realisieren ist. Finden Sie heraus, was Sie wirklich wollen, sammeln Sie Ihre Kräfte und konzentrieren Sie sich auf die Strategie, die Sie an Ihr berufliches Ziel bringt.

Erfolg kommt selten von allein. Natürlich helfen auch Glück und Zufälle, aber durch gute, gezielte Vorbereitung können Sie Ihre Erfolgschancen entscheidend verbessern. Arbeitsplatzsuche ist fast eine Vollzeitbeschäftigung. Wenn Sie nicht täglich mehrere Stunden investieren, suchen Sie nicht richtig und machen sich selbst etwas vor.

Wenn Sie arbeitslos sind, sollten Sie deutlich zeigen, dass Sie bestrebt sind, Ihre Situation zu ändern. Denken Sie daran, dass es ganz besonders auch von Ihrer eigenen Einstellung abhängt, wie sich Ihre Mitmenschen Ihnen gegenüber verhalten. Für Schwarzseher bleibt die Arbeitsplatzsuche meist von vornherein erfolglos.

Es hängt also in einem hohen Maß von Ihrer inneren Einstellung ab, wie lange es dauert, bis Sie einen angemessenen Arbeitsplatz finden, und welche berufliche Position Sie letztendlich erreichen werden.

Man hört gelegentlich von Bewerbern mit glänzenden Abschlüssen, die keine Arbeit finden und jahrelang arbeitslos sind. Das macht einem nicht gerade Mut für die eigene Bewerbung, und wenn irgend möglich drückt man sich vor der Arbeitsplatzsuche oder einem selbst initiierten Wechsel. Viele arrangieren sich lieber und schlucken ihren Frust runter.

Wer einen Arbeitsplatz finden muss, entwickelt eine ungeahnte Fantasie, Dinge zu finden, die zunächst einmal wichtiger erscheinen als Bewerbungen. Schon lange nicht mehr ist die Wohnung so gründlich aufgeräumt worden wie in dem Moment, in dem man sich eigentlich um eine neue Stelle kümmern sollte. Oder man wartet darauf, dass man in bessere Stimmung für die Aufgabe kommt. Nicht selten hofft man insgeheim, den neuen Arbeitsplatz auf einem silbernen Tablett serviert zu bekommen.

Wir bewältigen schwierige Situationen, solange sie schnell vorübergehen. So ertragen wir zum Beispiel lästigen Besuch, wenn klar ist, dass er nach dem Wochenende wieder abreist. Aber wenn Probleme zu lange präsent sind, mögen wir das ganz und gar nicht. Genau in einer solchen Situation befinden sich jedoch viele, wenn sie arbeitslos sind. Eine kurze Arbeitslosigkeit ist oft kein Problem. Ernst wird es erst, wenn kein Ende abzusehen ist. Wenn sich Arbeitslosigkeit dann jedoch über längere Zeit hinzieht, drohen bisweilen sogar Depressionen und Schlimmeres.

Eine Frage der Sichtweise

Wer arbeitslos ist, den plagen häufig Selbstzweifel: »Was habe ich falsch gemacht?«, »Warum bin ich in diese Lage geraten?«. Dagegen hilft vor allem eins: Machen Sie sich bewusst, dass Sie jederzeit die Möglichkeit haben, Ihre Sichtweise – und damit auch die Situation – zu ändern. Nicht die Dinge als solche beunruhigen uns, sondern unsere Vorstellung, unsere Interpretation und unsere Sichtweise.

Schmieden Sie Zukunftspläne, nutzen Sie die Zeit zur Fortbildung, konzentrieren Sie sich auf erfreuliche Dinge (z. B. Hobbys). Vor allem aber isolieren Sie sich nicht, sondern pflegen Sie Kontakte.

Sie sind vielleicht deprimiert, weil Sie in der Arbeitssuche keinen Sinn sehen. Sie halten die ganze Prozedur für Zeitvergeudung. Doch wer weiß: Vielleicht werden Sie eines Tages sogar sagen, diese Phase sei das Beste gewesen, was Ihnen passieren konnte, weil Sie gezwungen waren, sich intensiv mit sich selbst, Ihren Fähigkeiten und Wünschen auseinanderzusetzen. Wer beruflich ständig sehr eingespannt ist, hat oft gar keine Zeit, darüber nachzudenken, ob das, was er tut, wirklich sinnvoll ist.

Erinnern Sie sich an schwierige Perioden in Ihrem Leben und überlegen Sie, was Sie aus diesen Situationen gelernt haben. Auf die Frage »Warum gerade ich?« sollten Sie möglichst verzichten. Bedenken Sie, dass auf eine schwierige Periode schließlich auch wieder bessere Zeiten folgen. Das hilft Ihnen, die Zeit der Arbeitssuche für sich persönlich richtig einzuordnen.

Arbeitssuche ist Arbeit

Um einen für Sie angemessenen Arbeitsplatz zu finden und zu erobern, sollten Sie sich zunächst klarmachen, dass Sie bereits eine elementare Arbeit haben: die Jobsuche. Betrachten Sie sich also bitte bloß nicht als jemanden, der keine Arbeit hat. Sie haben in dieser Situation der Jobsuche wirklich mehr als genug zu tun. Im Laufe eines Lebens kann Arbeit verschiedene Formen annehmen. Vielleicht waren Sie eine Zeit lang angestellt und später selbstständig; nun sind Sie auf der Arbeitssuche. Das ist eine Vollzeitbeschäftigung wie jede andere auch, nur bezahlt wird sie leider nicht.

Extratipp für Bewerber über 45

Für diejenigen, die verstanden haben, worauf es bei der Arbeitssuche ankommt, spielt das Alter kaum eine Rolle. Was Sie brauchen, sind Selbstvertrauen, Energie und der Wunsch nach Erfolg. Alter allein ist kein Maßstab, und manche Menschen sind mit 25 schon alt.

Die Zeiten, in denen Arbeitslosigkeit bei Arbeitnehmern über 50 direkt zu Harz IV führte, sind vorbei. Die Auffassung vieler Arbeitgeber, ältere Menschen seien automatisch weniger leistungsfähig, weniger motiviert und obendrein ständig krank, scheint langsam aber sicher zu bröckeln. Bei immer mehr Unternehmen setzt sich die Erkenntnis durch, dass die Beschäftigung älterer Arbeitnehmer keine Belastung ist, sondern besondere Chancen bietet. Wissenschaftliche Untersuchungen zeigen, dass mit zunehmender Berufserfahrung kommunikative Fähigkeiten, komplexes Denken und Erfahrungswissen in den Vordergrund rücken. Das bedeutet:

- Ältere Arbeitnehmer haben einen hervorragenden Überblick über ihr Arbeitsgebiet,
- sie können ihr gut organisiertes Wissen leicht einbringen und machen deutlich weniger Fehler als junge Kollegen,
- sie entwickeln bei Problemen schnell effektive Handlungsstrategien,
- sie können so auch eine Vorbildfunktion für jüngere Kollegen haben.

Das sind starke Argumente, die viele ältere Arbeitnehmer nicht kennen. Machen Sie sich diese Argumente bewusst und nutzen Sie sie für Ihren Bewerbungsprozess!

Nicht immer ist Ihr Alter der wirkliche Grund für eine Ablehnung. Manchmal dient es Unternehmen auch als Vorwand, neu ausgebildete, vor allem billigere Arbeitskräfte einzustellen.

Wenn Sie älter sind und Arbeit suchen, müssen Sie unter Umständen Ihre Einstellung ändern. Heute gibt es auf dem Arbeitsmarkt mehr junge, hoch qualifizierte Berufsanfänger als jemals zuvor. Mit dieser Gruppe auf ihrem Niveau zu konkurrieren wäre dumm und deprimierend.

Was haben Sie als 48-Jähriger zu bieten? Natürlich Erfahrung! Junge Leute hatten noch nicht mit den Schwierigkeiten zu kämpfen, die schon hinter Ihnen liegen. Suchen Sie sich deshalb einen Arbeitsplatz, bei dem es auf Ihre Erfahrung ankommt. In manchen Wirtschaftszweigen lässt sich ein Trend zurück zu älteren Arbeitnehmern beobachten, weil sie einfach erfahrener, zuverlässiger und nicht zuletzt auch fleißiger sind.

All dies spricht für Sie:

- Erfahrung
- Stabilität
- Fachkenntnisse
- Leistungen – beweisbare Ergebnisse
- sofortige Verfügbarkeit für kürzere oder längere Zeit
- Mobilität
- gute Zeugnisse

Ihr Lebenslauf sollte eine lange Liste von Errungenschaften enthalten. Präsentieren Sie sich als Lösung eines Problems und nicht einfach als jemanden, der Arbeit sucht.

Thematisieren Sie in Vorstellungsgesprächen Ihr Alter nur, wenn Sie ausdrücklich danach gefragt werden. Weisen Sie stattdessen auf Ihre Leistungen hin. Sagen Sie nicht, dass Sie finanziell abgesichert sind. Machen Sie deutlich, dass die Arbeit das Wichtigste für Sie ist. Seien Sie zunächst einmal offen für verschiedene Vorschläge; auswählen können Sie später immer noch.

Wenn Sie Ihre Erfahrung verkaufen wollen, müssen Sie alle Arbeitssuchtechniken überdurchschnittlich gut beherrschen:

- ▶ Suchen Sie Probleme. Bieten Sie kleineren Unternehmen, die sich in Schwierigkeiten befinden, Ihre Hilfe an. Sie können Probleme lösen und sind bezahlbar.
- ▶ Denken Sie nicht nur an unbegrenzte Arbeitsverhältnisse, sondern auch an kurzfristige Aufträge. Bei guter Leistung kann sich daraus etwas Dauerhaftes entwickeln.
- ▶ Schlagen Sie ein leistungsbezogenes Gehalt vor. Ein solches Angebot wird ein Arbeitgeber kaum ablehnen, und Sie können zeigen, was in Ihnen steckt.
- ▶ Wenn Sie bei Ihrem alten Arbeitgeber Kenntnisse erworben haben, die auch für die Konkurrenz interessant sind, bieten Sie Ihr Wissen und Ihre Kontakte anderen Firmen an. Vielleicht bilden Sie ein Team mit anderen früheren Kollegen.
- ▶ Wenn Sie ein guter Verkäufer sind, können Sie Ihre Dienste in einer Region anbieten, die bisher vernachlässigt wurde.
- ▶ Schreiben Sie einen Bericht über einen Wirtschaftszweig, einen Absatzmarkt oder ein Produkt und machen Sie auf diese Weise auf Ihre Sachkenntnisse aufmerksam. Falls Ihre Untersuchung neue und wertvolle Informationen enthält, können Sie sie sogar verkaufen. Für eine gute Idee dürfen Sie auch einen Vorschuss verlangen.
- ▶ Wenn Sie etwas zu sagen haben und sprachlich versiert sind, können Sie Zeitschriftenartikel oder ein Buch über ein Thema schreiben, das die Leute interessiert. Denken Sie immer auch an die entsprechenden Fachportale im Internet.
- ▶ Sie können als Teilzeitberater für mehrere Firmen gleichzeitig arbeiten. So bleiben Ihre Dienste bezahlbar, und Sie haben mehrere Einnahmequellen.
- ▶ Falls Sie über Spezialkenntnisse verfügen, die für Jugendliche interessant sind, können Sie Lehrer oder Trainer werden.
- ▶ Um in Übung zu bleiben, können Sie Kurse an einer Abendschule planen und durchführen. Wenn Sie Seminare anbieten, lernen Sie viele Leute kennen, vielleicht auch neue Kunden oder spätere Arbeitgeber.
- ▶ Denken Sie über Ihre Hobbys nach. Lässt sich damit Geld verdienen?
- ▶ Finden Sie heraus, welche Wirtschaftszweige wachsen. Bilden Sie sich weiter, und steigen Sie dort ein.
- ▶ Bieten Sie jungen Unternehmern, die gerade eine Firma gegründet haben, Ihre Hilfe an. Ihre Erfahrungen sind wertvoll.
- ▶ Arbeiten Sie ehrenamtlich in Ihrer Gemeinde oder einer Wohlfahrtseinrichtung. Das bringt zwar zunächst kein Geld ein, aber Sie werden wichtige Kontakte knüpfen und Ihre Leistungsfähigkeit demonstrieren.
- ▶ Schließen Sie sich zur Unternehmensgründung mit Leuten zusammen, deren Wesensart und Ausbildung sich gut mit Ihren Fähigkeiten kombinieren lassen.

- Ziehen Sie in eine andere Region, wenn es in Ihrer Stadt keine Arbeit gibt.
- Bleiben Sie in ständigem Kontakt mit Ihren Bekannten. Oft haben Freunde hilfreiche Ideen.
- Demonstrieren Sie Eigeninitiative mit einer Initiativbewerbung. Das ist für jeden Personalchef ein Zeichen von Motivation. Wenn die Bewerbung auf die Bedürfnisse der Firma zugeschnitten ist und zeigt, dass Sie sich mit dem Unternehmen befasst haben, gibt das wertvolle Pluspunkte.
- Räumen Sie Vorurteile über ältere Arbeitnehmer aus, indem Sie durch Ihr Auftreten, durch Kleidung und Frisur Dynamik und Selbstvertrauen signalisieren. Vermeiden Sie Sätze wie »Ich bin zwar schon älter, aber ...«. Falls Ihr Gesprächspartner Sorgen wegen Ihrer Belastbarkeit andeutet, erwähnen Sie, dass Sie seit Jahren Pilates betreiben oder Halbmarathon laufen.
- Weisen Sie potenzielle Arbeitgeber auf Fördermöglichkeiten hin. Der Staat gibt Finanzspritzen für Arbeitgeber, die ältere Mitarbeiter einstellen. Erkundigen Sie sich über diese Modelle und präsentieren Sie diese gegebenenfalls im Vorstellungsgespräch.
- Stellen Sie sich darauf ein, dass Sie vielleicht weniger verdienen werden als bei Ihrem letzten Arbeitgeber. Wichtig ist, dass Ihnen die Arbeit Spaß macht. Orientieren Sie sich mit Ihren Gehaltsforderungen an der Konkurrenz, auch wenn das zunächst zu Einbußen führt.
- Hören Sie nicht auf irgendwelche klugen Ratschläge. Wenn Ihre Arbeitssuche zu lange dauert, sollten Sie sich an einen Karriereberater wenden und Ihre Freunde bitten, Kontakte für Sie herzustellen.
- Schreiben Sie Ihre Bewerbungsbriefe am frühen Morgen oder abends. Tagsüber sollten Sie so viele Leute treffen wie möglich. Letztlich beschaffen Ihnen nicht Bewerbungsunterlagen, sondern Menschen Arbeit.

Geben Sie nicht auf. Auch Ablehnungen gehören zum (Arbeits-)Leben. Bemühen Sie sich intensiv darum, neue Kontakte zu knüpfen. Verbessern Sie durch Training Ihr Auftreten in Vorstellungsgesprächen.

Wenn Ihre derzeitige Arbeit aus der Arbeitsplatzsuche besteht, sollten Sie, wie andere Arbeitnehmer auch, pünktlich beginnen und aufhören. Disziplin, vor allem Selbstdisziplin, ist jetzt mehr denn je vonnöten. Nur wer die Arbeitssuche als Vollzeitbeschäftigung betrachtet, kann mit relativ schnellem Erfolg rechnen. Die meisten Arbeitssuchenden verbringen bei unzureichender Vorbereitung viel zu wenig Zeit mit der Suche.

Auch wenn Sie es ungerecht finden sollten, dass Sie intensiv nach Arbeit suchen müssen, irgendwann werden Sie sich schließlich doch dazu aufraffen. Was können Sie also tun, um Ihre Situation zu ändern? Fangen Sie an, indem

Sie sich bewusst machen, dass der Arbeitsmarkt immer in Bewegung ist. Unternehmen – und damit auch Arbeitsplätze – verschwinden, weil sie nicht mehr wettbewerbsfähig sind. Dafür werden anderswo mit Erfolg neue Firmen gegründet, in denen dann auch neue Mitarbeiter eingestellt werden müssen. Begreifen Sie, wie der Arbeitsmarkt funktioniert. Lernen Sie die Spielregeln, und Sie werden viel leichter und schneller Erfolg haben.

Das Gebot der Stunde: Trauen Sie sich etwas zu

Gerade in Zeiten beruflicher Krisen und Verunsicherung ist es wichtig, nicht den Kopf in den Sand zu stecken. Hadern Sie nicht mit Ihrem Schicksal. Sie können es beeinflussen, indem Sie aktiv werden. Vertrauen Sie Ihren Stärken und sehen Sie sich positiv. Selbstbewusstsein und Selbstvertrauen sind die wichtigste Grundlage für Ihr erfolgreiches Bestehen in der Arbeitswelt.

Stärken Sie Ihr Selbstbewusstsein

Locker, sympathisch, kompetent, kurzum: einfach angenehm selbstbewusst – so stellt sich der ideale Mitarbeiter dar. Insbesondere in Zeiten, in denen unter Druck gearbeitet, das nahezu Unmögliche verlangt wird und trotzdem Stellen abgebaut werden. Eine enorme persönliche und berufliche Herausforderung.

Ob Sie arbeitssuchend sind, von einer Kündigung bedroht sind oder sich beruflich einfach verändern möchten, es gilt gleichermaßen: Wer selbstbewusst auftritt, erobert leichter den Job, macht schneller Karriere, schlägt ein besseres Gehalt für sich heraus, hat mehr Spaß bei der Arbeit und kommt mit anderen leichter und besser ins Gespräch.

Woher das Selbstbewusstsein kommt, darüber streiten Psychologen und Soziologen. Ob nun die Beziehung zu den Eltern den Grundstein legt oder der Status der Familie – jeder kann auch aus eigener Kraft etwas dafür tun, sein Selbstbewusstsein zu verbessern.

Sich positiv sehen

Viele Leute kommunizieren »in Defiziten«. Sie stellen heraus, was sie noch nicht erreicht haben und wo ihnen Kompetenzen fehlen. Sehen Sie sich lieber positiv, und wechseln Sie damit auf die Erfolgsseite. Das Glas ist nicht halb leer, es ist halb voll. Was kann ich jetzt noch verbessern?

Selbstbewusstsein ist in der Arbeitswelt wichtiger als fachliche Kompetenz, wichtiger als Fremdsprachen- oder PC-Kenntnisse. Selbstbewusstsein ist das Fundament, auf dem Ihr »Haus« (sprich: Ihre berufliche Karriere) steht. Es ist einer der wichtigsten Weichensteller, ohne den alles andere wie Können, Leistungsbereitschaft und Ihre sonstigen Persönlichkeitsmerkmale nicht wirklich zum Tragen kommen.

Vertrauen und sich trauen

Je mehr Sie sich selbst *vertrauen*, desto eher werden das auch andere tun und Ihnen damit auch die entsprechenden Aufgaben und Kompetenzen *zutrauen*. Sie werden andere von sich und Ihren Zielen leichter überzeugen, konfliktfreier und zielorientierter kommunizieren und dadurch auch auf Ihre Leistungen positiv aufmerksam machen. Es wird Ihnen gelingen, die richtigen Ziele und Prioritäten zu setzen und dabei auch noch hilfreiche persönliche Unterstützung zu erhalten. Man wird Sie als wertvollen Mitarbeiter wahrnehmen, und Sie haben die besseren Chancen, Ihre wichtigsten Kernkompetenzen auszubauen. Selbst in Krisen können Sie gelassener und geduldiger bleiben und so durch Optimismus punkten.

Schritt für Schritt Selbstbewusstsein aufbauen
»Geht das überhaupt?«, werden Sie jetzt möglicherweise denken. Seien Sie versichert: Ja, es geht. Wenn auch nicht auf einmal oder in Riesensprüngen. Der Entwicklungsprozess des Selbstbewusstseins vollzieht sich allmählich. Manch einer macht große Schritte in kurzer Zeit, ein anderer wiederum viele kleine über einen längeren Zeitraum verteilt. Dabei ist der erste Schritt, wie bei so vielen Dingen im Leben, der wichtigste.

Wir zeigen Ihnen hier nur kurz, wie Sie ganz konkret Ihr Selbstbewusstsein für die Bewerbungsphase in drei Hauptschritten auf- und ausbauen können. Zum besseren Verständnis erklären und beschreiben wir eine Phase nach der anderen, tatsächlich greifen sie jedoch ineinander. Es geht dabei zunächst um eine Phase der *Reflexion*, das bedeutet Nach- und Überdenken, dann um *Aktion*, also ein mutiges, zielgerichtetes Handeln, nachdem man sich einen Plan gemacht hat, und schließlich um *Autonomie*, also die Unabhängigkeit.[1]

1. Schritt: Reflexion

Um mehr Selbstbewusstsein zu entwickeln, das persönliche Selbstwertgefühl zu steigern, den Glauben an die eigene Selbstwirksamkeit zu stärken, ist vorab eine gründliche Analyse Ihrer selbst wichtig. Also: Wer sind Sie? Ihr »Selbst« ist bereits vorhanden, Sie müssen es lediglich mit möglichst allen Facetten kennen, schätzen und annehmen lernen. Ziel ist dabei ein klarer Blick auf das, was Ihr Selbst ausmacht: Ihre Selbstbilder, Ihre Rollen, Überzeugungen und Werte, Ihre Gefühle und Bedürfnisse, aber auch Ihre Potenziale.

Erzählen Sie Ihre Geschichte
Wir sind, was wir von uns erzählen. Wenn Sie einem anderen zeigen wollen, wer Sie sind, erzählen Sie Geschichten aus Ihrem Leben: lustige Anekdoten aus Ihrer Kindheit, spannende Abenteuer aus Ihren Urlauben, Sie erzählen von Ihren Erfolgen im Beruf oder Ihren Missgeschicken. Jeder Mensch verarbeitet seine Erfahrungen, indem er sie zu Geschichten formt. Und aus diesen vielen kleinen Geschichten entsteht seine gesamte Lebensgeschichte.

So liefern wir in einem Vorstellungsgespräch dem Personalchef eine Lebensgeschichte ab, in der ein Bildungsabschluss den nächsten, ein beruflicher Erfolg den anderen jagt. Wir berichten von gelungenen Projekten, von gestiegenen Umsätzen, von bemerkenswerten Verbesserungsvorschlägen, beeindruckenden Innovationen – kurz: Wir erzählen die Saga eines Berufshelden. Sitzen wir dagegen mit unseren besten Freunden zusammen, erzählen wir vielleicht auch von unserer schwierigen Kindheit, von gescheiterten Beziehungen, von geplatzten Plänen und Träumen, von bitteren Enttäuschungen und Ängsten – die Geschichte eines mehr oder weniger großen Unglücksraben.

Beide Varianten sind »wahr«. Sie bauen auf den Fakten unseres Lebens und auf unseren Erinnerungen auf. Wir gewichten sie nur anders, denn wir »sind« diese und noch viel mehr Geschichten. Sie begründen unsere Identität. Deshalb sehen Experten unser Gedächtnis als Basis unseres Selbstkonzepts, d. h. unseres Selbstbewusstseins, an.

Mental gut drauf

Wenn Sie gut gelaunt und voller Selbstvertrauen sind, fällt Ihnen viel eher Ihre gute Prüfung ein als Ihre Pleiten in der Schulsportstunde. Fühlen Sie sich ohnehin schlecht, dann laufen eher die unangenehmen Erinnerungen an Barren, Reck und 100-Meter-Bahn vor Ihrem inneren Auge ab. Spitzensportler nutzen diese Erkenntnis, indem sie sich in Wettkampfsituationen gezielt an ihre Erfolge erinnern, sich emotional möglichst intensiv in diese vergangenen Situationen hineinversetzen. Umgekehrt vermeiden sie es, sich an Misserfolge zu erinnern, und stoppen solche negativen Gedanken.

Diese Methode funktioniert nicht nur bei Spitzensportlern. Wenn Sie gezielt Erinnerungen an bestandene Prüfungen, gelungene Vorstellungsgespräche, überzeugende Präsentationen, erfolgreiche Gehaltsverhandlungen, brillante Geschäfts-Small-Talks und so weiter sammeln, dann haben Sie in jeder kritischen Situation einen Gedächtnisanker, an dem Sie Ihre positive Stimmung festmachen. Für den Fall, dass Zweifel, Enttäuschungen und Niederlagen aufkommen, können Sie so Ihre positive Stimmung leichter selbst wiederherstellen. Je mehr verschiedene, vielleicht auch widersprüchliche Aspekte Ihrer selbst Sie aus dem Episoden- und Wissensspeicher Ihres Gedächtnisses abzurufen in der Lage sind, desto stabiler wird Ihr Selbstbewusstsein.[2]

Suchen Sie also in Ihrem Erinnerungsfundus gezielt nach Geschichten, die Sie erlebt haben. Wann waren Sie ein Held? Wann ein Schurke, ein Eroberer, ein Biest, ein Kämpfer, ein Glückskind? Je mehr Geschichten Sie von sich erzählen können, desto besser können Sie Ihre Stimmungen steuern. Je mehr Sie sich klarmachen, dass Sie bisweilen sowohl die kleine und hilflose als auch immer wieder im besonderen Maße die heldenhaft strahlende Hauptperson Ihrer Lebensgeschichten sind, desto stabiler wird Ihr Selbstbewusstsein.

Nehmen Sie sich und Ihre gesamte Persönlichkeit an
Selbstbewusstsein kann erst dann erfolgreich aufgebaut werden, wenn auch scheinbar negative Aspekte Ihrer Persönlichkeit von Ihnen (an-)erkannt und akzeptiert werden. Versuchen Sie, genau auf sich und Ihre Reaktionen zu achten, lernen Sie alle Teile Ihrer Persönlichkeit mit den jeweiligen Bedürfnissen, Empfindlichkeiten und Konflikten kennen – und Sie werden entspannter und gelassener auch mit den schwierigen Situationen des Lebens umgehen können.

Wer beispielsweise in Konfliktsituationen mit patzigen Sprüchen reagiert wie »Dann eben nicht!« oder »Ist mir doch egal!«, handelt wohl eher wie ein Kind oder ein pubertierender Teenager. Stellen Sie sich in so einer Situation die folgende Frage: Wie alt fühle ich mich in diesem Moment, und ist dies das Alter, das ich haben müsste, um dieses Problem zu lösen?[3] Sobald Sie Ihre Teenager-, Trotz- oder Verweigerungsrolle identifiziert haben, sind Sie wieder Herr der Situation und können vielleicht über sich selbst schmunzeln.

Doch nicht nur unsere Kindheit, sondern auch deren Hauptdarsteller, unsere Eltern (vielleicht auch ältere Geschwister), sind mit ihren Werten und ihrer Persönlichkeit in uns selbst verinnerlicht. Das können kleine Details sein (»Nimm immer einen Pullover mit, sonst erkältest du dich!«) oder auch Einstellungen, die den eigenen Lebensweg behindern (»Hinter jedem erfolgreichen Mann steht eine starke Frau.«).

Wenn Sie lernen, in sich selbst hineinzuhorchen und die Stimmen Ihrer Eltern von Ihrer eigenen zu unterscheiden, können Sie ein deutlich selbstbestimmteres Leben führen. Probieren Sie es aus, es lohnt sich!

Aus Schwächen Stärken machen

Machen Sie sich ebenfalls bewusst, welche latenten Selbstbilder, welche eingebildeten Beurteilungen Sie mit sich durch Ihr Leben führen. Ob »Arbeiterin«, »kleiner Sachbearbeiter«, jemand »aus einfachen Verhältnissen«, »Nur-Hausfrau« und so weiter – lassen Sie sich von diesen Bildern nicht negativ beeinflussen! Stehen Sie zu sich selbst mit allem, was zu Ihnen gehört, und ziehen Sie Ihren Nutzen daraus. Auch Ihre vermeintlichen Schwächen können so zu Stärken mutieren!

Beschäftigen Sie sich mit Ihren Begabungen, Fähigkeiten und Neigungen

Sie verfügen über eine ganz bestimmte Kombination von Charaktermerkmalen, Talenten und Begabungen, Fähigkeiten und Fertigkeiten, Interessen, Neigungen und Bedürfnissen. Das macht Sie einzigartig.

Gerade im Bewerbungsverfahren ist es wichtig zu wissen, was Sie können und wo Ihre Stärken liegen. Im nächsten Kapitel finden Sie dazu einen Orientierungstest (siehe S. 45). Nehmen Sie sich die Zeit, über sich selbst und Ihre Wünsche und Möglichkeiten nachzudenken. Vielleicht wollen Sie sich bei der Entdeckung und Entwicklung verborgener Talente sogar helfen lassen. Letztlich jedoch können nur Sie selbst entscheiden, mit welchen Arbeitsaufgaben, in welcher Verantwortungsposition, in welchem Beruf und welcher Branche, aber auch in welcher Umgebung Sie glücklich werden.

2. Schritt: Aktion

Machen Sie sich bewusst, dass jeder in der Lage ist, eigenverantwortlich zu handeln. Mit reiner Reflexion ist es nicht getan – auf die Aktion, auf die Umsetzung kommt es an. »Unsere Handlungen sind eine Art Gymnastik, mit der wir die Selbstachtung fit halten«, erläutern die Psychologen Christophe André und François Lelord.[4] Ein Musiker darf sich auch nicht damit begnügen, auf seine Virtuosität stolz zu sein. Er muss ständig üben und auftreten, sonst verkümmert seine Kunstfertigkeit.

Selbstwirksamkeit steigernde (Alltags-)Aktivitäten
Doch was macht Sie selbstbewusster? Wie können Sie Ihr Selbstwertgefühl steigern? Sie werden erstaunt sein, womit sich dies alles erreichen lässt:

- ▶ **Bewegung:** Wenn Sie sich bewusst dazu entschließen, mehrmals wöchentlich einer bewegungsintensiven Sportart nachzugehen, sich also mehr bewegen als zuvor (zum Beispiel joggen), hat dies eine positive Auswirkung auf Ihr Selbstwertgefühl.
- ▶ Auch eine **Veränderung Ihrer Ess- und Trinkgewohnheiten** wird sich positiv auswirken. Der Mensch ist, was er isst. Soll heißen: Wenn Sie Ihre Nahrungsaufnahme bewusster gestalten, tun Sie viel für Körper und Geist.
- ▶ **Hygiene und Kleidung:** Sie fühlen sich in einem drei Tage konsequent

getragenen, bekleckerten und streng nach Schweiß riechenden T-Shirt anders als in einem frisch gewaschenen und gebügelten Hemd. Ihre gesamte Körperhygiene (Haare, Fingernägel, Unterwäsche etc.) hat starken Einfluss auf Ihr Selbstwertgefühl.
- Zufriedenstellende **berufliche Aufgaben,** die Ihnen ein angemessenes Maß an Selbstverwirklichung erlauben und Erfolgserlebnisse bereiten, spielen eine zentrale Rolle bei der Entwicklung Ihres Selbstbewusstseins. Gerade im beruflichen Umfeld ist es wichtig zu lernen, mit neuen Herausforderungen umzugehen. Wird Ihnen gesagt, dass Sie ein neues Projekt begleiten, sollten Sie sich freuen – denn Ihnen wird etwas zugetraut. Ähnlich positiv sollten Sie mit sich selbst umgehen.
- Auch eine **sinnvolle Tätigkeit außerhalb Ihrer beruflichen Sphäre,** zum Beispiel Ihr selbst gesteuertes (sprich: selbst gewähltes) Engagement für ein soziales Projekt, kann Ihr Selbstwertgefühl deutlich bereichern.

Schluss mit dem Aufschiebewahn

Kein Wandel ohne Handeln. Oft ist zwar die Erkenntnis da, aber mit der Umsetzung hapert es – wie bei den meisten guten Vorsätzen zu Silvester. Eigentlich will kaum jemand ernsthaft eine wichtige Angelegenheit aufschieben. Doch es ist ein Teufelskreis: Je mehr wir uns persönlich dem Druck aussetzen und uns kaum mehr entspannen, desto stärker wird der »innere Schweinehund« in uns. Je mehr wir diesen mit allen Mitteln bekämpfen, desto bissiger entwickelt er sich. Wir müssen also lernen, mit unserem Schweinehund zu leben und ihn entsprechend zu zähmen.

Vorsicht »Aufschieberitis«

Doch wie bekommen wir unseren inneren Gegenstreiter in den Griff? Halten Sie sich dazu an diese Schritt-für-Schritt-Strategie:

- Treffen Sie eine eindeutige Entscheidung.
- Machen Sie eine klare Zielplanung.
- Beginnen Sie mit der konkreten Ausführung.
- Kontrollieren Sie Ihre Zwischenergebnisse.
- Belohnen Sie sich für Ihren Erfolg.[5]

Wenn Sie diese Empfehlungen beherzigen, werden Sie auch ungeliebte Aufgaben leichter erledigen können.

Lassen Sie Ihrer Kreativität freien Lauf

Jede künstlerische Aktivität wie Malen, Fotografieren oder das Erlernen und Spielen eines Musikinstruments wird sich positiv auf Ihr Selbstwertgefühl auswirken. Auch ein interessantes Hobby, egal ob Modelleisenbahn oder Rosenzucht, wirkt positiv. Das entscheidende Moment bei all diesen Aktivitäten ist – neben der intensiven Hingabe (Stichwort: Identifikation) – das Gefühl, etwas Besonderes für sich und Ihre Umwelt zu bewirken, selbstbestimmt etwas tun zu können, von dem Sie überzeugt sind und das Sie und andere erfreut.

Akzeptieren Sie sich selbst
Selbstakzeptanz ist die vielleicht wichtigste Grundlage für Ihr Selbstbewusstsein. Wenn Sie sich selbst annehmen und akzeptieren können, wirken Sie auch selbstsicher nach außen. Die Annahme der eigenen Person fällt jedoch vielen Menschen sehr schwer; Selbstzweifel und Frustration sind die Folge.

3. Schritt: Autonomie

»Auto nomos« ist griechisch und bedeutet etwa: sich sein Gesetz selbst geben. Das Gegenteil davon wäre »Heteronomie« – andere das Gesetz machen lassen. Die Kunst des Lebens besteht darin, beides miteinander zu verbinden: sich selbst behaupten und gleichzeitig fähig sein zu Intimität in der Partnerschaft und Verbundenheit in Gruppen.

Sich selbst behaupten
Wer selbstbewusst auftritt und sich traut, seine Meinung zu sagen, zu widersprechen, »Nein« zu sagen oder etwas für sich angemessen zu fordern, stärkt sein Selbstbewusstsein. Wer schüchtern ist und seinen Mund hält, wird sein Selbstbewusstsein immer mehr verlieren. Der Erste freut sich über ein sich selbst bestätigendes System, der Zweite steckt in einem Teufelskreis.

Widerspruch fordert Widerstand heraus. Niemand ist erfreut, wenn Sie ihm eine Bitte abschlagen oder ihm glasklar darlegen, für wie unsinnig Sie seinen Standpunkt halten. Doch wenn Sie sich selbst behaupten, heißt das nicht, dass Sie in der Achtung Ihres Gegenübers sinken. Im Gegenteil! Entscheiden Sie selbst: Wen finden Sie beeindruckender – jemanden, der immer versucht, es allen recht zu machen? Oder jemanden, der seinen eigenen Weg geht, auch gegen Widerstände?

Selbstbehauptung trainieren

Es gibt etliche **Übungen**[6], mit denen Sie Ihre Fähigkeit zur Selbstbehauptung testen und verbessern können:

- **Proben Sie das Neinsagen.** Wenn Sie etwas nicht möchten, brauchen Sie Ihr Gegenüber nicht vor den Kopf zu stoßen. Viel leichter geht es, wenn Sie das »Nein« zur Sache mit einem »Ja« zur Person verbinden. Etwa so: »Ich freue mich sehr über Ihre Einladung, habe jedoch leider keine Zeit zu kommen.« Oder: »Ich finde es sehr nett, dass Sie mir diese Aufgabe zutrauen. Dennoch, ich möchte sie zu diesem Zeitpunkt nicht übernehmen, da ich im Augenblick schon an zwei wichtigen Projekten arbeite und ich Ihrer Aufgabe dann nicht genügend Zeit widmen könnte.«
- **Lernen Sie, Respekt einzufordern.** Sie sind es wert, gut behandelt zu werden. Dementsprechend sollten Sie niemandem erlauben, Ihnen respektlos gegenüberzutreten. Mangelnder Respekt ist ein abwertendes Signal für Ihr Selbstwertgefühl. Fordern Sie von Ihren Mitmenschen ein, dass sie Sie entsprechend behandeln. Probieren Sie es aus, in einer entsprechenden Situation den Satz messerscharf auszusprechen: »Ich finde Ihr Verhalten/Ihre Bemerkung respektlos!« Drehen Sie sich um und verlassen Sie die Szene. Sie werden erstaunt sein über die Wirkung – bei sich selbst wie bei anderen.
- **Üben Sie, den eigenen Standpunkt zu vertreten.** Sie haben den Entschluss gefasst, etwas zu tun oder zu lassen. Gut! Belassen Sie es dabei. Sie müssen niemandem erklären, warum Sie sich so entschieden haben. Denn sobald Sie Ihre Entscheidung begründen, wird Ihr Gegenüber versuchen, Ihnen diese Gründe auszureden.
- **Mit anderen leben.** Der Mensch ist ohne die Gemeinschaft nicht denkbar, umgekehrt ist die Gemeinschaft ohne den Einzelnen nicht möglich. Beides bedingt einander. Wenn wir zeigen, dass wir auf andere eingehen können, werden andere auch eher bereit sein, auf uns einzugehen.
- **Zögern Sie nicht, um Unterstützung zu bitten.** Fällt es Ihnen schwer, andere um einen Gefallen zu bitten? Dann drehen Sie die Perspektive doch einmal um. Wie fühlen Sie sich, wenn jemand Sie um Unterstützung bittet? Je nachdem, wer Sie fragt und um was es geht, werden Sie von Herzen gerne helfen. Warum sollte es Ihrem Gegenüber anders gehen? Nehmen Sie allerdings in Kauf, dass Ihnen nicht sofort geholfen werden kann oder nicht exakt so, wie Sie sich das vorgestellt haben. Und: Ruhen Sie sich nicht auf der Hilfe der anderen aus, werden Sie auch selbst aktiv.
- **Aktivieren und pflegen Sie Ihr soziales Beziehungsnetz.** Rufen Sie Familie, Freunde und Bekannte regelmäßig an, treffen Sie sich, tauschen Sie sich aus, teilen Sie schöne Erlebnisse miteinander. Das stärkt das soziale Gefüge, in dem Sie sich bewegen – und damit auch Ihr Selbstbewusstsein. Aktivieren Sie Ihr Beziehungsnetz nur dann, wenn Sie etwas benötigen oder mal wieder so richtig jammern wollen, stoßen Sie bald auf Ablehnung.

- **Trainieren Sie Ihre kommunikativen Fähigkeiten.** Auch die direkte Kommunikation mit anderen, der sprachliche Austausch, wirkt positiv auf Ihr Selbstbewusstsein. Besonders wirksam ist dabei die freie Rede vor einem Publikum. Besuchen Sie einen Rhetorikkurs und nutzen Sie jede Gelegenheit, Ihre Fähigkeiten im Vortragen zu festigen, sei es von Geschichten, Reden oder Präsentationen.
- **Erweitern Sie Ihr soziales Wirkungsfeld.** Sie sollten jede Möglichkeit nutzen, Ihr Übungsterrain zu vergrößern, zum Beispiel durch eine aktive Mitgliedschaft in Vereinen, sozialen Gruppen, Interessengemeinschaften oder auch durch die Teilnahme an VHS-Kursen oder Weiterbildungsmaßnahmen.

Auf den Punkt gebracht

Wenn Sie sich beruflich neu orientieren oder anders positionieren wollen, sind viele wichtige Dinge zu beachten. Der erste und alles entscheidende Schritt ist es, die richtige Einstellung zu finden. Alles steht oder fällt mit Ihrem Bewusstsein. Wissen Sie erst einmal, worauf es wirklich ankommt, kennen Sie also die Weichensteller im Bewerbungsverfahren und im Berufsleben (Kompetenz, Leistungsmotivation, Persönlichkeit), dann haben Sie wahrscheinlich auch das richtige (Selbst-)Bewusstsein. Ohne Selbstbewusstsein, Mut, aber auch Unterstützung ist alles doppelt oder gar dreifach so schwer.

Die richtige Sichtweise macht die »Arbeit mit der Arbeitssucherei« schon wesentlich erträglicher. Und selbst wenn Sie bereits über 50 sind, stehen Ihre Chancen nicht so schlecht, wie viele Ihnen weismachen wollen. Hier beginnt der Beton in den Köpfen vieler zu bröckeln.

Trauen Sie sich etwas zu. Wenn nicht mal Sie, wer denn dann …

Bestandsaufnahme

»Ich habe keine besondere Begabung,
sondern bin nur leidenschaftlich neugierig.«
Albert Einstein

Vor der eigentlichen Bewerbung ist es unbedingt Zeit für eine Bestandsaufnahme. Was sind Ihre Argumente? Womit wollen Sie überzeugen?

Das Marketing in eigener Sache kann nur gelingen, wenn Sie genau wissen, was Sie zu bieten haben. Entdecken Sie Ihre Einzigartigkeit und überzeugen Sie andere davon, insbesondere Ihren potenziellen Arbeitgeber.

Vorbereitung

Haben Sie einmal darüber nachgedacht, wie viel Zeit Sie an Ihrem Arbeitsplatz verbringen? Es sind im Laufe eines Arbeitslebens etwa 60.000 bis 80.000 Stunden, also fast ein Drittel Ihrer Lebenszeit.

Wissenschaftliche Untersuchungen ergaben, dass Menschen an einem ganz normalen Arbeitstag durchschnittlich lediglich neun Minuten mit ihrem Lebenspartner sprechen. Da Sie mit Sicherheit mehr als diese neun Minuten an Ihrem Arbeitsplatz mit Kommunikation verbringen, wird klar, dass der größte Teil Ihrer verbalen Interaktionen beruflicher Natur ist – mit Kollegen, Vorgesetzten, Kunden oder Lieferanten. Dennoch bringen die meisten Menschen bei der Wahl des Arbeitsplatzes nicht einmal einen Bruchteil der Sorgfalt und Mühe auf, die sie bei der Auswahl ihres Partners ganz selbstverständlich aufwenden. Begehen Sie nicht diesen Fehler. Denken Sie an eine ausreichende Vorbereitung. Denn sie ist der Schlüssel zum Erfolg und der wichtigste Wegweiser zu Ihrem Ziel. Wer bin ich? Was kann ich? Was will ich? Was ist möglich? – sind die entscheidenden Leitfragen, deren intensive Bearbeitung Ihnen helfen wird, den gewünschten Arbeitsplatz oder die angestrebte Position zu erobern.

Sie werden an dieser Stelle vielleicht einwenden, in wirtschaftlich schwierigen Zeiten seien die Auswahlmöglichkeiten begrenzt. Trotzdem sollten Sie wählerisch sein, denn für jeden Einzelnen hängt von der Art der Arbeitsaufgaben und der Qualität der zwischenmenschlichen Beziehungen am Arbeitsplatz viel ab. Wenn es am Arbeitsplatz gravierende Probleme gibt, haben diese mit Sicherheit Auswirkungen auf Ihren privaten Bereich, Ihre Beziehung zum Lebenspartner und damit auf Ihre Zufriedenheit und Gesundheit insgesamt.

Das passende Unternehmen

Natürlich ist es außerordentlich wichtig, die Spielregeln des Bewerbungsrituals zu kennen und sie innovativ und individuell anzuwenden. Zunächst einmal müssen Sie aber herausfinden, welche Aufgaben und Unternehmen zu Ihnen passen.

Auch potenzielle Arbeitgeber befinden sich in einer Bewerbungssituation und müssen sich um Sie als zukünftigen Mitarbeiter angemessen bemühen. Sollten Sie bei der ersten Kontaktaufnahme und im weiteren Verlauf des Bewerbungsverfahrens einen schlechten Eindruck von einem Unternehmen gewinnen, muss dies Ihre Auswahlentscheidung beeinflussen. Zu viel Enttäuschung und Leid könnte auf Sie zukommen, wenn Vorgesetzte oder Kollegen für Sie nicht die richtigen Partner wären oder die Arbeitsaufgaben Sie massiv unter- oder überfordern.

Die meisten Arbeitsplatzanbieter geben sich große Mühe, für ihr Unternehmen geeignete Mitarbeiter einzustellen. Viele Arbeitnehmer dagegen scheinen mehr Zeit und Geld für die Wahl eines günstigen Gebrauchtwagens zu investieren, als sich kritische Gedanken bei der Auswahl ihres Arbeitsplatzes und Arbeitgebers zu machen. Machen Sie es besser: Investieren Sie Ihre Lebensarbeitszeit sinnvoll und klug. Sie ist begrenzt.

Orientierungstest

Sind Sie sich sicher, was Sie arbeiten wollen oder ob der bereits ausgeübte Beruf der eigentlich richtige für Sie ist?

Wenn nicht, empfehlen wir Ihnen folgenden Neigungstest. Er wird Ihnen darüber Aufschluss geben, wo Ihre Stärken und wahren Talente schlummern, und kann Ihnen bei der Suche nach einem (neuen) Beruf behilflich sein.

Interessen-Intensitäts-Test
Dieser Test gibt Ihnen Informationen über das Ausprägungsprofil Ihrer persönlichen Berufsinteressen. Es werden Ihnen jeweils drei Aktivitäten bzw. Tätigkeiten vorgestellt (durchaus nicht immer eindeutig berufliche).

Entscheiden Sie bei jeder einzelnen, ob Sie persönlich diese Aktivität bzw. Tätigkeit

- eindeutig oder eher interessant finden   ☺
- mehr oder weniger gleichgültig lässt   😐
- eindeutig oder relativ uninteressant finden   ☹

Sie haben also bei jeder einzelnen Aktivität bzw. Tätigkeit die Wahl zwischen drei Bewertungen (bitte ankreuzen):

☺ 😐 ☹

1

	☺	😐	☹
a) nach eigenen Ideen selbst etwas handwerklich gestalten	☺	😐	☹
b) bei handwerklichen Arbeiten mit Hand anlegen, helfen	☺	😐	☹
c) nach konkreter Vorgabe/Anleitung etwas handwerklich ausführen	☺	😐	☹

2

	☺	😐	☹
a) Maschinen/technische Geräte reparieren	☺	😐	☹
b) Maschinen/technische Geräte bauen/konstruieren	☺	😐	☹
c) Maschinen/technische Geräte warten und pflegen	☺	😐	☹

3

a) Ferien auf dem Bauernhof verbringen	☺	😐	☹
b) bei der Ernte mithelfen	☺	😐	☹
c) Gemüse und Obst selbst anbauen	☺	😐	☹

4

a) gerne essen gehen	☺	😐	☹
b) neue Kochrezepte entwickeln	☺	😐	☹
c) nach Rezept selber kochen	☺	😐	☹

5

a) beim Kauf auf umweltfreundliche Produkte achten	☺	😐	☹
b) Interesse am Umweltschutz haben	☺	😐	☹
c) sich bei Greenpeace engagieren	☺	😐	☹

6

a) abgestürzte Computerprogramme wieder flottmachen	☺	😐	☹
b) neue Computerprogramme entwickeln	☺	😐	☹
c) Computerprogramme auswählen und anwenden	☺	😐	☹

7

a) neue, vereinfachte Antragsformulare entwickeln	☺	😐	☹
b) Antragsformulare erklären und ausgeben	☺	😐	☹
c) über Anträge von Bürgern entscheiden	☺	😐	☹

8

a) interessante Zeitungen aufheben	☺	😐	☹
b) Zeitungsausschnitte zu einem bestimmten Thema sammeln	☺	😐	☹
c) ein eigenes Themenarchiv mit Zeitungsausschnitten aufbauen	☺	😐	☹

9

a) auf eine gewisse Ordnung achten	☺	😐	☹
b) ein Büro organisieren/leiten	☺	😐	☹
c) zu Hause alle Unterlagen immer ordentlich abheften	☺	😐	☹

10

a) Fernsehkrimis anschauen	☺	😐	☹
b) als Kommissar arbeiten	☺	😐	☹
c) Einsätze der Kriminalpolizei leiten und koordinieren	☺	😐	☹

11

a) neue Verkäufer schulen	☺	😐	☹
b) Verkaufsangebote vergleichen	☺	😐	☹
c) im Verkauf tätig sein	☺	😐	☹

12

a) Stadtbesichtigungen leiten	☺	😐	☹
b) verschiedene Stadtbesichtigungsprogramme ausarbeiten	☺	😐	☹
c) an einer Stadtbesichtigung teilnehmen	☺	😐	☹

13

a) einen Werbefilm entwickeln	☺	😐	☹
b) bei TV-Werbung nicht umschalten	☺	😐	☹
c) sich für neue Werbespots interessieren	☺	😐	☹

14

a) sich über Vorteile des Internets informieren	☺	😐	☹
b) im Internet surfen	☺	😐	☹
c) ein Buch für Internet-User schreiben	☺	😐	☹

15

a) Aktien kaufen und verkaufen	☺	😐	☹
b) die Entwicklung von Aktienkursen verfolgen	☺	😐	☹
c) Prognosen für die Entwicklung des Aktienmarktes erstellen	☺	😐	☹

16

a) ein Zahlenwerk aufstellen	☺	😐	☹
b) komplexe Statistiken interpretieren	☺	😐	☹
c) nachrechnen/kontrollieren	☺	😐	☹

17

a) Patienten im Krankenhaus betreuen	☺	😐	☹
b) in der medizinischen Forschung arbeiten	☺	😐	☹
c) Zeitungsartikel über medizinische Entwicklungen lesen	☺	😐	☹

18

a) naturwissenschaftliche Experimente planen	☺	😐	☹
b) naturwissenschaftliche Artikel lesen	☺	😐	☹
c) naturwissenschaftliche Forschungsresultate diskutieren	☺	😐	☹

19

a) philosophische Bücher lesen	☺	😐	☹
b) in einer Gruppe über den Sinn des Lebens diskutieren	☺	😐	☹
c) ein neues Ethik-Denkmodell entwickeln	☺	😐	☹

20

a) sich mit Bauplänen, -modellen und -vorschriften beschäftigen	☺	😐	☹
b) interessante Bauwerke besichtigen	☺	😐	☹
c) eigene architektonische Ideen entwickeln	☺	😐	☹

21

a) in einer Arbeitsloseninitiative mitarbeiten	☺	😐	☹
b) eine Arbeitsloseninitiative finanziell unterstützen	☺	😐	☹
c) eine Arbeitsloseninitiative gründen	☺	😐	☹

22

a) als LehrerIn oder ErzieherIn arbeiten	☺	😐	☹
b) neue pädagogische Theorien entwickeln	☺	😐	☹
c) Erziehungstipps austauschen	☺	😐	☹

23

a) Unterricht nehmen, etwas lernen ☺ 😐 ☹
b) Unterricht geben ☺ 😐 ☹
c) Unterrichtsmethoden entwickeln ☺ 😐 ☹

24

a) bei einer Bürgerinitiative mitarbeiten ☺ 😐 ☹
b) über politische Probleme diskutieren ☺ 😐 ☹
c) mit anderen eine Bürgerinitiative gründen ☺ 😐 ☹

25

a) als Psychotherapeut tätig sein ☺ 😐 ☹
b) die Zusammenhänge von Stress und körperl. Erkrankungen erforschen ☺ 😐 ☹
c) sich über die Ursachen von seelischen Problemen Gedanken machen ☺ 😐 ☹

26

a) Musikstücke komponieren ☺ 😐 ☹
b) Musik hören und genießen ☺ 😐 ☹
c) selbst Musik machen ☺ 😐 ☹

27

a) fotografieren ☺ 😐 ☹
b) neue Techniken der Porträtfotografie entwickeln ☺ 😐 ☹
c) eine Fotoausstellung besuchen ☺ 😐 ☹

28

a) Unterhaltungsliteratur oder Sachbücher lesen ☺ 😐 ☹
b) mit Freunden über Bücher diskutieren ☺ 😐 ☹
c) selbst schriftstellern/schreiben ☺ 😐 ☹

29

a) eine Fremdsprache lernen ☺ 😐 ☹
b) im Auslandsurlaub Basis-Sprachkenntnisse erwerben ☺ 😐 ☹
c) in einer Fremdsprache Nachhilfe geben ☺ 😐 ☹

30

a) intensiv Zeitungen und Zeitschriftenartikel lesen ☺ 😐 ☹
b) einen ausführlichen Leserbrief schreiben ☺ 😐 ☹
c) in der Redaktionskonferenz neue Themenvorschläge vorstellen ☺ 😐 ☹

Auswertung

Der Test hat folgenden Hintergrund: Sie standen jeweils vor der Aufgabe, eine Tätigkeit für sich zu bewerten nach den Kriterien:

- ▶ für mich interessant
- ▶ teils/teils
- ▶ für mich uninteressant

Dabei wurden Ihnen Tätigkeiten vorgestellt, die

- ein eher rezeptives, d. h. passiv-konsumierendes, ein aufnehmendes, sich in einer Lernphase befindendes Verhalten darstellten;
- ein eher aktiv-engagiertes Tun, Machen oder Arrangieren, ein sehr am praktischen Umsetzen orientiertes Verhalten darstellten;
- ein eher kreativ-gestalterisches Machen, Aufgreifen, um etwas weiterzuentwickeln, ein teilweise schon sehr theoretisches Verhalten darstellten.

Mit einer Dreierskala waren die verschiedenen Tätigkeiten von Ihnen zu bewerten:

- zustimmend   ☺
- teils/teils   😐
- ablehnend   ☹

Im folgenden Auswertungsschema tragen Sie bitte für jede

- zustimmende Ankreuzung   ☺ +1 ein
- Teils/teils-Ankreuzung   😐 0 ein
- ablehnende Ankreuzung   ☹ −1 ein

und addieren bzw. subtrahieren Sie zunächst zeilenweise, dann später die Zeilenergebnisse eines Blockes untereinander.
Pro Zeile wären als Extremwerte −3 bis +3 möglich.
Pro Block, insgesamt gibt es sechs unterschiedliche, wäre also rechnerisch ein Ergebnis von −15 bis +15 Punkten möglich.

Nun zum zweiten Teil der Auswertung: Je nachdem, ob Sie −1, 0 oder +1 hinter jedem Buchstaben in der Zeile stehen haben, bekommen Sie für die Spalten passiv, aktiv, kreativ ebenfalls einen Punktwert:

für −1 = 0
für   0 = 1
für +1 = 2

Pro Passiv/aktiv/kreativ-Spalte und Block können Sie einen Punktwert zwischen 0 und +10 erhalten, wenn Sie das Spaltenergebnis addieren.

	eher passiv	eher aktiv	eher kreativ	
1	b	c	a	Bereich Handwerk und Technik
2	c	a	b	
3	a	b	c	
4	a	c	b	
5	b	a	c	
6	c	a	b	Bereich Büro und Verwaltung
7	b	c	a	
8	a	b	c	
9	a	c	b	
10	a	b	c	
11	b	c	a	Bereich Handel und Wirtschaft
12	c	a	b	
13	b	c	a	
14	a	b	c	
15	b	a	c	
16	c	a	b	Bereich Wissenschaft und Forschung
17	c	a	b	
18	b	c	a	
19	a	b	c	
20	b	a	c	
21	b	a	c	Bereich Soziales und Erziehung
22	c	a	b	
23	a	b	c	
24	b	a	c	
25	c	a	b	
26	b	c	a	Bereich Kunst und Sprache
27	c	a	b	
28	a	b	c	
29	b	a	c	
30	a	b	c	

Werten Sie auch das Gesamtergebnis der jeweiligen Spalten passiv/aktiv/kreativ über alle sechs Bereiche aus.

	Handwerk/ Technik	Büro/ Verwaltung	Handel/ Wirtschaft	Wissenschaft/ Forschung	Soziales/ Erziehung	Kunst/ Sprache
+15						
+14						
+13						
+12						
+11						
+10						
+9						
+8						
+7						
+6						
+5						
+4						
+3						
+2						
+1						
0						
−1						
−2						
−3						
−4						
−5						
−6						
−7						
−8						
−9						
−10						
−11						
−12						
−13						
−14						
−15						

Durch einfache Kästen kann man sein Ergebnis, von der Nullebene ausgehend, visualisieren.

Interpretation

Sie erhalten mit diesem Test eine Aussage über zwei berufsrelevante Trends. Zum einen finden Sie Hinweise, welchen Arbeitsbereich oder welches Berufsfeld Sie bevorzugen, zum anderen bekommen Sie Informationen, welche Handlungs- und Verantwortungsebene für Sie die angenehmste ist.

Pro *Arbeitsbereich/Berufsfeld* sind –15 bis +15 Punkte zu erzielen.

Betrachtet man die Punkteverteilung, erhält man Auskunft über den Arbeitsbereich/das Berufsfeld, für das Sie ein stärkeres Interesse und eine deutlich höhere Affinität zeigen (höhere Pluswerte ab ...) oder natürlich auch (angezeigt durch Minuswerte ab ...) ein klares Desinteresse spüren.

Gleichzeitig finden Sie hilfreiche Hinweise auf die Handlungs- und Verantwortungsebene, auf der Sie sich die berufliche Tätigkeit am ehesten wünschen. Wichtiger in Ihrer Aussage sind dabei die Ebenen *aktiv* und *kreativ*.

Auch ein Blick in voller Spaltenlänge über alle sechs Arbeitsbereiche/Berufsfelder hinweg kann einen wertvollen Hinweis ergeben auf die berufliche Handlungs- und Verantwortungsebene, die man generell favorisiert.

Auswertung und Interpretation der Punktwerte

- –15 bis –12 total uninteressant
- –11 bis –8 immer noch sehr klar und deutlich uninteressant
- –7 bis –4 einfach uninteressant
- –3 bis +3 im neutralen Bereich mit gewisser Minus- oder Plus-Tendenz
- +4 bis +7 schon recht interessant
- +8 bis +11 sehr klar und deutlich interessant
- +12 bis +15 absolut interessant

Ab 8 Punkten pro Bereich wird ein deutliches, starkes Interesse signalisiert.

- ▶ Null und weniger Punkte zeigen eine deutliche Gleichgültigkeit bis Abneigung gegenüber diesem Arbeitsbereich an.
- ▶ 6 bis 7 Punkte zeigen ein schwaches bis leichtes Interesse,
- ▶ 8 bis 10 ein deutliches Interesse,
- ▶ und ab 11 bis 15 besteht ein starkes bis wirklich sehr starkes Interesse.
- ▶ Der Ergebnisbereich unterhalb –3 ist weniger interessant.

Zweiter Interpretationsansatz

Für die *Handlungs- und Verantwortungsebene* (passiv/aktiv/kreativ) sind die Spaltenwerte zu berücksichtigen. Pro Arbeitsbereich sind 10 Punkte die maximale Ausprägung in jeder Spalte.

0–1 keine Ausprägung
2–3 sehr geringe Ausprägung
4–5 deutliche Ausprägung
6–7 starke Ausprägung
8–9 sehr starke Ausprägung
10 wirklich absolut starke Ausprägung

Interessant ist die Spalteninterpretation in den *Arbeitsbereichen/Berufsfeldern*, in denen die höchste und zweithöchste Punktzahl (zusammengefasste Zeilenergebnisse) erreicht wurden.

Ebenfalls sehr interessant ist hier das Gesamtergebnis über alle sechs Spaltenbereiche.

Bei maximal 60 Punkten ist eine schon deutliche Ausprägung ab 30 Punkten erreicht. Ab 40 Punkten besteht eine starke Ausprägung, ab 50 Punkten eine wirklich sehr starke Ausprägung.

0–10 keine Ausprägung
11–20 sehr geringe bis deutliche Ausprägung
21–30 deutliche bis sehr klare Ausprägung
31–40 sehr klare bis starke Ausprägung
41–50 starke bis sehr starke Ausprägung
51–60 sehr starke bis außergewöhnlich starke Ausprägung

Interessant ist der Vergleich der drei Handlungs- und Verantwortungsebenen nebeneinander ebenso wie der Vergleich der beiden hinsichtlich der Punktzahlen am stärksten entwickelten Arbeitsbereiche in Relation zu den beiden am geringsten ausgeprägten.

Die Botschaft

Wenn Sie eine Stelle suchen, gilt vor allem: Machen Sie Schluss mit einer einseitigen Bittstellerhaltung, erarbeiten Sie sich ein neues (Selbst-)Bewusstsein als Basis Ihrer erfolgreichen Bewerbungsstrategie. Begeben Sie sich nicht – wie die meisten Bewerber – in die Rolle eines bemühten Antragstellers, der versucht, einen Arbeitgeber davon zu überzeugen, der beste Kandidat für eine bestimmte Position zu sein.

Nehmen Sie doch mal folgende Perspektive ein: Sie sind Unternehmer. Am Markt müssen Sie mit Ihrem Produkt Ihre potenziellen Kunden überzeugen.

Um Ihr Produkt erfolgreich an den Käufer zu bringen, sollten Sie deshalb Marktforschung betreiben.

Nun ist Ihr Produkt kein Gegenstand, sondern eine Dienstleistung. Es handelt sich um Ihr Know-how, Ihr spezielles Fachwissen, Ihre Arbeitskraft. Warum soll ein Kunde (Arbeitgeber) ausgerechnet Ihr Produkt kaufen? Diese Frage stellt sich jeder Unternehmer angesichts der Vielzahl der Bewerber. Es geht um Produkt- und Käuferanalyse und die Marktchancen, die sich aus den Bedürfnissen der Käufer und den Möglichkeiten der Anbieter ableiten lassen.

Käufer finden

Auf welchem Gebiet liegen Ihre Fähigkeiten und Stärken, und wo sind die Arbeitsplatzanbieter, die genau diese Eigenschaften, Ihre Fähigkeiten und Stärken, einkaufen möchten und Ihnen einen ordentlich bezahlten Arbeitsplatz anbieten können? Warum soll ein Kunde (Arbeitgeber) sich für Ihr Produkt (Ihr Know-how, Ihre Fähigkeiten) interessieren und bereit sein, 50.000 Euro plus Lohnnebenkosten pro Jahr zu bezahlen?

Was sind Ihre Argumente? Womit wollen Sie überzeugen? Wer diese Fragen nicht sorgfältig beantwortet, wer nicht sehr ausgiebig einzelne Verkaufsargumente sammelt, abwägt, formuliert und diese dann gezielt als Verkaufsbotschaft vermittelt, wird kaum einen interessanten Arbeitsplatz erobern (siehe auch Kapitel »Ihr Kommunikationsziel«, S. 72). Es geht hier also um eine Herausforderung besonderer Art, nämlich Marketing in eigener Sache.

Wenn das alles für Sie nach absoluter Anpassung an den Markt klingt, werden Sie gleich erkennen, wie Sie durch intensive Vorbereitung Ihre Vorstellungen und Ihre Persönlichkeit in den Bewerbungsprozess einbringen und auch durchsetzen können.

Selbstanalyse

Welche Fragen bringen Sie bei der Herausforderung, ein Marketing in eigener Sache zu entwickeln, voran? Was kann Ihnen helfen, Ihre persönliche Botschaft zu formulieren?

Zunächst einmal sollten Sie eine Art Bestandsaufnahme vornehmen. Sie wird Ihnen helfen, sich selbst richtig einzuschätzen und Ihren individuellen Standort zu bestimmen. Es ist wichtig, dass Sie sich dafür Zeit nehmen und die angebotenen Übungen sorgfältig durchführen. Besser über sich Bescheid zu wissen und seine Stärken und Schwächen zu kennen, zahlt sich garantiert aus.

Sie werden sich sehr ausführlich mit folgenden Fragen auseinandersetzen:

- ▸ Was mache ich am liebsten?
- ▸ Wo möchte ich meine Fähigkeiten einsetzen?
- ▸ Wie finde ich die entsprechende Arbeit?

Die meisten Arbeitssuchenden würden die Fragen nach dem »Was« und »Wo« am liebsten überspringen und sich gleich den »Wie«-Fragen widmen: Wie findet man freie Stellen? Wie gestaltet man die Bewerbungsunterlagen? Wie verhält man sich im Vorstellungsgespräch? Und so gibt es dann auch eine Unmenge von Ratgebern, die sich lediglich mit den »Wie«-Fragen auseinandersetzen.

Überzeugung bewirkt Engagement

Wie das folgende Beispiel zeigt, ist dies ein großer Fehler. Angenommen, Sie werden gebeten, in Ihrem Büro nach einem Gegenstand zu suchen, den ein Ihnen eher unsympathischer Kollege verloren hat. Aus Höflichkeit spazieren Sie zwar kurz einmal durch den Raum und schauen sich um, aber im Grunde ist es Ihnen gleichgültig, ob das verloren gegangene Objekt wieder auftaucht oder nicht.

Ganz anders wird die Suche verlaufen, wenn es um Ihren eigenen wertvollen Füllfederhalter geht, den Sie tagelang vergeblich gesucht haben. Eine Kollegin erzählt Ihnen nun, sie habe diesen Füller noch vor ein paar Stunden irgendwo zwischen den Papieren gesehen. Mit diesem frischen Hinweis im Sinn nehmen Sie jetzt praktisch die ganze Büroetage auseinander und kommen nicht eher zur Ruhe, bis das gute Stück gefunden ist.

Daraus ergibt sich: Die Entschlossenheit Ihrer Suche steht direkt proportional zu der Bedeutung, die Sie dem gesuchten Objekt – oder in unserem Fall dem gewünschten Arbeitsplatz – beimessen.

Das Erfolgsgeheimnis bei der Arbeitssuche
Nur wenn Sie absolut überzeugt von einem Beruf, einer Aufgabe sind, werden Sie diese mit allen Mitteln suchen. In diesem Moment ändert sich nicht nur Ihre Arbeitssuche, sondern auch Ihre gesamte Lebenseinstellung.

Blick in die Zukunft

Sie erhöhen Ihre Erfolgsaussichten bei der Arbeitssuche nicht etwa allein durch das Erlernen neuer Bewerbungstechniken oder durch bessere Antworten auf die Fragen des Arbeitgebers im Vorstellungsgespräch. Letztlich werden Sie Ihren Wunscharbeitsplatz nur bekommen, wenn Sie wirklich bereit sind, intensiv über Ihre Zukunft nachzudenken.

Also: Wenn Sie Ihren beruflichen Träumen nicht jetzt folgen, wann überhaupt? Genau jetzt ist der Punkt erreicht, sich noch einmal zu erinnern, was Sie ursprünglich mit Ihrem (Berufs-)Leben vorhatten.

Natürlich ist das mit harter Arbeit, Umstellung, Ungewissheit und Risiken verbunden. Aber bedenken Sie: »Wer nicht wagt, der nicht gewinnt.«

Es gibt viel zu viele Arbeitnehmer, die nur auf das freie Wochenende warten und sich in ihren derzeitigen Jobs zu Tode langweilen. Manche wissen durchaus, was sie lieber tun würden, können jedoch den Absprung nicht finden; andere haben sich nie die Mühe gemacht, darüber nachzudenken, wo ihre persönlichen Interessen und Stärken liegen. Sie alle lassen sich eher von Umständen, Zufällen und Launen treiben.

Ihre Persönlichkeit

Von Ihren Charaktereigenschaften hängt es vor allem ab, wie engagiert Sie an Aufgaben herangehen. Sie müssen deshalb Ihre persönlichen Qualitäten, die für potenzielle Arbeitgeber interessant sind, zunächst für sich herausfinden, um sie dann im Bewerbungsverfahren besonders herausstellen zu können.

Persönliche Stärken sind – im Gegensatz zu Fähigkeiten – Auslegungssache. Da es schwierig ist, sie in Worte zu fassen, sollten Sie genau überlegen, bevor Sie in Ihrem Lebenslauf oder im Vorstellungsgespräch auf persönliche Eigenschaften eingehen. Sprechen Sie aber unbedingt von Ihren Stärken – allerdings niemals in Form einer Liste wie »Ich betrachte mich als leistungsfähig, innovativ, engagiert ...«, sondern immer nur in Verbindung mit konkreten Leistungen, beispielsweise: »In der Marketingabteilung war ich an der erfolgreichen Entwicklung innovativer Verpackungen maßgeblich beteiligt.«

Persönliche Qualitäten

Positive Eigenschaften allein machen Sie nicht gleich zur Führungskraft. Dennoch sind es meist diejenigen, die bereit sind, über sich und ihre Stärken zu sprechen, die uns und andere inspirieren. Eigenschaften übrigens, auf die es sich immer hinzuweisen lohnt, sind Mut, Kreativität, Ausdauer, Anpassungsfähigkeit, Motivationskraft und Durchsetzungsvermögen.

Die Art und Weise, wie Sie an Aufgaben herangehen, ist für Arbeitgeber ebenfalls stets interessant. Man kann in diesem Zusammenhang auch von Temperament oder Charakterzügen sprechen. Arbeitgeber suchen Bewerber, die voller Energie sind, auf Details achten, sich gut mit Kollegen verstehen, Entschlossenheit zeigen, gut unter Druck arbeiten können, sympathisch, intuitiv, beharrlich, dynamisch und verlässlich sind.

Entdecken Sie Ihre Einzigartigkeit
Es ist enorm wichtig zu überlegen, was man richtig gut kann, welche Interessen und Bedürfnisse der Arbeitgeber hat und wie beides zueinanderpasst. Denn daran scheitert es leider oft bei Bewerbungen. Das Problem ist nicht die Form –

obwohl die häufig verbesserungswürdig ist –, sondern der Inhalt. Wer sich bewirbt, kennt sich häufig selbst nicht gut genug und weiß nicht oder viel zu wenig, was er anzubieten hat.

In Ihrer besonderen Mischung aus Fähigkeiten, Anlagen, Interessen, Neigungen, Energie, Hingabe, Inspiration, Bereitschaft und Zielstrebigkeit sind Sie einzigartig. Vielleicht wissen Sie das bloß noch nicht. Leider sind sich die wenigsten Menschen darüber im Klaren. Eher herrscht doch bei den meisten das Gefühl vor: »Das kann ich nicht. Andere sind besser als ich.« Viel zu viele werden von ihren Schwächen kontrolliert, statt stolz auf sich und ihre Fähigkeiten zu sein.

Einzigartigkeit hat viele Formen und braucht keine Bestätigung von außen. Sie müssen nur bereit sein, sich selbst intensiv zu erforschen und das Ergebnis halbwegs (besser: angemessen) selbstsicher und stolz zu präsentieren.

Keine falsche Bescheidenheit

Schämen Sie sich nicht dafür, dass Sie etwas können. Weg mit falscher, anerzogener Bescheidenheit und einer Sie furchtbar behindernden Schüchternheit. Auch wenn Sie sich überhaupt nicht so fühlen: Tun Sie so, als ob Sie aus einer Position der Stärke heraus auftreten. Sie werden für viel stärker und fähiger gehalten, als Sie es sich je erträumt haben. Lernen Sie so, über das Bild hinauszuwachsen, das Sie von sich selbst haben, und nähern Sie sich den Eigenschaften, die Sie für andere wichtig, ja sogar wertvoll machen. Diese Selbstanalyse ist zwar ein schwieriger Teil Ihrer Arbeitssuche, aber durchaus zu bewältigen und bringt Sie wirklich voran!

Was für ein Mensch bin ich?

Nennen Sie zum Einstieg in diesen Fragenkomplex jetzt innerhalb einer Minute ganz spontan drei Adjektive, die wichtige Merkmale Ihrer Persönlichkeit charakterisieren.

Ich bin:

1. _____

2. _____

3. _____

Sind Sie mit Ihrer Wahl zufrieden? Beschreiben diese Adjektive wirklich zentrale Eigenschaften Ihrer Persönlichkeit? Können Sie diese spontane Auswahl einer anderen Person überzeugend vermitteln?

Um Ihnen den Einstieg in diese Thematik zu erleichtern, haben wir eine umfangreiche Liste von Persönlichkeitsmerkmalen zur Selbsteinschätzung zusammengestellt. Wenn Sie über die Frage »Was für ein Mensch bin ich?« früh genug nachdenken, festigen Sie Ihre psychische Ausgangsposition und damit Ihr Selbstbewusstsein in der konkreten Bewerbungssituation.

Denken Sie daran: Sie müssen bei dieser Selbstbeurteilungsliste nicht um jeden Preis »gut abschneiden« wollen, sich niemandem gegenüber rechtfertigen. Es geht allein um Ihre persönliche Einschätzung.

In einem zweiten Schritt können Sie später eine (oder besser mehrere) Person(en) Ihres Vertrauens bitten, die Adjektivliste ebenfalls auszufüllen (Sie finden die Liste auch auf der beiliegenden CD-ROM). Auf diese Weise erhalten Sie wertvolle Hinweise darauf, wie andere Sie einschätzen. Der Vergleich beider Ergebnisse (Selbst- und Fremdbild) sollte Sie zum Nachdenken und Diskutieren anregen.

Die Wirkung auf andere

Vielleicht wirken Sie viel furchtloser, als Sie sich fühlen. Oder Sie halten sich nicht für besonders ordentlich, werden aber durchaus als gut organisiert wahrgenommen. Wenn Ihnen das übertrieben erscheint, warten Sie ab: Sie werden bestimmt ein paar kleine Überraschungen erleben. Für eine realistische Einschätzung bilden Sie hinterher einen Mittelwert. Nun aber erst einmal zu Ihrer Selbstbeurteilung.

Um die Ausprägung einzelner Persönlichkeitseigenschaften besser einschätzen zu können, gibt es für jedes Adjektiv eine Skala von +3 bis −3. Die Extrempole sind +3 (stark ausgeprägt) und −3 (kaum vorhanden).

Falls Sie zu den einzelnen Eigenschaften Fragen haben, nicht sicher sind, wie ein Begriff gemeint oder was darunter zu verstehen ist, entscheiden Sie bitte nach Ihrem persönlichen Verständnis.

Wie schätzen Sie sich ein? Kreuzen Sie bei jeder der folgenden Eigenschaften an, wie ausgeprägt diese Ihrer Meinung nach bei Ihnen ist:

+3 = sehr stark ausgeprägt
+2 = deutlich ausgeprägt
+1 = ausgeprägt
 0 = teils/teils
−1 = weniger ausgeprägt
−2 = schwach ausgeprägt
−3 = sehr schwach ausgeprägt

Ihre Persönlichkeit

sympathisch	+3	+2	+1	0	-1	-2	-3	intrigant	+3	+2	+1	0	-1	-2	-3
vertrauenswürdig	+3	+2	+1	0	-1	-2	-3	ordentlich	+3	+2	+1	0	-1	-2	-3
vorsichtig	+3	+2	+1	0	-1	-2	-3	wählerisch	+3	+2	+1	0	-1	-2	-3
lernbereit	+3	+2	+1	0	-1	-2	-3	hartnäckig	+3	+2	+1	0	-1	-2	-3
lernfähig	+3	+2	+1	0	-1	-2	-3	entscheidungsfreudig	+3	+2	+1	0	-1	-2	-3
vertrauensvoll	+3	+2	+1	0	-1	-2	-3	spontan	+3	+2	+1	0	-1	-2	-3
leistungsorientiert	+3	+2	+1	0	-1	-2	-3	praktisch	+3	+2	+1	0	-1	-2	-3
sorgfältig	+3	+2	+1	0	-1	-2	-3	beherrscht	+3	+2	+1	0	-1	-2	-3
aufgeschlossen	+3	+2	+1	0	-1	-2	-3	risikobereit	+3	+2	+1	0	-1	-2	-3
belastbar	+3	+2	+1	0	-1	-2	-3	selbstsicher	+3	+2	+1	0	-1	-2	-3
ausdauernd	+3	+2	+1	0	-1	-2	-3	sensibel	+3	+2	+1	0	-1	-2	-3
zufrieden	+3	+2	+1	0	-1	-2	-3	selbstständig	+3	+2	+1	0	-1	-2	-3
aggressiv	+3	+2	+1	0	-1	-2	-3	offen	+3	+2	+1	0	-1	-2	-3
konformistisch	+3	+2	+1	0	-1	-2	-3	willensstark	+3	+2	+1	0	-1	-2	-3
dominant	+3	+2	+1	0	-1	-2	-3	zurückgezogen	+3	+2	+1	0	-1	-2	-3
gerecht	+3	+2	+1	0	-1	-2	-3	misstrauisch	+3	+2	+1	0	-1	-2	-3
verlässlich	+3	+2	+1	0	-1	-2	-3	leidenschaftlich	+3	+2	+1	0	-1	-2	-3
wankelmütig	+3	+2	+1	0	-1	-2	-3	unkompliziert	+3	+2	+1	0	-1	-2	-3
zielstrebig	+3	+2	+1	0	-1	-2	-3	fortschrittlich	+3	+2	+1	0	-1	-2	-3
geduldig	+3	+2	+1	0	-1	-2	-3	überzeugungsstark	+3	+2	+1	0	-1	-2	-3
gehemmt	+3	+2	+1	0	-1	-2	-3	zwanghaft	+3	+2	+1	0	-1	-2	-3
vital	+3	+2	+1	0	-1	-2	-3	verständnisvoll	+3	+2	+1	0	-1	-2	-3
zweifelnd	+3	+2	+1	0	-1	-2	-3	kontaktfähig	+3	+2	+1	0	-1	-2	-3
kompetent	+3	+2	+1	0	-1	-2	-3	verlässlich	+3	+2	+1	0	-1	-2	-3
flexibel	+3	+2	+1	0	-1	-2	-3	schlagfertig	+3	+2	+1	0	-1	-2	-3
aktiv	+3	+2	+1	0	-1	-2	-3	gründlich	+3	+2	+1	0	-1	-2	-3
wagemutig	+3	+2	+1	0	-1	-2	-3	ausgeglichen	+3	+2	+1	0	-1	-2	-3
gefühlsbetont	+3	+2	+1	0	-1	-2	-3	kreativ	+3	+2	+1	0	-1	-2	-3
anspruchsvoll	+3	+2	+1	0	-1	-2	-3	erfinderisch	+3	+2	+1	0	-1	-2	-3
passiv	+3	+2	+1	0	-1	-2	-3	selbstbewusst	+3	+2	+1	0	-1	-2	-3
liebenswert	+3	+2	+1	0	-1	-2	-3	introvertiert	+3	+2	+1	0	-1	-2	-3
gefühlsorientiert	+3	+2	+1	0	-1	-2	-3	extrovertiert	+3	+2	+1	0	-1	-2	-3
impulsiv	+3	+2	+1	0	-1	-2	-3	anpassungsfähig	+3	+2	+1	0	-1	-2	-3
durchsetzungsfähig	+3	+2	+1	0	-1	-2	-3	humorvoll	+3	+2	+1	0	-1	-2	-3
furchtsam	+3	+2	+1	0	-1	-2	-3	konservativ	+3	+2	+1	0	-1	-2	-3
sachorientiert	+3	+2	+1	0	-1	-2	-3	präzise	+3	+2	+1	0	-1	-2	-3
fordernd	+3	+2	+1	0	-1	-2	-3	besorgt	+3	+2	+1	0	-1	-2	-3
höflich	+3	+2	+1	0	-1	-2	-3	nachdenklich	+3	+2	+1	0	-1	-2	-3
autoritär	+3	+2	+1	0	-1	-2	-3	kooperativ	+3	+2	+1	0	-1	-2	-3
pflichtbewusst	+3	+2	+1	0	-1	-2	-3	unerschütterlich	+3	+2	+1	0	-1	-2	-3
verantwortungsbewusst	+3	+2	+1	0	-1	-2	-3	problembewusst	+3	+2	+1	0	-1	-2	-3
zuverlässig	+3	+2	+1	0	-1	-2	-3	beliebt	+3	+2	+1	0	-1	-2	-3
freundlich	+3	+2	+1	0	-1	-2	-3	vernünftig	+3	+2	+1	0	-1	-2	-3
glücklich	+3	+2	+1	0	-1	-2	-3	teamfähig	+3	+2	+1	0	-1	-2	-3
nervös	+3	+2	+1	0	-1	-2	-3	ausgeglichen	+3	+2	+1	0	-1	-2	-3
rechthaberisch	+3	+2	+1	0	-1	-2	-3	kommunikationsfähig	+3	+2	+1	0	-1	-2	-3
ordnungsliebend	+3	+2	+1	0	-1	-2	-3	integrationsfähig	+3	+2	+1	0	-1	-2	-3
ehrlich	+3	+2	+1	0	-1	-2	-3	herzlich	+3	+2	+1	0	-1	-2	-3
loyal	+3	+2	+1	0	-1	-2	-3	ruhig	+3	+2	+1	0	-1	-2	-3
schwermütig	+3	+2	+1	0	-1	-2	-3	kompromissbereit	+3	+2	+1	0	-1	-2	-3
begeisterungsfähig	+3	+2	+1	0	-1	-2	-3	kritikfähig	+3	+2	+1	0	-1	-2	-3

Ihnen ist sicherlich aufgefallen, dass positive und negative Eigenschaften aufgeführt sind. Sympathisch und aktiv möchte jeder sein, rechthaberisch und aggressiv sicherlich niemand. Bei anderen Adjektiven ist die Beurteilung schwieriger. Für einen Leuchtturmwärter ist »sehr stark zurückgezogen« sicherlich kein Berufshindernis, ein Reporter dagegen läge mit der gleichen Eigenschaft bei seiner Bewerbung ziemlich daneben.

Falls Sie in der Liste bestimmte Adjektive vermisst haben, schreiben Sie diese einfach darunter.

Schauen Sie sich alle Adjektive an, die eine deutlich herausgehobene Bewertung bekommen haben (bei dem einen ist es +3 bzw. −3, andere neigen dazu, die Ränder zu meiden und selten mehr als +2 bzw. −2 anzukreuzen). Auf wie viele Adjektive trifft eine deutlich herausgehobene Bewertung zu? Sind es 5 oder 15 oder vielleicht sogar 25? In jedem Fall ist es sehr wahrscheinlich, dass sie sowohl im Plus- als auch im Minusbereich anzutreffen sind.

Am besten, Sie bilden, indem Sie für jedes Adjektiv eine einzelne Karteikarte anlegen, Gruppen von Eigenschaften (Adjektiven), beispielsweise für fünf Adjektive mit +3-Markierung, für drei mit −3. Anschließend versuchen Sie, inhaltliche Zusammenhänge zwischen den einzelnen Adjektiven herzustellen. Finden Sie Überschriften, denen Sie dann die Karteikarten entsprechend zuordnen.

Angenommen, Sie haben sich für die folgenden »+3-Ankreuzungen« entschieden: sorgfältig, verlässlich, pflichtbewusst, verantwortungsbewusst, ordentlich, dann passen diese fünf Adjektive gut unter die Rubrik »preußische Tugenden«. Lauten Ihre »−3-Ankreuzungen« unordentlich, spontan, fortschrittlich, werden hiermit Ihre sogenannten preußischen Tugenden eher ergänzt und bestätigt. Auch wenn diese Tugenden auf Arbeitgeberseite weiterhin gern gesehen sind, gibt es für Sie sicherlich noch andere herausragende Beschreibungsmerkmale.

Neues Selbstbewusstsein

Ziel dieser Übung war es vor allem, ein besseres (weil präziseres) Selbstbild in der Vorbereitung auf Ihre Bewerbung zu entwickeln. Wer die Ergebnisse anschließend mit dem Partner, mit Freunden oder Bekannten durchspricht, entwickelt eine neue verbale Kompetenz und (im doppelten Sinn) neues Selbstbewusstsein, wenn es darum geht, sich in der Bewerbungssituation erfolgreich zu präsentieren.

In einem weiteren Schritt sollten Sie sich nun mit folgenden Fragen auseinandersetzen: Welche Eigenschaften sind wichtig für den Arbeitsplatz, um den ich mich bewerbe? Wonach werden mich Firmenchefs fragen und wie stellen diese sich den idealen Stelleninhaber vor? Gehen Sie die Liste jetzt nur unter diesem Aspekt ein zweites Mal durch und kreuzen Sie (mit einem farbigen Stift) die

Eigenschaften an, die für den von Ihnen angestrebten Arbeitsplatz etwa aus Arbeitgebersicht besonders wichtig sind.

Ein Vergleich von Selbstbild, Fremdbeurteilung und Anforderungsprofil gibt weitere Aufschlüsse und Hinweise, auch im Hinblick auf die nötige Anpassungsleistung, die in jeder Bewerbungssituation erbracht werden muss.

Stärken und Schwächen

Wenn Sie sich jetzt Gedanken über Ihre Stärken und Schwächen machen, sind Sie vor möglichen »Fallgruben« in Vorstellungsgesprächen geschützt und auf unangenehme Fragen schon recht gut vorbereitet. Denken Sie ruhig über Ihre Schwächen nach, damit Sie erkennen, wo Sie noch an sich arbeiten müssen: Selbstkontrolle, Weiterbildung, Hilfe von außen zulassen können … Aber verheddern Sie sich nicht. Viel wichtiger als Ihre Schwächen sind Ihre Stärken. Es kann allerdings nicht schaden, sich gelegentlich mit seinen Schwächen auseinanderzusetzen und sich vielleicht sogar mit ihnen zu versöhnen. Schauen Sie sich das folgende Beispiel an, bevor Sie eine eigene Liste aufstellen:

Stärken	Schwächen
1. Gutes Zahlenverständnis	1. Ungeduldig – alles muss schnell gehen
2. Fähigkeit, mehrere Dinge parallel zu erledigen	2. Manchmal zu bescheiden
3. Gut im Umgang mit Menschen	3. Nehme die Karriere nicht wichtig genug
4. Kann anderen komplexe Zusammenhänge erklären	4. Angst, Risiken einzugehen
5. Lerne schnell	5. Bin zu ehrgeizig

Würde dieser Bewerber in einem Vorstellungsgespräch nach seinen Schwächen gefragt, könnte er ohne allzu viel Zögern Ungeduld und Bescheidenheit nennen, denn beide Eigenschaften lassen sich auch als Stärke auslegen. Ungeduld bedeutet unter anderem, dass er seine Arbeit schnell erledigt und Verspätungen hasst. Bescheidenheit kann als Hinweis darauf gewertet werden, dass er nicht den ganzen Tag durch die Abteilungen marschieren wird, um allen zu erzählen, was für ein toller Hecht er ist.

Im Bewerbungsgespräch sollte er aber unbedingt von seinen Stärken sprechen. Ein Mitarbeiter, der komplexe Dinge und Sachverhalte gut erklären kann, verschiedene Arbeitsabläufe geschickt miteinander verbindet und schnell lernt, wird immer gebraucht und ist beinahe überall einzusetzen.

Lassen Sie sich von Ihren Schwächen nicht entmutigen. Es gibt niemanden ohne Schwächen. Wer sich seine Unvollkommenheit eingesteht, ist auf dem richtigen Wege. Vielleicht werden Sie sogar feststellen können, dass die eine oder andere vermeintliche Schwäche häufig nichts anderes als eine übertriebene Stärke ist. Denken Sie über Ihre Schwächen nach und wandeln Sie sie nach Möglichkeit in Stärken um.

Schwächen	Stärken
Verlangt Perfektion	Strebt nach guter Leistung
Licht unter den Scheffel stellen	Bescheiden
Kommandiert herum	Führungsqualitäten
Impulsiv	Schnell
Ist ein Spieler	Geht Risiken ein
Geizig	Sparsam
Anmaßend	Beharrlich
Kompromisse eingehen	Gut im Verhandeln
Zwanghaftes Verhalten	Auf Details achten

Die folgende Selbstbeurteilungsskala wird Ihnen dabei helfen, Ihren persönlichen Standort detailliert zu bestimmen. Auf den nächsten Seiten finden Sie eine umfangreiche Liste von Kompetenzmerkmalen. Wie schätzen Sie sich selbst bezüglich der aufgeführten Fähigkeiten ein? Wie ist es etwa um Ihre Leistungsbereitschaft bestellt? Sie haben sicherlich eine Vorstellung davon, was allgemein unter diesem Begriff verstanden wird.

Und wieder: Wie stark, glauben Sie, ist Leistungsbereitschaft bei Ihnen ausgeprägt? Es geht allein um Ihre persönliche Einschätzung. Die brauchen Sie mit niemandem zu diskutieren. Sie müssen sich also für Ihre Einschätzung nicht rechtfertigen.

Um die einzelnen Merkmale einschätzen zu können, gibt es wieder eine Skala von +3 bis –3. Die Extrempole sind +3 (= sehr stark ausgeprägt bzw. vorhanden) und –3 (sehr schwach ausgeprägt, kaum vorhanden), die Mitte liegt bei 0 (teils/teils, weder/noch). Zur Übersicht:

+3 = sehr stark ausgeprägt
+2 = deutlich ausgeprägt
+1 = ausgeprägt
 0 = teils/teils
–1 = weniger ausgeprägt
–2 = schwach ausgeprägt
–3 = sehr schwach ausgeprägt

Zunächst geht es wieder nur um Ihre Selbsteinschätzung. In einem zweiten Schritt bitten Sie andere Personen, Sie einzuschätzen.

Falls Sie zu den einzelnen Merkmalen, Fähigkeiten Fragen haben, nicht sicher sind, wie es gemeint ist oder was Sie sich unter diesem Begriff vorstellen sollen, entscheiden Sie einfach für sich, was Sie darunter verstehen.

Wie schätzen Sie sich ein? Bitte kreuzen Sie bei jeder Eigenschaft an, wie ausgeprägt sie Ihrer Meinung nach bei Ihnen ist:

Merkmalgruppe 1

Eigenschaft	+3	+2	+1	0	−1	−2	−3
Sensibilität	+3	+2	+1	0	−1	−2	−3
Zuhörfähigkeit	+3	+2	+1	0	−1	−2	−3
Kontaktfähigkeit	+3	+2	+1	0	−1	−2	−3
Aufgeschlossenheit	+3	+2	+1	0	−1	−2	−3
Teamorientierung	+3	+2	+1	0	−1	−2	−3
Kooperationsfähigkeit	+3	+2	+1	0	−1	−2	−3
Anpassungsfähigkeit	+3	+2	+1	0	−1	−2	−3
Kompromissbereitschaft	+3	+2	+1	0	−1	−2	−3
Diplomatie	+3	+2	+1	0	−1	−2	−3
Verhandlungsgeschick	+3	+2	+1	0	−1	−2	−3
Integrationsvermögen	+3	+2	+1	0	−1	−2	−3
Überzeugungspotenzial	+3	+2	+1	0	−1	−2	−3
Begeisterungsfähigkeit	+3	+2	+1	0	−1	−2	−3
Durchsetzungsfähigkeit	+3	+2	+1	0	−1	−2	−3
Motivationsfähigkeit	+3	+2	+1	0	−1	−2	−3
sprachliches Ausdrucksvermögen	+3	+2	+1	0	−1	−2	−3
schriftliches Ausdrucksvermögen	+3	+2	+1	0	−1	−2	−3
rhetorische Fähigkeiten	+3	+2	+1	0	−1	−2	−3
Teamfähigkeit	+3	+2	+1	0	−1	−2	−3
Anpassungsbereitschaft	+3	+2	+1	0	−1	−2	−3
soziale Kompetenz	+3	+2	+1	0	−1	−2	−3
Kommunikationsfähigkeit	+3	+2	+1	0	−1	−2	−3

Merkmalgruppe 2

Eigenschaft	+3	+2	+1	0	−1	−2	−3
Zielstrebigkeit	+3	+2	+1	0	−1	−2	−3
Selbstbewusstsein	+3	+2	+1	0	−1	−2	−3
Verantwortungsbewusstsein	+3	+2	+1	0	−1	−2	−3
Kritikfähigkeit	+3	+2	+1	0	−1	−2	−3
Selbstbeherrschung	+3	+2	+1	0	−1	−2	−3
Zuverlässigkeit	+3	+2	+1	0	−1	−2	−3
Toleranzfähigkeit	+3	+2	+1	0	−1	−2	−3
Unerschrockenheit	+3	+2	+1	0	−1	−2	−3
Bereitschaft zur Verantwortungsübernahme	+3	+2	+1	0	−1	−2	−3

Merkmalgruppe 3

Risikobereitschaft	+3	+2	+1	0	−1	−2	−3
Entscheidungsfähigkeit	+3	+2	+1	0	−1	−2	−3
Sicherheitsdenken	+3	+2	+1	0	−1	−2	−3
Delegationsbereitschaft	+3	+2	+1	0	−1	−2	−3
Delegationsfähigkeit	+3	+2	+1	0	−1	−2	−3
Belastbarkeit	+3	+2	+1	0	−1	−2	−3
Stresstoleranz	+3	+2	+1	0	−1	−2	−3
Lebensfreude	+3	+2	+1	0	−1	−2	−3
Flexibilität	+3	+2	+1	0	−1	−2	−3
Repräsentationsvermögen	+3	+2	+1	0	−1	−2	−3

Merkmalgruppe 4

Arbeitsmotivation/-wille	+3	+2	+1	0	−1	−2	−3
Tatkraft	+3	+2	+1	0	−1	−2	−3
Führungsmotivation/-wille/-fähigkeit	+3	+2	+1	0	−1	−2	−3
Eigeninitiative	+3	+2	+1	0	−1	−2	−3
Autonomie	+3	+2	+1	0	−1	−2	−3
Durchsetzungsvermögen	+3	+2	+1	0	−1	−2	−3
Selbstvertrauen	+3	+2	+1	0	−1	−2	−3
Ehrgeiz	+3	+2	+1	0	−1	−2	−3
Zielstrebigkeit	+3	+2	+1	0	−1	−2	−3
Durchhaltevermögen	+3	+2	+1	0	−1	−2	−3
Frustrationstoleranz	+3	+2	+1	0	−1	−2	−3
Erfolgsorientierung	+3	+2	+1	0	−1	−2	−3
Tatkraft	+3	+2	+1	0	−1	−2	−3
Vitalität	+3	+2	+1	0	−1	−2	−3
Leistungsbereitschaft	+3	+2	+1	0	−1	−2	−3
Idealismus	+3	+2	+1	0	−1	−2	−3
Identifikationsbereitschaft mit Unternehmen/Institution	+3	+2	+1	0	−1	−2	−3

Merkmalgruppe 5

Autonomie	+3	+2	+1	0	−1	−2	−3
Selbstständigkeit	+3	+2	+1	0	−1	−2	−3
Verantwortungsbewusstsein	+3	+2	+1	0	−1	−2	−3
Unabhängigkeit	+3	+2	+1	0	−1	−2	−3
Zuverlässigkeit	+3	+2	+1	0	−1	−2	−3
Selbstdisziplin	+3	+2	+1	0	−1	−2	−3
Stresstoleranz	+3	+2	+1	0	−1	−2	−3
Ausdauer	+3	+2	+1	0	−1	−2	−3
Belastbarkeit	+3	+2	+1	0	−1	−2	−3
Geduld	+3	+2	+1	0	−1	−2	−3
Pflichtbewusstsein	+3	+2	+1	0	−1	−2	−3
Loyalität	+3	+2	+1	0	−1	−2	−3

Merkmalgruppe 6

analytisches Denken	+3	+2	+1	0	−1	−2	−3
konzeptionelles Planen	+3	+2	+1	0	−1	−2	−3
planvolles Vorgehen	+3	+2	+1	0	−1	−2	−3
kombinatorisches Denken	+3	+2	+1	0	−1	−2	−3
effiziente Arbeitsorganisation	+3	+2	+1	0	−1	−2	−3
Entscheidungsvermögen	+3	+2	+1	0	−1	−2	−3

Merkmalgruppe 7

Kosten/Nutzen-Bewusstsein	+3	+2	+1	0	−1	−2	−3
unternehmerisches Denken	+3	+2	+1	0	−1	−2	−3
systematische Arbeitsorganisation	+3	+2	+1	0	−1	−2	−3
Zieldefinitionsfähigkeit	+3	+2	+1	0	−1	−2	−3
Arbeitseffizienz	+3	+2	+1	0	−1	−2	−3
gesunder Materialismus	+3	+2	+1	0	−1	−2	−3
physische Fitness	+3	+2	+1	0	−1	−2	−3
gesundheitliches Wohlbefinden	+3	+2	+1	0	−1	−2	−3
psychische Konstitution	+3	+2	+1	0	−1	−2	−3
Selbstkontrollfähigkeiten	+3	+2	+1	0	−1	−2	−3

Auswertung

Welche +3- oder ggf. +2-Ankreuzungen, welche −3 ggf. −2 haben Sie in den folgenden Merkmalgruppen (bitte eintragen):

In Merkmalgruppe 1: Persönlichkeit/Kommunikationsfähigkeit/Kompetenz

In Merkmalgruppe 2: Selbstständigkeit

In Merkmalgruppe 3: Entscheidungsverhalten

In Merkmalgruppe 4: Leistungsmotivation

In Merkmalgruppe 5: Selbstkontrollfähigkeit/Aktivitätspotenzial

In Merkmalgruppe 6: Systematisch-zielorientiertes Denken und Handeln

In Merkmalgruppe 7: Wichtige globale Merkmale

Nachdem Sie diese Liste bearbeitet haben: Gibt es Merkmale, die Sie vermisst haben und um die Sie die Liste erweitern möchten? Würden diese neuen, von Ihnen beigesteuerten Fähigkeiten eher die Bewertung +3 oder −3 bekommen? Was fällt Ihnen zu einzelnen Merkmalen, was zu den Merkmalsgruppen insgesamt ein? Wo liegen Ihre Stärken, wo Ihre Schwächen? Welche Botschaft lässt sich aus Ihren positiven Fähigkeiten für Ihren Kunden, den potenziellen Arbeitgeber, formulieren? Mit welchen Defiziten müssen Sie sich ernsthaft auseinandersetzen, wenn Sie Ihre Dienstleistung erfolgreich vermarkten wollen? Welche Schwächen können Sie getrost vernachlässigen?

Im nächsten Schritt sollten Sie jetzt mit einem andersfarbigen Stift jeweils die Qualifikationsmerkmale markieren, von denen Sie glauben, dass sie von Arbeitgebern Ihres Wunschbereichs erwartet und für wichtig gehalten werden. Der Vergleich dieser beiden Profile (Selbstbild/imaginäres Idealbild; Markierungen durch eine Linie verbinden) wird Sie wiederum zum Nachdenken anregen.

Bitten Sie dann ausgewählte Personen Ihrer Umgebung, Sie einzuschätzen. Der Vergleich beider Profile (Selbst- und Fremdbild) wird Ihnen weitere Denkanstöße geben. Die Liste können Sie auch wieder von der CD-ROM ausdrucken.

Noch ein Hinweis: Sollten Sie die Extrempositionen (+3, −3) in Ihren Ankreuzungen vermieden haben (weniger als fünfmal), müssen Sie zwangsläufig die +2- bzw. −2-Ankreuzwerte verwenden.

Selbst- und Fremdbild

Der Vorteil der Bearbeitung dieser Qualifikations-Merkmalsliste besteht wie bei der ersten Adjektivliste in einem verbesserten Selbstbewusstsein über die eigenen Fähigkeiten. Nutzen Sie die Gelegenheit, an den im Selbst- oder Fremdbild sichtbar gewordenen Defiziten zu arbeiten.

Nach dieser Übung sind Sie sicher in der Lage, etwa fünf positive, aber auch möglicherweise drei bis fünf defizitäre Merkmale zu benennen, die Ihre Fähigkeiten, Ihr Können und Nichtkönnen zutreffend beschreiben.

Lernziel Selbstdarstellung

Nicht ohne Grund tun wir uns schwer, wenn wir uns selbst positiv darstellen sollen oder wenn wir gebeten werden, von unseren Qualitäten und herausragenden Leistungen zu sprechen. Das Erziehungsmotto »Eigenlob stinkt« beinhaltet eine uns mit teilweise brachialer elterlicher Gewalt antrainierte Bescheidenheit und stets auferlegte Zurückhaltung, was sich in der Bewerbungssituation häufig in Form von mangelndem Selbstwertgefühl zeigt.

Wir alle kennen das Phänomen: Für eine fremde Sache oder andere Personen können wir uns viel besser engagieren sowie deren Interessen deutlich erfolgreicher vertreten als unsere eigenen Belange. So versagen oft auch nachweislich erfolgreiche Top-Führungskräfte, wenn es darum geht, die eigenen Qualitäten und Leistungen in der Prüfungssituation Bewerbung auf den Punkt zu bringen und überzeugend darzustellen.

Und noch ein weiterer Gedanke: Sie werden uns zustimmen, dass die Formulierung einer Heiratsannonce oder das Antwortschreiben auf eine solche eine heikle Sache ist. Heikel nicht etwa im moralischen Sinne, sondern wirklich schwierig, weil dieses Unterfangen zeitaufwendig ist, wenn man/frau seiner eigenen Person gerecht werden und damit auch Erfolg haben will.

Nicht viel anders verhält es sich bei der Gestaltung des Bewerbungsanschreibens, insbesondere des Lebenslaufes. Dabei steht außer Zweifel, dass jeder Mensch im persönlichen wie im beruflichen Bereich Qualitäten besitzt. Die Frage ist nur, ob Sie diese wirklich kennen und in der schriftlichen Bewerbung angemessen darstellen können, sodass Ihr Gegenüber, der Leser Ihrer Bewerbungsunterlagen, Interesse an Ihrer Person bekommt, verbunden mit dem Wunsch, Sie persönlich kennenzulernen.

Neue Form der Selbstdarstellung

Sie kommen also höchstwahrscheinlich nicht darum herum, eine neue Form der Selbstdarstellung zu erlernen. Für die Bewerbungssituation oder den Arbeitsplatzwechsel gelten spezielle Spielregeln und Kommunikationsformen. Gerade in dieser Situation ist es jetzt besonders notwendig, sich selbst erfolgreich zu vermarkten.

Ein wichtiger Aspekt für Ihre weitere berufliche Zukunft ist also das Erlernen von speziellen Bewerbungstechniken und -strategien, um die eigenen Interessen und Ziele durchzusetzen. Gut verpackt ist jede Ware attraktiver für den Kunden. Das gilt insbesondere für die Ware Arbeitskraft.

Prüfungssituation Bewerbung

Woher kommt eigentlich das Unbehagen, das sich meist schon bei der gedanklichen Vorstellung einer Bewerbungssituation spontan einstellt? Der Hauptgrund ist die Abneigung, sich einem Anpassungs- und Unterwerfungsritual zu unterziehen, das klar die Gefahr beinhaltet, als Person abgewiesen zu werden. Hinzu kommt das Bewusstsein, dass die klassischen Prüfungssituationen in

Schule, Studium und Berufseinstieg zum Glück der Vergangenheit angehören und man sich einem derartigen Stress nicht mehr unterziehen möchte.

Angst vor Abweisung

Dabei ist jeder von uns täglich vielen Bewerbungssituationen ausgesetzt – immer wenn es darum geht, für ein eigenes Anliegen zu werben, sei es beruflich oder privat. Gemeinsamer psychologischer Hintergrund aller Bewerbungssituationen ist der Wunsch, willkommen geheißen und angenommen zu werden, verbunden mit der gleichzeitigen Angst vor Abweisung. Die Bewerbungsthematik begleitet uns ein Leben lang.

Es wird Sie erstaunen, aber bereits im embryonalen Stadium unserer Existenz befinden wir uns in einer ersten Bewerbungssituation. Schon hier geht es um die Frage: Werde ich von den Eltern angenommen? Entspreche ich den allgemeinen Wünschen – Junge oder Mädchen, angehende Eiskunstläuferin oder ein Doktor der Medizin in spe? Später wird die Frage lauten: Bin ich der ideale Kandidat für den neuen Aufgabenbereich?

Deutliche Bewerbungsherausforderungen begleiten uns durch die Kindheit. Die Art und Weise, wie wir vor der Autoritätsfigur Weihnachtsmann ein Gedicht aufsagen, scheint sich auf die Verteilung der Geschenke auszuwirken, und die ersten Tage in Kindergarten und Schule sind klassische Bewerbungssituationen für den Neuankömmling.

Bewerbungsalltag

Auch bei der Partnersuche und -auswahl geht es um nichts anderes als um ein typisches Bewerbungsritual (Kleidung, Auftreten, Wortwahl). Liebesbriefe sind durchaus vergleichbar mit dem Bewerbungsanschreiben für eine ausgeschriebene Position. Kontakt- und Heiratsanzeigen weisen so gesehen Parallelen zu Stellenanzeigen auf.

Das Alltagsleben steckt voller Bewerbungssituationen: Da bewirbt man sich um eine Wohnung und muss sich vor dem Vermieter mehr oder weniger entblößen. Und auch das Kreditgespräch am Bankschalter hat den Charakter einer Bewerbung. Selbst wer eine fremde Person auf der Straße nach der Uhrzeit oder einer bestimmten Adresse fragt, bekommt nur dann eine brauchbare Antwort, wenn er sein Anliegen entsprechend formuliert.

Wer von anderen etwas haben will, setzt sich auch immer der Möglichkeit aus, abgewiesen zu werden. Das bewusste Reflektieren der Gefahr einer narzisstischen Kränkung hilft, das Unbehagen vor und bei einer Bewerbungssituation weitgehend in den Griff zu bekommen und sich auf die Chancen zu konzentrieren.

Auf die richtige Einstellung zur Einstellung kommt es an

Wer wirklich überzeugt ist, dass er etwas erreichen oder bekommen kann, hat sein Ziel schon halb erreicht. Jeder Bewerbung sollte eine mentale Einstimmung und Vorbereitung vorausgehen. Mit der richtigen Einstellung kann man sein Ziel besser erreichen. Nicht nur im Sport bedient man sich dieser Psychotechnik, auch in der Medizin gewinnt sie täglich an Bedeutung. So wird z. B. mentales Training in der Psychosomatik beim Zusammenspiel von Seele und Körper gezielt eingesetzt, um Gesundungsprozesse zu ermöglichen.

Die mentale Vorbereitung macht's

Die mentale Vorbereitung auf den Arbeitsplatzwechsel oder -einstieg und damit Ihre Einstellung zur Einstellung ist ungeheuer wichtig: Stellen Sie sich einen Bewerber vor, der sich nicht sicher ist, ob er die angebotene Position wirklich haben möchte. Im Vorstellungsgespräch plagen ihn darüber hinaus Zweifel, ob er der neuen Aufgabe überhaupt gewachsen ist. Die Wahrscheinlichkeit, dass man ausgerechnet diesem Bewerber den Arbeitsplatz anbietet, ist doch wohl sehr gering. Sein Mangel an Motivation und seine Misserfolgserwartung werden dem Arbeitgeber im Vorstellungsgespräch nicht verborgen bleiben, sodass der sich dann für einen anderen Bewerber entscheidet.

Der Umkehrschluss, der Bewerber bekomme den Arbeitsplatz allein schon deshalb, weil er nur fest genug daran glaubt, genau der Richtige zu sein, ist allerdings auch falsch. Womöglich erklärt der Bewerber seinem Gegenüber gleich zu Anfang des Vorstellungsgesprächs, es könne gar keinen Zweifel daran geben, dass allein er der geeignete Kandidat sei. Auch auf diesem Wege verbaut er sich vermutlich alle Chancen auf den neuen Arbeitsplatz.

Und trotzdem: Sie als Bewerber müssen schon von sich, von Ihren Qualitäten und Qualifikationsmerkmalen überzeugt sein. Wer denn sonst, wenn nicht Sie selbst? Natürlich spielen auch Ihre Mitmenschen eine wichtige Rolle. Glaubt man an Sie und an Ihre Fähigkeiten, oder wird Ihnen direkt, offen oder versteckt angedeutet, Sie seien ein Pechvogel? Eine Bewerbung ist somit immer auch ein gutes Stück Überzeugungsarbeit. Wer überzeugen will, braucht Überzeugungskraft. Diese muss erst einmal vorhanden sein.

Wer als Kind ständig gesagt bekam: »Lass das! Finger weg! Das kannst du nicht! Du bist ein Dummkopf«, wird später auf seinem »Selbstvertrauenskonto« ein Minus haben und sich schwertun, wenn er darauf zurückgreifen will oder es vielleicht nur kurzfristig überziehen möchte.

Anders liegt der Fall, wenn einem Kind im rechten Augenblick und Maß wiederholt signalisiert wurde: »Das wirst du schaffen, auch wenn es schwierig ist! Wir glauben an dich! Nur weiter so!« Hier kann man im Erwachsenenleben (und damit auch in beruflichen Angelegenheiten) auf ein gut gefülltes »Konto« zurückgreifen und dieses in Maßen getrost auch einmal überziehen.

Nutzen Sie die Vorbereitungsphase auf Ihre Bewerbung für eine konstruktive Auseinandersetzung mit sich selbst und den Ihnen nahestehenden Menschen. Nehmen Sie sich Zeit und haben Sie Geduld mit sich und Ihrer Umwelt. Eine intensive Auseinandersetzung mit Ihrer inneren Einstellung zu dem Projekt Arbeitsplatzwechsel/-einstieg wird Ihnen bei diesem wichtigen Vorhaben ein gutes Stück weiterhelfen.

Wie lautet Ihre Botschaft?

All dies geschieht im Hinblick auf Ihr Ziel: Wie können Sie für Ihr zunächst schriftliches Bewerbungsvorhaben dem potenziellen neuen Arbeitgeber Ihre persönlichen und fachlichen Qualitäten so prägnant und so eindrucksvoll wie möglich in einer zusammenfassenden Botschaft vermitteln?

Ihr Kommunikationsziel

Noch befinden Sie sich in der Vorbereitungsphase. Ihr Ziel ist es, einen Arbeitsplatz zu erobern. Ihr aktives Vorgehen zeichnet sich durch besonders hohe Eigeninitiative aus. Schön und gut, aber was wollen Sie eigentlich von sich vermitteln, und wie setzen Sie dies erfolgreich um?

Sie wollen jemandem eine Idee oder eine Botschaft näherbringen. Sie möchten eine Entscheidung beeinflussen. Sie soll so fallen, wie Sie es sich wünschen. Wie gehen Sie vor? Aus der Welt der Werbung, die ständig mit der Aufgabe beschäftigt ist, Konsumenten ein neues Produkt schmackhaft zu machen, uns zum Kauf für ein bestimmtes Produkt zu animieren und zu verführen, kennen wir eine besondere Vorgehensweise. Leicht modifiziert kann sie jetzt auch gut behilflich sein, Ihr Bewerbungsvorhaben positiv zu unterstützen.

Drei aufeinander abgestimmte Schritte sind zu beachten:

1. Was wollen Sie Ihrem Gegenüber, etwa dem Arbeitsplatzanbieter oder Personalauswähler, vermitteln? Was ist Ihr Anliegen/Ihr Ziel? Dies ist der fast wichtigste und leider auch schwierigste Baustein, der wohl die längste Bearbeitungszeit in Anspruch nehmen wird.

2. Wie formulieren Sie aus den sorgfältigen Überlegungen zu Ihrem Kommunikationsziel verständliche, schnell begreifbare und überzeugende Botschaften? Hier kommt es besonders auf Ihre Fähigkeit an, etwas auf den Punkt zu bringen.
3. Wie untermauern Sie diese sorgfältig ausgewählten und präzise formulierten Botschaften, um deren Glaubwürdigkeit und Überzeugungskraft ebenso zu stärken wie deren Erinnerungsgehalt?

Wir stehen aber immer noch am Anfang des Dreisprungs *Kommunikationsziel definieren – Botschaften formulieren – Argumente zusammenstellen*, und es kommt zunächst darauf an, sich das persönliche Ziel vor Augen zu halten: Was will ich meinem Gesprächspartner von mir vermitteln?

Den meisten Bewerbern fällt jetzt spontan ein: Ich will diesen oder jenen Job! Ich bin der Größte, Erfahrenste ... Dieses Kommunikationsziel haben aber auch alle anderen Mitbewerber, und allein die Tatsache, dass Sie einen neuen Job haben wollen, ist für die am Auswahlprozess Beteiligten kein zwingender Grund, sich für Ihre Person zu entscheiden. Leider!

Im weiteren Verlauf der Überlegungen neigen viele Bewerber dazu, mehr oder weniger deutlich zu argumentieren, sie seien nun mal der/die Beste für bestimmte Aufgaben. Schön und gut, aber was glauben Sie, wie argumentieren Ihre Mitbewerber? Hier erkennen die meisten schnell, dass ihre Argumentation oder ihr Kommunikationsziel – ich bin der/die Beste, ich will, geben Sie mir die Chance – für sich allein noch ziemlich schwach ist.

Daraus folgt zwingend die Frage: Wie kann man es besser machen?

Zunächst geht es darum, ein Kommunikationsziel zu entwickeln.

Leichter gesagt als getan. Sie haben die schwierige Aufgabe, sich genau zu überlegen,

- was für ein Mensch Sie eigentlich sind,
- was für besondere Fähigkeiten Sie haben und
- was Sie damit eigentlich anfangen wollen.

Das entspricht den drei Essentials einer jeden Bewerbungssituation:

- Persönlichkeit
- Kompetenz
- Leistungsmotivation

Wenn Sie sich lange genug mit diesen Fragen und Themen, kurzum mit Ihrem individuellen Angebot, auseinandergesetzt haben und zu wichtigen, zu wirklich substanziellen Ergebnissen gekommen sind, wird es Ihnen leichterfallen, ein Kommunikationsziel im Hinblick auf den von Ihnen angestrebten neuen Arbeitsplatz zu entwickeln.

Der erste Schritt bei diesem nicht geringen Problem: Was will ich dem potenziellen Arbeitgeber eigentlich vermitteln, und wird das wirklich für eine positive Entscheidung im Rahmen des Prüfungs- und Auswahlprozesses ausschlaggebend sein?

Hier machen die meisten Bewerber die entscheidenden Fehler, die ihre Bewerbungsaktivitäten scheitern lassen. Bei dieser für jeden Kandidaten eminent wichtigen Aufgabe sind fundamentale Versäumnisse und Mängel in der Vorbereitung leider an der Tagesordnung.

Nach reiflicher Überlegung sollte Ihr definiertes und niedergeschriebenes Kommunikationsziel beispielsweise so aussehen:

> *Mein Kommunikationsziel ist es, ...*
> *... meinen Zuhörern oder Personalentscheidern zu vermitteln, dass ich ein Mensch bin, der über außergewöhnliche kommunikative Begabungen verfügt. Darunter ist zu verstehen: Ich bin sehr gut in der Kontaktaufnahme zu anderen, kann mich schnell und gewandt ausdrücken und ohne große Hemmungen eigentlich mit jedem Menschen leicht ins Gespräch kommen. Andere vertrauen mir auffällig schnell. Ich wirke auf viele Personen ermutigend und bin bestimmt ein sehr guter und aufmerksamer Zuhörer. Trotz meiner Freude an Unterhaltungen und auch an gezielten Gesprächen bin ich jemand, der sehr diskret sein kann und bei dem ein Geheimnis absolut sicher aufgehoben ist.*

Jetzt zu Ihrer zweiten Aufgabe. Sie entwickeln aus Ihren Zielvorstellungen klare und schnell zu verstehende Botschaften. In unserem Beispiel wären das folgende:

> *Meine drei wichtigsten Botschaften lauten:*
> ▸ *Ich bin ein kommunikativ begabter Mensch, der mit anderen mühelos jederzeit ins Gespräch kommen kann.*
> ▸ *Ich gewinne schnell das Vertrauen anderer Menschen.*
> ▸ *Ich bin ein guter und aufmerksamer Zuhörer.*

Der dritte Schritt in dieser Vorbereitung ist die wohlüberlegte Argumentation, denn es reicht nicht aus, nur Behauptungen aufzustellen. Daher ist es jetzt besonders wichtig, Argumente zu finden, die helfen, Ihre Botschaften glaubwürdig zu untermauern.

Mit welcher Anekdote oder durch welche Detailbeschreibungen kann ich meinem zuhörenden Gegenüber verdeutlichen, dass meine in den Botschaften enthaltenen Aussagen wirklich glaubwürdig sind?

Der richtige Erzählstoff

Welche Situationen oder Begebenheiten in Ihrem (Berufs-)Leben verdeutlichen, was Ihre Botschaften als Kurzformeln transportieren sollen? Wenn Sie hier den richtigen Erzählstoff beisammenhaben, stehen Ihre Argumente und unterstreichen die Glaubwürdigkeit Ihrer überlegt ausgewählten Botschaften.

Kommunikationsziel, Botschaften und Argumentation ergeben in einem idealen Dreiklang die Grundlage, auf der sich ein Arbeitsplatzanbieter für Sie als den richtigen Kandidaten entscheiden kann. Machen Sie es ihm nicht schwer. Durch Ihre Darbietung verbessern Sie die Chancen, Ihr berufliches Vorhaben zu verwirklichen.

Fähigkeiten entdecken

Als menschliches Wesen verfügen Sie über eine Vielzahl angeborener und erworbener Fähigkeiten, um den Alltag zu meistern. Sie haben Tausende von Fertigkeiten entwickelt, die Ihnen in den unterschiedlichsten Lebenssituationen weiterhelfen. Darüber hinaus gibt es Aufgaben, die Sie gerne erledigen, Umgebungen, in denen Sie sich zu Hause fühlen, und Aktivitäten, die Ihr Wohlbefinden steigern. Persönliche Qualitäten – gleichgültig ob es sich um Fähigkeiten oder Interessen handelt – sind Bausteine für Ihr Berufsziel. Nehmen Sie die Herausforderung an, Ihre verborgenen Fähigkeiten ans Tageslicht zu befördern.

Nachdem Sie Ihre Persönlichkeit erforscht haben, geht es nun um Ihre Fähigkeiten. Schaffen Sie sich eine weitere Grundlage für Ihre Arbeitsplatzsuche, indem Sie Ihre funktionalen, auf verschiedene Gebiete übertragbaren Fähigkeiten ermitteln.

Nach Meinung des Berufsberaters R. N. Bolles lassen sich Fertigkeiten in drei Gruppen aufgliedern: *Umgang mit Daten, Menschen, Werkzeugen*.[7]

Im Laufe der Jahre ist von Bolles noch eine vierte Berufskategorie hinzugefügt worden: das Künstlerisch-kreative, das Abstrakte. Hierzu zählen Berufe wie Musiker, Dirigent, Kulturschaffender, Geisteswissenschaftler, aber auch Grafiker, Texter etc. Diese Erweiterung macht Sinn, ist aber auch in der Kombination von Daten und Menschen (Dirigent) zu finden.

- ▶ **Daten:** vergleichen – kopieren – errechnen – zusammenstellen – analysieren – koordinieren – Neuerungen einführen – Verbindungen herstellen …

- **Menschen:** helfen – Anweisungen entgegennehmen – dienen – sprechen – Hinweise geben – unterhalten – überzeugen – beaufsichtigen – unterrichten – verhandeln – trainieren …
- **Werkzeuge:** anfassen – Material zuführen/wegtragen – bedienen – einstellen – in Betrieb setzen – Feineinstellungen vornehmen – aufstellen …

Innerhalb der drei Kategorien *Daten, Menschen, Werkzeuge* gibt es einfache und komplexere Fähigkeiten. Da in der Regel höhere Fähigkeiten voraussetzen, dass man über einfachere verfügt, können Sie es sich sparen, auf Letztere gesondert hinzuweisen.

Je höher Ihre übertragbaren Fähigkeiten einzustufen sind, desto mehr Freiheiten werden Sie in Ihrem Beruf haben. Wenn Sie nur einfachere Fertigkeiten für sich beanspruchen, wird Ihr Arbeitgeber Ihnen ständig Vorschriften machen. Mit einem höheren Grad an Geschicklichkeit haben Sie mehr Raum für die Verwirklichung Ihrer eigenen Ideen.

Wenn Sie Ihre wirklichen Fähigkeiten ermitteln, stärkt das Ihr Selbstbewusstsein. Sie können dann direkt auf Arbeitgeber zugehen und ihnen erklären, was Sie konkret für diese tun können. Gelegentlich kommt es sogar vor, dass ein Arbeitgeber einen neuen Arbeitsplatz einrichtet, wenn er von der Persönlichkeit und Qualifikation eines Bewerbers überzeugt ist. Vielleicht hatte er schon seit Längerem über Veränderungen in seinem Betrieb nachgedacht, diese Überlegungen aber bisher nicht in die Tat umgesetzt.

Lösungen anbieten

Welche Probleme, die in Unternehmen auftreten, könnten Sie mit Ihren Kenntnissen und Fähigkeiten lösen? Wären Sie in der Lage, Kunden zum Wiederkommen zu bewegen; die Qualität von Dienstleistungen oder Waren zu verbessern; dafür zu sorgen, dass Liefertermine eingehalten werden; Kosten zu senken oder neue Produkte zu erfinden? Was haben Sie darüber hinaus noch anzubieten?

Wie gehen Sie generell mit Problemen um? Warten Sie darauf, dass sich alles irgendwie ergibt, oder arbeiten Sie systematisch an einer Lösung?

Stellen Sie sich folgende Situation vor: Ihr(e) Partner(in) hat Sie verlassen. Nun möchten Sie nicht lange allein bleiben und gehen deshalb auf Kontaktsuche. Wie gehen Sie dabei vor? Hoffen Sie, dass Ihnen die oder der Richtige zufällig über den Weg laufen wird, oder wenden Sie sich an eine Partnervermittlung bzw. geben eine Kontaktanzeige auf?

Überlegen Sie in aller Ruhe, was Sie anderen – ebenfalls qualifizierten – Mitbewerbern auf dem Arbeitsmarkt voraushaben. In der Regel wird es eine Frage des Stils sein. Erledigen Sie die Ihnen übertragenen Aufgaben gründlicher, schneller … oder was ist es sonst? Je besser Sie diese Fragen in einem Vorstellungsgespräch beantworten können, desto eher werden Sie eingestellt. Erwarten Sie nicht, dass der Arbeitgeber Ihre Fähigkeiten errät. Seien Sie darauf vorbereitet zu sagen: »Dies ist es, was mich auszeichnet.«

Sie müssen sich also unbedingt gründlich über die Unternehmen informieren, bei denen Sie sich bewerben wollen. Finden Sie heraus, welche Aufgaben und Projekte im Mittelpunkt stehen, welche Bedürfnisse, Probleme und Herausforderungen damit verbunden sind. Welche Ziele werden verfolgt? Welche Hindernisse sind zu überwinden? Überlegen Sie sich dann, wie Sie bei der Verwirklichung der Unternehmensziele mithelfen können. Schließlich wollen Sie im Vorstellungsgespräch vor allem zeigen, dass Sie etwas anzubieten haben, was gebraucht wird.

Weil gute Angestellte ebenso schwer zu finden sind wie gute Arbeitgeber, ist jeder Personalchef bestrebt, herausragende Bewerber an sein Unternehmen zu binden. Wichtig für Ihr (Selbst-)Bewusstsein: Mit Ihrer Initiative helfen Sie letztlich nicht nur sich selbst, sondern auch dem Unternehmer.

Präzise sein

Auch wenn es paradox klingt: Je weniger Sie versuchen, für alles offen zu sein, je präziser Sie Ihre Geschicklichkeit im Umgang mit Daten, Menschen und Werkzeugen beschreiben können, desto eher finden Sie einen Arbeitsplatz. Das ist genau das Gegenteil von dem, was die meisten Bewerber am Anfang ihrer Suche glauben.

Theoretisch ist Ihnen klar, was Fähigkeiten sind. Jetzt kommt es darauf an, Ihre eigenen Stärken zu entdecken. Gehören Sie zu den wenigen glücklichen Bewerbern, die ihre Fähigkeiten in Worte fassen können, dann schreiben Sie sie jetzt einfach auf und setzen Ihre Lieblingsbeschäftigung ganz oben auf die Liste. Wenn Sie aber Ihre Begabungen noch nicht kennen, dann werden Ihnen die folgenden Übungen weiterhelfen. Hier geht es darum, berufliche oder private Erfolge zu benennen und zu schildern, wie sie erreicht wurden.

Man kann zunächst einmal zwischen Grundfähigkeiten und besonderen Fähigkeiten unterscheiden. Grundfähigkeiten (Lesen, Schreiben, Rechnen usw.) sind die Basis unseres täglichen Lebens und werden im Wesentlichen in der Schule erlernt. Wir betrachten diese Fähigkeiten häufig als Selbstverständlichkeit.

Durch besondere Fähigkeiten (Techniken) unterscheiden wir uns von unseren Mitmenschen. Besondere Fähigkeiten sind zunächst einmal nichts anderes als spezielle Anwendungen unserer Grundfähigkeiten, um damit ganz bestimmte Ergebnisse zu erzielen. Diese Techniken müssen nicht einmal sonderlich komplex sein, sie sind sogar meist einfach zu beschreiben. Es wird Sie überraschen, wie viele besondere Fähigkeiten Sie haben.

Haben Sie Spaß?

Aus besonderen Fähigkeiten ergeben sich Vorgänge, an die Sie sich voller Stolz erinnern, weil sie Ihnen Freude bereiteten. Hierbei spielt es keine Rolle, ob das Ergebnis auch andere überzeugen konnte. Normalerweise ergibt sich das eine aus dem anderen: Wenn Sie etwas gut können, wird es Ihnen auch Spaß machen. Spaß haben Sie an einer Sache, weil sie Ihnen leichtfällt. Fragen Sie sich daher zunächst einmal bei einer Sache oder Tätigkeit: »Macht mir das Spaß?« – und nicht: »Mache ich das gut?«

Sie müssen aufhören, ein schlechtes Gewissen zu haben, wenn Sie etwas gut können. Haben Sie keine Angst, Ihre Erfolgsgeschichten könnten als Prahlerei angesehen werden. Arbeitgeber wissen sehr wohl, dass Ihr Leistungspotenzial ohne Enthusiasmus niemals voll ausgeschöpft wird.

Was sind Ihre besten (und liebsten) Fähigkeiten? Wenn Sie diese Frage nicht beantworten können, hilft Ihnen vielleicht die folgende Liste von Verben, Ihre Begabungen zu beschreiben. Unterstreichen Sie zunächst die Wörter, die Ihre Stärken bezeichnen. Fügen Sie weitere Fähigkeiten hinzu, die Ihrer Meinung nach in der Liste fehlen. Überlegen Sie dann, in welchen Berufen diese Fähigkeiten gebraucht werden. Hüten Sie sich davor, aus Ihren Talenten gleich auf eine bestimmte Berufsrichtung zu schließen, denn diese können in vielen verschiedenen Berufen eingesetzt werden. Halten Sie sich zunächst noch alle Türen offen.

analysieren	auswählen	beziehen	erforschen
anbieten	bauen	darstellen	erhalten
anbringen	beantworten	definieren	erinnern
anleiten	bedienen	dekorieren	erklären
annähern	beeinflussen	diagnostizieren	erstellen
anpassen	befragen	dienen	erneuern
anpreisen	begreifen	drucken	erreichen
anregen	behandeln	einführen	erschaffen
anwerben	bekommen	einordnen	erwerben
arrangieren	beliefern	einschätzen	erzählen
auflösen	benutzen	einsetzen	fahren
aufnehmen	beobachten	einspringen	festigen
aufstellen	beraten	empfangen	feststellen
aufwerten	berichten	empfehlen	finanzieren
ausdehnen	beschützen	entdecken	folgen
ausdrücken	bestellen	entscheiden	formen
ausgraben	betreuen	entwickeln	formulieren
ausstellen	bewerten	erfinden	fotografieren

Fähigkeiten entdecken

fühlen	nachforschen	unterstützen
führen	nähen	verantworten
geben	nehmen	verarbeiten
gebrauchen	organisieren	verbalisieren
gestalten	planen	verbessern
gewinnen	programmieren	verbinden
großziehen	publizieren	vereinen
gründen	rechnen	vergrößern
halten	reden	verhandeln
heben	rehabilitieren	verkaufen
helfen	reisen	verkleinern
herausgeben	reparieren	versammeln
herausfinden	restaurieren	verschreiben
herausziehen	richten	versöhnen
herstellen	riskieren	versorgen
hervorheben	sammeln	verstärken
identifizieren	schreiben	verstehen
illustrieren	singen	vertreiben
improvisieren	sortieren	vertreten
informieren	spielen	vervollständigen
inspizieren	sprechen	verweisen
integrieren	steuern	visualisieren
interviewen	systematisieren	voraussagen
kochen	tanzen	vorbereiten
komponieren	teilen	vorführen
kommunizieren	testen	vorstellen
kontrollieren	trainieren	vorwegnehmen
koordinieren	treffen	wiederfinden
kritisieren	trennen	wiegen
lehren	überblicken	zeichnen
leiten	übergeben	zeigen
lernen	überprüfen	züchten
lesen	übersetzen	zuhören
liefern	überwachen	zusammenbauen
lösen	überzeugen	zusammenfassen
malen	umschreiben	
manipulieren	unterhalten	_____
meistern	unternehmen	
motivieren	unterrichten	_____

Begabungen und Eigenschaften

Diese Fähigkeiten können sich auf Ihr Berufs- oder auf das Privatleben beziehen. Es handelt sich hierbei um Dinge, die Sie in der Schule oder beruflich gelernt oder die Sie sich selbst angeeignet haben. Es kommt nur darauf an, dass durch den Einsatz dieser Techniken messbare Ergebnisse erzielt werden.

»Briefe auf dem Computer erstellen« ist eine besondere Fähigkeit, denn das Ergebnis (der Brief) ist sichtbar. Das gilt auch für »Brücken bauen«, »Verkaufskampagnen entwickeln«, »Pflanzen züchten« und »Spendengelder auftreiben«. Am einfachsten lernen Sie Ihre besonderen Fähigkeiten kennen, indem Sie zunächst Ihre Grundfähigkeiten ermitteln und diese anschließend genauer beschreiben. Beim Beispiel »Schreiben« kann das folgendermaßen aussehen:

Berichte schreiben   *Briefe schreiben*   *Geschichten schreiben*

Arbeitszeugnisse schreiben   *Reiseberichte schreiben*

Um einen guten Überblick über Ihre besonderen Fähigkeiten zu bekommen, sollten Sie aus der Liste der Fähigkeiten die zehn auswählen, in denen Sie sich am sichersten fühlen. Gehen Sie dann folgendermaßen vor:

1. Finden Sie andere Ausdrücke, die mit der jeweiligen Fähigkeit vergleichbar sind, und schreiben Sie diese auf.
2. Notieren Sie wenigstens fünf mögliche oder bereits realisierte Einsatzmöglichkeiten für Ihre besonderen Fähigkeiten.
3. Beenden Sie die Übung nicht, bis Sie nicht wenigstens 50 Beispiele gefunden haben. Wählen Sie dann die 25 Fähigkeiten aus, mit denen Sie sich am ehesten identifizieren können, schreiben Sie alle auf eine Liste und entscheiden Sie für jede einzelne Fähigkeit, welche der folgenden Aussagen zutreffen:

   ▸ Es würde mir Spaß machen, diese Fähigkeit einzusetzen.
   ▸ Diese Fähigkeit ist eine meiner besonderen Stärken.
   ▸ Ich verfüge über berufliche oder private Erfahrungen mit dieser Fähigkeit in einem bestimmten Bereich.
   ▸ Dies ist etwas, was ich weiter ausbauen will und kann.

Beispiel

Grundfähigkeit: Andere führen

Andere Möglichkeiten, dies zu beschreiben: Beaufsichtigen – steuern – Leute organisieren – andere anleiten – beraten

Wie ich diese Fähigkeiten am liebsten einsetzen würde:
▸ den Aufbau einer neuen Bibliothek beaufsichtigen
▸ die Aktivitäten zum Eintreiben von Geldern für eine Wahlkampagne steuern
▸ einen Fußballverein organisieren
▸ eine Kirchengruppe beim Sammeln von Geld für die neue Orgel anleiten
▸ junge Menschen bei der Berufswahl beraten

So weit, so gut. Sie haben nun einen Grundstock von Fähigkeiten, die Sie potenziellen Arbeitgebern anbieten können. Sie wissen nun besser, was Sie wirklich können. Darüber hinaus wird es Ihnen jetzt leichter fallen, Ihr Leistungsvermögen in Worte zu fassen. Es ist wichtig, dass Sie die neuen Erkenntnisse jetzt aufschreiben.

Wenn Sie Außergewöhnliches leisten, nehmen Ihre Mitmenschen Notiz davon. Wer eine neue Stelle sucht, muss durch Leistung auffallen. Im Folgenden geht es darum, Ihre Fähigkeiten aufzudecken und diese zunächst in Bewusstsein und dann in Handlungen umzusetzen.

Sie wissen: Ihre Leistungen sind der Schlüssel für die Erstellung Ihres Lebenslaufes sowie die Basis für das erfolgreiche Absolvieren von Vorstellungsgesprächen und damit für die Eroberung des gewünschten Arbeitsplatzes.

Ihre Erfolge

Wir kaufen etwas, wenn wir überzeugt sind, dass wir es brauchen, und dieses Marketingprinzip gilt auch für den Arbeitsmarkt. Ein Arbeitgeber wird sich nur für Sie interessieren, wenn er von Ihren früheren Erfolgen und jetzigen Plänen für die Zukunft beeindruckt ist und sich davon etwas verspricht.

Es geht um Ihre besonderen Erfolge, große und auch kleine, kurzum das, was Sie persönlich erreicht haben: die Verbesserung einer Situation, die Lösung eines Problems oder ein materieller oder geistiger Gewinn.

In der Liste Ihrer Leistungen sollten Sie Ihre gesamte schulische und berufliche Laufbahn berücksichtigen. Denken Sie an jedes Ereignis, das von anderen bewundert wurde oder auf das Sie stolz waren. Ihre Liste muss möglichst lang sein und sollte die entsprechenden Hinweise für die folgenden Aufgaben enthalten.

Überlegen Sie zunächst, welche Fähigkeiten Sie erfolgreich machten. Anschließend benutzen Sie diese Erfolge als Bausteine für Ihre Bewerbungsunterlagen. Am Ende müssen Sie sich noch überlegen, wie Sie Ihre Leistungen am geschicktesten im Vorstellungsgespräch verkaufen, aber dazu später mehr (siehe S. 443).

Erinnern Sie sich an Ihren ersten Job. Vielleicht haben Sie in den Schulferien gearbeitet, um Ihr Taschengeld aufzubessern. Ziehen Sie für Ihre Liste jede Arbeit in Betracht, die Sie im Laufe Ihres Lebens ausgeübt haben.

Ihre Liste beruflicher Erfolge sollte Situationen wie die folgenden beinhalten:

- Sie lösten ein Problem oder bewährten sich in einer Ausnahmesituation.
- Sie haben etwas erschaffen oder gebaut.
- Sie entwickelten eine Idee.
- Sie zeigten Führungsqualitäten, als man Sie herausforderte.
- Sie hielten sich an spezielle Anweisungen und erreichten das Ziel.
- Sie erkannten ein besonderes Bedürfnis und befriedigten es.
- Sie haben aktiv zu einer Entscheidung oder einem Wechsel beigetragen.
- Sie steigerten den Gewinn oder reduzierten die Kosten.
- Sie halfen jemandem, sein Ziel zu erreichen.
- Sie sparten Zeit und Geld.

Im Einzelnen:

1. Wo lag das Problem?
2. Wie lösten Sie es?
3. Welche Fähigkeiten setzten Sie ein?
4. Welchen Vorteil hatten Sie?
5. Wie profitierte Ihr Unternehmen?

Wodurch wurde der Erfolg erzielt?

- Einsatz
- Einsparungen
- Gewinne
- Umsatz
- Effektivität
- Neue Aufträge
- Bewältigung einer schwierigen Situation
- Kreativität
- Spitzenleistungen
- Erfindungen

- Entdeckungen
- Unterrichten
- Restrukturieren

Welche Leistungen führten Sie zum Erfolg?

- Leistungssteigerung
- Zeitersparnis
- Bessere Gestaltung von Produkten
- Verbesserung des Betriebsklimas
- Gesteigerte Zuverlässigkeit
- Abfallreduzierung
- Bessere Arbeitsbedingungen
- Neue Talente für das Unternehmen finden
- Erschließung neuer Märkte

Beim Auflisten Ihrer Leistungen sollten Sie versuchen, zunächst so weit wie möglich ins Detail zu gehen. Es gibt unzählige mögliche Themen. Beschreiben Sie, wie Sie ein neues Produkt entwickelten, eine Filiale eröffneten, eine Abteilung leiteten, Ihre Kollegen motivierten oder EDV-Probleme lösten. Als Berufseinsteiger können Sie zum Beispiel darstellen, wie Sie Ihre Wohnung renovierten oder ein neues Auto kauften. Bei der Themenwahl sind Ihrer Fantasie keine Grenzen gesetzt.

Berücksichtigen Sie in Ihrer »Erfolgsgeschichte« unbedingt die folgenden Punkte:

- Das Ziel, das Sie erreichen wollten: »Ich brauchte ein anderes Auto.«
- Ein Hindernis, das sich Ihnen in den Weg stellte: »Als Student konnte ich mir keinen Neuwagen leisten.«
- Schilderung Ihres Vorgehens, Schritt für Schritt: »Ich bat einen Freund, der Automechaniker ist, mich beim Kauf zu beraten. Wir schauten in die Autobeilage der Zeitung und wählten verschiedene Angebote aus.«
- Beschreibung des Resultats: »Ich entschied mich letztlich für ein vier Jahre altes Modell, mit dem ich bis heute sehr zufrieden bin.«
- Eine messbare Angabe zur Leistung: »Im Vergleich zu einem Neuwagen sparte ich 10.000 Euro.«

Beschreiben Sie den Vorgang so genau wie möglich, denn dann lassen sich aus Ihren Erfolgsberichten übertragbare Fähigkeiten ableiten. So zögert der Autokäufer in unserem Beispiel nicht, andere zurate zu ziehen, weil er sich davon ein besseres Ergebnis verspricht – eine Eigenschaft, die Arbeitgeber interessieren wird, denn es gibt zu viele Angestellte, die aus falschem Stolz oder aus Angst,

Schwächen einzugestehen, sich lieber allein durchwursteln, als andere um Hilfe zu bitten. Wenn es Ihnen im Vorstellungsgespräch gelingt, Ihre Fähigkeiten glaubhaft darzustellen, kann das den Ausschlag dafür geben, dass man Ihnen den Job anbietet.

Hinter jeder Ihrer Leistungsbeschreibungen stehen genau die Fähigkeiten, die Sie ans Ziel brachten. Wenn Sie Ihre Erfolge schildern, zeigen Sie dem potenziellen Arbeitgeber, wie Sie mit Ihren Fähigkeiten an Aufgaben in seinem Betrieb herangehen würden. Sie vermitteln ihm einen Eindruck, was er von Ihnen erwarten kann, falls er Sie einstellt.

Leistungswille

Berücksichtigen Sie auch Fähigkeiten, die Sie bisher nicht als Gelderwerbsquellen angesehen haben. Vielleicht bauen Sie mit Vergnügen Dinge zusammen, haben Spaß am Schreiben oder malen gerne Bilder. Es reicht allerdings nicht, talentiert zu sein. Sie müssen den Wunsch und den Willen haben, Ihre Fähigkeiten auch einzusetzen. Das ist genau der Punkt, an dem viele Begabte scheitern. Zum Aufbau einer Karriere gehören Zielstrebigkeit und Disziplin unbedingt dazu. Es geht also immer auch um Ihren Leistungswillen.

Greifbare Ergebnisse

Wenn wir jetzt von Ergebnissen sprechen, müssen Sie Ihre Sichtweise ändern. Bisher ging es um die Erforschung der eigenen Persönlichkeit und darum, Eigenschaften in Worte zu fassen, die für den Außenstehenden sonst nicht erkennbar wären. Nun interessieren konkrete Ergebnisse.

In diesem Zusammenhang ist ein Ergebnis ein fassbares, messbares Endprodukt oder eine Leistung, die Sie durch Ihre Beteiligung an einem bestimmten Vorgang zustande brachten. Ergebnisse sind sichtbar und können nicht ignoriert werden. Sie sind die Highlights Ihres Lebenslaufs. Wer von Erfolgen spricht, hinterlässt einen bleibenden Eindruck.

Vergleichen Sie die beiden folgenden Aussagen:

a) Zu meinen Aufgaben gehörten Kostenanalyse, Zeitplanerstellung für die Bauarbeiten, Finanzplanung, Entwurf des Bauplans und technische Aufsicht.
b) Ich habe am Ausbau des Dortmunder Westfalenstadions mitgewirkt.

Schließen Sie nun Ihre Augen. An welche Äußerung erinnern Sie sich?

Je greifbarer die Ergebnisse in Ihrem Lebenslauf sind, desto eher kann sich der Arbeitgeber ein Bild Ihrer Fähigkeiten machen. Es gibt unzählige Beispiele für positive Ergebnisse aus allen Bereichen Ihres Lebens, die Sie als Erfolge anführen können. Für viele Menschen sind die Aufgaben, die sie täglich bewältigen, schon so selbstverständlich, dass sie kaum erklären können, was sie mit ihrer Arbeit eigentlich bewirken. Sie suchen dann nach großartigen, rekordverdächtigen Ergebnissen, und wenn ihnen keine einfallen wollen, führen sie lieber gar nichts an.

Im Folgenden bitten wir Sie, einige Ergebnisse aufzulisten, die Sie im Laufe Ihres Lebens erzielt haben – alles, was Ihnen einfällt, egal, ob es Ihnen im ersten Augenblick wichtig oder unwichtig erscheint. Schreiben Sie zunächst wirklich *alles* auf, auswählen können Sie später immer noch.

Zielvorstellungen

Was wollen Sie wirklich? Wahrscheinlich glauben Sie spontan, diese Frage leichter beantworten zu können als die Frage nach den eigenen Fähigkeiten. Aber je länger Sie über die Frage nach Ihren persönlichen Zielen nachdenken, desto verschwommener und widersprüchlicher wird vermutlich das Bild, das Sie entwerfen. Aus diesem Grunde sollten Sie sich auch für diesen Aspekt genügend Zeit nehmen.

Wenn Sie gerade arbeitslos sind oder sich in einer finanziellen Notsituation befinden, mag Ihnen die Frage »Was will ich?« geradezu luxuriös erscheinen. In diesem Fall wird Ihre Antwort vermutlich kurz und bündig »Arbeit und damit Geld« lauten.

Was will ich?

Trotz eventueller Probleme und berechtigter Sorgen ist eine intensive Auseinandersetzung mit den persönlichen Zielvorstellungen immer sinnvoll. Die resignativ-depressive Haltung »In meiner Situation nehme ich jede akzeptable Arbeit an« verbessert die beruflichen Zukunftsaussichten nicht, so subjektiv verständlich sie auf den ersten Blick auch erscheinen mag.

Bei der Frage »Was will ich?« sind private und berufliche Ziele zu unterscheiden, mit all ihren Überschneidungsmöglichkeiten.

Zum weiteren, intensiven Einstieg in die Thematik empfehlen wir zunächst, sich mit den zehn Aussagen zur Arbeitssuche zu befassen, die David Maister, ein amerikanischer Arbeitsforscher, aufgestellt hat[8]:

1. Sie können nicht wissen, was Sie von Ihrem Berufsleben erwarten, wenn Ihnen nicht klar ist, was Sie von Ihrem Leben erwarten.
2. Suchen Sie sich keinen Arbeitsplatz, bevor Sie nicht wirklich darüber nachgedacht haben, was Erfolg für Sie bedeutet.

3. Bestimmen Sie zuerst, was Sie im Leben erreichen wollen, und machen Sie sich erst dann auf den Weg zu Ihren Zielen.
4. Man kann schnell einer (Selbst-)Täuschung anheimfallen, wenn es um die Frage geht: Was erwarte ich vom Leben?
5. Viele Leute um Sie herum sagen Ihnen, was Sie vom Leben erwarten sollten: Ihre Eltern, Lehrer, ältere Geschwister, Freunde. Sie müssen die Ratschläge anderer Menschen für sich nicht akzeptieren. Gehen Sie Ihren eigenen Weg.
6. Streichen Sie bei der Arbeitsplatzsuche das Wort »sollte« aus Ihrem Vokabular.
7. Die meisten Menschen sind permanent bemüht, andere Menschen zu beeindrucken. Finden Sie heraus, *wen* Sie beeindrucken wollen und *warum*.
8. Man kann nicht alle Menschen gleich beeindrucken. Manche sind durch Geld, Status, Intellekt, Charakter, Fertigkeiten usw. zu überzeugen. Weshalb wollen Sie bewundert werden und von wem? Wir wünschen uns alle Beachtung und Wertschätzung. Die Frage ist nur, in wessen Augen und auf welche Weise.
9. Keiner spricht gerne offen von seinen Wünschen, beispielsweise steinreich zu werden, immer im Mittelpunkt des Interesses zu stehen, von allen bewundert zu werden oder Macht ausüben zu können. Überwinden Sie sich und gestehen Sie sich schonungslos ein, was Sie anderen gegenüber nicht so gerne zugeben würden. Es hilft Ihnen, herauszufinden, worum es Ihnen wirklich geht.
10. Sorgen Sie sich nicht, ob Sie eine berufliche Aufgabe gut lösen können. Wenn es die richtige Herausforderung für Sie ist, wenn Sie Spaß und Erfüllung dabei haben, werden Sie diese Aufgabe schon gut bewältigen.

Setzen Sie sich unbedingt mit diesen Thesen auseinander. Es lohnt sich, länger darüber nachzudenken.

Auch die weiteren Fragen werden Ihnen bei der Zielfindung helfen:

Zur persönlichen Situation

- Was haben Sie bisher in Ihrem Leben erreicht?
- Was haben Sie bisher trotz guter Vorsätze nicht erreicht, und warum nicht?
- Was missfällt Ihnen an Ihrer jetzigen persönlichen Situation?
- Was möchten Sie an Ihrer jetzigen persönlichen Situation am schnellsten ändern, und was kann noch warten?
- Wie sieht Ihre Partner-/Familiensituation aus? Gibt es da größere Probleme?
- Wer fördert oder behindert Sie in Ihrer persönlichen Entwicklung?

- Welchen Einfluss auf Ihre persönlichen Zielvorstellungen und Entscheidungen haben Ihr(e) Partner(in), Ihre Kinder, Freunde und andere Bezugspersonen?
- Welche Ihrer persönlichen Eigenschaften und Fähigkeiten sind für Ihre Mitmenschen besonders wertvoll und wichtig?
- Welchen Einfluss hätte Ihre angestrebte Berufstätigkeit vermutlich auf Ihr Privatleben, und welchen Einfluss hat Ihr Privatleben umgekehrt auf Ihren Beruf?
- Welche persönlichen Gründe sprechen gegen einen Arbeitsplatz-, Branchen- oder Berufswechsel?
- Welche persönlichen Gründe sprechen gegen einen Ortswechsel?
- Fühlen Sie sich einer deutlichen Veränderung des Lebensumfeldes gewachsen?

Zur beruflichen Situation

- Was haben Sie bisher beruflich erreicht?
- Was haben Sie bisher trotz aller Vorsätze beruflich nicht erreicht? Woran lag das?
- Wie entsteht bei Ihnen berufliche Zufriedenheit oder Unzufriedenheit?
- Was missfällt Ihnen an Ihrer jetzigen beruflichen Situation?
- Was möchten Sie an Ihrer jetzigen beruflichen Situation am schnellsten ändern, und was kann noch warten?
- Welche Ihrer beruflichen Kenntnisse und Fähigkeiten sind für Ihren zukünftigen Arbeitgeber und Ihre Kollegen besonders wertvoll und wichtig?
- Fühlen Sie sich in beruflicher Hinsicht zurzeit eher über- oder unterfordert?
- Welche Gründe gibt es dafür?
- Wie kommen Sie mit Ihren Vorgesetzten und Kollegen aus?
- Welche beruflichen Förderer und »Steine-in-den-Weg-Werfer« haben Sie?
- Wer könnte das in Zukunft sein?
- Welche Position streben Sie an? Wie viel wollen Sie verdienen?
- Welche Chancen für Entwicklung und Aufstieg haben Sie an Ihrem jetzigen Arbeitsplatz?
- Wie sind die generellen Zukunftsaussichten an Ihrem Arbeitsplatz (in Ihrer Branche, in Ihrem Beruf)?
- Welche beruflichen Schwierigkeiten sehen Sie in der Zukunft für sich?
- Sind Sie mit den Leistungen (Bezahlung, Sozialleistungen, Extras) Ihres jetzigen Arbeitgebers zufrieden?
- Welchen Einfluss auf Ihre beruflichen Zielvorstellungen und Entscheidungen haben Ihr(e) Partner(in), Ihre Kinder, Freunde und andere Bezugspersonen?

- Welche Gründe sprechen für einen beruflich begründeten Ortswechsel?
- Sind Sie flexibel?
- Trauen Sie sich zu, eine völlig neue berufliche Aufgabe zu übernehmen?

Beantworten Sie die Fragen schriftlich und versuchen Sie, aus den Antworten zu jeder einzelnen Frage Schlüsselworte zu entwickeln, die Ihr Ziel kurz und prägnant beschreiben. Abstrahieren Sie dabei ruhig, verkürzen und vereinfachen Sie gegebenenfalls und bringen Sie die für Sie ganz persönlich wichtigen Dinge auf den Punkt.

Eine Rangfolge der Zielvorstellungen hilft Ihnen, Prioritäten zu erkennen und Schwerpunkte zu bilden. Eine solche persönliche und berufliche Situationsanalyse verschafft Ihnen Klarheit und hilft Ihnen beim Abwägen von Gründen für oder gegen einen Arbeitsplatz, der vielleicht völlig andere Aufgaben als die zurzeit von Ihnen bewältigten beinhaltet. Wichtig dabei ist auch die neu gewonnene verbale Kompetenz in Bezug auf die Fragen »Was wollen Sie eigentlich?« und »Was ist wirklich wichtig für Sie?«.

Was alles möglich ist

Sie haben geklärt, wer Sie sind, was Sie können und sich wünschen. Nun fragt sich, was möglich, also machbar ist. Vom Tellerwäscher zum Millionär, vom Schauspieler zum Präsidenten – und umgekehrt: Nichts erscheint unmöglich. Aber Vorsicht, glauben Sie nicht leichtfertig schnell gemachten Versprechungen, egal von welcher Seite.

Andererseits erreichen Sie weniger als vielleicht möglich, wenn Sie gegen Ihre Wünsche und Vorstellungen vorschnell die Schere im Kopf ansetzen. Zu viel, aber auch zu wenig Fantasie kann schädlich sein. Sie müssen die für Sie persönlich richtige Balance individuell herausfinden.

Schön wäre es, wenn wir Ihnen auch für den Aspekt »Was ist möglich?« einen durch Fragen gesteuerten Leitfaden als Analysehilfe vorstellen könnten. Die Frage nach Ihren individuellen Möglichkeiten lässt sich nicht einfach pauschal abhandeln, trotzdem werden Ihnen die folgenden Überlegungen weiterhelfen.

In den vorangegangenen Abschnitten haben Sie einiges über persönliche Qualitäten, berufliche Fähigkeiten und über Lebensziele erfahren. Aus dieser Analyse von Ist-Zustand und Zielen ergeben sich die Fragen:

- In welches Aufgabengebiet passen genau Ihre Stärken wie der sprichwörtliche Schlüssel zum Schloss? Mit welchen Qualitäten und Fähigkeiten können Sie erfolgreich Probleme lösen oder Aufgaben konstruktiv bewältigen?
- Überhaupt: Welche speziellen Aufgabenstellungen ergeben sich aus Ihren persönlichen und beruflichen Fähigkeiten und Qualitäten?
- Fakt ist: Auf dem Arbeitsmarkt müssen Sie Ihre Fähigkeiten verkaufen. Wer auf dem Arbeitsmarkt könnte also an Ihren Fähigkeiten interessiert sein? Bei welchen Arbeitgebern ließe sich Ihre besondere Kompetenz auch optimal zur Geltung bringen?
- Welche Einsatzgebiete gibt es für Ihre Fähigkeiten, und wie sehen Ihre »Verkaufschancen« aus?

Kombination von Fähigkeiten und Qualitäten

In den Dingen, die Sie wirklich gerne und deshalb ja auch gut machen, werden Sie sich leichter weiterentwickeln und immer besser und erfolgreicher sein. Überlegen Sie auch, wie Sie Ihre unterschiedlichen Fähigkeiten und Qualitäten so kombinieren, dass diese Ihre Verkaufschancen auf dem Arbeitsmarkt erhöhen.

Auf welchem Gebiet und für welchen Arbeitgeber Sie arbeiten, sollten Sie weitestgehend selbst bestimmen. Plakativ verkürzt: Die Tatsache, dass Bäcker gesucht werden, weil keiner gerne früh aufsteht, ist noch lange kein Grund, dass Sie sich diesen Job aussuchen. Fragen Sie sich immer zuerst, für welche Problemlösungen auf dem Arbeitsmarkt Ihre speziellen Fähigkeiten am besten geeignet sind.

Wo finden Sie den für Sie und Ihre Fähigkeiten optimalen Einsatzort oder Arbeitsplatz?

Stehen Sie zu Ihren Wünschen

Wichtig erscheint uns, auf Folgendes noch einmal hinzuweisen: Jeder Mensch neigt dazu, in einer persönlichen und beruflichen Übergangs- oder Krisensituation seinen Handlungsspielraum und seine Gestaltungsmöglichkeiten zu unterschätzen. Zu allem Überfluss beschneidet uns die Schere im Kopf in solch einer Situation dann auch noch in unserer Aktivität. Schließlich geht es doch um nichts Geringeres als die Verwirklichung der individuellen beruflichen Identität.

Die Erkenntnisse aus der ersten, zweiten und dritten Situationsanalyse (Was für ein Mensch bin ich? Was kann ich? Was will ich?) müssen mit der Realität (Was ist möglich?) in Einklang gebracht werden. Dabei sollte man aber nicht nur seinen eigenen Realitätssinn zum Maßstab nehmen, sondern auch andere Personen und deren Blick für die Möglichkeiten einbeziehen. Gespräche mit dem Lebenspartner, Freunden, Bekannten, Fachberatern (im Arbeitsamt oder in Personalberatungsunternehmen) und Berufskollegen können sehr hilfreich sein.

Natürlich gibt es individuelle Ausgangssituationen, in denen die Frage »Was ist möglich?« nur sehr schwer zu beantworten ist. Versuchen Sie, wenn irgend möglich, sich mit diesem Thema nicht allein herumzuquälen. Beteiligen Sie andere Personen an diesem Denkprozess.

Auf den Punkt gebracht

Die gründliche Vorbereitung auf das Bewerbungsverfahren ist der Grundstein für den Erfolg, so wie ein solides Fundament die sicherste Basis für einen Hausbau ist. Unterschätzen Sie die Zeit für die Vorbereitung Ihrer Bewerbung nicht: Planen Sie 50 bis 100 Stunden ein. Ob Sie das in einer Woche oder in vier durchziehen, hängt sicherlich nicht nur von Ihrer Kondition, sondern auch von dem Zeitbudget ab, das Ihnen aktuell zur Verfügung steht.

Wenn es Ihnen wirklich ernst ist, dann fangen Sie jetzt mit einer intensiven Vorbereitung an. Und das bedingt immer die Auseinandersetzung mit der eigenen Person und Ihren Fähigkeiten, eine Bestandsaufnahme. Die Beantwortung der Fragen »Was für ein Mensch bin ich?«, »Was kann ich?«, »Was will ich?« und »Was ist möglich?« bringt Sie in eine gute Ausgangsposition.

Diese Selbsterforschung sollte unbedingt auch mit einer gründlichen Arbeitsmarktanalyse einhergehen. Die Fragestellung lautet: »Wer braucht was?« Am Schluss steht die Synthese zwischen dieser Frage und Ihrem speziellen Dienstleistungsangebot. Dazu müssen Sie Ihr Produkt, also Ihre Fähigkeiten und Eigenschaften, bestens kennen, den potenziellen Käufer (= Arbeitgeber) und dessen Kauf- bzw. Entscheidungsverhalten gut studiert haben und einen Kommunikationsweg finden, das Käuferverhalten in Ihrem Sinne positiv zu beeinflussen. Eine der wichtigsten Fragen ist: »Was ist Ihre Botschaft?«

Fest steht: Wer genau weiß, was er sucht, sucht anders. Für ein Schiff, das seinen Bestimmungshafen nicht kennt, bläst nie ein günstiger Wind. Je mehr Zeit Sie aber investieren, um herauszufinden, was Sie anzubieten haben und was Sie wollen, desto besser gelingt Ihnen Ihr Bewerbungsvorhaben.

Jede Phase einer Bewerbung birgt neue Chancen und Möglichkeiten für Sie. Eine Gelegenheit, sich intensiv mit den eigenen Wünschen, Fähigkeiten und Zielen auseinanderzusetzen. Sie schärfen mit Ihrer gezielten Vorbereitung Ihre mündliche und schriftliche Ausdrucksfähigkeit in Formulierungen für das Anschreiben, in Bewerbungstelefonaten und Vorstellungsgesprächen.

Berufserfolgsstrategien

»Das Geheimnis auch der großen und umwälzenden Aktionen besteht darin, den kleinen Schritt herauszufinden, der zugleich auch ein strategischer Schritt ist, indem er weitere Schritte einer besseren Wirklichkeit nach sich zieht.«
Gustav Heinemann

Beruflicher Erfolg, in diesem Falle für Sie als Bewerber, wird von zahlreichen Komponenten bestimmt. Als Voraussetzung müssen Sie zunächst wissen, wo und wie man ihn findet. Ganz wichtig ist auch die Kommunikation mit anderen Menschen. Wer andere für sich gewinnen kann, gewinnt selbst. Zwei wichtige Ansätze, die Berufserfolg erklären und Hilfestellung geben, sind die »EKS-Methode« nach Wolfgang Mewes und das »20er-Modell« von Robert J. Sternberg. Schließlich stellen wir Ihnen weitere Erfolgsinstrumentarien für die Stellensuche vor, wie professionelles Recherchieren, Networking und die Fähigkeit, Arbeitgeberträume wahr werden zu lassen.

Jobsuchstrategien

Wer träumt nicht davon? Man liegt auf der Couch, es klingelt an der Tür, der Postbote bringt einen Brief vom Personalchef des Traumunternehmens. Auf dem blütenweißen Papier liest man dann die freundliche Bitte, doch morgen zum Vorstellungsgespräch vorbeizuschauen. Das lässt uns glatt in lauten Jubel ausbrechen ... und schon wachen wir aus diesem Traum auf! Die Realität sieht leider etwas anders aus.

Zunächst einmal muss man wissen, wo man sich bewirbt und wie man den Einstieg schafft. Es gibt verschiedene Methoden, Arbeitsplätze aufzuspüren, und auch verschiedene Wege, auf denen man sich bewerben kann. Wir geben Ihnen nun einen ersten Überblick. Die wichtigsten Punkte werden in den nächsten beiden Hauptkapiteln vertieft.

Als Allererstes: Networking

Kontakte sind das A und O in der Geschäftswelt. Mehr als 30 Prozent der deutschen Arbeitnehmer finden einen neuen Job durch die Vermittlung von Bekannten und Freunden. Sie verfügen nicht über die richtigen Beziehungen? Dann sorgen Sie dafür, dass sie entstehen. Überlegen Sie, wen Sie ansprechen könnten. (Mehr dazu ab S. 115)

Modern: Recherche im Internet

Immer mehr Unternehmen nutzen das Internet, um neue Mitarbeiter anzuwerben. Beinahe 90 Prozent der 1.000 größten deutschen Unternehmen veröffentlichen ihre Stellenausschreibungen (auch) auf der eigenen Homepage. 69 Prozent der Großunternehmen nutzen regelmäßig die kommerziellen Jobbörsen im Internet. Wer den potenziellen Arbeitgeber bereits kennt, surft am besten direkt zur firmeneigenen Homepage. Dort finden sich neben den aktuellen Jobangeboten auch interessante Informationen zu neuen Projekten, Firmenphilosophie oder Mitarbeiterzahlen. (Mehr ab S. 152.)

Klassisch: Stellenangebote in Tageszeitungen

Traditionell finden sich Stellenangebote im Anzeigenteil fast aller deutschen Tageszeitungen. Während die überregionalen Medien, allen voran die *FAZ* und die *Süddeutsche Zeitung*, sich besonders als Markt für Fach- und Führungskräfte etabliert haben, rekrutieren kleine und mittelständische Unternehmen im produzierenden Gewerbe überwiegend in regionalen Blättern. Daneben sollten Sie die branchenspezifischen Fachblätter nicht vergessen. Gerade diese nutzen Unternehmen zunehmend als fruchtbares Forum der Mitarbeitergewinnung. Fast alle Medien sind auch im Internet vertreten. (Mehr ab S. 132.)

Aktiv: Die Initiativbewerbung

Blind- oder Direktbewerbung, kalte oder aktive Bewerbung – gemeint ist immer dasselbe: Sie nehmen von sich aus unaufgefordert Kontakt zu einem Unternehmen auf. Gut formuliert und ansprechend präsentiert haben Initiativbewerbungen eine gute Chance. Über 20 Prozent aller Bewerber ergattern auf diesem Weg einen Job. Der Vorteil liegt auf der Hand: Sie sind nicht einer von vielen Bewerbern, die Konkurrenz ist deutlich geringer.

Wenn Sie in der Bewerbungsphase eigene Ideen verwirklichen, die übers Reagieren auf Anzeigen hinausgehen, stärkt das zudem auch Ihr Selbstbewusstsein, weil Sie aktiv sind und die Dinge selbst bestimmen. Die Herausforderung besteht darin, auf einen Blick zu sagen, warum Sie gerade in diesem Unternehmen, in dieser Position arbeiten wollen und was Sie Besonderes zu bieten haben. (Ausführlich ab S. 163.)

Selbstbewusst: Stellengesuche aufgeben

Das eigene Stellengesuch ist eine gute, wenn auch etwas kostspielige Möglichkeit, aktive Werbung in eigener Sache zu betreiben. Wählen Sie sorgfältig die richtige Plattform für Ihre Annonce. Die wichtigsten Medien für Fach- und Führungskräfte sind nach wie vor die überregionalen deutschen Tageszeitungen. Aber auch Fachzeitschriften Ihrer Branche oder entsprechende Webseiten oder Stellenbörsen können Ihnen zum Auftritt vor einem interessierten Arbeitgeber-Publikum verhelfen.

Selbst aktiv werden

Gefragt ist die Kunst der Reduktion. Die Leitfragen dabei heißen: »Welche Eigenschaften sind für die gesuchte Position besonders wichtig?« und: »Welche Eigenschaften besitze ich, die ich anderen Bewerbern voraushabe?« Je prägnanter und kürzer der Text für die hervorstechenden Merkmale des Bewerbers wirbt, desto besser. (Mehr ab S. 133.)

Die Zeitungsannonce ist Ihnen zu teuer? Dann inserieren Sie doch kostenfrei im Internet bei einer der großen kommerziellen Jobbörsen. (Siehe S. 157.)

Kommunikativ: Telefonieren

Greifen Sie zum Telefon, stellen Sie Ihre Kommunikationsfähigkeit unter Beweis und sammeln Sie Sympathiepunkte. Es gibt drei interessante Ausgangssituationen:

1. Informationen erfragen: In einer Zeitung lesen Sie eine Stellenanzeige, die Sie interessiert. Eine Telefonnummer ist auch angegeben und wenn Sie Glück haben, auch ein konkreter Ansprechpartner. Sie rufen also an, um mehr Informationen zu erfragen.

2. Initiativbewerbung: Sie sind interessiert an einem Arbeitsplatz in einer bestimmten Firma und wollen – bevor Sie eine Initiativbewerbung verschicken – wissen, ob für Sie eine Chance besteht. Falls ja, senden Sie sofort Ihre schriftliche Bewerbungsmappe zu oder bewerben sich online.
3. Nachfragen: Mehrere Wochen, nachdem Sie Ihre Bewerbung abgesendet haben, gab es weder eine Bestätigung, dass Ihre Unterlagen eingetroffen sind, noch eine Einladung zum Vorstellungsgespräch. Rufen Sie an, um freundlich und ohne Vorwürfe nach dem Stand der Dinge zu fragen.

Für alle drei Situationen gilt: Bereiten Sie sich auf das Gespräch vor, damit Sie in kurzen Sätzen sagen können, was Sie wollen. Lassen Sie durch das Telefon eine »emotionale Brücke«, eine positiv gefärbte erste Beziehung entstehen. Sie können sicher sein: Man wird Ihre Bewerbungsunterlagen mit ganz anderen Augen lesen. Die Telefonstrategie wird ab Seite 140 ausführlich vertieft.

Mutig: Einstieg mit Zeitarbeit
Hat ein Unternehmen personelle Engpässe, oder braucht es kurzfristig kompetente Mitarbeiter, kann es sich für die Personalbeschaffung an eine Zeitarbeitsfirma wenden. Nicht nur gewerbliche Mitarbeiter, zunehmend Angestellte der mittleren Ebene und neuerdings eine wachsende Zahl von hoch qualifizierten Spezialisten und erfahrenen Führungskräften werden immer häufiger über ein Zeitarbeitsunternehmen angefordert. Dieses nimmt seinem Kunden die aufwendige Beschaffung und Auswahl ab und all die damit verbundenen Unannehmlichkeiten von Risiko, Zeit- und Kostenaufwand.

Auf Wunsch wird dann der Leihmitarbeiter im Unternehmen »getestet«, und nach einer gewissen Zeitspanne kann der auf diese Art eingeführte neue Mitarbeiter eventuell fest eingestellt oder an die Ausleihfirma ohne Komplikationen wieder »zurückgegeben« werden.

Flexibilität, Verfügbarkeit und Risikomanagement sind hier wohl die wichtigsten Stichworte einer modernen Dienstleistungsgesellschaft, die immer mehr Outsourcing, Lean Production und Lean Management praktiziert.

Als Arbeitssuchender müssen Sie das nicht unbedingt negativ sehen. Der Weg zu einem und über ein Zeitarbeitsunternehmen kann Ihnen einige interessante Türen öffnen. Sie sammeln selbst Erfahrungen und haben eine Chance, sich dort überzeugend zu präsentieren, wo es ohne Zeitarbeit vielleicht nicht möglich wäre.

Der Schlüssel zum Menschen

Haben Sie sich schon einmal gefragt, was der Schlüssel zum Menschen ist? Was fällt Ihnen auf diese Frage spontan ein? Geld – nach dem Motto Jeder ist käuflich, es kommt nur auf die Summe an? Oder Macht – weil sie ebenfalls wie Geld den Menschen korrumpiert? Oder vielleicht Liebe – weil man mit Liebe alles erklären, begreifen oder bewegen kann?

Viele Antworten sind denkbar, und wir wollen hier nicht so vermessen sein, unsere Antwort als die alleingültige zu präsentieren. Unserer Meinung nach ist der Schlüssel zum Menschen die Kommunikation. Auch Gefühle würden wir uns als Antwort gut vorstellen können. Und wenn Sie mit uns konform gehen, dann wissen Sie jetzt, worauf es im Umgang mit Menschen, zum Beispiel beim Small Talk, besonders ankommt. Zeigen Sie, wie kommunikativ Sie sind, und zielen Sie auf die Gefühle Ihres Gegenübers. Wenn Sie in der Lage sind, auf andere offen und unverkrampft zuzugehen, auf eine angenehm ungezwungene Art ins Gespräch zu kommen, leicht eine gute Atmosphäre herstellen zu können, stellen Sie nicht nur Ihre Kontakt- und Kommunikationsfähigkeit unter Beweis, sondern praktizieren neudeutsch ausgedrückt Impression Management.

Nicht nur bei der Wahrnehmung von Karrierechancen spielen Souveränität, soziale Kompetenz und emotionale Intelligenz eine entscheidende Rolle. Networking, PR in eigener Sache, die Fähigkeit, Sympathie zu mobilisieren, sind Verhaltensweisen, auf die es heutzutage immer mehr ankommt. Wer das Richtige im rechten Moment zu sagen weiß, ist im Vorteil und profitiert – im Leben ganz allgemein und in der Arbeitswelt im Besonderen. Die Fähigkeit zum Small Talk ist dabei ein ganz wichtiger, von vielen aber immer noch unterschätzter Baustein für denjenigen, der beruflich, aber auch sonst im Leben Erfolg haben will. Das trifft auf ein Vorstellungsgespräch ebenso zu wie auf die großen Konferenzen, die kleinen Meetings, Messegespräche, Kundenbesuche etc.

Wie sympathisch können Sie sein?

Wie viel Sympathie können Sie für sich mobilisieren? Nach unseren Erfahrungen in Beratungsgesprächen antworten neun von zehn Personen mit dem Hinweis, dass das wohl kaum von ihnen selbst abhänge. Das Gegenüber müsse einen schließlich beurteilen und sympathisch finden. Man selbst könne dafür doch nichts oder nur sehr, sehr wenig tun.

Das klingt logisch. Und trotzdem: Angenommen, man könnte Sympathie ganz einfach messen. Wie viel Prozent an Sympathiezuschreibung durch eine x-beliebige Person glauben Sie, für sich mobilisieren zu können? Mit dieser noch präziseren Fragestellung stürzt man die meisten Befragten in arge Schwierigkeiten. Ohne das unterstützende Angebot: »Was denken Sie, eher 90 Prozent oder doch nur 10 Prozent? Oder vielleicht 50 Prozent?«, sind die meisten Menschen gar nicht zu einer Aussage zu bewegen. Hinzu kommt immer wieder der Hinweis, das hänge doch allein vom Gegenüber ab.

Nach längerem Zögern und viel Nachdenken ist dann vielleicht knapp die Hälfte unserer Klienten bereit einzuräumen, weniger als 30 Prozent Sympathie für sich mobilisieren zu können. Die andere knappe Hälfte kommt auf etwa 50 Prozent. Meistens ist es nur einer von etwa 15 Befragten, der sich in der Lage sieht, etwa 70 Prozent und mehr für sich beim anderen herauszuholen.

Allen Klienten ist klar, worum es geht. Um beispielsweise einen Job zu erobern, muss man dem Auswähler, Personalchef oder Inhaber vor allem sympathisch sein. Aber auch ganz allgemein: Wollen Sie, das jemand etwas für Sie tut, ist die Mobilisierung von Sympathie ein sehr wichtiger Erfolgsfaktor.

Die konträre Frage, also: »Wie schaffe ich es, meinem Gegenüber augenblicklich unsympathisch zu werden?«, können fast alle Befragten schnell und mühelos beantworten. Hier hat beinahe jeder das Gefühl, genau zu wissen, was zu tun ist, um beim Gegenüber für sich eine starke Antipathie zu mobilisieren. Vielleicht geht es Ihnen ähnlich. Sich aktiv unbeliebt zu machen, sich »so richtig schön unmöglich zu verhalten«, ist Ihnen möglicherweise auch viel schneller im Bewusstsein als das Gegenteil. Hinzu kommt bei unseren Klienten, wie sicherlich bei Ihnen, noch das deutliche Gefühl, dass eine aktive Sympathiegewinnung ziemlich schwer sei und wohl kaum einer so etwas hundertprozentig beherrschen könne.

Viele Menschen, ob Verkäufer, Vertreter oder Moderator, Schauspieler oder Politiker, sind aber sehr wohl in der Lage, professionell die Sympathien ihres Gegenübers für sich zu mobilisieren. Am eklatantesten wird dies übrigens bei einer Berufsgruppe deutlich: den Heiratsschwindlern oder ähnlichen Betrügern. Damit wollen wir jetzt aber nur veranschaulichen, dass die professionelle Mobilisierung von Sympathiepotenzial nicht so außergewöhnlich ist.

Wie kann man sich das Entstehen von Sympathie erklären?

Zur Mobilisierung von Sympathiegefühlen kommt es immer dann, wenn Ihr Gegenüber den (ersten) Eindruck und die Hoffnung gewinnt, dass Sie einen Beitrag zu seiner Bedürfnisbefriedigung (Aufmerksamkeit, Zuwendung, Erfolg, Macht etc.) leisten können. Sympathiefördernd sind dabei vor allem Identifizierungsprozesse nach dem Motto: »Mein Gegenüber ist ja genauso bzw. ganz ähnlich wie ich.« Man entdeckt im anderen etwas, was einem selbst wohlbekannt ist. Besonders gut geeignet sind dafür biografische Gemeinsamkeiten (z. B. bezüglich früherer Wohnorte, Schulen, Ausbildung, gemeinsame Bekannte, Hobbys etc.). Kurzum: gleiche Wertewelten.

Sympathie entsteht – übrigens auf beiden Seiten – aufgrund verbaler (Sprache, Sprechweise: laut, leise, Dialekt) und nonverbaler Kommunikation (Körpersprache, Aussehen, Auftreten, Kleidung). Beides fördert den Wiedererkennungsfaktor. Dieser Sympathiebildungsprozess trägt ganz entscheidend zum Gelingen eines Small Talks bei.

Wenn Sie Ihren Gesprächspartner sympathisch finden, wächst die Chance, dass auch dieser Sympathie für Sie entwickelt. Sie wissen doch: Wie man in den Wald hineinruft, so schallt es auch zurück. Wenn Sie also in einer ersten Begegnung mit viel Sympathie für Ihren Gesprächspartner auftreten, erhöht das in jedem Fall die Chance, dass man *auch Sie* sympathisch findet. So einfach ist das ...

Was ist Erfolg?

Wir möchten Sie unterstützen, damit Ihre Bewerbungsaktivitäten erfolgreich sind. Nur – was ist eigentlich Erfolg? Die Antwort ist leicht und schwer zugleich: Jeder weiß, wovon die Rede ist. Trotzdem ist es schwer, diesen Begriff zu definieren, denn Erfolg ist subjektiv. Während der eine es als Erfolg wertet, als Sozialarbeiter den Besuchern einer Altentagesstätte mit einer gut organisierten Weihnachtsfeier ein paar schöne Stunden zu bereiten, bedeutet Erfolg für den anderen, Teppichböden für fünf Millionen Euro verkauft zu haben.

Erfolg erarbeiten

Erfolg, da ist man sich wahrscheinlich einig, stellt sich nicht zufällig ein. Man muss selbst etwas dafür tun. Sonst ist es nur Glück oder Zufall. Wer Probleme und Hindernisse überwindet und ein gestecktes Ziel erreicht, der handelt erfolgreich. Um Erfolg muss man sich immer wieder neu bemühen, denn er dauert nicht ewig. Wer sich auf einmal Erreichtem ausruht, dem kann es leicht passieren, dass er sich nicht länger zu den Erfolgreichen zählen darf.

Sie sehen schon, so einfach die Beantwortung der Frage nach dem Erfolg erscheint, ist sie wahrlich nicht.

Es gibt verschiedene Erfolgsinstrumente. Die wichtigsten möchten wir Ihnen im Folgenden vorstellen.

Die EKS-Methode

Außergewöhnliche Erfolge, so die Erklärung des Systemforschers Wolfgang Mewes[8], haben ihren Ursprung in der Konzentration der wirksamsten Kräfte, zum Beispiel in einer klaren, eindeutigen Spezialisierung, in der bewussten Ausrichtung auf ein ganz bestimmtes berufliches Ziel. Denn wer auf allen oder zumindest auf vielen beruflichen Gebieten besonders gut sein will, der kann meist nur Durchschnittliches erreichen.

Nur die ständige Veränderung ist sicher

Versuchen Sie erst gar nicht, es allen Menschen recht zu machen, sich selbst und gleichzeitig allen anderen. Setzen Sie Prioritäten, auch bei beruflichen Zielen. Das setzt jedoch eine gezielte Vorgehensweise voraus, eine gut geplante und konsequent umgesetzte Strategie. Für Wolfgang Mewes ist Erfolg einzig und allein eine Frage der richtigen Strategie. Da in unserer Leistungsgesellschaft die einzige verlässliche Konstante die Veränderung ist, gewinnt die richtige berufliche Strategie immer mehr an Bedeutung. Wer sich erfolgreich den Herausforderungen stellen will, muss strategisch vorgehen.

Wenn die Starken über die Schwächeren triumphieren, die Großen die Kleinen dominieren, die Schnellen die Langsameren überholen, dann kann sich beruflich nur derjenige mit der besseren Strategie durchsetzen.

Machen Sie sich Folgendes bewusst: Auf dem heutigen Arbeitsmarkt sind Sie nicht mehr wirklich in der Position eines klassischen Arbeitnehmers, selbst wenn Sie mit der Lohnsteuerkarte in der Hand einen klassischen Arbeitgeber suchen. Abgesehen davon, dass ja eigentlich Sie Ihre Arbeitskraft geben und der klassische Unternehmer als sogenannter Arbeitgeber Ihre Arbeitsleistung entgegennimmt, damit also zum wirklichen »Arbeitnehmer« wird, ist dieses Denkmodell absolut überholt.

Unternehmerisch denken

Stellen Sie sich um. Verstehen Sie sich ab sofort als Unternehmer, als ein modernes Ein-Mann-/Eine-Frau-Dienstleistungsunternehmen, und lernen Sie, konsequent unternehmerisch zu denken und zu handeln. Es geht bei der schwierigen Suche nach einem Arbeitsplatz um ein gezieltes Marketing Ihrer Dienstleistung. Da Ihre Kunden, die Käufer Ihrer Fähigkeiten, sich entsprechend den Marktgesetzen verhalten, sollten Sie sich darüber im Klaren sein, dass gute Marketing- und Verkaufsstrategien über Ihren beruflichen Erfolg entscheiden.

Von dieser einfachen Erkenntnis geht Wolfgang Mewes aus. Das oberste Gebot seiner EKS-Strategie lautet: »Volle Konzentration aller verfügbaren Kräfte auf die Lösung eines speziellen Problems.« Die Abkürzung EKS steht übrigens für »Engpasskonzentriertestrategie«.

Das EKS-System, das häufig auch Erfolgsstrategie genannt wird, besteht aus zwei leicht nachvollziehbaren Etappen.

Erste Etappe: Die vier Prinzipien der EKS-Strategie

Vier Prinzipien gelten als Erfolgsbasis:

1. Konzentration ist besser als Verzettelung.
2. Der wirkungsvollste Ansatzpunkt ist zu finden.
3. Das Erkennen eines Engpasses, einer Marktlücke ist wichtig.
4. Nutzenorientierung ist besser als Gewinnmaximierung.

1. Konzentration statt Verzettelung

Es leuchtet wohl jedem ein, dass kein Sportler gleichzeitig Spitzenleistungen im Tennis, Schwimmen, Ski- und Radfahren erbringen kann. Und genauso verhält es sich auch in beruflicher Hinsicht. Wer sich in seinen Vorhaben und Leistungen verzettelt, bleibt in seinen Ergebnissen meist durchschnittlich. »Nicht kleckern, sondern klotzen« lautet das Motto. Die wesentliche Voraussetzung dafür ist, dass Sie die volle Konzentration der Kräfte auf das lenken, was Sie am besten können, und dabei auf etwas, was für Ihren Kunden, den potenziellen Arbeitgeber, von hohem Nutzen ist.

Wachsende Problemlösungskompetenz

Konzentrieren Sie sich auf das, was Sie gerne machen und gut beherrschen. Mit dem Lerngewinn und den Erfahrungen wächst auch Ihre Problemlösungskompetenz. Durch Ihr kontinuierliches Training werden Sie tatsächlich mit der Zeit ein echter Spezialist für …

2. Auf den wirkungsvollsten Ansatzpunkt kommt es an

Eine Kettenreaktion ist schnell ausgelöst. Stellen Sie sich einen riesigen Stapel Dosen vor. Wer hier einfach von unten zugreift und eine Dose herausziehen will, riskiert den kompletten Einsturz.

Die Sprengladung für einen hohen Industrieschornstein hingegen wird am untersten Ende angesetzt werden müssen, um das zu erreichen, was man bei den Dosen verhindern will. Auf den wirkungsvollsten Punkt kommt es also an, auf die volle Konzentration der Kräfte, und dann muss der so gefundene gordische Knoten nur noch durchschlagen werden.

Entscheidend ist also weniger wie, sondern wo man zuschlägt.

Sie erinnern sich an das höchst ungleiche Kämpferpaar David und Goliath. Wie hat der kleine David den um vieles stärkeren Goliath besiegt? Durch den Einsatz einer Steinschleuder konzentrierte David seine ganze Kraft und zielte auf die Stirn seines Gegners. Wenn man sich also strategisch richtig auf den wichtigsten bzw. wirkungsvollsten Ansatzpunkt konzentriert, lösen sich die Probleme fast wie von selbst im gewünschten Sinne.

3. Das Erkennen eines Engpasses, einer Marktlücke ist wichtig
Vielleicht liegt der wichtigste Schlüssel zum beruflichen Erfolg in der richtigen Idee bzw. Entscheidung oder Erkenntnis: Hier wird etwas dringend gebraucht, und genau das kann ich anbieten, genau auf diesem Sektor bin ich wirklich gut.

Der effektivste Ansatz

Es ist nicht ganz einfach, den richtigen, den effektivsten Ansatz für die Lösung eines Problems zu finden. In der heutigen Wirtschaft sind es die Marketingabteilungen, die sich speziell mit diesem Problem beschäftigen.

Es geht darum, Bedürfnisse der Konsumenten zu entdecken sowie auch neu zu wecken, um diese dann erfolgreich bedienen zu können. Das folgende Beispiel veranschaulicht, worauf es dabei ankommt: Das Wachsen und Gedeihen einer Pflanze hängt ganz wesentlich von vier Bedingungen ab: Wasser, Luft, Nährstoffe und Licht benötigt sie, um zu Wachstumserfolgen zu gelangen. Bei einem heißen Sommer ohne Regen erkennt jeder den wichtigsten Engpass. Wer jetzt Wasser anbieten kann, wer dieses Mangelprodukt liefert, wird sich einer großen Nachfrage erfreuen.

Neben der Konzentration der eingesetzten Energie, angesetzt am wirkungsvollsten Punkt und zum günstigsten Moment, kommt es ebenso darauf an, ein Bedürfnis zu erkennen, für das Sie Erfüllung bieten, oder eine Engpasssituation zu entdecken, die Sie beheben können. Wenn Sie also mit Ihren beruflichen Fähigkeiten auf einem speziellen Gebiet bei Ihrer Zielgruppe, den Arbeitsplatzanbietern, auf diese Situation stoßen, dann bekommen Sie den Job.

Anders ausgedrückt: Wenn Sie den richtigen Schlüssel für ein Problem Ihrer Zielgruppe haben, wird – je besser Ihr Schlüssel passt und je brennender das Problem Ihrer Zielgruppe ist – Ihr beruflicher Marktwert steigen. Wer wichtige, essenzielle Probleme seiner Zielgruppe zu lösen vermag, bekommt auch attraktive Jobangebote.

4. Nutzenorientierung ist besser als Gewinnmaximierung
Die Wahl des richtigen Ansatzpunktes mit voller Konzentration und ganzer beruflicher Kraft, das Erkennen einer Marktlücke und das richtig ausgewählte Ziel entscheiden, wie groß Ihr beruflicher Erfolg ist.

Ständig müssen Sie in beruflicher Hinsicht Entscheidungen treffen, Wichtiges von weniger Wichtigem unterscheiden und Prioritäten setzen. Orientierung tut not, und dabei helfen Ihnen vor allem klar definierte berufliche Ziele. Je klarer man ein Ziel vor Augen hat, desto leichter fällt es wahrscheinlich, die notwendigen Entscheidungen zu treffen.

Nutzen steigern

Dabei sollte es Ihnen aber nicht um eine kurzfristige Erfolgs- bzw. Gewinnsteigerung gehen. Nicht der Job, der Ihnen das meiste Geld bringt, ist der richtige, sondern der, der Ihren Nutzen für den Arbeitsmarkt und damit auch für andere Arbeitsplatzanbieter steigert. Denn nur wer wichtige Probleme anderer besser lösen kann, macht sich auf Dauer beruflich unentbehrlich.

Zweite Etappe: Sieben Schritte zum Erfolg

In der zweiten Etappe lernen Sie die entscheidenden sieben Schritte kennen, um Ihr berufliches Angebot an Arbeitsplatzanbieter so einzigartig und attraktiv zu gestalten, dass Ihre Bewerbung erfolgreich sein wird. Hier zunächst die Übersicht über die notwendigen Schritte:

1. Bestandsaufnahme Ihrer beruflichen Stärken
2. Auswahl eines Erfolg versprechenden beruflichen Betätigungsfeldes
3. Festlegung auf die entsprechende Zielgruppe von Auftraggebern
4. Differenzierte Analyse der wichtigsten beruflichen Probleme dieser speziellen Zielgruppe
5. Anbieten beruflicher Neuerung oder Verbesserungen
6. Suche nach potenten beruflichen Unterstützern
7. Spezialisierung auf elementare berufliche Problemlösungen

1. Absolutes Muss: Die Bestandsaufnahme Ihrer beruflichen Stärken

Um beruflich erfolgreich sein zu können, müssen Sie zunächst Ihre persönlichen Fähigkeiten genau analysieren. Dabei interessieren vor allem Ihre beruflichen Stärken, aber auch Ihre charakterlichen Qualitäten und Merkmale, also insgesamt alles, was Sie von anderen positiv unterscheidet. Nicht nur Ihr Selbstbild und Selbstwertgefühl, sondern auch die Kompetenz, die Ihnen andere zuschreiben, sollten Sie dabei berücksichtigen. Wir haben Ihnen zu diesen Bereichen in den vorangegangenen Abschnitten (Wer bin ich – Was kann ich …) bereits ausführliche Hilfe- und Fragestellungen gegeben. Jedoch ist dieses Thema für Ihre berufliche Entwicklung von so zentraler Bedeutung, dass wir es hier noch einmal komprimiert wiederholen.

Die entscheidenden Fragen lauten also:

- Welches Know-how kann ich einem potenziellen Arbeitgeber anbieten?
- Was habe ich anderen Kandidaten voraus?
- Wie sieht mein persönliches Stärkenprofil aus, das mich vielleicht unverwechselbar macht, in jedem Fall aber positiv auszeichnet?

Auf Stärken konzentrieren

Begehen Sie nicht den Fehler, bei der Analyse Ihrer Fähigkeiten und Ihres Potenzials an Ihren Schwachpunkten oder Unzulänglichkeiten hängen zu bleiben oder sich darin gar depressiv zu verlieren. Denken Sie an das Kaninchen, das hypnotisiert in die Augen der Schlange starrt und wenige Augenblicke später tragisch endet. Auf Defiziten herumzureiten bringt Sie überhaupt nicht weiter, sondern nimmt Ihnen im Gegenteil jede Motivation. Wenn Sie an Ihren Schwächen herumfeilen, alles Mögliche zu lernen und vor allem zu verbessern versuchen, ist das Resultat bestenfalls durchschnittlich und Sie sind reichlich frustriert.

Da ist es viel klüger, sich auf das zu konzentrieren, was Sie bereits gut können und gerne machen, und zu versuchen, hierin noch besser zu werden. Statt sich auf vermeintliche oder reale Schwächen zu stürzen und sich diese qualvoll und lustlos vorzuknöpfen, sollten Sie Ihre Stärken weiter ausbauen.

Ausgangssituation und Ziel

Voraussetzung: Sie führen eine Bestandsaufnahme Ihrer Fähigkeiten durch und entwickeln aufgrund der »Ist«-Lage eine »Soll«-Zielvorstellung. Wo keine klare Ausgangssituation dokumentiert worden ist oder ein deutlich definiertes Ziel fehlt, können Fortschritte nur ungenau festgestellt werden. Bildhaft gesprochen: Was ist der Anfangskassenstand und wie viel Geld liegt einige Zeit später in der Kasse? An der Differenz können Sie deutlich ablesen, welche Einnahmen Sie in der Zwischenzeit erzielt haben.

Und noch etwas zum Thema Bestandsaufnahme und Analyse Ihrer Fähigkeiten: Je sicherer Sie Ihre persönlichen Stärken benennen können, desto besser wird es Ihnen auch gelingen, in einem späteren Schritt genau die Zielgruppe zu identifizieren, die Vorteile aus Ihren Qualitäten und Nutzen aus Ihrer Stärke ziehen kann.

Es ist wichtig, dass Ihre Zielgruppe Sie als kompetenten Problemlöser für ganz bestimmte elementare Probleme erkennen kann. Deshalb muss es Ihnen gelingen, mit einem unverwechselbaren Leistungsprofil Ihr besonderes Angebot nach außen klar und deutlich zu dokumentieren. Dies wird Sie von anderen Anbietern unterscheiden und Ihre Attraktivität für Ihre spezielle Zielgruppe steigern.

Beantworten Sie die folgenden Fragen, damit Sie besser Auskunft über sich selbst geben können:

- Welche persönlichen Eigenschaften, Merkmale kennzeichnen Sie?
  Es geht um Ihre Wesensart.
- Was sind Ihre Stärken?
  Es geht um Fähigkeiten und um beruflich nutzbares Potenzial.
- Welche speziellen Probleme haben Sie bereits wiederholt befriedigend gelöst?
  Es geht um Ihr besonderes Problemlösungs-Know-how.
- Was traut man Ihnen zu und was Sie sich selbst?
  Es geht um Ihr Selbstbild, aber auch um Ihr Image.
- Über welche besonderen Kontakte zu wichtigen Personen verfügen Sie?
  Es geht um Ihre Beziehungen und Verbindungen (Networking).
- Wie sehen Ihre Ziele, wie Ihre Träume aus?
  Es geht um Ihre Vorstellungen, Visionen, um Ihre Philosophie. Es geht um Ihre Persönlichkeit und Ihr Kommunikationsvermögen, Ihre Fähigkeiten und Problemlösungskompetenz, Leistungsmotivation und Zielvorstellungen.

Überlegen Sie, welche Kombination aus den eben erhaltenen Ergebnissen die größte Aussicht auf Erfolg hat.

2. Ausschau halten: Welches Betätigungsfeld ist für Sie Erfolg versprechend?

Nach Analyse und Bestimmung Ihrer Fähigkeiten und der anschließenden Konzentration auf Ihr Potenzial muss es nun darum gehen, den effektivsten Einsatzort zu finden.

Mit einem Tresorschlüssel können Sie keine Haustür aufschließen, und mit herausragenden EDV-Spezialkenntnissen ist es widersinnig, als Bademeister oder als Bäcker zu arbeiten. Ihre Talente würden sich in diesen Bereichen kaum entfalten können und wahrscheinlich verkümmern. Berufliches Know-how und Aufgabenbereich müssen zueinanderpassen.

Wo sind Engpässe?

Sie brauchen zunächst eine grobe Orientierung, welches Aufgabengebiet Ihren speziellen Fähigkeiten entspricht. Welche besonderen Probleme können gerade Sie aufgrund Ihrer speziellen Fähigkeiten kompetent lösen? In welchen Bereichen gibt es Engpässe, die Sie mit Ihrer Kompetenz gezielt überwinden und beseitigen können? Kompetenz und Aufgabenstellung, Problem und Problemlösungsstrategie müssen zueinanderpassen wie der berühmte Deckel auf den Topf oder wie der Schlüssel ins Schloss.

Außerordentlich wichtig ist es auch, ein Gespür für Kernprobleme zu entwickeln, damit deren Lösung für eine bestimmte Zielgruppe von hohem Nutzen ist. Es kommt darauf an, Käufer für Ihre speziellen Fähigkeiten (Ihre Arbeitsleistung) zu finden, die für Ihr Wissen oder Ihre Dienstleistung gerne bezahlen, weil es ihnen Gewinn bringt. Waren brauchen Käufer, jeder Käufer braucht ganz bestimmte Waren. Beides muss zusammenpassen – je besser, desto größer der Erfolg und der gegenseitige Nutzen.

Zur richtigen Zeit am richtigen Ort

Versuchen Sie nicht, den Eskimos in Alaska Tiefkühltruhen zu verkaufen. Liefern Sie diese Geräte lieber in die Sahara. Sie sollten schon etwas Besonderes anzubieten haben, und zwar im richtigen Moment, am richtigen Ort, mit einem klaren Nutzen für genau Ihre spezielle Zielgruppe.

Je leistungsfähiger Sie auf einem speziellen Sektor sind und je eher Sie wichtige Bedürfnisse befriedigen können, desto größer ist Ihr Wert für bestimmte Arbeitgeber und desto höher kann Ihr Verdienst ausfallen. Letztendlich geht es auch auf dem Arbeitsmarkt um Angebot und Nachfrage, um die Kosten-Nutzen-Relation.

Halten Sie also Ihre Ausgangsposition fest: Wo, wie und unter welchen Umständen können Sie Ihre Kompetenzen, Stärken und Vorzüge beruflich am besten einsetzen? Lassen Sie zunächst Ihrer Fantasie freien Lauf. Hier geht es erst einmal darum, alle möglichen Einsatzfelder für Ihre Fähigkeiten aufzuschreiben, die Ihnen spontan einfallen. Für den Anfang reicht eine grobe Orientierung. Wenn die Ideenfindung abgeschlossen ist, sollten Sie präziser werden. Je genauer Sie wissen, welche Aufgaben Sie in einem bestimmten Einsatzfeld übernehmen können und wollen, desto schneller werden Sie Erfolg haben.

Hierzu ein Beispiel: Wenn Sie als EDV-Fachmann Lösungen für eine spezielle Branche entwickeln – beispielsweise für Buchhandlungen – und ein Programm entwerfen, das Bestellungen und Lagerkontrolle vereinfacht, ist diese Spezialisierung Erfolg versprechender, als wenn Sie sich ganz allgemein mit den EDV-Problemen des Einzelhandels auseinandersetzen. Unterschiedliche Branchen – wie Lebensmittel, Bekleidung oder Unterhaltungselektronik – verlangen nach speziellen Lösungen. Auch hier sollten Sie sich wieder auf das erste Prinzip (Konzentration der Einsatzkräfte) besinnen, um möglichst schnell erfolgreich zu sein.

3. Zur besseren Orientierung: Warum die Konzentration auf Zielgruppen wichtiger ist als auf Betätigungsfelder

Nach der Analyse Ihrer Stärken und der Entscheidung über Betätigungsfelder sollten Sie sich jetzt klarmachen, dass eine Konzentration Ihrer Fähigkeiten Erfolg versprechender ist, wenn Sie sich auf eine Personenzielgruppe konzentrieren und nicht primär auf ein spezielles Betätigungsfeld. Wenn das für Sie im ersten Augenblick verwirrend klingt, schauen Sie sich die folgenden Erläuterungen an.

Sie sind Unternehmer

Zunächst müssen Sie sich als Unternehmer verstehen. Auch wenn Sie als Arbeitnehmer mit Lohnsteuerkarte arbeiten – Sie sind auf dem Arbeitsmarkt ein freier Unternehmer, der Chef eines Dienstleistungsunternehmens. Sie müssen und wollen Ihr Know-how vermarkten. Ihr Kunde, der klassische Arbeitgeber, nimmt Ihre Dienstleistung in Anspruch und entlohnt Sie dafür.

Manche Berufe sind heute beinahe ausgestorben. Jäger, Melker, Scherenschleifer, Uhrmacher, Tankwarte oder Klavierstimmer werden heutzutage kaum noch gebraucht. Man kann sich also nur für eine gewisse Zeit auf ein bestimmtes Betätigungsfeld konzentrieren, denn die Bedürfnisse des Arbeitsmarkts ändern sich permanent. Früher weitverbreitete Dienstleistungsberufe, wie etwa der des Tankwarts, verloren manchmal schnell, in anderen Fällen nach und nach an Bedeutung. Die entsprechenden Dienstleistungen wurden nahezu unverkäuflich. Viele Arbeitnehmer wurden entlassen und blieben lange Zeit arbeitslos.

Ähnlich erging es Unternehmen, die einmal wichtige und erfolgreiche Produkte herstellten, ob es sich nun um Kutschen oder mechanische Uhren handelte. Ganze Industriezweige gingen unter und wurden abgelöst. Als Anbieter von Dienstleistungen oder Produkten muss man sich an den Bedürfnissen seiner Kunden und nicht ausschließlich an einem Betätigungsfeld orientieren.

Kenntnisse ausbauen

Aus Gesprächen mit den zukünftigen Nutzern Ihrer Dienstleistung lernen Sie, Ihr Arbeits- und Leistungsangebot den Bedürfnissen und Wünschen Ihrer Zielgruppe immer besser anzupassen und auf diese Weise Ihren Marktwert zu steigern. Bauen Sie Ihre Kenntnisse aus und sorgen Sie dafür, dass Ihre Arbeitsleistung einzigartig bleibt. Wer sich intensiv mit möglichen Betätigungsfeldern für sein Arbeitsangebot auseinandersetzt, wird auch zusätzliche Zielgruppen für sich entdecken. Finden Sie also heraus, welche Zielgruppen sich hinter dem von Ihnen ausgewählten Betätigungsfeld verbergen.

Angenommen, Sie sind ein Verkaufstalent und besitzen somit eine der wichtigsten Fähigkeiten in unserer Arbeitswelt. Neben der entscheidenden Frage, was Sie verkaufen wollen – Gummibärchen oder Kraftwerksturbinen, Konzertkarten oder Kooperationskonzepte für multinationale Konzerne –, sollten Sie sich über die potenziellen Auftraggeber Gedanken machen. Weil sich Gummibärchen-Großhändler von Unternehmensberatungen für Großkonzerne unterscheiden, müssen Sie Ihre Kontaktaufnahme an die einzelnen Zielgruppen anpassen. Natürlich gestaltet sich auch die langfristige Kommunikation in den jeweiligen Betätigungsfeldern grundlegend anders, was Konsequenzen für Sie als Anbieter einer Dienstleistung hat.

Die präzise Ausrichtung auf Ihre Zielgruppe, auf die Einkäufer Ihrer Dienstleistung, ist also einer der wichtigsten Schritte in Ihrem strategischen Vorgehen. Wenn Sie dann noch das dringendste Problem Ihrer Zielgruppe erkennen und lösen, wird Ihr beruflicher Erfolg nicht lange auf sich warten lassen.

4. Zur Analyse: Die wichtigsten Probleme Ihrer speziellen Zielgruppe
Sie wissen, worin Sie besonders gut sind. Sie kennen demnach das für Sie am meisten Erfolg versprechende berufliche Betätigungsfeld und haben die interessanteste Zielgruppe identifiziert. Jetzt kommt es darauf an, die wichtigsten Aufgaben und Probleme dieser Zielgruppe so genau wie möglich zu studieren und zu analysieren, damit Sie die passenden Lösungen anbieten können. Je besser Ihnen dies gelingt, desto wertvoller werden Sie für Ihre Zielgruppe. Kurz gesagt: Es geht um die Feinabstimmung.

Hierbei hilft Ihnen ein vorübergehender Rollentausch: Wenn Sie sich in die Lage Ihrer Zielgruppe versetzen, sollte es Ihnen gelingen, deren Probleme besser zu erkennen und zu verstehen. Nun wird es Ihnen leichterfallen, überzeugende Problemlösungsvorschläge zu unterbreiten.

Was wäre als Unternehmer XY in der Branche Z vermutlich Ihr größtes Problem?

Nutzen optimieren

Mit regelmäßigen Bedarfs- und Problemanalysen Ihrer Zielgruppe und durch ständigen Dialog mit den Käufern Ihres Arbeitsangebotes sorgen Sie dafür, dass Sie den Anschluss nicht verpassen. Lassen Sie sich dabei immer von der Frage leiten, was Sie tun können, um den Nutzen Ihrer Dienstleistung für Ihre Zielgruppe zu optimieren. Letztlich hat die Verbesserung der beruflichen Situation Ihrer Zielgruppe positive Rückwirkung auf Sie. Dabei werden Sie früher oder später auch an die Grenzen Ihrer Leistungs- und Problemlösungsfähigkeiten stoßen. Sie müssen dies zum Anlass nehmen, Ihr Leistungsangebot zu überdenken und womöglich zu erweitern.

5. Bloß keine Stagnation: Warum ein kontinuierlicher Verbesserungsprozess für Ihre Zielgruppe und damit auch für Sie so wichtig ist
Sie kennen die wesentlichen beruflichen Probleme Ihrer Zielgruppe und wissen vor allem auch, welches Lösungs-Know-how Sie anzubieten haben. Nach dieser Feinabstimmung müssen Sie sich nun vor Augen führen, dass Sie mit Ihrem Angebot auf dem Arbeitsmarkt auf Dauer nur Erfolg haben werden, wenn Sie das einmal gewonnene Lösungs-Know-how kontinuierlich pflegen, vor allem aber ständig verbessern.

Lebenslanges Lernen und berufliche Fortbildung sind die Zauberwörter. Wichtig dabei ist ständiger Informationsaustausch mit Ihrer Zielgruppe, um keinen Veränderungsprozess zu verlieren. Man hat schneller den Anschluss verloren, als einem lieb ist. Bleiben Sie also mit Ihrer Zielgruppe im Gespräch über die wichtigsten Herausforderungen und Ihre Lösungsvorschläge. Entwickeln Sie ein Informationsmanagement und interessieren Sie sich für die Fachbeiträge über die neuesten Entwicklungen in den relevanten Medien. So bleiben Sie am Ball.

Weiterentwicklung

Es geht um die permanente Verbesserung Ihrer Dienstleistung, den kontinuierlichen Ausbau Ihrer speziellen Lösungskompetenz. Sammeln Sie systematisch Ideen, Einfälle, Anregungen und Vorschläge, die zur Entwicklung neuer Vorgehensweisen oder anderer Lösungsansätze beitragen können. Häufig ist es wie bei einem Puzzle: Erst nach langem Ausprobieren gelingt es, die Teile richtig zusammenzusetzen, und man erhält eine Vorstellung vom Gesamtbild und kann dann gezielter an die Lösung herangehen.

Wie lassen sich die Fragen Ihrer Zielgruppe beantworten? Was müsste verändert oder erfunden werden, um die dringendsten Probleme zu lösen? Analysieren Sie auch, was Ihnen persönlich noch fehlt, um bessere Ergebnisse erzielen zu können. Bei Ihren Überlegungen sollten Sie bedenken, dass Sie das Rad nicht neu erfinden müssen. Nicht jedes Problem ist wirklich absolut neu. Häufig gibt es bereits gute Lösungsansätze aus anderen Bereichen, die an die jeweilige Situation angepasst werden können.

Werten Sie also vorliegende Erkenntnisse aus, suchen Sie Vorbilder und modifizieren Sie Lösungen so, dass Sie Ihrer Zielgruppe optimal helfen können. Nutzen Sie die Erkenntnisse anderer als Grundlage für Ihre eigene, ganz individuelle Lösungsstrategie.

So nähern Sie sich Stück für Stück, manchmal in ganz kleinen Schritten, dem großen Ziel. Gelegentlich werden Sie feststellen müssen, dass Sie nicht alles aus eigener Kraft lösen können. Sie brauchen also Unterstützung.

6. Gemeinsam statt einsam: Auf der Suche nach starken beruflichen Unterstützern

Sie haben analysiert, ausgewählt und entschieden. Bei allem Spezialwissen und fachlichen Können werden immer wieder Probleme auftreten, die Sie nicht allein bewältigen können, weil Ihnen dazu ganz einfach die Grundlagen fehlen. In diesen Fällen sollten Sie nicht zögern, die Hilfe anderer in Anspruch zu nehmen. Nur so wird es Ihnen schneller und leichter gelingen, bestimmte Aufgaben zu lösen und neue Ziele anzugehen. Durch Bündelung der Anstrengungen erreicht man häufig einen überzeugenderen und größeren Erfolg.

Verbündete suchen

Durch die richtige Auswahl Ihrer Kooperationspartner können Sie ungemein profitieren. Wenn Sie produktiver sein wollen, sollten Sie darauf achten, dass die Fähigkeiten Ihrer Partner die eigenen optimal ergänzen. Kooperation ist besser als Konkurrenz. Wenn Sie gemeinsam vermutlich mehr schaffen als jeder Einzelne für sich, wenn es ein gemeinsames, verbindendes Ziel gibt, dann können Sie sich verbünden. Der zu erwartende Vorteil ist so groß, dass Sie das Risiko möglicher Meinungsverschiedenheiten oder anderer schädlicher Auswirkungen eingehen sollten.

7. Auf Dauer vorteilhafter: Die Spezialisierung auf elementare Problemlösungsbedürfnisse Ihres Auftraggebers

Beständig ist nur der Wandel. Theoretisch wissen wir das, aber nur selten richten wir uns auch danach. Dabei sollten wir gerade im Berufsleben diesen Wandel immer vor Augen haben. Wenn wir langfristig erfolgreich sein wollen, müssen wir uns an den Wünschen und Bedürfnissen einer besonderen Zielgruppe orientieren und dafür unsere Spezialkenntnisse ständig ausbauen und erweitern. Dabei sollten wir uns weniger auf variable als auf konstante Bedürfnisse konzentrieren.

Flexibilität

Als konstant und damit relativ stabil gelten Grundbedürfnisse wie Ernährung, Gesundheit, Kommunikation, Kleidung, Mobilität, Information und der ewige Wunsch nach Selbstverwirklichung. Viel weniger stabil sind die Dinge, die der Befriedigung dieser Bedürfnisse dienen, wie zum Beispiel bestimmte Lebensmittel. Gilt es eine Zeit lang als schick, mexikanisch zu essen, ist wenig später Sushi in aller Munde – die Geschmäcker ändern sich nun einmal. Aber auch das Know-how und die Konzepte von heute sind morgen vielleicht schon überholt. Es leuchtet ein, dass nur derjenige langfristig erfolgreich arbeiten kann, dem es gelingt, sich durch wohlüberlegte Spezialisierung auf ein konstantes elementares berufliches Bedürfnis einer besonderen Zielgruppe von Auftraggebern zu profilieren.

Vergessen Sie nie, dass erfolgreiche Konzepte Nachahmer finden. Daher müssen Sie Ihre Angebote ständig anpassen und verbessern, um konkurrenzfähig zu bleiben. Ganz wichtig ist dabei der ständige Austausch mit Ihrer Zielgruppe. Nur durch ein ausgefeiltes institutionalisiertes Informationsmanagement bleiben Sie ganz dicht an den wichtigen Bedürfnissen Ihrer Zielgruppe. Anders lässt sich dauerhafter beruflicher Erfolg gar nicht realisieren.

20 Stufen zur Erfolgsintelligenz

Was macht Erfolg aus? Wie wird und bleibt man erfolgreich? Diese Fragen haben auch den amerikanischen Psychologen Robert J. Sternberg beschäftigt. Er prägte den Begriff der Erfolgsintelligenz und liefert interessante Hinweise (wenn auch manchmal sehr amerikanisch), wie Erfolg erarbeitet werden kann.

Sternberg unterscheidet zunächst zwischen

- analytischer,
- kreativer und
- praktischer Intelligenz.

Mit analytischer Intelligenz werden Probleme gelöst; kreative Intelligenz lässt gute Ideen entstehen, die sich jedoch ohne praktische Intelligenz gar nicht verwirklichen ließen. Niemand erreicht in allen drei Intelligenzformen Höchstwerte. Die Kunst liegt darin, Stärken zu betonen und damit Schwächen zu kompensieren. Hier nun die wichtigsten Aspekte, die laut Sternberg zum Erfolg führen[9]:

1. Lernen Sie, sich selbst zu motivieren
Gemeint ist hier der Wille zum Erfolg. Grundsätzlich gibt es zwei Gruppen von Motivationen: die innere und die äußere. Zur äußeren gehören Faktoren wie Anerkennung oder materielle Anreize. Diese machen jedoch das notwendige Handeln von Umständen abhängig, auf die man keinen oder nur einen geringen Einfluss hat. Die Motivation aus sich selbst heraus (z. B. durch Freude an der Arbeit) ist hingegen vorteilhafter, da sie unabhängiger von externen Faktoren macht. Am erfolgsintelligentesten sind sicher die Menschen, die beide Arten der Motivation gut miteinander verbinden können.

2. Die Fähigkeit, Impulse kontrollieren zu können
Impulsive Reaktionen sind an sich nichts Ungewöhnliches und in einigen Situationen durchaus notwendig. Dennoch kann das sofortige Umsetzen von inneren Impulsen zu unüberlegtem Handeln führen und verhindern, dass eigentlich vorhandene Fähigkeiten genutzt werden können. Personen mit Erfolgsintelligenz handeln daher – wenn nötig – rasch, ansonsten aber eher aus ihrer Erfahrung heraus und nach einer Zeit des Abwägens.

3. Das Wissen um die Notwendigkeit von Durchhaltevermögen und Ausdauer
Ausdauer gehört zu den wichtigsten Faktoren der Erfolgsintelligenz. Wer zu schnell resigniert, wird seine Ziele niemals erreichen können. Wer hingegen – trotz offensichtlicher Aussichtslosigkeit – zu lange an einer Sache festhält, blo-

ckiert sich auf seinem Lebensweg unnötig selber. Erfolgsintelligent handeln also Menschen, die erkennen, wann Beharrlichkeit notwendig ist; dies muss sich nicht auf das Berufsleben beschränken, auch in anderen Situationen kann ein realistisches Maß an Beharrlichkeit von Vorteil sein und zum erhofften Ergebnis führen.

4. Lernen Sie, das Beste aus Ihren Fähigkeiten zu machen
Zunächst einmal ist es wichtig, seine Fähigkeiten überhaupt zu erkennen. Häufig geschieht dies durch die Erfahrungen, die im Berufsleben gesammelt werden. Personen mit Erfolgsintelligenz ziehen daraus ihre Schlüsse und wechseln, falls möglich, in einen Berufszweig, der ihren Fähigkeiten am besten entspricht.

5. Das Umsetzen von Ideen in Taten
Die besten Ideen führen letztendlich zu nichts, wenn sie nicht umgesetzt werden. Menschen können dann sogar von »ihren Gedanken begraben« werden (E. R. Guthrie).[10] Erfolgsintelligente Personen haben gelernt, das Handeln ihrem Denken entsprechend umzusetzen. Interessanterweise ist diese Fähigkeit nicht immer von einem hohen IQ abhängig: Während Menschen mit einem höheren IQ in entspannten Situationen bessere Führungsstärken zeigen als Personen mit einem eher niedrigen IQ, ist dies bei Stress sehr häufig umgekehrt.

6. Ergebnisorientiertes Handeln
»Der Weg ist das Ziel.« Diese alte Weisheit trifft ausnahmsweise nicht zu, wenn es um Erfolgsintelligenz geht. In diesem Falle ist eher das Ergebnis von entscheidender Bedeutung; das Betrachten einer schönen Allee bringt einen noch nicht zum gewünschten Zielort. Menschen mit Erfolgsintelligenz interessieren sich zwar durchaus auch für Verlaufsprozesse, legen aber ihre eigentliche Konzentration auf das Produkt, das erzeugt werden soll. Sie handeln stark ergebnisorientiert.

7. Das Erledigen angefangener Arbeiten
Personen mit Erfolgsintelligenz sind keine Abbrecher. Dinge, die einmal begonnen worden sind, werden von ihnen meistens auch zu Ende geführt. Die Furcht vor dem Danach, die viele Menschen zaudern lässt, ist ihnen weitestgehend unbekannt. Sie finden für sich auch danach eine neue, lohnenswerte Aufgabe.

8. Selbst die Initiative ergreifen
Jede Initiative bedeutet eine Bindung an eine Situation und bedingt Konsequenzen. Die Hemmung, sich auf etwas einlassen zu können, ist einer der Hauptgründe, weswegen Menschen eine Scheu haben, die Initiative zu ergreifen. Die Angst vor Verbindlichkeit hindert viele daran, eine tiefere Beziehung zu einem

anderen Menschen einzugehen. Erfolgsintelligente Personen besitzen die Fähigkeit, sich verantwortungsbewusst auf etwas einzulassen, und fürchten sich somit auch im Gefühlsleben nicht vor positiven Konsequenzen.

9. Keine Angst vor Fehlschlägen

Alle Menschen machen Fehler, und niemand begeht sie absichtlich. Was Menschen jedoch unterscheidet, sind die Konsequenzen daraus. Viele Menschen entwickeln Versagensängste, die meist schon in der Kindheit entstehen und ein erfolgsorientiertes Handeln behindern. Einen Fehler zu begehen ist jedoch nicht dasselbe wie zu versagen. Auch erfolgsintelligente Personen begehen natürlich Fehler. Sie machen jedoch den gleichen Fehler in der Regel nicht noch einmal. Aus Fehlern zu lernen und sie zu korrigieren ist ein wichtiger Aspekt der Erfolgsintelligenz.

10. Dinge nicht auf die lange Bank schieben

Viele Menschen behaupten, sie könnten unter Zeitdruck besser arbeiten. Diese Bewältigungsstrategie ist jedoch meist sehr problematisch; erwiesenermaßen würden fast alle Aufgaben qualitativ besser ausfallen, wenn man die entsprechend dafür notwendige Zeit aufwendet. Dass sich ein Zaudern im Berufsleben negativ auswirkt, ist nur eine Konsequenz daraus. Personen mit Erfolgsintelligenz teilen sich daher ihre Zeit so ein, dass sie ihre Aufgaben gut erledigen können.

11. Akzeptieren Sie berechtigte Kritik

Menschen, die derart von sich überzeugt sind, dass sie sich für nahezu unfehlbar halten, suchen für jeden gemachten Fehler, mag er auch noch so klein sein, einen Schuldigen. Doch falsche Schuldzuweisungen können im Privat- wie im Berufsleben schwerwiegende negative Konsequenzen nach sich ziehen. Personen mit Erfolgsintelligenz übernehmen die Verantwortung für gemachte Fehler. Sie fordern keine Entschuldigungen und übertragen auch nicht ihre Schuld auf andere. Die Zugabe eines Irrtums lässt auf innere Größe rückschließen und bietet zudem die Chance, daraus zu lernen.

12. Bedauern Sie sich nicht ständig selbst

Es ist oftmals recht schwer, sich nicht selbst zu bedauern, wenn sich Lebenssituationen ergeben haben, mit denen man nur schwer zurechtkommt und die einen stark belasten. Permanentes Selbstmitleid jedoch ist kontraproduktiv und erzeugt genau das Gegenteil von dem, was eigentlich intuitiv erhofft wurde – Zuwendung. Stattdessen reagieren die Mitmenschen mit wachsender Ungeduld und wenden sich schließlich ab. »Personen mit Erfolgsintelligenz haben keine Zeit für Selbstmitleid.«[11] Sie setzen stattdessen alles daran, für sie ungünstige Situationen so schnell wie möglich wieder ins Lot zu bringen.

13. Bewahren Sie Ihre Unabhängigkeit

Selbstständiges Handeln ist für die meisten Aufgaben im Leben eine unabdingbare Voraussetzung. Bleibt die Fähigkeit hierzu unterentwickelt, kann der schulische und später der berufliche Erfolg stark gefährdet sein. Auch in der Teamarbeit werden in gewisser Weise selbstständiges Arbeiten und Denken erwartet. Personen mit Erfolgsintelligenz bauen in erster Linie auf sich selbst; sie agieren souverän und übernehmen natürlich auch die Verantwortung für ihre Handlungen.

14. Lernen Sie, persönliche Schwierigkeiten zu überwinden

Wir alle haben irgendwann einmal feststellen müssen, dass das Leben nicht nur Sonnen-, sondern auch Schattenseiten hat. Die Krisen im Leben haben meist Auswirkungen auf alle Lebensbereiche und somit auch auf das Berufsleben. Erfolgsintelligente Menschen haben erkannt, dass es nicht der richtige Weg ist, persönlichen Schwierigkeiten auszuweichen, und stellen sich auch unangenehmen Situationen; doch sie trennen ihr Berufs- und Privatleben so weit wie möglich.

15. Konzentrieren Sie sich auf die eigenen Ziele

Intelligenz ist keine Voraussetzung für Konzentrationsfähigkeit. Vielen Menschen gelingt es nie, sich längere Zeit auf eine einzige Sache zu konzentrieren. Gewiss ist Ablenkbarkeit ein Faktor, den niemand gänzlich ausschließen kann, doch können erfolgsintelligente Menschen sich ohne allzu große Probleme auf die wesentlichen Dinge konzentrieren, da sie die Rahmenbedingungen kennen, unter denen sie am effektivsten arbeiten können, und sich diese zu ihrem eigenen Vorteil auch schaffen.

16. Finden Sie das richtige Maß zwischen Überlastung und Unterforderung

Zuviel Ehrgeiz kann auch schädlich sein. Wer sich überschätzt und sich zu viel zumutet, erreicht die gesteckten Ziele trotz Engagement und harter Arbeit nur selten. Es besteht ständig die Gefahr, sich in zu vielen Einzelprojekten zu verlieren. Genauso schädlich kann jedoch Unterforderung sein, da persönliche Qualitäten nicht zum Einsatz kommen und so verkümmern können; darüber hinaus werden möglicherweise Chancen verpasst. Menschen mit Erfolgsintelligenz wissen daher ihre Kapazitäten optimal einzusetzen und auch ihre Zeit zur Leistungssteigerung richtig einzuteilen.

17. Haben Sie Geduld beim Warten auf Belohnungen

Die Erfolgsleiter im Leben ist meist steil und hoch. Erfolg zu erlangen ist ein langwieriger Prozess, der das berechtigte Anliegen nach entsprechender Anerkennung oft lange Zeit unberücksichtigt lässt. Dieser Wunsch bringt viele Menschen dazu, sich nur auf Aufgaben einzulassen, die in relativ kurzer Zeit zu realisieren sind; dabei bleiben größere, längerfristig konzipierte Projekte leider unverwirklicht. Personen mit Erfolgsintelligenz nehmen zwar die kleinen Entlohnungen des Lebens wahr, konzentrieren sich jedoch primär auf die Dinge – sei es nun beruflich oder privat –, die ihnen längerfristig die größten Erfolgserlebnisse bereiten.

18. Zwischen wichtigen und unwichtigen Dingen unterscheiden können
Sicher gibt es Situationen, in denen winzige Details immens bedeutsam sein können, wie etwa beim Bergsteigen, wo die kleinste Unaufmerksamkeit fatale Folgen haben kann. Meist jedoch ist es im Leben wichtiger, die Konzentration auf die Gesamtheit einer Sache zu lenken. Erfolgsintelligente Menschen besitzen die Fähigkeit, zwischen den wichtigen und unwichtigen Dingen im Leben zu differenzieren, und konzentrieren sich auf das, was sie tatsächlich ihren Zielen näher bringt.

19. Ein vernünftiges Maß an Selbstvertrauen und der Glaube an die eigenen Fähigkeiten
Das eigene Selbstwertgefühl wird im Alltag nicht selten durch harte Rückschläge auf die Probe gestellt. Selbstzweifel können die Folge sein. Diese Zweifel sind durch das Fehlen von genügend Selbstvertrauen oft unverhältnismäßig groß. Zu viel Selbstvertrauen hingegen kann ebenso schädlich sein, denn es führt nicht selten zu Selbstüberschätzung und dann zwangsläufig zu Enttäuschungen. Erfolgsintelligente Menschen kennen ihre Qualitäten und glauben an ihre Fähigkeiten, ohne dabei das richtige Maß aus den Augen zu verlieren.

20. Eine ausgewogene analytische, kreative und praktische Denkweise
Verschiedene Situationen im Leben erfordern unterschiedliches Denken zum Bewältigen von Aufgaben: Manchmal ist analytisch geprägtes Denken von Vorteil, ein anderes Mal ist ein kreatives Herangehen notwendig, genauso wie eine praxisorientierte Handlungsweise bei einigen Aspekten das Beste ist. Menschen mit Erfolgsintelligenz besitzen nicht nur analytische, kreative und praktische Denkfähigkeiten, sondern sie wissen darüber hinaus, in welcher Situation die richtige Art des Denkens und Handelns gefordert ist. Dadurch sind sie in der Lage, Anforderungen besser gerecht zu werden.

Sie werden jetzt vielleicht denken: Hört sich gut an. Aber wie soll ich das alles umsetzen? Dazu kann man nur sagen: Es wäre fast übermenschlich, alle Punkte immer und überall dem eigenen Denken und Handeln zugrunde zu legen. Schließlich ist man auch nur ein Mensch mit guten und schlechten Tagen. Versuchen Sie dennoch, an sich zu arbeiten und sich diese 20 Erfolgsaspekte immer wieder bewusst zu machen. Die Gefahr, dass sie im Alltagstrott untergehen, ist dann viel geringer. Sie wissen ja: Einsicht ist der erste Weg …

Recherche

Eine gut durchdachte Suchstrategie ist Basis Ihres Bewerbungserfolgs. Sie sollten sich darüber im Klaren sein, dass Ihrer Bewerbung eine zielgerichtete Recherche vorangehen muss. Sie verlieren viel Zeit und Energie, wenn Sie nicht planvoll vorgehen. Zielgerichtete Recherche bedeutet, Informationen zu sammeln, um mosaikartig ein Bild zusammenzusetzen, das zeigt, wie der Arbeitsmarkt in einer bestimmten Branche aussieht. Wie die Vorbereitung dieser Recherche aussieht, wissen Sie bereits. Es sind Ihre Überlegungen und Antworten zu den Fragen »Wer bin ich?«, »Was kann ich?«, »Was will ich?« und »Was ist möglich?«. Gerade die letzte Frage bedeutet, aktuelle Informationen über potenzielle Arbeitsplatzmöglichkeiten zu sammeln. Dies kann natürlich nur in engem Zusammenhang mit der Beantwortung der ersten drei Fragen geschehen.

Besonders bei der Frage nach dem Machbaren sollten Sie auch Experten für sich arbeiten lassen. Nutzen Sie zum Beispiel Kontakte zu Firmen, Personalabteilungen, Interessenvertretungen, Bewerbungs- und Personalberatungsunternehmen bis hin zu Sondierungsgesprächen bei der entsprechenden Fachvermittlungsstelle des Arbeitsamtes.

Ansonsten können Sie auch direkt in die Betriebe gehen und dort mit Leuten reden. Den besten Einblick in ein Unternehmen bekommen Sie allerdings durch ein (meist unbezahltes) Praktikum. Bieten Sie Arbeitgebern für eine begrenzte Zeit kostenlos Ihre Dienste an. Natürlich werden manche das Angebot sofort ablehnen, andere aber könnten interessiert sein. Wer Ihnen ein Praktikum ermöglicht, geht kaum ein Risiko ein, weil er Sie jederzeit nach Hause schicken kann, wenn Sie sich als Last erweisen sollten.

Praktikum machen

Auf diese Weise lernen Sie das Unternehmen – und der Unternehmer Sie – genauer kennen. Falls Arbeit und Betriebsklima Ihnen zusagen, haben Sie gegen Ende Ihres Praktikums vielleicht das Glück, dass man Ihnen einen Arbeitsvertrag anbietet. Wahrscheinlicher ist allerdings, dass man sich mit einem netten Spruch wie »Herzlichen Dank, dass Sie uns geholfen haben« von Ihnen verabschieden wird. Seien Sie dann nicht allzu enttäuscht, denn in jedem Fall haben Sie vieles gelernt, was Sie in Zukunft in anderen Betrieben noch gebrauchen können. Und vielleicht wird in absehbarer Zeit doch jemand in diesem Unternehmen gebraucht, und man erinnert sich an Sie.

Übrigens: Informationen über den zukünftigen Arbeitgeber finden Sie in speziellen Nachschlagewerken (z. B. Hoppenstedt/Beratung in einer Bibliothek), in der Fachliteratur und in Zeitschriften. Lassen Sie sich außerdem – eventuell unter dem Namen eines Freundes – Informationsmaterial zusenden oder bitten Sie telefonisch um Auskünfte, bei größeren Unternehmen um Geschäftsberichte, Presseinformationen oder Organigramme (Darstellungen der Struktur einer Firma).

Sie müssen das nicht alles alleine machen. Nutzen Sie die Hilfe von Experten, nehmen Sie Beratungsangebote wahr. Auch an die Kammern von Industrie, Handel und Handwerk bis hin zu besonderen Interessenvertretungen ist zu denken.

Insider, die bereits in dem angestrebten Beruf oder in der Branche tätig sind, können Ihnen möglicherweise wertvolle Informationen für Ihr Bewerbungsvorhaben geben. Dabei spielt es keine Rolle, ob Sie es mit einem erfolgreichen oder unzufriedenen Informanten zu tun haben – Sie werden in beiden Fällen wissenswerte Anhaltspunkte bekommen und Ihre entsprechenden Schlüsse ziehen.

Ihre Gesprächspartner können Ihnen Wege aufzeigen, Kontakt zu möglichen Arbeitgebern zu bekommen. Dazu gehören auch Hinweise auf spezielle Stellenangebote und -gesuche in Fachzeitschriften und in Tages- und Wochenzeitungen. Neben Branchenfernsprechbüchern sind besonders Nachschlagewerke in Bibliotheken als Wegweiser und Kontaktbereiter nützlich. Eine neuere Form der *recruiting strategy* sind Messen und Tagungen. Hier trifft man Arbeitgeber.

Wie Sie das Internet für Ihre Recherche nutzen können, lesen Sie ab Seite 152.

Networking

Knüpfen Sie Kontakte – das gilt ganz besonders während einer Phase der Arbeitslosigkeit, in der ja viele Arbeitsuchende dazu neigen, sich ins stille Kämmerlein zurückzuziehen. Nutzen Sie jede Gelegenheit, neue Menschen kennenzulernen. Wenn Sie beispielsweise einen interessanten Vortrag besuchen, sind Sie am Ende der Veranstaltung unter denen, die mit dem Referenten sprechen und ihm kluge Fragen stellen – u. a. vielleicht auch, welche Berufsaussichten er für jemanden mit Ihren Kenntnissen sieht. Auf diese Weise erhalten Sie vielleicht hilfreiche Informationen. Sie können den Referenten auch fragen, ob Sie ihn für weitere Auskünfte anrufen dürfen.

Im Laufe der Zeit werden Sie so viele Informationen zusammentragen, dass Sie sich unmöglich alles merken können. Versäumen Sie es daher nicht, eine Kartei bzw. eine Datei im PC anzulegen. Schreiben Sie Namen, Adressen, Telefonnummern, Arbeitgeber und Bekannte Ihrer Kontaktpersonen auf Karteikarten. Sie sollten unbedingt regelmäßig durch diese Karten blättern und sie aktualisieren. Hoffentlich sind es viele Karteikarten. Wenn es ernst wird, werden Sie jede einzelne brauchen.

Wenn es Ihnen nicht gelingen will, Kontakte zu Arbeitgebern herzustellen, die Sie einstellen wollen und können, liegt das vermutlich daran, dass Sie Ihr Netzwerk nicht richtig nutzen. Sie starten vielleicht schüchterne Versuche, betreiben das Ganze aber letztlich nur halbherzig.

Ungeahnte Möglichkeiten

Wie gehen Sie also am besten vor? Sie treffen sich privat oder geschäftlich mit Leuten, in Gruppen oder zu zweit. Sie lernen andere kennen, und jeder erzählt von sich. Bei dieser Gelegenheit erhalten Sie Informationen über Berufe und Firmen und knüpfen persönliche Kontakte. Ihre Bekannten bilden ein unterstützendes Team. Durch dieses Netzwerk ergeben sich in kürzester Zeit ungeahnte Möglichkeiten. Ein einzelnes Gespräch kann viel effektiver sein als eine Anzeige, die von Tausenden gelesen wird.

Briefkampagnen funktionieren nur, wenn sie mit persönlichen Kontakten verbunden werden. Bei der Suche nach einem Arbeitsplatz müssen Sie sehr viel Zeit dafür investieren, sich mit Leuten zu treffen und sich auszutauschen, um auf diesem Wege von neuen Arbeitsmöglichkeiten zu hören. Durch Ihre Kontakte gelangen Sie in interessante Unternehmen und stoßen auf Angebote des verborgenen Arbeitsmarktes, also Stellen, die bisher nicht in der Zeitung standen oder Arbeitsvermittlern mitgeteilt wurden. Etwa gut 70 Prozent der zu besetzenden Arbeitsplätze werden dem freien Arbeitsmarkt nicht in Form von Stellenangeboten zugänglich gemacht.

Die persönliche Empfehlung

Sie setzt voraus, dass Sie Leute kennen, die Sie mögen, die sich für Sie einsetzen und die bereit sind, Sie zu fördern. Ohne entsprechende Position in einem Unternehmen ist das natürlich schwierig. Die Kontakte anderer, die sich für Sie einsetzen, sollten Sie weder über- noch unterschätzen.

Vielleicht verfügen Sie ja auch schon über besondere Beziehungen. Wenn nicht, sorgen Sie dafür, dass diese entstehen, zum Beispiel durch Verwandte, Bekannte, Freunde, Freunde der Freunde, Exkollegen, Ausbilder oder Vorgesetzte. Der Fantasie sind keine Grenzen gesetzt. Und wenn Sie keiner empfiehlt, empfehlen Sie sich selbst. Das (Berufs-)Leben schafft Kontakte, sei es zum Beispiel auf Fachmessen, Kongressen, Tagungen, bei Verkaufskontakten oder Forschungsvorhaben.

Aufbau eines Beziehungsnetzes

Sie müssen mit möglichst vielen Leuten reden, damit Sie die gewünschten Reaktionen im Zusammenhang mit Ihrem Bewerbungsvorhaben bekommen. Gibt es auf dem Arbeitsmarkt freie Stellen in den angestrebten Berufen? Befinden sich diese Arbeitsplätze in der Nähe Ihres derzeitigen Wohnortes oder werden Sie in eine andere Stadt ziehen müssen?

Kommunikation – der Stoff, aus dem Networking entsteht

Nur wer mit anderen Leuten spricht, findet heraus, welchen Wert seine Interessen, Kenntnisse und Erfahrungen für die geplante Karriere haben. Diese frühzeitige Einschätzung hilft Ihnen, Zeit und Mühen zu sparen, die Sie sonst für die Suche nach einem Job eingesetzt hätten, der für Sie vielleicht gar nicht infrage kommt.

Vorteile von Netzwerken

- Sie treffen sich mit Leuten, für die Sie kein Unbekannter mehr sind, da man Sie weiterempfohlen hat. Solche Gespräche sind in jedem Fall besser und einfacher als »kalte Gespräche« (= ohne gemeinsame Bekannte).
- Sie bestimmen Ihre Strategie, Ihr eigenes Tempo. Sie mischen Informationsgespräche mit Ratschlägen und ersten Vorstellungsgesprächen. Auf diese Weise lernen Sie viel.
- Ihre Bekannten werden Ihnen zu Treffen mit Leuten verhelfen, die sie kennen. Es ist sehr viel effektiver, wenn ein Dritter den Personalchef anruft und Sie weiterempfiehlt: »… neulich lernte ich eine interessante Person kennen. Ich denke, ihr solltet euch einmal zusammensetzen …« Ohne diese Unterstützung wäre Ihre erste Kontaktaufnahme weniger wirkungsvoll.
- Während Sie Ihr Netzwerk aufbauen, werden aus Bekannten manchmal Freunde. Ein gutes Netzwerk ist ein fortlaufender Prozess. Sie werden ständig neue und interessante Leute kennenlernen und dadurch Ihren Horizont erweitern.

Wenn sich die Spreu vom Weizen trennt

Haben Sie Erfolg im Beruf, sind Sie schnell von »Freunden« umgeben, die Sie um Rat bitten und deren eigenes Vorwärtskommen von Ihrer Hilfe abhängt. Sollten Sie aus irgendwelchen Gründen Ihre Stelle verlieren, stehen diese Leute wahrscheinlich ganz weit oben auf Ihrer Netzwerkliste.

Spätestens jetzt werden Sie feststellen, dass es zwei Arten von Bekannten gibt. Da sind einmal die »Gut-Wetter-Freunde«, die alles für Sie getan haben, als Sie noch in Amt und Würden waren, plötzlich aber nur noch sehr schwer zu erreichen sind. Diese Menschen schätzten Ihre Stellung, als Person waren Sie ihnen ziemlich gleichgültig.

Zum Glück gibt es aber auch Freunde, die sich wirklich engagieren und Bemühungen auf sich nehmen, um Ihnen zu helfen. An diese Leute werden Sie sich noch über lange Zeit erinnern, nachdem Sie sich an Ihrem neuen Arbeitsplatz eingelebt haben. Gehen Sie am besten von vornherein davon aus, dass Sie im Laufe Ihres Bewerbungsprozesses ein paar Namen aus Ihrer Netzwerkliste streichen können.

Warum Netzwerke so wichtig sind
Über beinahe jede freie Stelle sprechen die Verantwortlichen zunächst mit Freunden oder Geschäftspartnern, bevor die Position öffentlich ausgeschrieben wird, wenn man sie überhaupt auf dem Arbeitsmarkt anbietet. Wenn jemand befördert, entlassen oder versetzt wird, ist dies eine Zeit lang nur einem kleinen Kreis von Leuten bekannt. Das beginnt schon bei der Planung.

Zuerst redet man in der Abteilung über die anstehende Veränderung, dann werden die nächsthöheren Vorgesetzten informiert und um Zustimmung gebeten. Anschließend wird überlegt, welche der vorhandenen Mitarbeiter für eine Beförderung infrage kommen. Erst nach all diesen Erwägungen schaltet sich die Personalabteilung ein, die sich dann früher oder später für oder gegen eine Stellenanzeige oder den Einsatz eines externen Personalberaters entscheidet.

Informationskreise finden

Diesen informellen Prozess gibt es täglich überall auf der Welt. Neue Arbeitsplätze entstehen, ohne dass jemand in der Öffentlichkeit davon erfährt. Auf der Suche nach einem neuen Arbeitgeber muss es Ihnen daher gelingen, diese Informationskreise zu finden. Sie sollten also auf Ihre Kenntnisse und Leistungen möglichst frühzeitig aufmerksam machen, nämlich bevor in der Zeitung eine Annonce erscheint, auf die dann 500 andere Bewerber antworten.

Dieses Ziel erreichen Sie, indem Sie mit möglichst vielen Menschen Kontakte knüpfen, bis Sie letztendlich auf Leute treffen, die von interessanten freien Stellen gehört haben oder Ihnen sogar direkt weiterhelfen können. Sind Sie erst einmal Teil dieses Informationskreislaufs, haben Sie einen enormen Vorteil gegenüber anderen Kandidaten.

Ziel Ihrer Netzwerkstrategie muss es natürlich sein, auf Leute zu treffen, für die Sie gerne arbeiten würden. Aber auch die Menschen, die Ihnen auf dem Weg dorthin begegnen, sollten Teil Ihres Netzwerkes werden, denn Zufälle spielen eine wichtige Rolle beim Informationsfluss. Der entscheidende Hinweis auf einen Arbeitsplatz kann von jedem Ihrer Mitmenschen kommen.

Das passende Netzwerk finden

Es gibt unterschiedliche öffentliche Netzwerke, in die man sich »nur« integrieren muss, während andere mit privatem Charakter selbst aufgebaut werden müssen:

- **Institutionelle Netzwerke**
  Firmen, Vereine, Verbände, Organisationen
  Diese haben den Vorteil, dass man als Mitglied einen bestimmten Nutzen oder Service erwarten kann. Sie sind aber häufig sehr träge, inflexibel und zum Teil unpersönlich.

- **Fachliche Netzwerke**
  Berufsverbände
  Diese dienen der Wissenserweiterung und bieten ihren Mitgliedern häufig Dienstleistungen an. Sie verfügen in der Regel über aufbereitetes Informationsmaterial.

- **Informelle Netzwerke**
  Diese Netzwerke entsprechen persönlichen und freundschaftlichen Kontakten, die von gegenseitigen Hilfestellungen leben. Für längerfristige Karrierestrategien sind sie äußerst wichtig und leben nahezu ausschließlich vom persönlichen Engagement.

Auch die virtuellen Communities im Internet sind sehr beliebt zur Kontaktanbahnung. Die bekanntesten Plattformen sind sicherlich XING für Geschäftsleute und StudiVZ für Studenten. Darüber lassen sich virtuelle Kontakte in reale verwandeln. Alles, was Sie über diese Social Networks im Netz wissen müssen, finden Sie ab Seite 160 ausführlich dargestellt.

Pflegen Sie Ihr Beziehungsnetz

Zeigen Sie Ihren Mitmenschen, dass sie Ihnen wichtig sind. Stellen Sie sicher, dass Menschen, deren Hilfe Sie eines Tages brauchen werden, nicht das Gefühl bekommen, als nützliche Ratgeber instrumentalisiert und ausgenutzt zu werden. Sie sollten sich also, schon lange bevor Sie sich beruflich verändern wollen oder müssen, Zeit für Ihre Mitmenschen nehmen. Mit Freunden, die in der Nähe wohnen, können Sie sich regelmäßig treffen. Bei Bekannten, die weiter entfernt wohnen, melden Sie sich in bestimmten Abständen.

Bitten Sie also nicht aus heiterem Himmel Leute um Hilfe bei Ihrer Arbeitssuche, für die Sie sich jahrelang nicht interessiert haben. Es wird nicht funktionieren, sich nach zehn Jahren bei einem alten Klassenkameraden zu melden: »Hallo Klaus, wie geht es dir? Ich will mich jetzt in der Firma XY bewerben. Sag mal, ist dein Onkel dort eigentlich immer noch Prokurist? Ruf ihn doch bitte mal an und leg ein gutes Wort für mich ein.« Sie können sicher sein, dass Ihr Schulfreund mit seinem Onkel sprechen wird. Er wird ihm allerdings nach Ihrem merkwürdigen Anruf nichts Positives über Sie berichten können, denn die Botschaft, die hinter solch einer Aktion steckt, ist eindeutig: Der Klassenkamerad ist Ihnen absolut gleichgültig, aber nun »darf« er Ihnen einen Gefallen tun. Hüten Sie sich also davor, als jemand abgestempelt zu werden, der andere lediglich benutzt. Freundschaften funktionieren nur, wenn man sich gegenseitig hilft und ein relativ ausgewogenes Geben und Nehmen herrscht.

Ausgewogenes Geben und Nehmen

Hilfreich ist die Erstellung einer kontinuierlich erweiterten Liste von Personen, die Ihnen später in Ihrer Karriere oder bei der Arbeitssuche helfen können. Es ist wichtig, ständig neue Namen auf diese Liste zu setzen: Menschen, die auf dem Gebiet tätig sind, das Sie anstreben, und darüber hinaus Leute, deren Namen Ihnen von anderen genannt werden. Sprechen Sie ruhig auch bei privaten Einladungen über Ihre Pläne. Vielleicht treffen Sie auf jemanden, der eine Idee hat, wo jemand mit Ihren Fähigkeiten gebraucht wird.

Bemühen Sie sich um emotionale Unterstützung
Sorgen Sie für ein gutes Verhältnis zu Familienmitgliedern und Freunden, damit Sie mit Ihren emotionalen und sozialen Bedürfnissen gerade in einer schwierigen Bewerbungsphase nicht alleingelassen werden. Sie brauchen Menschen, die sich gerne mit Ihnen unterhalten oder auch einfach nur zuhören. Sie benötigen andere, die die Initiative ergreifen und Sie regelmäßig anrufen. Darüber hinaus sollte es jemanden in Ihrer Umgebung geben, der sich nicht scheut, auch einmal hart mit Ihnen ins Gericht zu gehen, wenn das nötig ist.

Einmal in der Woche sollten Sie sich mit mehreren Leuten zusammensetzen und über die Ereignisse der letzten Tage sprechen. Es sollte einen Freund geben, der Ihnen zuhört, wenn Sie deprimiert sind; einen anderen, der Sie motiviert, wenn Sie sich am liebsten verkriechen würden; einen weiteren, der weise genug ist, um Ihnen Ratschläge erteilen zu können; und einen vierten, der Sie antreibt, wenn Ihre Disziplin nachlässt. Im Idealfall kennen Sie darüber hinaus jemanden, der Sie lobt, wenn sich erste Erfolge abzeichnen.

Es liegt eine sehr schwere Zeit vor Ihnen, wenn Sie ohne Unterstützung dastehen, mit niemanden reden können und das Gefühl haben, alleingelassen zu sein. Warten Sie nicht darauf, dass Ihre Familie oder Ihre Freunde merken, wie schlecht es Ihnen geht, und auf Sie zukommen, um Sie zu trösten. Wenden Sie sich an Ihre Freunde und bitten Sie sie um Hilfe und Unterstützung.

Hilfe suchen

Kontakte zu Arbeitnehmern in Ihrem Wunscharbeitsfeld
Recherchieren Sie genau zu Arbeitsfeldern und Unternehmen, bevor Sie sich für einen Karrierewechsel entscheiden. Gespräche sind in diesem Bereich allerdings nur sinnvoll, wenn Sie direkt mit Leuten sprechen, die Ihren Wunschberuf bereits ausüben. Besorgen Sie sich also die Namen von möglichen Ansprechpartnern im Bekanntenkreis oder bei Beratungsstellen. Sobald Sie die Namen haben, rufen Sie die Leute an und bitten sie um ein kurzes Gespräch. Bereiten Sie eine Liste mit den wichtigsten Punkten vor. Wenn Ihnen nichts einfällt, versuchen Sie es mit folgenden Fragen:

- Wie fanden Sie den Einstieg in Ihr Berufsfeld, in diese spezielle Position?
- Was gefällt Ihnen an Ihrem Beruf am besten?
- Was stört Sie am meisten an Ihrer Arbeit?
- Mit wem, der ebenfalls in diesem Bereich arbeitet, sollte ich noch reden?

Kritisch prüfen

Sie sollten möglichst direkt und geradezu hautnah erfahren, wie Ihr Wunschberuf aussieht, und den entsprechenden Berufsalltag kennenlernen. Dieser Vorgang lässt sich gut mit dem Kauf eines neuen Kleidungsstückes vergleichen. Wenn Ihnen ein im Schaufenster ausgestelltes Bekleidungsstück gefällt, gehen Sie in das Geschäft und probieren es an, bevor Sie es kaufen, denn was in stundenlanger Kleinarbeit mit Hunderten von Stecknadeln kunstvoll auf die Schaufensterpuppe drapiert wurde, mag an Ihnen wie ein Kartoffelsack hängen. Mit Berufen ist das nicht anders.

Beziehungen nutzen
Sie brauchen viele Menschen, die Ihnen helfen, eine neue Stelle zu finden. Sobald Sie genau wissen, welche Arbeit und welches Umfeld Sie suchen, sollten Sie ausgesuchte Leute um Unterstützung bitten. Starten Sie diese Aktion aber wirklich erst dann, wenn Ihnen absolut klar ist, was Sie erreichen wollen. Wenden Sie sich nun an Freunde, Verwandte, Studien- und Arbeitskollegen.
Sprechen Sie mit Ihren Kontaktpersonen, wenn Sie in Ihrer Suche auf Hindernisse stoßen. Es gibt genügend Beispiele für mögliche Schwierigkeiten:

- Sie finden niemanden, der Ihren Wunschberuf bereits ausübt.
- Sie wissen nicht, wo Leute mit Ihren Fähigkeiten eingestellt werden.
- Sie interessieren sich für ein bestimmtes Unternehmen, Ihnen ist aber nicht bekannt, wer dort für die Personalauswahl zuständig ist.
- Sie haben herausgefunden, wer neue Mitarbeiter einstellt, sehen allerdings keine Möglichkeit, an die Person heranzutreten.

In diesen Situationen telefonieren Sie so lange mit Leuten, bis Sie jemanden gefunden haben, der Ihre speziellen Fragen beantworten kann. Hüten Sie sich aber davor, Ihre Freunde mit allgemeinen und ungenauen Fragen zu belästigen: »Monika, ich bin arbeitslos. Wenn du irgendetwas hörst, sag mir bitte Bescheid.« Irgendetwas? Finden Sie zunächst heraus, was Sie wollen, und erwarten Sie nicht, dass andere Ihnen diese Arbeit abnehmen.

Vitamin B

Der sicherste Weg zum Vorstellungsgespräch führt über Bekannte, die Ihren Wunscharbeitgeber kennen. Dieser gemeinsame Freund kann dann einen Gesprächstermin für Sie arrangieren. Jede Person, die Sie kennen, kommt als Kontakt infrage. Jedes Familienmitglied, jeder Ihrer Freunde, jeder Händler oder Verkäufer, dem Sie begegnen. Jeder Handwerker, der in Ihrer Wohnung etwas repariert, jedes Mitglied Ihres Sportvereins, jeder Lehrer, der Sie einmal unterrichtet hat. Jede Person, der Sie vorgestellt werden, jeder, dem Sie während Ihrer Arbeitssuche begegnen.

An der Geschichte eines Bewerbers, der für ein bestimmtes Unternehmen arbeiten wollte, wird deutlich, wie wichtig Kontakte sein können. Besagter Bewerber besucht zunächst die Personalabteilung des Unternehmens und erfährt im Gespräch mit einem Angestellten, es gebe keine freien Stellen. An diesem Punkt gibt er sich zunächst geschlagen.

Einige Wochen später jedoch hört der Bewerber von der Strategie, Personalchefs über Kontaktpersonen zu erreichen. Er nutzt die Kontakte, die sich ihm bieten, bis es ihm gelingt, einen Termin beim Leiter des Unternehmens zu bekommen. Die beiden verstehen sich auf Anhieb, und schon während des Vorstellungsgesprächs wird der Arbeitsvertrag unterschrieben. Wie Sie an diesem Beispiel sehen, sind Kontakte der Schlüssel zur neuen Arbeitsstelle. Sie brauchen die Hilfe Ihrer Mitmenschen, wenn Sie Ihre gewünschte Arbeitsstelle finden wollen. Je mehr Menschen Sie kennen und treffen, desto eher werden Sie einen Job finden.

Nun zur Vorgehensweise. Fragen Sie jeden Ihrer Mithelfer: »Kennen Sie jemanden, der in der Firma XY arbeitet oder gearbeitet hat?« Wenn Sie auf jemanden treffen, der die Frage mit Ja beantwortet, erkundigen Sie sich nach Namen und Telefonnummer der Person, die für XY arbeitet. Wenn Sie Glück haben, ist Ihre Kontaktperson bereit, diesen Menschen anzurufen und zu sagen, wer Sie sind.

Anschließend rufen Sie selbst die Person, die für das Unternehmen XY arbeitet, an und bitten um ein kurzes Gespräch. Nach Austausch der üblichen Höflichkeitsfloskeln kommen Sie dann auf Ihr Anliegen zu sprechen. Da Ihr Gesprächspartner die Organisation XY von innen kennt, wird er Ihre Frage genau beantworten können: »Wer stellt in der Firma XY das Personal für den Bereich ein, in dem ich arbeiten möchte?« Fragen Sie nicht nur nach Namen, Adresse, Telefonnummer des Verantwortlichen, sondern auch nach seinem genauen Aufgabenbereich, seinen Hobbys und seinem Befragungsstil.

Dankesbrief

Stellen Sie gegen Ende des Gespräches allgemeine Fragen zum Unternehmen. Am Schluss bedanken Sie sich bei Ihrer Kontaktperson und verabschieden sich. Versäumen Sie auf gar keinen Fall, sich noch am selben Abend hinzusetzen und einen Dankesbrief zu schreiben.

Mögliche Referenzgeber kontaktieren
Überlegen Sie sich, wer positive Aussagen über Sie und Ihre Leistungen machen kann. Sie sollten diese Leute um Kooperation bitten. Besprechen Sie mit ihnen, welche Auskünfte man über Sie geben wird. Am besten beschränkt man sich in diesen Aussagen auf sachliche Hinweise zu Ihren Leistungen. Das Letzte, was Sie brauchen, sind langatmige, subjektive Rückblicke. Beachten Sie, dass Übertreibungen den Fragesteller veranlassen werden, weiter nachzuforschen.

Wenn Sie Glück haben, fragt Sie Ihr möglicher Referenzgeber: »Welche Auskunft soll ich geben?« Sollte diese Situation eintreten, ist es sinnvoll, die Anforderungen des angestrebten Arbeitsplatzes aufzulisten und zu überlegen, welche Ihrer bisherigen Leistungen einen Bezug dazu haben. Jeder, der Ihre Leistungen bestätigen kann, ist ein guter Auskunftgeber.

Natürlich setzen Sie nicht ausgerechnet Ihre ehemaligen Widersacher ganz oben auf die Liste der Leute, die Auskunft über Sie geben sollen. Trotzdem ist es ein beruhigendes Gefühl, zu wissen, dass selbst diese Personen nach einem klärenden Gespräch nicht mehr allzu negativ über Sie berichten werden.

Wenn Sie eine Führungsposition innehatten, sollten Sie als mögliche Kontaktpersonen auch Leute angeben können, die bereits für Sie gearbeitet haben. Diese früheren Mitarbeiter sind in der Lage, Ihre Qualitäten aus einer anderen Perspektive zu schildern (siehe zum Thema Referenzen auf Seite 230).

Wie Sie die sozialen Netzwerke im Internet für Ihre Jobsuche und Bewerbung nutzen können, lesen Sie ab Seite 160.

Traumdeutung oder:
Was Arbeitgeber sich wünschen

Worauf achten Arbeitgeber bei der Auswahl neuer Arbeitskräfte? Welche persönlichen und beruflichen Anforderungen stellen sie? Wovon träumen Arbeitgeber? Das sind wichtige Fragen bei der Vorbereitung auf Ihre Bewerbung.

Bedürfnisse der Arbeitgeber

Arbeitgebern reicht es nicht, dass Sie Fähigkeiten besitzen. Sie wollen wissen, wie Sie diese anwenden: ob Sie etwa Betriebsamkeit nur vortäuschen oder wirklich versuchen, Probleme zu lösen. Es ist erschreckend, wie wenige Bewerber sich bei einem Bewerbungsvorhaben Gedanken über die Bedürfnisse der Arbeitgeber machen. Arbeitgeber brauchen Angestellte, die Ergebnisse produzieren: Gewinne, Sicherheit, Kostensenkung, Organisation, neue Lösungen. Ein motivierter Bewerber geht auf die Bedürfnisse des Arbeitgebers ein. Wenn Sie nicht wissen, was in einem bestimmten Unternehmen oder Berufsfeld von Ihnen erwartet wird, werden Sie den Arbeitgeber nur schwerlich überzeugen können. Sie sollten ihm durch Zielstrebigkeit und Kenntnisse über sein Arbeitsfeld zeigen, was er in Zukunft von Ihnen erwarten kann.

Sagen Sie jetzt bitte nicht: »Wie soll ich als Arbeitnehmer denn wissen, was Arbeitgeber erwarten – das ist doch eine völlig andere Welt!« Wenn Sie es sich genau überlegen, werden Sie sehen, dass Sie selbst ständig »Arbeit geben«, also gleichsam Arbeitgeber sind.

Wenn Sie Ihr Gemüse im Supermarkt um die Ecke kaufen, sorgen Sie dafür, dass dort Arbeitsplätze erhalten bleiben oder auch neue entstehen. Was erwarten Sie als derjenige, der »Arbeit gibt«? Sie möchten, dass man freundlich zu Ihnen ist. Sie verlangen eine gute Leistung zu günstigen Preisen, Sie haben den Anspruch, rasch bedient zu werden. Falls eine oder mehrere dieser Bedingungen nicht erfüllt werden, überlegen Sie es sich, in Zukunft lieber drei Kilometer weiter zum nächsten Verbrauchermarkt zu fahren, weil man dort kundenfreundlicher ist.

Ein weiteres Beispiel: Sie ziehen in eine neue Wohnung und brauchen eine neue Einbauküche. Da Sie in einer Großstadt leben, stehen Ihnen einige Dutzend Möbelhäuser zur Auswahl. Sie haben sich schon bei verschiedenen Händlern umgeschaut, und auch in den Prospekten, die Ihnen mit der Wochenendausgabe Ihrer Tageszeitung ins Haus flattern, gibt es interessante Angebote. Im Möbelladen und auf dem Papier sehen die Küchen großartig aus. Wer garantiert Ihnen aber, dass die Möbel pünktlich geliefert, fachgerecht aufgebaut werden und von hoher Qualität sind? Weil Sie sich nicht allein auf Werbesprüche verlassen wollen, hören Sie sich im Bekanntenkreis um und entscheiden sich schließlich für den Lieferanten, der vor ein paar Monaten bei einer Freundin die neue Küche eingebaut hat. Als Sie vor ein paar Tagen bei ihr eingeladen waren, konnten Sie sich mit eigenen Augen davon überzeugen, wie gut die Monteure des Möbelhändlers arbeiten.

Ein letztes Beispiel: Sie entscheiden sich kurzfristig, nach Sydney zu reisen, und möchten nun den Flug buchen. Vor Ihnen liegt der Reiseteil Ihrer Zeitung mit den Angeboten und Telefonnummern verschiedener Reisebüros. Zunächst rufen Sie im Reisebüro A an. Die Dame am anderen Ende ist kurz angebunden: »Ich habe jetzt keine Zeit. Rufen Sie in einer Stunde wieder an.« Nächster Versuch im Reisebüro B. Dort nimmt man sich immerhin die Zeit, Sie über die aktuellen Trends zu informieren: »Nein, da muss ich gar nicht nachschauen. Im Moment fliegt kein Mensch nach Australien. Da wird schon etwas frei sein. Kommen Sie in den nächsten Tagen einfach mal vorbei.« Erst in Reisebüro C geht man auf Ihre Wünsche ein: »Nennen Sie mir doch bitte die Daten für Hin- und Rückflug, Herr Müller. Wissen Sie schon, mit welcher Gesellschaft Sie fliegen möchten, oder soll ich schauen, welche Linien günstige Tarife und Abflugzeiten bieten? Wenn Sie möchten, rufe ich Sie in fünf Minuten zurück, dann habe ich die nötigen Informationen. Falls Sie heute keine Zeit haben, in unser Büro zu kommen, können wir Ihnen auch gerne für ein paar Tage die Plätze frei halten.« Keine Frage, wo Sie am Ende Ihren Flug buchen!

Sympathie, Engagement, Kompetenz

An diesen Beispielen ist sehr gut zu erkennen, worauf »Arbeitgeber« Wert legen: Sie wollen sympathische Mitarbeiter, die sich für sie engagieren und kompetent sind. Gerne stellen sie Leute ein, die ihnen von Vertrauenspersonen empfohlen wurden. Auf diese Weise glauben sie, das Risiko einer Fehlentscheidung so gering wie möglich zu halten.

Es gibt also durchaus eine Hierarchie der Methoden, mit denen Arbeitgeber vorzugsweise freie Stellen besetzen. Oben auf der Liste steht das beliebteste Verfahren, auf die letzte Möglichkeit wird nur ungern zurückgegriffen.

Mögliche Gedanken eines Arbeitgebers

- Ich möchte jemanden einstellen, dessen Arbeitsweise ich kenne (Beförderung eines Angestellten innerhalb des Betriebes; Festanstellung eines bisher freien Mitarbeiters).
- Ich möchte jemanden einstellen, der in mein Büro kommt und mir Arbeitsproben zeigt.
- Ich möchte jemanden einstellen, der mir von einem guten Freund empfohlen wird.
- Ich möchte jemanden für das Management einstellen, daher beauftrage

ich einen Headhunter, um herausragende, nachweislich erfolgreiche Kandidaten zu finden, die zurzeit für andere Unternehmen arbeiten.
- Ich möchte für eine einfache Position jemanden einstellen, der vorab von anderen für mich durchleuchtet worden ist (entweder von einer privaten Arbeitsvermittlung oder der eigenen Personalabteilung).
- Ich werde mir Bewerbungsunterlagen anschauen, die unaufgefordert eingegangen sind.
- Ich suche jemanden über eine Stellenanzeige in einer Zeitung.

Arbeitgeber stellen sich folgende Fragen

1. Mobilisiert der Bewerber Sympathiegefühle, kann man sich mit ihm wohlfühlen, ihm vertrauen und passt er zum Team, zum Unternehmen/zur Institution? Kurz gefragt: Stimmt die persönliche Chemie?
2. Was bewegt den Bewerber? Was sind seine Motive für Arbeitsplatz- und Aufgabenwahl und ist er motiviert, Außerordentliches zur Verwirklichung von Unternehmens- bzw. Institutionszielen beizutragen?
3. Verfügt er über die erforderlichen generellen wie fachlichen Qualifikationsmerkmale (Ausbildung/Berufserfahrung)?

Während Sympathie (wie auch Antipathie) bei einer ersten Begegnung sofort spontan emotional spürbar ist, werden die Schlüsselmerkmale Leistungsmotivation und Kompetenz attribuiert. Da es sich hier um Merkmale handelt, die sich nicht unmittelbar mitteilen, sind wiederum Zu- und Vertrauen mit im Spiel. Sie offenbaren sich nicht so schnell wie das zentrale, auf die Persönlichkeit bezogene und auch durch unbewusste Faktoren mitgesteuerte Sympathiegefühl. Aus Bewerbersicht muss es daher Ziel sein, die drei Grundzüge Persönlichkeit, Leistungsmotivation und Kompetenz während des gesamten Bewerbungsverfahrens als Signale so auszusenden, dass sie beim Arbeitgeber ankommen.

Sie erinnern sich an die Auseinandersetzung mit den vier Fragen zu Ihrer Standortbestimmung: Wer bin ich? Was kann ich? Was will ich? Was ist möglich?

Ihre Antworten auf diese Fragen fließen jetzt direkt in die Bewerber-Prüfungsbereiche Persönlichkeit, Leistungsmotivation und Kompetenz ein. Nun kommt es auf die von Ihnen ausgewählten Schlüsselbegriffe an.

- Was für ein Mensch sind Sie? Wie präsentieren Sie sich?
- Wie bringen Sie Ihre Leistungsmotivation deutlich zum Ausdruck?
- Wie überzeugend vermitteln Sie Ihre Fachkompetenz?

Die Reihenfolge ist nicht zufällig gewählt. Am wichtigsten ist Ihre Person, Ihre Wesensart. Der zentrale Faktor Persönlichkeit spielt auch bei allen anderen Themen eine wichtige Rolle.

Bevor Sie sich mit Ihrer Kompetenz auseinandersetzen, sollten Sie über Ihre Leistungsmotivation nachdenken. Was bewegt Sie und wie stark ist Ihre Antriebskraft? Wie sehen Ihre Ziele aus und wie wollen Sie diese erreichen? Was haben Sie in der Vergangenheit geleistet und welche Prognosen kann man daraus für die Zukunft ableiten?

Erst nach diesen beiden Aspekten folgt dann der Kompetenzfaktor. Adäquate Ausbildung und einschlägige Berufserfahrung als Komponenten der fachlichen Qualifikation werden im Grunde vorausgesetzt. Natürlich spielt Kompetenz in der Bewerbungssituation eine gewichtige Rolle, aber nicht die entscheidende. Auch der kompetenteste Kandidat kann sehr wohl scheitern, wenn er nicht so sympathisch erscheint, dass man mit ihm zusammenarbeiten möchte.

Was haben Sie zu bieten?

Ein Arbeitgeber entscheidet spontan, ob Sie ihm sympathisch sind, offen für die Interessen und Bedürfnisse Ihrer Mitmenschen, oder ob Sie nur mit sich selbst beschäftigt sind. Er spürt, ob Sie Energie und Enthusiasmus ausstrahlen oder mürrisch sind und es bequem lieben, ob Sie unzufrieden oder ausgeglichen, extrovertiert oder introvertiert, kommunikativ oder einsilbig sind. Ein Arbeitgeber hat eine Antenne dafür, ob Sie etwas zu bieten haben oder nur fordern, ob Sie bereit sind, alles zu geben, oder gerade das Nötigste erledigen.

Lieber stellt ein Arbeitgeber jemanden mit geringerer Qualifikation, aber der richtigen Grundeinstellung zur Arbeit ein als den unsympathischen Hochqualifizierten, denn er weiß aus Erfahrung, dass er sehr bald das Bedürfnis verspüren würde, den Unmotivierten zu entlassen. Daher ist er vom ersten Moment an hypersensibel, was Ihre Einstellung zum Job angeht.

Zeigen Sie deutlich, was Sie für das Unternehmen tun können, und fragen Sie nicht als Erstes, was der Arbeitgeber Ihnen zu bieten hat. Vermitteln Sie den Eindruck, dass Sie Probleme lösen können – und wollen.

Versuchen Sie sich vorzustellen, was Arbeitgeber hassen – Angestellte, die zu spät kommen, sich häufig freinehmen, nur ihre eigenen Ziele verfolgen –, und verdeutlichen Sie Ihrem Gegenüber, dass Sie genau das Gegenteil sind. Zeigen Sie, wie Sie Effektivität und Produktivität des Unternehmens steigern wollen und auch können.

Probleme lösen

Für jeden Betrieb stehen zwei Dinge im Vordergrund: Probleme, die sich täglich stellen, und angestellte Mitarbeiter, die diese Schwierigkeiten beseitigen. Daher will der Unternehmer im Vorstellungsgespräch herausfinden, ob Sie zu Lösungen beitragen oder selbst zu einem Teil des Problems werden.

Unternehmer hängen einem Idealbild von Mitarbeitern nach, die pünktlich morgens anfangen und bis Dienstschluss oder gar länger bleiben, auf die man sich verlassen kann, die die richtige Einstellung haben. Sie suchen und brauchen Angestellte mit Schwung, Energie und Enthusiasmus, nicht solche, die nur auf die nächste Gehaltsüberweisung warten, Mitarbeiter, die diszipliniert, organisiert und hoch motiviert sind, die ihre Zeit richtig einteilen, die gut mit Menschen umzugehen wissen, kooperativ sind und am Computer arbeiten können. Arbeitgeber erwarten von ihren Angestellten, dass sie gerne im Team arbeiten, sich neuen Situationen schnell anpassen, lernfähig sind, projekt- und zielorientiert planen, Probleme lösen und kreativ sind, dem Unternehmen Loyalität entgegenbringen, Gelegenheiten nutzen und Trends erkennen. Schließlich wollen Arbeitgeber Personal, das ihnen mehr einbringt, als es kostet.

Zeigen Sie, dass Sie diese Kriterien mühelos erfüllen. Vergessen Sie bei all dem nie: Wir sind nicht auf der Welt, um so zu sein, wie andere uns haben wollen.

Auf den Punkt gebracht

Erfolg fällt einem nicht zu. Man muss einiges dafür tun, zum Beispiel auf Engpässe positiv reagieren und sich entsprechend spezialisieren. Das ist das Prinzip der EKS-Strategie:

1. Konzentration ist besser als Verzettelung.
2. Der wirkungsvollste Ansatzpunkt ist zu finden.
3. Das Erkennen eines Engpasses, einer Marktlücke ist wichtig.
4. Nutzenorientierung ist besser als Gewinnmaximierung.

Nach den Prinzipien der Erfolgsintelligenz kommt es vor allem darauf an, sich selbst zu motivieren und Impulse kontrollieren zu können. Die 20 goldenen Regeln auf einen Blick:

1. Lernen Sie, sich selbst zu motivieren.
2. Die Fähigkeit, Impulse kontrollieren zu können.
3. Das Wissen um die Notwendigkeit von Durchhaltevermögen und Ausdauer.
4. Lernen Sie, das Beste aus Ihren Fähigkeiten zu machen.
5. Das Umsetzen von Ideen in Taten.
6. Ergebnisorientiertes Handeln.

7. Das Erledigen angefangener Arbeiten.
8. Selbst die Initiative ergreifen.
9. Keine Angst vor Fehlschlägen.
10. Dinge nicht auf die lange Bank schieben.
11. Akzeptieren Sie berechtigte Kritik.
12. Bedauern Sie sich nicht ständig selbst.
13. Bewahren Sie Ihre Unabhängigkeit.
14. Lernen Sie, persönliche Schwierigkeiten zu überwinden.
15. Konzentrieren Sie sich auf die eigenen Ziele.
16. Finden Sie das richtige Maß zwischen Überlastung und Unterforderung.
17. Haben Sie Geduld beim Warten auf Belohnungen.
18. Zwischen wichtigen und unwichtigen Dingen unterscheiden können.
19. Ein vernünftiges Maß an Selbstvertrauen und der Glaube an die eigenen Fähigkeiten.
20. Eine ausgewogene analytische, kreative und praktische Denkweise.

Ob durch Zeitarbeit oder Telefonakquise, mittels Networking oder Stellengesuch: Sie brauchen neben der Analyse Ihrer Fähigkeiten und Möglichkeiten, neben der Beschäftigung mit den Dingen, die wirklich im Erfolgsfalle zählen (Erfolgsintelligenz), eine gute Strategie. Recherche als Erfolgsinstrument einzusetzen heißt, so viele Informationen wie möglich über den potenziellen Arbeitgeber zu sammeln, Netzwerke zu nutzen, sich in die Lage des Chefs zu versetzen und zu fragen: Welche Bedürfnisse hat er, wie kann ich meine Fähigkeiten einsetzen? Mit anderen Worten: Wie passt mein Schlüssel zu seinem Schloss? All das sind Überlegungen und daraus abgeleitete Vorgehensweisen, die Sie Ihrem Ziel näher bringen. Ohne Analyse und Planung wird Ihr Bewerbungsvorhaben schwerer sein und länger dauern. Die hier in die strategische Vorbereitung investierte Zeit macht sich absolut »bezahlt«, ist das beste Investment.

Bewerbungswege

»Es muss eine schlechte Maus sein, die nur ein Loch hat.«
Aus China

Um mit einem Arbeitgeber in Kontakt zu treten, gibt es mehrere Möglichkeiten. Sie können Stellenangebote auswerten und darauf antworten, ein eigenes Stellengesuch schalten, das Telefon nutzen, mithilfe des Internets recherchieren und sich bewerben. Schließlich bietet sich die Initiativbewerbung an. Worauf es bei diesen verschiedenen Bewerbungswegen ankommt, lesen Sie im folgenden Kapitel.

Stellenangebote

Wenn Sie auf der Suche nach Stellenangeboten sind, sollten Sie zunächst in Erfahrung bringen, in welchen regionalen oder überregionalen Tages- und Wochenzeitungen Sie Stellenanzeigen aus Ihrem Berufsumfeld finden können. Vielleicht gibt es für Ihre Branche auch spezielle Fachzeitschriften.

Wesentliche Quellen sind sicher die Wochenendausgaben der großen Zeitungen (zu Letzteren gehören u. a. *Frankfurter Allgemeine Zeitung, Frankfurter Rundschau, Süddeutsche Zeitung, Die Welt, Westdeutsche Allgemeine, Tagesspiegel, Berliner Zeitung, Thüringer Allgemeine* sowie die Wochenzeitung *Die Zeit*). Auf drei Varianten von Stellenanzeigen möchten wir Sie aufmerksam machen:

1. Anzeigen, die eine direkte Kontaktaufnahme mit dem potenziellen Arbeitgeber (z. B. auch über einen angegebenen Mitarbeiter) ermöglichen (ein vorheriges Telefongespräch muss sorgfältig geplant werden, siehe S. 145).
2. Anzeigen, bei denen eine Personalberatungsfirma zwischengeschaltet ist, die im Auftrag des Arbeitgebers die Bewerberauswahl übernimmt.
3. Anzeigen, deren Auftraggeber inkognito bleibt und nur über Chiffrezuschrift an die Zeitung erreicht werden kann.

Inhaltlich gliedern sich Stellenanzeigen in folgende Punkte:

Eine Firmenpräsentation	Wer sucht?
Das konkrete Stellenangebot	Für welche Tätigkeit?
Die Anforderungen	Wen, mit welchen Qualifikationen, Fähigkeiten?
Eventuell Hinweise auf die Vergütung, Einstellungsdatum, Aufstiegschancen, Arbeitszeiten etc.	Zu welchen Bedingungen?
Die gewünschte Art der Kontaktaufnahme	Vollständige Bewerbungsunterlagen, E-Mail-Bewerbung etc.

Entscheidend für Sie als Bewerberin oder Bewerber ist die Frage: Passe ich mit meinem Profil auf die ausgeschriebene Position und zu dem Unternehmen? Erfülle ich die gestellten Anforderungen? An den genannten Mindestanforderungen führt meist kein Weg vorbei. Erfüllen Sie auch die Zusatzqualifikationen, heben Sie sich zweifelsohne schon von der Masse der Bewerber ab. Aber keine

Sorge: Bewerben Sie sich auch, wenn Sie nur etwa 70 Prozent des Anspruchs erfüllen. Denn es kommt darauf an, wie Sie sich präsentieren.

Grundsätzlich fordern die meisten Unternehmen die sogenannten Hard sowie Soft Skills. Zu den harten Faktoren zählen zum Beispiel Aus- und Bildungsabschlüsse (Tischler, Buchhalterin, Diplom-Ingenieur, Betriebswirt etc.) oder eine entsprechende Berufserfahrung. Zu den weichen Kriterien hingegen gehören soziale Kompetenzen wie Kommunikationsfähigkeit oder Teamorientierung.

Die Anforderungen lassen sich in sogenannte Muss- und Soll-Kriterien unterteilen. Formuliert das Stellenangebot für die harten Fakten ausdrücklich »Voraussetzung ist ...« oder »Erwartet wird ...«, sollte das Profil des Bewerbers möglichst nicht allzu weit vom Geforderten abweichen. »Haben Sie außerdem noch ...« signalisiert deutlich: »Wir bevorzugen Bewerber, die dieses Kriterium erfüllen.«

Schauspielerische Qualitäten

Sollten Sie Differenzen feststellen zwischen dem, wie Sie sind, und dem, was Sie sein wollen/sollen, besteht kein Anlass zu Depressionen, jetzt sind vielmehr Ihre schauspielerischen Qualitäten und Ihr Talent zur Selbstdarstellung gefordert. Die »Hochtalentierten«, »Glückspilze« und »Goldfische« sind vor allem Meister in der Inszenierung ihrer Person. Auch Sie können das erlernen.

Sie müssen dafür sorgen, dass Sie die wichtigen Merkmale ausstrahlen. Dies gilt für Ihre schriftliche Bewerbung genauso wie später für den ersten persönlichen Kontakt.

Stellengesuch

Haben Sie sich einmal Stellengesuche von anderen Bewerbern angesehen? Ja? Was ist Ihnen dabei aufgefallen? Vielleicht, dass die meisten Anzeigen sehr eintönig, geradezu langweilig sind. Dabei stellt das Stellengesuch eigentlich eine ausgezeichnete Möglichkeit dar, die von Arbeitgebern so sehr geschätzte Leistungsbereitschaft und Motivation zu unterstreichen. Wenn Sie in die Offensive gehen und selbst eine solche Anzeige in die Zeitung setzen, zeigen Sie eindrucksvoll, dass Sie über diese Eigenschaften in hohem Maß verfügen. Allerdings kommt es nicht nur darauf an, dass man ein Stellengesuch aufgibt, sondern vor allem natürlich, wie sich der Stellensuchende darin präsentiert. Sie sollten verhindern, dass Ihre Anzeige farblos und austauschbar ist. Sonst löst sie bei Personalentscheidern eher ein Achselzucken aus als den Wunsch, mit Ihnen Kontakt aufzunehmen. Ausgangspunkt und Basis der Gestaltung eines erfolgreichen Stellengesuchs sind kurze, prägnante Antworten auf die Ihnen schon bekannten Fragen: Was bin ich? Was kann ich? Was will ich?

Wenn Sie nicht ausgerechnet eine Position als graue Maus ins Auge gefasst haben, sollte Ihr Stellengesuch zwei Bedingungen erfüllen:

1. Die Überschrift muss bereits beim Überfliegen der Zeitungsseite anziehen, fesseln und neugierig machen.
2. Der gesamte Text muss eine hohe Zahl von relevanten Informationen transportieren und damit den Leser für Sie erobern.

Sechs Schritte zum wirkungsvollen Stellengesuch

Wie Sie ein Stellengesuch entwerfen, vermitteln wir Ihnen in sechs Schritten. Wer jetzt allerdings bereits Papier und Bleistift gezückt hat und auf die ersten Formulierungshilfen wartet, wird enttäuscht sein. Auch das Formulieren eines Stellengesuchs bedarf der ausführlichen Vorbereitung.

1. Suchen Sie ein geeignetes Medium

Zunächst einmal gehen Sie auf die Suche nach einer geeigneten Zeitung oder einem geeigneten Magazin für Ihre Anzeige. Etwas typisiert gilt: Volks- und Betriebswirte, die sich überregional bewerben, wählen das *Handelsblatt*, Ingenieure die *VDI-Nachrichten*, Mediziner und Geisteswissenschaftler *Die Zeit*, Handwerker Fachzeitschriften der entsprechenden Innung oder Lokalzeitungen. Wer sich nur lokal umsehen möchte, ist (vor allem in den Wochenendausgaben) bei einer der großen regionalen Zeitungen gut aufgehoben: *Berliner Zeitung, Tagesspiegel, Kölner Stadtanzeiger, Stuttgarter Zeitung, Hannoversche Allgemeine, Mainzer Allgemeine Zeitung, Leipziger Volkszeitung, Westdeutsche Allgemeine* usw. Für den gesamten süddeutschen Raum ist besonders die *Süddeutsche Zeitung* interessant. Bundesweit sind *Frankfurter Allgemeine Zeitung* und *Die Welt* zu empfehlen.

Auf eine ganz bestimmte Branche festgelegte Bewerber inserieren am besten in einem speziellen Fachmagazin, da dort die Streuverluste geringer ausfallen und sie gezielt die infrage kommenden Arbeitgeber ansprechen können. Für die Werbebranche beispielsweise gilt *Werben & Verkaufen* als Pflichtlektüre, für Juristen die *Neue Juristische Wochenschrift*. Wenn Sie nicht wissen, welches Fachorgan geeignet ist, erkundigen Sie sich bei einem Fachmann oder einer Fachfrau aus der Branche, bei der Industrie- und Handelskammer, bei Innungen oder Verbänden und Gewerkschaften. Mitglieder von Berufsverbänden erhalten oft Vergünstigungen, wenn sie in dem dazugehörigen Magazin inserieren.

2. Nehmen Sie Stellengesuche und Stellenangebote unter die Lupe

Bevor Sie beginnen, den Text zu formulieren, schauen Sie sich doch einmal Stellenangebotsanzeigen an. Aus den darin sichtbar werdenden Anforderungsprofilen lässt sich viel lernen. Dann untersuchen Sie sorgfältigst das Umfeld für Ihr künftiges Stellengesuch. Dazu schauen Sie sich auch die Anzeigen anderer Jobsuchender an. Beurteilen Sie die einzelnen Stellengesuche nach folgenden Kriterien:

- Was gefällt Ihnen spontan an der Anzeige und was nicht?
- Wird klar gesagt, was der Inserierende zu bieten hat und was seine wichtigsten Qualifikationen sind?
- Geht aus dem Text eindeutig hervor, was gesucht wird?
- Werden Allgemeinplätze und Selbstverständlichkeiten vermieden?
- Ist die Anzeige insgesamt wirklich aussagekräftig?
- Würden Sie sich als Personalchef angesprochen fühlen?

Wenn Sie diese Fragen für jede der Anzeigen kurz beantworten, haben Sie schon eine Menge über Stellengesuche gelernt. Außerdem finden Sie auf diese Weise heraus, welche Fehler Sie bei Ihrer Anzeige vermeiden müssen, um sich positiv von Mitbewerbern abzuheben.

3. Formulieren Sie einen Text mit dichtem Informationsgehalt

Auch jetzt sollten Sie noch nicht mit dem Texten loslegen. Beantworten Sie besser zunächst drei Fragen:

- Was ist Ihr Kommunikationsziel?
- Welche Botschaften wollen Sie »rüberbringen«?
- Mit welchen Argumenten können Sie überzeugen?

Natürlich gibt es ihn nicht, den Königsweg der Formulierung. Ihr Text muss angemessen sein (sowohl dem, was Sie anbieten, als auch dem, was Sie suchen), gleichzeitig »wahr« und hochinformativ. Ihr Stellengesuch wird man ähnlich wie ein Arbeitszeugnis lesen: sehr gründlich und zwischen den Zeilen.

Folgende Angaben dienen lediglich als Eckwerte und nicht als feste Vorgabe. Ihr Text sollte enthalten:

- Ihre wichtigsten fachlichen Qualifikationen
- Ihre beruflichen Erfolge
- Eine präzise Angabe, was Sie suchen
- Ihr Alter und Geschlecht
- Ggf. eine Angabe zu Ihrer Mobilität

Wenn Sie sich (noch) in ungekündigter Stellung befinden, erwähnen Sie das in jedem Fall. Sind Sie arbeitslos, ist das Stellengesuch nicht der Ort, wo Sie sich »outen«. Denn obwohl Arbeitslosigkeit kein Hinweis auf mangelnde Qualifikation oder fehlende Leistungsbereitschaft ist, wird sie immer noch von vielen Chefs so bewertet. Daher sollten Sie den Ausdruck »arbeitslos« in Ihrem Stellengesuch unbedingt vermeiden. Wenn man Sie bei der Kontaktaufnahme danach fragt, geben Sie an, dass Sie sich weiterbilden, freiberuflich tätig sind oder Ähnliches. Ebenso empfehlen wir Ihnen, Angaben wie »suche dringend« oder »zum baldmöglichsten Termin« zu vermeiden. Sie wollen doch nicht von vornherein Probleme bei der Arbeitsplatzsuche signalisieren.

Keine Wiederholungen

Für alle Formulierungen gilt: Seien Sie immer klar und verständlich und wiederholen Sie nicht im Text, was bereits in der Überschrift steht. Erwähnen Sie keine Selbstverständlichkeiten wie zuverlässig oder korrekt. Sprechen Sie nicht von neuen Wirkungskreisen oder von interessanten Aufgaben. Niemand weiß, was darunter zu verstehen ist.

Alle Aussagen müssen spezifisch und präzise sein. Nennen Sie Ross und Reiter! Machen Sie eine klare Angabe zu der Stellung, die Sie suchen. Wer nicht genau weiß, was er eigentlich sucht, wird von den meisten Personalentscheidern nicht ernst genommen. Überlassen Sie es den Lesern, Ihnen möglicherweise ein berufsfremdes Angebot zu machen!

Beispiele:

CHEFSEKRETÄRIN
Assistentin des Geschäftsführers

49 J., Spanisch, Englisch, Französisch in Wort und Schrift, gute Kenntnisse in Portugiesisch und Italienisch, engagiert, hilfsbereit, langj. Berufserfahrung im In- und Ausland (auch Export und Messen), sucht verantwortungsvolle Position, gern auch als Alleinsekretärin.

Zuschriften erbeten unter …

Software-Entwickler

39, ungekündigt, mit naturwissenschaftlichem Hintergrund, promoviert, sucht Position mit Personalverantwortung in innovativem Unternehmen, das die Unterstützung eines Spezialisten in Sachen 2D/3D-Algorithmen, C/C++, Java, Windows-NT und nummerische Simulationen braucht.

Ein Anruf genügt: ☎ 09289 6553

Diesen Inserenten ist es gelungen, klar und deutlich zu formulieren, wer sie sind, was sie können und wollen. Ein Stellensuchender macht sogar das Angebot, ihn telefonisch zu benachrichtigen. Das erleichtert natürlich die Kontaktaufnahme.

Aber jetzt zurück zu den Details eines überzeugenden Stellengesuchs: Vermeiden Sie Abkürzungen, mit Ausnahme der üblichen: w. für weiblich, m. für männlich (falls das Geschlecht nicht schon aus der Überschrift hervorgeht), langj. für langjährig, J. für Jahre bei der Altersangabe, Dipl. für Diplom. Andere Abkürzungen machen den Text schlecht lesbar und unverständlich.

4. Formulieren Sie eine Überschrift

Die Überschrift fällt als Erstes ins Auge und ist deshalb der prominenteste Ort Ihrer Anzeige. Denken Sie daher bei der Formulierung nicht so sehr daran, was Sie suchen, sondern welche Qualifikation Sie anbieten. Nur wenn die Überschrift das Interesse eines Personalchefs weckt, wird er den übrigen Text überhaupt lesen. Gehen Sie also mit Ihren neu gewonnenen Erkenntnissen aus Schritt 2 und 3 an die Formulierung einer persönlichen Werbebotschaft. Da Sie sich abheben wollen, müssen Sie wirklich spezifisch sein, z. B.:

Volljuristin   **Verkaufsleiter/GVL**
Schwerpunkt Online-Recht

Arzthelferin mit
Zusatzausbildung zur Heilpraktikerin

Wie Sie sehen, muss es bereits in der Überschrift gelingen, sich von anderen Inserenten abzusetzen, damit man genau bei Ihrer Anzeige hängen bleibt. Aber bitte keine unseriösen Aufschneidereien wie Supermanager oder Vollprofi. Solche und andere wichtigtuerischen Formulierungen rufen allenfalls ein nachsichtiges Lächeln hervor.

Stöbern Sie stattdessen in Ihrem reichlichen Erfahrungsschatz, und fördern Sie etwas zutage, was für Arbeitgeber von Bedeutung ist. Wichtig: Die Überschrift muss grafisch vom Rest abgesetzt sein (Fettdruck/größerer Schriftgrad).

5. Versetzen Sie sich in die Lage eines Personalleiters, der sonntags morgens beim Frühstück die Stellengesuche überfliegt

Nehmen Sie nun noch einmal die Perspektive Ihrer Zielgruppe ein (Chef, Personalverantwortlicher, Abteilungsleiter). Dieser Personenkreis hat vor allem eins: wenig Zeit und wenig Geduld, sich mit nichtssagenden Stellengesuchen zu befassen. Daher sollten Sie bei der Formulierung von Überschrift und Text diese anspruchsvolle Zielgruppe genau im Auge behalten. Prüfen Sie immer wieder: Wird meine Wortwahl Personalentscheider dazu bringen, mit mir Kontakt aufzunehmen?

6. Zum Schluss

Die meisten Stellengesuche werden unter Chiffre aufgesetzt, um Anonymität zu wahren (z. B. wegen noch bestehender Arbeitsverträge). Ob Sie nun Ihre Adresse oder Chiffre angeben, in beiden Fällen empfiehlt es sich, zusätzlich Ihre Telefon- und Faxnummer und Ihre private Mailadresse anzubieten. Denken Sie daran: Sie müssen es der Personalleitung so leicht und angenehm wie möglich machen, sich mit Ihnen in Verbindung zu setzen. Wenn der Personalchef spontan entscheidet, dass sich eine Kontaktaufnahme lohnen könnte, wird er eher zum Telefon oder Fax greifen, als die Sekretärin damit zu beauftragen, Ihnen in den nächsten Tagen unter Chiffre eine Nachricht zukommen zu lassen.

Was noch zu bedenken ist

Einige Rahmenbedingungen sollten Sie bei Aufgabe eines Stellengesuchs beachten: Größe, grafische Gestaltung und Kosten der Anzeige. Bei Fragen können Sie sich auch an die Anzeigenberater/-innen der Zeitungen wenden.

- *Größe:* Ein zu kleines Stellengesuch signalisiert ebenso wie ein zu großes: Hier ist etwas nicht in Ordnung! Der Inserent unter- oder überschätzt sich! Wenn Sie sich ausführlich mit den Stellengesuchen der anderen Inserenten befasst haben, können Sie inzwischen einschätzen, welche Größe für Sie infrage kommt.
- *Kosten:* Eine Sachbearbeiterin, die mit einer achtel Seite für sich wirbt, investiert nicht nur viel Geld (ab 4.000 Euro aufwärts), sondern würde auch Befremden auslösen. Dagegen dürfte ein Manager, der ein Jahresgehalt von 50.000 Euro und mehr anstrebt, mit einer einspaltigen 20-mm-Kleinanzeige (für weniger als 100 Euro) allenfalls einen Heiterkeitserfolg erzielen. Als Faustregel gilt: in einer überregionalen Zeitung bis zu 1 Prozent Ihres anvisierten Jahresgehalts, regional bis zu 0,5 Prozent.
- *Und noch etwas:* Haben Sie ein wenig Geduld. Bis zu drei Versuche sollten Sie sich selbst schon gönnen.

Zeit nehmen

Ein eigenes Stellengesuch lässt sich nicht in 20 Minuten texten. Planen Sie lieber einen ganzen Nachmittag dafür ein. Lassen Sie den Entwurf über Nacht liegen und sehen Sie ihn am nächsten Morgen erneut an. Hält er Ihrem kritischen Blick stand? Dann legen Sie Ihre Anzeige noch einmal einer von Ihnen ausgewählten »Personalkommission« zur Beurteilung vor.

Wenn Ihnen diese Prozedur zu anstrengend ist, können Sie sich auch an einen professionellen Karriereberater oder vielleicht sogar an das Arbeitsamt wenden. Hier stehen Ihnen erfahrene Fachkräfte mit Rat und Tat zur Seite. In manchen Fällen übernimmt das Arbeitsamt sogar die Kosten für eine solche Anzeige.

Sobald Ihre Eigenanzeige erscheint, sollten Sie Ihre Unterlagen (Lebenslauf, Zeugniskopien etc.) bereithalten. So können Sie auf die eingehenden Angebote schnell reagieren.

Aber wie gesagt: Erwarten Sie nicht gleich zu viel. Manchmal muss man einen zweiten oder dritten Anlauf unternehmen, bis man Reaktionen auf die Anzeige erhält.

Zum Schluss noch einige positive und negative Beispiele zur Veranschaulichung.

Wie Sie es besser *nicht* machen sollten:

1)
Industriekaufmann
28 J., Schwerp. Vertrieb, Bundeswehr abgeleistet, wg. Firmenkonkurs suche ich neue verantwortungsvolle Tätigkeit. Raum HH. Zuschr. u. CZ 56565

2)
Hilfe,
ich suche eine neue Herausforderung
Handwerker für alle Fälle, 49 J., verh., FS Kl. B, T: 0780/12345

Zu 1: Zu viele Abkürzungen und auch inhaltlich wenig ansprechende Informationen.

Zu 2: Ein Hilfeschrei gehört einfach nicht in ein Stellengesuch. Unseriös.

Die folgenden Beispiele eignen sich deutlich besser:

1)
GERNE AUCH AUF ZEIT
Projektmanager
Geschäftsführung / Verlag
Dipl.-Kfm. (53), langjährige Führungserfahrung. Schwerpunkte: Controlling / Rechnungswesen, nachweislich erfolgreiches Finanzmanagement – auch in schwierigen Situationen. # 53-0812 X

2)
flexibel einsetzbare, erfahrene Bilanzbuchhalterin
(50 J.), gerne Urlaubsvertretung, Aufarbeitung, sofort verfügbar, Fax 021-1234

3)
Meine Stärke: selbstständige Korrespondenz. Kompetente, absolut zuverlässige
Chef- Sekretärin
Office Managerin
25 Jahre Berufserfahrung i. d. Baubranche, Alleinkraft, verantwortungsbewusst, flexibel, stressresistent, alle PC-Kenntnisse, frei ab 1.1., sucht vergleichbare Position im Raum PLZ 6500.
12-3467 NN Brieffach 3456

4)
Gewissenhafter Rechtspfleger
mit 5 J. Berufserfahrung bei Gericht, jetzt 2 J. Bürovorsteher in Kanzlei, sucht ab 3. Quartal neue Position im Notariat / Grundstückswirtschaft. Angebote unter Postfach 23 53 12

Zu Stellengesuch 1: Alles Wissenswerte ist in dieser Anzeige zu finden – in Anbetracht der angestrebten Position hätte das Gesuch etwas größer ausfallen können bzw. sogar müssen. Sehr gut die Doppelüberschrift mit dem Hinweis auf eine zeitweise Beschäftigung. Damit erhöht der Stellensuchende seine Chancen, die – das haben wir bereits mehrfach erwähnt – als nicht mehr junger Bewerber deutlich reduziert sind.

Zu Stellengesuch 2: Ein kurzes, präzises Gesuch. Gut ist der Hinweis, dass auch eine befristete Anstellung, z. B. als Urlaubsvertretung, gewünscht ist. Gerade älteren Arbeitssuchenden bieten Übergangsjobs eine gute Gelegenheit zum Wiedereinstieg. Denn immer wieder mal wird aus einer zeitweisen Beschäftigung eine unbefristete. Die Angabe der Faxnummer ermöglicht die schnelle Kontaktaufnahme.

Zu Stellengesuch 3: Diese Inserentin stellt zunächst einmal ihre besondere Stärke dem eigentlichen Text voran. Damit sorgt sie für Aufmerksamkeit und hebt sich wohltuend von dem üblichen Aufbau anderer Gesuche ab. Alle wichtigen Informationen hat sie aufgeführt.

Zu Stellengesuch 4: Keine aufsehenerregende, dafür aber doch sehr solide und seriös wirkende Anzeige. Die Überschrift macht deutlich, dass es sich hier ganz offensichtlich um einen zuverlässigen Arbeitnehmer handelt, der auch Führungsaufgaben übernehmen kann. Eventuell hätte die Anzeige etwas größer ausfallen können, zumal sie nicht in einer großen überregionalen Zeitung mit hohen Anzeigenpreisen erschienen ist, sondern in einer Lokalzeitung.

Telefon

In großen Unternehmen treffen regelmäßig Hunderte von Bewerbungsbriefen ein – dementsprechend gering sind die Chancen, dass man ausgerechnet Sie zu einem Vorstellungsgespräch einladen wird, wenn Sie es allein beim Verschicken der Unterlagen belassen. Warum helfen Sie nicht telefonisch etwas nach?

Wenn Sie Ihren Wunscharbeitsplatz schnell erobern wollen, ist es hilfreich, das Medium Telefon einzusetzen. Briefaktionen ohne telefonische Unterstützung sind unproduktiv. Als selbstsicherer und motivierter Bewerber sollten Sie nichts dem Zufall überlassen und deshalb Techniken des erfolgreichen Telefonierens erlernen. Die richtige Taktik vorausgesetzt, können Sie beinahe jede Führungskraft telefonisch erreichen. Natürlich werden Ihnen diese Fähigkeiten nicht nur in der Bewerbungsphase, sondern während Ihrer gesamten Karriere weiterhelfen.

Viele Bewerber unterschätzen die Chancen, die der gezielte Einsatz des Telefons bei einem Bewerbungsvorhaben bringt: Lediglich 10 Prozent greifen während der Stellensuche zum Hörer. Die nicht telefonierende, schweigende Mehrheit pirscht sich dagegen nur schriftlich an die begehrten Arbeitsplätze heran. Das ist sicherlich ein strategischer Fehler. Wie man das Telefon am wirkungsvollsten für eigene Bewerbungszwecke nutzt, soll hier dargestellt werden. Diese Hinweise können jedoch die praktische Erfahrung am und mit dem Telefon – und damit meinen wir Übungen – nicht ersetzen.

Kommunikationsfähigkeit unter Beweis stellen

Obwohl Informationen eigentlich am schnellsten und leichtesten über das Telefon weiterzugeben sind, haben viele Bewerber erstaunliche Hemmungen, bei einer Firma anzurufen. Viele fürchten, nicht die richtigen Worte zu finden oder einen schlechten Eindruck zu hinterlassen. Dabei liegen die Vorteile eines Telefonats klar auf der Hand: Durch einen Anruf kann man sich bereits in der allerersten Bewerbungsphase positiv von anderen Kandidaten abheben, bevor überhaupt die Bewerbungsunterlagen ausgewertet werden. Die meisten Unternehmen suchen kontaktfreudige und kommunikative Mitarbeiter. Ein gut vorbereitetes Telefongespräch ist die beste Möglichkeit, die eigene Kommunikationsfähigkeit (soziale Kompetenz) unter Beweis zu stellen. Hier können Sie als Kandidat Interesse wecken und einen ersten positiven Eindruck hinterlassen (»Na, der/die klang aber sympathisch!«).

Bei folgenden Ausgangslagen eignet sich der Einsatz des Telefons im Bewerbungsvorhaben besonders:

1. Informationen sammeln
2. Kontakt aufnehmen
3. Kontakt halten
4. Nachfassen
5. Speziell bei der Initiativbewerbung

1. Informationen sammeln

Bevor Sie mit Ihrer Bewerbung beginnen, sollten Sie möglichst viele Informationen über das anvisierte Unternehmen einholen, denn schließlich wollen Sie sich als optimaler Problemlöser für genau dieses Unternehmen präsentieren. Beginnen Sie Ihre Recherche in der Telefonzentrale der Institution. Oft wird man Sie von dort in die Öffentlichkeitsabteilung weiterverbinden. Lassen Sie sich ein Profil, eine Pressemappe oder ähnliche Unterlagen zusenden. Bei großen Unternehmen gibt es außerdem Broschüren und Mitarbeiterzeitungen für einzelne Geschäftsbereiche. (Denken Sie in diesem Zusammenhang auch an die Internetrecherche, siehe S. 153).

2. Kontakt aufnehmen
Bevor Sie Ihre Bewerbungsunterlagen einsenden, sollten Sie auf jeden Fall (natürlich gut vorbereitet – siehe unten) den als am wichtigsten erkannten Entscheidungsträger anrufen.

Nach einem Telefongespräch fällt der erste Satz im Anschreiben an Ihren Gesprächspartner leichter. Der kann dann ungefähr so lauten: »Vielen Dank für das informative Telefonat vom 1. August. Das Gespräch hat mich darin bestärkt, mich bei Ihnen um eine Stelle als Junior-Produktmanager zu bewerben ...«

Sollten Sie den Entscheidungsträger/Geschäftsführer/Personalchef nicht persönlich an die Strippe bekommen und (nur) mit seinem Referenten oder der Sekretärin telefoniert haben, empfiehlt es sich dennoch, im Einleitungssatz Ihres Bewerbungsanschreibens darauf hinzuweisen: »Nach einem Telefonat mit Ihrem Mitarbeiter, Herrn X/Ihrer Sekretärin, Frau Y ...« Höchstwahrscheinlich wird sich der Adressat in einem solchen Fall bei Herrn X bzw. Frau Y über den Anrufer erkundigen, um sich den persönlichen Eindruck schildern zu lassen.

Sympathie mobilisieren

Ziel dieser ersten telefonischen Kontaktaufnahme ist es, Interesse zu wecken und den Personalentscheider neugierig auf Ihre Bewerbungsunterlagen zu machen. Im besten Fall wirkt Ihr Telefongespräch wie ein gut gemachter Trailer im Kino oder im Fernsehen, der in kürzester Form Werbung für einen neuen Film macht. Vielleicht schaffen Sie es, bereits während dieses Telefonats persönliche Sympathie bei Ihrem Gesprächspartner zu mobilisieren. Das gelingt beispielsweise, wenn man überraschend auf Gemeinsamkeiten stößt (»Ach, Sie haben auch in München studiert« oder »Ich war auch ein Jahr in Spanien«). Übertreiben Sie aber nicht, indem Sie zu vertraulich werden.

3. Kontakt halten
Nutzen Sie das Telefon, um mit Ihrem Wunscharbeitgeber in Verbindung zu bleiben. Ein Jungmediziner, der im Anschluss an sein drittes Staatsexamen eine der begehrten Stellen als Arzt im Praktikum in der Chirurgie erhalten hat, berichtet: »Um als junger Arzt heute noch eine gute Stelle im Krankenhaus zu ergattern, muss man sich fast die Mentalität eines Versicherungsvertreters zulegen: Jeden dritten Tag anrufen und fragen, ob der Chef sich entschieden hat,

wie lange es noch dauert und ob es etwas Neues gibt. Man darf sich auch als Arzt nicht zu schade dafür sein.«

Vorbereitet sein

Bei solchen Aktionen sollte immer eine Kopie Ihrer Bewerbung griffbereit neben dem Telefon liegen, denn nach 20 Bewerbungen können Sie nicht mehr genau wissen, was Sie wem und wie geschrieben haben. Seien Sie außerdem darauf vorbereitet, über Ihre Gehaltsvorstellung zu sprechen. Am besten antworten Sie auf eine solche Frage nicht direkt, sondern machen deutlich, dass Sie inhaltlich motiviert sind und Geld zwar eine wichtige Rolle spielt, aber nicht die entscheidende. Bei weiteren Nachfragen benennen Sie besser eine Spanne, also z. B. 30–35.000 Euro.

4. Nachfassen

Sollten Sie etwa ein bis zwei Wochen nach Absenden der Unterlagen noch nichts gehört haben, ist dies abermals Anlass, zum Telefonhörer zu greifen. Dabei können ganz unerwartete Dinge passieren. Ein Diplom-Ingenieur, Klient unseres *Büros für Berufsstrategie*, erlebte Folgendes: Er hatte seine Unterlagen an einen Handy-Entwickler geschickt und nach drei Wochen immer noch nichts gehört. Telefonisch erkundigte er sich höflich nach dem Stand der Dinge. Der Personalleiter packte die Gelegenheit beim Schopf: »Wie sieht es aus, Herr ..., können Sie morgen um 16 Uhr zum Vorstellungsgespräch kommen?« Der Kandidat ging zum vereinbarten Termin und wurde umgehend eingestellt.

Auch in anderen Phasen Ihrer Bewerbung sollten Sie zum Telefon greifen. Wenn Sie beispielsweise nach einem Vorstellungsgespräch eine Absage erhalten, dürfen Sie ruhig nach den Gründen fragen, aber auf keinen Fall beleidigt oder vorwurfsvoll. Schließlich wollen Sie ehrlich wissen, warum man sich nicht für Sie entschieden hat.

Fragen Sie ruhig nach einem persönlichen Tipp für Ihre weiteren Bewerbungen. Erstens gibt jeder Mensch anderen gerne Ratschläge, und zweitens bringen Sie sich auf diese Weise noch einmal in Erinnerung und zeigen Einsatzbereitschaft und soziale Kompetenz auch in einer für Sie schwierigen Situation.

5. Speziell bei der Initiativbewerbung

Hier leistet das Telefon hervorragende Dienste. Etwa so:

Personalchef: »Strey ...«
Bewerberin: »Guten Tag, Herr Strey, mein Name ist Ulrike Savic, ich rufe Sie aus Bonn an. Ich bin Volljuristin, kenne mich gut aus im Bereich der kommunalen Müllentsorgung und habe bereits zwei Jahre bei der Stadtverwaltung in diesem Bereich gearbeitet. Haben Sie einen Augenblick Zeit oder

passt es Ihnen besser, wenn ich Sie morgen früh gegen 10 Uhr noch einmal anrufe?«
Personalchef (etwas ungeduldig): »Worum geht es denn?«
Bewerberin: »Herr Strey, es geht darum, dass ich mich bei Ihnen für den Projektbereich Chemie-Sondermüll bewerben möchte. Sehen Sie da eine Chance? Ich verfüge über Spezialwissen in der Biochemie und …« (hier folgen weitere Werbeargumente in eigener Sache).

Wenn Sie sich telefonisch initiativ bewerben, sollten Sie als Erstes fragen, ob Ihr Gesprächspartner in diesem Augenblick gerade Zeit für Sie hat:
»Frau Gerald, da Ihr Unternehmen plant, die Ölpumpenserien auszubauen, würde ich mich gerne als Softwaretechniker bewerben. Haben Sie fünf Minuten Zeit für mich, oder passt es Ihnen besser, wenn ich Sie morgen Nachmittag, sagen wir gegen 15 Uhr, wieder anrufe?«
Schlagen Sie unbedingt eine konkrete alternative Anrufzeit vor und verabreden Sie möglichst einen festen Termin: »Gut, dann rufe ich Sie morgen um 15 Uhr noch einmal an. Ich freue mich, wenn Sie dann ein paar Minuten Zeit für mich haben.«

Überraschungen inklusive

Auch Personalchefs greifen während der Bewerberauslese zum Telefon. Sie rufen ohne Vorwarnung bei den Kandidaten an und verschaffen sich auf diese Weise Zugang zu deren Privatsphäre. Wie reagiert der Bewerber auf diese unerwartete Situation? Mit wem lebt er zusammen? Wie ist sein privates Umfeld? Manche Personalleiter ziehen daraus Schlüsse und entscheiden so, bei wem es sich lohnt, ihn zum Vorstellungsgespräch einzuladen.
Die Person, die anruft, ist immer im Vorteil. Sie hat sich auf das Gespräch vorbereitet, während Sie wahrscheinlich nicht einmal Ihre Unterlagen vor sich liegen haben. Was können Sie also tun? Eine klassische Lösung ist: »Guten Tag, Herr Waldmann. Ich verabschiede gerade meinen Besuch. Kann ich Sie gleich zurückrufen?« (Vergessen Sie nicht, nach der Durchwahlnummer zu fragen, bevor Sie auflegen.) Nun haben Sie ein paar Minuten Zeit, einen Blick in Ihre Notizen zu werfen und sich innerlich auf das Gespräch einzustellen.
Ein Vor-Vorstellungsgespräch am Telefon kann leicht als Prüfungssituation empfunden werden und entsprechende Ängste hervorrufen. Bleiben Sie deshalb unbedingt ruhig, atmen Sie tief durch, und sprechen Sie deutlich und flüssig, nicht zu langsam und nicht zu schnell. Geben Sie auf Nachfrage die wichtigsten Informationen weiter, die für den Arbeitgeber und den Auswahlprozess relevant sind.

Gute Laune

Besonders auf die provozierende Frage des Personalchefs – ob sie nun ausgesprochen wird oder nicht – »Warum sollten wir ausgerechnet Sie einladen?« müssen Sie gut vorbereitet sein. Sie sollten aus dem Stegreif eine Werbebotschaft, also Verkaufsargumente in eigener Sache, überzeugend vortragen. Vermitteln Sie bei alledem gute Laune und Aktionspotenzial, selbst wenn gerade die Badewanne überläuft oder das Omelett in der Pfanne anbrät. Fassen Sie sich unbedingt kurz. Chefs haben wenig Zeit, sind jedoch jederzeit offen für ein interessantes Gespräch.

Auch am späten Abend und am Wochenende müssen Sie auf solche »Einbrecher«-Anrufe vorbereitet sein. Erklären Sie Ihren Familienmitgliedern oder Mitbewohnern, wie sie sich verhalten sollen, falls in Ihrer Abwesenheit ein Arbeitgeber für Sie anruft:

- Freundlich-höfliches Reagieren
- Namen von Anrufer und Firma aufschreiben, ebenso die Telefonnummer
- Einen Rückruf zu einer konkreten Zeit zusagen
- Am Schluss für den Anruf danken

Veranstalten Sie ruhig eine kleine Schulung mit allen, die möglicherweise bei Ihnen ans Telefon gehen! Sprechen Sie außerdem eine freundlich-verbindliche, professionell klingende Ansage auf Ihren Anrufbeantworter und verabschieden Sie sich von akustischen Visitenkarten mit Jux und Tollerei.

Das 1x1 des erfolgreichen Telefonierens

Vielleicht denken Sie jetzt: »Telefonieren kann doch jeder!« Stimmt schon, aber Sie wollen bei der ersten Kontaktaufnahme ja nicht klingen wie jeder. Telefonieren Sie deshalb im Stehen. Das gibt Ihrer Stimme Kraft und vermittelt einen dynamischen Eindruck. Wenn Ihr Telefon es erlaubt (und Sie gerade nichts notieren müssen), können Sie während des Gesprächs auf und ab gehen.

Beachten Sie die nur scheinbaren Nebensächlichkeiten

Ziehen Sie sich für ein wichtiges Telefonat an wie für ein Vorstellungsgespräch. Mit Jogginganzug und Pantoffeln, zusammengesunken auf Ihrem Sofa, werden Sie andere nicht überzeugen können. Schauen Sie in einen auf dem Schreibtisch aufgestellten Spiegel oder besser noch – weil Sie ja stehen – in Ihren Wandspiegel. Lächeln Sie sich selbst an. Nicht grinsen! Sie werden sehen, wie positiv das Ihre Ausstrahlung am Telefon beeinflusst. »Die Form des Munds hat Einfluss auf den Klang der Stimme«, so der Amerikaner George Walther, Autor des Buches *Phone Power* und Profi-Telefontrainer.

All diese Empfehlungen mögen Sie vielleicht im ersten Moment befremden, aber wenn Sie sich mit der Materie wirklich intensiv beschäftigen, merken Sie schnell, dass es sich hier um erprobte und hilfreiche Tipps handelt.

Absolute Ruhe

Während des Telefongesprächs mit Ihrem potenziellen Arbeitgeber muss Ihre Umgebung absolut ruhig sein. Das bedeutet unter anderem, dass Sie besser nicht aus einer Telefonzelle oder von unterwegs mit dem Handy anrufen. Sorgen Sie dafür, dass im Hintergrund niemand mit Geschirr klappert, Ihr Hund nicht bellt und die Katze nicht aufs Telefon springt. Vermeiden Sie außerdem Bürolärm, der den Eindruck erweckt, Sie telefonieren auf Kosten Ihres jetzigen Arbeitgebers, ein Fauxpas, den Sie nie wieder gutmachen können.

Ihre Türklingel sollten Sie möglichst abschalten oder wenigstens akustisch abschotten. Wenn Sie endlich »den Richtigen« am Telefon haben, wollen Sie nicht von Prospektverteilern, die an die Briefkästen im Hausflur wollen, oder der Nachbarin, die nach einer Tasse Mehl fragt, gestört werden.

Gedächtnisstütze

Da es natürlich nicht nur auf die Form, sondern auch auf den Inhalt Ihres Anrufs ankommt, sollten Sie vor dem Telefonieren ein Skript mit Ihren wichtigsten Punkten verfassen. Schreiben Sie als Gedächtnisstütze auf, was Sie sagen wollen. Ihr Gesprächspartner wird Sie sonst durch seine gehetzte Art leicht aus dem Konzept bringen. Auch wer lieber improvisiert, sollte sicherheitshalber ein Skript vor sich liegen haben. Notieren Sie ganz oben den Namen Ihres gewünschten Gesprächspartners, im Zweifelsfall erkundigen Sie sich vorher nach der korrekten Aussprache.

Sprechen Sie den Menschen am anderen Ende der Leitung mit Namen an: »Herr Kerscher, haben Sie einen Augenblick Zeit für mich? Es dauert nicht länger als drei Minuten.« »Frau Thomma, ich habe im Internet gesehen, dass Sie ein neues Projekt im Bereich automatische Spracherkennung ins Leben gerufen haben.« »Frau Seibt, ich danke Ihnen herzlich für diese Informationen. Ich schicke Ihnen dann meine Unterlagen.«

Natürlichkeit bewahren

Bitte übertreiben Sie nicht. Es stimmt zwar, dass jeder gerne seinen Namen hört, allerdings nicht ununterbrochen. Wenn Sie es für besonders geschickt halten, Ihren Gesprächspartner mit seinem Namen zu bombardieren, irren Sie gewaltig. Wer ständig mit Floskeln wie »Ja, Herr Meier«, »Nein, Herr Meier«, »Stimmt, Herr Meier«, »Natürlich, Herr Meier«, »Gern, Herr Meier«, »Vielen

Dank, Herr Meier« um sich wirft, raubt dem Menschen am anderen Ende der Leitung den letzten Nerv und klingt eher wie der Vertreter einer Drückerkolonne als jemand, den man einstellen möchte.

Bevor Sie Namen zu häufig gebrauchen, ist es richtiger, dies auf die Begrüßung und den Schluss zu beschränken. Wichtig ist, dass Sie freundlich und natürlich klingen. Ihr Gegenüber soll nicht das Gefühl bekommen, Sie seien gerade von einem missglückten Rhetorikseminar mit dem Thema »So überzeuge ich andere« zurückgekehrt.

Kommen Sie auf den Punkt
Unabhängig davon, in welcher Phase Ihrer Bewerbung Sie anrufen, müssen Sie stets den Eindruck vermitteln, dass Sie wirklich etwas zu sagen oder zu fragen haben. Ein Personalchef spricht gern über sein Unternehmen, vor allem über die Größe und die Zahl der Mitarbeiter. Zeigen Sie ihm durch Ihre Fragen, dass Sie sich für seine Arbeit und seinen Betrieb interessieren. Machen Sie auch deutlich, dass Sie die Stellenausschreibung sorgfältig gelesen haben.

Beispiele

> »Guten Tag, Frau Jansen. Gerade habe ich über Ihr Unternehmen in der *FAZ* gelesen. Ich interessiere mich sehr für eine Tätigkeit im Bereich Kongressmanagement und möchte Ihnen gerne meine Bewerbungsunterlagen zusenden. Dem Zeitungsbericht war zu entnehmen, dass Sie gute Erfahrungen mit der Beschäftigung von Geisteswissenschaftlern in Ihrem Unternehmen gemacht haben. Deshalb meine Frage: Ich bin promovierter Physiker, habe aber bereits einige Erfahrungen mit der Planung wissenschaftlicher Kongresse. Zum Beispiel habe ich letztes Jahr die Hauptversammlung der Internationalen Naturwissenschaftlervereinigung gestaltet. Sehen Sie da eine Chance für mich, oder sind Sie auf Geisteswissenschaftler festgelegt?«

> »Guten Tag, Herr Pinnow, ich habe gehört, dass Sie zurzeit Programmierer suchen. Da ich Mathematik studiert habe, bin ich vor allem auf konzeptionelle Arbeit spezialisiert. Ich würde mich daher gern kurz mit dem zuständigen Projektleiter unterhalten. Es geht um die Frage, ob er jemanden zum Programmieren oder eher für die Konzeption benötigt. Können Sie mich weiterverbinden?«

Lassen Sie sich dabei nicht zu schnell abwimmeln. Sie können Ihre Unterlagen ja auch bei der Sekretärin abgeben. Auf diese Weise gelingt es vielleicht, sie zu Ihrer Verbündeten zu machen. Das wird sich schon bei Ihrem nächsten Anruf für Sie bezahlt machen. Außerdem ist Ihr Kurzbesuch ein weiteres Zeichen Ihrer Einsatzbereitschaft und Motivation. Wenn dann noch der Zufall mitspielt und der Chef gerade ins Vorzimmer kommt, kann sich durchaus ein kurzes erstes Vorstellungsgespräch entwickeln. Auch hierauf sollten Sie vorbereitet sein.

Stimmt Ihre Stimme?
Viele Leute sind unsicher, wie ihre Stimme am Telefon klingt. In solchen Fällen ist es hilfreich, Freunde oder Bekannte gezielt auf dieses Thema anzusprechen. Vielleicht können Sie ein Probetelefonat mit Ihrem besten Freund oder Ihrer besten Freundin einmal auf Tonband aufzeichnen. Überhaupt sind Rollenspiele am Telefon sehr zu empfehlen. Auch Atem-, Entspannungs- und Stimmübungen tun gute Dienste und verschaffen der Stimme mehr Präsenz. Die Persönlichkeitstrainerin Sabine Asgodom rät, das Telefonskript vorher zu singen (ja, Sie haben richtig gelesen: zu singen!) – nach einer bekannten oder erfundenen Melodie. Ihr Vortrag wird dadurch mehr Klang und Fülle bekommen. Schließlich wollen Sie am Telefon nicht nur mit Worten, sondern auch durch Ihre Persönlichkeit überzeugen.

Übung und Glück
Natürlich sollte der Tag, an dem Sie wichtige Telefongespräche führen, ein *lucky day* sein. Gut ausgeschlafen, gut gelaunt und voller Tatendrang greifen Sie zum Telefon. Telefonexperten raten Bewerbern: Erfolgreiches Telefonieren ist auch eine Frage des Biorhythmus. Ein Morgenmuffel kann nicht schon vormittags mit der Stimme kraftvolle Bilder malen, Ideen vermitteln und Power rüberbringen. Außerdem sollte man sich nicht vorher über irgendjemanden furchtbar geärgert haben. So etwas überträgt sich garantiert auf das Telefonat.

Apropos Frühaufsteher: Wenn Sie Sorge haben, mit Ihrem Anliegen nicht an der Sekretärin vorbeizukommen, versuchen Sie es doch einmal morgens zwischen 7 und 8.30 Uhr. Vielleicht haben Sie Glück, und der Chef ist schon im Büro. Als Morgenmuffel versuchen Sie es besser nach 17 Uhr, freitagnachmittags oder in kleineren Unternehmen auch mal am Wochenende. Nicht selten sind Chefs auch noch um 18 oder 20 Uhr und sonnabendvormittags im Büro und wie jeder Mensch neugierig, wenn das Telefon klingelt. Auch wenn Ihr Gegenüber sich nicht gleich zu erkennen gibt und sich nur mit »Hallo« meldet, gehen Sie ruhig davon aus, dass Sie einen Entscheidungsträger am anderen Ende der Leitung haben. Das ist Ihre Chance. Tragen Sie Ihr Anliegen vor.

Übung macht den Meister

Telefonieren ist in erster Linie Übungssache, doch leider haben die meisten Bewerber kaum Erfahrung, Gesprächstermine am Telefon zu vereinbaren. Daher ist es sinnvoll, als Vorübung zunächst Freunde anzurufen. Wer so anfängt, lernt schrittweise, seine Pläne in Worte zu fassen, und fühlt sich mit der Zeit wohler in seiner Haut. Beginnen Sie die Gespräche, indem Sie sich nach dem Befinden Ihrer Freunde erkundigen, und erzählen Sie dann, was es Neues bei Ihnen gibt.

Ihre Freunde haben Kontakte, die Sie mit Ihnen teilen können, und wissen unter Umständen von interessanten Arbeitsmöglichkeiten. Halten Sie Ihre Freunde also über Ihre Pläne auf dem Laufenden. Gespräche mit guten Bekannten sind ein guter Einstieg in den verborgenen Arbeitsmarkt. Doch selbst wenn die Versuchung groß ist, alles am Telefon zu erledigen – mit Ihren Freunden sollten Sie sich regelmäßig treffen.

Nützliche Hinweise

Für jede Art von Telefongespräch, das Sie führen werden – sei es nun mit Telefonistinnen, Sekretärinnen oder Führungskräften –, sollten Sie Notizen vorbereiten. Orientieren Sie sich dabei an den vorangehenden Beispielen und beachten Sie die folgenden Punkte:

- Verhalten Sie sich am Telefon ungezwungen. Es hilft, wenn Sie sich Tonbandaufnahmen Ihrer Telefongespräche anhören.
- Fassen Sie sich kurz. Bilden Sie einfache Sätze. Geben Sie der anderen Person Gelegenheit zu antworten.
- Seien Sie präzise. Vermeiden Sie leere Floskeln, und kommen Sie schnell zur Sache.
- Schließen Sie an Ihre Äußerungen Fragen an, die nur mit Ja beantwortet werden können. Gewöhnen Sie sich an die Sag-es-Frag-es-Strategie: Sie formulieren Ihre Aussagen in Form von Fragen. »Als ich für die Firma XY arbeitete, stiegen dort im letzten Jahr die Verkaufszahlen um 20 Prozent; interessieren Sie sich für solche Ergebnisse?« oder »Möchten Sie wissen, wie ich das erreicht habe?«
- Kalkulieren Sie bei der Vorbereitung Ihrer Notizen ein, dass Gespräche mitunter anders als geplant verlaufen. Üben Sie schon vor Beginn Ihrer Anrufe, auf schwierige Fragen schlagfertig zu antworten. Bereiten Sie einen ein- bis zweiminütigen Werbespot in eigener Sache vor, den Sie immer dann einsetzen können, wenn Sie nach Ihrem Lebenslauf gefragt werden. Wiederholen Sie diese kurze Geschichte so oft, bis Sie flüssig und natürlich erzählen können, wer Sie sind, was Sie machen und wo Sie gearbeitet haben. Nennen Sie ein oder zwei wichtige berufliche Erfolge und bitten Sie um einen Gesprächstermin.

- Überlegen Sie, was Ihnen bei Telefongesprächen die größten Schwierigkeiten bereitet. Arbeiten Sie an diesen Problemen.
- Bitten Sie einen Freund, mit Ihnen verschiedene Gesprächssituationen durchzuspielen. Nehmen Sie diese Dialoge mit einem Tonband auf.
- Achten Sie auf den Klang Ihrer Stimme, wenn Sie sich die Aufnahmen anhören: Klingen Sie fröhlich, freundlich, selbstbewusst, pessimistisch, aggressiv oder unsicher? Machen Sie sich auf eine Überraschung gefasst. Sie werden sofort sagen: »Das bin nicht ich, das klingt ja unmöglich ...!«
- Beim Korrigieren Ihrer Schwächen darf die Natürlichkeit nicht auf der Strecke bleiben.
- Wer richtig telefoniert, wird wesentlich schneller zu Vorstellungsgesprächen eingeladen. Wenn Sie die Telefontechniken beherrschen und freundlich sind, ohne sich anzubiedern, werden Sie zum überzeugenden Gesprächspartner.

Vorbereitung auf Telefongespräche

- Sie informieren sich über Ihren Gesprächspartner.
- Sie schneiden Stellenanzeigen aus und kleben sie in ein Notizheft. Auf manche Annoncen antworten Sie schriftlich, anderen Unternehmen nähern Sie sich über Kontaktpersonen. Deshalb müssen Sie vorher Namen, Telefonnummer und Anschrift Ihrer Zielperson herausfinden.
- Sie haben verschiedene Notizzettel bereitliegen, sodass Sie für unterschiedliche Gesprächssituationen gerüstet sind.
- Ihr Lebenslauf liegt für den Fall vor Ihnen, dass man genaue Daten von Ihnen verlangt.
- Ihr Terminkalender ist zur Hand, damit Sie sofort Zeit, Ort und Datum aufschreiben können, wenn Sie Verabredungen treffen.
- Wenn Sie am Telefon ein Informationsgespräch vereinbaren wollen, sollte eine Liste mit Fragen vor Ihnen liegen, denn unter Umständen lässt sich Ihre Zielperson nicht auf ein Treffen ein, ist aber bereit, kurz am Telefon mit Ihnen zu sprechen.

Informationen über Ihre Zielperson

Erfahren Sie so viel wie möglich über Ihre Zielperson, bevor Sie sie anrufen. Am besten erkundigen Sie sich gleich bei der Kontaktperson, die das Treffen vorgeschlagen hat. Bemühen Sie sich um folgende Informationen über Ihre Zielperson:

Beruflicher Hintergrund

- Genauer Titel
- Beschäftigungsfeld (z. B. Produktmanager, Verwaltungsleiter, Verkaufsleiter, Personalchef – was genau macht diese Person?)
- Aktivitätsstand (Ist sie sehr beschäftigt? Wie schwer ist es, an ihn heranzukommen? Ist er entspannt und umgänglich?)
- Lebenslauf (Welche Universität besuchte er? Für welches Unternehmen hat er vorher gearbeitet? Gibt es Parallelen zwischen ihrem und Ihrem Lebenslauf?)
- Vereine/Verbindungen (Welchen Organisationen gehört sie an? Wo hält sie sich häufig auf? Kennen Sie Leute, die auch dorthin gehen?)
- Wie passt diese Person in das Gesamtbild, das Sie vom Unternehmen haben?

Persönlicher Hintergrund

- Hilft Ihr Gesprächspartner gerne anderen Menschen?
- Ist sein Name in letzter Zeit in den Medien aufgetaucht? Wenn ja, ergibt sich aus diesen Meldungen ein interessantes Gesprächsthema?
- Seit wann lebt er in der Stadt? Je länger er dort wohnt, desto mehr Leute werden ihn kennen.

Mithilfe der oben stehenden Fragen machen Sie sich ein klares Bild, bevor Sie telefonieren. Zu viele Bewerber versuchen, Kontakte zu nutzen, ohne ein konkretes Ziel vor Augen zu haben. »Ruf Ralf an, er wird dir bestimmt helfen. Sag ihm, ich hätte dir den Tipp gegeben. Hier ist seine Nummer ...« Die meisten Bewerber wählen dann unvorbereitet die Nummer – und vergeben unter Umständen eine riesige Chance.

Zielgerichtet fragen

Wenn man Ihnen den Rat gibt, mit einer bestimmten Person zu sprechen, sollten Sie die Gelegenheit nutzen und um nähere Informationen bitten. Wenn Sie alles notieren, was Sie über Ihre Zielperson erfahren, sind Sie für ein späteres Treffen gut vorbereitet.

Die Anrufe

- Seien Sie darauf vorbereitet, dass man Sie zurückweist. Niemand gewinnt jedes Spiel, aber je mehr Sie üben, desto eher haben Sie das Glück auf Ihrer Seite. Experten schätzen auf 10 bis 20 Versuche eine

verfolgenswerte Perspektive und die Chance, eine Runde weiterzukommen ...
- Versuchen Sie jeden Tag, am Telefon Verabredungen zu arrangieren. Aus jedem Kontakt können sich weitere Möglichkeiten ergeben.
- Notieren Sie Namen, Telefonnummer und Adresse Ihres Gesprächspartners und eventuelle Tipps zur Anreise.
- Beenden Sie das Gespräch so schnell wie möglich, nachdem Sie Datum, Uhrzeit und Adresse bestätigt haben.

Das Telefon ist für Ihre Bewerbung ein zentral wichtiges Medium. Je besser Sie damit umgehen können, desto erfolgreicher wird Ihr Vorhaben sich realisieren.

Internetrecherche

Nutzen Sie das Internet, um geeignete Stellenanzeigen zu finden. Das World Wide Web bietet unzählige Möglichkeiten, sich über potenzielle Arbeitgeber zu informieren und auch andere nützliche Kontakte zu knüpfen, die Ihnen bei der Suche nach einem neuen Job helfen können. Außerdem finden Sie dort allgemeine oder fachlich spezialisierte Jobbörsen – virtuelle Arbeitsmärkte, auf denen Sie nach geeigneten Stellen suchen oder sich selbst über ein Stellengesuch vorstellen können. Damit das Fischen im Netz nicht uferlos wird und Sie zu viel Ihrer wertvollen Zeit kostet, haben wir auf den folgenden Seiten wichtige Tipps für Sie zusammengestellt. Es geht dabei im Einzelnen um folgende Recherchemöglichkeiten:

- Die Suche nach Informationen über Arbeitgeber
- Die Suche nach Stellenangeboten in Zeitungen
- Die Suche nach Stellenangeboten auf den Firmenhomepages
- Die Suche auf virtuellen Arbeitsmärkten
- Das Stellengesuch im Netz
- Die elektronische Kontaktaufnahme
- Social Networking: Die Suche nach Kontakten im Netz

Alles, was Sie über die konkrete E-Bewerbung, über Online-Bewerbungsformulare und andere Bewerbungswege im Internet – die eigene Homepage, das Profil im Netz oder eine Bewerbung mit PowerPoint – wissen müssen, lesen Sie im Hauptkapitel »Bewerben im Netz« ab Seite 317.

Die Suche nach Informationen über Arbeitgeber

Egal, ob Sie dabei sind, Ihre Bewerbungsmappe zusammenzustellen, oder ob Sie bereits einen Termin zum Vorstellungsgespräch in der Tasche haben: Ihre erste Pflicht als Bewerber ist es, sich so viel wie möglich an Informationen über den jeweiligen Arbeitgeber zu besorgen.

Da Sie sich gezielt als optimaler Problemlöser für das Unternehmen profilieren wollen, müssen Sie zunächst wissen, was das aktuelle Problem dieses Arbeitgebers ist. Wenn ein Betrieb zum Beispiel gerade neue Modelle der Gruppenarbeit in der Fertigung einführt, dann sollten Sie vor dem Zusammenstellen Ihrer Bewerbungsmappe noch einmal einen Blick auf Ihre Unterlagen zum Thema Arbeitswissenschaft werfen. Wenn Sie dagegen aus dem Netz erfahren, dass das Unternehmen große Projekte mit skandinavischen Firmen abwickelt, stellen Sie Ihr fließendes Norwegisch bei einer Bewerbung besonders in den Vordergrund.

Um das Internet als Quelle für Informationen über Unternehmen zu nutzen, reicht es meist aus, den Firmennamen auf folgende Weise einzugeben: www.(Firmenname).de für deutsche Firmen, bei US-amerikanischen benutzen Sie www.(Firmenname).com (http:// am Anfang nicht vergessen!). Bei europäischen Unternehmen gelten die Endungen .it für Italien, .uk für Großbritannien, .fr für Frankreich, .ch für Schweiz und .at für Österreich.

Werden Sie auf diese Weise nicht fündig, so rufen Sie eine der gängigen Suchmaschinen (Google, Yahoo usw.) auf. Obwohl alle Suchmaschinen grundsätzlich Ähnliches zutage fördern, ist jede unterschiedlich organisiert und offeriert andere Wege zu den von Ihnen benötigten Informationen. Yahoo und andere bieten zum Beispiel schon auf der Startseite Rubriken wie Business, Travel oder auch Job und Karriere an. Diese können Sie zu Beginn aktivieren und damit Ihre Suche weiter spezifizieren.

Suche optimieren

Allerdings sollten Sie auf jeden Fall erst einmal die Suchhilfe, eine Art Bedienungsanleitung der jeweiligen Suchmaschine, durchlesen. Meist befindet sich direkt neben dem Suchfeld ein SeekHelp- oder Suchhilfe-Button, mit dem Sie praktische Tipps zur Vereinfachung Ihrer Suche aufrufen können. Das kostet Sie vielleicht anfänglich fünf Minuten Zeit, wird Ihnen aber letztlich viel Ärger und Mühe ersparen. Wer nicht lernt, so effizient wie möglich im Netz zu suchen, kann sich leicht in der Fülle der angebotenen Informationen verlieren.

Nachdem Sie also Ihren Suchbegriff eingegeben haben, spuckt der Rechner eine ganze Reihe von Internetadressen aus, die in irgendeiner Form mit den Suchbegriffen zu tun haben. Diese Adressen sind zu den Seiten der Firmen

»gelinkt«. Das bedeutet: Sie können durch Anklicken auf der Liste direkt zu den gesuchten Homepages gelangen. Dort finden Sie in der Regel bereits Informationen in Hülle und Fülle. Diese Informationen sind nicht linear aufgebaut wie in einer Broschüre. Ein Printmedium gibt durch seinen Aufbau vor, in welcher Reihenfolge die Informationen vom Leser aufzunehmen sind. Auf den Seiten des Internets dagegen kann der Leser nach eigenem Gusto hin und her springen. Er kann mit der Suchfunktion des jeweiligen Unternehmens (falls vorhanden) Informationen gezielt und schneller auffinden und Querverweise nutzen. Sind Begriffe farblich abgesetzt, gelangt der User durch Anklicken dieser Links automatisch auf andere Seiten des Internets, beispielsweise auf die von Kooperationspartnern und Zulieferern des Unternehmens.

Ein Defizit muss allerdings angemerkt werden: Obwohl das Internet prinzipiell die Möglichkeit einer ständigen Aktualisierung der präsentierten Informationen bietet, verfügen viele Unternehmen nicht über eine adäquate Internetbetreuung. Das hängt möglicherweise damit zusammen, dass sich diese Art der Mitarbeiterrekrutierung noch nicht einschlägig durchgesetzt hat. So nutzen bislang zwar knapp 70 Prozent aller Großunternehmen das Internet zur Mitarbeitersuche, aber lediglich 40 Prozent der mittleren und 20 Prozent aller Kleinunternehmen.

Die Suche nach Stellenangeboten in Zeitungen

Auch auf den Webseiten einiger Zeitungen, etwa der *Frankfurter Allgemeinen* und der *Süddeutschen Zeitung*, von *Handelsblatt* und *Zeit*, finden sich Stellenangebote. Viele dieser Seiten machen von den technischen Möglichkeiten des Netzes Gebrauch und sind interaktiv gestaltet. Das bedeutet: Sie können sich von dort direkt auf die Seiten der inserierenden Firmen klicken. Im Allgemeinen übernehmen die Zeitungen aber lediglich ihre bereits gedruckten Anzeigen ins Internet.

Für Sie als Bewerber ist die Suche auf den Internetseiten der Zeitungen vor allem dann von Vorteil, wenn Sie sich in internationalen Publikationen oder mehreren Zeitungen gleichzeitig umsehen wollen. Sie ersparen sich damit den Weg zum Bahnhofskiosk. Achten Sie in jedem Fall darauf, wie aktuell die Anzeigen sind! Obwohl das Internet in der Theorie ein hochaktuelles Medium ist, sind die elektronischen Anzeigen der Zeitungen nicht immer *up to date*.

Die Internetadressen der jeweiligen Printmedien finden Sie in den Zeitungen selbst, meistens im Impressum. Sie können natürlich auch nach den elektronischen Adressen via Suchmaschine fahnden. Wenn Sie dann auf der richtigen Homepage gelandet sind, klicken Sie sich von dort auf den Anzeigenmarkt weiter. Als *starting point* ist der Anzeigenmarkt der Wochenzeitung *Die Zeit* (*www.jobs.zeit.de*) zu empfehlen, da er übersichtlich organisiert ist und man von dort zu anderen Anzeigenmärkten gelangt, vorausgesetzt, dass diese funktional eingerichtet sind.

Ein weiterer Tipp: Auch Fachzeitungen und -zeitschriften bieten Stelleninserate an. Wenn Sie sich also in der günstigen Situation befinden, schon genau zu wissen, welchen Bereich Sie anstreben, suchen Sie auch in kleineren, möglicherweise speziellen Fachpublikationen.

Die Suche nach Stellenangeboten auf den Firmenhomepages

Haben Sie Ihr Traumunternehmen gefunden, unterstützt Sie das Internet dabei, Ihre Bewerbung maßzuschneidern. Immer mehr Firmen liefern alle notwendigen Details über ihre Produkte, ihre Philosophie und ihre Geschäftsstrukturen und Fakten auf ihren Homepages.

Die technischen Möglichkeiten des Internets, das Interesse des Users zu wecken, reizen Unternehmen auf ihren Homepages weidlich aus. Podcasts präsentieren wichtige Details zum Unternehmen und zur künftigen Arbeit, kurze professionelle Videos (Vodcasts) zeigen künftige Arbeitsplätze, Kollegen und Arbeitsabläufe von ihrer besten Seite, und in Mitarbeiterblogs oder einschlägigen Foren erfährt der Bewerber viel über den Arbeitsalltag.

Eine Homepage bietet Arbeitgebern die Möglichkeit, ihr Unternehmen im besten Licht zu präsentieren – für Kunden und Bewerber gleichermaßen. In Zeiten des Fachkräftemangels wird die Suche nach dem idealen Mitarbeiter durchaus zur Herausforderung. Zudem kann ein Unternehmen schnell über seine Homepage über aktuelle Entwicklungen und Erfolge informieren. Wer sich ein umfassenderes und weniger subjektiv gefärbtes Bild von einem Unternehmen machen möchte, sollte über die einschlägigen Suchmaschinen nach Artikeln über die Firma, Beurteilungen und auch kritischen Stimmen fahnden.

Häufen Sie Wissen an

Unsere Empfehlung: Nutzen Sie alle relevanten Informationen, die Sie im Netz finden, für das gesamte Bewerbungsverfahren. Je mehr Sie über das Unternehmen wissen, desto passgenauer können Sie Ihre Bewerbung verfassen und desto besser sind Sie auf ein persönliches Gespräch vorbereitet. Investieren Sie diese Zeit!

Über die Firmenseiten gelangen interessierte Bewerber oft direkt zu Onlineformularen. Mit dem entsprechenden Button holen Sie sich das Formular auf den Bildschirm, das Sie wie einen standardisierten Bewerbungsvordruck ausfüllen und via E-Mail zurückschicken. Seien Sie allerdings gewarnt: Dieses automatisierte Auswahlverfahren kann recht brutal sein. Was es dabei zu beachten gilt, lesen Sie auf Seite 330.

Die Suche auf virtuellen Arbeitsmärkten

Am wichtigsten ist das Internet für die konkrete Job- bzw. Mitarbeitersuche über Online-Stellenbörsen wie Monster, Stepstone oder Jobrobot. Beide Seiten – Bewerber wie Arbeitgeber – sparen so Zeit, Geld und Nerven. Das Eingeben von Stichwörtern (sog. Tags) bringt die Zeitersparnis. Oft haben – je nach Einstellung – mehrere Firmen bzw. Bewerber gleichzeitig mit einem Mausklick Zugriff auf das Stellenangebot oder das Stellengesuch. Stellenbörsen sind nicht nur ein virtueller Arbeitsmarkt, sie bieten oft auch einen Rundumservice zum Thema Bewerbung. Auf vielen dieser Seiten können Bewerber gegen eine Gebühr ihre Lebensläufe aufnehmen lassen, sodass auch Arbeitgeber in Ruhe die Profile der einzelnen Bewerber studieren können.

Die wichtigsten Arbeitsmarkt-Adressen

- *www.arbeitsagentur.de*
- *www.jobpilot.de (gehört zu monster.de)*
- *www.jobrobot.de*
- *www.monster.de*
- *www.stepstone.de*
- *www.meinestadt.de/deutschland/jobs*
- *www.jobs.zeit.de*
- *www.sueddeutsche.de/jobcenter*
- *www.fazjob.net*
- *www.handelsblatt.de*
- *www.arbeiten.de (gewerblich orientiert)*

Zeitarbeitsfirmen

- *www.manpower.de*
- *www.randstad.de*
- *www.adecco.de*

Europäische Stellenmärkte

- *www.cadresonline.com* (Frankreich)
- *www.job-consult.com* (Europa)
- *www.jobmonitor.com* (Österreich)
- *www.jobserve.com* (Großbritannien)
- *www.jobsite.com* (Europa)

Einen Vergleich der wichtigsten Online-Stellenbörsen und mehr Informationen über ausländische Arbeitsmärkte im Netz finden Sie auf der CD-ROM.

―――――――――― **Extratipp für Frauen** ――――――――――

▸ Arbeitsangebote speziell für Frauen bietet der Stellenmarkt der Zeitschrift Brigitte (*www.brigitte.de*). Frauen können kostenlos ein eigenes Gesuch aufgeben.

―――――――――― **Extratipp für Führungskräfte** ――――――――――

▸ Den Stellenmarkt der Verlagsgruppe Handelsblatt erreichen Sie, wenn Sie *www.karrieredirekt.de* eingeben. Über 1.000 Angebote sind hier im Schnitt zu finden. Auch eigene kostenlose Gesuche sind möglich.
▸ Unter *www.adamsons.com* stoßen Sie auf einen internationalen Headhunter, der aber auch Führungspositionen in Deutschland vermittelt.

―――――― **Extratipp für Studierende/Hochschulabsolventen/** ――――――
Ausbildungsplatzsuchende

▸ *http://praktikum.wifo.uni-mannheim.de*: Dies ist eine der größten Börsen für Studentenpraktika. Sie können zusätzlich eine Suchmaschine nutzen und haben die Möglichkeit, sich individuell zugeschnittene Angebote mailen zu lassen und ein kostenloses Gesuch zu schalten.
▸ Eine bunte Palette an Praktika bietet *www.unicum.de*. Eigene Praktikumsgesuche sind aber leider nicht möglich.
▸ Die Praktikumsbörse der Zeitschrift Wirtschaftswoche *www.wiwo.de/praktikum.htm* bietet Praktika aus fast allen Branchen – auch im Ausland. Eine eigene Anzeige ist allerdings nicht möglich.
▸ *www.go-jobware.de*: Praktika, Diplomarbeitsthemen, Werkstudenten-, Ferien- und Aushilfsjobs sind hier zu finden. Eigene Anzeigen von Bewerbern sind nicht möglich.
▸ Angehende Studenten und Azubis können sich auch online über Fragen zur Studien- und Berufswahl unter folgenden Adressen informieren: *www.studienwahl.de*, *www.berufswahl.de*, *www.bildungsserver.de*

Das Stellengesuch im Netz

Wenn Sie nicht nur darauf warten wollen, endlich das richtige Stellenangebot im Netz zu finden, dann haben Sie mit einem eigenen Stellengesuch eine gute Möglichkeit, aktive Werbung in eigener Sache zu betreiben. In den meisten Jobbörsen ist es möglich, ein eigenes Gesuch zu schalten. Wichtig ist aber auch in diesem Medium, dass Ihr Stellengesuch generell zwei Bedingungen erfüllt:

- Die Überschrift/Betreffzeile muss bereits beim Überfliegen neugierig machen.
- Der gesamte Text muss eine hohe Zahl von relevanten Informationen transportieren und damit den Leser für Sie einnehmen.

So gehen Sie vor
Schreiben Sie Ihren Text auf – und zwar bevor Sie ins Netz gehen. Ganz besonders bei diesem Text gilt es, sich vorab intensiv mit diesen drei Fragen zu beschäftigen (siehe auch S. 72 und S. 133):

- Was ist Ihr Kommunikationsziel?
- Welche Botschaften wollen Sie vermitteln?
- Mit welchen Argumenten können Sie überzeugen?

Behalten Sie beim Formulieren von Überschrift und Text Ihre Zielgruppe (Arbeitgeber, Chef, Personalabteilung) im Auge. Nach der Überschrift sollten ein bis zwei Sätze folgen, in denen Sie Ihren Berufswunsch präzisieren und die Sie mit Angaben über Ihre Qualifikationen/Talente ergänzen. Weitere Informationen (z. B. besondere Kenntnisse, Interessen, Hobbys) können Sie dann in Stichworten anführen – wie im Lebenslauf einer Bewerbung auf Papier. Vielleicht haben Sie ja auch eine eigene Homepage im Netz? Darauf können Sie im letzten Satz Ihres Gesuchs hinweisen.

Fassen Sie sich kurz
Auch wenn die Stellenbörse Ihnen viel Platz einräumt, geben Sie knapp und eindeutig Auskunft zu den wichtigen Fragen:

- Was haben Sie Besonderes zu bieten?
 (Berufliche Schwerpunkte, fachliche und soziale Kompetenzen, Qualifikationen und gegebenenfalls Sprach- und PC-Kenntnisse)
- Wer sind Sie?
 (Alter, Geschlecht, Mobilität, Ausbildungsabschluss und Titel)
- Was suchen Sie?

Personalentscheider wollen ohne Zeitverschwendung Kandidaten für ihre freien Stellen finden. Sie sollten aber nicht, um Platz zu sparen, alle möglichen Wörter abkürzen. Vermeiden Sie Abkürzungen, mit Ausnahme der üblichen. Achten Sie besonders darauf, grammatikalisch korrekt zu sein. Gerade in Texte, die am Bildschirm geschrieben werden, schleichen sich oft Flüchtigkeitsfehler ein.

Chiffrieren oder nicht?

Schließlich gilt es, noch zu entscheiden, ob Sie Ihren Namen, Ihre Adresse und Telefon-/Faxnummer oder Ihre E-Mail-Adresse angeben. Das hat den Vorteil, dass der interessierte Arbeitgeber Sie direkt und schnell erreichen kann. Andererseits ist damit zu rechnen, dass mit Ihrer Adresse unter Umständen Missbrauch getrieben wird – angefangen bei lästiger Werbung, die Ihnen fortan ins Haus flattert, bis hin zu unangenehmen anonymen Anrufen.

Die meisten Jobbörsen bieten kostenloses Chiffrieren Ihres Namens an – auch deshalb, damit interessierte Arbeitgeber sich an die Jobbörse wenden, die für die Herausgabe des Namens eine Gebühr verlangt.

Halten Sie Ihre Unterlagen bereit

Sobald Sie das Gesuch veröffentlichen, sollten Sie Ihre Unterlagen (Lebenslauf, Zeugniskopien etc.) bereithalten. So können Sie auf die eingehenden Angebote schnell reagieren. Denn oft ist es so – Internet hin oder her –, dass Personalentscheider eben doch noch gern die üblichen Bewerbungsunterlagen in bekannter Form, sprich auf dem Papier, haben möchten.

Die elektronische Kontaktaufnahme

Sie können zu dem Unternehmen Ihrer Wahl auch elektronischen Kontakt aufnehmen. Über alle Internetseiten verstreut finden Sie Kontaktbuttons, mit denen Sie eine Mail-Maske aufrufen und an den von Ihnen ausgesuchten Ansprechpartner eine Art elektronische Postkarte abschicken können.

Elektronische Post

Inzwischen ist die Kommunikation per Mail in fast allen Unternehmen eine Selbstverständlichkeit und Sie können damit rechnen, auf Ihre Anfrage innerhalb kurzer Zeit eine Antwort zu erhalten – immer vorausgesetzt, Sie haben den richtigen Ansprechpartner ermittelt und Ihr Anliegen klar und deutlich formuliert. Hin und wieder werden Sie in kleineren traditionellen Unternehmen noch auf eine Hemmschwelle der Mitarbeiter gegenüber dem Medium Internet treffen. Allerdings ist eine solche Haltung nicht mehr weitverbreitet.

Sehen Sie das Internet einfach als eine wichtige, aber eben nicht ausschließliche Möglichkeit der Kontaktaufnahme an. Manchmal ist ein Anruf doch die bessere Option, mit einer noch unbekannten Person ins Gespräch zu kommen.

Social Networking: Die Suche nach Kontakten im Netz

Unbezahlbar für die berufliche Orientierung, die Stellensuche, aber auch für die Arbeitsplatzsicherung ist das sogenannte Social Networking: der Aufbau und die Pflege eines beruflichen Netzwerks. Das Internet bietet diese Möglichkeiten auf verschiedenen Plattformen an. Zum einen gibt es offene Kontaktbörsen wie zum Beispiel XING (früher Open BC) mit etwa 7 Millionen registrieren Nutzern oder LinkedIn mit weltweit über 50 Millionen Mitgliedern. Hochrangige Bewerber bevorzugen oft auch geschlossene Netzwerke, die gewisse Zugangsbeschränkungen (Alter, Position, Gehalt, Mitgliedschaft nur auf Empfehlung etc.) haben. Egal, ob es um die Jobsuche, Kontakt zu Kollegen, Ratschläge oder um reinen Wissensaustausch geht – das Internet vernetzt auf diesen Plattformen Menschen aus den unterschiedlichsten Branchen, Hierarchien und Ländern, nimmt Berührungsängste und sorgt so für manche beruflichen Überraschungen.

Vorteile von Businessbörsen

Business-Kontaktbörsen bieten Ihnen die Möglichkeit, Ihr berufliches Profil im Internet zu präsentieren, interessante Kontakte zu knüpfen und gleichzeitig mögliche neue Arbeitgeber oder Firmenvertreter direkt anzusprechen. Diese können sich umgehend Ihren beruflichen Werdegang ansehen und bei Bedarf umfangreichere Bewerbungsunterlagen anfordern.

Anders als bei einer »normalen« Jobbörse wie zum Beispiel www.monster.de sind die Teilnehmerprofile für alle Mitglieder sichtbar – jeder kann jedes vorhandene Profil aufsuchen und bei Interesse eine Nachricht hinterlassen. Business-Kontaktbörsen sind eine moderne Form der unkomplizierten Ansprache und des Austausches von untereinander unbekannten Personen. Bisweilen ist die Möglichkeit der Kontaktaufnahme mit einer kostenpflichtigen Mitgliedschaft verbunden.

XING und Co.

Suchen Sie eine Business-Kontaktbörse, die von Ihren Wunscharbeitgebern genutzt wird, und hinterlegen Sie Ihr Profil. Beachten Sie, dass diese Profilinformationen zu Ihrem beruflichen Hintergrund passen bzw. stimmen Sie Ihre schriftlichen Bewerbungsunterlagen dahingehend ab. Dazu gehören ein ansprechendes Foto in entsprechender »Berufs(ver)kleidung« sowie eine Auflistung der relevanten beruflichen Stationen. Dann können Sie gezielt Ansprechpartner suchen und diese höflich kontaktieren.

Grundsätzlich gilt: Kontakte, die im Internet angebahnt werden und sich vielversprechend anlassen, müssen kurzfristig durch eine persönliche Begegnung intensiviert werden. Das gilt besonders für den Bewerbungsprozess.

Einige Grundregeln

Vermeiden Sie in Ihrem Profil die Erwähnung von unvorteilhaften beruflichen Informationen, wie zum Beispiel mehrere kurzzeitige Beschäftigungsverhältnisse oder Zeiten der Arbeitslosigkeit. Überlegen Sie vorher genau, was Sie von sich erzählen und welche Freunde oder Bekannte Sie in Ihrem Kontaktnetzwerk aufführen wollen.

Seien Sie wählerisch, was die intensiver gepflegten Kontakte angeht. Die Praxis zeigt: Je höher man in der Hierarchie (bezogen auf Unternehmen und Position) steht, umso weniger haben Kontakte einen echten Nutzen. Eine hohe Anzahl an Kontakten innerhalb eines solchen Netzwerks kann auch mit einer gewissen Wahllosigkeit und Beliebigkeit einhergehen und verfehlt so das eigene Ziel.

Ein Geben und Nehmen

Generell gilt für die virtuellen Netzwerke natürlich das, was Sie schon über das Networking an sich gelernt haben: Auch hier ist die goldene Regel vom Geben und Nehmen von hoher Wichtigkeit. Achten Sie darauf, nicht immer nur die eigenen Wünsche, Fragen und Bedürfnisse in den Vordergrund zu stellen, sondern Ihren Netzwerkkontakten auch konkrete Unterstützung anzubieten. Pflegen Sie die Kontakte, die Ihnen wichtig sind, und signalisieren Sie, wann immer das möglich ist, Ihrem Gegenüber, das Sie etwas für ihn oder sie tun können. Auch der virtuelle Kontakt funktioniert nur dann langfristig gut, wenn er keine Einbahnstraße darstellt. Lesen Sie dazu auch die Anmerkungen und Empfehlungen zum Thema Networking allgemein (siehe S. 115).

Offene Business-Kontaktbörsen:
- *www.xing.com*
- *www.linkedin.com*

Geschlossen Business-Kontaktbörsen:
- *www.performerscircle.com*
- *www.manager-lounge.com*

Ein Beispiel für Social Networking: XING

Ziel der 2003 gegründeten Kontaktbörse war es, das Knüpfen neuer geschäftlicher Kontakte zu erleichtern, alte Kontakte wiederzufinden (Schul- und Studienfreunde, ehemalige Kollegen und Geschäftsfreunde) und sich in verschiedenen Gruppen im beruflichen und im Freizeitbereich näherzukommen. Auf diese Weise sollte jeder Nutzer seine Kompetenz zeigen und sich aktiv mit anderen austauschen. Kurzum, es ging um die bewusste Bildung von nützlichen Netzwerken.

XING greift die These auf, dass sich alle Menschen irgendwie »um sechs Ecken kennen«. Diese indirekte Bekanntschaft erleichtert es psychologisch, Kontakte zu (noch) Unbekannten aufzunehmen, und senkt die Hemmschwelle. Über jedem Kontakt ist die Verbindung zu sich selbst über die bewussten sechs Ecken (also hier: Kontakte) in einem Verbindungspfad (mit Foto und Namen der Betreffenden) zu sehen.

Das A und O: Kontakte und Gruppen
Durch Ihre Kontakte haben Sie leichteren Zugang zu deren Netzwerk. Wollen Sie hier Kontakte knüpfen, können Sie sich – nach Absprache – auf Ihre direkten Kontakte beziehen.

Als Faustregel gilt: Je reger Sie die Möglichkeiten von XING nutzen, sich in Gruppen engagieren oder gar selbst eine Gruppe gründen oder sie moderieren, desto größer ist Ihre Chance, aufzufallen, gefunden zu werden. Und genau darum geht es.

Ihr XING-Profil fungiert dabei wie eine eigene Website. Sie können sie jederzeit um Ihre beruflichen Neuigkeiten erweitern oder sie ändern. Über eine bestimmte Funktion bekommen dies alle direkten Kontakte mit – ein guter Aufhänger für die Kontaktpflege.

Hilfreich zum Kontaktknüpfen ist auch der Newsletter von XING. Dort finden Sie Ihre Termine über XING (Einladungen zu Veranstaltungen, zu XING-Treffen etc.), Geburtstage Ihrer direkten Kontakte und alles, was es sonst Neues von XING gibt.

Mitglied werden, Mitglied sein
Grundsätzlich ist XING eine offene Plattform. Es gibt zwei Formen der Mitgliedschaft – die kostenlose und die kostenpflichtige. Für einen vierteljährlichen Mitgliedsbeitrag bekommen Sie diverse Erleichterungen bei der Kontaktaufnahme zu anderen Mitgliedern. So können Sie private Nachrichten an andere Mitglieder versenden, Sie erfahren, wer Sie auf Ihrer Profilseite besucht hat, und erhalten Vergünstigungen bei Kooperationspartnern von XING.

Fundgrube

Nicht-Premium-Mitglieder sehen auf der Seite »Besucher meines Profils« lediglich ein Foto ohne Angabe des Namens und der Firma und ohne die Möglichkeit, das Profil des Besuchers anzuklicken. So ist eine Chance vertan, mit einer Person, die bereits auf Sie aufmerksam geworden ist, in Kontakt zu treten. Auch die Suche nach bestimmten Kriterien wie Branche, Stadt oder Universität ist zumindest eingeschränkt. Ein weiterer Nachteil: XING platziert seit einiger Zeit auf den Seiten seiner Nicht-Premium-Mitglieder willkürlich Werbung. Die Wirkung auf einen Interessenten entspricht der auf einen Personaler, der eine E-Mail-Bewerbung von kostenlosen E-Mail-Accounts wie GMX oder YAHOO mit dicken Werbebannern erhält.

Allen zugänglich sind aber die Teilnahme an den Gruppen und das Lesen der eingestellten Artikel – eine wahre Fundgrube an Wissen und Ratschlägen! Ausnahmen sind Gruppen, die auch ihre Artikel verschlüsseln.

Ein Tipp zur Registrierung: Im Netz ist es zwar recht weitverbreitet, sich sogenannte Nicknames zu geben, um seine Identität nicht preiszugeben. Dies ist auf XING jedoch nicht üblich. Sie sollten als Benutzernamen Ihren vollen Namen angeben, um für die anderen Mitglieder seriös zu wirken.

XING als Arbeitsmarkt
Auch die Nutzung von XING als eine Art virtuellem Arbeitsmarkt ist für alle Mitglieder möglich. Die meisten Gruppen haben eine Jobbörse, in der die Gruppenmitglieder Aufträge einstellen und bekommen können – egal, ob als Angestellter oder als Freischaffender. Der gut besuchte »Freiberufler-Projektmarkt« bietet beispielsweise quer durch die Branchen die vielfältigsten Angebote.

Jobbörse

XING sucht sogar für Sie aktiv nach einer möglichen Stelle mit. Nach Ihren Suchwörtern werden Stellenangebote auf XING durchforstet und Ihnen jeden Tag auf Ihrer Seite präsentiert. Im »Marketplace« finden Sie täglich branchenübergreifend interessante Angebote.

Grundsätzlich empfiehlt es sich, auf Angebote in den Gruppen-Jobbörsen mit einer persönlichen Nachricht zu reagieren. Das wird häufig auch in den Angeboten so verlangt. Im öffentlichen Raum über Gehälter, Honorare oder besondere berufliche Fähigkeiten zu verhandeln, ist eher unüblich und zeigt wenig Professionalität.

Übrigens ist es jederzeit möglich, sein XING-Profil auch Nicht-Mitgliedern zugänglich zu machen – mit einer Verlinkung zu Google. Diese Entscheidung ist im wahrsten Sinn des Wortes Einstellungssache.

Initiativbewerbung

Wer sagt denn, dass man mit einer Bewerbung warten muss, bis man »offiziell« dazu aufgefordert wird? Verschicken Sie doch eine Initiativbewerbung. Bei dieser unaufgeforderten Bewerbung gibt es die Möglichkeit, zwischen einer Kurz-

und einer Langversion Ihres Angebots zu wählen. Die Langversion enthält alle für eine Bewerbung üblichen Bestandteile (siehe S. 214). Unter einer Initiativ-Kurzbewerbung hingegen versteht man lediglich das Bewerbungsanschreiben mit allen wichtigen Fakten und Argumenten zu Ihrer Qualifikation und Bewerbungsmotivation, jedoch bis auf einen eventuell beigefügten ein-, maximal zweiseitigen Lebenslauf mit Foto ohne weitere Unterlagen. Wenn Sie eine solche Kurzbewerbung verschicken, sollte unbedingt im Anschreiben die Formulierung enthalten sein, dass Sie auf Wunsch gerne die ausführlichen Bewerbungsunterlagen nachreichen.

Die Vorteile einer Initiativbewerbung liegen auf der Hand:

1. Pläne für Neueinstellungen existieren bereits in den Köpfen der Personalchefs, bevor sie die Stellen auch tatsächlich ausschreiben.
2. Sie verschaffen sich eine Alleinstellung, d. h., es gibt (noch) keine oder nur wenig Konkurrenz.
3. Sie demonstrieren Engagement, Initiative und Motivation.
4. Sie müssen beim Formulieren des Anschreibens nicht die Anforderungen einer Stellenanzeige berücksichtigen, sondern können Ihre besonderen Qualitäten nach Ihrer Vorstellung ins rechte Licht rücken.
5. Selbst wenn gerade keine Stelle frei ist, behält man vielleicht Ihre Unterlagen dort, bis eine Vakanz entsteht.

Viel Fingerspitzengefühl

Die Initiativbewerbung stellt einen besonderen Anspruch an Sie. Hier kommt es darauf an, dass Sie die Werbung in eigener Sache besonders gut beherrschen. Wenn Ihnen das gelingt, stehen die Chancen, auf diesem Weg zu einer Stelle zu kommen, gar nicht schlecht. Eine Initiativbewerbung erfordert sehr viel Fingerspitzengefühl und zeigt im Erfolgsfall Ihre Kompetenz auf verschiedenen berufsrelevanten Gebieten wie Leistungsmotivation, Persönlichkeit, Initiative etc. Das entscheidende Kommunikationsziel bei der unaufgeforderten Bewerbung ist die überzeugende Ansprache, warum man sich gerade für dieses spezielle Unternehmen interessiert und was man Besonderes anzubieten hat. Natürlich sind das Aspekte, die es bei jeder Bewerbung inhaltlich auszufüllen gilt, bei einer Initiativbewerbung ist dies jedoch eine ganz besondere Herausforderung, denn es kommt ja darauf an, einen vielleicht noch gar nicht erkannten Bedarf zu wecken.

Am Anfang steht die Vorauswahl von Branche und Unternehmen (siehe auch Kapitel »Recherche«, S. 114) und die möglichst genaue Analyse, was wo gebraucht und gewünscht wird.

Die per Telefon (siehe S. 140) und/oder schriftlich durchgeführte Initiativbewerbung ist umso Erfolg versprechender, je mehr Sie von der Branche und den Bedürfnissen des speziellen Unternehmens wissen.

Denken Sie an gute Fernsehwerbefilme, die Sie neugierig gemacht oder sogar zum Ausprobieren verleitet haben, und werben Sie in der unaufgeforderten Bewerbung für sich: Sie sind der Produzent, das Produkt sind Ihre besonderen Fähigkeiten und Kenntnisse sowie Ihre Arbeitskraft.

Nur wirklich gut vorbereitet und besonders zielgerichtet treffen Sie mit diesem Schuss ins Schwarze. Sorgfältige Beobachtung des Marktes, fundierte Kenntnisse der Unternehmenssituation sowie möglichst die Hilfe einer Person aus dem Netzwerk, die einen Ansprechpartner nennen kann, tragen dazu bei, dass Ihr Bewerbungsangebot wirklich ankommt.

Standardschreiben vermeiden

Hundert und mehr Blindbewerbungen, wie sie oft von verzweifelten Arbeitssuchenden über Unternehmen ausgestreut werden, tragen nicht zu Unrecht die Vorsilbe »blind«. Mag sein, dass auch mal ein blindes Huhn ein Korn findet – die meisten dieser Aktionen jedoch sind im wahrsten Sinne des Wortes Blindgänger und erhöhen nicht nur unnötig die Ausgaben (Papier-, Mappen-, Portokosten), sondern auch die Frustrationsrate, weil so wenig positive Resonanz erfolgt. Kein Wunder, denn bei Bewerbungen werden Sie nur mit Qualität, nicht mit Quantität zum Ziel kommen. Es liegt oft weniger am Alter als an der fehlenden Mühe und Sorgfalt, die Bewerber für ihre Bewerbung aufwenden. Es ist Ihren Unterlagen anzumerken, ob Sie sich wirklich mit dem Unternehmen, bei dem Sie sich bewerben, auseinandergesetzt haben oder ob Sie ein Standardschreiben verwenden, das Sie gleichmäßig über die Republik verteilen.

Bedürfnis wecken

Wenn es Ihnen hierbei nicht wirklich gelingt, auf Anhieb ein Interesse an Ihrem Angebot, Ihren Fähigkeiten und Ihrer Person zu wecken, stehen Ihre Chancen schlecht. Ihre Botschaft muss in der Lage sein, ein latentes Bedürfnis nach einem neuen Mitarbeiter schnell zu wecken. Hier ist eine optimale Strategie für die dramaturgisch-geschickte Präsentation Ihrer Fähigkeiten absolut gefragt. Denken Sie an die große Bedeutung des Einstiegs. Was für eine »normale« Bewerbung zutrifft, gilt hier in noch stärkerem Maße. Schließlich erwartet der/die Angeschriebene gar keine Bewerbung – deshalb müssen Sie mit einem interessanten Einstieg auf sich neugierig machen und zum Weiterlesen verleiten.

Experten gehen übrigens davon aus, dass etwa 20 bis 30 Prozent aller Arbeitsplätze über eine Initiativbewerbung erobert werden.

Wiedereinstieg nach der Elternzeit

Der berufliche Wiedereinstieg nach einer längeren Familienphase ist für viele Eltern – in Deutschland sind das in erster Linie immer noch die Mütter – nicht nur ein großer Wunsch, sondern eine ebenso große Herausforderung. Der Weg zurück in den Beruf ist nicht immer leicht, weil z. B. die Arbeitszeiten nicht mit der Kinderbetreuung vereinbar sind, weil das Rückkehrrecht zwar eine Stelle, aber nicht den alten Arbeitsplatz sichert, weil sich im Unternehmen während der Abwesenheit vieles verändert hat. Oder weil man sich grundsätzlich neu orientieren muss und einen neuen Arbeitgeber sucht.

Wiedereinstieg rechtzeitig planen

Wie gut sich die Sorge um das eigene Kind mit dem Berufsleben vereinbaren lässt, ist von Fall zu Fall verschieden. Nicht alles ist planbar. Im beruflichen Umfeld lässt sich jedoch der Wiedereinstieg bereits vor dem Ausstieg organisieren. Die Einarbeitung der Kollegen, die in der Zeit die Aufgaben übernehmen, eine Vereinbarung, regelmäßig Informationen über die Arbeitsabläufe zu erhalten, anstehende Projekte und Veränderungen innerhalb des Unternehmens auszutauschen, vermeidet bei der Rückkehr eine allzu lange Wiedereinarbeitungszeit und größere Missverständnisse. Es gibt weniger Irritationen, neue Projekte können besser vorbereitet werden, das Gefühl, draußen zu sein, kommt so unter Umständen gar nicht erst auf. Außerdem ist ein regelmäßig gepflegter Kontakt zum vertrauten beruflichen Umfeld während der Familienphase eine der wenigen Konstanten in einer Zeit voller Veränderungen. Der Blick aus einer anderen Perspektive, als »Außenstehender«, führt häufig sogar zu überraschenden Denk- oder Lösungsansätzen.

Immer weniger Eltern schöpfen die ihnen gesetzlich zustehende Elternzeit voll aus. Erwiesenermaßen ist nach drei Jahren Elternauszeit das Risiko, arbeitslos zu werden, am höchsten: in Westdeutschland, weil dort die Kinderbetreuung fehlt, in Ostdeutschland, weil die Arbeitsplätze fehlen.

Natürlich ist es ratsam, vor dem Ausstieg eine Absprache mit dem Arbeitgeber über die Möglichkeit zu treffen, einen Teil seiner Arbeit von zu Hause aus zu erledigen. Vorstellbar ist auch die Teilnahme an einer Weiterbildung oder die Umwandlung einer Vollzeit- in eine Teilzeitstelle während der Elternzeit. Einige Unternehmen bieten auch eine Kinderbetreuung an oder unterstützen diese. Das Siegel des Audit »Beruf und Familie« ist für einige mittlerweile fester Bestandteil ihres Images. Eigentlich hat jeder Arbeitnehmer Anspruch auf eine Teilzeitstelle. Mehr zu diesem Modell finden Sie im nächsten Abschnitt.

Für viele Menschen ist eine Rückkehr an den alten Arbeitsplatz ausgeschlossen – wegen einer zwischenzeitlichen Firmenpleite oder weil eine mehrjährige Pause einen weiteren Verbleib unmöglich machen würde, vielleicht auch weil sie selbst keinen Sinn in einer weiteren Zusammenarbeit sehen. In diesen Fällen ist die Familienphase eine hervorragende Gelegenheit, sich neu zu orientieren. Egal, ob der neue Job weiterhin in der alten Branche oder in einem neuen Umfeld sein soll – diese Zeit ist für eine berufliche Weiterbildung bestens geeignet, beispielsweise durch Fernkurse oder über die moderne Variante E-Learning. Beides ermöglicht eine freie Zeiteinteilung. Wer an einer Führungsposition interessiert ist, kann sich mithilfe eines Fernstudiums (z. B. an der Business School der Open University) weiterbilden. Hier ist die Studienzeit hervorragend mit Beruf und Familie vereinbar, der MBA-Abschluss international anerkannt und für Arbeitgeber ein Zeichen von Durchhaltevermögen. Auch die Vermittlung von Schlüsselqualifikationen wie *leadership*, strategisches Denken und Projektmanagement machen »Rückkehrer« für Arbeitgeber besonders interessant, ebenso wie auch Arten von Praktika oder Ehrenämtern, die dem Wissenserwerb dienen. Zeitarbeit bietet ebenfalls eine Einstiegschance.

Wichtig: Weiterbildung

Auch das Lesen von Fachliteratur oder der Austausch mit Kollegen im Internet sind gute Möglichkeiten, immer auf dem neuesten Wissensstand der jeweiligen Branche zu sein. In Bewerbungen und Vorstellungsgesprächen ist das ein wichtiger Pluspunkt – gerade wenn Ihr Gegenüber skeptisch ist, was Ihren Kenntnisstand anbelangt. Ein Tipp: Personalverantwortliche fürchten ein veraltetes Wissen bei zu langer Pause. Deswegen empfiehlt es sich, die Familienphase in der schriftlichen Bewerbung als »Weiterbildungsphase« zu bezeichnen. Eine gute Vorbereitung signalisiert Interesse am Beruf und erspart unnötige Fragen nach der Motivation.

Soll es in eine völlig neue berufliche Richtung gehen, vielleicht sogar in Richtung Selbstständigkeit, bietet es sich an, ein Profil der Fähigkeiten, Talente und Charaktereigenschaften anzulegen, das künftig als Grundlage für neue Ideen und Pläne dient. Gerade die Herausforderung einer Familienorganisation schaltet Fähigkeiten frei und fördert Soft Skills, die vorher in dieser Form vielleicht nie gebraucht wurden. Arbeitgeber, die von der beruflichen Qualität von Frauen mit Familie überzeugt sind, schätzen vor allem ihr Organisations- und Improvisationstalent, ihr Einfühlungsvermögen und ihre Stressresistenz.

Ein gut organisiertes Netzwerk ist das A und O bei der Vorbereitung auf ein Leben, in dem nicht nur die neue Arbeitsstelle für Spannung sorgt. Gerade Frauen sind für ihre Teamfähigkeit bekannt und auch deswegen begnadete Netzwerkerinnen. Unterstützung finden Sie z. B. auf folgenden Internetseiten:

- *www.frauen-machen-karriere.de*
- *www.unter-einem-hut.de*
- *www.bmfsfj.de* (Stichwort: »Arbeitswelt und Familie«, Seite des Bundesministeriums für Familie, Senioren, Frauen und Jugend)

Sie bieten jede Menge Informationen zu den Themen Wiedereinstieg, Teilzeit, Finanzen, Vereinbarkeit von Familie und Beruf und stellen Beispiele von familienfreundlichen Unternehmen vor.

Teilzeitarbeit

Teilzeitarbeit kann auch eine Art sein, sich zu bewerben und für mehr zu empfehlen. Auch der Wiedereinstieg nach der Elternzeit oder nach einer Phase der Arbeitslosigkeit ist so manchmal leichter möglich. Das Modell Teilzeit dient aber auch anderen wieder dazu, Arbeitszeit zu reduzieren und so in eine bessere »Work-Life-Balance« zu kommen oder eine Fortbildung zu machen. Auch in Deutschland wählt inzwischen etwa ein Viertel der Arbeitnehmer ein Teilzeitmodell – Tendenz steigend.

Interessant ist die Teilzeitarbeit auch für ältere Arbeitnehmer in Form der »Altersteilzeit«. Sie bietet die Möglichkeit, sozusagen aus dem Arbeitsleben zu »gleiten« – mit zwei Alternativen: das Blockmodell sieht eine Vollzeitbeschäftigung auf zwei Jahre vor, an die sich eine zweijährige »Freizeitphase« anschließt. Die zweite Variante sieht eine Reduzierung der Arbeitszeit auf Teilzeit vor. Danach geht es in den Ruhestand. Sogar die Studenten greifen mittlerweile auf die Teilzeit als gängige Studienform zurück – allerdings sind es hier eher finanzielle Gründe. Viele von ihnen müssen sich Studium und Lebensunterhalt durch Jobben verdienen – mit einem Vollzeitstudium kaum noch zu vereinbaren.

Recht auf Teilzeitarbeit

Nach dem Teilzeit- und Befristungsgesetz von 2001 hat ein Arbeitnehmer einen grundsätzlichen Anspruch auf Teilzeitarbeit, wenn sein Arbeitsverhältnis mehr als sechs Monate besteht und sein Arbeitgeber mehr als 15 Mitarbeiter hat. Er muss drei Monate vor dem geplanten Beginn der Teilzeitphase dem Arbeitgeber seinen Wunsch mitteilen. Verweigert dieser den Wunsch seines Mitarbeiters, muss er nachweisen, dass die Arbeitsorganisation durch die Teilzeit erheblich beeinträchtigt wird, Sicherheitsrisiken bestehen oder zu hohe Kosten entstehen. Die Meinung der Arbeitgeber zur Teilzeit ist gespalten. Allmählich setzt sich jedoch die Anerkennung ihrer Vorteile durch. Sie können flexibel auf Kundenbedürfnisse reagieren und verbessern so den Service. Fähige familienbewusste Mitarbeiter bleiben dem Unternehmen erhalten. Produktivität, Motivation und Leistungsfähigkeit steigen, Krankheitstage und Fehlerquoten sinken. Das macht den erhöhten Organisationsaufwand und befürchtete Mehrkosten wieder wett.

Mit den Jahren hat sich die Teilzeit stark den verschiedenen Bedürfnissen der Arbeitnehmer angepasst.

Das klassische Teilzeitmodell reduziert die Vollzeit von 40 Stunden auf wahlweise 20 oder 30 Stunden. Die verbliebenen Stunden werden auf fünf Wochentage verteilt – die einfachste Art der Organisation für den Arbeitgeber. Vorteil für den Arbeitnehmer: ein täglicher Zeitgewinn von zwei, wahlweise vier Stunden.

Er kann sich aber auch für die »classic-vario«-Variante entscheiden, bei der er die Stunden auf zwei oder drei Tage Vollzeit verteilt und an den restlichen Tagen frei hat. Die Verteilung der Zeit wird zwischen Arbeitgeber und Arbeitnehmer abgesprochen.

Die Variante »Team« eignet sich für alle Teamarbeiter. Der Arbeitgeber bestimmt lediglich, wie viele Mitarbeiter zu welchen Zeiten anwesend sein müssen. Die Arbeitszeit teilen die Teammitglieder je nach Bedürfnis in Voll- oder Teilzeit unter sich auf. Die Entscheidungen können kurzfristig und nach Bedarf gefällt werden. Diese Form der Arbeitsorganisation erfordert allerdings genaue Absprachen und ihre zuverlässige Einhaltung.

Das »Saisonmodell« ist für alle Saisonarbeiter gedacht – beispielsweise in der Gastronomie oder im Baugewerbe. In den Spitzenzeiten arbeitet der Arbeitnehmer die erforderlichen Stunden in Vollzeit über mehrere Monate am Stück bei Teilzeitbezahlung ab und hat im Gegenzug einige Wochen oder Monate frei. Der Arbeitgeber umgeht so notwendige Entlassungen, der Arbeitnehmer hat das ganze Jahr sein gesichertes Grundgehalt und Anspruch auf Sozialversicherung.

Neue Arbeitsformen für Leistungsempfänger

Das »Jobsharing« bietet auch Fach- und Führungskräften die Möglichkeit der Teilzeitarbeit, indem sich zwei Mitarbeiter Job und Verantwortung teilen. Für werdende Mütter ist es eine bedenkenswerte Alternative, wenn sie nach der Familienphase wieder in ihren Beruf einsteigen wollen. Ein solches Vorhaben muss rechtzeitig vorher mit dem Vorgesetzten besprochen werden. Die Voraussetzungen für ein reibungsloses Jobsharing sind eine genaue Absprache und ein ständiger Informationsaustausch, um immer auf dem neuesten Stand der Dinge zu sein und auch auf Ereignisse in der »Amtszeit« des Kollegen reagieren zu können. Jeder der beiden leistet dann je 25 Wochenstunden nach Absprache ab.

Eine interessante Alternative ist das Teilzeitmodell »Invest« für alle, die längere Zeit Freizeit haben oder Zeit für ihre Weiterbildung nutzen wollen. Gearbeitet wird Vollzeit, gezahlt ein Teilzeitlohn. Der Arbeitgeber legt die Differenz auf einem Langzeitkonto an – in Form von Zeit oder Geld. Die freien Phasen können bis zu einigen Monaten dauern. »Sabbaticals«, wie sie auch genannt werden, erfreuen sich wachsender Beliebtheit. Die Umstellung auf dieses Teilzeitmodell muss der Arbeitnehmer natürlich dem Arbeitgeber rechtzeitig mitteilen, um ihm die Möglichkeit zu geben, für die Zeit seiner Abwesenheit zu planen.

Die Variante »Home« ist gerade bei Arbeitnehmern mit Kindern sehr beliebt. 24 Stunden werden je nach Bedarf und Absprache mit Kollegen und Vorgesetztem in Kombination aus Voll- und Teilzeit oder nur in Teilzeit über die Woche verteilt. Die Vorzüge, von zu Hause aus zu arbeiten, schätzen aber auch alle anderen, die dieses Modell in Anspruch nehmen – den Wegfall der Fahrtkosten, das Einsparen der Zeit für Hin- und Rückweg, die Eigenverantwortung, das Arbeiten im gewohnten Umfeld, ohne die Störungen, die im Arbeitsalltag mit Kollegen nicht zu vermeiden sind, und die bessere Vereinbarkeit von Familie und Beruf. Allerdings muss sich der Arbeitnehmer auch zu Hause nach den verabredeten Zeiten richten, um erreichbar zu sein und jederzeit per Telefon oder E-Mail auf Unvorhergesehenes reagieren zu können. Alle Familienmitglieder sollten sich an diese Zeiten halten. Vorteil für den Arbeitgeber: eine hohe Mitarbeiterbindung und eine spürbar bessere Kundenorientierung.

Von Teil- zu Vollzeit

Bedenken Sie die verschiedenen Modelle auch bei einer Bewerbung. Informieren Sie sich, ob das Unternehmen Teilzeitarbeit anbietet. Nicht selten führt der Weg zur Festanstellung über eine (auch befristete) Teilzeitstelle. Machen Sie sich klar, was für Sie persönlich infrage kommt.

Auf den Punkt gebracht

Auf hoher See ohne Orientierung zu sein, ist der Albtraum eines jeden Seefahrers. Notfalls ist die Orientierung für den Kundigen das Firmament. Der Ahnungslose dagegen bewegt sich im Kreis und wird wahrscheinlich nie ankommen. Zur See zu fahren setzt bestimmte Kenntnisse voraus: ein Ziel, die Handhabung der Navigation und das Wissen um die Gefahren.

Ganz ähnlich verhält es sich beim Bewerbungsvorhaben. Ohne ein klares

Ziel vor Augen und eine Vorstellung, wie man es erreichen könnte, ist es nicht nur mühsam, sondern ziemlich leichtsinnig, sich (blind) suchend auf den Arbeitsmarkt zu begeben. Dazu gehört auch das Hintergrundwissen, woher man kommt, wo man seine Wurzeln hat, worauf man aufbauen kann und will. Das Wissen um diese Dinge ist der Schlüssel für einen erfolgreichen Einstieg in die wichtige Vorbereitungsphase der schriftlichen Bewerbungsunterlagen.

Sicher: Viele Wege führen nach Rom. Je mehr »Wege« Sie kennen, desto leichter und eindeutiger können Sie den für Sie besten identifizieren und mutig entschlossen beschreiten. Die meisten Bewerber versuchen es schon mit zwei oder drei unterschiedlichen Wegen, bereiten sich aber zu wenig darauf vor und geben bei auftauchenden Problemen zu schnell auf.

Die vorgestellten Bewerbungswege haben vor allem eins gemeinsam: Sie eignen sich besonders, um Ihre Leistungsbereitschaft und Motivation zu unterstreichen – vorausgesetzt, Sie beachten die wichtigsten Regeln:

- Für die *Stellenanzeige* gilt: Die Mindestanforderungen müssen erfüllt sein, besser noch, der Bewerber kann gewünschte Zusatzqualifikationen abdecken. Ab 70 Prozent lohnt sich Ihr Versuch.
- Beim *Stellengesuch* kommt es vor allem darauf an, dass der gesamte Text eine hohe Zahl von relevanten Informationen transportiert und die Anzeige den Leser neugierig macht.
- Das *Telefon* eignet sich im Bewerbungsverfahren, um Informationen zu sammeln, Kontakt aufzunehmen, Kontakt zu halten, nachzufassen und die Initiativbewerbung einzuleiten. Wichtig ist, dass Sie Telefonate gut vorbereiten, um Ihre Ziele – nämlich Interesse zu wecken und auf sich oder die Unterlagen aufmerksam zu machen – zu erreichen.
- Das *Internet* eignet sich vorzüglich als Rechercheinstrument und Kontaktbörse. Beides sollten Sie für Ihren Bewerbungsprozess nutzen.
- Mit der *Initiativbewerbung* verschaffen Sie sich einen Wettbewerbsvorteil, weil es keine oder nur eine verhältnismäßig kleine Zahl von Konkurrenten gibt. Hier ist es vor allem wichtig, dass Sie die Werbung in eigener Sache gut beherrschen. Es geht darum, deutlich zu machen, warum das Unternehmen gerade jemanden wie Sie brauchen könnte.

Arbeitszeugnisse

»Lehne es nicht ab, das Negative zur Kenntnis zu nehmen.
Weigere dich lediglich, dich ihm zu unterwerfen.«
Unbekannt

Arbeitszeugnisse dürfen in Bewerbungsunterlagen nicht fehlen. Arbeitgeber interessieren sich für jede Art von Beurteilung und versuchen sich gerne an einer Interpretation. Zwischen den Zeilen lesen heißt hier das Motto. Denn mittlerweile hat sich eine Geheimsprache entwickelt. Was zunächst ganz nett klingt, entpuppt sich bei näherer Betrachtung als mäßige oder gar schlechte Beurteilung. Lesen Sie jetzt, was hinter der Geheimsprache steckt und was in einem Arbeitszeugnis unbedingt stehen muss. Außerdem haben wir Satzbausteine zusammengestellt für den Fall, dass Sie selbst einen Zeugnisentwurf formulieren wollen oder müssen.

Zeugnistypen

Zeugnisse begleiten uns durch unser Leben, sie stellen schicksalhaft Weichen, können Chance und Risiko sein. Immer wieder werden wir von anderen beurteilt, nicht selten leider falsch. Somit sind in der Arbeitswelt der Ungerechtigkeit oftmals Tür und Tor geöffnet.

Jedes Jahr kommt es vor deutschen Arbeitsgerichten zu etwa 25.000 Prozessen wegen Streitigkeiten zwischen Arbeitnehmer/Zeugnisempfänger auf der einen und Ex-Arbeitgeber/Zeugnisaussteller auf der anderen Seite.

Ein immer enger werdender Arbeitsmarkt erhöht die Bedeutung eines guten Zeugnisses für den geglückten Um- oder Aufstieg bei einem anderen, neuen Arbeitgeber.

Arbeitszeugnisse dürfen also in den Bewerbungsunterlagen auf keinen Fall fehlen. Kopien reichen aus, man akzeptiert sie durchaus unbeglaubigt.

Zu unterscheiden sind verschiedene Typen von Arbeitszeugnissen nach dem Zeitpunkt bzw. Anlass ihrer Erstellung sowie nach ihrem Inhalt:

Unter inhaltlichen Gesichtspunkten gibt es das einfache und das qualifizierte Arbeitszeugnis, unter zeitlichem Aspekt das vorläufige, endgültige und das Zwischenzeugnis. Im Folgenden werden fünf verschiedene Zeugnistypen dargestellt:

- das einfache Zeugnis
- das qualifizierte Zeugnis
- das Zwischenzeugnis
- das Berufsausbildungszeugnis
- das Praktikums-, Ferien-, Aushilfs- und Nebenjobzeugnis

Das einfache Zeugnis

Das einfache Zeugnis enthält Angaben zu:

- der Person
- der Art der Beschäftigung
- der Dauer des Beschäftigungsverhältnisses
- Beendigungsgründen und -modalitäten

Das einfache Zeugnis ist typisch für weniger qualifizierte oder kurzfristig ausgeübte Tätigkeiten und enthält keinerlei bewertende Aussagen über Leistung und Führung des Mitarbeiters. Dennoch reicht die bloße Berufsbezeichnung nicht aus (z. B. Verkäuferin, kaufmännischer Angestellter etc.). Der konkrete

Tätigkeitsbereich (z. B. Verkäuferin in der Herrenschuhabteilung, kaufmännischer Angestellter im Schreibwaren-Groß- und Einzelhandel mit dem Schwerpunkt Schulbedarfsartikel) muss aufgeführt werden.

Bei der Dauer des Beschäftigungsverhältnisses ist der rechtliche und nicht der tatsächliche Zeitraum zu berücksichtigen. Das bedeutet, ein Arbeitsvertragsverhältnis beginnt etwa am 1. Januar (auch wenn das ein Feiertag war) und endet zum Quartalsende am 31. Dezember, auch wenn die letzten 14 Tage für den Arbeitnehmer eventuell Urlaub gewesen sind.

Das qualifizierte Zeugnis

Dies ist der gängigste Zeugnistyp und eine deutlich erweiterte Version des oben beschriebenen einfachen Zeugnisses. Es enthält zusätzlich zu den Informationen über Art und Dauer des Beschäftigungsverhältnisses eine Beschreibung und Beurteilung der Leistung und Führung des Arbeitnehmers während der gesamten Dauer der Zugehörigkeit zum Unternehmen.

Erstaunlich, aber juristisch gesehen korrekt: Ein qualifiziertes Zeugnis sollte nur auf ausdrücklichen Wunsch des Arbeitnehmers erteilt werden. Ein nicht gewünschtes qualifiziertes Zeugnis darf der Arbeitnehmer zurückweisen. Er kann aber in diesem Falle zusätzlich ein einfaches Zeugnis verlangen. Einfache Zeugnisse machen Arbeitgeber heutzutage allerdings eher misstrauisch, denn Standard bei den Bewerbungsunterlagen ist nun einmal das qualifizierte Zeugnis.

Dieser Zeugnistyp sollte der Gesamtpersönlichkeit des Arbeitnehmers Rechnung tragen und sie würdigen. Dabei geht es um die Beurteilung der Qualität der Fähigkeiten und erbrachten Leistungen des Arbeitnehmers, insbesondere um seine Belastbarkeit, Initiative und Bereitschaft zum Engagement sowie das Verhalten gegenüber Vorgesetzten, Kollegen und Mitarbeitern (evtl. ergänzt um das Führungsverhalten).

»Prinzip Wohlwollen«

Hierbei wird dem Arbeitgeber ein Beurteilungsspielraum zugestanden mit der gleichzeitigen Verpflichtung, zwei Geboten gerecht zu werden: der Zeugniswahrheit und dem Prinzip der wohlwollenden Beurteilung. Oberster und erster Grundsatz für die Zeugnisformulierung ist die Wahrheit der Beurteilung (Bundesarbeitsgericht, Urteil vom 23.6.1960, 5 AZR 560/58). Das bedeutet, dass nur Tatsachen, aber keine Behauptungen, Annahmen oder Verdachtsmomente angeführt werden dürfen. Zweitens ist der wohlwollende Maßstab eines verständnisvollen Arbeitgebers zugrunde zu legen, der dem Arbeitnehmer das berufliche Fortkommen nicht ungerechtfertigt erschweren darf (Bundesgerichtshof, Urteil vom 26. November 1963, VI ZR 221/62).

Das Zwischenzeugnis

Wenn auch der Anspruch auf ein Zwischenzeugnis gesetzlich nicht vergleichbar eindeutig geregelt ist wie beim Endzeugnis (insbesondere beim qualifizierten), so wird doch in der Praxis akzeptiert, dass der Arbeitnehmer bei berechtigtem Interesse ein Recht auf ein Zwischenzeugnis hat.

Obwohl das Arbeitsverhältnis weiter besteht, können Anlässe dafür sein:

- Kündigungsvorhaben des Arbeitnehmers bzw. sicher in Aussicht stehende Beendigung des Arbeitsverhältnisses (z. B. befristeter Arbeitsvertrag oder drohender Konkurs des Unternehmens).
- Spezielle Fortbildungs- und Aufstiegsvorhaben und -wünsche.
- Wechsel von Arbeitsplatz, Verantwortungsbereich und/oder Vorgesetztem.
- Wenn das normale Beschäftigungsverhältnis auf absehbare Zeit unterbrochen wird (z. B. Schwangerschaft, Wahl zum Betriebsrat, Einberufung Wehr-/Zivildienst, Übernahme eines politischen Mandats usw.).

Nicht selten trifft man bei Arbeitnehmern, die ein Zwischenzeugnis wünschen, auf das Motiv, lediglich den eigenen Marktwert zu testen, eine Gehaltserhöhung durchsetzen zu wollen oder in einer Art Drohgebärde den Arbeitgeber darauf aufmerksam zu machen, dass eine Aufkündigung der Mitarbeit potenziell anstehen könnte.

»Abkehrwille«

In allen einschlägigen Fachbüchern wird davor immer wieder gewarnt. Nicht nur die Arbeitsatmosphäre kann reichlich belastet werden. Darüber hinaus kann der Arbeitgeber – mit dem Recht auf seiner Seite – unter Umständen sogar in die Position geraten, dem Arbeitnehmer zu kündigen, weil er formaljuristisch gesehen mit der Bitte nach einem Zwischenzeugnis aus den zuletzt angeführten Motiven einen sogenannten Abkehrwillen dokumentiert.

Wer wirklich vorhat, seinen Arbeitsplatz zu wechseln, tut gut daran, es Vorgesetzte und Kollegen nicht vorzeitig merken, geschweige denn wissen zu lassen. Ein neuer Arbeitgeber weiß sehr wohl, dass ein Bewerber in ungekündigter Position in der Regel kein Zwischenzeugnis vorweisen kann.

Andererseits ist bei der passenden Gelegenheit (wie weiter vorne beschrieben) jedem Arbeitnehmer zu empfehlen, sich ein Zwischenzeugnis ausstellen zu lassen. Es wird in der Regel positiv ausfallen und einen guten Status quo schaffen, denn jeder Arbeitgeber will seinen Arbeitnehmer natürlich nicht demotivieren, sondern ihn durch ein freundlich-wohlwollendes, auch lobendes Zwischenzeugnis eher anspornen.

Sollte der Arbeitgeber später anlässlich der Auflösung des Arbeitsverhältnisses eine andere Beurteilung geben wollen, ist er mit einem lobenden Zwischenzeugnis relativ stark gebunden und kann nicht plötzlich in der Endbeurteilung einen ganz anderen Tenor wählen.

Das Berufsausbildungszeugnis

Alle Auszubildenden haben einen Anspruch auf ein Berufsausbildungszeugnis – auch dann, wenn sie die Abschlussprüfung nicht absolviert oder nicht bestanden haben. Dabei gibt es wieder einfache und qualifizierte Zeugnisse, aber auch die Möglichkeit eines Zwischenzeugnisses.

Inhaltlich geht es vor allem um die erworbenen Kenntnisse und Fähigkeiten, jedoch auch um die Beurteilung von Leistungs- und Verhaltensmerkmalen (z. B. Lernfähigkeit, Auffassungsgabe, Engagement, Arbeitsquantität und -qualität, Sozialverhalten, Teamfähigkeit). Die durchlaufenen Ausbildungsbereiche sollten ebenso Erwähnung finden wie Ort und Art der erfolgreich abgelegten Abschlussprüfungen.

Das Praktikums-, Ferien-, Aushilfs-, Nebenjobzeugnis

Ob eine oder acht Wochen – auch kurzfristige Tätigkeiten, egal aus welchem Anlass, sind eine gute Möglichkeit, um mittels eines Zeugnisses zu dokumentieren, wie man sich in der Arbeitswelt behauptet hat. Gerade für Schüler oder Studenten ist diese Art Zeugnis ein erstes Dokument zur Bewährung in dem, was den Ernst des Lebens ausmacht. Zur Länge: Eine halbe Seite reicht aus. Zum Inhalt: grundsätzlich wie bei anderen qualifizierten Zeugnissen.

Gesetzliche Regelungen

Wer hat wann Anspruch auf ein Arbeitszeugnis?
Die gesetzlichen Grundlagen für den Anspruch auf ein Arbeitszeugnis ergeben sich aus verschiedenen Paragrafen des Bürgerlichen Gesetzbuches (BGB), des Handelsgesetzbuches (HGB), der Gewerbeordnung (GewO), des Berufsbildungsgesetzes (BBiG) sowie aus Tarifverträgen. Hier wird auch deutlich, dass jeder Arbeitnehmer, der unselbstständig beschäftigt und damit wirtschaftlich von seinem Arbeitgeber abhängig ist, Anspruch auf ein Arbeitszeugnis hat.

Zeugnisentwurf auf Verlangen

Generell kann man sagen: Der Arbeitgeber ist gegenüber dem Arbeitnehmer gemäß § 630 BGB verpflichtet, nach Beendigung des Arbeitsverhältnisses ein Zeugnis auszustellen – allerdings nur dann, wenn der Arbeitnehmer dies ausdrücklich verlangt. Es handelt sich somit juristisch gesprochen um eine »Holschuld« und nicht um eine »Bringschuld«. Der Arbeitgeber hat dabei kein Recht, das Arbeitszeugnis zurückzuhalten (z. B. mit der Begründung, Arbeitsgeräte und -kleidung seien noch nicht zurückgegeben worden etc.).

Bei Leiharbeitern ist der »Verleiher« der eigentliche Arbeitgeber und nicht der »Entleiher«, d. h. der Betrieb, bei dem es zum eigentlichen Arbeitseinsatz kommt und der die Qualität der Arbeit eigentlich besser beurteilen könnte. Freie Mitarbeiter sowie Handelsvertreter haben einen eingeschränkten Anspruch auf ein Arbeitszeugnis, der sich aus ihrem besonderen Vertragsverhältnis ableitet.

Mitarbeiter im öffentlichen Dienst haben nach den Vorschriften des Bundesangestelltentarifvertrags (BAT) ebenfalls Anspruch auf ein Zeugnis. Bei Beamten heißt das Arbeitszeugnis Dienstzeugnis. Im Fall von Rechtsstreitigkeiten ist hier nicht das Arbeits-, sondern das Verwaltungsgericht (nach vorangegangenem Widerspruchsverfahren) zuständig.

Wer stellt das Arbeitszeugnis aus?

Der Arbeitgeber/Dienstherr ist verpflichtet, dem Arbeitnehmer auf begründeten Antrag hin ein Zeugnis auszustellen. Die Anlässe sind das Arbeitsende oder Gründe, wie beim Zwischenzeugnis beschrieben. In größeren Unternehmen ist die Personalabteilung dafür zuständig, in kleinen der Inhaber.

Entscheidender Punkt bei der Erstellung eines Arbeitszeugnisses ist neben den inhaltlichen Kriterien die Frage, wer das Zeugnis unterschreibt und damit als Aussteller und eventueller Ansprechpartner Verantwortung übernimmt.

Wer unterschreibt?

Ein gleichberechtigter Mitarbeiter, ein Kollege oder die Schreibkraft aus dem Lohnbüro kommen als Unterzeichner nicht infrage. Das Arbeitszeugnis muss immer von einem ranghöheren Mitarbeiter unterschrieben werden. Wichtig zu wissen, dass man als Arbeitnehmer keinen Anspruch darauf hat, dass der Chef persönlich unterschreibt (Ausnahme: Er ist der einzige Ranghöhere).

Im öffentlichen Dienst ist der Behördenleiter oder sein Stellvertreter, gegebenenfalls auch die Personalabteilung für die Ausstellung des Arbeitszeugnisses zuständig. Vorstellbar sind auch zwei Unterschriften unter Ihrem Arbeitszeugnis, wobei eine von Ihrem direkten Fachvorgesetzten sein darf.

Je ranghöher, desto besser

Da der geschulte Blick eines potenziellen neuen Arbeitgebers bei der Zeugnisanalyse garantiert zur Kenntnis nimmt, wer Ihr Zeugnis unterschrieben hat, sollten Sie unbedingt verlangen, dass nicht irgendjemand, sondern möglichst der Geschäftsführer, Direktor, Personalchef, Prokurist, Abteilungsleiter oder gegebenenfalls wenigstens ein Meister unterschreibt. Je ranghöher die Person, die unterzeichnet, desto mehr Wertschätzung und Glaubwürdigkeit werden durch das Zeugnis belegt. Damit dies auch für den Leser deutlich wird, sollten unter der maschinenschriftlichen Wiederholung des Namens des Unterzeichnenden auch dessen Titel und Funktion stehen. Auf keinen Fall ist eine Übertragung der Zeugnisausstellung an eine dritte Person zulässig, die gar nicht zum Unternehmen gehört (z. B. nach einer arbeitsrechtlichen Auseinandersetzung an den Anwalt).

Wann ist das Zeugnis fällig?
Unabhängig davon, ob es sich um eine ordentliche, fristgerechte oder eine außerordentliche und damit fristlose Kündigung handelt, und egal, ob sie von Arbeitgeber- oder Arbeitnehmerseite ausgeht: Mit der tatsächlichen Beendigung des Arbeitsverhältnisses hat der Arbeitnehmer ein Recht auf ein einfaches oder besser auf ein qualifiziertes Arbeitszeugnis. Bei längeren Kündigungsfristen – während der Arbeitnehmer noch weiter beschäftigt, aber bereits auf Arbeitsplatzsuche ist – besteht der berechtigte Anspruch auf ein vorläufiges Arbeitszeugnis. Dieses bindet den Arbeitgeber weitestgehend bei der Formulierung des endgültigen Zeugnisses, es sei denn, in der Zwischenzeit sind nachweislich gravierende Dinge vorgefallen, die mit Recht Eingang in das endgültige Arbeitszeugnis finden müssen.

Wann verjährt der Zeugnisanspruch?
Je nach Branche ist die Verjährungsfrist unterschiedlich bemessen. In der Alltagsrealität empfiehlt es sich, nicht so lange zu warten, sondern sein Zeugnis so rasch wie möglich zu erbitten und diesen Anspruch gegebenenfalls juristisch durchzusetzen. Wer hier nachlässig ist, geht bereits nach etwa drei Monaten ein unkalkulierbares Risiko ein.

Am besten bitten Sie also gleichzeitig mit der Kündigungserklärung um die schnelle Ausfertigung eines qualifizierten Zeugnisses. Sollten Sie damit keinen Erfolg haben, müssen Sie wohl oder übel ein vorläufiges Zeugnis akzeptieren, das aber in seiner hoffentlich positiven Beurteilung die letzten Arbeitswochen oder -monate, die oftmals nicht unproblematisch verlaufen (Stichwort: Enttäuschungen), festschreibt.

Geheimsprache im Arbeitszeugnis

Inzwischen hat es sich herumgesprochen, dass Arbeitszeugnisse die Leistung des Arbeitnehmers in einer Art Geheimsprache zu beurteilen versuchen – was übrigens für vielfältige Verwirrung sorgt.

Jedoch kennt nicht jeder Chef (z. B. eines kleineren Unternehmens) die entsprechenden Formulierungen dieser Geheimsprache und deshalb kann nicht jeder Zeugnistexte richtig interpretieren. Natürlich weiß dieser unbedarfte Chef nicht, wenn er selbst ein Zeugnis ausstellen muss, was er dem nächsten Arbeitgeber damit – vielleicht völlig unbeabsichtigt – über den Bewerber mitteilt.

Unscheinbar, aber bedeutend

Dabei kommt es besonders auf die »kleinen«, beinahe unscheinbaren Worte an: Die Beschreibung von Zufriedenheit im Arbeitszeugnis ohne weitere Zusätze attestiert lediglich ausreichende Leistungen. Im Zusammenhang mit dem Adjektiv »voll« oder besser noch »vollst« – einer sprachlichen Steigerung, die grammatikalisch bedenklich ist – werden qualifizierte, also bessere Leistungen attestiert. Wichtig: Damit es wirklich »gut« bzw. »sehr gut« bedeutet, bedarf es der Zusätze »stets«, »jederzeit« bzw. der Kombination »jederzeit und in jeder Hinsicht«.

Die Formulierungen »... bescheinigen wir Herrn/Frau XYZ, dass wir mit seinen/ihren Leistungen zufrieden waren ...« oder »... hat Herr/Frau XYZ zufriedenstellend gearbeitet ...« sind Urteile, die in ihrer Schlichtheit knapp die Untergrenze des Akzeptablen beschreiben, also vielleicht gerade noch ein knappes Ausreichend darstellen.

Heißt es aber: »Herr/Frau XY erledigte die ihm/ihr übertragenen Arbeiten im Großen und Ganzen zu unserer Zufriedenheit ...« oder »... wurde Herr/Frau XY den ihm/ihr übertragenen vielseitigen Aufgaben im Wesentlichen gerecht ...« oder »... entsprachen die Leistungen von Herrn/Frau XY weitestgehend unseren Erwartungen ...«, werden damit mangelhafte bis unzureichende Arbeitsleistungen attestiert. Einschränkungen räumlicher oder zeitlicher Art bringen immer eine Geringschätzung zum Ausdruck.

Die entsprechenden Negativformulierungen stecken in den Zusätzen »im Großen und Ganzen«, »im Wesentlichen«, »teilweise«, »in etwa«.

Noch Schlimmeres wird bescheinigt, wenn man zu Umschreibungen greift wie »bemüht«, »bestrebt« oder »willens«. Auch die Formulierungen »... hatte Gelegenheit, die gestellten Aufgaben zu unserer Zufriedenheit zu erledigen ...« oder »... zeigte für seine/ihre Arbeit Verständnis ...« enthalten im Klartext eine krasse Abwertung der Arbeitsleistung und herbe Rügen. Es sagt aus, dass jemand etwas versucht, aber nicht geschafft hat.

Aussagen über Ihre Führung, wie z. B. vorbildliches Verhalten, aufgeschlossenes Wesen, Hilfsbereitschaft, sind mit entsprechendem zeitlichen Zusatz wie »jederzeit« oder »in jeder Hinsicht« positiv.

Wird aber formuliert: »… können wir Herrn/Frau XY bestätigen, dass sein/ihr Verhalten gegenüber Kollegen und Kunden einwandfrei war …« oder »… bestätigen wir, dass das persönliche Verhalten von Herrn/Frau XY einwandfrei war …« (alternativ: »… gab es zu Beanstandungen keinen Anlass …«), steckt hier der bös-kritische Hinweis auf Fehlverhalten in der Tatsache, dass im ersten Beispiel nichts über das Verhalten gegenüber dem Vorgesetzten gesagt wurde.

Gemeint ist: Achtung – hier gab/gibt es Probleme. Auch sind die beiden letzten Formulierungen so knapp (insbesondere der ausdrückliche Hinweis »müssen wir bestätigen«), dass diese die denkbar schlechteste Benotung bedeuten.

Selbst dabei kann es noch Steigerungsformen geben, z. B. durch den Hinweis »… war im Wesentlichen …« bzw. »… gab selten zu Beanstandungen Anlass …« (Einschränkung, Stilmittel der Verneinung)

Arbeitgeber können ihre Unzufriedenheit auch in einer Art beredtem Schweigen und durch die Kunst der Weglassung zum Ausdruck bringen: »… Herr/Frau XY war fleißig und ehrlich … Darüber hinaus verfügt Herr/Frau XY über ein bemerkenswertes Bildungsniveau, das ihn/sie stets zu einem interessanten Gesprächspartner machte. Seine/ihre Kolleginnen und Kollegen schätzten ihn/sie insbesondere wegen seiner/ihrer mannigfachen Fähigkeiten und seines/ihres humorvollen Wesens. Auch in schwierigen Situationen kam Herrn/Frau XY seine/ihre stets freundliche Gelassenheit zugute …«

Geheimcodes entschlüsseln

Diese vermeintlich wohlwollend-lobend klingenden Ausführungen eines Arbeitszeugnisses sind in Wahrheit ein Faustschlag ins Gesicht. Es fängt damit an, dass die – falls überhaupt aufgeführt – eigentlich nur in einer Einheit zu verwendende Beschreibung Ehrlichkeit, Pünktlichkeit und Fleiß hier eine böse Lücke aufweist und damit grobe Unpünktlichkeit und Unzuverlässigkeit signalisiert. In einer übergeordneten Position dürften diese Beschreibungskriterien übrigens überhaupt nicht auftauchen, weil sie schlicht beschreibungsunwürdig sind, es sei denn, man möchte jemandem schaden.

Der »interessante Gesprächspartner« bedeutet in der Interpretation Geschwätzigkeit, das humorvolle Wesen verweist auf einen unangenehmen Witzbold und die bescheinigte »freundliche Gelassenheit in schwierigen Situationen« heißt so viel wie: Der Beurteilte leistete passiven Widerstand.

Folgendes wird auf Arbeitgeber- und Auswählerseite an Ihrem Arbeitszeugnis analysiert: Zunächst geht es um den formalen Rahmen, um Angaben über Art und Inhalt Ihrer Tätigkeit, Leistung und Führung, Einschätzung Ihres Arbeitserfolges, um eine Bewertung Ihres interpersonellen betrieblichen Verhaltens, Kündigungs- bzw. Ausscheidungsgrund sowie einen globalen Gesamteindruck, der sich aus verschiedenen Aspekten zusammensetzt.

Auf das Wie kommt es an

Die Interpretation Ihres Arbeitszeugnisses richtet sich danach, wie etwas gesagt oder auch nicht gesagt, also weggelassen wird. Da nach dem Gesetz Arbeitszeugnisse einerseits vom Arbeitgeber für den Arbeitnehmer wohlwollend zu formulieren sind, um sein weiteres berufliches Fortkommen nicht unnötig zu erschweren, andererseits die Aussagen aber auch der Wahrheit entsprechen müssen, hat sich eine bestimmte Zeugnis-Codesprache entwickelt, deren Inhalte nun wirklich ganz anders klingen, als sie gemeint sind.

Die folgende Übersicht gibt einen weiteren kurzen Einblick in die Interpretation von Standardformulierungen und ihre wirklichen Bedeutungen:

- »… erledigte alle Arbeiten mit großem Fleiß und Interesse …«
  = Eifer ja, aber kein Erfolg.
- »… hat alle übertragenen Arbeiten ordnungsgemäß erledigt …«
  = ein Bürokrat ohne Eigeninitiative.
- »… war tüchtig und wusste sich gut zu verkaufen …«
  = ein unangenehmer Mitarbeiter und Zeitgenosse.
- »… war wegen seiner Pünktlichkeit stets ein gutes Vorbild …«
  = eine totale Niete.
- »… lernten wir als umgänglichen Kollegen kennen …«
  = man sah ihn lieber von hinten als von vorn.
- »… trug durch seine Geselligkeit zur Verbesserung des Betriebsklimas bei …«
  = Vorsicht, Alkoholiker!
- »… bewies stets Einfühlungsvermögen für die Belange der Belegschaft …«
  = Vorsicht, sucht Sexualkontakte bei Mitarbeitern/Mitarbeiterinnen!
- »… bewies ein umfassendes Einfühlungsvermögen für die Belegschaft …«
  = ist homosexuell veranlagt.
- »… galt im Kollegenkreis als toleranter Mitarbeiter …«
  = für seine Vorgesetzten ein harter Brocken.

Von ganz besonderer Bedeutung sind Abschlussformulierungen und auch das Datum. Ein Zeugnisdatum, das zwei bis drei Wochen (und mehr) nach dem realen Austrittsdatum liegt, muss als Zeichen dafür gewertet werden, dass es zwischen Arbeitnehmer und Arbeitgeber juristische Auseinandersetzungen, zumindest aber Schwierigkeiten gegeben hat, die zu einer Verzögerung und deshalb also zu diesem späten Ausstellungsdatum des Zeugnisses geführt haben.

Es muss abermals betont werden, dass nicht jeder Chef die Codierungs- und Dechiffrierungskunst beherrscht. Damit gibt es einen gewissen Spielraum für Missverständnisse. Darüber hinaus kann der Arbeitnehmer in Absprache mit dem Arbeitgeber deutlichen Einfluss auf die Formulierungen des Zeugnisses nehmen. Manche Chefs versuchen aber auch, ihre überzähligen oder ungeliebten Mitarbeiter durch ein besonders gutes Zeugnis loszuwerden (wegzuloben). Papier ist geduldig.

Mögliche Missverständnisse

Auf den Punkt gebracht umfassen die Zeugnis-Verschlüsselungstechniken folgende Methoden:

- Wichtige und notwendige Zeugnisinhalte fehlen bzw. werden bewusst weggelassen (Stichwort: »beredtes Schweigen«).
- Selbstverständliches wird über Gebühr betont.
- Entwertungen werden durch die Reihenfolge der Aufgaben signalisiert, indem Unwichtiges vor Wichtigem rangiert.
- Einschränkungen räumlicher oder zeitlicher Art bringen eine Geringschätzung zum Ausdruck.
- Mehrdeutigkeiten werden bewusst eingesetzt, um negative Vorkommnisse oder Eigenschaften anzudeuten.
- Die häufige Verwendung der Passivform soll auf mangelnde Aktivität und Eigeninitiative aufmerksam machen.
- Der Einsatz des Stilmittels der Verneinung bedeutet in der Regel das Gegenteil des Gesagten.
- Die lediglich kurze, knappe Würdigung oder Abhandlung einzelner inhaltlicher Punkte dokumentiert eine Geringschätzung.
- Fast karikierende Übertreibung und Ironie sind deutliche Warnsignale in Richtung massiv fehlender Wertschätzung bzw. Entwertung des gesamten Zeugnisses.

Checkliste Arbeitszeugnis

1. Formales
- ▶ Ist Ihr Zeugnis auf Firmenpapier fehlerfrei getippt und enthält es formal richtig Ihre persönlichen und arbeitsbezogenen Daten? Ist das Zeugnis von einer bei Ihrem Arbeitgeber hierarchisch klar über Ihnen stehenden Person mit Vertretungsvollmacht unterschrieben worden und nicht später als wenige Tage nach Ausscheiden aus dem Unternehmen datiert?
- ▶ Können Sie Merkwürdigkeiten in Richtung Kenn- bzw. Geheimzeichen entdecken (Punkte, Striche etc.)?

2. Tätigkeitsbeschreibung
- ▶ Sind Art und Inhalt Ihrer Tätigkeit ausführlich geschildert, sodass sich ein Dritter ein zutreffendes Bild von Ihren Arbeitsaufgaben machen kann?
- ▶ Stimmen Stellen- und Tätigkeitsbeschreibung inhaltlich überein?
- ▶ Sind besonders qualifizierende Tätigkeiten entsprechend detailliert dargestellt, werden Selbstständigkeit und Eigenverantwortlichkeit angemessen betont?
- ▶ Wichtig: Wirkt die Aufgaben- und Tätigkeitsbeschreibung angemessen, entsprechend Ihrer Beschäftigungszeit, oder ist sie eher knapp und lieblos?
- ▶ Nicht akzeptabel: wenn Ihre Tätigkeitsbeschreibung Formulierungen enthält, die man als abwertend interpretieren könnte, die mehrdeutig auszulegen sind und die eher Selbstverständlichkeiten oder Nebensächlichkeiten in den Vordergrund stellen und ausführlich beschreiben.

3. Leistungs- und Führungsbeurteilung
- ▶ Findet beides im Text Erwähnung, und wie wird beurteilt? Welche Leistungen, Verhaltensweisen oder Eigenschaften finden besondere lobende Erwähnung?
- ▶ Welcher Grad der Zufriedenheit mit Ihrer Arbeitsleistung wird formuliert?
- ▶ Achtung: Was wird weggelassen, welche Nebensächlichkeiten werden in den Vordergrund gerückt?
- ▶ Werden Kenntnisse und Können, Arbeitsweise und Arbeitsstil beschrieben und bewertet?
- ▶ Attestiert man Ihnen und Ihrer Arbeit auch entsprechenden Erfolg?
- ▶ Wie verhalten sich Einzelbeurteilungen zur Gesamtbewertung?
- ▶ Achtung: Gibt es Aussagen, die Einschränkungen wie »im Großen und Ganzen«, »im Allgemeinen«, »im Wesentlichen« enthalten?
- ▶ Werden berufsrelevante Eigenschaften stillschweigend übergangen bzw. nicht gelobt?
- ▶ Gibt es doppeldeutige Aussagen, die Ihr Verhalten zu Vorgesetzten, Kollegen, Untergebenen, Kunden, Kooperationspartnern beschreiben?

- Oder wird Ihr Verhalten bestimmten Personengruppen gegenüber besonders betont, während andere weggelassen werden?
- Stimmt die Abfolge: Vorgesetzte, Kollegen, sonstige Mitarbeiter oder Kunden? (Die Kunden können auch ganz vorne stehen)
- Attestiert man Ihnen Personalkompetenz, d. h. den richtigen Umgang mit Mitarbeitern, für die Sie verantwortlich sind?
- Was sagt Ihr Zeugnis über Ihre Fähigkeit aus, andere Menschen zu führen?
- Wie beurteilt man Ihre Verantwortungs- und Delegationsbereitschaft?
- Welche Aussagen gibt es über Ihre Fähigkeit, Ihre Mitarbeiter zu motivieren?
- Welche Formulierungen sind hinsichtlich Ihrer organisatorischen Fähigkeiten gewählt?
- Ist Ihre Teilnahme an (betrieblichen) Fort- und Weiterbildungsveranstaltungen erwähnt worden?

4. Auflösungsgrund
- Steht in Ihrem Zeugnis, dass Sie auf eigenen Wunsch gekündigt haben bzw. den Arbeitgeber verlassen?
- Bedauert das Unternehmen Ihr Ausscheiden?
- Dankt man Ihnen für die geleistete Arbeit?
- Spricht man Ihnen gute Wünsche für die Zukunft aus? (Korrekte Reihenfolge: erst beruflich, dann privat)

5. Gesamteindruck
- In welchem Tenor ist Ihr Zeugnis geschrieben (wohlwollend und warm, kühl, kurz, knapp, verkomplizierend, lange, schwer nachzuvollziehende Sätze, Floskeln bzw. allgemeine Redewendungen oder präzise, klare Informationen und Formulierungen)?
- Stimmen Orthografie und Grammatik?
- Entdecken Sie Ausrufezeichen (dürften in Arbeitszeugnissen nicht vorkommen)?
- Bitten Sie rechtzeitig um Ihr Arbeitszeugnis und machen Sie wenn möglich davon Gebrauch, wichtige Punkte Ihres Arbeitszeugnisses selbst vorzuschlagen. Lassen Sie Ihr Arbeitszeugnis auch von anderen gegenlesen und informieren Sie sich im Zweifelsfalle bei einem Profi, wie er Ihr Zeugnis ehrlich (ungeschminkt) einschätzt.
- Versuchen Sie, bei Differenzen eine gütliche Einigung über den Inhalt des Zeugnisses herbeizuführen. Wenn nötig können Sie Ihr Arbeitszeugnis vor dem Arbeitsgericht mit guter Aussicht auf Erfolg ganz entscheidend verbessern.
- Wichtigster Hinweis aber: Erbitten Sie bei einer günstigen Gelegenheit (wenn die Zeiten gut sind) ein Zwischenzeugnis. Das sicherlich positive Zwischenzeugnis kann dann zu einem späteren Zeitpunkt (z. B. ein halbes oder ein Jahr später) sehr wichtig für Sie sein, falls Sie (aus welchem Grund auch immer) beim Verlassen der Firma ein ungerechtfertigt schlechtes Arbeitszeugnis bekommen.

Bei jedem Arbeitszeugnis stellt sich die Frage, ob es wirklich in dem Sinne geschrieben wurde, wie es der Leser jetzt liest und interpretiert, und ob sowohl die Schreib- als auch die Lese- und Interpretationsart gerechtfertigt sind. Mit anderen Worten: Meint der Zeugnisschreiber, was er schreibt, und schreibt er, was er meint? Alles in allem eine wirklich diffizile Materie. Und schon unsere Schulzeugnisse sollten uns eigentlich gelehrt haben, dass nicht nur Papier geduldig ist, sondern auch jegliche Beurteilung relativ und subjektiv.

Deshalb kann vor einer Selbstüberschätzung im Erstellen und Interpretieren von Zeugnissen nur gewarnt werden. Es liegt nicht nur an der einzelnen Formulierung, die zu einem positiven oder negativen Arbeitszeugnis führt, sondern vielmehr am Gesamteindruck, der sich dem geschulten Leser vermittelt.

So wird es ihn zum Beispiel nicht sonderlich beeindrucken, zu lesen, welche positiven Leistungen ein Mitarbeiter erbracht hat, wenn am Ende des Zeugnisses sein selbstgewählter Fortgang nicht auch bedauert wird (sogenannte Widerspruchstechnik). Und auch die kurze Verweildauer (bis zu zwei Jahren) im Betrieb ist ein deutlicher Hinweis darauf, dass die »verantwortungsvolle Tätigkeit in höchst wichtigen Arbeitsbereichen« nicht viel mehr als warme Luft ist.

Fazit: Kein Superzeugnis (das wäre verdächtig, weil wahrscheinlich selbst geschrieben – oder man will jemanden weg loben), aber auch möglichst kein zweifelhaftes, sondern schlicht ein gutes sollten Sie als Arbeitnehmer anstreben und deshalb bei der Erstellung des Zeugnisses mithelfen.

Kommentierte Zeugnisbeispiele

Die nun folgenden Zeugnisse werden zum Teil in einer Vorher- und einer (verbesserten) Nachher-Version präsentiert. Alle Arbeitszeugnisse sind ausführlich kommentiert, sodass Sie an praktischen Beispielen aus dem Berufsalltag nachvollziehen können, worauf es beim Text wirklich ankommt – sei es, dass Sie Ihr Arbeitszeugnis selbst abfassen müssen oder wollen, sei es, dass Sie ein vom Arbeitgeber ausgestelltes Zeugnis überprüfen möchten.

Eine wichtige Hilfe für die Formulierung von Arbeitszeugnissen wie auch für deren Überprüfung und »Übersetzung« bieten die im Anhang gelieferten Textbausteine.

Dabei beschränkt sich dieses Buch nur auf die Beurteilungsnoten »sehr gute« Beurteilung, »noch gute« Beurteilung und »knapp befriedigende« Beurteilung! Wir haben darauf verzichtet, das Geschäftspapier des Arbeitgebers zu imitieren. Ein Zeugnis muss aber immer auf ordentlichem Geschäftspapier geschrieben sein.

Auf der CD-ROM finden Sie die Zeugnisbeispiele aus dem Buch. Sie können Sie als Vorlage in Ihr Textverarbeitungsprogramm übernehmen.

Zeugnis

Frau
Mechthild Meyer
Vedeller Bogen 35
20539 Hamburg

Frau Mechthild Meyer, geb. am 15.2.1989, war in der Zeit vom 1. April 2008 bis zum 31. März 2010 als Zahnarzthelferin in meiner Praxis beschäftigt.

Zu ihren Aufgaben zählten im Wesentlichen:
- die Assistenz am Stuhl
- Erstellen und Abrechnen von HUK-Plänen
- der Empfang der Patienten
- die Abrechnung

Frau Meyer war ehrlich und immer pünktlich. Ferner arbeitete sie stets sehr fleißig und zuverlässig.

Die Patienten schätzten ihre zuvorkommende und hilfsbereite Art.

Hamburg, 15. Juli 2010

Dr. Peter Waller

1. Version

Zum Zeugnis von Mechthild Meyer

Insgesamt viel zu kurz und nicht der Norm entsprechend. Formale Fehler: Die Anschrift wird heute nicht mehr angegeben, um nicht eventuellen Vorurteilen bezüglich der sozialen Abstufung bestimmter Wohnorte und -viertel Vorschub zu leisten. Das Datum ist auf den 31. März zu ändern, da es mit 15. Juli 2005 viel zu spät datiert ist (es sollte nicht später als maximal eine Woche nach Beendigung des Arbeitsverhältnisses ausgestellt sein). Der Name des Ausstellers sollte maschinenschriftlich wiederholt werden.

Der Aufgabenbereich muss detaillierter beschrieben werden, ebenso ist ggf. die Reihenfolge der Tätigkeiten zu verändern, denn auch die Rangfolge der einzelnen Aspekte in der Aufgabenbeschreibung erfordert Beachtung. Es ist grundsätzlich das Wichtigste und Bedeutendste innerhalb der Aufzählung am Anfang zu nennen, und weniger wichtige Aufgaben dürfen wenn überhaupt erst am Schluss aufgelistet sein.

Die Leistungsbeurteilung erscheint viel zu dürftig. Es gibt keine Aussagen über Motivation, Fachwissen oder Weiterbildung, und vor allem fehlt die zusammenfassende Leistungsbeurteilung.

Die Verhaltensbeurteilung ist vollkommen unzureichend. Sie enthält keine Äußerung über das Verhalten zum Chef und Kollegen. Einziges Plus: die Patienten werden benannt. Diese Personengruppe ist wichtig, das bleibt jedoch ohne Vorgesetzte und Kollegen ohne Wirkung.

Der Abschluss fehlt, d. h. Gründe für das Ausscheiden. Diese sind zwar nicht zwingend notwendig. Es wäre aber besser, wenn sie genannt würden, damit es keinen Anlass zu Spekulationen gibt. Eine Dankes-Bedauern-Formel kommt auch nicht vor.

Einschätzung

Ein vollkommen unzureichendes und mangelhaftes Zeugnis, das dringend zu überarbeiten ist. In dieser Form wäre es ein gravierender zukünftiger Stolperstein.

Zeugnis

Frau Mechthild Meyer, geb. am 15.2.1989, war in der Zeit vom 1. April 2008 bis zum 31. März 2010 als Zahnarzthelferin in meiner Praxis beschäftigt.

Zu ihren Aufgaben gehörten folgende Tätigkeiten:
- die Betreuung und der Empfang der Patienten
- Führung des Patiententerminbuches
- die Assistenz am Behandlungsstuhl
- Erstellung und Abrechnung von Heil- und Kostenplänen
- die Quartalsabrechnung für die Krankenkassen
- die Erstellung von Privatliquidationen

In den zwei Jahren ihrer Tätigkeit habe ich Frau Meyer als eine sehr ehrliche und stets pünktliche Mitarbeiterin kennen- und schätzen gelernt. Sie führte ihre Arbeiten immer mit großem Engagement, Fleiß und unbedingter Zuverlässigkeit aus. Ferner erledigte sie ihre Aufgaben auch sehr ordentlich, zügig und gewissenhaft und wusste ihr Fachwissen immer erfolgreich einzubringen.

Frau Meyers Leistungen waren stets sehr gut.

Sie war wegen ihres freundlichen und kollegialen Umgangs bei ihren Vorgesetzten und Kollegen gleichermaßen sehr beliebt. Gegenüber den Patienten war sie ebenfalls jederzeit hilfsbereit und zuvorkommend.

Frau Meyer hat das Beschäftigungsverhältnis fristgemäß auf eigenen Wunsch gelöst, um sich mit Ablauf des Erziehungsurlaubes ganz der Familie zu widmen. Ich bedaure ihr Ausscheiden aus unserem Praxisbetrieb sehr und wünsche Frau Meyer auf ihrem weiteren Berufs- und Lebensweg alles Gute, viel Glück und Erfolg.

Hamburg, 31. März 2010

Dr. Peter Waller

Dr. Peter Waller

2. Version

Zum Zeugnis von Mechthild Meyer (2. Version)

Nach der Überarbeitung ist das Zeugnis in dieser 2. Version jetzt der Norm entsprechend. Die formalen Fehler sind beseitigt und die Länge ist nun angemessen.
  Der Aufgabenbereich wurde detaillierter beschrieben.
  Die Leistungsbeurteilung ist jetzt ausführlicher, alle notwendigen Bestandteile werden angesprochen (es fehlen nur Aussagen zur Weiterbildung, die es eventuell aber auch nicht gab).
  Die zusammenfassende Leistungsbeurteilung folgt am Schluss. Sie ist deutlich abgehoben durch einen eigenen Absatz.
  Die Verhaltensbeurteilung ist nun vollständig genannt und gut.
  Abschluss und Gründe für das Ausscheiden werden genau beschrieben.
  Eine gute Dankes-Bedauern-Formel sowie Zukunftswünsche sind jetzt enthalten.

Einschätzung
Nach professioneller und positiver Überarbeitung ein gutes Zeugnis und für die weitere berufliche Laufbahn der Kandidatin sehr hilfreich.

Zeugnis

Hannover, 31.12.2009

Herr Peter Preussag, geb. am 26. September 1988, erlernte in unserem Hause vom 1.9.2004 bis zum 31.10.2007 den Beruf des Kfz-Elektrikers. Über diese Tätigkeit wurde ihm ein gesondertes Zeugnis ausgestellt.

Nach erfolgreichem Abschluss seiner Ausbildung wurde er ab dem 1.11.2007 in der Reparaturabteilung unseres Tochterunternehmens in Minden eingesetzt. Hier hatte er alle in der Autoelektrik anfallenden Arbeiten auszuführen. Es handelte sich vorwiegend um Personenkraftwagen der verschiedensten Fabrikate – besonders der Marken VW und BMW. Ab und zu waren auch Lastkraftwagen und landwirtschaftliche Nutzfahrzeuge zu reparieren.

Herr Preussag hat sich sehr schnell und selbstständig in sein Aufgabengebiet eingearbeitet. Er war äußerst stark motiviert, arbeitete stets sehr effizient, routiniert und zielstrebig. Seine Aufgaben erledigte Herr Preussag immer zu unserer vollen Zufriedenheit.

Sein Verhalten gegenüber Vorgesetzten und Kollegen war einwandfrei.

Wegen erheblicher betriebsbedingter Einsparungen mussten wir das Arbeitsverhältnis zum 31.12.2009 leider auflösen.

Wir bedauern diese Entscheidung sehr und wünschen diesem vorbildlichen Mitarbeiter beruflich und persönlich alles Gute.

N. Heinrich GmbH & Co KG

Nadja Heinrich

Personalbüro

Zum Zeugnis von Peter Preussag

Ein recht kurzes, knappes Zeugnis, das aber alle wichtigen Komponenten enthält. Wegen relativ kurzer Betriebszugehörigkeit ist das jedoch noch gerade so zu entschuldigen.

Die Bewertung fällt insgesamt ganz ordentlich aus: Note gut bis befriedigend.

Der Rang des Unterzeichners ist leider nicht klar definiert, und der Name ist nicht maschinenschriftlich wiederholt.

Der Kündigungsgrund ist klar und glaubhaft benannt.

Ausstellungs- und Ausscheidungsdatum stimmen überein. Das unterstreicht den positiven Eindruck.

Einschätzung
Gutes, ordentliches Zeugnis ohne ganz großen Glanz. Die Benotung liegt zwischen gut und befriedigend. Die genannten formalen Kriterien wären noch zu berücksichtigen und zu verbessern.

Zwischenzeugnis

Frau Antonia Arndt, geb. am 18.4.1979 in Peine, trat am 1. Juli 2000 als Stenotypistin in unser Unternehmen ein. Ab dem 1. August 2002 übernahm sie die Position einer Sekretärin in unserer Vertriebsleitung.

Frau Arndt bearbeitete zunächst in der Vertriebsabteilung die Kundenkorrespondenz, die sie nach Diktat, Stichworten oder auch teilweise selbstständig erledigte. Außerdem führte sie unsere Beschaffungs- und Lagerkartei.

Da Frau Arndt auf Dauer eine abwechslungsreichere Tätigkeit anstrebte und sich persönlich fortbilden wollte, erwarb sie durch den Besuch von abends stattfindenden Fortbildungskursen an der Hofmeisterschule in Erlangen den Abschluss zur staatlich geprüften Sekretärin. Wir unterstützten diesen Wunsch und konnten sie innerbetrieblich versetzen. Seit dem 1.8.2002 ist sie als Sekretärin in der Vertriebsleitung tätig.

Ihr Aufgabengebiet umfasst hier die allgemeinen Sekretariatsaufgaben:
- Schriftverkehr nach Diktat oder Stichworten in deutscher und englischer Sprache unter Anwendung des Textverarbeitungssystems MS Word
- Vorbereitung und Planung von Dienstreisen
- Abrechnung der Reisen mit MS Excel
- Organisation von Besprechungen, Tagungen und Konferenzen
- Terminplanung und -koordinierung für den Vertriebsleiter
- Kundenbetreuung
- Führen eines Ablagesystems der Akten
- Pflege der Adressdatenbank der Kunden
- Einarbeitung neuer Sekretariatsmitarbeiterinnen
- Postein- und -ausgang

Weiterhin führt Frau Arndt die Investitionsplanung und Personalstatistik. Sie ist auch für das gesamte Vertragswesen innerhalb der internen und externen Vertriebsorganisation zuständig. Zu ihren besonderen Arbeitserfolgen gehört die selbstständige Sachbearbeitung der Preisdokumentation. Frau Arndt versteht es, Präsentationen kreativ zu gestalten und sie stets durch Statistiken und Grafiken transparent darzustellen.

Frau Arndt hat sich in ihr umfangreiches Arbeitsgebiet außerordentlich schnell und gewissenhaft eingearbeitet. Sie zeigt großes Engagement und ist immer bereit, auch zusätzlich anfallende Aufgaben zu übernehmen. Ihre Arbeitseinteilung ist so gut, dass sie auch in Stresssituationen immer den Überblick behält. Frau Arndt zeichnet sich jederzeit durch eine schnelle Auffassungsgabe und überdurchschnittliche Sorgfalt und Genauigkeit aus. Sie arbeitet außerdem sehr zielstrebig, umsichtig und stets termingerecht. Außerdem ist sie absolut vertrauenswürdig. Mittlerweile verfügt Frau Arndt über eine sehr breite und beachtliche Berufserfahrung, und sie beherrscht ihren Arbeitsbereich stets souverän.

Frau Arndt erfüllt ihre Aufgaben immer zu unserer vollsten Zufriedenheit und ist uns damit eine sehr wertvolle Mitarbeiterin.

Ihr Verhalten gegenüber Vorgesetzten und Kollegen ist stets vorbildlich. Unseren Geschäftspartnern und Kunden gegenüber tritt sie immer höflich, sicher und gewandt auf.

Dieses Zwischenzeugnis erstellen wir auf Wunsch von Frau Arndt, da ein Wechsel des Vorgesetzten stattgefunden hat.

Wir danken ihr für die bisherige erfolgreiche Mitarbeit und freuen uns auf eine weiterhin gute und vertrauensvolle Zusammenarbeit.

Erlangen, 15. Mai 2010

O. Neumann GmbH
Kosmetikgroßhandel

Dr. Erwin Förster
Geschäftsleitung

Zum Zeugnis von Antonia Arndt

Hier ein Beispiel für ein angemessen ausführliches Zwischenzeugnis bei einer 10-jährigen Tätigkeit innerhalb des Unternehmens. Das Weiterbildungsinteresse der Kandidatin kommt gut zum Ausdruck. Passive Formulierungen werden kaum verwendet.

Die Tätigkeitsbeschreibung ist detailliert. In der Aufzählung werden die wichtigsten Aufgaben zuerst genannt. Die Beschreibung der Tätigkeiten endet im fünften Absatz mit der Nennung eines besonderen Arbeitserfolges, der eigentlich in die Leistungsbeurteilung gehört, wenn man sich streng an die Reihenfolge der einzelnen Bestandteile halten will. Da er aber eine zusätzliche Wertschätzung darstellt, kann er auch hier bleiben.

Die Leistungsbeurteilung ist ausführlich. Bei der Beschreibung wurde auf die adverbialen Bestimmungen der Zeit geachtet. Die Zeiten der Verben sind korrekt. Die zusammenfassende Leistungsbeurteilung entspricht der üblichen Formulierung und ist von der Note her eindeutig einzuschätzen.

Ebenso ist die Verhaltensbeurteilung sehr lobend und klar benotet. Der Ausstellungsgrund wird korrekt genannt, und ein Dank wird ausgesprochen. Das Datum enthält auch die Ortsangabe.

Einschätzung

Ein gutes bis sehr gutes Zwischenzeugnis. Die Leistungen der Kandidatin kommen sehr glaubwürdig rüber.

Zeugnisformulierungen und deren Bedeutung auf einen Blick

In dem nun folgenden Katalog von Beispielformulierungen für ein Arbeitszeugnis geht es uns darum, Ihnen übersichtlich zu zeigen, mit welchen Formulierungen welche Bewertung verbunden ist.

Die Beispielformulierungen sind nach dem folgenden Gliederungsschema geordnet, wie es heutzutage üblicherweise bei Arbeitszeugnissen verwendet wird, auch wenn nicht immer zu jedem Unterpunkt eine Aussage getroffen werden muss:

- **Einleitung**
- **Positions-, Aufgaben- und Tätigkeitsbeschreibung**
- **Leistungsbeurteilung**
  - Arbeitsbereitschaft und -befähigung
  - Arbeitsweise
  - Arbeitserfolg (Arbeitsmenge, -tempo und -qualität)
  - Besondere Arbeitserfolge
  - Gegebenenfalls Führungsleistung
  - Gegebenenfalls Fachwissen/Weiterbildungsmotivation
  - Zusammenfassende Beurteilung der Leistung
- **Verhaltensbeurteilung**
  - Verhalten gegenüber Vorgesetzten, Kollegen und Dritten
  - Weitere persönliche und soziale Verhaltensaspekte
- **Abschluss**
  - Kündigung durch den Arbeitnehmer mit Begründung
  - Kündigung durch den Arbeitnehmer ohne Begründung
  - Kündigung durch den Arbeitnehmer bei Nichteinhaltung der Kündigungsfrist
  - Beendigung des Arbeitsverhältnisses durch Aufhebungsvertrag oder Vergleich
  - Betriebsbedingte Kündigung durch den Arbeitgeber
  - Andere Formen der Kündigung durch den Arbeitgeber
  - Fristlose Kündigung durch den Arbeitgeber
  - Beendigung des Arbeitsverhältnisses durch Vertragsablauf
- **Dankes-Bedauern-Formel**
- **Zukunftswünsche**

Bei den großen Abschnitten Leistungs- und Verhaltensbeurteilung sowie bei der Dankes-Bedauern-Formel und bei den Zukunftswünschen wurde folgendes Benotungsschema zugrunde gelegt:

- Sehr gute Beurteilung
- Noch gute Beurteilung
- Knapp befriedigende Beurteilung

Mit diesem Formulierungskatalog für Zeugnisse können Sie ein vorliegendes Zeugnis besser einordnen und interpretieren. Er dient aber auch vor allem als Hilfe bei der Formulierung eines eigenen Zeugnisentwurfes, wobei betont werden muss, dass die einzelnen Textbausteine nicht schematisch aneinandergereiht werden dürfen, sondern im Rahmen einer Gesamtzeugniskonzeption moderat und stilistisch geglückt miteinander verbunden werden müssen, angereichert durch *individuelle Erweiterungen/Ergänzungen*.

Selbstverständlich sind die Formulierungsbeispiele unter einem Oberthema alternativ zu verstehen, d. h., es ist jeweils nur ein Beispielbaustein zu dem behandelten Thema für den Zeugnisentwurf auszuwählen. Falls passend, können jedoch Formulierungen aus den beiden Zielgruppen kombiniert werden.

Sehr gute und noch gute Beurteilungsbeispiele sind ausführlicher berücksichtigt als knapp befriedigende.

Damit wollen wir der Tatsache Rechnung tragen, dass auf dem Arbeitsmarkt vor allem gute Zeugnisse die Bewerbungschancen verbessern. Befriedigende oder gar schlechtere Benotungen verderben die Chancen. Allerdings haben sehr gute Zeugnisbeurteilungen häufig einen Beigeschmack des Übertriebenen, »Geschönten«. Es mag paradox klingen, aber so gesehen sind gute Zeugnisse – weil weniger verdächtig – besser als sehr gute.

Um auf diese Problematik deutlicher hinzuweisen, haben wir ab der Kategorie »gut« die Benotungsstufen pointierter formuliert (»noch gut«, »knapp befriedigend«).

Die für den Laien nicht immer einsichtige Zuordnung bestimmter Formulierungen zu einzelnen Benotungsstufen orientiert sich an der gängigen Praxis unter Berücksichtigung von Rechtsprechung und Fachliteratur sowie an zahlreichen in unserem *Büro für Berufsstrategie* analysierten Arbeitszeugnissen.

Bei etwa 80 Prozent aller Arbeitszeugnisse wird das Präteritum (Vergangenheitsform) verwendet, lediglich bei Zwischenzeugnissen und zur Beschreibung von zeitkonstanten Leistungs- und Verhaltensmerkmalen wird das Präsens (Gegenwartsform) eingesetzt.

 Weitere Arbeitszeugnis-Beispiele zeigen Ihnen, worauf es bei Ihrem Zeugnis ankommt. Schauen Sie sich das entsprechende Kapitel unserer CD-ROM an.

Textbausteine

Einleitung

- Herr/Frau (Vorname, Name), geboren am ... in ..., war vom ... bis ... in unserer Abteilung (Bezeichnung) als (Berufsbezeichnung) tätig.
- Herr/Frau (Vorname, Name), geboren am ... in ..., trat am ... als (Berufsbezeichnung) in unser Unternehmen ein.
- XY, geboren am ..., wurde am ... als ... eingestellt.
- XY war vom ... bis zum ... bei uns im Rahmen eines befristeten Arbeitsverhältnisses als ... beschäftigt.

Positions-, Aufgaben- und Tätigkeitsbeschreibung

- XY arbeitete in der Abteilung ... vorwiegend in dem Bereich ... Zu seinen Aufgaben gehörte ...
- XY war in unserem Unternehmen im Bereich ... mit unterschiedlichen Aufgaben betraut. Dazu zählten: ... (Aufzählung nach Wichtigkeit).
- XYs Aufgabengebiet umfasste in der Hauptsache: ... (Aufzählung).
- Nach erfolgreicher Einarbeitung übernahm XY das Verkaufsgebiet ... zur umsatzverantwortlichen Bearbeitung. Sein Aufgabengebiet umfasste ... Außerdem wirkte er bei den Projekten ... mit.
- XY war zunächst in der Abteilung ... als ... tätig. Zu seinen Aufgaben gehörten ... (Aufzählung). Ab dem ... wurde XY aufgrund seiner guten Leistungen und einer erfolgreichen internen Bewerbung in der Abteilung ... als ... eingesetzt. Dort war XY in der Tarifgruppe ... mit der selbstständigen Bearbeitung folgender Aufgaben betraut: ... (Aufzählung).
- XY war im Bereich ... für ... tätig. Er besaß Handlungsvollmacht nach § 54 HGB. Seine Aufgabenschwerpunkte lagen in der selbstständigen Bearbeitung von ... (Aufzählung).

Leistungsbeurteilung

Arbeitsbereitschaft
Sehr gute Beurteilung der Arbeitsbereitschaft
- XY zeigte stets außerordentliche Initiative, großen Fleiß und Eifer.
- XY war stets hoch motiviert.
- XY hat sich mit großem Engagement und Erfolg in das neue Arbeitsgebiet eingearbeitet.

- Schon nach sehr kurzer Einarbeitungszeit arbeitete XY vollkommen selbstständig.
- XY war stets ein engagiert arbeitender und fleißiger Mitarbeiter, der aufgrund seines hohen persönlichen Einsatzes einen bedeutenden Beitrag zum Aufbau unseres/des ... geleistet hat.

Noch gute Beurteilung der Arbeitsbereitschaft
- XY zeigte stets Initiative, Fleiß und Eifer.
- XY war stark motiviert und verfolgte beharrlich die gesetzten Ziele.
- XYs Arbeitsbereitschaft war stets gut.
- Schon nach einer kurzen Einarbeitungszeit arbeitete XY vollkommen selbstständig.

Knapp befriedigende Beurteilung der Arbeitsbereitschaft
- XY zeigte Initiative, Fleiß und Eifer.
- XY war ein motivierter Mitarbeiter, der die ihm gesetzten Ziele verfolgte.
- XYs Arbeitsmotivation/-bereitschaft/Dienstauffassung war gut.

Arbeitsbefähigung

Sehr gute Beurteilung der Arbeitsbefähigung
- XY bewältigte neue Arbeitssituationen stets sehr gut und sicher.
- XY stellte an sich selbst sehr hohe fachliche Anforderungen, die er jederzeit voll erfüllte.
- XY war ein ausdauernder und außerordentlich belastbarer Mitarbeiter, der auch unter schwierigen Arbeitsbedingungen alle Aufgaben stets sehr gut bewältigte.
- XY verfügt über sehr große Berufserfahrung und beherrscht seinen Arbeitsbereich in jeder Weise umfassend, sicher und vollkommen.
- XY arbeitete stets sicher und selbstständig.
- XY hat oft neue praktikable Ideen, die er erfolgreich in seine Arbeit integriert.
- XY verfügt über ein umfassendes und detailliertes Fachwissen.
- XY verfügt über/hat sehr gute, fundierte Kenntnisse, die er erfolgreich einsetzt.

Noch gute Beurteilung der Arbeitsbefähigung
- XY bewältigte neue Arbeitssituationen stets gut.
- XY stellte an sich selbst hohe Fachanforderungen, die er jederzeit voll erfüllte.
- XY war ein ausdauernder und belastbarer Mitarbeiter, der auch unter schwierigen Arbeitsbedingungen alle Aufgaben stets gut bewältigte.

- XY hat eine umfassende Berufserfahrung und beherrscht seinen Arbeitsbereich überdurchschnittlich.
- XY setzt seine guten und fundierten Fachkenntnisse sehr erfolgreich ein.
- Aufgrund der soliden Fachkenntnisse erzielte XY überdurchschnittliche Erfolge.

Knapp befriedigende Beurteilung der Arbeitsbefähigung
- XY bewältigte neue Arbeitssituationen erfolgreich.
- XY beherrscht sein Arbeitsgebiet umfassend.
- XY verfügt über gute Berufserfahrungen.
- XY verfügt über fundierte Fachkenntnisse auf seinem Gebiet.

Arbeitsweise

Sehr gute Beurteilung der Arbeitsweise
- XY erledigte seine Aufgaben stets selbstständig mit äußerster Sorgfalt und größter Genauigkeit.
- XY arbeitete stets sehr zielstrebig, umsichtig und termingerecht.
- XYs Arbeitsweise ist geprägt durch hohe Zielorientierung und Systematik sowie ausgezeichnetes Verantwortungs- und Kostenbewusstsein.
- XY zeichnete sich bei der Erledigung aller Aufgaben durch Gewissenhaftigkeit, Genauigkeit und Umsicht aus. Auch in schwierigen Situationen kann man sich sehr gut auf ihn verlassen.
- XY war ein äußerst pflichtbewusster, zuverlässiger und verschwiegener Mitarbeiter, der stets sehr konzentriert und zielgerichtet arbeitete.

Noch gute Beurteilung der Arbeitsweise
- XY erledigte seine Aufgaben stets selbstständig mit großer Sorgfalt und Genauigkeit.
- Wir lernten XY als einen engagierten, aufgeschlossenen Mitarbeiter kennen, der seine Tätigkeiten mit vollem Einsatz erfolgreich ausführte.
- XY ist ein engagierter und fleißiger Mitarbeiter, der sich schnell in seine neuen Arbeitsaufgaben einarbeitet und dem Betrieb auf seinem Gebiet wichtige Impulse gegeben hat.

Knapp befriedigende Beurteilung der Arbeitsweise
- XY erledigte seine Aufgaben stets sorgfältig und genau.
- XY arbeitete sicher und selbstständig.

Arbeitserfolg (Arbeitsmenge, -tempo und -qualität)
Sehr gute Beurteilung des Arbeitserfolges
- XY beeindruckte uns stets durch eine sehr gute Arbeitsqualität, wobei er die selbst gesetzten und vereinbarten Ziele auch unter schwierigsten Bedingungen stets erreichte, meist sogar noch übertroffen hat.
- XY war immer ein zuverlässiger, leistungsfähiger Mitarbeiter, der seine umfangreichen Arbeitsaufgaben folgerichtig, zügig und stets sehr gut erledigte.
- XY findet stets hervorragende Problemlösungen, die er auch erfolgreich umsetzt.
- XYs Arbeitsqualität ist stets weit überdurchschnittlich.
- Engagement und Arbeitsergebnisse von XY sind stets außergewöhnlich.

Noch gute Beurteilung des Arbeitserfolges
- XY war ein zuverlässiger, leistungsfähiger Mitarbeiter, der seine umfangreichen Arbeitsaufgaben folgerichtig, zügig und sehr gut erledigte.
- Die von XY gefundenen Lösungen und Umsetzungen sind sehr gut.
- XY ist ein leistungsfähiger, zuverlässiger Mitarbeiter, der seine Aufgaben stets gut erledigt.
- XY zeigt stets eine überdurchschnittliche Arbeitsqualität.

Knapp befriedigende Beurteilung des Arbeitserfolges
- XYs Arbeitsqualität war gut, wobei er die vereinbarten Ziele erreichte.
- XY arbeitet sorgfältig und genau.
- Die Arbeitsqualität von XY ist überdurchschnittlich.

Besondere Arbeitserfolge
In diesem Abschnitt bestehen individuelle inhaltliche Gestaltungsmöglichkeiten. Schwerpunktthemen können in den Bereichen Vertrieb, Marketing und Außendiensttätigkeiten liegen, aber auch in der Reorganisation, der Projektarbeit sowie bei Verbesserungsvorschlägen. Weitere besondere Arbeitserfolge sind z. B. aus der Erweiterung von Kompetenzen oder der Beförderung abzuleiten.
- XY erreichte trotz schwieriger Wirtschaftslage eine sehr hohe Umsatz- und Gewinnsteigerung. Damit gehörte er zu unseren besten Verkäufern.
- XY erledigte vertrauliche geschäftliche Sonderaufgaben selbstständig und zügig stets zu unserer vollsten Zufriedenheit.
- Hervorzuheben sind XYs schnelle Auffassungsgabe, die sehr selbstständige Arbeitsweise sowie ein überdurchschnittlicher Arbeitseinsatz, mit dem es XY gelang, schwierige Projektierungsaufgaben stets fristgerecht und erfolgreich zu beenden.

Fachwissen/Weiterbildungsmotivation
Sehr gute Beurteilung von Fachwissen/Weiterbildungsmotivation
- XY verfügt über eine sehr breite und beachtliche Berufserfahrung und beherrscht seinen Arbeitsbereich stets umfassend, souverän und vollkommen.
- XY ist sehr lernmotiviert und hat sich in eigener Initiative neben seinem Beruf mit hohem zeitlichen Engagement und sehr gutem Ergebnis bei … weitergebildet.
- XY besitzt ein umfassendes, detailliertes und aktuelles Fachwissen im Bereich … und wendet die vorhandenen Methoden/Instrumente und Techniken jederzeit sehr wirksam in seiner Berufspraxis an.

Noch gute Beurteilung von Fachwissen/Weiterbildungsmotivation
- XY verfügt über eine breite Berufserfahrung und beherrscht seinen Arbeitsbereich umfassend und überdurchschnittlich.
- XY ist lernmotiviert und hat sich in eigener Initiative neben seinem Beruf mit hohem zeitlichen Engagement und gutem Ergebnis bei … weitergebildet.

Knapp befriedigende Beurteilung von Fachwissen/Weiterbildungsmotivation
- XY beherrschte seinen Arbeitsbereich umfassend.
- XY war lernmotiviert und hat sich neben seinem Beruf bei … weitergebildet.
- XY besitzt Fachwissen im Bereich … und kann die vorhandenen Methoden/Instrumente und Techniken wirksam in seiner Berufspraxis anwenden.
- XY ist mit der modernen … (z. B. Textverarbeitung) vertraut.

Zusammenfassende Beurteilung der Leistung (Zufriedenheitsaussage)
Sehr gute Gesamtbeurteilung der Leistungen
- XY erfüllte seine Aufgaben stets zu unserer vollsten Zufriedenheit und war uns damit ein sehr wertvoller Mitarbeiter.
- XYs Leistungen waren stets/immer/jederzeit sehr gut.
- Wir waren stets mit XYs Leistungen in jeder Hinsicht außerordentlich/höchst/äußerst zufrieden. Er war ein sehr guter Mitarbeiter.
- Die ihm übertragenen Arbeiten erfüllte er stets zu unserer höchsten Zufriedenheit.
- XY hat als hoch qualifizierte Fachkraft im Bereich … stets zu unserer vollsten Zufriedenheit gearbeitet.
- Seine Leistungen haben uns jederzeit und in jeder Hinsicht voll befriedigt und unsere ganze Anerkennung gefunden.

Noch gute Gesamtbeurteilung der Leistungen
- XY erfüllte seine Aufgaben zu unserer vollen Zufriedenheit. Er war für uns ein wertvoller Mitarbeiter.
- XY arbeitete selbstständig, zuverlässig und stets zu unserer vollen Zufriedenheit.
- XYs Leistungen haben stets unsere volle Anerkennung gefunden. Damit gehörte er zu unseren guten Mitarbeitern.
- XY hat als hoch qualifizierte Fachkraft im Bereich ... stets zu unserer vollen Zufriedenheit gearbeitet.
- Seine Leistungen haben unsere volle Anerkennung gefunden. XY gehörte stets zu unseren guten ...

Knapp befriedigende Gesamtbeurteilung der Leistungen
- XYs Leistungen waren gut.
- Wir waren mit XYs Leistungen jederzeit zufrieden.

Verhaltensbeurteilung

Verhalten gegenüber Vorgesetzten, Kollegen und Dritten
Sehr gute Beurteilung des Verhaltens
- XYs Verhalten gegenüber Vorgesetzten, Kollegen und Kunden (Klienten, Mandanten, Patienten etc.) war stets vorbildlich/einwandfrei. Er trug in starkem Maße zu einem harmonischen Betriebsklima bei.
- XYs Zusammenarbeit mit Vorgesetzten und Kollegen war stets sehr gut. Besonders hervorzuheben ist auch seine jederzeit sehr gute Zusammenarbeit mit unseren ... , auf deren Anliegen er flexibel einging.
- XY war wegen seiner freundlichen und zuvorkommenden Art stets sehr geschätzt und beliebt bei seinen Vorgesetzten, Kollegen und ...
- XY war wegen seiner stets verbindlichen, kooperativen und hilfsbereiten Art seinen Vorgesetzten eine äußerst wertvolle Unterstützung und bei den Kollegen immer/jederzeit sehr geschätzt. Auch sein Verhalten gegenüber ... (z. B. Klienten) war vorbildlich. Im Umgang mit anspruchsvollen und schwierigen ... bewies er jederzeit Gewandtheit und hervorragendes diplomatisches Geschick.
- XY ist ein verantwortungsbewusster und zuverlässiger Mitarbeiter, der zu seinen Vorgesetzten, Kollegen und ... stets ein sehr gutes Verhältnis hatte.

Noch gute Beurteilung des Verhaltens
- XYs Verhalten gegenüber Vorgesetzten, Kollegen und ... war einwandfrei/vorbildlich. Er trug wesentlich zu einem harmonischen Arbeitsklima bei.

- XYs Zusammenarbeit mit Vorgesetzten und Kollegen war stets gut. Besonders hervorzuheben ist auch seine jederzeit gute Zusammenarbeit mit unseren …, auf deren Anliegen er flexibel einging.
- Aufgrund seiner kooperativen Haltung war XY stets bei Vorgesetzten, Kollegen und … anerkannt und beliebt.

Knapp befriedigende Beurteilung des Verhaltens
(Durch eine Umstellung der Reihenfolge in den Personengruppen Vorgesetzte, Kollegen usw. wird Kritik am Verhalten zum Ausdruck gebracht, ebenso auch durch die sogenannte Negationstechnik, wie z. B. mit der Formulierung »kein Anlass zur Beanstandung/Klage/Tadel« etc.).
- XYs Verhalten gegenüber Kollegen, Vorgesetzten und … war gut/vorbildlich/einwandfrei.
- XYs Zusammenarbeit mit Kollegen und Vorgesetzten ist als gut/verbindlich/korrekt zu bezeichnen.
- XYs Führung war jederzeit tadellos/ohne Beanstandung.

Weitere persönliche und soziale Verhaltensaspekte
Sehr gute Beurteilung des Verhaltens
- XY fügte sich stets vorbildlich in die unterschiedlichen Arbeitsteams ein und ist mit Mitarbeitern aller Hierarchieebenen jederzeit sehr gut zurechtgekommen.
- Mit XYs exzellenten Umgangsformen waren wir stets außerordentlich zufrieden.
- Besonders hervorzuheben ist sein außerordentliches pädagogisches Geschick. Unsere Auszubildenden haben jederzeit sehr gerne von ihm gelernt.

Noch gute Beurteilung des Verhaltens
- XY fügte sich vorbildlich in die unterschiedlichen Arbeitsteams ein und ist mit Mitarbeitern aller Hierarchieebenen jederzeit gut zurechtgekommen.
- Mit XYs guten Umgangsformen waren wir stets voll zufrieden.

Knapp befriedigende Beurteilung des Verhaltens
- XY fügte sich gut in die unterschiedlichen Arbeitsteams ein und ist mit Mitarbeitern aller Hierarchieebenen zurechtgekommen.
- Mit XYs Umgangsformen waren wir voll zufrieden.

Zeugnisabschluss

Formulierung der Kündigung

Kündigung durch den Arbeitnehmer (mit Begründung)
- XY verlässt unser Unternehmen am heutigen Tag, um sich beruflich zu verändern.
- XY verlässt uns auf eigenen Wunsch, um sich neuen beruflichen Aufgaben zu stellen.
- XY scheidet auf eigenen Wunsch aus, um sich beruflich zu verbessern.
- XY verlässt uns, um in einem anderen Unternehmen eine weiterführende Aufgabe zu übernehmen.
- XY verlässt uns auf eigenen Wunsch, um ... Er hatte das Arbeitsverhältnis fristgemäß zum ... gekündigt. Aufgrund der Tatsache, dass sein neuer Arbeitgeber ihn bat, möglichst frühzeitig in das neue Unternehmen zu wechseln, waren wir trotz gewisser Überbrückungsschwierigkeiten für uns aufgrund des sehr guten wechselseitigen Verhältnisses und in bester Absicht für XY mit einem vorzeitigen Wechsel einverstanden.
- Zum ... hat XY das mit uns bestehende Arbeitsverhältnis fristgemäß gekündigt, um ... (z. B. ein Studium aufzunehmen, sich selbstständig zu machen, einen durch Berufswechsel des Ehepartners bedingten Ortswechsel mitzuvollziehen etc.).
- XY hat das Beschäftigungsverhältnis fristgemäß auf eigenen Wunsch gelöst, um sich mit Ablauf des Erziehungsurlaubes ganz der Familie zu widmen.
- XY verlässt uns auf eigenen Wunsch, um ... (z. B. sich finanziell zu verbessern/beruflich weiterzukommen/neue Aufstiegschancen wahrzunehmen, die wir ihm nicht bieten konnten). (Eher negativ wirkende Formulierung.)

Kündigung durch den Arbeitnehmer (ohne Begründung)
- XY scheidet auf eigenen Wunsch aus unserem Unternehmen aus.
- Auf eigenen Wunsch beendete XY zum ... seine Tätigkeit bei uns.
- XY trennt sich zum ... von unserer Firma aus eigenem Entschluss. (Die Formulierung »trennt sich« und »Entschluss« können eine vom Arbeitgeber geforderte bzw. erbetene Eigenkündigung andeuten.)
- XY verlässt unsere Firma zum ... (Auf wessen/eigenen Wunsch??)

Kündigung durch den Arbeitnehmer bei Nichteinhaltung der Kündigungsfrist
- XY beendete auf eigenen Wunsch das Arbeitsverhältnis zum ... (sogenanntes »krummes« Datum).
- Um in einem anderen Unternehmen seinen Berufsweg fortzusetzen, verließ uns XY vorzeitig am ... (»krummes« Datum).

- XY schied zum ... (»krummes« Datum) auf eigenen Wunsch aus unserem Unternehmen aus, um sich umgehend einer neuen Arbeitsaufgabe stellen zu können.

Beendigung des Arbeitsverhältnisses durch Aufhebungsvertrag oder Vergleich
- Am ... endet das Arbeitsverhältnis im gegenseitigen Einvernehmen.
- Das Arbeitsverhältnis endet mit Datum vom ... in beiderseitigem besten Einvernehmen.
- Auf Wunsch von Herrn XY endet das Arbeitsverhältnis in beiderseitigem guten Einvernehmen am ...
- Das Ausscheiden von XY erfolgte in beiderseitigem guten Einvernehmen am ...
- Das Arbeitsverhältnis endet zum ... durch einvernehmliche Trennung. (Deutet Probleme an/Trennung = Initiative des Arbeitgebers.)

Betriebsbedingte Kündigung durch den Arbeitgeber
- Zu unserem Bedauern musste das Arbeitsverhältnis mit Herrn XY fristgemäß und betriebsbedingt gekündigt werden.
- Das Ausscheiden von XY erfolgte betriebsbedingt unter Einhaltung sozialer Auswahlkriterien.
- Nach erfolgter Umstrukturierung unseres ...-Bereiches konnten wir XY keinen neuen Arbeitsplatz in unserem Unternehmen anbieten und mussten daher leider das Arbeitsverhältnis betriebsbedingt beenden.

Andere Formen der Kündigung durch den Arbeitgeber
- Das Arbeitsverhältnis endete zum ...
- Die Auflösung des Arbeitsverhältnisses erfolgte zum ...
- Das Arbeitsverhältnis endet mit Ablauf des Monats ... innerhalb der Probezeit. Wir bedauern, dass es nicht zu einer Festanstellung gekommen ist.

Fristlose Kündigung durch den Arbeitgeber
- Vorzeitig/ungeplant/unwiderruflich/kurzfristig mussten wir uns am ... von XY trennen.
- Das Arbeitsverhältnis endet aus besonderen Gründen.
- Bedauerlicherweise sahen wir uns gezwungen, zum ... (»krummes« Datum) das Arbeitsverhältnis zu beenden.

Beendigung des Arbeitsverhältnisses durch Vertragsablauf (Befristung)
- Mit Ablauf der vereinbarten Zeit beenden wir das befristete Arbeitsverhältnis mit XY.

- Zu unserem großen Bedauern können wir XY zurzeit keine Dauerbeschäftigung bieten, sodass das Arbeitsverhältnis mit Ablauf der vereinbarten befristeten Zeitspanne zum ... endet.

Dankes-Bedauern-Formel (im Endzeugnis)

Sehr gute Dankes-Bedauern-Formel
- Wir bedauern, in Herrn XY eine ausgezeichnete Fach-/Führungskraft zu verlieren, und danken ihm für die stets vorbildliche Leistung/Leitung im Bereich ...
- Wir danken für die stets sehr gute Zusammenarbeit und bedauern sehr, XY zu verlieren. Für seine Entscheidung, unser Unternehmen zu verlassen, haben wir aber Verständnis.
- Mit Bedauern über sein Ausscheiden danken wir XY für seine stets sehr guten Leistungen.
- Für die langjährige ergebnisreiche und wertvolle Zusammenarbeit sind wir XY zu Dank verpflichtet. Wir bedauern es außerordentlich, diesen ausgezeichneten Mitarbeiter zu verlieren.
- Wir danken XY für die stets hervorragende Zusammenarbeit. Wir verlieren mit ihm einen erfahrenen Spezialisten, verstehen aber, dass er im Rahmen seiner beruflichen Entwicklung die ihm gebotene Chance wahrnehmen möchte.

Noch gute Dankes-Bedauern-Formel
- Wir bedauern, in Herrn XY eine gute Fach-/Führungskraft zu verlieren, und danken ihm für die stets gute Leistung/Leitung im Bereich ...
- Wir danken für die stets gute Zusammenarbeit und bedauern sehr, XY zu verlieren. Für seine Entscheidung, unser Unternehmen zu verlassen, haben wir aber Verständnis.
- Mit Bedauern über sein Ausscheiden danken wir XY für seine stets guten Leistungen.
- Für die langjährige erfolgreiche Zusammenarbeit sind wir XY zu Dank verpflichtet. Wir bedauern es außerordentlich, diesen guten Mitarbeiter zu verlieren.

Knapp befriedigende Dankes-Bedauern-Formel
- Wir bedauern, in Herrn XY eine gute Fach-/Führungskraft zu verlieren, und danken ihm für die gute Leistung/Leitung im Bereich ...
- Wir danken für die gute Zusammenarbeit und bedauern, XY zu verlieren. Für seine Entscheidung, unser Unternehmen zu verlassen, haben wir aber Verständnis.

Zukunftswünsche

(Fehlende Zukunftswünsche können auf erhebliche Differenzen hinweisen.)

Sehr gute Zukunftswünsche
- Wir wünschen XY auf seinem weiteren Berufs- und Lebensweg alles Gute und weiterhin viel Erfolg.
- Wir wünschen diesem vorbildlichen Mitarbeiter beruflich und persönlich alles Gute und weiterhin viel Erfolg.
- Für seinen weiteren beruflichen Werdegang wünschen wir XY alles Gute, viel Glück und Erfolg.

Noch gute Zukunftswünsche
- Wir wünschen XY auf seinem weiteren Berufs- und Lebensweg alles Gute.

Knapp befriedigende Zukunftswünsche
- Wir wünschen XY für seine weitere Arbeit/Tätigkeit alles Gute.

Auf den Punkt gebracht

Immer wieder stellt sich bei der Analyse und Interpretation von Arbeitszeugnissen die Frage: Meint der Zeugnisschreiber, was er schreibt, und schreibt er, was er meint? Eine schwierige Materie. Dabei zählt nicht nur die einzelne Formulierung, die zu einem positiven oder negativen Arbeitszeugnis führt, sondern der Gesamteindruck, der sich dem geschulten Leser vermittelt. Fazit: Sie sollten als Arbeitnehmer schlicht ein gutes Zeugnis anstreben, also kein zweifelhaftes, aber auch nicht unbedingt das absolute »Superzeugnis«. Deshalb ist es sinnvoll, bei der Erstellung des Zeugnisses mitzuhelfen.

Leider wird auf Arbeitnehmerseite die Bedeutung von Arbeitszeugnissen sehr häufig unterschätzt. Erst wenn man im Vorstellungsgespräch angesprochen wurde, was es denn für Probleme gegeben habe – im Zeugnis wären da so einige Hinweise –, wachen viele Bewerber auf. Das Problem ist allerdings: Ein sehr schlechtes Zeugnis führt erst gar nicht zu einer Einladung zum Vorstellungsgespräch. Machen Sie sich deshalb unbedingt schlau, dann wissen Sie auch, was über Sie in den (alten) Arbeitszeugnissen wirklich ausgesagt wird.

Es gibt unterschiedliche Arten von Zeugnissen: das einfache und das qualifizierte Zeugnis, das Zwischenzeugnis, das Ausbildungszeugnis sowie das Praktikums-/Aushilfszeugnis. Während das einfache Zeugnis nur Art und Dauer der Beschäftigung beschreibt und heutzutage kaum zur Unterstützung einer Bewerbung ausreicht, bescheinigt das sehr viel detailliertere qualifizierte Zeugnis die Befähigung zu der ausgeführten Arbeit.

Folgende Punkte müssen in einem qualifizierten Zeugnis enthalten sein:

- Angaben zu Person, Dauer der Beschäftigung mit genauen Daten
- Darstellung des Arbeitsplatzes und Aufgabengebiets
- Erfahrungen, Kenntnisse und Kompetenz
- Beurteilung der Arbeitsleistung und Würdigung positiver Eigenschaften des Stelleninhabers
- Bewertung der Lern- und Fortbildungsbereitschaft
- Beurteilung des Verhaltens gegenüber Vorgesetzten, Kollegen, Mitarbeitern und Geschäftspartnern
- Angaben über Gründe des Ausscheidens
- Abschließende Dankes-Bedauern- und Wunschformeln für die Zukunft

Zudem sollte das qualifizierte Arbeitszeugnis

- fehlerlos auf Firmenpapier getippt sein,
- mit einem Datum versehen sein, das nahe am Austrittsdatum liegt,
- mindestens eine Seite lang sein,
- von einem deutlich ranghöheren Mitarbeiter unterschrieben sein.

Wichtig ist es auch, sich rechtzeitig um ein Zwischenzeugnis zu bemühen und damit den Status quo abzusichern. So hat man hoffentlich etwas Positives in der Hand für den Fall der Fälle, wenn man sich aus dem noch bestehenden Arbeitsverhältnis wegbewerben möchte und den Noch-Arbeitgeber nicht um ein Zeugnis bitten kann.

Textbausteine und weitere Zeugnisbeispiele finden Sie auf der CD-ROM.

Bewerbungsunterlagen

»Sagt den Leuten nicht, wie gut ihr die Güter macht,
sagt ihnen, wie gut eure Güter sie machen.«
Leo Burnett

Nach eingehender Vorbereitung und Auseinandersetzung mit sich selbst, den eigenen beruflichen Zielen und natürlich auch dem potenziellen Arbeitgeber ist der Augenblick gekommen, die schriftlichen Bewerbungsunterlagen zu erstellen. Auch hierfür sollten Sie sich ausreichend Zeit nehmen, um einen wirklich guten ersten Eindruck zu hinterlassen.
Sie dürfen gerne mit diesem Kapitel starten. Schauen Sie sich aber auch die Beispiele und Hinweise auf unserer CD-ROM an.

Das Ziel

Die überzeugende schriftliche Selbstdarstellung öffnet Ihnen die Türen zu Vorstellungsgesprächen in genau den Berufsfeldern, die Ihren persönlichen Zielen und Fähigkeiten entsprechen. Allerdings brauchen Sie bei der heute geforderten beruflichen Flexibilität mehrere Versionen Ihrer schriftlichen Bewerbungsunterlagen, um sich für interessante Positionen jeweils von Ihrer besten Seite präsentieren zu können.

Ziel Vorstellungsgespräch

Ihre Bewerbungsunterlagen sagen etwas über Sie aus. Sollen sie ja auch, das ist schließlich Sinn und Zweck der Übung. Sie wissen das und der Arbeitsplatzanbieter und Personalentscheider ebenfalls. Nun bleibt nur noch zu klären, was Ihre Unterlagen aussagen und ob es genau das ist, was Sie auf diesem Wege in schriftlicher Form von sich zu vermitteln wünschen. Und ob es zum Ziel führt, dass Sie zum Vorstellungsgespräch eingeladen werden.

Sie wissen längst: Wer sich bewirbt, macht Werbung in eigener Sache, für die eigene Person, für die dem Kunden (Arbeitgeber) angebotene Dienstleistung. Sie vermarkten Ihr Know-how, Ihre Arbeitskraft. Mit der schriftlichen Bewerbung geben Sie eine Art Visitenkarte ab, eine allererste Arbeitsprobe, und erzeugen damit einen ersten Eindruck bei Ihrem potenziellen Arbeitgeber, Ihrem eigentlichen Kunden, dem Einkäufer der von Ihnen angebotenen Arbeitskraft.

In sehr komprimierter Form geht es jetzt vor den praktischen Beispielen zunächst um den theoretischen Hintergrund zur Erstellung schriftlicher Bewerbungsunterlagen.

Wie lautet Ihre Botschaft?
Die zentrale Frage in diesem Stadium Ihrer Bewerbungsaktivitäten lautet also: Was ist Ihre Botschaft und gelingt es Ihnen, diese auch rüberzubringen?

Da wir es mit einer Werbeaktion in eigener Sache zu tun haben, ist es nicht nur gerechtfertigt, sondern auch hilfreich, sich zu verdeutlichen, dass Sie mit all Ihren schriftlichen Bewerbungsunterlagen eine Art Verkaufsprospekt präsentieren. Dieser besteht üblicherweise aus mehreren Unterlagen: Bewerbungsanschreiben, Lebenslauf, Foto und Zeugniskopien. Weitere Anlagen können sein: Zertifikate über besondere Schulungen, Kurse usw., eventuell eine Handschriftenprobe, in seltenen Fällen Referenzen/Empfehlungen oder gar das polizeiliche Führungszeugnis.

Gut formuliert sollte das Anschreiben Aufmerksamkeit und Interesse wecken. Hilfreich für Ihr Be-Werbungsschreiben ist dabei die AIDA-Formel aus der Werbepsychologie.

AIDA steht in diesem Zusammenhang für:

- A = attention (Aufmerksamkeit für Ihre Bewerbung erzeugen)
- I = interest (Interesse an Ihrer Person wecken)
- D = desire (Wunsch entstehen lassen, Sie kennenzulernen)
- A = action (die Handlungsaktivität »Einladung« provozieren)

Es kommt also darauf an, in komprimierter Form alle wichtigen Argumente, die für Sie sprechen, die Interesse auslösen und so zu einer Einladung führen, gut formuliert vorzutragen. Der Leser soll neugierig gemacht werden auf Ihre weiteren Unterlagen und natürlich ganz besonders auf Sie als Person. Beim Lesen muss unbedingt der Wunsch entstehen, Sie kennenzulernen.

Spätestens an dieser Stelle sind jedoch einige relativierende Bemerkungen zur Bedeutung des Bewerbungsanschreibens notwendig. Nicht alle Personalentscheider werden Ihre Unterlagen in der Reihenfolge Anschreiben – Lebenslauf etc. lesen, sondern immer häufiger versucht der oft unter einem enormen Zeitdruck arbeitende Entscheidungsträger, sich zunächst einmal durch das flüchtige Blättern und Schauen in Ihrer Bewerbungsmappe einen ersten Eindruck zu verschaffen. Es geht darum, schnell zu entscheiden, ob sich eine nähere Beschäftigung mit Ihnen (bzw. jetzt zunächst einmal mit Ihren Unterlagen) lohnt oder ob Sie die Unterlagen ganz schnell zurückbekommen.

Blitzschnelle Durchsicht

Für den ersten schnellen, aber doch schon recht entscheidenden Gang durch Ihre Bewerbungsmappe werden je nach Temperament eine bis maximal (und wirklich nur in seltenen Fällen) fünf Minuten Lese- und Bearbeitungszeit einkalkuliert. Der Durchschnitt liegt eher um die eineinhalb bis zwei Minuten. Diese wenige und umso wertvollere Zeit wird deshalb primär auf die beruflichen Daten verwandt (Entwicklung, Position etc.) und weniger auf das begleitende Anschreiben. Es ist in der Regel doch recht stereotyp und deshalb meist wenig aussagekräftig.

Zu einem späteren Zeitpunkt wendet man sich natürlich auch wieder dem Bewerbungsanschreiben zu und schaut sich an, ob man Sie einlädt oder vorab telefonisch interviewt.

Beschäftigen wir uns jetzt also zunächst einmal mit dem Erstellen Ihrer Bewerbungsmappe und den entsprechenden Unterlagen, denn Ihr Anschreiben sollten Sie zu guter Letzt konzipieren.

Der Aufbau Ihrer Bewerbungsunterlagen

Entscheiden Sie, wie Sie Ihre Bewerbungsunterlagen aufbauen wollen. Soll Ihre Mappe ein Deckblatt haben? Mit oder ohne Foto? Wie wird Ihre erste Seite gestaltet sein, wie viele Seiten brauchen Sie für Ihren Lebenslauf? Entwickeln Sie eine »Dritte Seite«? Verwenden Sie ein Anlagenverzeichnis? Am besten, Sie verdeutlichen sich Ihr Vorhaben durch eine kleine Zeichnung. Unsere Beispiele zeigen, welche Möglichkeiten Sie haben.

Kommentar: So kennen Sie es: Das Anschreiben auf einer Seite, gefolgt von einer oder zwei Seiten Lebenslauf. Im Anschluss: die Anlagen, Zeugnisse etc. (wir haben sie in unserem Buch aus Platzgründen immer weggelassen, bisweilen aber durch eine Anlagenübersicht verdeutlicht, was alles zu Ihren Bewerbungsunterlagen gehört).

Kommentar: Eine andere Variante. Nach dem Anschreiben folgt ein Deckblatt, dann der ein- oder zweiseitige Lebenslauf und eine Anlagenübersichtsseite. Danach die üblichen Zeugniskopien.

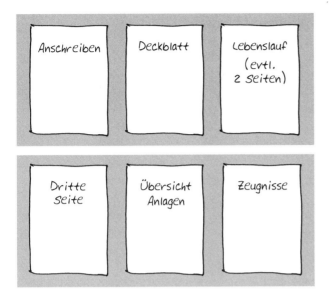

Kommentar: Hier haben wir nach dem Anschreiben das Deckblatt, ein bis zwei Seiten Lebenslauf, die Dritte Seite, eine Anlagenübersicht und die üblichen Zeugnisse.

Wie umfangreich Ihre Bewerbungsunterlagen werden, bestimmen Sie. Ob relativ dünn mit nur zwei bis drei Seiten plus zwei bis drei weiteren Anlageseiten oder stattlich mit sechs bis sieben Seiten, vom Anschreiben zum Deckblatt über die ausführliche Selbstdarstellung bis hin zum Anlagenverzeichnis mit weiteren zehn Dokumenten ... So ziemlich alles ist erlaubt, wenn es denn Sinn macht. Dies zu entscheiden ist zunächst Ihre Aufgabe.

Rechtschreibreform und Bewerbung

Seit Sommer 2006 sind die neuen amtlichen Regeln in Kraft getreten. Trotzdem sind häufig noch mehrere verschiedene Schreibweisen korrekt. Wir empfehlen Ihnen die Version, die das Unternehmen, bei dem Sie sich bewerben, selbst verwendet – auch wenn es sich um die alte Rechtschreibung handelt. Wenn Sie sich initiativ bewerben, lohnt sich ein Blick auf die Homepage der Firma. So zeigen Sie, dass Sie sich mit dem Unternehmen beschäftigt haben, und sammeln Pluspunkte.

Und immer aufs Neue: Der Lebenslauf

Für 90 Prozent aller Chefs ist die Analyse des Lebenslaufs entscheidendes Auswahlkriterium – so das Ergebnis einer von uns durchgeführten Befragung der Personalabteilungen führender Unternehmen. Das unterstreicht: Ihr Lebenslauf stellt die entscheidende Weiche für eine Einladung zum Vorstellungsgespräch.

Entscheidende Weiche

Zusammen mit dem Bewerbungsanschreiben ist der Lebenslauf das wichtigste Dokument, das für oder gegen Sie spricht. Daher gilt: Die Präsentation muss überzeugen und die Formulierung sehr sorgfältig sein. Rechnen Sie mit einem Zeitaufwand von zehn bis 30 und mehr Stunden.

Der tabellarische Lebenslauf gibt Ihrem potenziellen Arbeitgeber in kurzer Form eine Übersicht über Ihren Werdegang. Alle wichtigen Daten sind daraus ersichtlich, Schwerpunkte in Ausbildung und Beruf kann der Leser ohne große Mühe entnehmen. Die Informationen müssen kurz und prägnant sein und sich in logischer Abfolge aneinanderreihen. Achten Sie darauf, dass keine offensichtlichen Lücken auftreten oder dass Sie diese plausibel erklären.

Vielleicht überrascht es Sie: Jeder Lebenslauf ist nur einmal verwendbar. Lebensläufe sind also nicht recycelbar. Denn sie müssen – genauso wie das Bewerbungsanschreiben – der jeweiligen Bewerbung angepasst werden. Aus Ihrem Lebenslauf soll hervorgehen, dass Sie genau dem Anforderungsprofil der angestrebten Stelle entsprechen.

Anpassungsleistung

Eine Anpassungsleistung ist von Ihnen gefordert. So genial Sie auch sein mögen – erst mal müssen Sie beweisen, dass Sie die Spielregeln beherrschen und sich anpassen können. Wenn Sie das Ritual nicht perfekt mitspielen, haben Sie in der Regel kaum eine Chance, bei Ihrer Bewerbung weiterzukommen. Natürlich ist es Ihre Entscheidung, inwieweit Sie Ihrer Individualität Ausdruck verleihen wollen.

Sich von der Masse abheben

Apropos Individualität: Treten Sie in Ihrem Lebenslauf mit kleinen Zusatzqualifikationen aus der Masse hervor. Vielleicht haben Sie ein berufsspezifisches Ehrenamt oder Engagement, vielleicht ein besonderes Hobby oder eine spezielle Stärke, vielleicht waren Sie im Ausland oder haben sich aus Eigeninitiative weitergebildet.

Als Faustregel gilt: Ihre Freizeitbeschäftigungen sind dann von besonderem Interesse, wenn sie mit dem Arbeitsplatz und seinen Anforderungen in irgendeiner Verbindung stehen. Beispielsweise sind Ihre aktive Sportbegeisterung und die Tatsache, dass Sie Mannschaftskapitän Ihres Handballteams sind, dann von besonderem Informationswert, wenn Sie einen Beruf wählen, in dem es auf Ihre soziale Kompetenz ankommt. Sportaktive gelten als sozial befähigt. Wenn Sie Kassenwart in einem Verein waren, zieht ein Personalchef möglicherweise Rückschlüsse auf Ihre Zuverlässigkeit, Genauigkeit und Vertrauenswürdigkeit. Der entscheidende Gedanke bei der Gestaltung des Lebenslaufes ist: Was könnte Sie bei dem angestrebten Arbeitsplatz in den Augen des Arbeitgebers interessant machen, aufwerten und von anderen Mitbewerbern positiv unterscheiden? Es geht um Ihre Persönlichkeit, und dabei sagen Ihr Hobby und Ihre Interessen eine ganze Menge über Sie als Menschen.

Zeitfolge- und Positionsanalyse

Der Lebenslauf dokumentiert Strukturen Ihrer Lebensführung. Geübte Personalchefs entdecken in diesem Dokument (oder glauben es zumindest) Grundlinien Ihrer Biografie und damit auch wesentliche Charaktermerkmale. Gestaltung und Inhalt des Lebenslaufes lassen Rückschlüsse darauf zu, wie Sie Ihr Leben anpacken. Aufrecht, sorgfältig, zwanghaft oder sogar etwa kleinlich. Seien Sie also darauf gefasst, und geben Sie negativen Interpretationen keine Chance. Halten Sie sich an bewährte Regeln.

Zwei Aspekte sind es primär, denen die Personalchefs und Arbeitgeber beim Studium Ihres Lebenslaufes nachgehen: Zeitfolge- und Positionsanalyse.

Wo sind Lücken?

Die Zeitfolgeanalyse wird erstellt, um möglichen Lücken in Ihrer Biografie auf die Spur zu kommen. Hinter »weißen Stellen« vermutet man Ungutes. Ihr Chef nimmt auch die Zahl der Arbeitsplätze in einem bestimmten Zeitraum genauer unter die Lupe: Findet ein Arbeitsplatzwechsel in zu kurzen Abständen statt (d. h. deutlich unter fünf Jahren), deutet das auf Schwierigkeiten oder mangelndes Durchhaltevermögen hin.

Bei jüngeren Bewerbern sieht das jedoch anders aus als bei älteren. Wer jung ist, darf ausprobieren. Umgekehrt gilt: Wer erst nach zehn oder 15 Jahren wechselt, dokumentiert Ängstlichkeit und mangelnde Flexibilität. Das sieht dann nach geringer Risikobereitschaft und mäßigem Lernwillen aus.

Die Positionsanalyse untersucht Auf- und Abstieg, Berufs- und Arbeitsgebietswechsel. Der Chef fragt sich: Ist Ihre Biografie geradlinig und logisch nachvollziehbar? Kann man darin eine Lebens- oder sogar Laufbahnplanung erkennen? Haben Sie ziellos im Leben mal dies, mal jenes gemacht? Sind Sie planvoll und konsequent vorgegangen oder ein Hansdampf in allen Gassen?

Form

Was ist für die Gestaltung Ihres Lebenslaufs das Wichtigste? Ein Lebenslauf gehorcht den Prinzipien Kürze und Klarheit. Die Informationen und Argumente, die für Ihre Person sprechen, müssen auf den ersten Blick ins Auge stechen.

Maschinen- und computergeschriebene Lebensläufe helfen, diese Kürze und Klarheit auch optisch zu transportieren. Eine bis maximal drei Seiten sollten Sie dafür veranschlagen. Handgeschriebene Lebensläufe sind nur auf ausdrückliche Aufforderung hin einzureichen.

Wir halten das im Übrigen für völligen Sadismus – ein handgeschriebener Lebenslauf sieht selten gut aus und sprengt auch vom Platz her mit Sicherheit den Rahmen. Unser Ratschlag in dieser Angelegenheit: Widersetzen Sie sich diesem Wunsch und steuern Sie lieber ein anderes handgeschriebenes Blatt bei, auf dem Sie eine zusätzliche Werbung in eigener Sache platzieren (siehe auch S. 223).

Gliederung

Chronologisch
Am meisten verbreitet ist die chronologische Variante. Dabei haben Sie wiederum die Auswahl, ob Sie heute beginnen und auf der Zeitachse zurückgehen (französische bzw. amerikanische Form) oder ob Sie die Ereignisse nacheinander bis zum heutigen Zeitpunkt aufzählen (deutsche Form).

Nach Oberbegriffen
Die andere Variante arbeitet mit Oberbegriffen. Die Gliederung erfolgt nach Themenschwerpunkten und erst dann nach zeitlicher Abfolge.

Ein Beispiel zur Verdeutlichung:

Name:	Carla Dressler
Geburtsdatum:	12.07.1977
Familienstand:	verheiratet, ein Kind
Schulbildung:	1995 Abitur am Bonhoeffer-Gymnasium Hamburg
Berufsausbildung:	2000–2006 Studium der Philosophie und Germanistik
Arbeitspraxis:	1999–2003 Sachbearbeiterin in der Uni-Verwaltung
	2004–2007 Familienphase
	2006–2006 Auslandsjahr in Wien usw.

In unserem Beispiel war Frau Dressler sechs Jahre lang als Studentin eingeschrieben. Während dieser Zeit bekam sie ein Kind und zog für einige Zeit nach Österreich. Da sie ihren Lebenslauf nicht in allen Details erzählen will und auch gar nicht Monat für Monat ein »Stückchen Karriere« vorweisen kann, bietet sich diese Art der Darstellung an. Längere Pausen im Berufsleben, wie sie zum Beispiel durch Mutterschaft entstehen, können so etwas geschickter umschifft werden – bei aller nötigen Vorsicht! Auch wenn Sie kaum Berufspraxis haben, können Sie Ihren Lebenslauf so darstellen.

Inhalt

Noch einmal: Dem Lebenslauf will man entnehmen, ob Sie sowohl aufgrund Ihrer fachlichen Kompetenz wie auch aufgrund Ihrer Persönlichkeit für den offerierten Arbeitsplatz geeignet sind.

Vieles muss, manches kann

Viele Angaben im Lebenslauf sind »Kann-Bestimmungen«. Die Angabe des Familienstandes beispielsweise ist nicht zwingend notwendig. Abzuraten ist von Selbstbeschreibungen wie »geschieden« oder »wiederverheiratet« – gegebenenfalls schreiben Sie »verheiratet« oder »unverheiratet«.

Grundschema

Folgendes Schema kann eine Orientierung für die Gestaltung Ihres Lebenslaufs sein. Nehmen Sie dieses Gerüst als Basis, um Ihren eigenen Lebenslauf weiterzuentwickeln:

Persönliche Daten	**Foto**
Vor- und Zuname Anschrift, Telefon (besser auf der Deckblattseite, s. S. 232) Geburtsdatum und -ort Religionszugehörigkeit (nur wenn arbeitsplatzbezogen wichtig) Familienstand, ggf. Zahl und Alter der Kinder Ggf. Name und Beruf des Ehepartners (muss nicht sein) Staatsangehörigkeit (bei Ausländern)	Ein professionelles Foto, z. B. oben rechts auf den Lebenslauf kleben oder besser auf eine Deckblattseite (s. S. 232). Das Foto nicht klammern oder heften

Schulausbildung

Zeitangaben	Besuchte Schulen (Typen) Schulabschluss (Zeitangabe in Jahren)

Berufsausbildung

Zeitangaben	Ausbildender Betrieb, ggf. Schwerpunkte, Abschluss, Berufsbezeichnung usw.

Hochschulstudium

Zeitangaben	Fach/Fächer, Universität und Abschlüsse Ggf. Schwerpunkte, ggf. Thema der Examensarbeit/Promotion

Berufstätigkeit

Zeitangaben	Positionen, evtl. Kurzbeschreibung Arbeitgeber (Orte und Zeitangaben)

Berufliche Weiterbildung

Zeitangaben	Alles, was mit der Berufspraxis in Zusammenhang steht

Außerberufliche Weiterbildung

Zeitangaben	Kurse. Vorsicht bei der Auswahl: Fremdsprachen ja, Fallschirmspringen und Psychokurs nein

Besondere Kenntnisse

Fremdsprachen, EDV, Führerschein, andere Scheine und Qualifikationen

Hobbys/Interessen, ehrenamtliches oder soziales Engagement, Sport, Politik

Überlegen Sie stets, welches Bild Sie dabei von sich entwerfen und ob diese Tätigkeiten zu Ihrer Bewerbung um diesen Arbeitsplatz passen.

Sonderinformationen

Z. B. über Auslandsaufenthalte, Praktika
Hier könnten Sie auch eine zusätzliche Erklärung unterbringen, warum Sie diesen Arbeitsplatz wünschen

Extratipp für Frauen

Oft erschrecken Personalchefs, wenn sie im Lebenslauf lesen, dass die Bewerberin ein oder mehrere kleine Kinder hat. Sie sind nicht dazu verpflichtet, Ihre Kinder anzugeben. Wenn Sie den Nachwuchs aber nicht einfach unterschlagen wollen, können Sie einen kurzen Vermerk in Klammern dahintersetzen, z. B. zwei Kinder (deren Versorgung durch die Tante sichergestellt ist).

Und ein Hinweis zu den sogenannten »weißen Stellen« im Lebenslauf: Sollten Sie keine lückenlose Berufspraxis vorzuweisen haben, so stellen Sie dies deutlich und selbstbewusst als Familienphase bzw. -arbeit heraus. In dieser Zeit haben Sie unendlich viel gelernt, was sich sinnvoll für Ihr berufliches Leben nutzen lässt, wie Organisation, Erziehung, Flexibilität, Belastbarkeit, Zeitmanagement etc.

Also noch einmal ganz deutlich: Sie waren nicht Nur-Hausfrau und Mutter, sondern Chefin eines eigenen funktionierenden »Unternehmens«. Führen Sie sich diese Qualifizierung immer wieder vor Augen. Bei Frauen löst gerade das Schreiben eines Lebenslaufes häufig Gefühle der Unzulänglichkeit und Frustrationen aus, weil frau sich schwarz auf weiß mit ihrem Lebensverlauf auseinandersetzen muss. Besonders bei Frauen sind die beruflichen Wege oft verschlungen – vielleicht ist die Ehefrau ihrem Mann in eine Stadt gefolgt, in der es für sie beruflich uninteressant war, oder es sind im Zusammenhang mit der Kindererziehung immer wieder Unterbrechungen in der Berufstätigkeit notwendig geworden.

Extratipp für Bewerber über 45

Wenn Sie älter als 45 sind, reicht es völlig aus, in der Rubrik (Hoch-)Schule den Schul- und gegebenenfalls Uniabschluss zu erwähnen. Alles andere ist schon eine Ewigkeit her.

Es ist von Vorteil, wenn Sie bei den Hobbys sportliche Interessen angeben können. Das unterstreicht, dass Sie sich fit halten.

Hinweise

Angaben über Ihre Glaubensrichtung und Ihre gewerkschaftliche oder politische Orientierung gehören nur in wirklich begründeten Ausnahmefällen (z. B. Bewerbung bei Kirche/Gewerkschaft/Partei), Ihre Vermögensverhältnisse und Ihr Gesundheitszustand grundsätzlich nicht in den Lebenslauf.

Verzichten Sie darauf, im Lebenslauf Ihre Eltern zu erwähnen. Das ist heutzutage längst nicht mehr üblich und zeugt sogar von einer gewissen Unselbstständigkeit. Wenn Ihre Eltern berühmte Leute sind, deren Namen Eindruck hinterlassen, ist das Ganze umso peinlicher. Wollen Sie wegen Ihrer Fähigkeiten oder wegen Ihres guten Elternhauses eine Stelle?

Unterlassen Sie überflüssige Informationen. Wenn Sie studiert haben, brauchen Sie nicht auf Ihren Grundschulbesuch hinzuweisen. Ebenso wenig interessiert das Abiturzeugnis nach zehn Jahren Berufserfahrung.

Jeder Lebenslauf muss frisch getippt/gedruckt sein. Schicken Sie keine Kopie, das kränkt den Empfänger.

Behalten Sie aber – das sei hier betont – für sich selbst stets eine Kopie aller abgeschickten Unterlagen. Nur dann wissen Sie genau, was der Arbeitgeber schwarz auf weiß von Ihnen in Händen hält. Das Gedächtnis kann nämlich nach vier bis sechs Wochen recht trügerisch sein. Lesen Sie alle Details nach, bevor Sie zu Ihrem Vorstellungsgespräch gehen.

Extratipp für Hochschulabsolventen

Wenn Sie sich direkt nach Abschluss Ihres Hochschulstudiums bewerben, haben Sie naturgemäß wenig bis keine Berufspraxis vorzuweisen und der Lebenslauf sieht unter Umständen recht mager aus. In diesem Fall kann es sinnvoll sein, eine Extraseite mit der Überschrift »Praktische Tätigkeiten« beizulegen, um auf besondere Kurse, Lehrwerkstätten, Projekte etc., die Sie im Rahmen Ihres Studiums absolviert haben, hinzuweisen. Auch mit dem Herausstellen von Studienschwerpunkten, Prüfungsthemen und Abschlussarbeiten, Wettbewerben und Auslandsaufenthalten haben Sie die Möglichkeit, sich positiv von anderen Bewerbern abzuheben.

Die Dritte Seite oder: Was mir wichtig ist

Wir haben darauf hingewiesen, dass Personalentscheider oft unter Zeitdruck stehen und so die im Bewerbungsanschreiben vorgetragenen Informationen und Verkaufsargumente wegen der Vielzahl der eingehenden Bewerbungsunterlagen viel zu wenig beachten.

So wird häufig der Text des Anschreibens lediglich flüchtig überflogen (30 Sekunden bis maximal 1,5 Minuten), dann wendet man sich der beigefügten Bewerbungsmappe – insbesondere dem Foto des Bewerbers –, den Interessen, Hobbys oder sonstigen Kenntnissen, den formalen Ausbildungs- und Arbeitsdaten genauer zu.

Erst wenn das geschehen ist und ein positives Zwischenresultat im Kopf des Lesers Platz gegriffen hat, werden die weiteren Anlagen – meist Arbeits- und Ausbildungszeugnisse – gelesen. Was also tun? Fügen Sie doch die sogenannte Dritte Seite bei. Beim Blättern in Ihren Unterlagen stößt der Personalchef auf die Seite mit der Überschrift:

Was mir wichtig ist

Dieser Text wird bestimmt – trotz allen Zeitdrucks – sehr aufmerksam gelesen und zur Kenntnis genommen. Wem es an dieser Stelle gelingt, in wenigen kurzen Sätzen das richtige Bild zu vermitteln, kann – wenn die anderen Eckdaten stimmen – mit einer Einladung zum Vorstellungsgespräch rechnen.

Anders als die Konkurrenz

Die Dritte Seite hebt Sie positiv von der Menge der eingesandten Bewerbungsunterlagen ab. Eine fantastische Chance für Sie als Bewerber, als »Drehbuchautor« Ihrer Verkaufs- (d. h. Bewerbungs-)Unterlagen.

Diese zusätzliche Seite im Anschluss an den Lebenslauf hat den von uns beratenen Bewerbern (siehe S. 248) häufig eine Einladung zum Vorstellungsgespräch eingebracht.

Fast schon Bewerbungsstandard ist an dieser Stelle eine Extraseite mit der Auflistung von Publikationen (wenn Sie welche zu verzeichnen haben, ggf. Diplomarbeit o. Ä., Kurzzusammenfassung, Ergebnisse), der Skizzierung von besuchten Fortbildungsveranstaltungen, besonderen Arbeitsschwerpunkten oder Projekten, die für Sie als den richtigen Kandidaten sprechen.

Bisweilen wird immer noch eine Handschriftenprobe verlangt (siehe S. 229), und manche Kandidaten schreiben dann offensichtlich in Ermangelung einer kreativen Idee skurrile Texte aus der Zeitung ab, was auch eine Art Dritte Seite darstellt.

Unsere Dritte Seite kann zusätzlich oder alternativ verwendet werden und transportiert richtig konzipiert die entscheidenden Argumente, warum Sie als Bewerber unbedingt in die engere Auswahl gehören, also zum Vorstellungsgespräch eingeladen werden und den vakanten Arbeitsplatz einnehmen sollten.

Ob handschriftlich mit blauer Tinte oder wie die anderen Seiten per Laser-/Tintenstrahldrucker erstellt – mit dem richtigen Konzept, einer guten Formulierung und der trotz allem notwendigen Kürze erreichen Sie die optimale Aufmerksamkeit des auswählenden Lesers.

Die Gestaltungsdetails

Papier
Es empfiehlt sich, das gleiche Papier zu nehmen wie für die vorangegangenen Seiten (etwas schwereres, festes Papier mit Wasserzeichen). Denkbar wäre aber auch ein ganz besonderes, wertvolles Papier, wie es etwa für Urkunden verwendet wird. In jedem Fall muss es sich von den folgenden Anlagen (Zeugniskopien etc.) deutlich positiv abheben.

Überschrift
Sie hat die Funktion zu überraschen, Interesse und Neugierde zu wecken und inhaltlich kurz auszusagen, worum es geht. Hier weitere Beispiele:

- Zu meiner Bewerbung
- Meine Motivation
- Warum ich mich bewerbe
- Zu meiner Person
- Was Sie noch wissen sollten
- Ich über mich
- Was mich qualifiziert
- Warum ich?

Der Kreativität sind fast keine Grenzen gesetzt. Überschrift und Text sollten in jedem Fall zusammenpassen! Eventuell machen Sie die Headline handschriftlich. Am besten erst mal die zu vermittelnde Botschaft zu Papier bringen und dann die geeignete Titelzeile formulieren.

Aufbau
Was sind die Argumente und Aussagen, was ist Ihre Botschaft, die bei dem auswählenden Leser ihr Ziel erreichen und eine Einladung zum persönlichen Gespräch bewirken soll?

Da Sie etwa 7 bis maximal 15 Zeilen zur Verfügung haben, ist hier der entscheidende Platz, Ihre Person entsprechend vorzustellen. (Bitte nicht mehr als etwa 60 Anschläge, übliche Schriftgröße, bloß nicht zu klein, fürs Auge zu beschwerlich und grafisch wenig einladend.)

Inhalt
Thematisch kommen Aussagen zu Ihrer Person, Motivation und Kompetenz infrage. Versuchen Sie aber bloß nicht, zu viele Informationen auf diese eine Seite zu pressen, denn das würde eher einen nachteiligen Eindruck erzeugen.

Inhaltlich darf die von Ihnen gewählte Botschaft in Zusammenhang stehen mit Aussagen im Anschreiben, mit Lebenslauf- und Arbeitsplatzstationen und darüber hinaus noch etwas persönlicher und pointierter formuliert sein.

Bloße Aufzählungen wie: Ich bin der Größte, Schnellste, Schönste etc. überzeugen wenig und bewirken eher das Gegenteil. Nicht die pure Aneinanderreihung zählt, sondern die für den Leser nachvollziehbare – weil auch im Lebenslauf erkennbare – (logische) Argumentation.

Abschluss
Ob Sie zum Abschluss mit königsblauer Tinte unterschreiben oder nicht (Ort und Datum nicht vergessen), steht Ihnen frei. Wir jedenfalls empfehlen es.

Die Anlagen: Wichtige Ergänzung Ihrer schriftlichen Vorstellung

Das Wort »Anlagen« suggeriert, dass es sich bei diesen Unterlagen um eine Art nebensächliches Anhängsel handelt. Doch man sollte die Bedeutung dieser Papiere nicht unterschätzen. Nicht nur Anschreiben und Lebenslauf transportieren Ihre Botschaft, sondern ganz besonders das Foto, aber auch die Anlagen mit den (Arbeits-/Schul-)Zeugnissen, weiteren Zertifikaten, evtl. Referenzen, der Handschriftenprobe, und gestalterische Sonderseiten wie das Deckblatt, die Einleitungsseite. Eine Seite mit persönlichen Daten, die Inhaltsübersicht, das Anlagenverzeichnis können von entscheidender Bedeutung sein, wenn Sie in die engere Wahl kommen wollen.

Foto

Ihr Foto ist eine der wichtigsten Komponenten in Ihren Bewerbungsunterlagen. Wer mit seinem Foto zu Beginn des Auswahlverfahrens Sympathie mobilisieren kann, hat bessere Chancen. Daher ist an dieser Stelle höchste Sorgfalt geboten.

Der Personalentscheider wird als Erstes einen Blick auf Ihr Foto werfen und sich in Sekundenschnelle ein Urteil bilden: Was für einen Eindruck macht dieser Mensch? Wirkt er sympathisch oder unsympathisch? Mürrisch oder freundlich? Zugewandt oder verschlossen? Wach oder verschlafen? Intelligent oder schwer von Begriff? Hat der Bewerber ein professionelles Foto beigefügt, das ein Bild seines Selbstwertgefühls und der Ernsthaftigkeit seines Anliegens vermittelt? Mit diesem Eindruck im Hinterkopf beginnt der Empfänger Ihre Bewerbung durchzublättern.

Wichtiger Hinweis

Ein Bild sagt mehr als tausend Worte; jeder (auch ein Personalentscheider) ist von einer ansprechenden Optik mehr oder weniger beeinflussbar. Und so strahlt Ihr Foto auf Ihre gesamte Bewerbung aus. Viele halten das Foto für wichtiger als Lebenslauf oder Anschreiben. Investieren Sie also in einen guten Fotografen, es lohnt sich!

Übersicht: Betrachtungskriterien

Auf vier Kriterien hin wird Ihr Foto analysiert:
- Aussehen und Mimik
- Kleidung
- fotografische Qualität (»künstlerisch«/technisch)
- gewähltes Format

Bildproduktion

Gehen Sie zu einem professionellen Fotografen, Privatfotos oder Automatenbilder sind indiskutabel – man könnte Sie für geizig halten. Besprechen Sie mit ihm, für welchen Anlass Sie die Fotos benötigen und wie Sie wirken möchten. Lassen Sie eine Auswahl an Fotos anfertigen und legen Sie diese Freunden zur Beurteilung vor, um gemeinsam das beste für die jeweilige Bewerbung auszuwählen. Denn: Nicht immer ist das vermeintlich »schönste« Foto auch für jede Bewerbung optimal.

Tipp

Exzellente Kopien, eingescannte oder digitale Fotos sind heutzutage voll akzeptiert.

Format

Ein winziges Foto legt die Deutung nahe, dass Sie sich nicht wichtig genug nehmen. Umgekehrt spricht ein Postkartenporträt Bände über Ihre Eitelkeit. Ein guter Mittelweg: etwa 6 mal 4,5 Zentimeter. Testen Sie auch einmal ein ungewöhnliches Querformat. Unsere Beispiele (S. 228) zeigen interessante Formate und auch attraktive Bildausschnitte. Der Kopf darf angeschnitten sein, weil es so dynamischer wirkt.

Neu ist eine Art Triptychon, eine Aneinanderreihung von Porträtfotos, wie Sie es im Beispiel oben auf Seite 228 sehen. Das ist nicht geeignet für gestandene Führungskräfte, sondern eher für jüngere Kandidaten. Probieren Sie es aus, verhandeln Sie mit Ihrem Fotografen und befragen Sie Ihre persönlichen Bewerbungsberater.

Farbe

Wir empfehlen ein Schwarz-Weiß-Foto, da es Sie sowohl zurückhaltender als auch interessanter erscheinen lässt und dem Betrachter mehr Interpretationsmöglichkeiten bei der Beurteilung Ihres Gesichts gibt. Monochrome Bilder (bräunlich, bläulich) sind auch akzeptabel. Falls Sie dennoch ein Farbfoto vorziehen, wählen Sie dezente Kleidung und – für die Damen – sparsames Make-up.

Kleidung

Von einem leger-offenen Hemdkragen ist ebenso abzuraten wie von einem tiefen Einblick in weibliche Reize. Wählen Sie die Kleidung, die dem von Ihnen angestrebten Berufsstand angemessen ist. Die Haare sollten gepflegt sein und auf keinen Fall die Augen verdecken – Sie haben nichts zu verbergen.

Tipp

Versetzen Sie sich für den Fototermin bewusst in eine positive Stimmung. Lächeln Sie, machen Sie ein freundliches Gesicht und denken Sie an etwas Schönes, an eine große Liebe oder an Ihren Urlaub ...

Posen

Statt der typischen »Kopf-und-Kragen«-Fotos (wie beim Passbild) können Sie auch Arme, Hände und Oberkörper mit aufs Bild bringen. Anregungen finden Sie in entsprechenden Medien wie *manager magazin* oder *Capital*, oder studieren Sie PR-Unterlagen von Unternehmen aus Ihrer Branche.

Wichtiger Hinweis

Im August 2006 ist das AGG (Allgemeines Gleichbehandlungsgesetz) in Kraft getreten. Diese Initiative beruht auf einer ursprünglich sehr guten Idee, welche

Diskriminierungen ausschließen soll. Was die aktuelle Bewerbungspraxis betrifft, sorgt das Gesetz jedoch für mehr Kompliziertheit und Verunsicherung bis zu Rechtsstreitigkeiten. Fakt ist: Es dürfen keine Fotos mehr vom Jobanbieter verlangt werden; diese Aufforderung darf in keiner Stellenausschreibung auftauchen. Es steht natürlich jedem Bewerber/jeder Bewerberin frei, von sich aus ein Foto hinzuzufügen. Also nutzen Sie diese.

Sehr neu ist diese Art von Triptychon, eine Aneinanderreihung von Porträtfotos. Hier ist der Kopf immer leicht angeschnitten, sicher noch besser geeignet für jüngere Kandidaten.

Fast quadratisch, Kopf deutlich angeschnitten, sehr sympathisches Lächeln.

Außergewöhnliche Handhaltung, nicht jedermanns Geschmack, aber sicher ein Hingucker. Sehr stark angeschnitten!

Fast quadratisch, interessantes Format, ebenfalls angeschnitten, deutlicher Hingucker. Leichtes Lächeln, darauf verweilt das Auge schon länger …

Zeugnisse

Viele Personalchefs glauben wegen des geradezu inflationären Gebrauchs dieser Dokumente nicht mehr so recht an ihre Aussagekraft, doch daraus folgt nicht, dass Sie sich das Beifügen von Zeugnissen sparen können. Über Arbeitszeugnisse haben wir ja bereits berichtet (siehe S. 173).
   Bei Schulzeugnissen ist eine gewisse Zurückhaltung angebracht. Schulabschluss- oder Grundausbildungszeugnisse fügen Sie nur bei, wenn Sie unter 33 sind oder überhaupt keine anderen Schriftstücke vorzuweisen haben.
   Zeugnisse/Zertifikate von privaten Einrichtungen und interessanten Kursen wie »Nachtfischen in Katalanien« oder »Töpfern in der Toskana« mögen Sie persönlich schmücken, sind aber nur dann sinnvoll, wenn Sie mit der Bewerbung in unmittelbarem Zusammenhang stehen. Zertifikate über Volkshochschulkurse können Sie dann beifügen, wenn sie speziell Ihrer beruflichen Weiterbildung gedient haben. Diplom- und Arbeitszeugnisse legen Sie bitte bei, wenn diese nicht älter als zehn Jahre sind. Generell gilt: Immer den höchsten Ausbildungsabschluss als Zeugnis beilegen, d. h. bei Studium kein Abiturzeugnis, bei Abitur kein Zeugnis der Mittleren Reife etc.

Extratipp für Bewerber über 45

Da Ihre Schulzeit schon etwas länger zurückliegt, sollten Sie bei Schulzeugnissen sehr zurückhaltend sein. Verzichten Sie also auf Schulabschluss- oder Grundausbildungszeugnisse. Als 50-jähriger Bewerber, der ein solches Zeugnis oder das Abiturzeugnis vorlegt, geben Sie ein merkwürdiges Bild ab.

Handschriftenprobe

Sollte in der Stellenanzeige von den Bewerbern eine Handschriftenprobe verlangt werden, so können Sie davon ausgehen, dass sich ein Grafologe über Ihre Papiere beugt. Ihre Handschrift soll Rückschlüsse auf Ihre Persönlichkeitsstruktur ermöglichen.
   Es ist erstaunlich, was »Schriftgelehrte« da so alles zu erkennen glauben. Aus Ihrer Handschrift wollen sie Ihre Hauptcharakterzüge herauslesen, Ihre Fantasie oder Eignung zur Routine, Ihren Optimismus oder Pessimismus, Ihre Energie oder Passivität. Nicht zu vergessen Ihr Selbstbewusstsein, Ihre Sexualität, Ihre Stressbereitschaft, Ihre Flexibilität, Ihre Zukunftsorientierung.
   Falls Handschriftliches von Ihnen verlangt wird, wiederholen wir unseren bereits an anderer Stelle gegebenen Rat: Widersetzen Sie sich der Bitte um einen handgeschriebenen Lebenslauf. Sie werden in Platznöte kommen, und schön sieht eine solche Präsentation in der Regel nicht aus. Nutzen Sie vielmehr die

Gelegenheit, handschriftlich auf einer Extraseite (nach dem maschinenschriftlichen Lebenslauf) mit einigen gut platzierten Sätzen auf sich aufmerksam zu machen; umreißen Sie die Motivation Ihrer Bewerbung und weisen Sie noch einmal auf Ihre Qualitäten hin. Schreiben Sie bloß nichts aus der Zeitung ab. Entwerfen Sie ein paar Sätze als Eigenwerbung.

Ob Ihre Handschrift für oder gegen Sie spricht, können wir hier nicht beantworten. Verstellen der Handschrift bringt jedenfalls nichts – ein geübtes Auge sieht das. Sie können aber einige grundlegende Fehler vermeiden, wenn Sie sich ein Buch über Schriftdeutung kaufen. An einige Tipps zur Seiteneinteilung können Sie sich leicht halten: z. B. gerade Zeilen (= ausgeglichen), Rand zu beiden Seiten (= großzügig im Geist), Unterschrift gleich groß wie der Text (= Sie sind, wie Sie sich geben ...).

Referenzen

Es gibt zwei Formen von Referenzen, die Sie Ihren Anlagen hinzufügen können:

- Name und Kontaktdaten einer oder mehrerer Personen, die auf Anfrage eines potenziellen neuen Arbeitgebers Auskunft über Ihre beruflichen Fähigkeiten und Leistungen und Ihre persönliche Eignung geben.
- Das Empfehlungsschreiben einer Person, die sich darin – möglichst positiv – über die genannten Punkte äußert.

Mögliche Referenzgeber

Wollen und können Sie jemanden benennen, der für Sie als Fürsprecher auftritt? Nahe Verwandte sind nicht akzeptabel. Eher lässt sich Ihr zukünftiger Chef von einem Profi, der längere Zeit mit Ihnen zusammengearbeitet oder Ihre Ausbildung begleitet hat, beeindrucken. Es kann sich deshalb nur um Lehrer, Professoren oder sonstige Vorgesetzte handeln, in Ausnahmefällen um Personen mit öffentlich anerkannter Autorität, zum Beispiel den Bürgermeister.

Kennen Sie solche, von Personalfachleuten akzeptierten Personen? Sind Sie sich sicher, dass diese gern und in Ihrem Sinne bei eventuellen Anfragen positive Auskünfte über Sie erteilen würden? Wenn ja, ist das toll. Sprechen Sie jedoch sicherheitshalber die Referenz, insbesondere die wichtigsten Fähigkeiten, mit denen Sie den neuen Arbeitgeber insgesamt beeindrucken wollen, vorher ab.

Haben Sie Zweifel, ob Sie jemanden um diesen Gefallen bitten können? Dann hilft nur eins: potenzielle Referenzgeber ansprechen und es herausfinden.

Bedeutung von Referenzen

Überschätzen Sie jedoch nicht den Wert und die Wirkung solcher Referenzen. Manche Arbeitgeber sehen sie nur als Imponiergehabe an oder vermuten, dass sie auf diese Weise sowieso keine objektive Meinung über Ihre Eignung erhalten. Es kann also gut sein, dass potenzielle Arbeitgeber lieber ungefragt einen früheren Chef kontaktieren.

Wenn Sie wissen wollen, was Ihr ehemaliger Arbeitgeber von Ihnen hält, gibt es einen Trick. Bitten Sie eine Person Ihres Vertrauens, bei Ihrem letzten Chef anzurufen, und lassen Sie diese – getarnt als potenzieller neuer Arbeitgeber – eine Einschätzung Ihrer Person einholen.

Ein ehemaliger Arbeitgeber darf (laut Gesetz) nichts Nachteiliges über ausgeschiedene Mitarbeiter aussagen. Er muss sogar, falls er durch seine negativen Auskünfte eine Beschäftigung des Bewerbers bei einer anderen Firma verhindert, für den Schaden (Verdienstausfall etc.) aufkommen. So ist es zumindest in der Theorie. In der Praxis wird das allerdings nur sehr schwer nachzuweisen sein.

Gestaltung und Inhalt von Referenzen

Geht es nur um die Kontaktdaten eines Referenzgebers, ist dabei Folgendes zu beachten. Sie legen in Ihre Anlagen ein Extrablatt mit der Überschrift »Referenzen« und schreiben dann zum Beispiel: »Die folgenden Personen sind bereit über mich Auskunft zu geben:«

Jetzt folgen Name, Telefonnummer und andere Kontaktmöglichkeiten und/oder die Adresse. Fügen Sie möglichst auch die Position/Funktion der Person hinzu und eine Angabe darüber, wie lange diese Person Sie kennt und in welcher Beziehung Sie zueinander stehen (»Mein Ausbilder, Vorgesetzter von … bis … bei …, Professor, bei dem ich meine Diplomarbeit geschrieben habe« etc.).

Empfehlungsschreiben

Hierzulande nicht so bekannt, in (fast) allen anderen Ländern durchaus üblich, ist ein Empfehlungsschreiben, das Sie als Kopie beilegen. Es handelt sich dabei um eine Art Werbung für Sie, die von einer dritten Person vorgetragen wird. Der Brief sollte als erste Anlage den Reigen weiterer Dokumente eröffnen oder sogar direkt nach Ihrem Lebenslauf folgen (quasi als eine Art Dritte-Seite-Ersatz!).

In diesem Text äußert sich eine besondere Person, deren Funktion deutlich wird, sehr wohlwollend über Sie und empfiehlt dem Leser, Sie für eine bestimmte Position in Betracht zu ziehen, weil Sie über ganz besondere (wünschenswerte) Fähigkeiten, Eignungen und Qualifikationen verfügen. Damit solch ein Brief die Chance hat, gelesen zu werden, darf er nicht allzu lang sein. Und natürlich erhöht der Bekanntheitsgrad des Ausstellers, also der Person, die darin etwas über Sie aussagt, den Wert.

Arbeitsproben

In diesem Stadium der Bewerbung sind Arbeitsproben eigentlich noch kein Thema. Aber denken Sie daran: Ihre kompletten Bewerbungsunterlagen sind bereits eine erste Arbeitsprobe! Wie Sie sich präsentieren und wie sorgfältig Sie mit sich umgehen, sagt dem Arbeitgeber eine ganze Menge. Wenn Sie sich mit Ihrer Bewerbung Mühe geben, werden Sie sich auch bei der Arbeit engagieren, ist die Folgerung. Reagieren Sie schnell auf eine Stellenanzeige, heißt das, dass Sie wichtige Dinge nicht auf die lange Bank schieben, unter Umständen aber auch, dass Sie es nötig haben (also besser nicht gleich am nächsten Tag schreiben, man kann durchaus vier, fünf Tage warten). Gut formulierte und strukturierte Bewerbungsunterlagen sprechen für die Klarheit Ihres Denkens etc.

Deckblatt

Für welche Präsentationsform Sie sich auch immer entscheiden – es empfiehlt sich, den Leser Ihrer Unterlagen nicht direkt in den Lebenslauf stolpern zu lassen. Ähnlich wie ein Buch nicht sofort mit dem Inhaltsverzeichnis oder gar mit dem Hauptkapitel beginnt, hat das Deckblatt die Funktion eines Titelblatts, wie auch immer Sie es dramaturgisch gestalten.

Am häufigsten ist folgende Variante: »Bewerbungsunterlagen für die Firma XY von XYZ, Diplom-Ingenieur«. Oft wird auch die eigene Adresse inklusive Telefonnummer hinzugefügt. Nicht selten erscheint auf dem Titelblatt lediglich der Name des Bewerbers ohne weitere Angaben (oder alternativ der Adressat). Häufig wird dieser Platz auch bevorzugt für die Präsentation des Fotos ausgewählt. Selbst ein literarisches Zitat in Form eines Mottos, das Ihre Arbeitsweise oder Ihre Lebensauffassung gut wiedergibt, ist denkbar.

Inhaltsübersicht

Eine weitere Variante, um Aufmerksamkeit zu erzielen, ist die Inhaltsübersicht, die uns aus Büchern wohlbekannt ist. Sie hat die Funktion, die Leser zu informieren, was sie inhaltlich auf den nächsten Seiten erwartet, und ermöglicht somit eine schnelle Orientierung, wo was zu finden ist. Die Inhaltsübersicht lohnt sich allerdings kaum für Mappen, die lediglich fünf bis acht Seiten (inkl. Anlagen) stark sind.

Einleitungsseite

Statt gleich mit dem beruflichen Werdegang (Lebenslauf) zu beginnen, kann die Einleitungsseite mit oder ohne Bewerberfoto und den persönlichen Daten eine Art Vorschau bilden, die den Leser kurz mit den wissenswerten Essentials über den Bewerber, mit Schwerpunkten, beruflichen Highlights bekannt macht.

Seite mit persönlichen Daten

Diese Seite hat die Funktion, den Bewerber persönlich vorzustellen. Neben Namen, Beruf, Alter, Geburtsort, Familienstand, gegebenenfalls Kindern etc. bis hin zu der persönlichen Unterschrift unter dem dann auf dieser Seite platzierten Foto geht es darum, die Bewerberpersönlichkeit optimal textlich zu präsentieren und zu visualisieren. Häufig werden auch Elemente aus den vorangegangenen Bausteinen auf dieser Seite thematisch ausgeführt.

Anlagenverzeichnis

Dabei handelt es sich um ein ganz einfaches, aber sehr effektives Gliederungsinstrument. Platziert hinter den Lebenslaufseiten gibt es auf einen Blick Auskunft darüber, mit welchen beigefügten Unterlagen Sie dem Leser »schwarz auf weiß« zeigen, was Sie zu bieten haben. Was genau wird dort aufgelistet?

- ▶ Arbeitszeugnisse
- ▶ Nachweise von Ausbildungsabschlüssen
- ▶ Fortbildungszertifikate

Wenn Sie nur drei Anlagen haben, ist ein Anlagenverzeichnis nicht sinnvoll (beispielsweise bei Azubis). Andernfalls bieten Sie mit dem Anlagenverzeichnis dem Leser einen Überblick, an welchen Hochschulen Sie beispielsweise studiert haben oder bei welchen Arbeitgebern Sie tätig waren; Unterlagen von besonderem Interesse sind so für den Leser schneller zu finden. Sie können dabei auch Rubriken aufführen, z. B.: Arbeitszeugnisse (chronologisch rückwärts: das neueste vorn, das älteste hinten), gefolgt von Weiterbildungsnachweisen (ebenso sortiert) und dann gegebenenfalls Ausbildungs- und Schulabschlusszeugnisse.

Dezent farbige Zwischenblätter helfen, die einzelnen Rubriken optisch voneinander abzugrenzen. Jedes Zwischenblatt kann (muss aber nicht) erneut mit einer Inhaltsübersicht der folgenden Blätter versehen sein. Auch hier kommt es auf die Menge der Unterlagen an.

Verstehen Sie sich bitte in der Rolle eines Filmproduzenten, der sich für ein besonderes Filmgenre entscheiden muss, sich einen Drehbuchautor und einen Regisseur sucht, bei der Auswahl der Hauptdarsteller ein entscheidendes Wort mitredet und dem Publikum eine spezielle Botschaft vermitteln möchte. Sie sind Produzent Ihrer Unterlagen sowie Drehbuchautor, bestimmen die Dramaturgie und sind, wenn Sie zum Vorstellungsgespräch eingeladen werden, logischerweise Hauptdarsteller.

Das Anschreiben: Auch die Form muss stimmen

Das Bewerbungsanschreiben ist Ihre erste oder – besser nach einem vorherigen Telefongespräch – Ihre zweite Arbeitsprobe.

Schlüssel-Schloss-Prinzip

Ein Arbeitgeber möchte vor allem lesen, dass Sie genau die Voraussetzungen erfüllen, die er für die entsprechende Stelle als optimal ansieht. Sie wissen schon: Das Schlüssel-Schloss-Prinzip: Ihre Eignung und die gewünschten Kriterien sollten so weit wie möglich übereinstimmen. Und wie immer gilt auch hier: Es kommt auf die gelungene Darstellung und Überzeugungsarbeit an.

Bei der Gestaltung Ihrer Unterlagen sollten Sie nicht nur auf den überzeugenden Inhalt achten, auch formale Aspekte sind von Bedeutung. 80 Prozent der eingeschickten Bewerbungsmappen kommen gleich auf den Stapel »Zurück zum Absender«. Der Grund sind Formfehler.

Die beste Werbung in eigener Sache ist erfolglos, wenn nicht sowohl formale wie auch inhaltliche Normen berücksichtigt werden. Ihr Anschreiben zeigt dem Arbeitgeber schwarz auf weiß, wie Sie später arbeiten: ob sorgfältig oder nachlässig, organisiert oder chaotisch, verschnörkelt oder logisch. Ihre Chancen, den gewünschten Arbeitsplatz zu bekommen, steigen in dem Maße, wie Sie schriftlich brillieren und beweisen, dass Sie klar formulieren und überzeugend darstellen können.

Ein Punkt, der oft unterschätzt wird: Eigenwerbung benötigt viel Zeit. Für ein Anschreiben acht Stunden aufzuwenden, ist durchaus nicht ungewöhnlich, alte Hasen schaffen es vielleicht in etwas weniger als der Hälfte der Zeit.

Bewerbungsprofis entwickeln übrigens drei alternative Anschreiben, um diese einer selbst gewählten »Personalkommission« vorzulegen. Durch Tipps und kritische Anregungen von anderen lässt sich das Bewerbungsanschreiben oftmals wesentlich verbessern und von Mal zu Mal überzeugender gestalten.

Das Schlagwort *time is money* bedeutet in diesem Zusammenhang, dass Arbeitgeber Ihnen nicht viel Zeit lassen, sich zu bewähren. Einige treffen schon beim Lesen des Anschreibens die Entscheidung, ob Sie für weiteren Kontakt infrage kommen oder ob gleich die nächste Bewerbung zur Hand genommen und Ihnen eine Absage erteilt wird. Ein US-Psychologe machte sogar nur ganze zehn Sekunden als durchschnittliche Zeit aus, die über ein Ja oder Nein entscheidet.

In der Kürze liegt die Würze

Mit Rücksicht auf die Arbeitgeberpsyche sollten Sie jedenfalls die goldene Regel berücksichtigen: In der Kürze liegt die Würze. Am besten ist ein Anschreiben von einer Seite (optimal: nicht mehr als fünf bis sechs, maximal zehn Sätze). Vertretbar sind maximal eineinhalb Seiten, wenn Sie wirklich etwas ungewöhnlich Wichtiges mitzuteilen haben. Natürlich mögen Sie Gründe haben, warum Sie nicht mit weniger als zwei Seiten auskommen. Aber damit erzeugen Sie beim eiligen Leser schon mehr als nur Ungeduld. Mit drei oder mehr Seiten sind Sie mit absoluter Sicherheit aus dem Rennen. Zwanghafte Personalchefs legen übrigens bisweilen eingehende Bewerbungsunterlagen auf die Briefwaage und bei klarem Übergewicht sofort auf den Absagestapel.

Versuchen Sie zu erklären, warum Sie der richtige Bewerber für die zu besetzende Stelle sind. Was sind Ihre persönlichen Qualifikationen und Qualitäten? Entsprechen Sie den im Anzeigentext genannten Anforderungen? Garantiert falsch sind 08/15-Anschreiben, die verschickt werden wie eine Massensendung. Um einen besseren Eindruck zu machen, stellen Sie sich zunächst folgende Fragen: Warum bewerbe ich mich, wo stehe ich jetzt, und was sind meine Ziele? Antworten auf diese Fragen sollten aus Ihrem Anschreiben ebenso klar wie knapp hervorgehen. Schreiben Sie vier bis maximal zehn Sätze auf nicht mehr als einer Seite. Beenden Sie Ihren Brief mit der Bitte um ein Vorstellungsgespräch, der Grußformel, Ihrer Unterschrift und dem Hinweis auf die Anlagen.

Anrede

»Sehr geehrte Damen und Herren« – so beginnen meist Geschäftsbriefe. Wenn Sie diese Anrede in einem Bewerbungsschreiben wählen, kann das schon einen groben Fehler darstellen. Nämlich dann, wenn aus der Anzeige hervorgeht, dass eine bestimmte Person diese Bewerbung entgegennimmt. An sie müssen Sie das Bewerbungsanschreiben namentlich adressieren. Das allgemeine »Sehr geehrte Damen und Herren« könnte von Ihrem potenziellen Arbeitgeber als Nachlässigkeit gedeutet werden.

Dies ist nur ein Beispiel dafür, wie aufmerksam Sie mit der Anzeige umgehen sollten. Sie kommen nicht darum herum, auf den Text im Stellenangebot Bezug zu nehmen. Wenn Sie sich unaufgefordert bewerben, müssen Sie sich vorher (z. B. telefonisch) informieren, an wen Sie Ihr Anschreiben am besten adressieren, um dann klar herauszustellen, was Sie anzubieten haben (siehe Abschnitt Initiativbewerbung, S. 163).

Auftakt

Jeder Journalist muss seine Leser mit dem ersten Satz neugierig machen, fesseln und zum Weiterlesen verführen. Leser sind nämlich ungeduldig. Genau dasselbe gilt auch für Chefs. Deshalb sollten Sie den Einstieg zu Ihrer Bewerbung so gestalten, dass Ihr Arbeitgeber »dranbleiben« will. »Hiermit bewerbe ich mich um ...« oder »Ich beziehe mich auf Ihre Anzeige ...« sind stereotype und sehr langweilige Einstiege. Als Richtlinien für den Anfang gelten: Spannung erzeugen – Interesse wecken – Freundlichkeit vermitteln.

Neugierig machen

Einige mögliche Eröffnungen

- In Ihrer Anzeige vom ... suchen Sie eine/n ...
- Sie beschreiben eine berufliche Aufgabe, die mich besonders interessiert ...
- Ich beziehe mich auf die von Ihnen ausgeschriebene Position ...
- Mit großem Interesse habe ich Ihre Anzeige gelesen und möchte mich Ihnen als ... vorstellen.
- Sie suchen einen ...
- Ich bin ... und habe mit großem Interesse ... gelesen ...
- Die von Ihnen ausgeschriebene Position/Aufgabe ...
- Ich stelle mich Ihnen als ... vor und habe großes Interesse an ...

Hauptteil

Im Hauptteil Ihres Briefes liefern Sie alle Informationen, die wirklich substanziell sind. Sie müssen hier in kurzer und prägnanter Form darstellen, warum Sie sich bewerben und weshalb gerade Sie der richtige, geradezu ideale Bewerber sind. Vermitteln Sie, dass Sie genau ins Anforderungsprofil der Firma passen.

Schluss

Auch hier sollten Sie nicht in Plattheiten abgleiten, sondern einen freundlich-verbindlichen Schlusston setzen. Der letzte Satz klingt immer noch ein paar Momente im Gedächtnis nach.

Mit einem PS Aufmerksamkeit erzielen

Nutzen Sie eventuell die Gelegenheit, durch ein PS noch einmal auf sich und Ihr Anliegen aufmerksam zu machen. Führen Sie einen Aspekt an, der Ihnen einen zusätzlichen Pluspunkt bringt. Vielleicht gefällt das freundliche Postskriptum. Aufmerksamkeitsanalysen haben ergeben, dass auf einer Briefseite das Postskriptum nach der Bezugszeile (oder einer anderen Überschrift) die größte Beachtung findet.

Einige Abschlusssätze

- Wenn ich/meine Bewerbung Ihr Interesse geweckt habe/hat, freue ich mich über eine Einladung zu einem Vorstellungsgespräch.
- Sollten Ihnen meine Bewerbungsunterlagen zusagen, stehe ich Ihnen gern für ein Vorstellungsgespräch zur Verfügung.
- Wenn Sie nach Durchsicht der Unterlagen weitere Informationen/ein erstes persönliches Gespräch wünschen, so stehe ich hierfür gern zur Verfügung.
- Ich würde mich freuen, wenn Sie mich nach Prüfung der Unterlagen zu einem Vorstellungsgespräch einladen. Hier könnten wir dann gegebenenfalls weitere Details (z. B. Eintrittstermin, Gehalt) besprechen.
- Über die Einladung zu einem Gespräch freue ich mich.
- Für alle weiteren Auskünfte stehe ich Ihnen gerne in einem persönlichen Gespräch zur Verfügung.

Die DIN-5008-Richtlinien

Seit September 2006 ist beim Anschreiben Folgendes zu beachten:

- Die Leerzeile im Anschriftenfeld, die bisher Name und Straße vom Ort und ggf. auch dem Land getrennt hat, fällt weg. Damit passt sich die DIN 5008 den internationalen Gepflogenheiten an.

- Beim Datum gibt es die Möglichkeit zu wählen: die numerische oder die alphanumerische Schreibweise stehen zur Auswahl. Bei der numerischen dürfen Sie zwischen der numerisch nationalen (26.04.2010) und der numerisch internationalen Variante (2010-04-26) wählen. Auch wichtig: Bei einstelligen Tages- oder Monatsziffern sollte jetzt bei der numerischen Schreibweise immer eine Null vorangestellt werden. Bei der alphanumerischen Schreibweise schreiben Sie den Monat in Buchstaben (26. April 2010).
- Telefonnummern werden jetzt in Ortsvorwahl und Anschluss gegliedert. Die Durchwahl wird durch einen Bindestrich von der Hauptwahl getrennt: 0511 1234-567. Bei einer internationalen Nummer wird die Landesvorwahl, z. B. +49, vorangestellt und die Null der Ortsvorwahl weggelassen: +49 511 1234-567.
- Zu beachten ist beim Prozentzeichen oder kaufmännischen Und-Zeichen: Da diese Zeichen ein Wort vertreten, werden sie nicht direkt an die Zahl geschrieben, sondern mit einem Leerzeichen dazwischen. Also 16 % statt 16% oder Mayer & Sohn statt Mayer&Sohn.
- Postfachnummern werden wie gehabt in Zweierschritten von hinten nach vorne gegliedert (Postfach 1 23).

Die Präsentation: Formvollendet bis zum Schluss

Die gewissenhafte Vorbereitung hat zu gelungenen schriftlichen Bewerbungsunterlagen geführt. Jetzt bloß schnell weg mit dem Zeug – denkt sich der strapazierte Arbeitsplatzsucher. Alles in die Tüte und ab geht die Post. Weit gefehlt. Nach einer sorgfältigen Durchsicht, ob auch alles beieinander, in der richtigen Reihenfolge und unterschrieben ist, müssen mit der gleichen Sorgfalt auch Verpackung und Versand organisiert werden.

Verpackung

Sie haben jetzt alle Unterlagen für Ihre Bewerbung zusammengetragen. Der Stapel liegt vor Ihnen: hoffentlich blütenweiß (oder in dezentem Farbton) ohne Eselsohren und Flecken.

Ästhetisches Äußeres

Es geht nun darum, den kostbaren Stapel möglichst ästhetisch zu verpacken und damit auf den Inhalt neugierig zu machen. Vielleicht wählen Sie eine etwas anspruchsvollere Präsentation. Sehen Sie sich mal in Ihrem Schreibwarengeschäft oder Kopierladen um, was dort alles zur Auswahl steht: edle Mappen, Klemmmappen und Einlegesysteme (z. B. Thermobindesysteme, Vollmappen, Spiralbindesysteme usw.) bieten sich je nach Bewerbungsvorhaben gut an.

Wir möchten Sie aber auch vor zu viel Perfektionismus warnen: Eine Einlegemappe, in der jedes Dokument einzeln in Klarsichthüllen präsentiert wird, könnte Ihnen leicht als Zwanghaftigkeit ausgelegt werden. Achten Sie auch auf die Farbauswahl: Rosa beispielsweise kommt nicht so gut an, Weiß ist neutral, dazwischen gibt es eine große dezent-bunte Farbpalette. Verzichten Sie auf Muster und alle Arten von Gags.

Papier oder Plastik?

Profis oder Bewerber für gehobene Positionen achten sogar auf das Material ihrer Präsentationsmappen. Glattes Plastik ist verpönt, natürliche Materialien dagegen sind beliebt. So gibt es inzwischen dank des Ökotrends eine große Auswahl an farbigen und stabilen Pappen.

Von den heutzutage weitverbreiteten dreiteiligen Mappen zum Aufklappen raten wir eher ab: Damit fallen Sie garantiert nicht auf – und allzu praktisch sind sie für die Personalauswähler auch nicht.

Versand

Überprüfen Sie nochmals, ob Ihre Unterlagen auch vollständig sind. Dann stecken Sie alles in einen ausreichend großen Umschlag mit verstärktem Papprücken. Eventuell können Sie auch einen wattierten Umschlag wählen; er sollte aber nicht zu groß sein, denn das wirkt wichtigtuerisch.

Das Anschriftenfeld und Ihr Absender müssen mit der gleichen Sorgfalt behandelt werden wie Ihre Unterlagen. Achten Sie auf Ihre Handschrift. Einer Bewerberin, die ihre Bewerbungsunterlagen bei einer großen Firma an der Pforte abgab, sagte der Pförtner: »Die Handschrift ist schon mal gut.« Man beachte: Die Aufmerksamkeit des Unternehmens bezüglich der Form hatte sich herumgesprochen. Sogar der Pförtner wusste: Was vielversprechend aussieht, hat vermutlich auch ein vielversprechendes Innenleben.

Wer sich und seiner Handschrift einen derartigen Effekt nicht zutraut, beschriftet Etiketten (Aufkleber für Adresse und Absender) mit der Schreibmaschine.

Keine Experimente

Auch die Briefmarken sind sorgfältig zu kleben. Überlassen Sie das besser nicht einem gestressten Schalterbeamten, der die Postwertzeichen kreuz und quer auf den Umschlag pappt. Bitten Sie wenn möglich um Sonderbriefmarken und frankieren Sie unbedingt richtig! Nichts ist ärgerlicher, als wenn Ihr Adressat erst mal (Straf-)Porto nachzahlen muss. Das fällt dort jedem auf, da die Post Nachzahlungen mit überdimensionalen Kreidezahlen auf dem Umschlag zu markieren pflegt.

Auf den Umschlag gehören keine witzigen Bemerkungen, keine Abziehbildchen und keine Politikaufkleber.

Wählen Sie keine Postsonderzustellung, wie z. B. Einschreiben oder Eilzustellung. Das wirkt zwanghaft, aufdringlich und drängelnd.

Übergabe

Wenn Sie am Ort Ihrer Bewerbung oder in der Nähe wohnen, haben Sie eine weitere Möglichkeit, Ihre Unterlagen zuzustellen: Geben Sie die Bewerbungsunterlagen persönlich ab! Fragen Sie sich im Unternehmen bis zur richtigen Stelle durch. Nutzen Sie die Gelegenheit für ein Gespräch mit der Sekretärin. Das hinterlässt oft einen bleibenden Eindruck. Man wird Sie mit Sicherheit nicht so einfach stehen lassen, sondern ein paar freundliche Worte mit Ihnen wechseln. Wenn Sie Glück haben, macht die Sekretärin dem Chef gegenüber eine nette Bemerkung über Ihre Person.

Umgang mit Chiffreanzeigen

Mancher Bewerber fürchtet, sich bei einer Chiffreanzeige unwissentlich bei seinem derzeitigen Arbeitgeber zu bewerben. Um dies zu verhindern, empfiehlt es sich, einen Sperrvermerk zu verwenden. Im Klartext heißt das: Die Bewerbungsunterlagen kommen in einen doppelten Umschlag. Der erste erhält die Chiffrenummer, den zweiten adressieren Sie zusammen mit einem Begleitschreiben an die Anzeigenabteilung der betreffenden Zeitung. Im Schreiben an die Zeitung bitten Sie darum, die Bewerbungsunterlagen in dem separaten Umschlag nur dann weiterzuleiten, wenn der Anzeigeninserent nicht die Firma XY ist. Andernfalls bitten Sie um Rücksendung mit dem Zusatz »Porto zahlt Empfänger« oder Sie fügen einen frankierten Rückumschlag bei.

Auf Chiffreanzeigen können Sie mit einer Kurzbewerbung antworten. Sie enthält nur das Bewerbungsanschreiben und eventuell einen kurzen Lebenslauf mit Foto. Die weiteren Unterlagen reichen Sie erst dann nach, wenn dies ausdrücklich gewünscht ist. Weisen Sie in Ihrem Anschreiben darauf hin, dass Sie auf Wunsch gern ausführliche Bewerbungsunterlagen nachreichen.

Die Kunst der Verschlüsselung

Bei Chiffreanzeigen und bei Kurzbewerbungen ist es durchaus üblich, den derzeitigen Arbeitgeber zu umschreiben, statt den konkreten Namen zu nennen. So sollten Sie anstelle von »Ich arbeite bei der Optikerfirma Fielmann in Berlin« schreiben: »Ich arbeite in der Filiale eines der großen deutschen Optiker-Einzelhandelsunternehmen.« Die Kunst besteht bei dieser Variante darin, die derzeitige Tätigkeit möglichst genau zu beschreiben, ohne den aktuellen Arbeitgeber zu benennen.

Denn genauso wie Unternehmer bisweilen für sich in Anspruch nehmen, zunächst inkognito zu bleiben, können auch Sie Gleiches geltend machen. Sie sind nicht verpflichtet, sich in dieser ersten Bewerbungsphase zu outen.

Jeder Bewerber hat ein berechtigtes Interesse, seine Veränderungsabsichten nicht zu früh publik zu machen. Der künftige Arbeitgeber könnte ja den jetzigen anrufen und Ihren Vorgesetzten neugierig fragen: »Wie sind Sie denn mit XY zufrieden?« Sie hätten dann vermutlich an Ihrem Noch-Arbeitsplatz mit Nachteilen zu rechnen.

Das lässt sich auch auf andere Art und Weise verhindern. Den künftigen Chef können Sie von Nachfragen an Ihren derzeitigen zurückhalten, indem Sie in Ihrem Schreiben die deutliche Bitte formulieren, alle Angaben strikt vertraulich zu behandeln.

Neue Formen der Bewerbung

Generell ist die Wirksamkeit neuer Bewerbungsformen unter Personalentscheidern durchaus umstritten. Befürworter sehen darin den Vorteil, dass sie an der Art und Ausführung der Idee viel über die Persönlichkeit des Bewerbers erfahren. Gegner sehen ihren Berufsstand nicht genug gewürdigt, trauen dem Absender nicht die notwendige Seriosität zu und geben offen zu, sich damit gar nicht erst zu beschäftigen. Humor und Kreativität sind eben immer auch eine heikle Sache.

Was gibt es?

Damit Sie sich mit Ihrer Bewerbung positiv vom Durchschnitt abheben, stehen Ihnen die folgenden drei großen »Aufmerksamkeit erweckenden Werkzeuge« mit ihren spezifischen Umsetzungsmethoden zur Verfügung. Manche kennen Sie bereits, einige andere stellen wir Ihnen im Anschluss näher vor.

Ästhetische Tricks und Kniffe
- besondere optische/haptische Ansprache (Papier, Farbe, Wasserzeichnungen, Aufnahme von Logos etc.)
- andere Formate (quadratisch, rechteckig, quer)
- außergewöhnliche inhaltliche Formen (z. B. Interview, Artikel, Speisekarte, Rezept)

Überraschung durch Add-on-Strategie (zusätzliches Infomaterial)
- besondere Eröffnung
- Anlagenübersicht (siehe S. 233)
- Dritte Seite (siehe S. 223)
- Empfehlungsschreiben (siehe S. 230)
- Handgeschriebenes
- Rück-Antwortkarte
- ein zeitsparender Hinweis (siehe S. 245)

Spezieller Medieneinsatz
- Profilcard (siehe S. 244)
- Kurzbewebung (siehe S. 246)
- Flyer (siehe S. 246)
- Minizettel am Baum
- Großplakat

Damit diese Bewerbungsalternativen gut ankommen und Ihnen nicht zum Nachteil gereichen, sollten Sie Folgendes beachten: Überlegen Sie, wie konservativ die Branche bzw. das Unternehmen ist, für das Sie sich interessieren. Recherchieren Sie, ob man dort ausschließlich eine bestimmte Form der Bewerbung vorsieht oder ob das Unternehmen eher Offenheit ausstrahlt.

Sie brauchen eine Vision, wie und was Sie wem vermitteln wollen, und auch Gespür, zum Beispiel dafür, nicht über das Ziel hinauszuschießen. Auffallen, um des Auffallens willen, ist nicht der richtige Weg, denn Personaler sind bereits »allergisiert«. Um böse Überraschungen zu vermeiden, ist eine objektive Begutachtung durch Freunde empfehlenswert. Diese können Ihnen sagen, ob die Bewerbung verständlich ist, ob wichtige Informationen fehlen oder ob grundsätzlich Zweifel am Erfolg einer solchen Bewerbung bestehen.

Ihr Profil

Alle reden davon, aber keiner erklärt es. Auch wenn man den Begriff schon öfters gehört hat: Was genau unter einem Profil (oder Bewerberprofil) zu verstehen ist, bleibt vielen Bewerbern häufig unklar.

Ihrem Profil kommt eine ähnlich wichtige Bedeutung zu wie Ihrem Lebenslauf. Es hat die spezielle Funktion, Ihr besonderes Nutzenangebot, Ihr Alleinstellungsmerkmal kurz und knapp zu vermitteln, Ihre Problemlösungsfähigkeit überzeugend vor Augen zu führen. Das macht Ihr Lebenslauf auch, aber in anderer Form. Bei beiden geht es um den Nachweis Ihrer speziellen Kompetenz, hohen Leistungsmotivation und besonderen Persönlichkeit (KLP). Ihr Profil soll vor allem in komprimierter Form Auskunft darüber geben, was Sie aktuell leisten können (und bereits geleistet haben), um einen Personalentscheider sicherer abschätzen zu lassen, ob er Ihnen die neue Aufgabe zutrauen kann.

KLP zählt

Ein gutes (papierenes oder auch elektronisches) Profil, das Sie auch allein, ohne weitere Anlagen nur mit einem kurzen Anschreiben, verschicken könnten, kann Ihnen wesentlich dabei helfen, im Bewerbungsprozess weiterzukommen. Denn erklärtes erstes Ziel ist die Einladung zu einem persönlichen Gespräch. Bei der Anfertigung eines solchen Profils bieten sich Ihnen viele Möglichkeiten, sich positiv aus der Masse der Bewerber abzuheben.

Zum Inhalt
Ihr Profil bildet die wichtigsten »Marker« ab, die erkennen lassen, dass Sie für die zu besetzende Position, die anstehenden Probleme, Aufgaben etc. die richtige, am besten geeignete Person sind. Ihr Profil sollte also sehr genau auf die Position oder auf die Art der Problemlösungen, für die Sie sich bewerben, ausgerichtet sein.

Zum Umfang
Alles, was Sie für diese Aufgaben besonders qualifiziert, interessiert und muss zu Papier gebracht werden; alles andere lassen Sie weg. Auch an dieser Auswahl erkennt man, mit wem man es zu tun hat! Ihr Profil sollte deshalb nur eine, vielleicht maximal zwei Seiten lang sein!

Zur Form
Für Ihr Profil gelten die gleichen Layoutregeln (Stichwort: Ästhetik) wie für den Lebenslauf (siehe auch S. 216). Unter der Überschrift »Profil« folgt ein zweispaltiger Aufbau, dessen Abteilungen durch Überschriften auf der linken Seite geprägt sind und deren inhaltliche Ausführung rechts daneben stattfindet.

Übrigens: Es ist nicht üblich, das Profil zu unterschreiben! Die folgenden Punkte sind eine Anregung, es gibt keine feststehenden Themen, wie sich Ihr Profil (auf der linken Seite) aufbaut.

Ausgewählte Themen-, Überschriftenvorschläge (links), die Ihr (Angebots-)Profil abbilden und zu denen Sie inhaltlich Stellung nehmen (rechts)

- Vor- und Zuname, Geburtsdatum/Ort
- Berufsbezeichnung
- Kontaktdaten (nur die wichtigsten)
- Ausbildungshintergrund
- Schwerpunktkenntnisse und Erfahrungen (das ist sehr wichtig!)
- durchgeführte Projekte und erzielte Erfolge (hier steht am meisten!)
- ggf. berufliche Auslandsaufenthalte
- Weiterbildung und Seminare
- ggf. Mitgliedschaften in Verbänden und Fachgremien
- Engagement, Interessen
- Sprachkenntnisse
- EDV-Kenntnisse
- Führerscheine/Lizenzen
- ggf. Veröffentlichungen, Vorträge
- ggf. Lehr- und/oder Prüfungs- und/oder Gutachtertätigkeit
- Interessen, Engagement, Hobbys

Die Profilcard

Auf Visitenkarten, die etwa 5 × 9 Zentimeter groß sind, stehen Name, Adresse und häufig der Beruf des Besitzers. Die Profilcard könnte man als »große Schwester« der Visitenkarte oder als »kleine Schwester« des Flyers bezeichnen. Anders als ein Flyer wird sie nicht verschickt, sondern nur persönlich übergeben. Deshalb ist sie ideal für Ihren Messebesuch geeignet.

Material und Format: Auf Seite 245 sehen Sie eine Profilcard in Originalgröße. Zur Orientierung können Sie das Format eines quadratischen Zettelblocks nehmen. Verwenden Sie dickes Papier oder dünne Pappe, die noch in Ihren Drucker passt. So kann die Profilcard nicht verknicken, wenn sie in eine Jackentasche, den Kalender oder die Geldbörse gesteckt wird. Ausschneiden sollten Sie die Karte nicht mit der Schere, denn das wird immer etwas schief. Verwenden Sie ein Teppichmesser und ein Metalllineal. So kriegen Sie einen ganz geraden Schnitt hin. In vielen Kopierläden finden Sie auch Schneidemaschinen.

Inhalt: Auf so wenig Platz für sich zu werben und dennoch alles Wichtige zu sagen, ist schon eine echte Herausforderung. Was in keinem Fall fehlen darf: ein eingescanntes Foto, Ihre Adresse, Geburtsdatum, Schulabschluss und Ihr Berufswunsch, wenn es um einen Ausbildungsplatz geht, andernfalls: Ihr besonderes Mitarbeitsangebot.

Unsere Bewerberin Lena Reiner hat sogar noch einen kleinen Spruch auf der ersten Seite und ihre persönlichen Stärken auf der Rückseite unterbekommen. Spielen Sie ein wenig mit Schriftart und -größe, so können Sie manchmal wertvolle Zentimeter gewinnen. Grundsätzlich gilt: Auch wenn die Profilcard wenig Platz bietet, sollten Sie nicht unbedingt jede weiße Fläche ausnutzen! Das führt manchmal nur dazu, dass diese kürzeste aller Bewerbungen zu unübersichtlich oder zu voll wirkt und keiner mehr Lust hat, sie zu lesen ...

Unser Kommentar: Diese Bewerberin interessiert sich für eine Ausbildung zur Reisekauffrau und geht auf eine große Reisemesse. Weil Sie nicht glaubt, hier gleich Ihre Bewerbungsmappe übergeben zu dürfen, hat sie sich für die Profilcard entschieden und freut sich nun, wenn sie diese einem interessierten Gesprächspartner überreichen kann. Das ist angemessen und wird sicher goutiert. Die Profilcard enthält alle nötigen Daten und die Bewerberin hat darüber hinaus noch ein passendes Motto und ihre wichtigsten Stärken eingebaut. Das wirkt dennoch nicht überladen und gibt der Karte eine besondere persönliche Note. Aber auch für gestandene Bewerber bis hin zur Führungskraft lässt sich eine Profilcard bestens einsetzen.

Ein kleiner Hinweis

Gemeint ist hier Folgendes: Erteilen Sie dem Empfänger die Erlaubnis, Ihre Unterlagen zu vernichten, wenn er Sie nicht zum Vorstellungsgespräch einladen möchte. Sie zeigen so, dass Sie praktisch mitdenken und ersparen dem Leser Arbeit, Zeit und auch ein schlechtes Gewissen. Immer mehr Unternehmen schicken die Bewerbungsunterlagen der abgelehnten Kandidaten nicht mehr zurück. So ein gut getexteter Hinweis kann schon mal »das Zünglein an der Waage« sein, denn er lässt erkennen, dass Sie sich Gedanken machen und ein gewisses Organisations-Einfühlungsvermögen zeigen. Nicht wenige Personalentscheider sind von einem entsprechenden Hinweis positiv beeindruckt – und laden Sie gerade deshalb zum Vorstellungsgespräch ein.

Natürlich muss dieser Hinweis nicht nur sorgfältig formuliert, sondern auch gut platziert sein. Er hat schon einen besonderen Platz verdient. Hier bieten sich an: das Ende des Anschreibens (falls Sie kein PS haben), die letzte Seite vor den Anlagen oder der spezielle (fett gedruckte) Hinweis im Anlagenverzeichnis, unbedingt auf die allerletzte Seite zu schauen wegen einer besonderen »Verarbeitungsinformation« oder wie Sie es nennen wollen. Diese letzte Seite kann z. B. auch ein andersfarbiges Papier sein; dort findet der Empfänger dann Ihren etwa dreizeiligen Hinweis. Das kann recht positive Auswirkungen für Sie haben. Manchmal sind es diese Details, die letztendlich den Ausschlag geben!

Kurzbewerbung und Bewerbungsflyer

Entscheidendes Merkmal der Kurzbewerbung: die Kürze und damit Schnelligkeit, mit der der Leser informiert wird. Üblich sind zwei Seiten: eine, die das (knappe) Anschreiben transportiert (ca. eine halbe Seite), eine zweite, die die berufliche Entwicklung darstellt. Eher selten sind nur eine Seite (als Kombination aus Anschreiben und Lebenslauf) oder die Beifügung weiterer Anlagen (Ausnahme z. B. bei Azubibewerbern, die als dritte Seite die Kopie des letzten Schulzeugnisses beifügen).

Vorteile einer Kurzbewerbung sind die preisgünstige Herstellung und der Versand. Hier braucht es keine aufwendige Verpackung; der Versand ist mit einem üblichen C6-Umschlag portogünstig durchzuführen. Auch auf den Rückversand durch den Empfänger kann verzichtet werden. Diesen Hinweis können Sie dem Empfänger auch geben (siehe oben).

Obwohl es sich also nur um wenige Seiten handelt, sollten Sie ein Foto beilegen. Ob Originalfoto oder fotokopiert bzw. eingescannt, spielt dabei eine untergeordnete Rolle. Hauptsache, Ihr Bildnis ist ansprechend.

Für Jüngere

Wichtig bleibt Ihre konzeptionell gut durchdachte Vorbereitung. Dieses Verfahren empfehlen wir für Azubis, junge Hochschulabsolventen und Kandidaten, die eher weniger als 40.000 Euro im Jahr verdienen; qualifiziertere Bewerber sollten lieber den klassischen und ausführlicheren Weg wählen.

Noch kürzer als eine Kurzbewerbung ist der Bewerbungsflyer, mit dem Sie beispielsweise auf sich als Ausbildungsplatzsuchenden aufmerksam machen.

Kosten senken, Aufmerksamkeit erhöhen

Ein Flyer ist kein Ersatz für komplette Bewerbungsunterlagen, sondern ein *weiteres* »Werkzeug« in Ihrem »Bewerbungskoffer«. Ideal eignet er sich für die Initiativbewerbung. Im Vorfeld haben Sie auch hier geringere Herstellungskosten als bei einer vollständigen Bewerbungsmappe und Sie erzeugen gleichzeitig mehr Aufmerksamkeit. Viele Arbeitgeber, die unaufgefordert von Ihnen angeschrieben werden, finden es angenehmer, zunächst einen kurzen Überblick über Ihre Person zu bekommen, als sich durch viele Unterlagen zu blättern. Der Flyer funktioniert als Türöffner, mit dem Sie herausfinden, ob Bedarf an Ihrer Mitarbeit besteht. Auch auf Messen und Jobbörsen ist so ein Flyer eine ideale Möglichkeit, persönliche Kontakte zu knüpfen und ins Gespräch zu kommen. Stellen Sie sich vor, Sie überreichen nach einer positiv verlaufenen Unterhaltung Ihren Flyer mit den Worten: »Ich freue mich sehr, dass Sie sich die Zeit für mich genommen haben und wir ein so interessantes Gespräch hatten. Ich würde gerne mehr über die Mitarbeit bei Ihnen erfahren. Darf ich Ihnen zunächst meinen Flyer geben und mich in der nächsten Woche telefonisch melden?«

In der Kürze ... liegt viel Vorarbeit

Kurze Texte, die das Wesentliche auf den Punkt bringen und gleichzeitig optisch ansprechend gestaltet sind, sind in der Regel schwieriger zu verfassen als lange. Daher: Planen Sie entsprechend Zeit für die Umsetzung ein. Von der Idee bis zum fertigen Produkt können durchaus einige Tage ins Land gehen!

Format und Papier

Die meisten Bewerbungsflyer werden im DIN-A4-Format erstellt – im Querformat, drei Spalten, beidseitig bedruckt. Doch gerade bei einem Flyer haben Sie die Möglichkeit, Ihren Ideen freien Lauf zu lassen. Vielleicht wollen Sie das Blatt anders knicken oder nur zwei Drittel eines DIN-A4-Blattes verwenden? Nutzen Sie für den Flyer eine passende Papierqualität: nicht zu dünn, sodass die Texte der anderen Seite nicht durchschimmern, aber dünn genug, dass es sich sauber falten lässt. Lassen Sie sich gegebenenfalls beraten.

Gestaltung

Arbeiten Sie bei der optischen Gestaltung Ihres Flyers mit Bildern, grafischen Darstellungen und Worten. Gut platzierte und z. B. fett, farbig oder etwas größer geschriebene Formulierungen erzeugen Aufmerksamkeit und helfen dem Leser, den Inhalt des Flyers gedanklich zu strukturieren. Ein zu wildes Durcheinander von Schriftarten und Formatierungen sollten Sie aber unbedingt vermeiden – auch hier ist weniger letztlich mehr. Ihr Foto scannen Sie ein. Ein eingeklebtes »echtes« Foto im Flyer wäre eher ungewöhnlich, geht aber auch. Falls Sie illustrierende Bilder einfügen, sollten diese in einem sinnvollen Zusammenhang zum Thema der Bewerbung stehen.

Übersicht: Tipps für Bewerbungsflyer

- Nutzen Sie dieses Werbemittel, das jeder kennt, auch für Ihre Be-Werbung – aber nur dort, wo es auch passt!
- Der Flyer soll den Leser kurz und in ansprechender Form informieren.
- Text und Bild/er entscheiden über die Qualität und den Erfolg eines Flyers.
- Optimale Gelegenheiten für Flyer: Initiativbewerbungen und Messebesuche.
- Planen Sie genügend Zeit für das Texten und die Gestaltung Ihres Flyers ein. Lassen Sie das Ergebnis kritisch von Freunden und Bekannten prüfen, bevor Sie es verteilen.

Ein Beispiel für einen Bewerbungsflyer finden Sie auf Seite 270.

Kommentierte Beispiele

Die auf den nächsten Seiten folgenden Beispiele für Bewerbungsunterlagen verdeutlichen anschaulich, was wir Ihnen bisher theoretisch erläutert haben. Sie sollen Sie weiterhin dazu anregen, eigene Gestaltungsversuche kritisch zu reflektieren.

Der Gesamteindruck einer Bewerbungsmappe kann hier auf den schlichten Buchseiten natürlich nur andeutungsweise wiedergegeben werden. Bindesystem, Deckel, Rücken, Papiersorte und -farbe sowie die Zeugnisunterlagen fehlen. Vorder- und Rückseite sind im Buch lediglich aus Platzgründen belegt, in der Realität wird die Rückseite immer frei bleiben (Ausnahmen bestätigen die Regel).

Nicht alle Beispiele sind komplett (d. h. mit Anlagenübersicht; generell fehlen die typischen Beilagen wie Zeugnisse etc.).

Die Tatsache, dass Sie die Anzeigen nicht kennen, auf die diese Bewerbungen erfolgten, ist für unsere didaktischen Zwecke nicht relevant.

In der Realität haben die Textseiten selbstverständlich DIN-A4-Format. Für dieses Buch haben wir sie in proportionalem Maßstab verkleinert. Die durch das kleinere Format etwas erschwerte Lesbarkeit wird durch den Vorteil des maßstabgerechten Eindrucks der Gesamtgestaltung ausgeglichen. Die Unterschriften sind hier mit dem Computer erstellt. In der Bewerbungsrealität sollten Sie die Wirkung Ihres »Autogramms« nicht unterschätzen. Manchmal werden die Unterschriften von einem Grafologen untersucht.

Verbesserungsmöglichkeiten

Auch wenn die Beispiele weitgehend für sich sprechen, fügen wir am Ende einen Kommentar für jede Bewerbungsmappe an, um besonders gelungene Passagen zu würdigen und auf Fehler oder Verbesserungsmöglichkeiten hinzuweisen.

Alle gezeigten Beispiele sind in ganz ähnlicher Form erfolgreich von Bewerbern und Klienten unseres *Büro für Berufsstrategie* eingesetzt worden. Gleichwohl mussten wir natürlich Personen, Daten, Orte, Arbeitgeber, Ausbildungsgänge, Berufstätigkeiten, Zeiten etc. chiffrieren. Entstandene Ähnlichkeiten mit realen Personen wären also rein zufällig. Sollten Sie detektivisch auf gewisse Ungereimtheiten stoßen, bitten wir um Verständnis. Diese erklären sich aus den eben aufgeführten Verschlüsselungsgründen.

Bei den Unterlagen finden Sie Hinweise, an welcher Stelle man das Foto gut und wirkungsvoll platzieren kann. Selbstverständlich sind auch andere Platzierungsmöglichkeiten vorstellbar.

Bei den Foto-Formatvorschlägen weichen wir zum Teil bewusst von den üblichen 08/15-Passfotomaßen ab. Im Wesentlichen geht es uns bei den folgenden Beispielen darum, Ihnen zu zeigen, welche breite Palette an Darstellungsmöglichkeiten Sie bei der Gestaltung Ihrer Bewerbungsmappe haben.

Persönlichen Stil entwickeln

Warnen möchten wir Sie allerdings eindringlich davor, der Versuchung anheimzufallen, einfach nur die verwendeten Formulierungen abzuschreiben und das vorgeschlagene Layout exakt so zu übernehmen. Sie sollten sich in jedem Fall der sicherlich zeitaufwendigeren Aufgabe stellen, eine eigene (Werbe-)Botschaft zu formulieren und dabei Ihren eigenen, ganz persönlichen Stil zu entwickeln.

Die für die Erstellung einer solchen Bewerbungsmappe durchschnittlich benötigte Zeit liegt bei etwa 15 bis 30 Stunden. In unserem *Büro für Berufsstrategie* in Berlin haben wir die Bewerber bei der Entwicklung und Erstellung von kompletten Bewerbungsunterlagen etwa drei bis vier Stunden beraten. Meistens waren drei größere Korrekturgänge notwendig.

Die folgenden Bewerbungsbeispiele finden Sie auf der beiliegenden CD-ROM. Sie können die Mustervorlagen in Ihr Textverarbeitungsprogramm übernehmen und anpassen.

BRUNHILD MUSTERFRAU
HASENSPRUNG 1A
14194 BERLIN (WILMERSDORF)
TELEFON: 030 8128270

ABC Maschinen GmbH
Personalabteilung
Herrn Kaiser
Wrangelstr. 28
10997 Berlin

02.05.2010

Ihre Anzeige in der Berliner Morgenpost vom 30.04.2010
Sachbearbeiterin

Sehr geehrter Herr Kaiser,

in der o. g. Anzeige beschreiben Sie einen Arbeitsbereich, der mich in höchstem Maße interessiert und auch meinen Fähigkeiten und Neigungen voll entspricht.

Kurz zu meiner Person:
Ich bin ausgebildete Industriekauffrau und habe mich im Bereich Informationsmanagement erfolgreich weitergebildet. Langjährige umfassende Erfahrungen in Büroadministration und anspruchsvoller, selbstständiger Sachbearbeitung in der Chemiebranche ergänzen mein Tätigkeitsprofil.

Aktuell befinde ich mich in einer EDV-Fortbildung und könnte Ihnen deshalb auch sehr kurzfristig zur Verfügung stehen.

Über eine Einladung zum Vorstellungsgespräch freue ich mich
und verbleibe

mit freundlichem Gruß

Brunhild Musterfrau

Anlagen

BEWERBUNGSUNTERLAGEN

BRUNHILD MUSTERFRAU
HASENSPRUNG 1A
14194 BERLIN (WILMERSDORF)

TELEFON: 030 8128270

Brunhild Musterfrau
* 27.09.1961 in Hamburg
ledig, keine Kinder

angestrebte Tätigkeit: Sachbearbeiterin

BERUFSERFAHRUNG

04/2003–12/2009 **Altvater Chemie-Werke AG**
Berlin
Position: Informationsmanagement
Literaturrecherchen, Datenbankarbeit, Öffentlichkeitsarbeit

04/1999–03/2003 **Institut für Dokumentation**
München
Ausbildung und Anerkennungsjahr als staatlich geprüfte Dokumentarin
Schulung in Informationsmanagement,
EDV und Wirtschaftsenglisch

07/1990–03/1999 **Pharma Grün**
München
Position: Informationsmanagement
Informationsplanung, Organisation, Fachkorrespondenz
Erstellung von Werbemitteln

10/1985–06/1990 **Chemie AG**
München
Position: Chefsekretärin

1981–1985 **Lorax GmbH**
Hamburg
Position: Industriekauffrau

SCHUL- UND BERUFSAUSBILDUNG

1982–1985 **Staatliches Abendgymnasium**
Hamburg
Abschluss: Abitur

1978–1981 **Ausbildung zur Industriekauffrau**
Hamburg

1967–1978 **Haupt- und Handelsschule**
Hamburg

Sprachkenntnisse
sehr gute Englischkenntnisse in Wort und Schrift
gute Orthografie-, Interpunktions- und Grammatikkenntnisse
der deutschen Sprache
Korrespondenzerfahrung

EDV-Erfahrung
Textverarbeitung mit Word
Tabellenkalkulation mit Excel

Kurzschrift
gute Stenografiekenntnisse und schreibtechnische
Fertigkeiten

Führerschein
Klasse B

Engagement
Mitglied im Naturwissenschaftlichen Verein Berlin

Interessen
Wandern, Literatur des Bethel-Kreises

Zu meiner Person Mein Lebenslauf steht für kontinuierliche Weiterbildung, Leistungsbereitschaft und Lernfähigkeit. Das Abitur am Abendgymnasium und die Qualifizierung zur Dokumentarin belegen dies.

Ich verfüge über fundierte Erfahrungen in den Bereichen Organisation und Administration. Zu betonen sind meine guten Sprachkenntnisse und deren Anwendungssicherheit.

Die Arbeit hat in meinem Leben, da ich Single bin, einen besonderen Stellenwert, sodass Arbeitsaufgaben für mich eine wichtige Rolle spielen. Ich würde mich sehr gern mit vollem Engagement der von Ihnen beschriebenen Aufgabe widmen.

Berlin, 2. Mai 2010

Brunhild Musterfrau

Zu den Unterlagen von Brunhild Musterfrau

Ein angenehm kurzes **Anschreiben** verdeutlicht, dass sich die Bewerberin auf eine Anzeige meldet, ohne vorab telefoniert zu haben (leider!). Trotzdem ist sie aber in der Lage, eine namentliche Ansprache zu verwenden. Die Kandidatin stellt sich kurz vor und schließt selbstbewusst (ohne Konjunktiv) mit der Formulierung »… auf eine Einladung freue ich mich«. Insgesamt ein gut und ansprechend gestaltetes Anschreiben, das bestimmt positive Aufmerksamkeit weckt. Ob die Bewerberin bereits hier mehr zu ihrem aktuellen Status (arbeitslos oder gar ihr Alter) hätte mitteilen sollen, kann kontrovers diskutiert werden. Die gewählte Präsentationsform löst bestimmt Interesse aus. Obwohl sich die Kandidatin offensichtlich aus der Arbeitslosigkeit (bzw. Fortbildung) heraus bewirbt, hat sie eine interessante Vortragsform gefunden und umgeht auf den nachfolgenden Seiten dieses problematische Thema recht elegant.

Die grafische Gestaltung (**Deckblatt** – konsequente Fortsetzung des Briefkopfes) ist auf den folgenden Seiten sehr ansprechend gewählt, einfallsreich und gleichzeitig übersichtlich.

Zum **Foto**: ein eher klassisches, aber doch sympathisches und ansprechendes Foto der Kandidatin in einem etwas größeren als dem üblichen Format.

Die für die berufliche Entwicklung gewählte knappe Präsentationsform kommt ohne die traditionelle Überschrift »**Lebenslauf**« aus (bravo!) und beinhaltet ein gutes Maß an Information. Die Themenabfolge »Beruf« (inklusive Weiterbildung) – »Schule« – »Berufsausbildung« ist sofort überzeugend. Die besonderen Kenntnisse und Fähigkeiten werden vielleicht sogar »einen Tick« zu massiv dargestellt bzw. wiederholt. Die Abschnitte »Engagement« und »Interessen« führen sicherlich zu Nachfragen, und das unten angefügte Statement ist nicht nur außergewöhnlich, sondern auch ein guter Grund für eine Einladung. Natürlich fehlen hier im Buch nur aus Platzgründen das Anlagenverzeichnis sowie alle weiteren »Beilagen«.

Einschätzung
Ein sehr gutes Auftaktspiel.

Dr. Andreas Anders
Diplom-Kaufmann
Brehmer Allee 134 b
40472 Düsseldorf
Tel. 0211 3528762

Dr. Anders • Brehmer Allee 134 b • 40472 Düsseldorf

Rosenberg A.G.
Direktion
Frau Dr. Baseler
Rosenthaler Platz 1
85002 Nürnberg

31.05.2010

Unser Telefonat am heutigen Tage

Sehr geehrte Frau Dr. Baseler,

vielen Dank für das ausführliche Gespräch.
Hier, wie verabredet, meine Unterlagen.

Ich beabsichtige, mich zum Jahresende beruflich neu zu orientieren, und würde sehr gerne für Ihr Unternehmen von Deutschland aus neue Vertriebsstrukturen im Bereich Sanitärkeramik entwickeln.

Meine jetzige Position bindet mich voraussichtlich bis zum 30.11.2010, sodass ich Ihren Wünschen gemäß vor dem Jahreswechsel die neu geschaffene Position in Ihrem Export-Headquarter in Nürnberg einnehmen kann.

Von Ihnen bald zu hören, würde mich sehr freuen;
bis dahin verbleibe ich

mit freundlichen Grüßen

Andreas Anders

Anlagen

Dr. Andreas Anders
Diplom-Kaufmann
Brehmer Allee 134 b
40472 Düsseldorf
Tel. 0211 3528762

BEWERBUNGSUNTERLAGEN FÜR | ROSENBERG A.G.

Dr. Andreas Anders
Diplom-Kaufmann
Brehmer Allee 134 b
40472 Düsseldorf
Tel. 0211 3528762

03.08.1966	**Geburtsdatum**
Zürich	**Geburtsort**
verheiratet zwei Kinder ortsungebunden	**Familienstand**
Schweizer	**Nationalität**
Export Sales Director	**Position**
Sanitärkeramik	**Produkt**
Gres und *Geberit*	**Marken**

Dr. Andreas Anders
Diplom-Kaufmann
Brehmer Allee 134 b
40472 Düsseldorf
Tel. 0211 3528762

CURRICULUM VITAE	Berufspraxis
Sinmag S. R. L. Mailand	
Leitung des Gesamtexportes von Sanitärkeramik für die Markenprodukte *Gres* sowie *Geberit* in die Exportländer der Europäischen Union	seit 04.2007
Prokura	seit 01.2004
Exportleitung *Gres* für Ostblockstaaten Polen, GUS-Staaten, Rumänien, Ungarn	05.2002 – 12.2003
Exportsachbearbeitung *Gres* für Deutschland	04.1999 – 04.2002
La Turrita Ceramiche S. P. A. Verona	
Assistent der Exportleitung für Deutschland	08.1995 – 03.1999
Wand und Boden A. G. Wien	
Exportsachbearbeiter	04.1993 – 07.1995
Villeroy & Boch Frankfurt a. M.	
Trainee	01.1992 – 03.1993

Dr. Andreas Anders
Diplom-Kaufmann
Brehmer Allee 134 b
40472 Düsseldorf
Tel. 0211 3528762

CURRICULUM VITAE	**Ausbildung**

Johann Wolfgang Goethe-Universität
Frankfurt a. M.

Promotion	06.08.1992
Studienschwerpunkt Außenhandelswirtschaft Diplom in Betriebswirtschaft Gesamtnote: sehr gut	31.10.1990

Eidgenössische Handelsakademie
Zürich

Betriebswirtschaftliches Vordiplom	15.09.1988

Wilhelm-Tell-Gymnasium
Zürich

Abitur	10.06.1985

Dr. Andreas Anders
Diplom-Kaufmann
Brehmer Allee 134 b
40472 Düsseldorf
Tel. 0211 3528762

ZUSATZQUALIFIKATIONEN

Französisch, Italienisch, Englisch, Russisch	**Fremdsprachen**
MS-Office Professional, KHK PC-Kaufmann, Unix, HTML	**EDV-Kenntnisse**
Klasse B	**Führerschein**

Int. Marketing Ass.
London

International Marketing Program Studies	10.2009

Management Academy
London

Rentabilitätsrechnung und Investitionscontrolling	08.2007
Investitionsgüter und Systemmarketing	10.2006
Arbeitstechnik, Führungsverhalten, Konfliktmanagement	06.2005
Rhetorik und Präsentation	01.2004

Sprachkurse

Conversation-Business-English I und II Cambridge	05.2008, 07.2009
Russisch für Export-Trading St. Petersburg	04.2007

Andreas Anders

Dr. Andreas Anders
Diplom-Kaufmann
Brehmer Allee 134 b
40472 Düsseldorf
Tel. 0211 3528762

ANLAGENVERZEICHNIS

Zwischenzeugnis Sinmag S.R.L.

Arbeitszeugnis/Empfehlungsbrief
La Turrita Ceramiche S.P.A.

Arbeitszeugnis Wand und Boden A.G.

Arbeitszeugnis Villeroy & Boch

Promotionsurkunde

Diplom

Fortbildungsnachweise

Zu den Unterlagen von Dr. Andreas Anders

Wie wirkt diese Bewerbungsmappe auf Sie?

Hier ist wohl kaum ein Kommentar notwendig, diese schönen Seiten sprechen für sich. Der Kandidat präsentiert sich mit außergewöhnlich ästhetisch gestalteten Bewerbungsunterlagen, wobei allen Bausteinen das gleiche Design zugrunde liegt.

Das zeigt sich bereits im **Anschreiben**, einem Beispiel, wie lohnend das Ergebnis sein kann, wenn man es wagt, die konventionelle Form der Briefgestaltung zu verlassen.

Der Anschreibentext knüpft an ein Telefonat an, das im Rahmen einer Initiativbewerbung geführt wurde. Der Text ist absolut knapp gehalten und spiegelt den Stil der gesamten Bewerbungsmappe wider.

Ein fast minimalistisches, aber nicht weniger ästhetisches **Deckblatt** eröffnet den Reigen der Bewerbungsmappenunterlagen. Auf der ersten Seite präsentiert der Bewerber seine Sozialdaten und fügt Informationen über seine aktuelle Position hinzu. Die von uns sonst eher für überflüssig gehaltene explizite Anführung der Rubriken Geburtsdatum/Geburtsort/Familienstand etc. wirkt hier in der Umkehrung der üblichen Reihenfolge als besonderes Stilmittel, das wie die gesamte Mappe auf einen sehr motivierten Bewerber mit hohen Qualitätsansprüchen rückschließen lässt.

Auf den folgenden zwei Seiten sind **Lebenslauf**, Berufspraxis und Ausbildung in einer neuen, beeindruckenden Weise präsentiert. Eine Extraseite gibt Auskunft über die Zusatzqualifikationen und behandelt das Weiterbildungsengagement.

Auch das **Anlagenverzeichnis** trägt zur ästhetischen Gesamtwirkung bei.

Zum **Foto**: Ein nicht alltägliches Foto für eine nicht alltägliche Bewerbungsmappe. Die Hand an der Wange ist eine mehrdeutig interpretierbare Pose: die Spannbreite reicht von »Denker« über »Narzisst« bis zum »Macher«, vielleicht aber auch bis zum Gegenteil (müde, unsicher?). Ein nicht zu unterschätzendes Risiko. Sehr modisch mit zugeknöpftem Hemd ohne Krawatte, aber auch nicht jedermanns Geschmack. Die gezeigte Alternative ist zwar etwas langweiliger und klassisch-konservativ, dafür ist der Bewerber »auf der sicheren Seite«.

Einschätzung:

Die Bewerbungsmappe ist ein richtiges kleines Kunstwerk. Wirklich exzellent, vielleicht das beste Beispiel in diesem Buch.

Maria Münch
Diplom-Kauffrau und Politologin

Gotthelfstr. 19
12051 Berlin
☎ 030 566782
E-Mail: maria@muench.de

Deutsche Bahn AG
Zentralbereich Personalplanung
Frau Winkelhuber
Rubensstr. 28
63282 Frankfurt am Main

Berlin, 05.01.2010

Meine Bewerbung/Unser Telefonat

Sehr geehrte Frau Winkelhuber,

vielen Dank für das informative Telefongespräch am heutigen Nachmittag.
Wie besprochen, hier meine vollständigen Bewerbungsunterlagen.

Als Diplom-Kauffrau und Politologin mit einschlägigen Studienschwerpunkten
erfülle ich fachlich die von Ihnen erwarteten Voraussetzungen:
- Kenntnisse in Aufbau- und Ablauforganisation
- strategische Produktkonzeption und -planung
- Marketingmanagement
- Unternehmenspolitik

Persönlich runde ich das Profil mit folgenden Eigenschaften ab:
- entscheidungsstark und selbstkritisch
- zukunftsorientiert mit Augenmaß für das Machbare
- unternehmerisch im Denken und kundenorientiert im Handeln

Mein Start bei der Deutschen Bahn AG kann kurzfristig erfolgen, meine Gehaltsvorstellungen liegen zwischen 40–45 Tausend EUR p. a. Weitere Informationen über
mich bitte ich Sie, den folgenden Seiten zu entnehmen.

Es würde mir sehr gefallen, meinen Beitrag für die Unternehmensentwicklung der
Deutschen Bahn AG leisten zu dürfen, und ich freue mich auf ein persönliches Gespräch.

Mit besten Grüßen aus Berlin

Maria Münch

Anlagen

Maria Münch
Diplom-Kauffrau und Politologin

Bewerbung

Bewerbungsunterlagen

für die

Deutsche Bahn AG

als

Marketingreferentin

Maria Münch
Diplom-Kauffrau und Politologin

Lebenslauf

Diplom-Kauffrau und Diplom-Politologin

geboren am 11.11.1981 in Kassel
ledig und ortsungebunden

Berufliche Erfahrungen

seit September 2005 Honorartätigkeit bei der Werbeagentur
ViP & Partner, Berlin

Aufgabengebiete:
Betreuung der regionalen Kunden im Projekt
›Regional-Marketing-Konzept
für Süd-West-Sachsen‹,
Mitarbeit in der Bekanntheits-Kampagne
für Radio Ewert,
Käuferbefragungen,
Aufgaben zur Produktkonzeption,
Sponsorenakquise

Juli 2001 – September 2003 Praktikum bei Olympus Deutschland, Bremen

Bereiche:
Verkauf und Rechnungswesen

August 2005 – Oktober 2005 Praktikum bei der Hoechst AG, Essen

Bereiche:
Marketing und Incentives

August 2006 – September 2006 Praktikum bei Philipp Reemtsma, Berlin

Bereiche:
Betriebsorganisation und Marktanalysen

Maria Münch
Diplom-Kauffrau und Politologin

Hochschulstudium

Oktober 2001 – Juli 2007　　**Wirtschaftswissenschaften** an der FU Berlin
Abschluss: **Diplom-Kauffrau**, Note: gut

Diplomarbeit:
Herstellung von Konformität durch Interessenhandhabung.
Eine produktpolitische Analyse

Schwerpunkte:
Marktforschung, Marketingmanagement,
Einsatz von Marketinginstrumenten

April 2005 – Dezember 2009　　**Politologie** an der FU Berlin
Abschluss: **Diplom-Politologin**, Note: gut

Diplomarbeit:
Unternehmensnetzwerke. Eine Analyse der Reibungspunkte durch differierende Unternehmenskultur

Schwerpunkte:
Industrie- und Organisationssoziologie,
neue Managementkonzepte,
Wahlforschung, Meinungsmanagement,
Kommunikationsmittelerhebung

Zur beruflichen Weiterbildung

Seit 2004　　Teilnahme an Fachveranstaltungen und Kursen
Kultursponsoring-Kongress in Wien,
Deutscher Marketing-Tag, Eschborn,
Führungskräfteworkshops mit M. Birkenbiehl,
Grafik-Design an der HDK Berlin,
Rhetorik am Institut für Präsentation, Berlin

Maria Münch
Diplom-Kauffrau und Politologin

Schulbildung

1987 – 2000 Grund- und Mittelstufe in Melsungen,
Wirtschaftsgymnasium in Kassel,
Abschluss:
Allgemeine Hochschulreife, Note: sehr gut

Besondere Kenntnisse

Fremdsprachen Französisch und Spanisch, jeweils gute Kenntnisse
Englisch fließend, Sprachschule in Ainsborough, Kent
EDV Word, Excel, PowerPoint, Corel Draw, HTML

Mitgliedschaften und Freizeitinteressen

Förderverein bedrohter Tierarten in Deutschland,
Tauchverein für körperbehinderte Schwimmer,
Volleyball in der Mannschaft.
Ich sammle Skulpturen von Auguste Rodin
und Georg Kolbe.

Berlin, 05.01.2010

Maria Münch
Diplom-Kauffrau und Politologin

Meine Sicht der Dinge

Kontinuierliches Lernen erzeugt
kontinuierliche Verbesserungen.

Mit dem Gegenüber konstruktiv kommunizieren bedeutet
wirklich zuhören, ernst nehmen und sich öffnen.
So können unterschiedliche Sichtweisen und Standpunkte
erfolgreich zusammengeführt werden.

Und nur die kontinuierlichen Verbesserungen
ermöglichen einen stabilen Unternehmenserfolg.

Berlin, 05.01.2010

Maria Münch
Diplom-Kauffrau und Politologin

Überblick über Zeugnisse und Bescheinigungen

Firmen
: Werbeagentur ViP & Partner, Berlin
Olympus Deutschland, Bremen
Hoechst AG, Essen
Philipp Reemtsma, Berlin

Zeugnisse
: FU Berlin, Diplom-Kauffrau
FU Berlin, Diplom-Politologin
Allgemeine Hochschulreife
Sprachschule in Ainsborough, Kent

Weiterbildungen
: Kultursponsoring, Wien
Marketing-Tag, Eschborn
Workshops mit M. Birkenbiehl
Grafik-Design, HDK Berlin
Rhetorik, Institut für Präsentation, Berlin

Zugeklappt:

Sehr geehrte Frau Winkelhuber,

hätten Sie ein paar Minuten Zeit für mich?
Ich möchte mich Ihnen gern vorstellen.

Blättern Sie doch
einfach
einmal um ...

Einmal aufgeklappt:

Mein Ziel ...

... ist es, bei Ihnen als Marketingreferentin zu arbeiten. Mein Wissen, Engagement und meine Erfahrungen möchte ich sehr gern in den Dienst der Deutschen Bahn AG stellen ...

Berlin, 5. Januar 2010

Maria Münch

... und deshalb bewerbe ich mich heute bei Ihnen.

Maria Münch
Diplom-Kauffrau und Politologin

Gotthelfstraße 19
12051 Berlin
Tel.: 030/56 67 82
maria@muench.de

Möchten Sie mehr über mich wissen?
Dann blättern Sie noch einmal um.

Komplett aufgeklappt:

Mein Ziel ...

... ist es, bei Ihnen als Marketingreferentin zu arbeiten. Mein Wissen, Engagement und meine Erfahrungen möchte ich sehr gern in den Dienst der Deutschen Bahn AG stellen ...

Berlin, 5. Januar 2010

Maria Münch

Meine wichtigsten Daten ...

geboren am 11.11.1981 in Kassel
ledig, ortsunabhängig
Diplom in BWL und Politologie

Honorartätigkeit:
Werbeagentur ViP & Partner, Berlin, seit 9/05

Praktika:
u. a. in den Bereichen Marketing, Incentives, Betriebsorganisation, Marktanalysen, (Olympus, Hoechst, Philipp Reemtsma)

Studienschwerpunkte:
Wirtschaftswissenschaften: Marktforschung, Marketingmanagement u. -instrumente; Politologie: u. a. Organisationssoziologie, neue Managementkonzepte, Meinungsmanagement

Weiterbildung:
Teilnahme an div. Fachveranstaltungen

Sprachkenntnisse:
Französisch, Spanisch, Englisch

Meine Pluspunkte ...

- entscheidungsstark
- selbstkritisch
- unternehmerisches Denken
- kundenorientiertes Handeln
- zukunftsorientiert mit Augenmaß für das Machbare
- überzeugende fachliche Voraussetzungen
- starke Lernbereitschaft

und nicht zu vergessen:

- großer Spaß an der Arbeit!

Zu den Unterlagen von Maria Münch

Leider ohne ein vorab geführtes Telefonat mit der Adressatin gibt das außergewöhnlich aufgebaute **Anschreiben** nicht nur Auskunft über die fachliche, sondern auch über die persönliche Qualifikation der Bewerberin. Schön die klare Struktur, durch die der Leser auf den ersten Blick konsequent und effektiv informiert wird. Der generelle Aufbau ist durchaus gut und überspielt recht geschickt, wie dringend die Kandidatin (ein Jahr nach Studienabschluss) eine Stelle sucht. Die Gehaltsvorstellung wird mutig benannt – wir wissen nicht, ob freiwillig oder als Reaktion auf den Anzeigentext, in der Form aber geschickt, weil doch recht offen (Nennen einer Spanne).

Das **Deckblatt** mit dem grafischen Namenszug und den Studienabschlüssen der Bewerberin ist vorteilhaft und ansprechend gestaltet.

Die gewählte Präsentationsform des **Lebenslaufes** ist großzügig auf drei Seiten untergebracht. Die Linien sind vielleicht nicht jedermanns Sache, gleichwohl verfügt die Bewerberin über außerordentliche Qualitäten, die sich grafisch bestimmt noch geschickter präsentieren ließen. Die Aufzählung der Hobbys verdeutlicht, dass wir es hier mit einer interessanten Bewerberin zu tun haben.

Die nun folgende **Dritte Seite** ist ansprechend gestaltet, die Überschrift werbewirksam gewählt und der Text nimmt für die Kandidatin ein, oder?

Die Übersicht der **Anlagen** liest sich gut und legt geschickt den Schwerpunkt auf die beruflichen Erfahrungen (Angabe der Firmen).

Das **Foto** ist ein echter Sympathieträger. Auch das Format und der Bildausschnitt überzeugen.

Einschätzung
Eine recht interessante Bewerbungsmappe mit Verbesserungspotenzial im Layoutbereich.

Kurzbewerbung/Flyer
Zusätzlich haben wir hier noch eine Kurzbewerbung von Maria Münch vorgestellt, die als moderner »Flyer« daherkommt und die in einem etwas verkleinerten Format wiedergegeben wird. Im Original füllt dieser Flyer ein komplettes DIN-A4-Blatt, vorder- und rückseitig bedruckt. Aber was das Format anbetrifft, ist man in der Gestaltung sowieso relativ frei, wenn man über ein gutes Schneidegerät verfügt.

Mit Ihrem PC und einem modernen Textverarbeitungsprogramm lässt sich so ein Folder problemlos herstellen. Klicken Sie (bei Word) in der Menüleiste auf »Datei«, dann auf »Seite einrichten«, »Papierformat« und zuletzt auf »Querformat«. Um den Flyer auch aufklappen zu können, wird er von beiden Seiten bedruckt, indem Sie z. B. erst den Innenteil ausdrucken, das Papier umdrehen und dann die beiden äußeren Textabschnitte drucken lassen (bei unserem Beispiel bleibt die Seite frei, die im zusammengeklappten Zustand den »Rücken« bildet, was aber nicht unbedingt so sein muss und wiederum Ihrer Gestaltung überlassen bleibt).

Überhaupt: Die grafischen Gestaltungsmöglichkeiten sind sehr vielfältig, die hier gewählte Form wirkt eher schlicht, erfüllt aber durchaus ihren Zweck. Größtes Problem bei dieser Art von Minifaltprospekt in eigener Sache ist die Notwendigkeit, mit wenig Text auszukommen. Wer sich dieser Herausforderung stellt und das Problem gut löst, hat wirklich die Essentials seines Angebots herausgearbeitet (hoffentlich!).

Mit einem kurzen Begleitschreiben in Richtung »Sie halten jetzt wahrscheinlich die leichteste Bewerbungsmappe der Welt in der Hand ...« kann man sogar hartgesottene Personalchefs überraschen. Trotzdem sollte diese im Posttarif äußerst günstige Variante nicht dazu verleiten, kopflos Hunderte von Flyern zu verschicken. Nicht die Quantität zählt schließlich, sondern die Qualität.

Geeignet sowohl als Kurz- wie auch als Initiativbewerbung stellt diese Form der schriftlichen Kontaktaufnahme eine Alternative dar, die in der Lage ist, Aufmerksamkeit, Interesse und Neugier an Ihrer Person zu wecken. PC-Spezialisten sind in der Lage, sogar ihr Foto einzuscannen, andere arbeiten dazu mit einem Laserkopierer, um das Foto an der richtigen Stelle zu platzieren. Es geht natürlich auch mit einem Originalfoto.

Ein Flyer ist auch immer eine besondere Art der Visitenkarte und schnell verfügbar, wenn es z. B. um Erstkontakte auf Messen geht oder um sonstige Zusammenkünfte mit potenziellen Arbeitgebern.

Stefan Sommer
Hahnenweg 2
01234 Potsdam
Telefon 0123 54321
Mobil: 0179 12345 67
stefan.sommer@arcor.de

Süddeutsche Beton Werke AG
Dr. Oppel
Industriestr. 17
70565 Stuttgart

3. Juli 2010

Initiativbewerbung für den Bereich Unternehmenskommunikation

Sehr geehrter Herr Dr. Oppel,

aus ungekündigter Position suche ich in der Unternehmenskommunikation in Ihrem Haus eine neue Herausforderung und biete Ihnen meine Mitarbeit an.

Ich wünsche mir neue Aufgaben im PR-Bereich und möchte gerne einen Beitrag zur Weiterentwicklung Ihrer unternehmensinternen Kommunikation leisten.

Mein Wissen und Können habe ich beim Aufbau einer Abteilung für Öffentlichkeitsarbeit beim TÜV Brandenburg unter Beweis gestellt. Die dabei gemachten Erfahrungen sowie meine starke Leistungsmotivation, gepaart mit hoher Lernbereitschaft, sind eine gute Ausgangsbasis für dieses neue Aufgabengebiet.

Auf eine Einladung freue ich mich.

Mit freundlichen Grüßen

Stefan Sommer

Anlage
Bewerbungsmappe

Bewerbung

für den Bereich
interne Unternehmenskommunikation
der Süddeutschen Beton Werke AG

von Stefan Sommer

*Vertrauen ist für alle Unternehmungen
das größte Betriebskapital, ohne welches
kein nützliches Werk auskommen kann.
Es schafft auf allen Gebieten die Bedingungen
gedeihlichen Geschehens.*

Albert Schweitzer

Zur Person

Stefan Sommer
Hahnenweg 2
01234 Potsdam
Telefon (0123) 54321
Mobil: 0179 / 1234567
stefan.sommer@arcor.de

geboren am 30. April 1971 in Münster (Westf.)
verheiratet, ein Kind

Ausbildungshintergrund
Diplom-Politologe, Diplom-Übersetzer

Potsdam, 3. Juli 2010

Berufliche Tätigkeit

Januar 2002
bis September 2004

Assistent des Technischen Leiters beim Industrieverband der Hersteller Kunststoffverarbeitender Pressmaschinen

Aufgaben

Herausgabe von Pressemitteilungen, Erstellung eines Pressespiegels (KVPM Newsletter), Überarbeitung von Artikeln für die Fachpresse, Veranstaltungsorganisation, Übersetzungen, Koordination von Prüfprogrammen, Mitarbeit bei der Herausgabe von Verbandspublikationen, sprachliche Ausarbeitung von Vorträgen

Seit Oktober 2004

Hauptverantwortlicher Leiter des Referats Öffentlichkeitsarbeit beim Technischen Überwachungsverein Brandenburg in Potsdam

Schwerpunktaufgabe

Konzeption und Organisation der gesamten PR-Aktionen für den TÜV Brandenburg

Erfahrungsbasis

Konzeptionelle und
strategische
Öffentlichkeitsarbeit

Grundsatzfragen der Öffentlichkeitsarbeit in der Arbeitsschutzverwaltung Brandenburg (Mensch, Technik, Organisation, Gesellschaft: Sicherheit, Gesundheit und Wohlbefinden in der Arbeitswelt)

Konzeption, Planung und Organisation aller PR-Maßnahmen
- ein »Fortbildungskonzept zur bürgernahen Kommunikation«
- Betreuung und Pflege der Pressekontakte sowie deren Ausbau, auch auf Messen und Pressekonferenzen
- ein »Konzept zur flankierenden Veränderungsfortbildung« im Rahmen der Neuorganisation der Öffentlichkeitsarbeit
- ein »Kooperationsprofil« für potenzielle Partner

Operatives
PR-Management

- Einführung und Weiterentwicklung einer EDV-unterstützten Aufbau- und Ablauforganisation
- Erstellen von Texten für alle Informationsmedien im Werbebereich, dazu gehören Anzeigen, Produkt- und Image-Prospekte, Multimedia-Anwendungen, inkl. dazugehöriger Recherchen
- Entwurf von Pressetexten, von der Kurzmeldung bis zum Expertenbericht, sowohl für Fachzeitschriften als auch für die aktuelle Tagespresse
- Vorbereitung und Durchführung von Presseaussendungen
- Redaktion und Abwicklung der Hauszeitschrift

- Entwicklung von Seminarkonzepten in den Bereichen »Kommunikation«, »Verhalten« und »Methoden«
- Methodisch-didaktische Beratung bei der Entwicklung, Erprobung und Umsetzung von Konzepten im technischen Bereich
- Aufbau und Pflege einer dem TÜV Brandenburg dienlichen Infrastruktur im Bereich der öffentlichkeitswirksamen Medien
- Diverse Akquisetätigkeiten (Referent/-innen, Tagungsstätten, Kooperationspartner)
- Konzeption und Kalkulation des jährlichen Veranstaltungskalenders

Organisation
- Veranstaltungsabwicklung
- Vorschläge zur Auswahl und Beschaffung von Fachliteratur, Medien und Arbeitsmaterialien

Berufliche Weiterbildung

Juli und August 2001 Grundlagen des Verwaltungshandelns für Beschäftigte des Höheren Dienstes, Fortbildungsakademie des Innenministeriums, Frankfurt

März 2002 Betriebssoziologische Theorie-Praxis-Tage Universität der Bundeswehr, Mainz

September 2006 »Erfolgsorientierte Steuerung industrieller PR-Arbeit« Management-Konferenz des *Institute for International Research*, Berlin

März 2007 Zeichnen und grafisches Gestalten mit Freehand, EDV Institut Berlin

Studium

April 1992 bis Oktober 1996 Übersetzerstudium an der Johannes Gutenberg-Universität Mainz
Sprachenkombination: Englisch und Französisch
Spezialdisziplin: Technik und EDV
Abschluss: Diplom-Übersetzer, Gesamtnote 2,0
PR-relevante Aspekte dieses Studiums: Rhetorik, Stilkunde und Kommunikationswissenschaft

Oktober 1996 bis Oktober 2001 Politikwissenschaften an der Goethe-Universität Frankfurt a. M.
Hauptstudium mit den Teilbereichen Regierungslehre und Methoden der Politikwissenschaften

Themenschwerpunkte: Konzeptionen zur Reformierung öffentlicher Verwaltungen, Zukunft der Erwerbsarbeit
Nebenfach Soziologie mit dem Teilbereich Arbeitssoziologie
Themenschwerpunkte: Führung und Kooperation im Personalwesen, Arbeitsorganisation und neue Technologien

Schulbildung

Mai 1991	nach Grundschule und integrierter Gesamtschule Abitur am Friedrich-Stein-Gymnasium in Münster
April 1992	Prüfung zum Fremdsprachenkorrespondenten und technischen Dolmetscher in Englisch vor der Industrie- und Handelskammer zu Köln nach Besuch des Sprachlabors für Erwachsene

Sonstige Kenntnisse

Sprachen
Englisch — sehr gut, siehe Übersetzer-Diplom
Französisch — sehr gut, siehe Übersetzer-Diplom
Spanisch — solide Grundkenntnisse

EDV
MS-Word
MS-Excel
MS-PowerPoint
Freehand

Führerscheine
Klassen A, B

Potsdam, 3. Juli 2010

Stefan Sommer

Zu den Unterlagen von Stefan Sommer

Durch eine Initiativbewerbung aus ungekündigter Position und durch die Kürze des **Anschreibens** gelingt es dem Kandidaten, beim Leser Interesse zu wecken. Es wird zwar nicht auf ein vorab geführtes Telefonat hingewiesen, der infrage kommende Ansprechpartner ist aber ermittelt und direkt benannt. Der Bewerber führt seine Motive, seine Ziele und seine persönliche Qualifikation in prägnanter Form auf.

Ein interessant gestaltetes **Deckblatt** mit einem für diese Bewerbung durchaus stimmigen Zitat weist den Kandidaten als PR-Fachmann auch in eigener Sache aus. Diesen Eindruck verstärkt noch das folgende Blatt mit Foto und Daten zur eigenen Person. Eine gute grafische Gestaltung, die bestimmt Aufmerksamkeit erzielt.

Die Seiten des **Lebenslaufs** sind voll mit Qualifikationsmerkmalen und -nachweisen und wirken fast schon ein bisschen überladen. Manchmal ist weniger mehr. Trotzdem eine interessante Präsentationsform, die sicherlich viele Leser überzeugen wird. Die grafische Form der Darstellung mit einer senkrechten Trennungslinie, die zeitliche Daten oder verschiedene Themenüberschriften auf der linken Seite abgrenzt, ist übersichtlich, ansprechend und hebt sich bestimmt von der breiten Masse ab. Gut gelungen auch die Abfolge der Themenblöcke: berufliche Tätigkeit – Erfahrungsbasis – berufliche Weiterbildung ... Das ist dramaturgisch geschickt, inhaltlich informativ und setzt damit den Kandidaten ins gewünschte Licht. Hier handelt es sich ganz deutlich um eine Art erster Arbeitsprobe.

Hinweis: Man muss nicht unbedingt **Hobbys** und **Interessen** angeben. Ab einem Jahresgehalt über 80.000 Euro dürfen die Punkte ohnehin weggelassen werden. Ein gutes **Foto** mit interessantem Bildausschnitt spricht für den Bewerber.

Natürlich fehlt das **Anlagenverzeichnis** hier lediglich aus Platzgründen. Auch auf weitere »Beilagen« haben wir deshalb verzichtet.

Einschätzung
Eine gelungene, neue Form der Präsentation mit vielen frischen Ideen.

Ulrich Gerstner Duisburg, 20. Februar 2010
Hettkampsweg 12
47169 Duisburg
Tel.: 665 43 33

Tierärztin
Frau Dr. med. vet. Marlies Timm
Rauchstraße 27a
47221 Duisburg

Bewerbung um einen Ausbildungsplatz als Tierarzthelfer

Sehr geehrte Frau Dr. Timm,

für mich gibt es seit Langem nur einen Berufswunsch:
Ich möchte gerne Tierarzthelfer werden.

Als echter „Tiernarr" kann es für mich nichts Schöneres geben, als
kranken Tieren zu helfen. Schon als kleiner Junge hatte ich immer
Haustiere – vom Kaninchen bis zum Dackel. Jetzt gehören zu unserem
Haushalt neben einer Schildkröte zwei Hamster, ein Hund und vier
Wüstenrennmäuse, die ich alle sehr in mein Herz geschlossen habe.

Vielleicht erinnern Sie sich an mich, da ich vor zwei Jahren einige Male
mit meinem Cockerspaniel Waldo in Ihre Praxis gekommen bin. Mich hat
sehr beeindruckt, wie Sie und Ihr Team mit dem Tier umgegangen sind,
und natürlich auch, dass Sie ihm so gut helfen konnten.

Ich besuche zurzeit die 9. Klasse der Realschule am See in Duisburg und
werde diese im Sommer nächsten Jahres abschließen. Danach würde
ich sehr gerne bei Ihnen die Ausbildung zum Tierarzthelfer absolvieren.

Über Ihre Einladung zu einem persönlichen Gespräch freue ich mich
schon jetzt sehr und bedanke mich für Ihr Interesse.

Mit freundlichen Grüßen

Ulrich Gerstner

Anlagen

PS: Darf ich ein Praktikum in Ihrer Praxis machen?

Bewerbungsunterlagen

für

Frau Dr. med. vet. Marlies Timm

von

Ulrich Gerstner

für einen Ausbildungsplatz
als Tierarzthelfer

Ulrich Gerstner
Hettkampsweg 12
47169 Duisburg
Tel.: 665 43 33

Lebenslauf

Persönliche Daten

geboren am 1. November 1994
in Duisburg
1 ältere Schwester (Lehramtsstudentin)

Schulbildung

Grundschule:	September 2001 – August 2005
Realschule:	seit September 2005
Lieblingsfächer:	Biologie, Deutsch, Sport
Sprachkenntnisse:	Englisch, Französisch
Voraussichtlicher Schulabschluss:	Realschule im Sommer 2011
Berufswunsch:	Tierarzthelfer

Außerschulische Interessen

Sport und Freizeit:	Squash, Computer
Ehrenamtliche Tätigkeit:	Mitarbeit im Tierheim Duisburg-Wedau

Duisburg, 20. Februar 2010

Ulrich Gerstner

Was mir wichtig ist

Jedes Jahr, wenn die Sommerferien beginnen, muss man dieselben Meldungen in den Zeitungen lesen: »Hund ausgesetzt« – »Katze aufgefunden« usw.

Ich bin immer wieder aufs Neue entsetzt, wie Menschen so herzlos sein können, Lebewesen, die auf unsere Hilfe angewiesen sind, einfach so abzuschieben – nur weil sie nicht in die Urlaubspläne passen.

Vor zwei Jahren habe ich beschlossen, mehr zu tun, als mich über diese Unmenschlichkeit aufzuregen. Ich bot dem Tierheim in Duisburg-Wedau meine ehrenamtliche Mitarbeit an.

Jetzt bin ich zweimal in der Woche dort, kümmere mich um die Pflege und das Füttern der Hunde, Katzen und der vielen anderen Tiere – und »verteile« ein paar Streicheleinheiten. Die brauchen die Tiere, die oft von heute auf morgen alleingelassen wurden, ganz besonders.

Ich bin froh, eine sinnvolle Freizeitbeschäftigung gefunden zu haben, die mir darüber hinaus sehr viel Freude bereitet – sicher genauso viel wie die Ausbildung zu meinem Wunschberuf, dem Tierarzthelfer.

Duisburg, 20. Februar 2010

Ulrich Gersten

Zu den Unterlagen von Ulrich Gerstner

Ulrich gelingt es, im **Anschreiben** sehr überzeugend zu wirken. Dass er ein wirklicher »Tiernarr« ist, wie er schreibt, nimmt man ihm ohne Weiteres ab. Allerdings ist die »Als …, als …«-Satz-Konstruktion stilistisch nicht sehr schön.

Gar nicht dumm ist es, die Ärztin an den Besuch in der Praxis zu erinnern – vielleicht weiß sie wirklich noch, wer Ulrich ist. Auf alle Fälle hat er geschickt seinen Wunsch, unbedingt in dieser Praxis arbeiten zu wollen, mit einem Kompliment an die Arbeit der Tierärztin verbunden. Alle Achtung!

Positiv hervorzuheben ist auch das **Deckblatt**, auf dem er die Ärztin noch einmal direkt »anspricht«. Das signalisiert: Hier handelt es sich um eine extra angefertigte Bewerbung und nicht um ein einfach x-mal vervielfältigtes »Werk«.

Der **Lebenslauf** ist trotz der aufgelockerten Gestaltung sehr übersichtlich, die Zwischenüberschriften könnte man, um sie stärker abzugrenzen, noch fett drucken.

Das **Foto** wirkt sehr freundlich und sympathisch. Was für ein Unterschied zur unten stehenden ernsten Variante!

Mit der **Dritten Seite**, die bereits durch die Überschrift neugierig macht, unterstreicht Ulrich sehr eindrucksvoll sein Anliegen. Welcher Chef, welche Chefin wünscht sich nicht einen solchen Auszubildenden, der mit Leib und Seele bei der Sache ist?

Sehr gut ist auch, dass Ulrich im letzten Satz noch einmal auf die angestrebte Ausbildung zurückkommt. So zieht er einen schönen Bogen von der Freizeitbeschäftigung zum Wunschberuf.

Einschätzung

Auch die Gestaltung dieser Seite macht einen guten Eindruck – ein echter Hingucker.

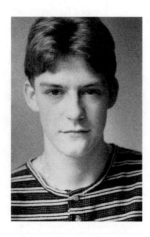

Lebenslauf-Tuning

Fast jeder Bewerber stößt beim Versuch, sich schriftlich optimal darzustellen, auf Schwierigkeiten. Er oder sie entdeckt »Makel« in Form von Lücken (Zeitabschnitt ohne Berufstätigkeit) oder nachteiligen Umständen in seinem beruflichen Werdegang, die Personalchefs stutzig machen. Da Personalauswähler den Lebenslauf in der Regel zuerst lesen, führt dies schnell zur Aussortierung der verdächtigen oder problematischen Bewerbungen. Versuchen Sie daher als Jobsuchender, möglichst eine perfekte Bewerbung, einen überzeugenden Lebenslauf, einen problemfreien Nachweis über Ihr bisher erfolgreich verlaufendes Berufsleben abzuliefern.

»Schöner Vorschlag«, denken Sie jetzt vielleicht, »nur ist mir das leider bei meinem beruflichen Werdegang nicht möglich.« Sie werden staunen, es ist oft leichter als Sie denken, und Sie müssen dabei nicht unbedingt die Unwahrheit schreiben! Wir helfen Ihnen.

Wir behandeln jetzt sogenannte negative Faktoren, die in einem Lebenslauf besser nicht vorkommen sollten. Zu unterscheiden sind:

- **»Lücken«**: Zeiten, in denen der Bewerber keine berufliche Tätigkeit nachweisen kann. Von einer kleineren Lücke spricht man ab ca. drei Monaten, ab etwa sechs Monaten von einer größeren.
- **»Probleme«**: Der Bewerber hat zwar mehr oder weniger durchgehend gearbeitet, sein beruflicher Werdegang weckt beim Leser aber nachteilige Assoziationen: z. B. häufiges Wechseln des Arbeitsplatzes.

In nicht wenigen Fällen haben Bewerber sowohl Lücken als auch Probleme in ihren schriftlichen Unterlagen, was die »Sonderbearbeitung« aller Daten und deren Darstellung noch dringender macht.

Wir haben Ihnen in der folgenden Tabelle die häufigsten Arten von »Lücken« im Lebenslauf systematisch dargestellt und dabei berücksichtigt, welche Gedanken im Kopf eines Auswählers entstehen können bezogen auf Ihre berufliche Kompetenz, Leistungsmotivation und persönliche Wesensart. Zusätzlich stehen daneben die wichtigsten Tipps zur Ersten Hilfe!

Lücken füllen

»Lücke« im Lebenslauf: Zeiten ohne Berufstätigkeit	Vermutete Auswirkungen/Rückschlüsse auf			Tipps zum Füllen der Lücke
	Fachkompetenz	Leistungsmotivation	Persönlichkeit	
Arbeitslosigkeit: unter 1 J.	nicht auf aktuellem Stand	wenig erfolgsorientiert	wenig ehrgeizig	berufliche Orientierung, Fortbildung, Ausland
Arbeitslosigkeit: ab etwa 1 J.	starker Kompetenzverlust, v. a. technisches Know-how, IT	wenig Initiative, Arbeitswille fraglich	bequem, geringes Selbstvertrauen, Versorgungsmentalität	selbstständige Tätigkeit, Fortbildung, Pflege Angehöriger, Ehrenamt, Auslandsaufenthalt
Kindererziehungspause: Frauen, bis zu 1 J.	nicht ganz auf aktuellem Stand	nicht sehr zielstrebig	fürsorglich, verantwortungsvoll, traditionell	Erziehungsjahr sowie: Fortbildungen, Kontakt zu Kollegen
Kindererziehungspause: Frauen, über 1 J.	starker Kompetenzverlust, v. a. technisches Know-how, IT	wenig zielstrebig, Familie wichtiger als Beruf	übertriebene Rücksicht, traditionell, überbehütend	Familienmanagement sowie: Fortbildungen, Ehrenamt, selbstständige Tätigkeiten
Kindererziehungspause: Männer, Erziehungsjahr	nicht ganz auf aktuellem Stand; Zunahme der sozialen Kompetenz	Risiko für Karriere, Chance der beruflichen Regeneration	ordnet sich Frau unter, Mut zum Abweichen aus Ernährerrolle	Erziehungsjahr sowie: Fortbildungen, Kontakt zu Kollegen
Krankheit: über 3 M.	nicht ganz auf aktuellem Stand	Neigung zu beruflichem Desinteresse	ungesunde Lebensweise, fehlende Life-Work-Balance	Fortbildung (auch im Selbststudium), freiberufliche Tätigkeiten, berufliche Neuorientierung
Drogenabhängigkeit, Alkoholabhängigkeit: Therapie über 3 M.	Kompetenzverlust, physischer und psychischer Abbau	kann rückfällig werden, evtl. nicht zuverlässig, potenzielles Sicherheitsrisiko	instabil, sehr abhängig von äußeren Umständen	Aus- und Weiterbildung (sofern nicht in Therapieeinrichtung), selbstständige Tätigkeit
Freistellung von der Arbeit wegen Betriebsratstätigkeit: über 1 J.	Kompetenzverlust im fachlichen Bereich, Qualifizierung in Personalwesen und Recht	politisches Engagement wichtiger als Fachaufgabe	engagiert, aufmüpfig gegenüber Arbeitgeber, sieht alles überkritisch	Koordinations-/Konzeptionsaufgaben (wenn Arbeitszeugnis schon vorliegt: muss passen!); in Freizeit ergänzend: Ehrenamt, politisches Engagement etc.
Auslandsaufenthalt privat: 3–12 M.	nicht ganz auf aktuellem Stand; verbesserte Sprachkenntnisse	weltoffen, pragmatisch, nicht karriereorientiert	flexibel, neugierig, selbstständig, lustbetont	ergänzen: Sprachkurse, interkulturelle Praxis, Praktika oder Jobs

»Lücke« im Lebenslauf: Zeiten ohne Berufstätigkeit	Vermutete Auswirkungen/Rückschlüsse auf			Tipps zum Füllen der Lücke
	Fachkompetenz	Leistungsmotivation	Persönlichkeit	
Auslandsaufenthalt beruflich: ab 1 J.	gewisse Distanz zum deutschen Arbeitsalltag, hervorragende Sprachkenntnisse	weltoffen, initiativ, pragmatisch, vital, stresstolerant	risikobereit, flexibel, kommunikativ, selbstständig	ergänzen: interkulturelle Praxis, Kontaktpflege mit deutschen Kollegen/Chef
Wehr-/Zivildienst	nicht ganz auf aktuellem Stand, Qualifizierung in spezifischen Bereichen	teamfähig, integrationsfähig, frusttolerant	belastbar, Durchhaltevermögen	ergänzen: bedeutende persönliche Erfahrungen
Zeitsoldat	starker Kompetenzverlust, Qualifizierung in Führungskompetenz	teamfähig, Entscheidungskompetenz	belastbar, durchsetzungsfähig, Selbstmotivation	ergänzen: bedeutende persönliche Erfahrungen, Fortbildungen z. B. zu Führung und Strategie
Gefängnisaufenthalt: über 6 M.	Kompetenzverlust	wenig beständig und pflichtbewusst, nicht zielorientiert	moralisch labil, gewaltbereit, unberechenbar	Aus- und Fortbildung, selbstständige Tätigkeiten, Auslandsaufenthalt, Pflege Angehöriger
Private Auszeit über 6 M.: Aussteigen/Erholung/Liebe oder dramatische Trennung und Umzug	Kompetenzverlust	nicht karriereorientiert, Privatleben wichtiger als Beruf	sensibel, nicht belastbar	ergänzen: persönliche Neuorientierung, Überwindung von Schicksalsschlägen
Private Auszeit über 6 M.: Pflege von Angehörigen, Betreuung schwieriger Kinder, soziales Engagement, Ehrenamt	Kompetenzverlust, Qualifizierung in spezifischen Bereichen	nicht karriereorientiert, pflichtbewusst gegenüber Familie und Gesellschaft	verantwortungsbewusst, belastbar, Selbstmotivation	ergänzen: Psychotrainings, Initiative und Organisation von Interessengruppen, Umgang mit Behörden
Private Auszeit über 6 M.: Ausbildung/Umschulung und/oder berufliche Neuorientierung	Kompetenzverlust, Qualifizierung in neuen Bereichen	pragmatisch (vorher nicht erfolgreich)	flexibel, Selbstmotivation, Durchhaltevermögen	ergänzen: Praktika, Urlaubsvertretungen, Jobs, Engagement

Probleme beheben

»Problem«: Berufliche Positionen entsprechen nicht dem Idealbild	Vermutete Auswirkungen/Rückschlüsse auf			Tipps zum Kaschieren des »Problems«/ umbenennen
	Fachkompetenz	Leistungsmotivation	Persönlichkeit	
Sehr kurze Verweildauer: unter 2 J. bei jungen, unter 4 J. bei älteren Bewerbern	keine vertieften Kenntnisse, kurze Einarbeitungszeit	geringes Durchhaltevermögen, nicht karriereorientiert	mangelnde Beständigkeit, lustbetont, flexibel	mehrere Tätigkeiten unter einem Begriff zusammenfassen
Sehr lange Verweildauer: über 5 oder 6 J. bei jungen, über 10 J. bei älteren Bewerbern	Spezialkenntnisse, jedoch nicht mehr ganz aktuell	richtet sich in Stelle ein, scheut Herausforderungen, will in gleicher Firma Karriere machen	unflexibel, bequem, routineorientiert, geht langfristige Bindungen ein	Tätigkeiten untergliedern, Spezialaufgaben und Erfolge betonen
Bewerbungsanlagen: fehlende oder schlechte Arbeitszeugnisse	mangelnder Erfolg, Unfähigkeit	zu geringes Engagement, nicht sehr motiviert, faul	unangenehmer Zeitgenosse, geringes Durchsetzungsvermögen, Angst vor Chef	Zeugnis nachfordern, eigenen Entwurf einreichen, Inhalt mit Chef diskutieren, evtl. dagegen klagen
Kündigung: Entlassung verhaltensbedingt oder fristlos	evtl. auch Kompetenzprobleme	evtl. schlechte Leistungen	unangenehm, unmoralisch, kriminell	darf nicht im Zeugnis erwähnt werden, eigene Kündigung angeben
Kündigung: in Probezeit (durch AG)	Kenntnisse reichen trotz Einarbeitung nicht aus	zu geringes Engagement	nicht integrationsfähig, AN schlecht ausgewählt	darf nicht im Zeugnis erwähnt werden, eigene Kündigung angeben
Kündigung: selbst, aber ohne Anschlussjob	evtl. Probleme	keine Motivation für diesen Job	nicht an Integration interessiert, allzu risikobereit, mutig, flexibel	Unterforderung durch Job, Kreativität wurde unterdrückt, Fähigkeiten nicht genutzt, Kopf frei für Neuorientierung
Zu jung (je nach Job, unter 20–30 J.), zu großer Karriereschritt	zu wenig Erfahrung im Umgang mit schwierigen Situationen, zu wenig Kenntnisse	zu freizeitorientiert, abgelenkt durch Privates, Freunde etc.; Frauen: bald schwanger	zu wenig verantwortungsbewusst, unzuverlässig, unhöflich, unstet, entwicklungsfähig	Praktika, Jobs und sinnvolle Hobbys (Musik, Sport, Gruppenbetreuung) sowie Pflichten (Babysitten) erwähnen
Zu alt (je nach Job, über 35–48 J.)	nicht mehr auf neuestem technischen Stand	will ruhige Kugel bis zur Rente schieben, oder: übereifrig	nicht mehr formbar, integrationsfähig, zu selbstbewusst	keine Betonung des Alters! Sportliche Hobbys und aktive Engagements erwähnen

»Problem«: Berufliche Positionen entsprechen nicht dem Idealbild	Vermutete Auswirkungen/Rückschlüsse auf			Tipps zum Kaschieren des »Problems«/ umbenennen
	Fachkompetenz	Leistungsmotivation	Persönlichkeit	
Über den Qualifikationsanforderungen	sehr gute, aber nicht die richtigen Kenntnisse	größeres Interesse an höherwertigen als den eigenen Aufgaben, immer auf Absprung zu besseren Stellen	gelangweilt, überheblich, Versager im eigenen Feld, schwach entwickeltes Selbstbewusstsein	*höherwertige Qualifikationen verkürzt darstellen, Praxis in passenden Positionen herausstellen, überzeugende Argumente (auch private) für diese Stelle anführen*
Vorher im gleichen Feld selbstständig gewesen	unabhängig, evtl. ohne Erfolg, glücklos	hoch, sofern selbstgesteuert, ansonsten schnell frustriert	zu autark, kann sich nicht unterordnen, nicht teamfähig	*Selbstständigkeit als Angestelltenverhältnis darstellen, abhängige Tätigkeiten betonen, selbstständige Kompetenzen betonen*
Kein roter Faden erkennbar	keine vertieften Kenntnisse in einem Gebiet	nicht sehr motiviert oder karriereorientiert	ziellos, unausgeglichen, unsicher	*Tätigkeiten umformulieren und nach Branchen sortieren, nicht zeitlich*
Zu lange Studienzeit (über 15 Semester)	evtl. langsamer Arbeiter	nicht sehr hoch, bei Verzögerung durch Jobben: sehr hoch	nicht stringent, hält sich mit Details auf, lässt sich ablenken; bei Jobben: sehr motiviert	*Praktika, Schwerpunkte und Projekte betonen; bei Verzögerung durch Jobben: diese herausstellen*
Ausbildungs- oder Studienabbruch oder Wechsel der Richtung	unabhängig	nicht zuverlässig vorhanden, da durch Launen beeinflusst; kann aber auch hoch sein	wenig Durchhaltevermögen, pragmatisch, flexibel	*Abbruch nicht erwähnen, geeignete Fortbildungen, Praktika, Jobs und Hobbys betonen*

Wie Personalchefs Lücken und Probleme deuten

Wir haben Ihnen eben in der Übersicht zu den verschiedenen Lücken- und Problem-Themen einige kritische Vermutungen der Personalauswählerseite in Kurzform vorgestellt.

Generell lässt sich sagen: Personaler wünschen sich möglichst einen lückenlosen Nachweis Ihrer Berufstätigkeit, die natürlich problemlos verlaufen sein sollte. Dieser Darstellung sollte ein stetiger Aufstieg, d. h. eine Zunahme des Verantwortungsbereichs mit gelegentlichem Wechsel des Arbeitgebers, zu entnehmen sein. Zu häufiges Wechseln, insbesondere bei reiferen (älteren) Bewerbern, wirkt ebenso verdächtig wie zu langes Verharren in derselben Position beim selben Arbeitgeber. Auch ein sehr langes Studium, ein Abbruch oder ein Wechsel der Ausrichtung fördern nicht gerade Ihre Einstellungschancen.

Wenn Sie für einen etwas längeren Zeitraum keine Berufstätigkeit im Lebenslauf angeben, fallen Personalern schnell Erklärungen ein wie: Arbeitslosigkeit, (Geistes-)Krankheit, Drogenentzug oder vielleicht sogar eine Freiheitsstrafe.

Aber Lücke ist nicht gleich Lücke. Nicht jede Auszeit hat einen negativen Beigeschmack und braucht deshalb auch nicht »übertüncht« zu werden, wie z. B. Erziehungs- und Pflegezeiten oder Weltreisen. Auch eine private Auszeit zur beruflichen Orientierung kann durchaus erwähnt werden. Längere »Lücken«, wie mehrere Jahre in der Bundeswehr, lassen sich ohnehin nicht verschweigen und können sehr positiv dargestellt werden.

Bestimmte Zeitabschnitte im Berufsleben gehen niemanden etwas an. Es sind genau die Themen, nach denen im Bewerbungsgespräch nicht gefragt werden darf, u. a. Krankheiten (auch Suchterkrankungen), Schwangerschaft, Freistellung wegen Betriebsratstätigkeit und Freiheitsstrafen. Ihre Erklärungen sollten überzeugen und möglichst nicht widerlegbar sein. Die einfachsten Lösungen zur Vertuschung von Lücken sind:

▸ Zeitspannen mit Jahreszahlen angeben
▸ mehrere Zeitabschnitte unter einer Überschrift zusammenfassen (so lässt sich der chronologische Ablauf schwerer nachvollziehen und die einzelnen Kategorien bilden ein Erklärungsmuster)

Bei Problemen, die man von Personalauswählerseite aus Ihrem Lebenslauf ableitet, liegt die Bewertung, wie gravierend das Handicap ist (im Sinne einer »Behinderung«), auch immer im Auge des Beurteilers. Dieser mag beispielsweise die Verweildauer an einem Arbeitsplatz auffällig kurz oder noch okay finden, den Weggang von einem Unternehmen als eine arbeitgeberseitige Kündigung interpretieren oder nicht den roten Faden erkennen können oder alles für ziemlich unzusammenhängend und eher zufällig als wohlgeplant verstehen.

Das Entscheidende bleibt: Gibt es Anlässe, die Ihnen als Problem ausgelegt werden könnten, müssen Sie sich vorbereiten und wissen, wie Sie die Argumente der Gegenseite entkräften oder wenigstens mildern. Am besten jedoch, es gelingt Ihnen von vornherein, beim Leser Ihrer Bewerbungsunterlagen Problemfantasien gar nicht erst entstehen zu lassen.

Die wichtigsten Fälle

Hier nun zu den am häufigsten und wichtigsten Malaisen einige vertiefende Anmerkungen und Erste-Hilfe- und Handlungsempfehlungen sowie Beispiele von Bewerbungsunterlagen.

Arbeitslosigkeit

Dieser mittlerweile durchaus nicht seltene Zustand weckt leider immer noch viele negative Assoziationen, als wäre er ein Zeichen für einen Mangel an Leistungsfähigkeit, Zielstrebigkeit, Flexibilität oder gar auf einen schlechten Charakter zurückzuführen. Dass heutzutage ein Großteil der Arbeitslosigkeit konjunkturbedingt ist, also die Arbeitslosen unverschuldet trifft, scheint die Personalchefs wenig zu kümmern. Frei nach dem Motto »einmal draußen, immer draußen« haben es Arbeitslose deutlich schwerer, wieder einzusteigen.

Neben denjenigen, die immerhin »Lohnersatzleistung« erhalten, gibt es auch noch Arbeit suchende Menschen, die diese nicht beanspruchen können: Sie haben gerade ihre Ausbildung beendet und finden ohne fundierte Berufserfahrung nicht so leicht einen Job. Ohne Job gelten sie als arbeitslos, und das verschlechtert ihre Aussichten noch mehr. Für sie ist es besonders wichtig, sinnvolle Tätigkeiten auszuüben, die ihnen eine gewisse Berufspraxis einbringen.

Was hilft?
Besonders für Einsteiger ist es notwendig, vorzeigbare Tätigkeiten zur Überbrückung zu suchen und belegen zu können. Genau die sollen ihnen eine gewisse Berufspraxis einbringen: Praktika, Hilfstätigkeiten, freiberufliche Arbeit und ehrenamtliches Engagement im Berufsfeld, ausgewählte Fortbildungen, Fremdsprachenanwendung ...

Wählen Sie Umschreibungen, die Sie alternativ zum »Unwort« Arbeitslosigkeit verwenden können (Bewerbungsphase, Orientierungszeit, Fortbildungsauszeit ...).

Beginnen Sie Ihren Lebenslauf mit den Zeiten, in denen er positiv/gradlinig verlief. Also möglichst nicht mit aktueller Arbeitslosigkeit.

Geben Sie Fachpraktika, besondere Kenntnisse und ehrenamtliche Tätigkeiten an.

Beispielsweise kann »Schwarzarbeit«, auch als Nachbarschaftshilfe beschönigt, glaubhaft rüberbringen, dass man Erfahrung hat und dass die Kunden mit Ergebnissen und Service sehr zufrieden sind.

Auf Seite 301 finden Sie eine Musterbewerbung aus der Arbeitslosigkeit.

Zu viele Wechsel, kein roter Faden

Zu kurze Verweildauer

Arbeitgeber gehen davon aus, dass der ideale Kandidat am Anfang seiner Laufbahn flexibler ist als später und etwa ab 40 Jahren seine »berufliche Heimat« gefunden haben sollte.

Diese Regel trifft jedoch in Zeiten der Arbeitslosigkeit, dem wachsenden Anteil befristeter Stellen und der Umzugsbereitschaft von Firmen nicht mehr im selben Maße wie früher zu. Arbeitnehmer wechseln ihren Arbeitsplatz häufig, weil ihr bisheriger wegrationalisiert wurde oder weil der befristete Arbeitsvertrag ausläuft.

Was hilft?

Lassen Sie ganz kurze Arbeitszeiten (wenige Tage bis einige Wochen) ggf. »unter den Tisch fallen«. Es ist besser, über drei bis sechs Monate (ehrenvoll) arbeitslos gewesen zu sein, als in genau dieser Zeit mit ein bis zwei Arbeitsverhältnissen, die bereits nach wenigen Tagen oder Wochen aufgelöst wurden (egal aus welchem Grund), im Lebenslauf dazustehen und den Eindruck von Unzuverlässigkeit und Schlimmerem zu vermitteln.

Fassen Sie wenn irgend möglich mehrere »Jobs« zusammen und titeln Sie selbst, wie Sie diese Phase bezeichnen wollen, um keinen schlechten Eindruck aufkommen zu lassen.

Kein roter Faden

Während viele Menschen eine bestimmte berufliche Richtung einschlagen, wechseln andere ein- oder zweimal die Branche bzw. entwickeln sich durch qualifizierte Fortbildung weiter. Bei manchen geschieht das so häufig, dass schwerlich die Gemeinsamkeiten der verschiedenen Tätigkeiten nachzuvollziehen sind. Das erfordert ein besonderes mentales Herangehen. Manchmal besteht eine Verbindung – ein roter Faden – nur aus künstlerischen, körperlichen, räumlichen Aspekten oder aus Selbstständigkeit, Besonderheit, zeitlicher Begrenzung. Seien Sie versichert – es gibt immer etwas Hervorstechendes, man muss es nur finden!

Was hilft?

Versuchen Sie, den gemeinsamen Aspekt aller Tätigkeiten herauszufinden: Machen Sie sich eine Checkliste von Kriterien: fachlicher Bereich, Art des Unterstellungsverhältnisses, Arbeitsweise, Typ Arbeitgeber etc., und klopfen Sie jede Tätigkeit daraufhin ab. Die Suche nach dem gemeinsamen Aspekt sollte natürlich maßgeblich davon geprägt sein, was in der neu angestrebten Position gefordert wird.

Wenn Sie das Gemeinsame festgestellt haben, jedoch auf einige Ausnahmen stoßen, bezeichnen Sie diese etwas anders, damit die durchgehende Linie noch leichter erkennbar wird:

Stärken Sie Ihren selbst gesponnenen roten Faden mit Jobs, freiberuflichen Tätigkeiten, Praktika, Messebesuchen, Auslandsaufenthalten etc.

Wichtig könnten auch Ihre Interessen oder ehrenamtlichen Engagements sein, da sich in ihnen häufig der gleiche Aspekt wiederfindet, z. B.: Sie haben beruflich oft Dokumentationen schreiben müssen, privat verfassen Sie Lebensgeschichten Ihrer Verwandten.

Klar ist, dass Arbeitgeber einen roten Faden in der beruflichen Laufbahn suchen. Machen Sie ihnen nicht unnötig Arbeit, sondern stellen Sie die verbindenden Elemente Ihrer Tätigkeiten heraus!

Oder gar: Zu lange Verweildauer

Was passiert, wenn Sie mit über 40 noch in der gleichen Firma arbeiten und sich dann verändern wollen?

Ihr Lebenslauf enthält in diesem Fall beim Block Berufspraxis nur ein bis drei Positionen, von denen die aktuelle schon zehn oder mehr Jahre andauert. Dies könnte den Arbeitgeber vermuten lassen, dass Sie zu lange zögerten, einen neuen Arbeitsplatz zu suchen:

Sie genossen die Vorteile, ohne sich dem Stress einer Arbeitsplatzsuche und Bewerbung auszusetzen; Sie üben weitgehend die gleiche Tätigkeit aus und entwickelten sich beruflich nicht viel weiter; Sie richteten sich an Ihrem Arbeitsort bequem ein und sind daher nicht besonders flexibel.

Außerdem haben Sie lange Kündigungszeiten (im öffentlichen Dienst unter Umständen sechs Monate) und können daher die meisten ausgeschriebenen Stellen nur unter schwierigen Umständen antreten.

Was hilft?

Gehen Sie umgekehrt vor wie der Vielwechsler: Stellen Sie mehrere Funktionen im gleichen Unternehmen so dar, dass zumindest optisch der Eindruck entsteht, Sie hätten Positionen bei verschiedenen Arbeitgebern ausgefüllt.

Geben Sie verschiedene und zusätzliche Aufgaben an, z. B. die zeitweilige Übernahme von Verpflichtungen für eine andere Abteilung oder ein besonderes Engagement, z. B. im Sozialwesen.

Erwähnen Sie Veränderungen Ihres Einsatzortes, um Ihre räumliche Flexibilität zu unterstreichen.

Wiedereinstieg nach Auszeit

Manche sogenannte Lücken brauchen Sie nur umzubenennen oder zu ergänzen. Erziehungszeiten ihrer Kinder sollten Eltern, meist immer noch Frauen, nicht verschweigen, sondern selbstbewusst als »Familienmanagement« oder Ähnliches darstellen, eventuell ergänzt um ehrenamtliches Engagement und/oder eine berufliche Fortbildung. Gleiches gilt für die aufopferungsvolle Pflege von Familienangehörigen.

Bei Auslandsaufenthalten, egal ob privat oder zu Studienzwecken, Praktikum oder beruflich, haben Sie sicherlich Sprachkenntnisse erworben oder stellen dies wenigstens so dar.

Wehr- oder Zivildienst können Sie aufwerten durch Teamarbeit und soziale Erfahrungen, die Sie während dieser Zeit intensiv gesammelt haben.

Private Auszeiten, wie sie bei dem einen oder anderen gelegentlich frei- oder unfreiwillig vorkommen, sollten erklärt werden, wenn sie einen Zeitraum von mehr als drei Monaten einnehmen. Wenn Sie z. B. einen Schicksalsschlag hinnehmen mussten, wie eine dramatische Trennung mit Ortswechsel oder den Tod eines nahen Angehörigen, ist es nachvollziehbar, dass Sie eine Weile keine Arbeit aufgenommen haben. Auch eine leidenschaftliche Beziehung kann diesen Effekt hervorrufen und als Erklärung – oder zur Kaschierung anderer Sachverhalte – herangezogen werden.

Was hilft?

Einige Phasen sollten Sie besser verschweigen bzw. anders benennen. Als Erklärung für Lücken im Lebenslauf geistert neben dem Gespenst der Arbeitslosigkeit auch noch anderes durch die Köpfe der Personaler. Um sich vor Fehlgriffen zu schützen, suchen sie bei Bewerbern nach »Auffälligkeiten«. Dabei gibt es viele Möglichkeiten, diesen Zeitraum mit sinnvollen Tätigkeiten zu beschreiben, wie Fortbildung, selbstständige oder ehrenamtliche Tätigkeiten. Auch ein intensives Engagement für den Betriebsrat, so wertvoll es sein mag, verunsichert potenzielle neue Arbeitgeber.

Lücken wegen Erkrankungen oder Sucht brauchen und sollten Sie nicht angeben. Formulieren Sie Ihre Erklärungen so, dass sie plausibel klingen und nicht ohne Weiteres anzuzweifeln sind, z. B. Weiterbildungen oder freiberufliche Tätigkeiten. Selbst schwerste Krankheiten gehen Ihren Arbeitgeber nichts an, wenn sie überwunden sind.

Auch Freiheitsstrafen und Vorstrafen sind Ihre persönliche Angelegenheit, wenn Sie Ihre Strafe abgebüßt haben. Kürzere Gefängnisaufenthalte verschweigen Sie am besten, für längere müssen Sie sich besonders gute, schwer nachprüfbare Ausreden einfallen lassen oder ehrlich sein.

Mit welchen einfachen Tricks verbergen Sie Lücken am besten?
Besonders wenn Sie schon auf eine lange Berufserfahrung zurückblicken können, interessieren bei Ihrem Lebenslauf nicht mehr Tage oder Monate, sondern nur Jahre. Nur die letzte Zeit, also zwei bis fünf Jahre, sollten Sie mit Monatsangaben kennzeichnen, sofern nicht gerade in dieser Zeit besonders viele Lücken aufgetreten sind.

Sie müssen nicht alle Phasen chronologisch darstellen, sondern können sie kategorisieren, z. B. »Tätigkeiten zwischen Abitur und Studium« oder »Selbstständige Tätigkeiten«. Dadurch können Personaler die zeitliche Abfolge nicht ganz so einfach nachvollziehen und Lücken fallen weniger auf.

Kindererziehung
Obwohl Frauen – zumeist sind es bei uns ja noch die Frauen – bei der Kindererziehung enorm viel leisten und lernen, stellen sie diese Fähigkeiten in ihrer Bewerbung selten so dar. Sie erwerben oder stärken in der Mutterrolle unter anderem auch Ihre Sozialkompetenzen Belastbarkeit, Organisations- und Koordinationsvermögen, Frustrationstoleranz und Flexibilität.

Was hilft?
Verkaufen Sie sich entsprechend! Ergänzen Sie die Erziehungszeiten um freiberufliche Tätigkeiten oder ein Engagement in einem fachlich passenden Bereich, um eine Aus- oder Fortbildung (insbesondere Sprach- und Computerkurse), oder schreiben Sie, dass Sie im Familienbetrieb mitgeholfen haben.

Bleiben Sie glaubwürdig – Ihre Aussagen müssen nachvollziehbar, aber möglichst nicht nachprüfbar sein, falls Sie etwas »dick aufgetragen« haben.

Schwere Erkrankung, Alkoholabhängigkeit
Von besonderer Bedeutung für den Arbeitgeber sind Auszeiten dann, wenn sie eine nachteilige Wirkung auf die Arbeitskraft erwarten lassen. Das könnte beispielsweise bei einer Krebserkrankung oder bei psychischen Problemen der Fall sein. Auch chronische Krankheiten wie z. B. Diabetes führen erfahrungsgemäß zu geringerer Belastbarkeit oder Fehlzeiten. Erst recht wird vom Personalchef ein Arbeitnehmer mit Suchtproblemen gefürchtet, der häufig ausfällt oder durch sein Verhalten eventuell den Betriebsfrieden stört.

Entsprechende Lücken müssen Sie nicht in Ihren Lebenslauf aufnehmen, wenn diese Probleme auskuriert bzw. therapiert sind. Ähnlich wie beim Vorstellungsgespräch, bei dem bestimmte Fragen unzulässig sind, geben Sie in Ihren Bewerbungsunterlagen nichts an, was Ihnen zum Nachteil gereichen könnte. Dies gilt besonders dann, wenn die Krankheiten schon Jahre her sind, egal, ob es sich um Krebs, Herzinfarkt oder Alkoholismus handelt.

Anders ist die Lage, wenn Sie dauerhafte Schäden davongetragen haben und Ihren neuen Job nicht im erforderlichen Maß ausführen können, z. B. als Bauarbeiter mit einem nicht völlig kurierten Bandscheibenvorfall. Eine Schwangerschaft dürfen Sie nicht verschweigen, wenn Sie an Ihrem Arbeitsplatz mit gesundheitsschädlichen Stoffen in Berührung kommen würden. Bei entsprechenden Tätigkeiten verlangt der Arbeitgeber in der Regel eine ärztliche Untersuchung.

Was hilft?
Ihre Erklärungen für diese Zeitabschnitte sollten nicht nachprüfbar sein, beispielsweise die Pflege eines Angehörigen oder der Aufenthalt in einem Land, für das Sie keine Aufenthaltsgenehmigung brauchen. Selbstverständlich kommen Weiterbildung oder Spezialisierung (auch im Selbststudium) sowie ein Ehrenamt oder eine freiberufliche Tätigkeit gut an.

Auf der CD-ROM finden Sie im Abschnitt »Mustervorlagen« viele weitere Bewerbungsbeispiele.

Umschulung und berufliche Neuorientierung

Nicht immer läuft im Leben alles wie geplant. Sie haben Ihren »Traumberuf« erlernt oder Ihr »Wunschstudium« erfolgreich beendet. Nach einigen Jobs im Berufsfeld merken Sie, dass der Bedarf nach dieser Qualifikation doch sehr begrenzt bzw. die Konkurrenz groß ist.

Oder: Es ist Ihnen inzwischen klar geworden, dass Sie in Ihrem Beruf nicht glücklich werden, Sie sich ungeeignet oder den Anforderungen nicht richtig gewachsen fühlen. Vielleicht sind Sie auch in diesen Beruf gedrängt worden und waren von Anfang an nie ganz damit zufrieden.

Manchmal drängt das Arbeitsamt nach längerer Beschäftigungslosigkeit auf eine Fortbildung oder der Betroffene entschließt sich nach reiflicher Überlegung, durch eine längere Fortbildung seine Chancen auf dem Arbeitsmarkt wesentlich zu verbessern.

Während eine Umschulung in zwei Jahren zu einem anerkannten Ausbildungsberuf führt (mit IHK-Prüfung), baut eine längere Fortbildung auf vorhandener Berufspraxis auf. Manchmal besteht sie nur aus irgendeinem Berufsabschluss sowie Berufserfahrung, in anderen Fällen müssen die Fortbildungsteilnehmer bestimmte zusätzliche Voraussetzungen erfüllen.

In jedem Fall geht die neue Qualifikation mit einer gewissen beruflichen

Umorientierung einher: Das neue Berufsfeld muss inspiziert werden, Kontakte geknüpft und die eigenen Stärken in die neue Bewerbungsstrategie eingearbeitet werden.

Was hilft?
Im Lebenslauf klafft dann unter Umständen eine Lücke von ein oder zwei, manchmal sogar drei Jahren, weil es vielleicht nicht gleich ein Arbeitsangebot gab. Also kommt es besonders darauf an, sein Motiv für die Umschulung zu verdeutlichen, Nebenjobs anzuführen, bei denen man etwas gelernt hat, und auf noch andere praktische Erfahrungen zu verweisen, die einen aus dem absoluten Anfängerstadium herausbringen.

Böse Gegenargumente

Der Preis: Zu teuer
Immer wieder findet man in Stellenanzeigen die Aufforderung, seinen Gehaltswunsch und den frühestmöglichen Eintrittstermin mitzuteilen. Manchmal wird sogar direkt um die Mitteilung der aktuellen Bezüge gebeten.

Was hilft?
Umgehen Sie die Benennung Ihres Gehaltswunsches! Zunächst einmal: Wird diese Bitte nicht im Anzeigentext vorgetragen, schreiben Sie auf keinen Fall, was Sie aktuell verdienen und wie Sie sich bei einem Wechsel die neue Bezahlung vorstellen. Das hat Zeit und ist erst Verhandlungssache, wenn die andere Seite »angebissen« hat.

Werden Sie allerdings im Anzeigentext explizit dazu aufgefordert, könnten Sie das natürlich ignorieren – was nicht sehr schön wäre – oder mit dem lapidaren Satz quittieren, dass Sie eine der Position angemessene, Vergütung erwarten.

Besser jedoch ist die Angabe einer realistischen Gehaltsspanne, etwa so: »Meine Gehaltsvorstellungen liegen zwischen 40 und 50.000 Euro p. a.« Eine Spanne von ungefähr 10 bis 20 Prozent ist dabei gut vertretbar. Sind Sie deutlich festgelegter, was Ihren zukünftigen Verdienst anbetrifft, formulieren Sie: »Mein Jahreseinkommen sollte um 35.000 Euro betragen.«

Zu jung und/oder unterqualifiziert
Leider spielt das Alter in Bewerbungen eine übergroße Rolle. Manch einer gilt als zu jung, um Verantwortung zu übernehmen, aber noch viel häufiger sind Bewerber den Personalern zu alt. Der eine Bewerber hat eine zu einfache Ausbildung, der andere gilt als überqualifiziert. Die für den Entscheider genau richtige Arbeitserfahrung nachzuweisen, spielt hier die entscheidende Rolle.

Was heißt eigentlich zu jung? Das kommt sehr auf die Art der Tätigkeit an: In einfachen Berufen betrifft es vielleicht unter 20-Jährige, während verantwortungsvolle Aufgaben erst Bewerbern ab Mitte 30 zugetraut werden.

Junge Menschen nehmen in der Werbewelt eine herausragende Stellung ein und sind auch als Arbeitnehmer sehr begehrt. Dies gilt jedoch nur dann, wenn sie wenigstens etwas Berufserfahrung mitbringen. Gerade bei Letzterem liegt das Problem, mit dem die Jungen kämpfen – ohne Praxis keinen Job, ohne Job keine Praxis!

Noch schlechter sehen die Einstellungschancen aus, wenn Bewerber keine oder nur eine abgebrochene Ausbildung mitbringen: Der Abschluss besitzt in Deutschland eine elementare Bedeutung, in manchen Bereichen, wie z. B. dem öffentlichen Dienst, sogar die wichtigste.

Wenn fehlende Qualifikation und mangelnde Berufserfahrung zusammentreffen und nicht einmal das Lebensalter eine gewisse Reife erwarten lässt, sieht es für den Betreffenden schlecht aus. Davon zeugt die hohe Jugendarbeitslosigkeit.

Was hilft?

Wenn Sie zu dem betroffenen Personenkreis gehören, ziehen Sie alle Register, um den Arbeitgeber von Ihrer Eignung zu überzeugen. Geben Sie alles an, was sich nach Berufserfahrung anhört:

- Praktika
- Jobs
- ehrenamtliche oder selbstständige Tätigkeiten im Berufsfeld
- Mitarbeit im Familienbetrieb

Wenn Sie etwas Fantasie besitzen, fällt Ihnen sicherlich einiges ein, das Sie überzeugend vertreten können. Nicht für alles müssen Sie Zeugnisse beibringen bzw. diese sind von selbstständigen Verwandten oder Bekannten eventuell zu bekommen.

Ein paar typische Tätigkeiten und was Sie dabei lernen

Bei der Betreuung von Kinder- und Jugendgruppen, als Babysitter oder Nachhilfelehrer beweisen und verbessern Sie Führungskompetenz, Verantwortungsübernahme, Einfühlungsvermögen …

Beim Reparieren des Motorrades, Experimentieren mit dem Chemiebaukasten oder Aufrüsten des PCs gewinnen Sie technisches Verständnis, praktisches Geschick und Problemlösungsfähigkeit.

Zu alt und/oder überqualifiziert

Als zu alter Bewerber gilt man – je nach Stelle – im Extremfall schon ab Mitte

30 (in vielen Großunternehmen), meist jedoch ab 40, spätestens aber mit 50 Jahren.

Vor dem größeren Selbstbewusstsein und der Standfestigkeit reiferer Bewerber scheuen manche Arbeitgeber zurück. Dabei sind es oft gerade diese Fähigkeiten, die einen für verantwortungsvollere Positionen, vor allem als Führungskraft, qualifizieren. Nach aktuellen Befragungsergebnissen können Ältere die Realisierbarkeit von Projekten gut einschätzen, für Stabilität in schwierigen Situationen sorgen und Sackgassen vermeiden. Einige wenige Unternehmen erkennen, dass jüngere und ältere Arbeitnehmer zusammen die besten Ergebnisse erzielen. Sie setzen bei der Besetzung von Führungspositionen bewusst auf über 50-jährige Bewerber.

Was hilft?
Wenn Sie also nicht zu der begehrten Altersklasse gehören, betonen Sie im Lebenslauf das, was Sie auszeichnet:

- umfangreiche Berufspraxis
- gelegentliche Wechsel von Arbeitgeber und/oder Aufgabenbereich
- Hobbys, die von körperlicher Fitness, geistiger Kreativität und persönlicher Flexibilität zeugen und für ein gutes Leistungsvermögen sprechen

Lassen Sie durch Ihre schriftlichen Unterlagen keinen Zweifel daran aufkommen, dass Sie sich auch altersmäßig für geeignet halten.

Überqualifiziert
Nicht nur höheres Alter kann für Ihre Chancen einen Nachteil darstellen, sondern auch eine wesentlich höhere Qualifikation als gefordert. Der Arbeitgeber fürchtet vor allem, dass »Überqualifizierte« bald ein höheres Gehalt verlangen, als er zu zahlen bereit ist. Darüber hinaus rechnet er mit einem Mitarbeiter, der selbstständig denkt und handelt, was nicht immer erwünscht ist. Auch die Vermutung, dass der Hochqualifizierte sich bald langweilt und nach neuen beruflichen Herausforderungen umschaut, ist groß.

Was hilft?
Falls Sie sich für eine entsprechende Stelle bewerben, passen Sie Ihre Selbstdarstellung dem Niveau etwas an. Später wird Ihr Chef Ihre Qualitäten vielleicht doch noch sehr schätzen. Nicht jeder Personaler hat mit sogenannten Überqualifizierten Pech, viele profitieren von deren Leistungsstärke und Selbstständigkeit. Zunehmend trifft man Absolventinnen der Germanistik, Anglistik oder sogar Juristinnen als Assistentinnen, Backoffice-Managerinnen oder Sekretärinnen an.

Es folgen nun Beispiele, um Ihnen zu verdeutlichen, wie man im Lebenslauf Probleme beheben, Lücken füllen und die Darstellung seines Werdeganges optimieren kann.

 Diese und weitere Beispiele finden Sie auch auf der CD-ROM. Sie können die Muster in Ihr Textverarbeitungsprogramm übernehmen.

Ivo Romanovic
Finkenweg 4, 76131 Karlsruhe, Tel. 07 21 / 6 77 34 48

Fa. Sinnig
Knüppeldamm 13
68301 Mannheim

Karlsruhe, den 18.2.10

Sehr geehrte Damen und Herren,

Ihre Anzeige in der Mannheimer Zeitung vom 10.2. interessiert mich sehr. Sie suchen einen jungen, erfahrenen Heizungs- und Lüftungsbauer. Ich bin 31 Jahre alt. Ich habe in 2 Sanitärfirmen gearbeitet, bis die letzte Pleite machte. Seitdem suche ich Arbeit, habe aber noch nichts gefunden. Daher helfe ich bei Reparaturen aus, wenn bei meinen Verwandten und Bekannten was kaputtgeht. Sie nennen mich den Alleskönner, weil ich fast alles wieder ganz mache. Ich bin schnell, freundlich und auch bei den Kindern beliebt. Ich spreche Serbokroatisch und Deutsch. Es ist für mich kein Problem, am Wochenende und abends zu arbeiten. Bitte rufen Sie mich an. Ich kann sofort anfangen.

Freundliche Grüße

Ivo Romanovic
(Ivo Romanovic)

Vorsicht! 1. Version/Anschreiben ➜ Kommentar Seite 306

Lebenslauf

Vater: Doran Romanovic (Schlosser), Mutter: Anna Romanovic (Hausfrau), 4 Geschwister (eines ist Hausmeister)

Geburt: 9.11.1978 in Ljubljana, Slowenien

Schulen: Grundschule in Ljubljana, Gustav-Heinemann-Realschule in Ludwigshafen (ohne Abschluss)

Ausbildung: Heizungs- und Lüftungsbauer bei Firma Rogalski

Heirat mit Eva, bis jetzt Vater von 4 Kindern

Arbeit: 3 Jahre als Heizungs- und Lüftungsbauer bei Firma Rogalski, 5 Jahre bei Firma Ratibor

Seitdem: arbeitslos und Reparaturarbeiten bei Familie und Freunden

Weiterbildung am PC

Führerschein Klasse B

Sprachkenntnisse: Serbokroatisch und Deutsch

Hobby: Kampfsport

Ivo Romanovic, Adresse: Finkenweg 4, 76131 Karlsruhe, Tel. 0721/6773448

Zeugnisse von Realschule, Ausbildung und 2 Stellen

Vorsicht! 1. Version/Lebenslauf ➔ Kommentar Seite 306

Ivo Romanovic
Finkenweg 4
76131 Karlsruhe
Tel. 0721 6773448

Fa. Sinnig
Herrn Bauer
Knüppeldamm 13
68301 Mannheim

Karlsruhe, 18.02.10

Bewerbung als Heizungs- und Lüftungsbauer
Ihre Stellenausschreibung in der Mannheimer Morgenpost vom 10.02.2010

Sehr geehrter Herr Bauer,

vielen Dank, dass Sie sich gestern spontan Zeit für ein persönliches Gespräch genommen haben. Es hat mein Interesse an der Stelle noch verstärkt.
Wie besprochen schicke ich Ihnen meinen Lebenslauf, ein Foto und Zeugnisse.

Meine Berufspraxis als Heizungs- und Lüftungsbauer umfasst einschließlich meiner Ausbildung zwölf Jahre bei zwei Firmen, von denen die letzte leider in Konkurs ging. Seit zwei Jahren bin ich mit Reparaturaufgaben in der Nachbarschaftshilfe tätig – es gibt fast nichts, das ich nicht repariere. Meine »Kunden« sind mit dem Ergebnis und meinem Service sehr zufrieden! In meiner gesamten Berufspraxis hatte ich Umgang mit verschiedenen Kulturkreisen, vor allem mit Polen und Jugoslawen.

Selbstverständlich arbeite ich für den Notdienst auch am Abend und Wochenende.
Ich freue mich sehr darauf, ein weiteres Gespräch mit Ihnen zu führen.

Mit freundlichen Grüßen

Ivo Romanovic

Anlagen

Verbesserte, 2. Version/Anschreiben ➔ Kommentar Seite 306

Lebenslauf

Persönliche Angaben

Name: Ivo Romanovic
Adresse: Finkenweg 4, 76131 Karlsruhe
Tel. 0721 6773448
Geburt: 09.11.1978 in Ljubljana, Slowenien
Familienstand: verheiratet, 4 Kinder
Staatsangehörigkeit: deutsch

Schul- und Berufsausbildung

1984 – 1990	Grundschule in Ljubljana
1990 – 1995	Realschule in Ludwigshafen mit Hauptschulabschluss
1995 – 1998	Firma Rogalski, Karlsruhe; Ausbildung zum Heizungs- und Lüftungsbauer mit HwK-Abschluss

Berufspraxis

10/1998 – 12/2001	Firma Rogalski, Karlsruhe Einsatzschwerpunkte: Montage von Heizkörpern
01/2002 – 12/2006	Firma Ratibor, Karlsruhe Einsatzschwerpunkte: Wartung von Heizungsanlagen, Kontrolle des Rohrleitungssystems, Montage von Armaturen etc.
Seit 01/2008	Sanitär-Reparaturen und andere handwerkliche Tätigkeiten im Rahmen der Nachbarschaftshilfe, vor allem im Familien- und Bekanntenkreis Unterstützung des als Hausmeister tätigen Bruders

Fortbildungen

11/2000	Handwerkskammer Karlsruhe Sicherheitstraining Schweißen und Löten
03/2007	Firma Allas, Karlsruhe PC-Grund- und Aufbaukurs
09/2008	Richter GmbH, Karlsruhe Excel-Tabellenkalkulation

Kenntnisse und Fähigkeiten

PC-Kenntnisse: MS Office mit den Programmen Word und Excel

Sprachkenntnisse: fließend Serbokroatisch und Deutsch

Interkulturelle Erfahrungen im Umgang mit Menschen verschiedener Herkunft, vor allem aus Polen und vom Balkan

Führerschein Klasse B

Handwerkliche Universalfähigkeiten, auch Maurer-, Maler- und Tischlerarbeiten

Karlsruhe, 18.02.10

Ivo Romanovic

Zu den Unterlagen von Ivo Romanovic

Version 1

Das **Anschreiben** wirkt furchtbar gequetscht und ist schlecht auf der Seite verteilt. Was für ein Start ... Die Datumszeile sollte am rechten Seitenrand erscheinen, ohne »den« zwischen Ort und Datum. Außerdem mangelt es an etwas ganz Wichtigem: der Betreffzeile (auch wenn sie so nicht ausformuliert wird). Sie benennt sofort, worum es in dem Brief geht.

Herr Romanovic hat sich nicht die Mühe gemacht, vorab zu telefonieren, um den Ansprechpartner für seine Bewerbung herauszufinden.

Der Bewerber erklärt ehrlich, aber schrecklich ungeschickt, wieso er nicht mehr »in Lohn und Brot steht«. Seine Ausführungen deuten auf Schwarzarbeit hin, lassen aber die Hoffnung aufkommen, er verfüge über fachliches Können und ein gewisses Engagement. Sicher ist: Seine Deutschkenntnisse sind nicht optimal. Es wäre geschickter gewesen, hier einen »Schriftkundigen« gegenlesen zu lassen, ein Hinweis, der auch für »Einheimische« gilt: Vier Augen sehen wirklich mehr.

Der Platz für die Unterschrift ist viel zu eng bemessen. Außerdem muss der Name nicht maschinenschriftlich wiederholt werden. Leider fehlt hier am Ende auch noch der Hinweis auf die Anlagen.

Im einseitigen **Lebenslauf** fehlen Überschriften, Absätze und Hervorhebungen, die das Lesen erleichtern könnten. Herr Romanovic hat seinen Lebenslauf streng chronologisch geordnet – er erwähnt die Eltern vor seiner Geburt und fügt zwischen den verschiedenen beruflichen Stationen auch noch seine Hochzeit ein. Das ist zwar konsequent, aber unüblich und auch überflüssig. Außer seinem Geburtsdatum gibt er keine zeitlichen Daten an, die in der ersten (oder in der zweiten) Spalte eines Lebenslaufes stehen sollten, und verzichtet auf alle Ortsangaben.

Die ehrliche Aussage, arbeitslos zu sein, schreckt erst einmal ab, selbst wenn sie dadurch abgemildert wird, dass er während dieser Zeit bei Freunden gearbeitet hat. Der Bewerber weist auf PC-Kurse hin, die er jedoch inhaltlich nicht näher ausführt. Er erwähnt seine Sprachkenntnisse, geht aber nicht darauf ein, dass er interkulturelle Erfahrungen besitzt. Erst jetzt findet man seinen Namen mit der Adresse und unter dem geradezu abschreckenden, völlig unpassenden Automatenfoto den Hinweis auf Zeugnisse in der Anlage zum Lebenslauf.

Version 2

Das neue **Anschreiben** ist einfach, aber übersichtlich gestaltet. Briefkopf, Datum und Betreffzeile genügen jetzt den minimalen Anforderungen, die an ein ordentliches Anschreiben gestellt werden. Herr Romanovic hat sich nicht nur nach dem direkten Ansprechpartner erkundigt, sondern, wie wir im ersten Abschnitt lesen, sogar einen ersten spontanen Erkundungsbesuch gemacht. Dieser habe sein Interesse verstärkt, lässt er den Leser wissen, und er suggeriert glaubhaft: »Ich will mich hier wirklich engagieren.« Daher kann sein Anschreiben kurz ausfallen. Er beschreibt in ordentlich getexteten Sätzen seine Berufspraxis sowie die aktuelle erfolgreiche Nachbarschaftshilfe und erklärt seine Bereitschaft für flexible Arbeitszeiten. Diese Botschaften kommen beim Empfänger bestimmt gut an!

Der neue **Lebenslauf** macht einen gut strukturierten Eindruck, beginnend mit den persönlichen Angaben. Das freundliche Foto weckt Interesse und Sympathie. So kann Vertrauen und damit Zutrauen (jemandem die Kompetenz zutrauen) entstehen. Der Kopf ist etwas »angeschnitten«, was die Porträtfunktion unterstreicht.

Die folgenden Angaben beginnen chronologisch mit den älteren Daten, damit die neuesten (die Nachbarschaftshilfe) nicht so ins Auge fallen. Das ist nicht unbedingt nötig, da auch diese Form des »Nebenjobs« wertvolle praktische Erfahrungen mit sich bringt. Alle notwendigen zeitlichen und örtlichen Angaben sind jetzt korrekt enthalten. Gut, dass Herr Romanovic die Schwerpunkte seiner letzten Arbeitsstelle angibt und erwähnt, dass er seinen als Hausmeister tätigen Bruder unterstützt – er weiß also, welche Aufgaben auf ihn zukommen.

Bei seinen Fortbildungen vergisst er nicht das Sicherheitstraining, obwohl es schon länger zurückliegt, und bezeichnet nun auch inhaltlich die PC-Kurse näher. Schon dies klingt überzeugend und wird noch durch die Kategorie »Kenntnisse und Fähigkeiten« verstärkt. Seine interkulturellen und serbokroatischen Sprachkenntnisse nimmt man ihm selbstverständlich ab, ebenso wie sein handwerkliches Allroundtalent.

Einschätzung

Mit dieser einfachen, aber sehr ordentlichen, auf jeder Schreibmaschine leicht herstellbaren Bewerbung bekommt Herr Romanovic sicherlich eine Einladung. Und dank des neuen Fotos will ihn bestimmt jede Sekretärin gern bei sich im Vorzimmer eine Weile warten sehen.

An den Supermarkt Kaufland
Am Wall 4
61273 Wehrheim

von Frau Elvira Bader
Dorfstr. 3
61273 Wehrheim

Liebe Mitarbeiter!

Ich habe im Stadtanzeiger gelesen, dass Sie eine Aushilfe suchen. Nun möchte ich mich gerne für diesen Job bewerben. Ich kann sofort loslegen, da ich ja wegen der Kinder seit geraumer Zeit bereits schon ohne Arbeit bin!

Ich bin 36 Jahre alt und habe mal Verkäuferin in einem Schuhgeschäft gelernt. Dann habe ich noch 3 Jahre dort gearbeitet. Das hat mir im Prinzip dort gut gefallen, obwohl es auch gelegentlich mal Probleme gab.

Dann sind wir nach Wehrheim umgezogen und da habe ich 2 Jahre ab und zu in einem Schnäppchenmarkt gearbeitet. Als ich meinen Sohn bekam und 3 Jahre später meine Tochter, bin ich zu Hause geblieben.

Ich bin pünktlich, ich arbeite fleißig wie eine Biene und ich bin meist nett zu den Kunden. Es ist gut, wenn Sie mich nur als Aushilfe brauchen, denn dann habe ich immer noch Zeit für die Kinder!

Allerherzlichste Grüße von Ihrer   *Elvira Bader*

Wehrheim, den 14. Januar 2010

Vorsicht! 1. Version/Anschreiben ➔ Kommentar Seite 312

Lebenslauf von Elvira Bader, geb. Arndt, wohnhaft in 61273 Wehrheim, Dorfstr. 3

Mein Foto:

Geburt: am 8. Mai 1973 in Hanau
Vater: Klaus Arndt, Bäckermeister, 1983 gestorben
Mutter: Maria Arndt, Hausfrau

3 jüngere Geschwister
Religion: katholisch

Karl-Herz-Grundschule von August 1979 bis Juli 1983
Mühlenberg-Hauptschule von Aug. 1989 bis Juni 1992

Ausbildung als Verkäuferin im Schuhgeschäft Alter von Sept. 86 bis Juni 89

Arbeit im Schuhgeschäft Alter von Juli 1992 bis August 1995 als Verkäuferin

Hochzeit mit Bert Bader, Fabrikarbeiter, am 19. August 1995 in Friedberg

Arbeit als Aushilfe im Schnäppchenmarkt Super vom 1. September 1995 bis zum 31.8.1997

Seitdem: Kindererziehung

Geburt von Dennis: 3.11.1997

Geburt von Luisa: 5.1.2000

Vorsicht! 1. Version/Lebenslauf ➔ Kommentar Seite 312

Elvira Bader
Dorfstr. 3
61273 Wehrheim
Telefon: 06081 24534

Geschäftsführer Herrn Müller
Supermarkt Kaufland
Am Wall 4
61273 Wehrheim

Wehrheim, 14.01.2010

**Ihre Anzeige im Stadtanzeiger vom 12.01.2010
- Aushilfsverkäuferin -**

Sehr geehrter Herr Müller,

mit großem Interesse habe ich Ihre Anzeige gelesen.
Den Supermarkt Kaufland schätze ich sehr als Kundin. Er ist für mich gut erreichbar.
Daher fühle ich mich jetzt bestärkt, Ihnen heute meine Bewerbungsunterlagen zu schicken.

Zu meiner Person:
Ich habe Schuhverkäuferin gelernt und auch als Aushilfsverkäuferin längere Zeit in einem Schnäppchenmarkt in Wolfenbüttel gearbeitet.

Freundlichkeit, Pünktlichkeit, Fleiß und Vertrauenswürdigkeit gehören zu meinen wichtigsten Eigenschaften. Zeitlich bin ich flexibel und bereit, auch in der Spätschicht zu arbeiten. Ich kann relativ kurzfristig anfangen.

Nach einer längeren Erziehungspause, die ich auch zur persönlichen Fortbildung nutzte, möchte ich gern wieder in meinen Beruf als Verkäuferin zurückkehren.

Dabei ist mir eine Teilzeittätigkeit besonders angenehm, weil mir dann noch genügend Zeit für die Kinderbetreuung bleibt.

Über eine Einladung zu einem Gespräch freue ich mich.

Mit freundlichen Grüßen

Elvira Bader

Anlagen: Lebenslauf, Zeugnisse

LEBENSLAUF

Persönliche Daten

Elvira Bader

Dorfstr. 3, 61273 Wehrheim
Tel: 06081 24534
geboren am 08.05.1973 in Hanau
Familienstand: verheiratet, 2 Kinder (12 und 10 Jahre alt)

Schul- und Berufsausbildung

08/1979 – 08/1989	Grund- und Hauptschule in Hanau
09/1989 – 06/1992	Ausbildung als Verkäuferin in Hanau; Abschlussnote: gut

Berufspraxis

07/1992 – 08/1995	Verkäuferin im Schuhgeschäft Alter, Hanau
09/1995 – 08/1997	Aushilfsverkäuferin im Schnäppchenmarkt, Wolfenbüttel

Familienzeit

Seit 09/1997   Betreuung meiner beiden Kinder

Fortbildung

05/2007   Umgang mit automatischen Registrierungssystemen
Volkshochschule Friedberg

Interessen   Töpfergruppe mit Freundinnen, Familienausflüge

Wehrheim, 14.01.2010

Elvira Bader

Zu den Unterlagen von Elvira Bader

Version 1

Dieses **Anschreiben** ist eindeutig unzureichend. Schon der Beginn ist fehlerhaft, weil der Absender (in dem die Telefonnummer vergessen wurde) nicht an die zweite Stelle, sondern ganz nach oben gehört (und zwar ohne die Zusätze »An den ...« sowie »von«). Ort und Datum fehlen an dieser Stelle.

Der Text wirkt zwar auf den ersten Blick ordentlich gegliedert und ist daher schnell lesbar. Der ständige Satzbeginn mit »ich« klingt jedoch nicht nur plump, sondern nervt. Der zweite Satz ist in der Möglichkeitsform gehalten, was als deutliche Unsicherheit der Bewerberin ausgelegt werden kann. Einige Formulierungen, wie »Job« und »... sofort loslegen ...« gehören besser nicht in ein Bewerbungsanschreiben, ebenso wenig wie die Ausbreitung ihrer Motive (Kindererziehung).

Die Bemerkung von Frau Bader, dass es »auch mal Probleme gab«, löst beim Leser dieser Bewerbung sicherlich ungünstige Assoziationen aus. Sehr unglücklich getextet!

Nun beschreibt Frau Bader ihre Eigenschaften mit »fleißig wie eine Biene«. Das klingt sehr kindlich, fast naiv. »Ich bin meist nett zu den Kunden« lässt vermuten, dass sie auch »anders kann«. Die Grußformel passt hier überhaupt nicht (viel zu persönlich) und die Unterschrift sollte darunter stehen statt daneben. Die Orts- und Datumszeile gehört an den Anfang des Schreibens. Der Hinweis auf Anlagen fehlt in dieser Bewerbung völlig.

Mit dem **Lebenslauf** hätte Frau Bader kaum Chancen: schlecht strukturiert, kein tabellarischer Aufbau (wie allgemein üblich), schlechte Formulierungen.

Die Angabe von Eltern und Geschwistern sollte, ebenso wie die Konfession, entfallen. Frau Bader hat alle Informationen in fortlaufenden Zeilen untergebracht, sodass man den Zeitraum suchen muss, und diese Zeiten auch noch unterschiedlich angegeben (mal »1989«, mal »89«, mal ein taggenaues Datum). Auch die Angaben zu der Art der Tätigkeit und dem jeweiligen Ort sind unterschiedlich angeordnet.

Frau Bader hat Ort, Datum sowie ihre Unterschrift vergessen. Erschreckend dieses Beispiel, aber doch nicht so selten, wie man es vielleicht glauben möchte!

Version 2

Sicherlich ist das **Anschreiben** nicht ganz perfekt, aber es macht insgesamt doch einen recht guten Eindruck, da es ordentlich gegliedert, geschickter formuliert und fehlerfrei getippt wurde. Vor allem aber steht die Kindererziehungs-Auszeit hier nicht so im Vordergrund.

Im Adressblock ist jetzt alles richtig gemacht worden, wenn auch nicht besonders einfallsreich, was die Gestaltung betrifft. Die Bewerberin hat sich nach dem Ansprechpartner für die Bewerbung erkundigt. Frau Bader stellt kurz und überzeugend dar, warum sie für diese Tätigkeit geeignet ist, und betont die Eigenschaften, die in der Anzeige erwähnt wurden – wenngleich sie diese aber einfach abgeschrieben hat. Sie gibt außerdem an, wie sie neben der Kindererziehung durch eine Fortbildung versucht hat, fachlich auf dem Laufenden zu bleiben. Es spricht für die Bewerberin, ihre Erfahrung als Aushilfs- bzw. Teilzeitmitarbeiterin in einem Schnäppchenmarkt zu erwähnen.

Der Abschiedssatz klingt zuversichtlich, die Grußformel ist korrekt und die Anlagen sind – sogar vollständig – angegeben worden.

Der **Lebenslauf** macht einen soliden, übersichtlichen Eindruck, auch wenn er sehr einfach gehalten ist. Die inhaltlichen Blöcke sind durch genügend Abstand voneinander getrennt.

Bei den persönlichen Daten finden sich Name und Anschrift, ebenso wie Geburtsdatum und -ort sowie der Familienstand. Das Foto ist ausreichend groß und an einer passenden Stelle angebracht. So wirkt die Bewerberin schon eher sympathisch. Die Informationen zu Schule, Ausbildung, Berufspraxis und Fortbildung hat Frau Bader in tabellarischer Form dargestellt: Dabei enthält die erste Spalte die Zeitangabe des Monats und Jahres, die andere Spalte den Inhalt in gleichbleibender Reihenfolge (Tätigkeit und Ort).

Für einen perfekten Lebenslauf hätte Frau Bader noch einen Block »Besondere Kenntnisse« einfügen können, allerdings nur wenn sie Entsprechendes vorzuweisen hat, z. B. Fremdsprachen, PC-Kenntnisse oder Führerschein. Es lohnt sich kaum, diese Kategorie ausschließlich für ihren Volkshochschulkurs anzulegen, obwohl er inhaltlich dazugehören würde.

Die Angabe von Interessen vermittelt ein umfassendes Bild der Bewerberin: Wer regelmäßig mit Freundinnen töpfert, ist in der Lage, mit Kolleginnen zusammenzuarbeiten (Teamfähigkeit). Auch Familienausflüge belegen das und erwecken den Eindruck, dass Frau Bader gut in Form ist. Diesmal finden wir einen korrekten Abschluss mit Ort, Datum und Unterschrift.

Einschätzung

Was für ein Unterschied zwischen den beiden Versionen! Frau Bader hat zwar lange ausgesetzt, sich aber in vielerlei Hinsicht fit gehalten, auch darin, wie man Bewerbungen schreibt! So traut man ihr zu, sich in eine einfache Tätigkeit leicht und schnell einzuarbeiten.

Wenn eine Absage kommt

Sie erhalten Ihre Unterlagen zurück mit dem Hinweis »... leider nicht«. Es ist ratsam, sich bei einer Absage nicht schmollend in einen Winkel zurückzuziehen und infolge der Kränkung (die allemal da ist) in Selbstmitleid zu verfallen, sondern weiter selbstbewusst und aktiv vorzugehen.

Der Antwortbrief
Überlegen Sie, ob sich nicht ein freundlicher Antwortbrief auf ein Absageschreiben lohnt. Das hängt natürlich davon ab, wie wichtig, wie interessant Ihnen die angebotene Position war oder ist und ob Sie glauben, wirklich geeignet für diesen Aufgabenbereich zu sein.

Geben Sie in dem Antwortbrief Ihrem Bedauern Ausdruck und deuten Sie an, dass das Unternehmen sicher im besten Interesse entschieden hat. Fassen Sie noch einmal kurz zusammen, warum Sie gerade an dieser Arbeitsstelle besonders interessiert sind und was Sie Ihrer Meinung nach zum Erfolg der Firma/der Institution hätten beitragen können.

So ein Absage-Antwortbrief – der übrigens auch nach einem von einer Absage gefolgten Vorstellungsgespräch geschrieben werden kann – ist unter mehreren Aspekten sinnvoll:

- Sie waren vielleicht ein Grenzfall bezüglich einer Einladung zum Vorstellungsgespräch und geben jetzt durch Ihren Nachfassbrief den positiven Ausschlag für eine Kontaktaufnahme.
- Von den eigentlichen Wunschkandidaten ziehen einige kurzfristig ihre Bewerbung zurück, erscheinen nicht zum Vorstellungsgespräch etc., man möchte aber mehr Bewerber sehen und vergleichen. Sie bieten sich durch Ihren Brief erneut an.
- Später, während der Probezeit, erweist sich die Einstellung Ihres Mitbewerbers als Fehlentscheidung, Sie sind aber durch Ihr Engagement in positiver Erinnerung geblieben.
- Der Personalchef empfiehlt Sie weiter, es gibt (evtl. im Haus) noch andere Positionen, die zu besetzen sind.

Das Antworttelefonat
Auch der Griff zum Telefonhörer kann nach einer Absage einen Versuch wert sein. Über dieses Medium bekommen Sie relativ leicht heraus, wie sich die Bewerberlage beim Arbeitsplatzanbieter darstellt. Sind wirklich 500 und mehr schriftliche Bewerbungsunterlagen eingegangen, relativiert sich unter bestimmten Aspekten Ihr Unglück, nicht unter den ausgewählten Kandidaten zu sein.

Zusätzlich bekommen Sie vielleicht Informationen über die Auswahlkriterien und können diese für spätere Bewerbungsaktivitäten nutzen. Ein gut verlaufendes Telefonat kann auch andere Türen öffnen und plötzlich Interesse an Ihrer Person wecken.

Auf den Punkt gebracht

Ihre Bewerbungsunterlagen, also Anschreiben, Lebenslauf, Foto, Zeugnisse und eventuell weitere Anlagen, sind eine Art Visitenkarte, mit der Sie Aufmerksamkeit erzeugen, Interesse wecken und die Einladung zum Vorstellungsgespräch erwirken wollen. Sie sind gleichzeitig eine erste Arbeitsprobe. Es kommt darauf an, alle wichtigen Argumente, die für Sie sprechen, gut formuliert und in komprimierter Form vorzutragen.

Aber nicht nur inhaltlich ist große Sorgfalt empfehlenswert. Formale Aspekte sind von ebenso großer Bedeutung. Form und Inhalt zeigen dem Leser Ihrer Unterlagen, wie Sie arbeiten. Ziel Ihrer schriftlichen Bewerbung sollte es sein, sich positiv von der oft sehr großen Konkurrenz abzuheben, denn ohne wirklich ganz hervorragende, beeindruckende Bewerbungsunterlagen haben Sie kaum eine Chance auf ein Vorstellungsgespräch. In der Regel entscheiden Ihre eingereichten schriftlichen Unterlagen, ob sich auf Arbeitgeber- und Auswählerseite Interesse an Ihrer Bewerbung und Neugier auf Ihre Person entwickeln.

Das ist der Kardinalfehler, den viele bei ihren schriftlichen Bewerbungen machen: Sie schreiben »mal eben« eine Bewerbung. Die Folge: diffus formulierte bis keine Werbebotschaft, wenig überzeugende Argumente in den entscheidenden Punkten Kompetenz, Leistungsmotivation und Vermittlung Ihrer Persönlichkeit. Hinzu kommt noch: Viele Kandidaten legen viel zu wenig Wert auf die äußere Form ihrer Bewerbung. Das fängt schon mit der Seitengestaltung des Anschreibens und des Lebenslaufs an und geht mit der unpassend ausgewählten Bewerbungsmappenfarbe weiter. Und auch Tipp-, Komma- und Grammatikfehler sind Ausschlusskriterien.

Da es um eine Werbeaktion in eigener Sache geht, verdeutlichen Sie sich, dass Sie mit Ihren schriftlichen Bewerbungsunterlagen eine Art »Verkaufsprospekt« präsentieren. Und das braucht Zeit, 20 bis 40 Stunden sind keine Seltenheit. Manche Personalentscheider dagegen behaupten, in weniger als einer Minute herausfinden zu können, ob der/die Kandidat/in sie interessiert. Ihre Unterlagen haben also wenig Zeit, um zu überzeugen. Es geht um den ersten guten Eindruck, den Sie hinterlassen. Je mehr Wertschätzung Sie Ihrem potenziellen Arbeitgeber durch eine gründlich vorbereitete Bewerbung entgegenbringen, desto höher stehen Ihre Chancen, eingeladen zu werden.

Die wichtigsten Bausteine Ihres Werbeprospektes in eigener Sache

- ▶ Neben der sorgfältigen Vorbereitung und der Auswahl Ihrer Kommunikationsziele besteht die Bewerbungsmappe aus Lebenslauf, Anlagen und dem Anschreiben.
- ▶ Das Foto hat eine besondere Bedeutung. Wer mit seinem Foto Sympathie mobilisieren kann, hat einfach die besseren Chancen, besonders dann, wenn die papierenen Qualifikationsnachweise doch nicht ganz so eindeutig für Sie sprechen. Die Macht der Bilder (hier des Fotos) sollten Sie nicht unterschätzen.
- ▶ Auch mit der Erwähnung von Hobbys, Interessen oder Engagements kann man sehr gezielt einen positiven Eindruck generieren.
- ▶ Ob Sie eine Dritte Seite kreieren wollen oder nicht, entscheiden Sie. Wenn ja, muss der Text wirklich überzeugen, andernfalls tun Sie sich selbst keinen Gefallen. Inhaltlich darf die von Ihnen gewählte Botschaft im Zusammenhang mit Aussagen im Anschreiben, mit Lebenslauf- und Arbeitsplatzstationen stehen und darüber hinaus noch etwas persönlicher, pointierter formuliert sein. Bloße Aufzählungen überzeugen jedoch wenig, bewirken eher das Gegenteil.
- ▶ Auch etwas unkonventionellere Bewerbungsformen wie Flyer, Profilcards oder kleine, aber auffällige Details können – bei einem geeigneten Adressaten und gut eingesetzt – positive Aufmerksamkeit erzielen.
- ▶ Oftmals haben Bewerber in ihrem beruflichen Werdegang Lücken und Probleme, die unbedingt einer gezielten Bearbeitung unterzogen werden sollten, will man nicht bei Personalern sofort Misstrauen riskieren (siehe Seite 286 und auf der CD-ROM).
- ▶ Auch wenn Sie Ihre Bewerbungsunterlagen zurückerhalten, gibt es noch Chancen. Der gut vorbereitete Griff zum Telefon oder ein ausgeklügeltes Schreiben können Ihnen vielleicht doch noch den Einstieg ermöglichen.

 Sie finden auf der CD-ROM über 100 Beispiele für Bewerbungsunterlagen. Nutzen Sie diese Anregungen.

Bewerben im Netz

»Es sind nicht zu wenige Informationen, die wir haben,
sondern zu viele, die wir nicht nutzen.«
(nach Seneca)

Immer mehr Unternehmen gehen heute selbstverständlich davon aus, dass Bewerber ihre Unterlagen auf elektronischem Weg schicken oder eines der anderen zahlreichen Bewerbertools im Netz, nutzen – sei es das Onlineformular, die Bewerberhomepage oder die Präsentation mit PowerPoint. Welche Vor- und Nachteile diese Bewerbungsverfahren haben, wie Sie sich auf diese Art der Kommunikation mit einem potenziellen neuen Arbeitgeber einstellen und wie Sie die verschiedenen Möglichkeiten für Ihren Bewerbungsprozess optimal nutzen, das lesen Sie im folgenden Kapitel.

Zeitgemäß bewerben

Der Trend ist eindeutig: Immer mehr Unternehmen fordern auf ihren Homepages oder in Jobbörsen digitale Bewerbungen statt der klassischen Bewerbungsmappe. Bei Computer- oder IT-Firmen treffen inzwischen über 95 Prozent der Bewerbungen per E-Mail ein, über 70 Prozent der deutschen Großunternehmen bevorzugen Onlinebewerbungen, in traditionellen Firmen sind es immerhin zwischen 20 und 30 Prozent. Der Anteil wächst stetig, denn die Argumente für eine Bewerbung per Internet sind stark: unschlagbar schnell und preiswert.

Vorteile ...
Vorteile für den Personalentscheider: keine Aktenverwaltung (keine Lagerung bzw. Rücksendung), Unterlagen lassen sich parallel an mehrere Mit-Entscheider weiterleiten und standardisierte Online-Bewerbungsformulare ermöglichen eine leichtere Vergleichbarkeit einzelner Kandidaten.

Auch für den Bewerber hat dieses Vorgehen Vorteile: Anlagen werden nur einmal professionell eingescannt, statt Hunderte von Kopien zu machen, es werden keine teuren Mappen benötigt und auch das professionell gemachte Foto ist mehrfach verwendbar.

... und Nachteile
Die Neigung, einmal erstellte Unterlagen unverändert an viele verschiedene potenzielle Arbeitgeber zu versenden, ist bei Onlinebewerbungen besonders hoch. Theoretisch erreichen die Dokumente mit nur einem Klick schnell und kostengünstig zahlreiche Adressaten. Das verführt in vielen Fällen zu Rund-E-Mails und Schludrigkeit – was beim Empfänger der Onlinebewerbung keinen guten Eindruck machen dürfte.

Qualität zählt

Die individuelle Präsentation bleibt häufig schnell auf der Strecke, ebenso der letzte, kritisch prüfende Blick auf die digitalisierten Unterlagen. Mehr als 70 Prozent der Unternehmen müssen feststellen, dass Onlinebewerbungen im Vergleich zu herkömmlichen Mappen von schlechter Qualität sind.

Auf den folgenden beiden Seiten sehen Sie einen Vergleich zwischen klassischer Bewerbung und Onlinebewerbung.

	Klassische Bewerbung	Onlinebewerbung
Analog oder digital	Analoge Bewerbungsform (die Druckdaten werden jedoch vorwiegend digital erstellt)	Digitale Bewerbungsform (weitestgehend papierlos)
Medien	(Computer) und Papier	Computer und Internet
Individualitätsgrad/ Vor- und Nachteile	Hohe Individualität bei der Gestaltung der Bewerbungsunterlagen ist möglich. Persönliche Eigenschaften können z. B. durch entsprechende Arbeits- und Materialqualitäten von Bewerbungsmappe, Papier, Bewerbungsfoto, Drucktechnologie, Farbqualität und die Verarbeitungsqualität des Gesamtpaketes deutlich gemacht werden.	Aufgrund der unterschiedlichen Online-Bewerbungsverfahren reichen die Individualisierungsmöglichkeiten von eher gering (Bewerbungsformulare auf der Firmenhomepage) bis zu sehr persönlich (eigene Bewerberhomepage, PDF-Bewerbungsmappe im Anhang einer E-Mail oder auch eine Kombination aus klassischer Bewerbung mit einer »digitalen Profilergänzung« im Internet). Die digitale Bewerbungsmappe kann in besonderen Fällen durch multimediale Inhalte punkten. So können interaktive Präsentationen auf der eigenen Bewerberhomepage, Videos oder Animationen in bestimmten Branchen (Medien, Kunst, Musik) das Bewerberprofil sinnvoll ergänzen.
Kosten	Oft sehr zeit- und kostenintensiv, da mehrere Bewerbungsmappen, Papier und Druckerpatronen angeschafft werden müssen. Hinzu kommen Versand- und Portokosten. Der Rückversand verursacht beim Arbeitgeber Kosten. Das professionelle Bewerbungsfoto ist für beide Formen der Bewerbung notwendig. Tipp: Lassen Sie sich vom Fotografen eine CD geben, damit Sie die Fotos auch digital nutzen können.	Im Vergleich zur klassischen Bewerbung sehr günstig. Wenn der potenzielle Arbeitgeber ein formulargestütztes Bewerbungsverfahren anbietet, fallen kaum Kosten an. Da die klassische Bewerbung üblicherweise digital erarbeitet wird, benötigen Sie für beide Bewerbungsformen einen Computer und evtl. kostenpflichtige Programme (Microsoft Windows, Microsoft Office, Adobe InDesign etc.). Wir vernachlässigen diese Kosten, da wir sie als Fixkosten ansehen.

	Klassische Bewerbung	Onlinebewerbung
Umweltfreundlichkeit	Aufgrund von Besorgungsfahrten, Verbrauchsmaterial und Logistikaufwendungen nicht sehr umweltfreundlich.	Umweltfreundlicher als die klassische Bewerbung. Es ist jedoch anzumerken, dass auch die IT-Branche einen gewissen Beitrag zur CO_2-Emission liefert.
Leseerlebnis	Analoges Leseerlebnis (Optik, Haptik und Qualität der Bewerbungsunterlagen sind sicht- und spürbar).	Digitales Leseerlebnis am Computerbildschirm. Standardisiertes Lesen von Inhalten am Monitor.
Bewerberdaten	Digitalisierung der Bewerberdaten durch den potenziellen Arbeitgeber notwendig.	Digitale Daten liegen bereits vor.
Nötiger (Speicher-)Platz	Bewerbungsunterlagen nehmen oft viel Platz im Büro ein.	Platzsparend (eine Festplatte kann mehrere Tausend Bewerberprofile speichern).
Aufwand für Weiterleitung	Bearbeitung und Weiterleitung sind mit hohem Zeitaufwand verbunden.	Einfache Bearbeitung und Weiterleitung an die richtige Stelle.
Vertrautheit	Viele Menschen sind vertraut mit der klassischen Bewerbungsform und bevorzugen diese. Die klassische schriftliche Bewerbung ermöglicht es dem Arbeitgeber, die relevanten Inhalte schnell zu erkennen und zu bewerten.	Es gibt eine relative Innovationsunsicherheit. Digitale Bearbeitungsverfahren müssen erlernt und geübt werden.
Sicherheit	Sicher, sofern die Bewerbungsunterlagen eigenhändig abgegeben oder per Einschreiben verschickt werden.	Weitestgehend sicher. Aber man weiß nie, wie genau die Daten bei dem Gegenüber ankommen.

Wichtig: Bei Bewerbungen über das Internet gilt *mindestens* das gleiche Sorgfaltsprinzip wie beim klassischen Weg auf Papier. Arbeiten Sie genau, recherchieren Sie gründlich und vermeiden Sie technische Fallen. Nur so werden Sie Punkte sammeln und besser sein als viele Ihrer Konkurrenten.

Wir stellen Ihnen folgende Formen der E-Bewerbung näher vor:

- die E-Mail-Bewerbung
- das Bewerben mithilfe von Onlineformularen auf Firmenhomepages
- das Hinterlegen von Profilen auf der Firmenhomepage
- das Absolvieren eines Online-Assessment-Centers (eAC)
- die Bewerbung mit PowerPoint
- die eigene Homepage
- das eigene Blog
- das Bewerben über Video, DVD & Co.

Außerdem geht es noch darum, wie Sie sich auch im World Wide Web Ihren exzellenten Ruf bewahren, kurz: um Ihre E-Reputation.

Die E-Mail-Bewerbung

Vorüberlegungen

Inhaltlich betrachtet unterscheiden sich per Internet verschickte Unterlagen nur wenig von klassischen schriftlichen Bewerbungen. Bei beiden Varianten gelten die gleichen Erfolgskriterien bzw. wird mit der richtigen Vorbereitung die Basis für eine überzeugende Ansprache des potenziellen neuen Arbeitgebers gelegt. Fragen Sie sich zunächst:

- Welche konkreten Geschäftsfelder hat die Firma?
- In welcher Form kann ich dort meine Kompetenzen bestmöglich einbringen?
- Wie kommuniziere ich mein berufliches Profil erfolgreich?

Diese Punkte gilt es generell zu klären, erst dann sollten Sie sich mit dem Verfassen und der Zusammenstellung der digitalen Unterlagen beschäftigen. Und ganz klar: An dieser Stelle wird von Ihnen eine gewisse technische Kompetenz verlangt. Leider scheitern gerade hier jedoch viele Kandidaten. Sie sollten sich also, wenn dieses Medium nicht sowieso zu Ihrem beruflichen Alltag gehört, im Vorfeld unbedingt in Ruhe damit beschäftigen. Hilfe für Ihre technischen Fragen bekommen Sie sicherlich aus Ihrem Freundes- und Bekanntenkreis oder im Internet auf den Bewerbungsseiten selbst bzw. in entsprechenden Foren.

Was eine E-Mail-Bewerbung beinhalten sollte, steht nicht definitiv fest. Die Ihnen bekannten drei Elemente Anschreiben, Lebenslauf und Zeugnisse sind aber auch hier gefragt. Die meisten verstehen unter einer E-Mail-Bewerbung ein kurzes Anschreiben im Mailfeld selbst und ein ausführlicheres im Anhang, zusammen mit Ihrem Lebenslauf. Aber es gibt auch andere Möglichkeiten (siehe Muster auf S. 324).

In der Kürze ...

Wer sich auf elektronischem Weg um einen Job bewirbt, sollte sich kurz fassen. Niemand will beim Herunterladen lange warten, zig Dateianhänge öffnen und lesen, um letztlich zu entscheiden, ob der Kandidat infrage kommt. Die E-Mail-Bewerbung sollte daher nicht mehr als maximal zwei bis drei Megabyte umfassen und möglichst nur Anschreiben und Lebenslauf beinhalten. Ein Unternehmen, das Interesse am Bewerber hat, fordert schnell (per Mail oder telefonisch) weitere Informationen oder Unterlagen an.

Eine hervorragende Alternative zu umfangreichen Dateianhängen ist der Link auf die eigene Bewerberhomepage: eine gute Möglichkeit, um einerseits über sich Auskunft zu geben und andererseits den Daten-GAU beim potenziellen Arbeitgeber zu verhindern (siehe dazu auch S. 362).

Typische Fehlerquellen

Immer wieder klagen Personalabteilungen über die Flut unzulänglicher Bewerbungen auf dem elektronischen Postweg. Es gibt viele Fehlerquellen, die Bewerber von vornherein in schlechtem Licht erscheinen lassen.

- ▸ E-Mails samt einer Reihe von diversen Anhängen, deren Inhalte nicht aus dem Namen deutlich werden, werden geschickt.
- ▸ E-Mails werden nicht gezielt an ein Unternehmen, sondern an viele Adressaten versandt.
- ▸ Bewerbungen beziehen sich nicht auf spezielle Inserate oder sind als Initiativbewerbung nach dem Motto gestrickt: »Ich würde gerne bei Ihnen mitarbeiten wollen, was können Sie mir anbieten ...«.
- ▸ Jegliche Formalität wird außer Acht gelassen.
- ▸ Rechtschreibung und Grammatik sind nicht fehlerfrei.

- Die Dokumente enthalten Viren.
- Riesige Dateianhänge legen das komplette System lahm oder lassen sich gar nicht öffnen.

Was steckt drin?

Verlangt das Stellenangebot nicht ausdrücklich die vollständigen Unterlagen, sind E-Mail-Bewerbungen eher Kurzbewerbungen. Überhäufen Sie den Adressaten nicht mit einer unübersichtlichen Fülle von Dokumenten und Anhängen. Ein ansprechendes kurzes Anschreiben und ein klarer Lebenslauf reichen für den Erstkontakt aus.

Absender und Adressat

Keine Nicknames

Nennen Sie Ihre eigene E-Mail-Adresse, mit der Sie sich bewerben wollen, auf keinen Fall Mausi100@hotmail.com. Empfehlenswert ist eine Kennzeichnung mit richtigem Vor- und Zunamen sowie der Versand von einem neutralen Account aus, wie z. B. web.de, gmx.de oder googlemail.com. Beispiel: elisabeth.brinckmann@web.de.

Schicken Sie Ihre E-Mail-Bewerbung nicht an eine anonyme Pooladresse wie beispielsweise info@Firma.de oder kontakt@unternehmen.com. Sonst besteht die Gefahr, dass Ihre Unterlagen nicht oder erst verspätet in die Hände des zuständigen Entscheiders gelangen. Finden Sie möglichst vorab heraus, wer Ihr Ansprechpartner und Empfänger ist und wie seine E-Mail-Adresse lautet. Dann können Sie auch klären, ob eine E-Bewerbungsform die bevorzugte Variante ist und welche Wünsche vorhanden sind (ohne Anlagen, mit allen Anlagen oder nur mit den letzten Zeugnissen etc.).

Worum geht es?

Die Betreffzeile im Mailkopf soll für Sie und Ihr Anliegen werben. Sie ist das Erste, was der Empfänger von Ihnen liest. Geben Sie sich daher Mühe mit der Formulierung und machen Sie den Leser neugierig. Statt »Bewerbung« oder »Michaela Müller Bewerbungsunterlagen« weckt eine Betreff-Formulierung wie beispielsweise »Ihre neue Büromanagerin« mehr Interesse.

Variationsmöglichkeiten

Das (erste) Anschreiben wird in der E-Mail selbst formuliert, nicht im Dateianhang. Der Anhang enthält Ihren beruflichen Werdegang, eventuell auch eine Überblicksliste mit Arbeits-, Weiterbildungs- und Ausbildungszeugnissen, die Sie auf Wunsch nachreichen. Es gibt auch Firmen, die sich auf telefonische Nachfrage Ihr Anschreiben gesondert im Datenanhang wünschen. In diesem Fall reichen einige freundliche Zeilen, die sich auf die Bewerbung und das vorherige Telefonat beziehen, in der E-Mail selbst. Zusätzlich empfehlen wir, die persönlichen Daten wie Anschrift, Telefonnummer, eventuell Adresse der eigenen Bewerberhomepage und drei Kernkompetenzen zum Stellenprofil mit aufzulisten.

Immer individuell

Serienmails sind als Bewerbung ungeeignet. Formulieren Sie individuell für ein bestimmtes Unternehmen. Beziehen Sie sich dabei auf das entsprechende Stellenangebot oder bei einer Initiativbewerbung auf den Anlass und Ihr besonderes Mitarbeits-Angebot.

Konzentrieren Sie sich auf das Wesentliche und bieten Sie an, die entsprechenden Unterlagen in Form einer schriftlichen Bewerbung oder bei einer persönlichen Begegnung gern nachzureichen.

Signalisieren Sie auch Ihre Bereitschaft, telefonisch für weitere Auskünfte zur Verfügung zu stehen. Nennen Sie Ihre Handynummer oder Ihren Festnetzanschluss mit Anrufbeantworter.

Auch bei der E-Bewerbung gibt es, je nach Bewerberprofil, unterschiedliche Gestaltungsmöglichkeiten. Sie finden anschließend einige Vorschläge.

Die vier gängigsten Varianten für Ihre E-Mail-Bewerbung

1. Variante – empfohlen für die erste Kontaktaufnahme

Mailtext inklusive Lebenslaufdaten ohne Dateianhang (maximal sechs Absätze; insgesamt weniger als 20 Textzeilen): formuliert wie ein »klassisches« Anschreiben mit den wichtigsten beruflichen Stationen; wegen der minimalistischen Form sehr beliebt bei Personalern.

2. Variante – empfohlen für einfache Positionen

Mailtext (maximal sechs Absätze; insgesamt weniger als 20 Textzeilen): mit allen Punkten, die wir für ein »klassisches« Anschreiben empfehlen plus Dateianhang mit Lebenslauf und dem aktuellsten Arbeits- und/oder Ausbildungszeugnissen (AZ). Für die Empfänger ist es einfacher, alles in eine Datei zu packen.

3. Variante – empfohlen für gehobenere Positionen ab etwa 35.000 Euro Jahresbruttoeinkommen

Mailtext (maximal drei Absätze; insgesamt weniger als sechs Textzeilen): kurz Bezug nehmen auf Ihre Bewerbung, ggf. das Telefonat, ggf. Bewerberhomepage; drei Kernkompetenzen nennen plus Dateianhang mit »klassischem« Anschreiben und Lebenslauf eventuell plus AZ, eventuell in einer Extradatei.

4. Variante – empfohlen für gehobene Positionen ab Jahresbruttoeinkommen über 45.000 Euro

Mailtext inklusive Lebenslaufdaten (maximal sechs Absätze; insgesamt weniger als 20 Textzeilen): inklusive der wichtigsten beruflichen Stationen plus Dateianhang mit eventuell zusätzlichem Anschreiben und /oder Lebenslauf eventuell plus AZ.

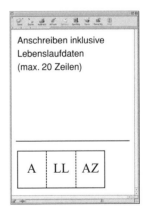

Für alle Varianten gilt:
- Die Schriftgröße sollte nicht kleiner sein als 10 Punkt.
- Die Unterschrift am Ende der Mail können Sie maschinenschriftlich vornehmen oder (nicht unbedingt nötig!) Ihre Originalunterschrift in blau scannen und einfügen.
- Reihenfolge des Mailtextes: (Persönliche) Anrede, Text, Grußformel,

Unterschrift, Absenderblock (mit Ihren Kontaktdaten), Hinweis auf beigefügte Anlagen (falls welche mitgeschickt werden).
▶ Immer daran denken: auf das Wesentliche reduzieren, keine langen Texte!

Form des Anschreibens

Über 70 Prozent der Personaler handhaben E-Mail-Bewerbungen wie klassische Bewerbungen. Interessante Unterlagen werden ausgedruckt und dem bereits vorliegenden Bewerbungsmappen-Stapel hinzugefügt. Nehmen Sie daher in der Mail selbst schon kurz Bezug auf Ihren beruflichen Werdegang. Das gibt dem Leser einen Überblick, ob sich ein Klick in die angehängte Datei bzw. ein Ausdrucken lohnt. Ein Lebenslauf sollte, falls er als PDF-Datei beigefügt wird, gut formatiert sein.

Testen Sie selbst

Beschränken Sie Ihre Kreativität auf den Inhalt, nicht auf die Gestaltung des Mailtextes. Nutzen Sie die klassischen Formatierungen – schwarz auf weiß, einzeilig. Mit anderen Textformatierungen (fett, kursiv etc.) halten Sie sich besser zurück. Nicht selten ist das E-Mail-Programm des Empfängers so konfiguriert, dass es Ihre Nachrichten nicht in dem Format lesen kann, in dem Sie es abgesendet haben. Verwenden Sie die einfachsten Standards und keine Spielereien!

Kontaktdaten/Unterschrift

Ihre Kontaktdaten platzieren Sie bei einer E-Mail am besten am Ende des Nachrichtentextes.
Nur wenn sichergestellt ist, dass Ihre HTML-E-Mail auch korrekt empfangen bzw. dekodiert werden kann, lohnt sich die Arbeit, am Ende des Textes Ihre eingescannte Unterschrift einzufügen. Während die eigene Signatur an dieser Stelle also eine interessante Option darstellt, ist sie im angehängten Anschreiben sowie im Lebenslauf ein ganz klares Muss. Das sieht sehr schön aus, ist persönlicher und kann auch in blauer Schrift formatiert werden – Stichwort: königsblau.

Lebenslauf

Nach dem Anschreiben folgt Ihr Lebenslauf, den Sie in Form und Inhalt wie bei einer klassischen Bewerbung erstellen, ggf. einscannen und dann Ihrer E-Mail-Bewerbung anhängen. Da, wie Sie bereits wissen, die Anlagen gerne ausgedruckt werden, ist ein gut formatierter Lebenslauf besonders wichtig. Alternativ können Sie ihn auch als absolute Kurzversion direkt in die E-Mail schreiben. Das erspart dem Leser bei der ersten Durchsicht einen zweiten Klick auf eine angehängte Datei und damit Zeit. Sie sollten aber den sehr schön gestalteten Lebenslauf entweder parat haben oder ihn gleich als PDF-Datei anhängen. Was es beim Erstellen und Gestalten eines Lebenslaufs zu beachten gilt, lesen Sie ab Seite 216.

Das Foto

Scannen Sie Ihr Bewerbungsfoto ein bzw. lassen Sie sich dabei von professioneller Seite helfen. Speichern Sie das eingescannte Bild in einem universell verbreiteten Bildformat ab und fügen Sie es in Ihren Lebenslauf ein. Beachten Sie hierbei, dass das Bild nicht zu viel Speicherplatz einnimmt und damit die Datenmenge Ihrer Bewerbung zu groß wird. Konkret empfehlen wir Ihnen das JPG-Format, das über unterschiedlichste Computersysteme hinweg akzeptiert wird. Alternativ, weil ebenfalls sehr gebräuchlich, können Sie auch ein PDF erstellen.

Fotoformat

Oftmals geben Fotostudios Ihnen die Fotos auch gleich in digitaler Form mit. Klären Sie das vorab. Ebenso wichtig: Sie müssen den Fotografen fragen, ob Sie das Bild öffentlich in Foren, zum Beispiel bei XING oder LinkedIn, verwenden dürfen. Wenn Sie dort seinen Namen und – falls vorhanden – seine Webseite nennen, wird er vermutlich gerne zustimmen (siehe zum Foto auch S. 226).

Zeugnisse

Nach dem Anschreiben und dem Lebenslauf folgen Ihre Zeugnisse. Wählen Sie nicht zu viele, jedoch die für Sie wichtigsten Zeugnisse aus, scannen Sie diese in Schwarz-Weiß ein und hängen Sie die Zeugnisse dem zentralen Dokument am Ende an. Werden mehr als drei bis vier Zeugnisse angehängt, so empfiehlt sich ein Anlagenverzeichnis, das nach dem Lebenslauf einen Überblick zur Reihenfolge der nun aufgeführten Dokumente gibt.

Anlage

Beachten Sie bitte, dass beim Versand von Anlagen idealerweise nur ein zentrales Dokument versandt werden sollte. Das vereinfacht das Abspeichern und Öffnen für die Empfänger und stellt auch sicher, dass keine Unterlagen vergessen werden. Die Datenmenge sollte nicht zu groß sein. Versehen Sie das Dokument mit einem aussagefähigen Namen, z. B. »bewerbung_anne_schulz_25102010«. Eine Alternative für die Bezeichnung: Ihr Familienname, Vorname und der Hinweis auf Lebenslauf, Anschreiben oder Zeugnisse wie z. B. »Mueller_Martin_Anschreiben« ist verständlicher als »AN.MM« Achten Sie dann innerhalb des angehängten Dokuments auch auf die richtige Reihenfolge der Texte.

Dateiformate

Bei einer E-Mail im HTML-Code gibt es deutlich mehr Gestaltungsmöglichkeiten, um sich selbst möglichst individuell zu präsentieren. Neben gewissen ästhetischen Grenzen gilt es hier jedoch, auch die technischen Limitierungen im Auge zu behalten. Kann der Empfänger HTML-Nachrichten nicht korrekt entschlüsseln, so war Ihre ganze Arbeit umsonst. An sich ist dieses Format eher etwas für Profis. Im Zweifelsfall sollten Sie deshalb Ihre E-Mail-Nachricht nicht im HTML-Code, sondern im »Nur-Text«-Format versenden. Dann gehen Sie garantiert kein Risiko ein.

Falls Sie Ihrer E-Mail Dateianhänge (Lebenslauf, Zeugnisse, Arbeitsproben etc.) anfügen möchten, so achten Sie hier auf das verwendete Dateiformat. Verzichten Sie grundsätzlich auf TIF-, GIF- und EPS- sowie PSD- und BMP-Dateien. Mit Word erzeugte DOC-Dateien sind zwar den meisten PC-Benutzern vertraut, haben aber zwei Nachteile. Zum einen bleiben Layout und Formatierung bei der Datenübertragung häufig nicht erhalten, zum anderen sind diese Dateien sehr anfällig für sogenannte Makroviren. Garantiert virenfrei sind RTF-Dateien, die auch Formatierungen beibehalten. Wählen Sie dazu in Ihrer Textverarbeitung, zum Beispiel in Word, unter »Speichern unter« die Option ».rtf« aus.

Eine professionelle Alternative dazu bieten die sogenannten PDF-Dateien (Portable Document Format) der Softwarefirma Adobe. Adobe PDF ist ein Dateiformat, das alle Schriften, Formatierungen, Farben und Grafiken Ihres Dokuments erhält. Im Geschäftsleben gehört die Software zum Standard. Fotos und Dokumente lassen sich sehr gut im JPG-Format einscannen. Unser Ratschlag: Fügen Sie die digitalisierten Daten in Ihr Bewerbungsdokument ein und wandeln Sie es am Ende in ein PDF-Dokument um. Wenn Sie dieses Format verwenden, vermeiden Sie Probleme beim Öffnen der mehr oder minder großen Anhänge in unterschiedlichen Grafikprogrammen. Kostenfreie Programme zur Erzeugung von PDF-Dokumenten gibt es zum Beispiel unter http://freePDFxp.de.

Wollen Sie auf Nummer sicher gehen, so erfragen Sie telefonisch, was gewünscht wird.

Testlauf

Testen Sie, wie Ihre E-Mail ankommt. Richten Sie sich eine zweite E-Mail-Adresse ein und schicken Sie eine Testbewerbung an sich selbst. So können Sie prüfen, ob Ihre Mail vollständig, ordentlich formatiert und werbefrei ankommt.

Beachten Sie auch, dass manche kostenlosen E-Mail-Provider am Ende der Nachricht ungefragt Werbung platzieren. Dies können Sie ebenfalls mit einer Test-E-Mail erkennen und dann gegebenenfalls für Ihre Bewerbungsaktivitäten einen anderen Provider verwenden.

Nachfass-E-Mail

Sie haben alle Ratschläge beachtet, Ihre E-Mail abgeschickt und keine Antwort erhalten? Manchmal gehen Nachrichten verloren oder der Empfänger hat Ihre Bewerbung übersehen. In jedem Fall können Sie nach etwa 7 bis 10 Tagen Wartezeit eine Nachfass-E-Mail versenden. Formulieren Sie noch einmal in drei Zeilen Ihr Interesse an der Position und erkundigen Sie sich, ob alles gut angekommen ist, ob vielleicht noch bestimmte Unterlagen fehlen und wann denn mit einer Entscheidung zu rechnen ist. Eine solche Mail könnte zum Beispiel so lauten:

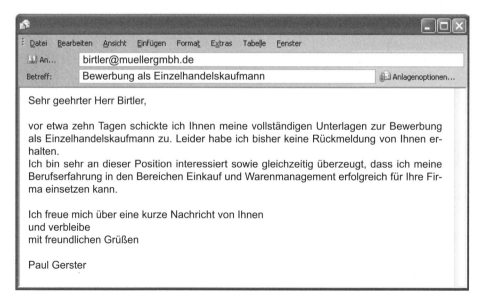

Online-Bewerbungsformulare

Ein weiterer elektronischer Bewerbungsweg führt direkt auf die Homepage der Arbeitgeber. Insbesondere größere Firmen vertrauen zunehmend den Vorteilen einer digitalen, automatischen Kandidatenauswahl und bieten interessierten Bewerbern die Möglichkeit, ihr berufliches Profil direkt auf der Firmenhomepage einzugeben. Das fordert die Bewerber sowohl inhaltlich als auch technisch heraus. Sie werden bei Ihrer Jobsuche auf zwei verschiedene Arten von Onlineformularen stoßen:

1. Einfache Formulare stehen oft pro forma auf den Webseiten. Sie sollen dem interessierten Besucher und eventuellen Bewerber signalisieren, dem Unternehmen gehe es wirtschaftlich so gut, dass es offen für neue Mitarbeiter sei und potenziell expandieren wolle. Das bedeutet nicht, dass tatsächlich Jobs zu vergeben sind. Lassen Sie sich davon nicht verunsichern, sondern suchen Sie wie bei einer Initiativbewerbung Ihre Chance und präsentieren Sie sich möglichst optimal.
2. Komplexe Bewerbungsbögen sind hingegen speziell entwickelt worden und berücksichtigen personalstrategische Gesichtspunkte. Wenn Sie einen solchen Bogen ausfüllen, können Sie sicher sein, dass er auch bearbeitet wird. Ob das voll- oder teilautomatisch geschieht, bleibt offen. Je schneller Sie eine Absage bekommen, desto wahrscheinlicher ist ein automatisches, d. h. computergestütztes Auswahlverfahren, das aufgrund eines oder mehrer Datenabgleiche und Übereinstimmungen (z. B. Alter, Bildungsabschlüsse, Verweildauer an Arbeitsplätzen) entscheidet, ob Sie für das Unternehmen als potenzieller Mitarbeiter interessant sind oder nicht.

Das Onlineformular hilft Unternehmen, der Flut an Bewerbungen durch die gezielte Suche Herr zu werden. In ein- bis mehrseitigen Fragebögen werden Qualifikationen, Hobbys und berufliche Erfahrungen per Mausklick abgefragt. In Textfeldern haben Sie als Bewerber die Chance, sich persönlich zu Ihrer Motivation und zu anderen Themen zu äußern. Viele Unternehmen stellen der eigentlichen Bewerbung im Internet eine Registrierung mit oder ohne Passwort voran. Bewerber hinterlegen sozusagen ein Profil ihrer Person und können es mit dem Passwort jederzeit bearbeiten.

Übrigens: Bei Bewerbungsformularen von größeren Konzernen werden die Bewerbungen oftmals in einem Kandidatenpool gespeichert, auf den auch andere, mit dem Konzern verbundene Firmen Zugriff haben. Dies steigert dann Ihre generellen Chancen, ein Angebot zu erhalten, selbst wenn es mit dem eigentlichen Traumjob bei der Wunschfirma nicht auf Anhieb klappt.

Tipps zur Onlinebewerbung

- Bewerben Sie sich nur dann auf diesem Weg, wenn Sie den Eindruck haben, dass die Firma ernsthaft an Ihrer Onlinebewerbung interessiert ist. Ein sicheres Zeichen dafür ist eine Annonce, die direkt mit einem Onlineformular verknüpft ist.
- Lassen Sie sich auf keinen Fall von der Fülle der Eingabeformulare abschrecken. Auch wenn die verlangten Informationen nahezu endlos erscheinen, so müssen Sie diese Fleißaufgabe absolvieren. Natürlich macht auch hierbei Übung den Meister und Sie werden sehen, dass Onlineformulare für Sie bald kein großes Hindernis mehr darstellen.
- Sie kennen das Phänomen: Es gibt sehr einfach verständliche Computerprogramme und leider auch unglaublich komplizierte Anwendungen. Das gilt in gleicher Weise für Onlineformulare auf Firmenhomepages. Lesen Sie sich deshalb alle vorhandenen Hilfetexte und Erläuterungen genau durch. Gute Onlineformulare erklären bestimmte Fachbegriffe und geben Beispiele, was unter bestimmten Abstufungen, z. B. guten Fremdsprachenkenntnissen, zu verstehen ist.

Onlineformulare Schritt für Schritt

1. Besuch der Firmenhomepage.
2. Aufsuchen des Unterbereiches »Jobs«/»Karriere«/»Stellenangebote«.
3. Durchsuchen der aktuellen Stellenangebote in der Datenbank des Unternehmens.
4. Alternativ: Aufsuchen des Bereiches »Initiativbewerbung«.
5. Sobald eine passende Stelle gefunden ist, kann man sich eine genaue Stellenbeschreibung durchlesen.
6. Haben Sie ein passendes Angebot gefunden, wird Ihnen häufig ein Button »Jetzt bewerben«/»Online bewerben« angezeigt, der Sie zum eigentlichen Online-Bewerbungsverfahren leitet.
Bemerkung: Zu diesem Zeitpunkt hat der potenzielle Arbeitgeber schon sehr viele Informationen über Sie gesammelt. Er kennt Ihre Verbindungsdaten und kann sogar eine Aussage über Ihr Surfverhalten und die bereits betrachteten Kategorien und Stellenangebote machen. Achten Sie darauf, ob Daten aus dem Stellenangebot automatisch in das Online-Bewerbungsverfahren übernommen werden. Sie werden erstaunt sein, wie viele Informationen schon im Vorfeld eingetragen sind.
7. Häufig öffnet sich ein separater Bereich bzw. ein separates Fenster für das Online-Bewerbungsverfahren.
Bemerkung: Deaktivieren Sie Pop-up- und Werbeblocker für den Zeitraum

des Online-Bewerbungsverfahrens, da viele Onlinetechnologien während des Bewerbungsvorganges über aufspringende Fenster funktionieren, die erklärende Inhalte vermitteln sollen.
8. Sie werden dazu aufgefordert, ein Bewerberprofil zu erstellen.
Hintergrund: Ihr potenzieller Arbeitgeber betreibt eine digitale Datenbank, die alle Bewerberdaten enthält. Größtenteils sind mehrere Computer und riesige Festplatten für die Speicherung der Bewerberdaten notwendig. Sie bekommen nun einen freien Bereich (bzw. eine bestimmte Zeile) in der riesigen Bewerberdatenbank zugeordnet. Gängige Praktiken sind die Aufforderung zur Eingabe der E-Mail-Adresse, eines Benutzernamens und eines Passwortes.
Außerdem werden Sie oftmals schon vor Beginn des Dateneingabeprozesses zur Annahme einer Datenschutzerklärung aufgefordert, damit der Betreiber dieser Homepage rechtlich nicht zu belangen ist. Sie erlauben dem Seitenbetreiber mit dem Akzeptieren der Datenschutzerklärung die Erfassung, Verarbeitung, Speicherung und eventuell sogar die Weitergabe Ihrer persönlichen Daten. Akzeptieren Sie diese Datenschutzerklärung nicht, sind Sie raus aus dem Verfahren.
Tipp: Jeder deutsche Staatsbürger besitzt Rechte in Bezug auf seine Daten. Lesen Sie dazu mehr im Abschnitt über den Schutz Ihrer Daten im Internet.
9. Das Online-Bewerbungsverfahren.
Nach der Erstellung eines Bewerberprofils bzw. »Accounts« beginnt die Abfrage Ihrer Daten. Diese Abfrage gestaltet sich äußerlich und inhaltlich sehr unterschiedlich, da nicht alle Firmen das gleiche E-Recruiting-System benutzen. Unterschiedliche Abfragetechniken und Interaktionsmöglichkeiten können des Öfteren zur Verwirrung des Nutzers führen. Vereinzelt gibt es einen digitalen Bewerbungsassistenten, der bei der Eingabe der Daten unterstützt. Die eingesetzte Onlinetechnologie, die Programmierung und das Design der Datenabfrage sollten auf jeden Fall in einem Testlauf analysiert und geübt werden. Oftmals hilft aber nur der Kontakt zum technischen Support, falls ein Fehler auftritt.
10. Anhängen von Dokumenten.
In nahezu allen Online-Bewerbungsverfahren wird dem Bewerber die Möglichkeit gegeben, eigene Dokumente im persönlichen Profil der Bewerberdatenbank des potenziellen Arbeitgebers hochzuladen.
Bitte überprüfen Sie Ihre digitalen Dokumente sorgfältig auf technische Fehler und höchstmögliche Kompatibilität. Stellen Sie sicher, dass Sie mit einer aktuellen Anti-Virus-Software die Virenfreiheit Ihrer digitalen Dokumente weitestgehend garantieren können.
Weiterhin sollten Sie digitale Dokumente mit höchstmöglicher Abwärtskompatibilität abspeichern, damit der potenzielle Arbeitgeber keine Probleme mit dem Lesen der Dokumente hat.

Praxistipp: Speichern Sie Worddokumente als Word 97-Dokument und PDF-Dateien mit einer Abwärtskompatibilität zu Version 4.0 des Adobe Reader.
11. Prüfen der Bewerbungsunterlagen.
In den meisten Fällen wird Ihnen vor Abschluss des Online-Bewerbungsverfahrens eine Übersicht der eingegebenen Daten angezeigt. Manchmal können Sie sogar eine PDF-Datei downloaden, die Sie ausdrucken und zu Ihren Bewerbungsunterlagen legen können.
Auch hierbei gilt: sorgfältige Kontrolle auf Fehlerfreiheit!
12. Absenden der Bewerbungsunterlagen.
13. Bestätigung über den Eingang der Bewerbung per E-Mail
Üblicherweise erhalten Sie eine Bestätigung über den Eingang Ihrer Onlinebewerbung per E-Mail. Bitte bewahren Sie diese E-Mail sorgfältig auf, da sie als Nachweis über den Bewerbungsvorgang gilt.

Beruflicher Hintergrund

Abseits der anfänglichen Anmeldeformulare sind natürlich die berufsbezogenen Fragen von besonderem Interesse. Sie wurden für konkrete Stellenprofile entwickelt und berücksichtigen personalstrategische Gesichtspunkte, wie z. B. einen speziellen Ausbildungshintergrund, bestimmte Fachkompetenzen oder relevante Praxiserfahrungen. Beachten Sie bei der Dateneingabe, dass hierbei vielleicht auch branchenspezifische Formulierungen oder Redewendungen erwartet werden. So kann die Verwendung von bestimmten Schlüsselbegriffen oder Fachwörtern wichtige Zusatzpunkte einbringen.

Beachten Sie auch beim Ausfüllen eines Onlineformulars die bereits bekannten Erfolgsfaktoren: Kompetenz, Leistungsmotivation und Persönlichkeit. Zeigt sich Ihre Kompetenz in einer bestimmten Ausbildung, dann sollte dieser Punkt entsprechend gewürdigt werden. Wird Ihre Leistungsmotivation vor allem an Ihren Erfolgen sichtbar, dann gilt es auch diesen Aspekt ins rechte Licht zu rücken.

Kommunikationsziel

Und schätzt man Ihre Teamfähigkeit nicht nur im Job, sondern auch im Fußballverein, nun dann gehört das ebenso authentisch und prägnant formuliert zu Ihrem Profil. Wichtig ist, dass am Ende eine klare Botschaft, z. B. »Ich bin ein vielseitig einsetzbares, routiniertes Organisationstalent«, sichtbar wird und Ihre Angaben ein stimmiges Gesamtbild ergeben.

Überlegen Sie vorab, welches Kommunikationsziel Sie verfolgen und welche Formulierungen, welche Stationen Ihres Lebenslaufs hierzu wirklich passen. Gerade bei den freien Textfeldern haben Sie dann die Chance, Ihre Persönlichkeit etwas individueller, beispielsweise durch interessante Überschriften oder prägnante Zusammenfassungen zu präsentieren.

Abschließend noch eine Anmerkung zur Angabe von Fachkompetenz und speziellen Fähigkeiten: Ein Großteil von Online-Bewerbungsverfahren fordert Sie dazu auf, Aussagen über diese beiden Punkte zu treffen. Dieser Vorgang kann Zeit und Nerven kosten. In vielen Fällen wird Ihnen ein Stichwortkatalog mit diversen Themengebieten angezeigt und zu jedem Stichwort sollen Sie nun Aussagen über Ihre Kenntnisse und Erfahrungen treffen.

Lassen Sie sich nicht von der großen Masse an Eingabemöglichkeiten abschrecken, sondern suchen Sie gezielt nach Ihren Kernkompetenzen, zu denen Sie eine klare Aussage machen möchten und können. Lassen Sie unbekannte Abfragen einfach aus, sofern dies möglich ist. Manchmal hilft auch der Hinweis »keine Angaben«, um das Feld nicht leer zu lassen und weiterzukommen.

Offene Fragen

Häufig werden in Bewerbungsformularen Fragen wie »Warum bewerben Sie sich bei uns?« gestellt. Hier sind Kreativität und Formulierungsgeschick gefragt. Lassen Sie sich etwas Besseres einfallen als »weil ich arbeitslos bin« oder »weil es ein toller Job ist, der viel Geld bringt«. Recherchieren Sie, welche Philosophie die Firma hat, und passen Sie Ihre Antwort entsprechend an – ohne sich anzubiedern.

Individuell, aber nicht extrem

Die Kunst beim Ausfüllen besteht in der richtigen Mischung aus »angepasstem« Ausfüllen und individueller Präsentation. So können Sie Ihre eigene Persönlichkeit für andere schnell und gut erkennbar werden lassen. Teilweise können Sie auch Ihre eigenen Dokumente hochladen. Dies ist Ihre Chance, sich abseits von standardisierten Eingabemasken individuell zu präsentieren.

Bevor Sie solche Textfelder ausfüllen, überlegen Sie sich gut, was Sie schreiben. Am besten formulieren Sie zunächst einen Text in einer separaten Datei, den Sie anschließend in die Felder des Formulars kopieren. Wichtig: Bleiben Sie stets kurz und prägnant. Wer zu viel schreibt, fällt unangenehm auf!

Dateianhänge

Eventuell können Sie Dokumente an die Onlinebewerbung anhängen (Zeugnisse, Zertifikate, Lebenslauf etc.). Nutzen Sie diese Möglichkeit, wenn Ihre Unterlagen in gescannter Form vorliegen. Um genau zu wissen, was Sie in Ihrer

Bewerbung geschrieben haben, ist es ratsam, sich alle Angaben zu kopieren oder auszudrucken. Wählen Sie dafür die Funktion »Datei/Speichern unter…«, bei Texten aus Textfeldern markieren und sichern Sie diese mit »Kopieren/Einfügen« in einem eigenen Textdokument auf Ihrem PC.

Wartezeit

Nachdem Sie das Onlineformular abgeschickt haben, erhalten Sie meist automatisch eine Bestätigung, dass Ihre Bewerbung angekommen ist. Wenn Sie nach etwa sieben Tagen noch nichts gehört haben, dürfen Sie per E-Mail oder telefonisch nachfragen.

So könnte es sein

Lassen Sie uns diese Onlineformulare an einem einfachen Beispiel näher anschauen: Bei einer Bewerbung als Bürokaufmann erfragen die ersten Formularseiten zunächst einmal die Kontaktdaten des Bewerbers. Danach folgen neue Fenster und Menüs, in denen Angaben zum Schulabschluss, zur Aus- sowie den Weiterbildungen gemacht werden müssen. Im sich anschließenden Formular wird nach den bisherigen Beschäftigungsverhältnissen und den konkreten Arbeitsaufgaben, z. B. Korrespondenz oder Rechnungsbearbeitung, gefragt. Hiernach folgen Angaben zu sonstigen Kenntnissen, beispielsweise Erfahrungen mit speziellen Buchhaltungsprogrammen, dem Führerscheinbesitz sowie den Freizeitinteressen. Schlussendlich hat der Bewerber dann noch die Chance, in freien Textfeldern, also mit eigenen Worten, beispielsweise zu seinen Stärken sowie beruflichen Zielen individuell Stellung zu nehmen – eine Abfrage, die inhaltlich vergleichbar mit der Dritten Seite ist.

Beispiel für ein Onlineformular: einfache Version

Persönliche Daten

Anrede		Titel	
Familienname		Vorname	
Geburtsdatum	1 1 1980	Geburtsort	
Geburtsland		Staatsangehörigkeit	

Anschrift Straße	
Anschrift PLZ	Anschrift Ort
Telefon mit Vorwahl	Handy
E-Mail	

Warum bewerben Sie sich?

> Nicht ganz einfach! Bitte nicht: »Sie suchen doch ...«
> Schreiben Sie besser von »einer neuen Herausforderung«,
> »einen wichtigen Beitrag leisten zu wollen« etc.

Für welche Aufgabenbereiche bewerben Sie sich?	▼
Welche Position/Verantwortung streben Sie an?	▼
Ihr gewünschter Einsatzort	
Ihr frühester Einsatztermin	1 ▼　1 ▼　2010 ▼

Ausbildung als

Weitere Ausbildungen

Ausbildungsabschluss

Weitere Ausbildungsabschlüsse

> Hier könnten Sie u. a. auch kleine Fortbildungskurse aufführen wie
> »Reklamationsbeauftragter«, »Prüfer für ...«, »Ausbilderlizenz«,
> »Haarstylist für XY-Produkte« etc.

Berufliche Fortbildung

> Jeder Messebesuch, Kollegenaustausch (Stammtisch),
> jedes Fachmagazin finden hier Platz, wenn Sie nicht
> Besseres zu berichten haben.

Schulabschluss [▼]

Weiterführende Bildungsabschlüsse [▼]

Berufliche Tätigkeit aktuell

Ganz wichtig: Überlegen Sie sich hier unbedingt etwas Ordentliches …

Aufgabenschwerpunkt

… Aber vorher genau überlegen …

Ergebnisse

… Formulieren Sie ausführlich und nicht zu knapp!

Warum wollen Sie Ihre Tätigkeit wechseln/Ihr Unternehmen verlassen?

Unbedingt ausfüllen und gut argumentieren! Aber bitte nicht so: »Der Chef kann mich nicht leiden und ich verstehe mich nicht mit den Kollegen …«

Arbeitszeugnis vorhanden ○

Frühere berufliche Tätigkeiten

Ihre Selbstdarstellung: Kompetenzen, Geleistetes, berufliche und persönliche Weiterentwicklung.

Aufgabenschwerpunkt

Ergebnisse

Wechselmotiv

Arbeitszeugnis vorhanden [Ja ▼]
(evtl. mehrmals auszufüllen, je nach Anzahl früherer Arbeitsverhältnisse)

Besondere Kenntnisse

Wenn schon nicht alle Felder ausgefüllt sind, dann doch aber die meisten. Mit etwas Überlegung (und Fantasie) dürfte das für Sie auch gar nicht so schwer sein …

Sprachen

… z. B. bei Sprachen: wenigstens Schul-Englisch! …

EDV

… Seien Sie nicht zu selbstkritisch! Das hier ist dafür nicht der richtige Ort …

Führerschein

Sonstige relevante Kenntnisse

… Sie sollen/wollen eingeladen werden, und die Texte liest zunächst ja nur der Computer! Gefühlsneutral!

Ehrenamtliches Engagement

Erwähnenswert sind das Engagement für Ihre alte Nachbarin, die Mithilfe in einem Verein (Sport, Musik etc.), auch wenn Sie nicht reguläres Mitglied sind. Nachdenken hilft!

Hobbys

Ja nicht auslassen oder »keine« hinschreiben. Sport, Musik, Gartenarbeit, wenn Ihnen nichts Besseres einfallen sollte.

Weitere Bemerkungen/Mitteilungen

Das ist Ihre große Chance! Pardon: Nur Dumme haben nichts mitzuteilen! Natürlich haben Sie noch die eine oder andere wichtige Botschaft. Und wenn Ihnen gerade überhaupt nichts einfallen will, dann: »Meine Kollegen schätzen an mir …«, »Mein Vorgesetzter lobte mich neulich für …«, »Unsere Kunden wissen, in mir haben sie eine/n …«

Beispiel für ein Onlineformular: komplizierte Version

Persönliche Daten

Anrede	[▼]	Titel	[▼]
Familienname	[ ]	Vorname	[ ]
Zweiter Vorname	[ ]	Weitere Vornamen	[ ]
Geburtsname	[ ]	Geburtsdatum	[1▼] [1▼] [1980▼]
Geburtsort	[ ]	Geburtsland	[▼]

Staatsangehörigkeit [▼]   Weitere Staatsbürgerschaften [▼]

Staatsangehörigkeit der Eltern [▼]

Haben bereits Ihre Eltern in unserer Firma gearbeitet? [Nein ▼]

Familienstand [ledig ▼]   Haben Sie Kinder? [Nein ▼]

Wie alt sind Ihre Kinder? [   ]

Hauptwohnsitz Anschrift / Nebenwohnsitz Anschrift

Straße	[ ]	Straße	[ ]
Ort (mit PLZ)	[ ]	Ort (mit PLZ)	[ ]

Telefon mit Vorwahl (tagsüber) [   ]
Telefon mit Vorwahl (am Abend) [   ]

Fax	[ ]	Handy	[ ]
E-Mail	[ ]	Eigene Homepage-Adresse	[ ]

Warum bewerben Sie sich?

> Die Gretchenfrage, siehe dazu S. 484 ff.

Wie sind Sie auf diese Stelle aufmerksam geworden?

> Vordergründig natürlich durch die Anzeige im Internet, in den Printmedien, durch Kollegenhinweise, Gespräche o. Ä. Noch besser: »Ich beobachte schon geraume Zeit die Entwicklung Ihres Unternehmens etc., benutze Ihre Produkte etc. ...« Das kommt noch besser an!

Woher kennen Sie unsere Firma?

> Auch hier gilt es, keine Antwort schuldig zu bleiben und den Platz für eine gelungene Selbstdarstellung zu nutzen.

Welchen Kontakt hatten Sie bereits zu unserer Firma?

> Intelligent, und bitte nicht schleimen oder sich selbst übertrieben beweihräuchern …

Haben Sie bereits an einem Recruiting-Event unserer Firma teilgenommen? | Ja ▼ |

Für welchen Aufgabenbereich bewerben Sie sich?	▼
Welche Position/Verantwortung streben Sie momentan an?	▼
Welche Position/Verantwortung streben Sie in fünf Jahren an?	▼
Ihr gewünschter Einsatzort	1. Präferenz ▼
	2. Präferenz ▼
	3. Präferenz ▼
Ihr frühester Eintrittstermin	1. Präferenz ▼
	2. Präferenz ▼
	3. Präferenz ▼
Bereitschaft zur Durchführung von Schichtarbeit	Ja ▼
Bereitschaft zur Leistung von Überstunden	Ja ▼
Bereitschaft zur Durchführung von Dienstreisen im Inland	Ja ▼
Bereitschaft zur Durchführung von Dienstreisen im Ausland	Ja ▼

Bitte beschreiben Sie häufige Tätigkeiten an einem normalen Arbeitstag.

> Jetzt bloß keine Alltäglichkeiten wie »… frühmorgens komme ich und schließe das Büro auf« … »und gehe als letzter oftmals erst nach 19 Uhr«. Besser: »Krisenmanagement«, »Rückgewinnung von sich beklagenden Kunden«, »erfolgreiche Preisverhandlungen« etc. Sie haben doch Fantasie!

Welche dieser Tätigkeiten können Sie besonders gut?

> Jetzt müssten Sie eigentlich wissen, wie Sie diesen Platz zu Ihrem Vorteil nutzen. Aber bitte nicht schreiben: »Ich bin ein großartiger Geschichtenerfinder«!

Welche dieser Tätigkeiten müssen Sie noch optimieren?

> Hier muss auch etwas stehen, aber bitte Zurückhaltung bewahren
> (also gerade hier keine vier Zeilen oder mehr).

Welche Arbeiten vermeiden Sie aufgrund mangelnder Eignung?

Ausbildung als [   ]   Start `1 ▼` `1 ▼` `1980 ▼`
                                 Ende   `1 ▼` `1 ▼` `1980 ▼`

Hauptfächer während der Ausbildung

Besondere Kurse während der Ausbildung

> Wetten: Jetzt fällt Ihnen nichts ein! Benennen Sie Schwerpunkte ... Und wenn Sie auch dazu nichts anführen können, dann überlegen Sie etwas zielgerichteter.

Besondere praktische Erfahrungen während der Ausbildung

Abschlussnote [   ]

Weitere Ausbildungen (Start/Ende mit genauem Datum)

Ausbildungsabschluss (genaues Datum)

Weitere Ausbildungsabschlüsse (genaue Daten)

Studium [   ] Start 1▼ 1▼ 1980▼
                                   Ende   1▼ 1▼ 1980▼

Hauptfächer während des Studiums
[   ]

Besondere Kurse während des Studiums
[   ]

Außeruniversitäres Engagement

> Diese Chance dürfen Sie nicht ungenutzt lassen. Der Sportverein, das Team, soziale Projekte in Ihrer Nachbarschaft ... Natürlich haben Sie da etwas zu berichten.

Auslandssemester (Start/Ende, Dauer, Ort, besuchte Kurse)
[   ]

Datum und Thema der Abschlussarbeit
1▼ 1▼ 1980▼ [   ]

Abschlussnote [   ]   Semesteranzahl [   ]

Berufliche Fortbildungen

> Bitte nie »keine« schreiben!

Berufliche Weiterbildungen

> Ganz gemein, denn das ist ja das Gleiche wie eben! Also unbedingt wenigstens »Ja, ständig!«, »Tagtäglich« einsetzen, ggf. auf das Fachzeitschrift-Abo, die Mitgliedschaft im Berufsverband, das Treffen am Stammtisch etc. hinweisen.

Sonstige Zusatzqualifikationen

> Bitte nicht »nichts« schreiben, wenigstens der Führerschein, Ihre »Kenntnisse in ...« sind hier aufführbar. Nutzen Sie diese Gelegenheit!

Auslandsaufenthalte

> Auch hier sollten Sie etwas ausfüllen. Natürlich waren Sie schon in den USA, in Spanien o. Ä. Ja, aber nur zum Urlaub machen, wenden Sie ein. Das schreiben Sie aber jetzt nicht ... Auf Nachfrage bleibt es ja Ihnen überlassen, wie sehr Sie Ihren Zehntageaufenthalt in Spanien ausschmücken.

Schulabschluss [   ] Start 1▼ 1▼ 1980▼
                                          Ende   1▼ 1▼ 1980▼

Weiterführende Bildungsabschlüsse

Berufliche Tätigkeit aktuell [   ] Start [1▼] [1▼] [1980▼]
Aufgabenschwerpunkt

Hier gilt, was auf S. 337 steht

Ergebnisse

Ihre Gelegenheit zu verdeutlichen, was Ihre Kompetenz und Leistungsmotivation auszeichnet. Das bedeutet aber auch: Sie haben sich Gedanken gemacht, was Ihre Botschaften sind (siehe S. 72).

Warum wollen Sie Ihre Tätigkeit wechseln/Ihr Unternehmen verlassen?

Siehe S. 485

Arbeitszeugnis vorhanden [Ja ▼]

Davor berufliche Tätigkeit [   ] Start [1▼] [1▼] [1980▼]
                                            Ende [1▼] [1▼] [1980▼]

Aufgabenschwerpunkt

Hier gilt es, wie oben und zuvor argumentiert. Dabei müssen Ihre letzten Tätigkeiten vor dem aktuellen Job, den Sie jetzt innehaben, schon noch mit einer gewissen Akribie beschrieben werden, die Tätigkeiten danach deutlich weniger. Zeigen Sie sich motiviert. Kooperieren Sie.

Ergebnisse

Wechselmotiv

Arbeitszeugnis vorhanden [Ja ▼]

| Davor berufliche Tätigkeit | | Start | 1 ▼ | 1 ▼ | 1980 ▼ |
| | | Ende | 1 ▼ | 1 ▼ | 1980 ▼ |

Aufgabenschwerpunkt

Hier gilt das eben Gesagte.

Ergebnisse

Wechselmotiv

Arbeitszeugnis vorhanden Ja ▼

(evtl. mehrmals auszufüllen, je nach Anzahl früherer Arbeitsverhältnisse)

Zeiten der Arbeitslosigkeit Nein ▼

Dauer der Arbeitslosigkeit

Überlegen Sie gut, ob Sie sich dieser Frage so einfach unterwerfen. Bleiben Sie doch mal beim »Nein«. Dass das nicht geht bei 5 Jahren ohne Job, ist schon etwas anderes, aber was sind schon 5 Monate – vor allem wenn es schon eine Zeit lang her ist!

Besondere Projektarbeiten

Unbedingt ausfüllen, Sie nutzen doch die gebotenen Chancen der Selbstdarstellung und Vermarktung Ihrer Talente, oder?

Besondere Arbeitserfolge

Dito!

Auszeichnungen

Auch wenn Sie nichts »Offizielles« vorzuweisen haben, können Sie etwas benennen ... am 31. April hat Ihr Vorgesetzter doch eine kleine Rede gehalten, sogar vor den Kollegen und Sie über die Maßen gelobt ... (bitte beachten Sie: es gibt leider nur 30 Tage im April!). Oder Ähnliches.

Besondere Kenntnisse

Da wissen Sie doch hoffentlich, was Sie noch alles mitzuteilen haben. Nur passen muss es schon, halbwegs glaubwürdig wirken. Dennoch: Der Computer kennt keine Gefühle!

Sprachkompetenz umgangssprachlich

Sprachkompetenz schriftlich

Sprachkompetenz verhandlungssicher

EDV

Führerschein A

Allgemeine soziale Kompetenzen

Gut vorstellbar, dass viele Leser hier keine Idee haben, was sie schreiben könnten. Zurückhaltung und Bescheidenheit sind auch soziale Kompetenzen, und wenn Sie ein bisschen nachdenken und sich mit den richtigen Leuten austauschen, werden Sie etwas zu schreiben haben ...

Besondere Führungskompetenzen

Nachdenken hilft und Ihr/e Hund/Katze, (Paten-)Kind, Partner/in, Freunde und Bekannte, Nachbarn etc. überlassen Ihnen gerne die eine oder andere Entscheidung. Und noch etwas: In der Schule als Klassensprecher (bitte nicht das Tafelamt!), in der Uni als Sprecher Ihres Lernteams usw. ...

Bei Führungskräften:

Anzahl der zugeordneten Mitarbeiter (Maximalzahl)

Anzahl der zugeordneten Mitarbeiter (Durchschnitt)

Angaben zur Teamfähigkeit

»Gut entwickelt, keine Probleme, wenngleich Teamarbeit nicht immer ein Garant dafür ist, die optimale Lösung in kürzester Zeit zu erreichen« wäre eine schöne Antwort.

Angaben zur Belastbarkeit

Selbstverständlich sind Sie belastbar!

Berufliche Stärken

Natürlich nutzen Sie diese Vorlage und nennen Ihre Stärken, die Sie weiter vorne im Buch ausgearbeitet haben.

Berufliche Schwächen

Aber hier bitte keine zwei Zeilen oder mehr. Ja, Sie kennen solche und arbeiten daran ...

Sonstige relevante Kenntnisse

> Unbedingt ausfüllen! Was sonst nicht passt – ggf. etwas umformulieren.

Wie oft pro Woche sind Sie sportlich aktiv? | 2x ▼ |
Betreiben Sie eine Art von Extremsport, z. B. Bergsteigen?

> »Immer, regelmäßig, manchmal aber auch nicht, wenn in der Firma so viel zu tun ist ...«
> Schreiben Sie, welche Sportarten Sie bevorzugen! Sogar Schach und Angeln kann aufgeführt werden ... aber bitte nicht mit 10 Sportarten glänzen wollen. Da sind Sie schnell als Schwätzer, Blender oder gar Faulpelz überführt. So viel Zeit haben Sie ja gar nicht im neuen Job ...

Ehrenamtliches Engagement

> Unbedingt, schauen Sie auf S. 338

Hobbys

> Dito, siehe S. 338

Mitgliedschaften

> Aber ja doch ...

Veröffentlichungen und Vorträge

> Natürlich haben Sie mindestens schon einige Vorträge oder PowerPoint-Präsentationen gehalten! Und immer erfolgreich!

Referenzen

> Geben Sie unbedingt Referenzen an, aber bitte nicht Ihre Großmutter ...

Arbeitsproben

> Gerne, auf Wunsch bringen Sie etwas zum Vorstellungsgespräch mit.

Weitere Bemerkungen/Mitteilungen

> Unbedingt, das ist Ihre Chance! Aber mit Köpfchen!
> Jetzt haben Sie doch begriffen worauf es hinausläuft, oder?

Worauf Sie bei Onlineformularen achten müssen

Abfragefeld	Bemerkung	Tipps und Tricks
E-Mail-Adresse	Bitte achten Sie auf die korrekte Schreibweise Ihrer E-Mail-Adresse.	Eine seriöse E-Mail-Adresse hinterlässt einen besseren Eindruck als »schnucki24@flirtfever.de«.
		Kostenlose, seriöse E-Mail-Adressen bekommen Sie z. B. bei:
		www.google.de www.web.de www.gmx.de www.live.com
Passwort	Bitte wählen Sie ein sicheres Passwort mit mindestens 8 Zeichen.	Benutzen Sie ein spezifisches Passwort für den Be-werbungsvorgang wie z. B. Bewerbungen$MaxMU67§.
	Darunter sollten mindestens 2 Sonderzeichen vertreten sein.	So verhindern Sie, dass Ihr Gegenüber ein Passwort erhält, das ihm evtl. den Zugang zu Ihrem E-Mail-Account ermöglicht.
Telefon mit Vorwahl Handy E-Mail	Sie entscheiden wohlüber-legt über welches Medium die Kontaktaufnahme er-folgen soll.	Bitte niemals Ihre Büro-/Geschäftsadresse bzw. -Telefonverbindung angeben!
Warum bewerben Sie sich?	Nicht offen lassen, aber auch keinen »Blödsinn« schrei-ben – z. B. auch nicht, dass Sie noch etwas lernen wollen ...	Das Zauberwort: intrinsische Motivation. Sie wollen es sich u. anderen beweisen, suchen neue Herausforderungen etc.

Abfragefeld	Bemerkung	Tipps und Tricks
Für welche Aufgabenbereiche bewerben Sie sich?	Je nach Ausgangslage: sehr präzise benennen oder eher relativ offen, jedoch nicht beliebig beantworten.	Unbedingt vorab über diese wichtige Frage nachdenken, ggf. einen Bereich benennen u. gleichzeitig Offenheit für andere Aufgaben signalisieren.
Welche Position/Verantwortung streben Sie an?	Ggf. ist das vorher schon klar, wenn nicht: Haben Sie keine Angst, sich zu positionieren! Bereitschaft zur Verantwortungsübernahme signalisieren.	Sie sollten nicht gleich den Chefsessel anstreben. Jedoch: Ehrgeiz in Maßen, insbesondere wachsende Verantwortungsübernahme ist ein positives Zeichen!
Ihr gewünschter Einsatzort	Oftmals bereits klar vorgegeben, Vorsicht bei Fantasievorschlägen!	Verdeutlichen Sie zunächst, möglichst ortsungebunden zu sein, ansonsten ist Ihre zweite Präferenz ein Ort Ihrer Wahl. Wichtig ist zunächst nicht, wo Sie arbeiten wollen, sondern dass Sie eingeladen werden!
Ihr frühester Eintrittstermin	Nicht zu schnell zur Verfügung stehen, das ist kontraproduktiv. Aber auch nicht später als in 6 Monaten, wobei das schon ein sehr langer Wartezeitraum wäre …	Signalisieren Sie, dass man über das Eintrittsdatum mit Ihnen verhandeln kann. Sie sind doch flexibel!
Ausbildung als Weitere Ausbildungen Ausbildungsabschluss Weitere Ausbildungsabschlüsse	Fangen Sie nicht bei Adam u. Eva an, also: Vor 30 Jahren lernte ich … Der letzte Job wird hoffentlich bei Ihnen auch der wichtigste sein. Und dann chronologisch rückwärts.	Hier setzen Sie Prioritäten u. vermitteln, dass Sie wissen, was wirklich zählt, worauf es in dem möglichen Job ankommt!
Berufliche Fortbildungen	Chronologisch rückwärts auflisten, evtl. nur über die letzten 5 Jahre.	Denken Sie auch an Messen u. Fachtagungen, berufl. Interessengruppierungen, denen Sie angehören bzw. an denen Sie teilgenommen haben (Austausch), Fachliteratur etc.
Berufliche Tätigkeiten aktuell Aufgabenschwerpunkte Ergebnisse	Insbesondere der letzte u. der vorletzte Job mit Ihren Aufgaben u. Verantwortungen sind hier wichtig.	Unbedingt vorab über diese wichtigen Fragen nachdenken u. Material sammeln. Hier werden Weichen gestellt. Jeder dieser 3 Punkte muss ganz sorgfältig beantwortet werden. Also vorab u. in Ruhe, nicht spontan!

Abfragefeld	Bemerkung	Tipps und Tricks
Warum wollen Sie Ihre Tätigkeit wechseln/Ihr Unternehmen verlassen?	Wichtig: präsentable Begründung, nicht klagen oder aus dem Nähkästchen plaudern. Und bloß keine Verzweiflung durchblicken lassen!	Weiterkommen, Ambitionen haben, Ehrgeiz in Maßen – das sind immer die richtigen Stichworte!
Arbeitszeugnis vorhanden	Prinzipiell immer Ja – selbst dann, wenn Sie momentan noch keines haben!	Vorhandene Arbeitszeugnisse checken lassen u. gelegentlich um ein Zwischenzeugnis bitten (etwa alle 2–3 Jahre).
Besondere Kenntnisse	Wunderbare Chance, Zusatzqualifikationen darzustellen	Wer hier etwas anzubieten hat, kann Punkte sammeln! Dabei sollten Sie weder über-, noch untertreiben!
Sprachen EDV	Unbedingt angeben! Nicht mit den Kenntnissen prahlen/übertreiben, aber auch nicht zu selbstkritisch sein!	Unbedingt ausfüllen und Punkte sammeln! Beispiele: bei »Englisch« »verhandlungssicher« oder »Französisch« »Zweitmuttersprache«, wenn Sie bilingual aufgewachsen sind.
Führerschein Sonstige relevante Kenntnisse	Alle Klassen sind wichtig. Es reichen die Oberklassen, also bei BE nicht auch noch B, M, L angeben. C1E, B, A wäre z. B. genau auf den Punkt gebracht. Denken Sie an die sonstigen Kenntnisse, die Sie beruflich einsetzen könnten.	Führerschein/Auto stehen für Ihr Selbst und lassen Rückschlüsse auf Ihren Wesenskern zu (insbesondere bei jüngeren männlichen Bewerbern)!
Ehrenamtliches Engagement Hobbys	Alles kann für Sie und Ihre Wesensart sprechen.	Hier geht es um Ihre Persönlichkeit, die Sie gut darstellen sollten, um Sympathiepunkte zu sammeln.
Weitere Bemerkungen/ Mitteilungen	Bringen Sie hier unbedingt (ggf. nochmals, dann in anderen Worten) Ihre Botschaften rüber!	Es lohnt sich, sich vorab Gedanken zu machen u. das Kommunikationsziel, die daraus abgeleiteten Botschaften u. – für eine persönliche Begegnung – Ihre Argumente zu formulieren!

Noch eine Anmerkung: Eines der größten Probleme beim Ausfüllen der Onlineformulare (und auch sonst während der Bewerbung) scheint für viele Bewerber die lückenlose Darstellung ihres beruflichen Werdegangs zu sein, insbesondere dann, wenn es Zeiten der Arbeitslosigkeit gegeben hat. Hier gilt folgende Empfehlung: Verwenden Sie möglichst nie Worte wie arbeitslos, Arbeit suchend und ähnliche Formulierungen. Es könnte sein, dass das Computerprogramm Sie daraufhin ganz schnell »aussortiert«. Wir empfehlen eher eine Formulierung in diese Richtung: Projekt Familienhilfe/Engagement, außerberufliche Fortbildung, Pflegezeit, Ehrenamt oder etwas Ähnliches. In den meisten Fällen sind die Computerprogramme noch nicht so weit in der Differenzierung. Und sind Sie erst einmal eingeladen, lassen sich diese Zeiten Ihrem Gegenüber ganz anders vermitteln. Sie sollten also nicht bereits an dieser Hürde scheitern.

Hürden

Sie sehen: Bei dieser Bewerbungsform wird inhaltlich kaum mehr als bei einer traditionellen Bewerbung verlangt. Wenn überhaupt, so liegt die Schwierigkeit in der technisch ungewohnten, ja teilweise umständlichen Dateneingabe. Beispielsweise gestaltet sich der Registrierungsprozess oftmals kompliziert und nimmt unerwartet viel Zeit in Anspruch. Bei manchen Firmen muss der Bewerber auch erst einmal warten, bis das notwendige Zugangspasswort per E-Mail zugeschickt wird. In den meisten Fällen ist das Akzeptieren einer Datenschutzerklärung eine notwendige Voraussetzung, um überhaupt zu den eigentlichen Bewerbungsformularen zu gelangen. Diese können übrigens direkt von der jeweiligen Firma installiert sein oder über einen Link zu einer Stellenbörse führen, die dann die Bewerberauswahl für die Firma übernimmt.

Warum muss man Bewerbungsformulare überhaupt nutzen?

Besonders die großen Konzerne drängen geradezu auf die Nutzung der aufwendig installierten Bewerbungsformulare oder bieten überhaupt keine andere Bewerbungsmöglichkeit mehr an. Als Gründe werden Zeit-, Kosten- und Platzersparnis genannt, um durch automatisierte Prozesse der Bewerberflut einigermaßen gerecht zu werden.

Natürlich ist es empfehlenswert, sich an diesen Richtlinien zu orientieren. Gleichzeitig haben standardisierte Auswahlverfahren stets den Nachteil, dass die Individualität des Bewerbers eher unter den Tisch fällt. Versuchen Sie deshalb im Anschreiben, im angefügten Lebenslauf sowie in den freien Textfeldern Ihr Profil möglichst eigenständig zu präsentieren. Außerdem empfehlen wir Ihnen, weitere Kontakte zur Firma zu suchen; also möglichst auch Ansprechpartner für eine direkte Bewerbung zu finden. Hierzu sollten Sie nicht nur im Internet die bereits erwähnten Business-Communities (siehe S. 160) nutzen, sondern sich auch im realen Leben auf Firmen- und Branchenmessen, persönlich vorstellen. Eine weitere Chance ist nach wie vor der direkte Kontakt per Telefon (siehe S. 140). Grundlage ist auch hier ein klares Kommunikationsziel, z. B. die verbal überzeugende Vorstellung als neuer Vertriebsmitarbeiter, der sich ausführlich mit der Firmenhomepage, dem Unternehmen und Branchenumfeld beschäftigt hat und im Rahmen seiner Bewerbung beispielsweise eine neue Idee für ein Großkundenprojekt präsentieren möchte.

Abschließend noch der Erfahrungsbericht eines Klienten. Er zeigt, dass Sie auch beim Thema Onlineformular noch eine Menge Spielraum haben:

Mein Name ist Maximilian Stedler und trotz der umständlichen Abläufe habe ich mich kürzlich auf der Homepage eines großen namhaften Unternehmens für eine Stelle als Physiker beworben. Sorgfältig und mit viel Engagement gab ich ausführlich alle Angaben zu meiner Person, meinen beruflichen Kompetenzen und meinem Ausbildungshintergrund ein. Leider erhielt ich bereits kurze Zeit später eine standardisierte Absage. Ich war enttäuscht, denn ich fühlte mich wirklich sehr für die Stelle geeignet. Mit diesem Ergebnis wollte ich mich deshalb nicht abfinden und suchte nach möglichen Ansprechpartnern im Unternehmen. Ich recherchierte auf der Firmenseite, in Business-Communities und Firmenveröffentlichungen. Am Ende hatte ich eine kleine Rangliste mit Namen von relevanten Personalern und Fachbereichsleitern, die ich für meinen neuen, telefonischen Anlauf verwenden wollte. Über die Firmenhomepage fand ich zwar nicht deren direkte Telefonnummern, jedoch allgemeine telefonische Ansprechpartner, denen ich kurz mein Profil vorstellte und dann meinen Gesprächswunsch mit Herrn oder Frau XY begründete. Nicht immer hatte ich gleich Erfolg, aber irgendwie habe ich am Ende mein Ziel erreicht und erhielt die Chance, mich sowohl am Telefon als auch mit traditionellen schriftlichen Unterlagen zu präsentieren. Und ich hatte weiter Glück: Nur wenig später wurde ich zum Vorstellungsgespräch eingeladen und bekam nach einem zusätzlichen Assessment-Center ein Jobangebot – und das trotz der ursprünglichen Ablehnung bei den Onlineformularen.

Variationen

Manche Unternehmen bieten ihren Bewerbern an, das Formular Stück für Stück zu bearbeiten, indem sie eine Zwischenspeicherfunktion eingebaut haben. Bei anderen Firmen muss der Bewerber das Formular in einem Zug bis zum Ende ausfüllen, weil bereits eingegebene Daten nach einer Unterbrechung ungültig werden. Andere, hauptsächlich die großen Unternehmen, haben bisweilen einen eigenen Bewerbungsassistenten, der beispielsweise die Vorschau auf das Formular ermöglicht und Schritt für Schritt die Bearbeitung erklärt. Dort finden sich meistens auch Begründungen, weswegen das Unternehmen eine Onlinebewerbung bevorzugt.

Praktisch ist es, wenn man am Ende noch einmal die Möglichkeit hat, sämtliche Eingaben im Überblick gegenlesen zu können. Eine weitere sinnvolle Option ist die Chance, zu einem späteren Zeitpunkt bestimmte Aspekte im Lebenslauf verändern bzw. aktualisieren zu können. Gerade wenn man beabsichtigt, ein Profil für längere Zeit bei einer Firma zu hinterlegen, so können zusätzliche Lehrgänge oder Projekterfahrungen dann einfach und unkompliziert ergänzt werden.

Geheimsache Onlinebewerbung

Leider spielen die Firmen bei der Kandidatenauswahl nicht mit offenen Karten, weshalb die Filter- bzw. Rasterkriterien zur automatischen Bewerbereinstufung stets Firmengeheimnis bleiben. Hier kann man lediglich spekulieren, z. B. wenn besonders häufig Fragen zum Thema Teamfähigkeit oder zu bestimmten fachlichen Kenntnissen gestellt werden.

Wichtig für Sie: Lassen Sie sich nicht irritieren, sondern versuchen Sie, möglichst technisch kompetent die Eingabefelder auszufüllen und gleichzeitig prägnante, aussagefähige Informationen zum eigenen Profil einzugeben.

Die optimale Form

Vergessen Sie auf keinen Fall, vor dem endgültigen Versand Ihrer Texte eine Rechtschreibprüfung durchzuführen. Kopieren Sie Ihre Formulierungen einfach in ein entsprechendes Textprogramm und starten Sie die automatische Prüfung. Des Weiteren sollten Sie beim Versand von Anhängen stets die vorgegebenen technischen Parameter beachten. Hierzu gehören: Anzahl der Dokumente, Größe der Dateien sowie vorgeschriebene Formate. Speichern Sie alle wichtigen Texte sowie die verschickten Dokumente auch für sich selbst ab. Dies gibt Ihnen die Möglichkeit, die gemachten Angaben vor einem Vorstellungsgespräch nochmals durchzugehen und sich einzuprägen.

Testlauf

Wir raten Ihnen beim Ausfüllen eines Onlineformulars unbedingt zu einer Art Probedurchlauf. Wenn Sie wirklich auf Nummer sicher gehen wollen, so spricht nichts dagegen, die Onlineformulare zunächst einmal mit fiktiven Angaben einzusehen, um dann beim erneuten Versuch Ihre Bewerbung mit korrekt ausgefüllten Feldern auf den Weg zu geben.

Die Grenzen des Verfahrens

Leider kann dieses automatisierte Auswahlverfahren auch trotz bester Vorbereitung und Durchführung sehr ungerecht sein. Manche Firmen verwenden als Auswahlkriterium die Durchschnittsstudiendauer oder ein bestimmtes Alter des Bewerbers. Haben Sie beispielsweise BWL oder Maschinenbau studiert und wegen verschiedener Praktika und Auslandsaufenthalte 14 anstatt nur 9 Semester gebraucht, oder sind Sie nach Studienabschluss bereits 29 Jahre alt, dann sortiert das standardisierte Computerauswahlprogramm Sie sofort aus. Postwendend werden Sie per E-Mail informiert, dass man Ihnen leider kein passendes Angebot machen kann. Wenn Sie eine ungerechte Behandlung dieser Art vermuten und Sie trotzdem an dem ausgeschriebenen Job interessiert sind, so hilft nur eins: Versuchen Sie, sich auf herkömmlichen Bewerbungswegen vorzustellen. Wenn Sie zum Beispiel keinen lückenlosen Lebenslauf haben, aber über handfestes Know-how in der entsprechenden Branche verfügen, wählen Sie besser die klassische Variante per Post. So haben Sie mehr Möglichkeiten, Ihre Fähigkeiten kreativ zu präsentieren und Lücken zu überdecken.

Profile auf der Firmenhomepage

Auf einigen Firmenhomepages sowie in Internet-Stellenbörsen können Sie Ihr Berufsprofil hinterlegen. Diese Profile werden nach entsprechenden Kriterien technisch ausgewertet und gegebenenfalls den Entscheidern zugeleitet, die dann bei Interesse Kontakt zu Ihnen aufnehmen können. Im Grunde funktioniert dieses Verfahren wie eine Initiativbewerbung oder das Ausfüllen eines Onlineformulars ohne konkrete Stellenausschreibung.

Ob diese technischen Bewertungsverfahren immer die besten Kandidaten herausfiltern und weiterleiten, ist fraglich. Nutzen Sie daher bei solchen Firmen parallel auch andere Formen der Bewerbung.

Die Kunst beim Ausfüllen der berufsbezogenen Fragen besteht in der richtigen Mischung aus »angepasstem« Ausfüllen und individueller Präsentation. So können Sie Ihre eigene Persönlichkeit für andere schnell und gut erkennbar werden lassen. Am besten funktioniert das mit der Eingabe von freien Texten unter der Bezeichnung »Sonstiges« oder »Wollen Sie uns noch etwas mitteilen?«. Vergessen Sie nicht, die eingegeben Daten zu sichern oder einen Ausdruck für sich zu erstellen. Damit punkten Sie, wenn im Vorstellungsgespräch die Rede auf Details kommt. Teilweise können Sie auch Ihre eigenen Dokumente hochladen. Das ist Ihre Chance, sich abseits von standardisierten Eingabemasken individuell zu präsentieren.

Online-Assessments

Um der Bewerberflut Herr zu werden, versuchen Unternehmen bisweilen, über ein Testverfahren im Internet eine Vorauswahl zu treffen. Das Ganze nennt sich dann Online-Assessment. In mehr oder weniger spielerischer Gestaltung testen Konzerne online Wissen, Soft Skills und/oder Kenntnisse der Bewerber über das jeweilige Unternehmen. Aufgrund der Ergebnisse entscheiden sie dann über eine Einladung zu einem Vorstellungsgespräch. In anderen Fällen erfolgt ein Online-Assessment erst nach einer E-Vorauswahl. Lesen Sie, was Sie bei einem Assessment Center im Netz erwartet. Schauen Sie sich auch das Kapitel »Assessment Center« auf Seite 416 an.

Was wird getestet?

Die neu entwickelten Online-Assessment-Center setzen darauf, dass sie dem Unternehmen jederzeit und an vielen Orten gleichzeitig eine Durchführung und vollautomatische Auswertung ermöglichen. Dabei geht es häufig um die Erfassung von
- verbalen Fähigkeiten,
- numerischen Fähigkeiten,
- diagrammatischen Fähigkeiten und
- mechanischen/physikalischen Fähigkeiten

sowie um Wissens- und Persönlichkeitstests, die versuchen, das Bildungsniveau und wesentliche Charaktermerkmale der Online-AC-Mitspieler zu erfassen wie
- Eigenschaften
- Interessen
- Motive und Motivation
- Verhaltenstendenzen
- Arbeitsumfeldpräferenzen
- bevorzugte Vorgehensweisen/Führungseigenschaften

Testverfahren: Hintergründe

Drei typische Konstruktionsprinzipien liegen einem Online-AC zugrunde:
Bei *normativen* Testverfahren wird durch eine gezielte Abfrage ermittelt, wie sich die untersuchten AC-Kandidaten im Vergleich zu einer oder mehreren Referenzgruppen sehen. Da sich die Ausprägung von Merkmalen zwischen Geschlechts-, Alters-, Ausbildungs-, Berufs- und Bevölkerungsgruppen unterscheidet, kann man so die AC-Kandidaten einer Gruppe zuordnen. Daraus abgeleitete Typisierungen ermöglichen die Bildung von Merkmalen für ganz bestimmte Personengruppen und erlauben eine interindividuelle Vergleichbarkeit der Messwerte. Bekannte Vertreter dieser Verfahren sind z. B. das Bochumer Persönlichkeitsinventar (BIP), der 6PF, der OPQ32-Test und viele weitere. Die Mehrzahl der Persönlichkeitstests gehört in diese Gruppe.

AC-Typen

Die *ipsativen* Testverfahren ermitteln im Gegensatz zu den normativen Testverfahren, welche Verhaltensweisen und/oder Fähigkeiten in bestimmten Situationen von den AC-Kandidaten in der Vergangenheit immer wieder erfolgreich angewendet wurden. Dabei wird unterstellt, dass dieses Verhalten bevorzugt eingesetzt und so zum individuellen Verhaltensmuster (bei vergleichbaren Situationen) wird. Über ein Anforderungsprofil können nun gewünschte und vorhandene Verhaltensmuster verglichen werden.

Das ermöglicht einen intraindividuellen Vergleich von Eigenschaftsausprägungen (etwa in diesem Sinne: »Eigenschaft/Verhaltenstendenz A ist bei dem Kandidaten X stärker vorhanden als Verhaltenstendenz B«). Bekannte Vertreter dieser Verfahren sind z. B. Thomas International, DISC und Harrison Assessments.

Bei *kriterienorientierten* Testverfahren wird über eine Befragung zu ermitteln versucht, ob und wie stark ein bestimmtes Merkmal, eine Eigenschaft oder ein Verhalten ausgeprägt sind. Dabei werden jedoch weder interindividuelle Vergleiche angestellt noch wird untersucht, ob dieses Verhalten intraindividuell ein klassisches Verhaltensmuster darstellt. Letztlich ist dieses Verfahren eine Mischung aus dem ipsativen und dem normativen Ansatz. Bekannte Vertreter sind der CAPtain-Test sowie Alpha-Plus.

Gründe für ein Online-Assessment

Hauptargumente für den gezielten Einsatz von E-Recruiting-Tools sind eine angebliche Kostenreduktion und Handhabungseffizienz. Mehrsprachigkeit und leicht zu interpretierende Ergebnisse, die Entkopplung von Eingabe- und

Ausgabesprache (kann quasi in allen Ländern/Sprachen zum Einsatz kommen) sowie das damit angestrebte innovative Image überzeugen immer mehr Unternehmen von diesem Auswahlverfahren. Manche Personaler halten ihre Online-Tests für genauso effektiv wie einen klassischen Paper & Pencil-Test, der mit Bewerbern vor Ort durchgeführt werden müsste.

Ein Beispiel: Die Karrierejagd

Das Hamburger Unternehmen Cyquest ist auf Online-Recruitings per E-Assessment spezialisiert. Seit 2001 schickt Cyquest Jobsuchende auf »Karrierejagd durchs Netz«. Wer sich gern als Jäger betätigt, darf die »Onleins«, fünf Comicfiguren mit Kopfantennen, gegen »die böse Macht DARQ« verteidigen.

E-Hunter

Angelehnt an »Challenge Unlimited« startet der Teilnehmer nach vollzogener Registrierung in eine Abenteuergeschichte (zum Beispiel als Expedition zum Nordpol). Hierbei sind die Assessment-Abfragen nach Soft Skills und Hard Facts, Persönlichkeitsfragen und Postkorb-Übungen ins Spielgeschehen eingebettet. Einige Aufgaben sind nur zu bewältigen, wenn der Spieler die Webseiten der Partnerunternehmen aufsucht, um sich dort zu informieren. Somit werden zwei Entwicklungen vereint: das E-Cruiting (kurz für E-Recruiting) und der Infotainmentansatz. Er verbindet Information und Unterhaltung durch Einbindung der Teilnehmer in eine Rahmenhandlung. Parallel dazu werden Firmenimage oder Produktvorteile der Cyquest-Auftraggeber vorgestellt. Auf solch spielerische Art angelockte Nachwuchskräfte absolvieren ein elektronisches Assessment, das ein umfassendes Bewerberprofil von ihnen erzeugt. Die somit generierte Bewerberdatenbank ist die Grundlage für weitere E-Recruiting-Maßnahmen.

Schwachstellen des Online-Assessments

Das Online-AC verspricht in unseren Augen mehr als es hält und exponiert sich damit noch stärker als sein realer großer Bruder. Die Kosten eines intelligenten IT-AC-Spiels sind erheblich; billige, weil simple gestrickte Spielszenen und leicht durchschaubare Abfrage(Spiel-)aufgaben sind noch weniger in der Lage, das komplexe Sozialverhalten der Teilnehmer abzubilden.

Auch die Identifizierung der mitspielenden Bewerbungskandidaten und die Bedingungskontrolle halten wir für problematisch. So lässt sich nicht kontrollieren, ob der Bewerber auch wirklich derjenige ist, der das virtuelle AC bearbeitet hat. Zum anderen wird man nicht sicherstellen können, dass alle Bewerber den Test unter gleichen Bedingungen absolvieren konnten. Nicht unwichtig erscheint uns darüber hinaus der Aspekt, dass man beim Online-Assessment auch noch eine technische Kompetenz benötigt bzw. gut mit Computern umgehen können muss. So wird es Kandidaten geben, die durch ihre technischen Kompetenzen und Fähigkeiten leicht in der Lage sind, ein AC im Netz zu »überlisten« und somit auf der Liste der Bewerber sicherer oben landen werden. Andererseits kann es durchaus sehr gute Bewerber geben, die aber technisch ungeübt bis unbegabt sind und dann beim Online-AC schlecht abschneiden oder entnervt vorzeitig aussteigen.

Zocker im Vorteil

Interessant ist dabei auch die Frage, wie Männer und Frauen im Vergleich mit diesem Verfahren klarkommen und abschneiden. Sicherlich sind eher Männer im Umgang mit Computerspielen geübt, auch wenn sich zunehmend Frauen für diese Freizeitbeschäftigung interessieren. Hierbei zeigt sich jedoch, dass Männer tendenziell mehr konfrontative »Sieger/Verlierer-Action-Games« und Frauen eher sogenannte friedvolle, kreative Modelle, wie z. B. Denkspiele oder strategische Spiele, zur Unterhaltung bevorzugen.

Nur scheinbar bieten internetbasierte AC-Systeme die Vorzüge standardisierter Personalbeurteilung bei zusätzlicher Steigerung der Effizienz. Dementsprechend folgen den Onlinetests, die als eine Art »Pre-Assessment« dienen, meist mehrteilige Bewerbertrainings/-interviews vor Ort. Die Kandidaten, die bei einem Onlinetest bestehen und also e-erwählt sind, lädt man dann also doch wieder lieber zum »richtigen« AC und/oder weiteren persönlichen Gesprächen ein.

PowerPoint-Präsentation

Wann empfiehlt sich eine Bewerbung mit PowerPoint? Sicherlich kann man mit einer solch kreativen Bewerbung punkten, insbesondere dann, wenn für den entsprechenden Arbeitsplatz gute PowerPoint-Kenntnisse erforderlich sind. Aber auch bei Arbeitsplätzen, die eine allgemeine sichere Selbstdarstellung voraussetzen, kann eine Bewerbung als PowerPoint-Präsentation sinnvoll sein.

Gestaltung

Gestalten Sie eine kompetente und gleichzeitig unaufdringliche Selbstpräsentation, wie sie der potenzielle Arbeitgeber erwarten würde. Verwenden Sie gegebenenfalls die Hausfarben und bauen Sie eventuell das Firmenlogo dezent ein. Stellen Sie eine angemessen kurze Präsentationsdauer pro Folie ein und testen Sie die Zeiteinstellungen der Folienübergänge im Freundeskreis. Entwickeln Sie ein Layout, das durchgängig auf jeder neuen Seite verwendet wird und so den Wiedererkennungswert beim Betrachter steigert. Benutzen Sie keine exotischen Schriften – mit Arial oder Times New Roman sind Sie immer auf der sicheren Seite. Zeigen Sie sich kompetent im Umgang mit PowerPoint, ohne dabei den Bogen zu überspannen: Wenn Sie technische Spielereien verwenden, sollten diese auch zu Ihrer Bewerbung passen. Benutzen Sie nur Animationen, Grafikeffekte oder Soundoptionen, die Ihre Botschaft unterstützen und sie nicht überdecken. Wichtiger ist eine gute Dramaturgie – ein spannender Start, ein interessanter Mittelteil und ein überraschender Schluss, z. B. ein starkes Statement. Zugegeben, alles leichter gesagt, als getan!

Schrifttype

Machen Sie sich bewusst, dass bei Bewerbungen im Design- und Grafikbereich höhere Anforderungen an die gestalterischen und technischen Fähigkeiten gestellt werden als zum Beispiel im medizinischen, juristischen oder kaufmännischen Bereich.

Texte

Wer auf dem Bildschirm liest, möchte nicht von langen Textmengen »erschlagen« werden und sich von Absatz zu Absatz quälen. Außerdem zielt eine Präsentation mit PowerPoint darauf, dass ein inhaltlicher Punkt (z. B. Einstiegsstatement, Kurzlebenslauf, »Was für mich spricht«) auch möglichst auf einer Seite abgehandelt wird. Kurze Texte und auflockernde Elemente wie z. B. Aufzählungen (mit Punkten oder nummeriert) kommen diesen Lesegewohnheiten entgegen und machen es für den Empfänger angenehm, sich mit Ihrer Bewerbung zu befassen. Auch dafür eignet sich ein Probedurchlauf mit einem kritischen Freund oder Bekannten.

Format und Umfang

Eine Präsentation mit PowerPoint kann technisch so »eingepackt« werden, dass der Empfänger das entsprechende Office-Programm der Firma Microsoft nicht benötigt. Bei Bedarf sollten Sie sich Expertenrat einholen, um alle sinnvollen Möglichkeiten von PowerPoint zu nutzen. Berücksichtigen Sie, dass Effekte, die Sie mit neueren Programmversionen erzeugt haben, unter Umständen nicht von älteren Versionen wiedergegeben werden. Ein Versand Ihrer Präsentation per E-Mail darf nicht die übliche Größe von etwa 2 bis 3 Megabyte überschreiten. Testen Sie den Versand zunächst an Ihre eigene Mailadresse oder an die eines Freundes. Wenn das alles gut geht, können Sie Ihre Präsentation auch an potenzielle Arbeitgeber verschicken.

PowerPoint-Präsentation von Sandra Schelling

Einfach aber effektvoll startet Sandra Schelling Ihre Bewerbungspräsentation durch die Einnahme des gesamten Bildschirmes und durch ein sympathisches Farbquadrat, das lediglich »Bewerbung« und ihren Namen transportiert.

Auf dem nächsten Chart präsentiert sich Sandra Schilling mit einem sympathischen Foto und den üblichen, wenn auch etwas gekürzte Sozialdaten. Sicher wäre noch genug Platz gewesen, um den Geburtsort mitzuteilen, andererseits ist die Konzentration auf das wirklich Wesentliche auch nicht schlecht.
Neben der Kopfzeile, die beibehalten wird, ist jetzt eine Fußzeile eingeführt, die geschickt Namen und Position der Kandidatin plus Datum verbindet.

Jetzt folgt das sogenannte Anschreiben: kurz, knapp, aber präzise mit eingescannter Unterschrift und den freundlichen Grüßen aus der Hauptstadt.

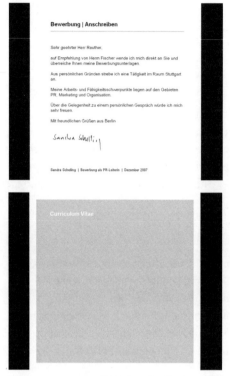

Wir kommen zum CV, Lebenslauf oder eben Curriculum Vitae, dem der Betrachter (Empfänger) jetzt sehr schnell entnehmen möchte, von welcher Stufe des beruflich Erreichten aus sich Sandra Schelling ihm empfiehlt.

Der CV/beruflicher Hintergrund bringt die wichtigsten Berufsstationen interessant genug herüber!

Auf dem nächsten Chart sehen wir den Ausbildungshintergrund, gefolgt von der Rubrik: Besondere Kenntnisse. Hier wird die Kandidatin lebendiger. Ob man auf Deutsch als Muttersprache gesondert hinweisen sollte, liegt sicherlich im Ermessensspielraum. Es ginge auch gut ohne!

Jetzt wird das Profil angekündigt und löst zweifelsohne Neugier aus. Was erwartet uns auf dem nächsten Chart?

Die Lebensphilosophie. Ganz schön mutig!

Gefolgt von drei weiteren Aussagen. Sicher alles Geschmackssache. Der Erfolg krönt es!

Und dann der Abschluss. Eine gelungene, beeindruckende Präsentation. So etwas weckt Interesse!

Im Internet ist diese Präsentation unter folgender Adresse zu finden:
www.berufsstrategie.de/bewerbung-karriere-soft-skills/bewerbung-powerpoint-praesentation.php

Die eigene Homepage

Stellen Sie Ihre eigene Homepage ins Internet, auf der Sie sich den potenziellen Arbeitgebern präsentieren. Durch diese elektronische Visitenkarte erfahren die Entscheider mehr über Sie und Sie fallen auf. Das ist ein nicht unwesentlicher Aspekt, wenn man bedenkt, dass man sich mit einer Bewerbung oft gegen mehrere Hundert Konkurrenten durchsetzen muss. Ein weiterer Vorteil: Sie können Ihre Homepage leicht aktualisieren, neue Dokumente einstellen oder auf Ihre beruflichen Aktivitäten, z. B. einen Vortrag oder eine Publikation, hinweisen.

Das Medium richtig einsetzen

Eines müssen Sie sich jedoch klarmachen: Eine Bewerberhomepage kann immer nur eine Ergänzung Ihrer sonstigen Aktivitäten darstellen. Die persönliche, individuell gestaltetete Ansprache des potenziellen Arbeitgebers kann nicht über dieses Medium laufen und sollte unbedingt gesondert erfolgen – als E-Mail oder als Anschreiben inklusive Kurzlebenslauf auf dem Postweg. So stellen Sie sicher, dass der Adressat die wesentlichen Informationen über Sie erhält, auch wenn er sich Ihre Seite vielleicht doch nicht ansieht.

Die Bewerberhomepage eignet sich auch nicht für alle Adressaten. Bei einem kleinen, eher konservativen Unternehmen mag so eine Selbstpräsentation vielleicht etwas protzig wirken. Wer sich aber im Computer- oder Multimediabereich bewirbt, von dem wird eine eigene Webseite fast schon erwartet. Es ist an Ihnen, hier eine realistische Einschätzung zu finden.

Auch hier: KLP

Generell gilt: Eine für Ihre Bewerbung als Unterstützung konzipierte Homepage sollte auf keinen Fall farblich und inhaltlich überladen sein oder mit lustigen Urlaubsbildern sowie Lieblingswitzen ausgeschmückt werden. Ihr Ziel ist es, sich prägnant, kompetent, hoch motiviert und sehr sympathisch zu präsentieren (denken Sie an KLP). Nutzen Sie die Internetsuche und finden Sie Homepages, die ebenfalls konzipiert worden sind, um die Bewerbung zu unterstützen. Schauen Sie sich deren Gestaltung sowie die inhaltlichen Schwerpunkte an.

Technische Umsetzung

Neben einer eigenen Internetadresse benötigen Sie zur Erstellung Ihrer Homepage ein entsprechendes Webeditor-Programm wie zum Beispiel Microsoft Frontpage. Auch bei PowerPoint oder Word ist es möglich, die erzeugten Seiten im Format HTML abzuspeichern. Ferner existieren leicht bedienbare Webeditoren, die Ihnen beispielsweise beim Kauf Ihrer Internetadresse kostenlos zur Verfügung gestellt werden. Wenn Ihnen die grafische Gestaltung und technische Umsetzung Ihrer Homepage zu viel Mühe machen und das Ergebnis eher laienhaft wäre, lohnt es sich, einen professionellen Webdesigner zu beauftragen.

Ein Tipp: Testen Sie Ihre Seiten auf unterschiedlichen Computern, mit verschiedenen Webbrowsern und unterschiedlichen Bildschirmauflösungen. Nur so sind Sie sicher, dass Ihre Homepage auch wirklich fehlerfrei online gehen kann.

Inhaltliche Umsetzung

Zu den Inhalten einer Homepage gehören:
- eine Kurzvorstellung der eigenen Person mit den wichtigsten Daten,
- ein Lebenslauf, den man direkt ausdrucken kann,
- alle wichtigen Kontaktdaten (Postadresse, Telefonnummer, Mailadresse), am besten gesammelt auf einer Kontaktseite, die von allen anderen Seiten der Homepage zu erreichen ist (Alternative: Kontaktformular), sowie
- ausgewählte Zeugnisse und eventuell Arbeitsproben (Fotos).

Sensible Daten wie Zeugnisse oder Arbeitsproben können Sie durch ein Passwort schützen und so nur einer speziellen Personengruppe zugänglich machen. Dieses Passwort übermitteln Sie zusammen mit Ihren schriftlichen Bewerbungsunterlagen. Alle relevanten Dokumente sollten leicht heruntergeladen werden können, dazu eignet sich das PDF-Format. Achten Sie darauf, diese Dateien aussagekräftig zu benennen.

Lieber kein Flash

Wer Ihre Webadresse aufruft, kommt zunächst auf eine – attraktiv und übersichtlich gestaltete – Startseite mit einer kurzen Begrüßung, von der aus man auf eine überschaubare Zahl von Unterseiten gelangt.

Überlegen Sie sich gut, ob Sie aufwendige Animationen oder umfangreiche multimediale Inhalte in Ihre Seite integrieren wollen. Das kostet die Besucher unnötig Zeit. Verwenden Sie ein Layout, das den Erwartungen Ihrer Zielgruppe entspricht und trotzdem Ihre eigene Persönlichkeit angemessen präsentiert.

Domainname

Die beste Variante ist eine Webadresse, die den eigenen Namen enthält, also zum Beispiel www.sandra-schelling.de für eine Homepage von Sandra Schelling. Welche Namen mit dem Abschlusskürzel »de« noch nicht vergeben sind, erfahren Sie unter www.denic.de. Es ist auch möglich, bei Anbietern wie t-online oder AOL seine eigene Homepage hochzuladen, man erscheint dann jedoch nicht mit der eigenen Domain, sondern in einem Unterverzeichnis.

Acht Regeln für die perfekte Homepage

1. Weniger ist mehr. Versuchen Sie nicht, durch eine übertriebene grafische Gestaltung, sondern durch eine zweckmäßige und trotzdem kreative Präsentation aufzufallen. Denken Sie bei der Gestaltung Ihrer Seite stets an die Nutzerfreundlichkeit und an die kostbare Zeit von Personalern.
2. Stellen Sie wichtige inhaltliche Punkte gut sichtbar sowie leicht erreichbar in den Vordergrund.
3. Vergessen Sie nicht, auch etwas über Ihre Persönlichkeit zu kommunizieren und vermeiden Sie Links zu zweifelhaften Internetseiten.
4. Ihre direkten Kontaktmöglichkeiten sollten stets leicht auffindbar sein.

5. Achten Sie auf Metatags, damit Ihre Homepage auch von den Suchmaschinen möglichst gut gefunden wird (weitere Infos unter: www.suchfibel.de).
6. Halten Sie die Daten und die Gestaltung Ihrer Homepage stets auf dem aktuellen Stand.
7. Verwenden Sie keine Spielereien, keine sich drehenden Logos oder aufwendige Pop-ups. Personalentscheider haben grundsätzlich wenig Zeit und möchten sie nicht mit der Suche nach den entsprechenden Informationen verbringen.
8. Genauso lästig ist es, wenn der Betrachter erst ein Plugin wie z. B. Javascript oder Flash installieren muss, um alle Elemente auf Ihrer Seite darstellen zu können. Verzichten Sie also darauf.

Das Weblog

Ein Weblog kann neben anderen, eher traditionellen Bewerbungsaktivitäten durchaus ein wichtiger Karrierefaktor sein. Beruflicher Erfolg fällt aber auch im Internetzeitalter nicht einfach vom Himmel, weshalb wir Ihnen einen 3-Stufen-Plan vorschlagen. Lassen Sie uns hierzu ein Bild aus der Landwirtschaft, beispielsweise dem Obstbau, verwenden: Nur eine gute Saat (1. Stufe), die gehegt und gepflegt wird (2. Stufe), kann irgendwann eine gute Ernte bringen (3. Stufe).

Stufe 1

Übertragen auf ein Weblog sollten Sie zunächst Ihr berufliches Profil, Ihre beruflichen Stärken analysieren. Worin sind Sie besonders gut? Auf welche beruflichen Erfolge sind Sie stolz? Die meisten von uns haben sich in ihrer Firma bzw. im Laufe ihrer beruflichen Entwicklung auf einen ganz konkreten Aufgabenbereich, ein spezielles Themengebiet konzentriert und gelten hier zunehmend als Spezialist. Warum präsentieren Sie Ihre Kompetenzen dann nicht auch im Internet, in einem eigenen Weblog?

Ein Blog einzurichten und zu gestalten, ist dank hilfreicher, leicht zu installierender Software kein Problem. Entwickeln Sie einen aussagekräftigen, aber nicht zu reißerischen Titel für Ihr Blog. Nun können Sie inhaltlich loslegen. Kommentieren Sie aktuelle Branchentrends und zeigen Sie eine seriöse, kritische Auseinandersetzung mit Ihren beruflichen Spezialthemen. Veröffentlichen Sie interessante formulierte Fachartikel, bei denen der Leser merkt: Hier schreibt jemand vom Fach. Achten Sie darauf, das Blog kontinuierlich zu »füttern« – es muss für Ihre Leser interessant sein, regelmäßig dort vorbeizuschauen. Im Idealfall steht jeden Tag ein neues Posting im Blog. Dies ist dann die 1. Stufe; hiermit legen Sie erfolgreich die Saat.

Stufe 2
Es folgt, um im Bild zu bleiben, die Phase, in der die Saat gehegt und gepflegt werden muss. Beim Weblog heißt das, dass Sie mehr und mehr Internetnutzer auf Ihre Seite und damit auf Ihr Fachwissen aufmerksam machen sollten. Verlinken Sie Ihr Weblog mit berufsspezifischen Kontakten und Branchenportalen. Integrieren Sie die Adresse Ihres Weblogs auf Ihrer Profilseite bei XING oder anderen Businessportalen. Schreiben Sie gelegentlich einen Gastbeitrag bei einem anderen Weblog, einem Diskussionsforum oder Expertenportal. Erhöhen Sie somit die öffentliche Aufmerksamkeit und Verbreitung Ihrer Fachkompetenz.

Stufe 3
Erst im dritten Schritt kommt die Erntezeit bzw. erst jetzt wird das Weblog zum eigentlichen Bewerbungsinstrument. Sie haben Ihre Fachkompetenz mit fachlich fundierten Artikeln im Internet präsentiert und sich eine interessierte Fangemeinde aufgebaut? Nun gilt es, diesen Faktor Ihrer beruflichen Reputation auf den konkreten Bewerbungsprozess zu übertragen. Wenn Sie also eine E-Mail-Bewerbung versenden, so fügen Sie die Weblog-Adresse am Ende der E-Mail-Signatur ein. Dies gilt ebenso bei Bewerbungen auf Firmenhomepages, sofern es die Onlineformulare erlauben. Integrieren Sie generell Ihr Weblog in möglichst viele Bewerbungsaktivitäten, also z. B. in Ihren Lebenslauf oder die Dritte Seite Ihrer Bewerbungsunterlagen. Wenn man Sie beim Telefonat – vorab oder im Vorstellungsgespräch – nach Ihren Stärken, nach Ihren Spezialkenntnissen fragt, so ist Ihr Weblog ein ganz besonders authentisches und glaubwürdiges Argument.

Fazit
Ein sorgfältig aufgebautes Weblog ist nicht als alleiniges Bewerbungsinstrument zu verwenden, sondern als sinnvolle, vertrauenswürdige Unterstützung Ihrer generellen Bewerbungsaktivitäten, das aber eine regelmäßige »Pflege« braucht, um optimal zu wirken.

Das Bewerbervideo

Das Internet ermöglicht die Verbreitung einer Bewerbung über ganz neue Kanäle. Bewerbervideos der unterschiedlichsten Art sind mittlerweile auf Portalen wie YouTube oder myspace zu sehen. Der amerikanische Trend erfreut sich auch bei Arbeitgebern hierzulande wachsender Beliebtheit. Einige Videos erreichen Kultstatus und steigern so den Bekanntheitsgrad des Bewerbers – auch wenn sie gar nichts mit dem Beruf zu tun haben. Das geschieht jedoch leider nicht immer im positiven Sinne!

Ihr Video muss natürlich nicht öffentlich zugänglich sein – wenn Sie es auf eine DVD brennen und den potenziellen Arbeitgebern zuschicken, bleibt diese besondere Art der Selbstdarstellung genauso individuell und »privat« wie Ihre sonstigen Bewerbungsmaßnahmen.

Seriös bleiben

Es gibt einige Regeln für ein gutes Bewerbervideo, was z. B. die Technik, die Länge und natürlich den Inhalt betrifft. Auf dem Video/der DVD finden ein kleiner Film und/oder eine Diashow Ihrer Arbeitsproben Platz. Ihrer Fantasie sind keine Grenzen gesetzt. Aber auch in diesem Fall gilt: Ein Video kann immer nur eine Ergänzung Ihres Bewerbungsprozesses sein!

Was sollte ein gutes Video leisten?

Was für das Unternehmen die Karrierewebsite ist, ist für Sie die Bewerbung mittels Video. Ein Hauptbeweggrund für die Einstellung eines Kandidaten neben seiner fachlichen Qualifikation sind seine vielbeschworenen Soft Skills (also alles, was zwischenmenschlich notwendig ist, um in einem Unternehmen erfolgreich zu sein) und die Sympathie. Wenn schon das Foto auf einer Bewerbung für Personaler wichtig ist – wie viel mehr können Sie durch ein ganzes Video erreichen! Mit einer guten Vorbereitung haben Sie es in der Hand, einen Personaler von sich zu überzeugen. Eine aufrechte Körperhaltung, ein direkter offener Blick, ein Lächeln und ein Text, der in zwei Minuten auf den Punkt bringt, weswegen Sie die beste Wahl sind – gepaart mit seriöser Kleidung vor einem geeigneten Hintergrund – zeigen Ihr Engagement, Ihr Auftreten und Ihre Überzeugungskraft.

Plattformen und Dienstleister

Videobewerbungen gehören noch immer zu den neueren und hierzulande seltener verwendeten Bewerbungsformen. In kreativen Branchen werden sie sicherlich schon häufiger eingesetzt als in eher konservativen Geschäftsfeldern. Es gibt einige Internetplattformen, die Privatvideos zu den unterschiedlichsten Themen sammeln und verwalten:

- www.youtube.com
- www.myvideo.de
- www.myspace.com

Eine Videobewerbung muss kurz, sehr informativ und recht spannend sein, schon durch die Machart die (job-)relevanten Facetten des Bewerbers zeigen, auf langatmige atmosphärisch schöne Einleitungen verzichten und die Verbindung zwischen Firma und Bewerber begründen. In Amerika gibt es bereits Agenturen, die diese Bewerbungen auf Wunsch mit potenziellen Arbeitgebern verlinken – eine Vorgehensweise, die auch in Deutschland eine Überlegung wert ist.

Dienstleister

Einige Dienstleister wie JobTV 24 oder myjobvideo.de bieten die professionelle Gestaltung eines solchen Videos an. Wer sich die Umsetzung selbst zutraut, bekommt technische Unterstützung durch die Software der Firma CVone. Die Software ist in drei Teile gegliedert. In einem ersten Teil erhält der Bewerber die Möglichkeit, seine Unterlagen hochzuladen. Sie können später vom Personaler ausgedruckt werden. Für die eigentliche Bewerbung steht dem Bewerber ein Textfeld zur Verfügung, in dem er den Text, den er sprechen möchte, verfassen kann. Über seine eigene Webcam oder eine Webcam der Firma kann er seine Bewerbung so oft er möchte filmen. Eine große Erleichterung ist hierbei der eingebaute Teleprompter, von dem er den von ihm verfassten Text ablesen kann. Die Besonderheit: Er kann bis zu zehn Videos von fünf bis zehn Minuten Länge (was aber viel zu lang ist!) aufnehmen und sie nach Themen betiteln (»Meine berufliche Laufbahn«, »Meine Auslandserfahrungen«, »Meine Interessen«). Nach der Aufnahme bietet die Software alle nötigen Werkzeuge zur Videobearbeitung inklusive verschiedener Layouts für Ihre Bewerbung an. Ein Import eines externen Videos ist natürlich ebenso gut möglich.

Eine einfach handhabbare Software dieser Art mindert die Hemmschwelle auch für ältere Bewerber, denen der technische Aufwand für eine solche Art der Bewerbung zu hoch erscheint.

Unser Rat: Lassen Sie sich helfen, es gibt genug Profis auf diesem Gebiet.

Besuchen Sie entsprechende Internetforen sowie Expertenseiten im Netz. So erhalten Sie unter der Webadresse http://digitalvideoschnitt.de viele technische Informationen zur Videoerstellung und mithilfe von Suchmaschinen finden Sie entsprechende Anbieter, die eine CD mit Ihrem Wunschdesign produzieren.

Helfen lassen

Sollten Sie ein absoluter technischer Laie sein, so können Sie auch sämtliche Arbeiten – von der Kreation bis zur Produktion – an eine entsprechende Multimediaagentur abgeben. Diesen Weg sollten Sie aber nur gehen, wenn von Ihrem zukünftigen Arbeitsplatz keine entsprechenden Multimediakompetenzen erwartet werden, da Ihre Bewerbung ansonsten als unglaubwürdig betrachtet werden könnte.

Die Kosten für eine solche Produktion können bis zu mehreren Hundert Euro betragen. Dafür können Sie sich inhaltlich auf Ihren Auftritt und die Gesamtdramaturgie konzentrieren. Einige Minuten frei über sich zu sprechen ist nicht einfach und die Zeit kommt einem wahnsinnig lang vor. Probieren Sie es spontan aus! Die Länge Ihres Films sollte zwei Minuten nicht übersteigen.

Aufwand

Der technische und zeitliche Aufwand für die Herstellung eines gut gemachten Videos ist nicht zu unterschätzen. Für einen zweiminütigen, professionell gemachten Bewerbungsfilm müssen Sie einige Tage Arbeit einplanen. Zunächst müssen Sie eine Idee davon entwickeln, was Sie in dieser Selbstdarstellung an Botschaften vermitteln wollen. Welchen Eindruck soll der Empfänger von Ihnen haben?

Sie entscheiden, ob Sie sich in Ihrem Lieblingssessel oder im Park laufend filmen lassen, während Sie den Zuschauer möglichst natürlich und glaubhaft von Ihrem Angebot zu überzeugen versuchen. Dabei sind Ihr Auftritt (Outfit, gepflegtes Äußeres) und das Umfeld durchaus von Bedeutung. Filmisch sind dabei einige Dinge zu beachten, zum Beispiel Bildkomposition, Tonqualität und Lichtverhältnisse.

Mögliche Elemente Ihrer Videobewerbung

- Filmsequenzen
- Musik
- Texte
- Animationen
- Grafik

Inhalt und Tipps

Das Video soll ein Beleg für Ihre berufliche Kompetenz, Ihre Leistungsbereitschaft sein und Sie als einen ernst zu nehmenden sympathischen Bewerber zeigen. Vergessen Sie deshalb nicht, Ihre Wesensart (Persönlichkeit) passend zum jeweiligen Job zu vermitteln.

Ein Beispiel: Sie bewerben sich mit Ihrem Video als Koch bei einem Restaurant. Dann kann es durchaus interessant sein, ein passendes, kleines Gericht zu kochen und das per Video festzuhalten.

Für den eigentlichen Videodreh sind noch ein paar andere Dinge sehr wichtig: Schauen Sie stets in die Kamera, während Sie gefilmt werden, schließlich sprechen Sie ja eine Person an und erzählen ihr etwas über sich. Wählen Sie einen Hintergrund, der eher dezent und unauffällig ist und nicht zu sehr von Ihnen – der Hauptperson – ablenkt. Man sollte beim Zuschauen auch nicht den Eindruck haben, dass Sie einen auswendig gelernten Text aufsagen. Üben Sie Ihr Statement so lange, bis es Ihnen ganz selbstverständlich über die Lippen kommt. Sprechen Sie über die Kenntnisse und Fähigkeiten, die Sie für den jeweiligen Job mitbringen – es sollte Ihnen stets präsent sein, an wen, an welche Zielgruppe, Sie diese Präsentation richten.

Verpackung und Form

Zu einer CD-Erstellung gehört auch die Gestaltung der CD-Hülle sowie eines professionellen CD-Labels. Schauen Sie sich deshalb im Freundes- und Bekanntenkreis die Gestaltung von selbst hergestellten CDs an und geben Sie Ihrer CD auch eine professionell-dezente Verpackung.

Anstelle einer normalen CD können Sie auch eine sogenannte Shape-CD gestalten. Diese hat dann nicht die gewohnte runde Form, sondern kann zum Beispiel wie eine Visitenkarte, ein Quadrat oder ein Dreieck aussehen und dann mit Ihren Kontaktdaten oder einer Grafik bedruckt werden. Mit einer Shape-CD können Sie also noch individueller Ihre Botschaft transportieren und bereits vor dem Ansehen der CD beim Empfänger besondere Aufmerksamkeit erzeugen. Anbieter von Shape-CDs finden Sie im Internet mithilfe der Suchmaschinen.

Übermittlung

Vermeiden Sie das Verschicken eines Videos per E-Mail. Nehmen Sie sich die Zeit und brennen Sie alles auf CD oder DVD. Sorgen Sie auch für die entsprechende Gestaltung dieser Trägermedien. Eine weitere Möglichkeit wäre die

Präsentation Ihres Videos auf Ihrer Homepage, als Videostream, der den Besuchern zur Verfügung gestellt wird.

Fünf Regeln für das perfekte Video

1. Erstellen Sie vorab einen kleinen Drehplan, in dem die unterschiedlichen Drehorte, die verschiedenen Einstellungen, die jeweilige Kulisse, die Statisten sowie andere wichtige Details festgehalten sind.
2. Denken Sie daran, dass Ihr Video nicht zu lang wird und auch in einem Format übermittelt werden kann, das der Empfänger ausschauen kann.
3. Halten Sie die Balance zwischen einer kreativen Performance und der Übermittlung Ihrer beruflichen Kompetenz.
4. Generell sind Videos ein Medium zur Übertragung von bewegten Bildern. Bedenken Sie das bei der Dramaturgie Ihres Auftritts.
5. Testen Sie die Wirkung Ihres Videos im Freundes-, Kollegen- und Bekanntenkreis.

Ihre E-Reputation

Das Internet bietet Ihnen viele neue Möglichkeiten, sich und Ihre Persönlichkeit im Bewerbungsprozess optimal zu präsentieren. Diese Möglichkeiten sollten Sie – individuell abgestimmt auf die Branche und das Unternehmen, bei dem Sie landen wollen – nutzen. Was aber vielen nicht klar ist: Wir hinterlassen heute viel mehr »Spuren« im Netz, als uns eigentlich bewusst und in manchen Fällen auch lieb ist. Wir haben einen Ruf zu verlieren – unsere sogenannte Online- oder E-Reputation. Aber was ist das eigentlich?

Unser Ruf im Netz

Lassen wir zunächst das »E« beiseite und fangen beim Wort »Reputation« an. Wenn Sie beispielsweise nach einem beruflichen Umzug in der neuen, unbekannten Stadt einen guten Zahnarzt suchen, so könnten Sie im Kollegenkreise Empfehlungen einholen. Nun wird man Ihnen dann vielleicht einen vielfach bestätigten, besonders empfehlenswerten Experten nennen, der schon bei einigen Kollegen sowie auch deren Freunden und Bekannten erstaunliche Leistungen vollbracht hat. All dies zusammen führt zu einer überaus positiven Reputation dieses Zahnarztes. Vergleichbare Bespiele von anderen Berufsgruppen sind uns ebenfalls bekannt. Jeder kennt in seinem Umfeld besonders empfehlenswerte Rechtsanwälte, Fotografen oder Restaurants.

Leicht zu finden

Im Internet ist das mit der Reputation im Prinzip ähnlich, wobei hier noch einige besondere technische Aspekte hinzukommen. Das Internet merkt sich alles: Fast immer können sämtliche gespeicherten Informationen unkompliziert mit Google, Yahoo etc. recherchiert und aufgefunden werden. Probieren Sie es doch selbst einmal und geben Sie Ihren Namen bei verschiedenen Suchmaschinen ein.

Peinliches bleibt

Ihre Netzaktivitäten bleiben der Öffentlichkeit nicht verborgen. Sie sind Mitglied in einer sozialen Community wie z. B. XING oder Facebook? Bedenken Sie, dass Ihre Verbindungen zu anderen Teilnehmern oder Ihre Artikel in Diskussionsforen vielleicht von anderen eingesehen und im Bewerbungsverfahren für oder gegen Sie verwendet werden können. Sie haben eine private Homepage mit den schönsten Urlaubsbildern oder Ihrem Lieblingshobby Extrembergsteigen? Würde dies Ihrem Arbeitgeber ebenfalls gefallen? Sie besprechen gerne die unterschiedlichsten Bücher, z. B. Pokerratgeber oder Erotikbildbände, bei amazon.de oder buch.de? Lassen sich diese Rezensionen auch mit Ihrem beruflichen Engagement vereinbaren? Sie sehen: Überlegen Sie sich generell bei allen Internetveröffentlichungen, wie diese mit Ihren beruflichen Zielen harmonieren.

Polieren Sie Ihren Ruf

Unser Rat: Werden Sie zum Manager Ihrer eigenen E-Reputation. Platzieren Sie öffentliche Beiträge unter Ihrem Namen nur dann, wenn Sie zu Ihrem Berufsprofil passen oder diesem zumindest nicht schaden. Bedenken Sie auch, dass in manchen Internet-Diskussionsforen die Artikel von den Lesern bewertet werden können. Hier können positive Einschätzungen in gleicher Weise Ihre Reputation steigern wie die Anzahl an sogenannten Freunden oder Fans, die mit Ihrem Internetprofil verlinkt sind. Achten Sie generell auch auf die Netiquette, also angemessene Umgangsformen im Internet. Alles das kann mit Suchmaschinen nachträglich recherchiert und nachgelesen werden.

Schützen Sie Ihre Daten

Überprüfen Sie, welche persönlichen Daten im Internet öffentlich einsehbar sind, und prüfen Sie sorgfältig, ob Ihr zukünftiger Arbeitgeber diese Informationen verwerten könnte.

»Googlen« Sie dafür Ihren eigenen Namen und gehen Sie die Suchergebnisse sorgfältig durch. Im Falle von unberechtigter Nutzung Ihrer persönlichen Daten sollte die Löschung gespeicherter Daten beim jeweiligen Seitenbetreiber beantragt werden. Gerade der Themenbereich »Informationen zu einer Person im Internet« stellt sich oft als ein entscheidender Punkt während der Auswahl eines Bewerbers heraus. Ob bei der klassischen Bewerbung oder online, der Personaler könnte weitere Informationen über Sie aus dem Internet heraussuchen und diese Daten auch zur Eignungsbeurteilung heranziehen.

Nicht planlos posten

Beachten Sie genau, was Sie im Internet über sich preisgeben, und überprüfen Sie auch, was (oft ohne Ihr Wissen) im Internet über Ihre Person geschrieben steht. Beachten Sie bitte, dass diese Informationen auch positiven Einfluss auf Ihre Bewerbung haben könnten (Empfehlung in einem Onlineartikel etc.). Soziale Netzwerke wie Facebook, StudiVZ oder XING stellen eine beliebte Anlaufstelle für Personaler dar, die sich einen etwas besseren Eindruck über den Bewerber verschaffen wollen.

Weitere Informationen zum Schutz Ihrer Daten im Internet finden Sie unter:
- *www.bfd.bund.de/*
- *www.wikipedia.org/wiki/Datenschutz*
- *www.datenschutz.de*
- *www.ecin.de/recht/datenschutz/*
- *www.e-recht24.de/artikel/datenschutz/16.html*

Vorbildlich: Herr Müller

Schauen wir uns nun ein Beispiel an. Martin Müller studiert in München Neuere Geschichte und arbeitet nebenbei als Stadtführer für jüdische Bauwerke und Sehenswürdigkeiten. Sein Ziel ist es, nach dem Studium Redakteur in einem Geschichtsverlag zu werden. Deshalb schreibt er auch gelegentlich Artikel in entsprechenden Fachzeitschriften. Im Internet hat er eine eigene Homepage sowie ein Profil bei XING und einen Account bei twitter. Auf seiner Homepage stellt er seine Stadtführungen in Bild, Text und Videos eindrucksvoll dar.

Des Weiteren findet man im Gästebuch viele Danksagungen von zufriedenen

Teilnehmern. Gleichzeitig können hier auch seine wissenschaftlichen Texte eingesehen werden.

Bei XING stellt Herr Müller ausführlich seine universitäre Spezialisierung, aber auch seine Stadtführungen sowie seine Autorentätigkeit vor. Hier ist er außerdem mit vielen Teilnehmern seiner Stadtführungen verlinkt; darunter befinden sich beispielsweise auch anerkannte Historiker aus dem In- und Ausland. Gleichzeitig hat ein Professor von Herrn Müller ihm bei XING eine Referenz für die erfolgreiche Teilnahme an einem Forschungsprojekt öffentlich hinterlegt.

Twitter

Beim twitter-Account von Herrn Müller wird man nicht nur über seine eigenen Aktivitäten, z. B. seine privaten Städtereisen oder wissenschaftlichen Vorträge, in Wort und Bild aktuell informiert, sondern findet auch Links zu generell interessanten Geschichtspublikationen. Hier folgen ihm deshalb zunehmend mehr Leser, die gleichzeitig über das twitter-Profil auch wieder auf seine Homepage aufmerksam gemacht werden.

Wir vermuten: Wenn Herr Müller zum Ende seines Studiums in die aktive Bewerbungsphase startet, so können sich die angeschriebenen Personaler außer durch die traditionellen Bewerbungsunterlagen auch im Internet ein umfassendes Bild von ihm machen: ein Eindruck, der dann ohne Zweifel für diesen Bewerber sprechen wird, da die Kompetenzen authentisch sowie vor allem sehr vertrauenswürdig dargestellt werden.

Sie sehen: Herr Müller platziert geschickt seine berufsrelevanten Aktivitäten auf passenden Internetseiten. Er steuert aktiv die öffentliche Wahrnehmung seines beruflichen Profils, steigert kontinuierlich seine E-Reputation und stärkt das Vertrauen in seine beruflichen Leistungen.

E-Reputations-Ratschläge

- ▸ Sämtliche Veröffentlichungen im Internet sollten harmonisch zu Ihrem beruflichen Profil passen.
- ▸ Wählen Sie die Internetangebote aus, z. B. eigene Homepage, Weblog, Business Community oder Diskussionsforen, auf denen Sie Ihre beruflichen Kompetenzen bestmöglich darstellen können.
- ▸ Beachten Sie die Wichtigkeit von Networking bzw. gegenseitigen Verlinkungen.
- ▸ Kümmern Sie sich aktiv um Ihren guten Ruf im Netz: Versuchen Sie, unliebsame Spuren selbst zu löschen bzw. fordern Sie die Betreiber der jeweiligen Seiten schriftlich dazu auf. Verweisen Sie in diesem Zusam-

menhang auf »Persönliche Informationen im Internet«. Schwierig wird es, wenn Sie einen Namensvetter haben, der einen eher zweifelhaften Ruf genießt. Es gibt inzwischen auch sogenannte Reputationsmanager – Dienstleister, die sich gegen eine Gebühr um Ihren Onlineruf kümmern –, z. B. »Dein guter Ruf«.

Auf den Punkt gebracht

Vieles ist möglich im Netz, das ist Ihnen sicherlich klar geworden. Aus dem modernen Bewerbungsalltag sind diese Formen nicht mehr wegzudenken. Sie müssen jederzeit damit rechnen, dass Ihnen ausschließlich die Onlinebewerbung oder nur die Kontaktaufnahme über ein Onlineformular angeboten werden. Machen Sie sich also mit diesen Wegen vertraut, das ist kein Hexenwerk. Auch eine Bewerbung mithilfe von PowerPoint oder Video gehört inzwischen zum Bewerbungsrepertoire – wenn auch nicht in allen Branchen und Unternehmen. In jedem Fall sollten Sie sich bewusst machen, dass mit der Onlinebewerbung, dem Online-Assessment oder auch dem Testlauf bei Onlineformularen eine Vielzahl von Daten bei Ihrem potenziellen neuen Arbeitgeber ankommen. Bereits diese sogenannten Metadaten können dem Personaler einiges über den Bewerber verraten. Gehen Sie also mit Ihren persönlichen Daten sehr vorsichtig um und kümmern Sie sich um Ihren guten Ruf im Netz. Vergessen Sie bei all diesen Möglichkeiten nicht, dass jede Bewerbung – egal wie standardisiert sie daherkommt – eine individuelle Arbeitsprobe darstellt. Nutzen Sie auch und gerade im Netz jede Möglichkeit, Ihre Persönlichkeit, Ihre Fähigkeiten und Qualifikationen optimal darzustellen. Und wenn die Technik Ihnen Grenzen setzt, sei es durch »sture« Formulare oder zu wenig Raum für individuelle Ansprache, gibt es ja auch immer noch die guten alten Wege für Kontaktaufnahme, Nachfrage oder Selbstdarstellung. Rufen Sie an, gehen Sie vorbei, sprechen Sie persönlich. Denken Sie daran: Das *www* mit seinen vielfältigen Kommunikationsmöglichkeiten ist für den Menschen da – nicht umgekehrt!

Einstellungstests

»In Prüfungen stellen Narren fragen,
die Weise nicht beantworten können.«
Oscar Wilde

Immer mehr Unternehmen/Institutionen verlassen sich nicht nur auf die schriftlichen Bewerbungsunterlagen und das Vorstellungsgespräch, um einen Eindruck von den Bewerbern zu bekommen. Sie laden zu Einstellungstests ein. Ob Persönlichkeit, Intelligenz, Leistungsvermögen, soziale Kompetenz – all das soll mithilfe von unzähligen Aufgabentypen geprüft werden. Welche Tests auf Sie zukommen und wie Sie sich am besten darauf vorbereiten, lesen Sie im folgenden Kapitel.

Das ganze Leben ist ein Test

Hört das denn nie auf mit den Tests und Prüfungen? Da meint man, die Schule oder Uni liege nun hinter einem und man müsse endlich nicht mehr durch diese Knochenmühle, da geht das schon wieder los, und bevor man sich überhaupt in einem persönlichen Gespräch mit dem Arbeitgeber präsentieren kann, wird man erst mal wieder getestet.

Testomanie

Tests begleiten, ja beherrschen unser Leben. Vom Schwangerschaftstest über den medizinischen Apgar-Index-Test mit Bestimmung von Herzfrequenz, Atmung und Hautfarbe des Neugeborenen bis hin zum letzten Test – vor unserem großen Boss findet die allerletzte Prüfung statt: Himmel oder Hölle? Zwischen Geburt und Tod liegen Schulreifetests, diverse Mathe-, Geschichts- und Vokabeltests und eventuell der Berufsberatungstest beim Arbeitsamt. Ob Virchow oder Sauerbruch den inzwischen abgeschafften Zulassungstest zum Medizinstudium erfolgreich überstanden hätten, weiß man nicht, aber dank der Werbung kennen alle den Colatest und die klinisch getestete Zahnpasta. Unterhaltsam soll der Illustriertentest sein (»Bin ich ein idealer Partner?«), manche schreckt der Dopingtest, während der Aidstest bei vielen Angst und Schrecken verbreitet.

So erklärt sich vielleicht die Testomanie von Arbeits- und Ausbildungsplatzvergebern: Da gibt es Allgemeinwissenstests, Assessment Center, Bank-, Baum-, Bürotests, EDV-, Farb-, Grundwissenstests, die vielen Intelligenz- und Konzentrationstests, Logik-, Lügen-, Managertests, Persönlichkeitstests und Personalfragebögen und, und, und ... bis hin zu den unzähligen von Firmen und Berufsgruppen selbst gestrickten und angewandten Testverfahren, um nur einige zu nennen.

Abstruse Testaufgaben

»Gibt es in der Antarktis Eisbären?« oder »Kann man in Afrika Jaguare antreffen?« sind Fragen aus dem Mannheimer Intelligenztest, der Ausbildungsplatzbewerbern häufig zur Beantwortung vorgelegt wird. Ausgefragt und abgeblitzt. Obskure und abstruse Testaufgaben und Fragensammlungen entscheiden über Berufswünsche und Bewerberschicksale. Woran liegt das? Eine typisch deutsche Art des Umgangs mit Bewerbern?

Die Deutschen lieben, wie man weiß, Quizsendungen, und ihnen wird nicht ohne Grund eine starke Neigung zum autoritär-oberlehrerhaften Gehabe nachgesagt. Testen deshalb Personalchefs ihre Bewerber getreu den beliebten alten und neuen Fernsehvorbildern wie Quizmaster?

Wie auch immer – in jedem Fall müssen immer mehr Bewerberinnen und Bewerber damit rechnen, auf Einstellungstests zu stoßen. Selbst angehende Azubis werden damit konfrontiert.

Im Folgenden stellen wir Ihnen einige dieser Tests vor, damit Sie sich ein Bild davon machen können, was da so alles auf Sie zukommen kann.

Intelligenztests

Intelligenztests testen die Intelligenz – so könnte man naiv annehmen. Doch so einfach verhält sich das alles nicht. Denn die Unklarheit beginnt schon bei der Frage, was eigentlich Intelligenz ist. Umgangssprachlich meinen wir zwar zu wissen, worum es dabei geht, in der Psychologie jedoch ist die Definition von Intelligenz ziemlich uneindeutig. Das Spektrum gliedert sich in die nachfolgenden Gebiete wie Allgemeinwissen und Logik bis hin zur praktisch-technischen Intelligenz.

Allgemeinwissen

Was unter dem sogenannten Allgemeinwissen zu verstehen ist, bestimmen die Arbeitsplatzvergeber. Meistens geht es um folgende Sachgebiete: Staat, Politik, Geschichte, Geografie, Wirtschaft, berühmte Persönlichkeiten, Schöngeistiges (Kunst/Literatur/Musik), manchmal auch Sport und Technik, weniger Biologie, Physik und Chemie. Von Minisammlungen (etwa 10 Fragen) am Anfang einer Testbatterie bis zu 200 Fragen (10 Gebiete à 20 Fragen) reicht die Palette. Oftmals werden die Fragensammlungen durch berufsspezifische Wissensfragen erweitert. Man kann sich viele Allgemeinwissensfragen ausdenken – unsere Beispiele jedoch stammen aus Originaltests der täglichen Testpraxis, geordnet nach Sachgebieten, unter Berücksichtigung von Wichtigkeit und Häufigkeit. Hier zunächst ein leichter Einstieg in Form eines Satzergänzungstests. Die Lösungen zu den folgenden Tests finden Sie ab Seite 441.

Satzergänzung

Ihnen werden Sätze vorgegeben, die durch eines der Lösungsworte von a–f zu ergänzen sind. Nur ein Lösungswort ist richtig.

1. Beispiel: Am meisten Ähnlichkeit haben Kaninchen mit ...
- a) Hasen
- b) Katzen
- c) Eichhörnchen
- d) Füchsen
- e) Igeln
- f) Frettchen

Lösung: a) Hasen

2. Beispiel: Vor allem aus Mangel an ... sind Hochhäuser entstanden.
- a) Sauerstoff
- b) ästhetischem Empfinden
- c) Baugrund
- d) Bauholz
- e) Architekten
- f) Wohnungen

Lösung: c) Baugrund

Für die folgenden 20 Satzergänzungsaufgaben haben Sie 4 1/2 Minuten Zeit.

1. Beim Autofahren benötigt man besonders ...
   - a) Vorsicht
   - b) Ausdauer
   - c) Geschick
   - d) Kraft
   - e) Aufmerksamkeit
   - f) Rücksicht

2. Am wichtigsten am Fernseher ist ...
   - a) die Antenne
   - b) der Abstellknopf
   - c) die Transistoren
   - d) die Bildröhre
   - e) der Kontrastregler
   - f) der Lautstärkeregler

3. ... gehört nicht zum Wetter.
   - a) der Nebel
   - b) das Gewitter
   - c) der Hagel
   - d) das Erdbeben
   - e) der Orkan
   - f) der Sturm

4. Als Verkehrsmittel ist das Flugzeug das ...
   - a) unsicherste
   - b) leichteste
   - c) teuerste
   - d) größte
   - e) vernünftigste
   - f) schnellste

5. Letztlich werden Entscheidungen ...
   - a) diskutiert
   - b) überlegt
   - c) getroffen
   - d) geplant
   - e) befolgt
   - f) vermieden

6. Am ehesten zu Lebzeiten muss der Ruf eines ... begründet sein.
   a) Komponisten
   b) Malers
   c) Bildhauers
   d) Schauspielers
   e) Dichters
   f) Schriftstellers

7. Am wenigsten kann man über längere Zeit verzichten auf das ...
   a) Fernsehen
   b) Schlafen
   c) Sprechen
   d) Trinken
   e) Essen
   f) Gehen

8. Quecksilber ist ...
   a) eine Legierung
   b) ein Metall
   c) ein Mineral
   d) eine Lösung
   e) ein Gemisch
   f) eine Mixtur

9. In der Regel sind Väter ... erfahrener als ihre Söhne.
   a) nie
   b) immer
   c) gewöhnlich
   d) grundsätzlich
   e) selten
   f) manchmal

10. ... gehört/gehören immer zu einer Prüfung.
    a) Fragen
    b) Antworten
    c) Wissen
    d) Fähigkeiten
    e) ein Programm
    f) ein Prüfender

11. Hat man Geld, hat man immer ...
    a) Freude
    b) Freunde
    c) Sicherheit
    d) Macht
    e) Besitz
    f) Konten

12. Am besten löst man ein Problem durch ...
    a) Einfühlung
    b) Verstand
    c) Ausprobieren
    d) Konzentration
    e) Nachdenken
    f) Aufgeben

13. Etwa ... Prozent beträgt der Anteil der Bundesrepublik Deutschland an der Festlandoberfläche der Erde.
    a) 0,2 Prozent
    b) 0,5 Prozent
    c) 1,5 Prozent
    d) 2,3 Prozent
    e) 2,8 Prozent
    f) 3,2 Prozent

14. Man braucht ..., wenn man arbeitet.
    a) Verstand
    b) Intelligenz
    c) Werkzeuge
    d) Chefs
    e) Aufgaben
    f) Ehrgeiz

15. ... ist die häufigste Ursache eines Hochwassers.
    a) Unglück
    b) Katastrophe
    c) Unwetter
    d) Dammbruch
    e) Regen
    f) Eisschmelze

16. Mit Menschen sollte man ... im Umgang sein.
    a) abwartend
    b) vergnügt
    c) aufgeschlossen
    d) zurückhaltend
    e) vorsichtig
    f) gewandt

17. Man benötigt viel ..., um tiefe Töne zu erzeugen.
    a) Verstand
    b) Gefühl
    c) Übung
    d) Kraft
    e) Schwung
    f) Konzentration

18. Eine mit Inhalten aus der Tierwelt gestaltete kurze Erzählung, die häufig eine Belehrung enthält, bezeichnet man als ...
    a) Anekdote
    b) Roman
    c) Fabel
    d) Legende
    e) Gleichnis
    f) Symbol

19. Eine/Ein ... dient nicht der Regelung des Verkehrs auf der Straße.
    a) Parkverbot
    b) Bahnschranke
    c) Einbahnstraße
    d) Ampelanlage
    e) Scheinwerfer
    f) Verkehrspolizist

20. Die Differenz zwischen sogenanntem bürgerlichem und astronomischem Jahr wird ausgeglichen durch das/die ...
    a) Schaltjahr
    b) Kalenderjahr
    c) Jahreszeiten
    d) Monatslängen
    e) Kirchenjahr
    f) Sabbatjahr

Geschichte

Für die folgenden 20 Aufgaben haben Sie 4 1/2 Minuten Zeit.

1. Wann endete der Zweite Weltkrieg in Europa?
    a) März 1945
    b) April 1945
    c) Mai 1945
    d) Juni 1945

2. Wann erfolgte die Proklamation der Menschen- und Bürgerrechte in Frankreich?
    a) 1776
    b) 1789
    c) 1813
    d) 1850

3. In welcher Zeitspanne ereignete sich der Erste Weltkrieg?
   a) 1913–1917
   b) 1913–1919
   c) 1914–1917
   d) 1914–1918

4. Wann fand die Oktoberrevolution statt?
   a) 1920
   b) 1918
   c) 1917
   d) 1896

5. Die Entente Cordiale wurde geschlossen zwischen ...
   a) England und Russland
   b) England und Frankreich
   c) Frankreich und Russland
   d) Frankreich und Deutschland

6. Wann wurde Deutschland in den Völkerbund aufgenommen?
   a) 1924
   b) 1926
   c) 1928
   d) 1945

7. Julius Cäsar adoptierte seinen Großneffen. Er hieß ...
   a) Crassus
   b) Oktavian
   c) Cäsario
   d) Augustus

8. Der Spartakusaufstand 1919: Wer versteckte sich hinter dem Pseudonym »Spartakus«?
   a) Karl Liebknecht
   b) Rosa Luxemburg
   c) Ernst Thälmann
   d) Wilhelm Pieck

9. Der Gedanke der kommunalen Selbstverwaltung stammt von ...
   a) Stresemann-Severing
   b) Wilhelm v. Humboldt
   c) Stein-Hardenberg
   d) August Bebel

10. Woher kamen die Goten ihrer Stammessage nach?
    a) aus Skandinavien
    b) vom Balkan
    c) aus Vorderasien
    d) aus Lettland

11. In England wurden 1215 dem Königtum zugunsten des Klerus und des Adels feudale Vorrechte abgenötigt. Die Urkunde dieser »ersten Freiheitsrechte« heißt ...
    a) Great Bill of England
    b) Magna Charta
    c) Bill of Rights
    d) Keiner dieser drei Lösungsvorschläge ist richtig.

12. Die Unabhängigkeitserklärung der USA war ...
    a) 1769
    b) 1776
    c) 1793
    d) 1815

13. Friedrich List gründete 1819 den »Deutschen Handels- und Gewerbeverein«. Dieses Modell war der Vorläufer für ...
    a) das deutsche Gewerkschaftswesen
    b) den deutschen Zollverein
    c) das deutsche Kolonialwesen
    d) den deutschen Sparkassenverein

14. Mit der Flucht Mohammeds von Mekka nach Medina beginnt im Islam eine eigene Zeitrechnung. Wann fand dies nach unserer Zeitrechnung statt?
    a) 518 v. Chr.
    b) 400 v. Chr.
    c) 612 n. Chr.
    d) 622 n. Chr.

15. Der amtliche Name des 1. Deutschen Reichs lautete ...
    a) Kleindeutsches Reich
    b) Deutsches Kaiserreich
    c) Heiliges Römisches Reich Deutscher Nation
    d) Großdeutsches Reich

16. Die Schlagworte der Französischen Revolution hießen ...
    a) Freiheit, Gleichheit, Brüderlichkeit
    b) Frieden, Freiheit, Wohlstand
    c) Frieden, Freiheit, Gerechtigkeit
    d) Einigkeit und Recht und Freiheit

17. Wer gründete das Deutsche Reich?
    a) Hitler
    b) Bismarck
    c) Hindenburg
    d) Stresemann

18. Welches Geschehen besiegelte den Untergang des spanischen Weltreiches?
    a) Entdeckung Amerikas
    b) Erbstreitigkeiten im spanischen Herrscherhaus
    c) Vernichtung der spanischen Flotte
    d) die Schlacht bei Waterloo

19. Welches kleine, aber wichtige europäische Land hat seit 1815 keine Kriege mit seinen Nachbarn geführt?
    a) Holland
    b) Schweiz
    c) Dänemark
    d) Österreich

20. Wer zerstörte Karthago?
    a) die Ägypter
    b) die Athener
    c) die Römer
    d) die Mohammedaner

Literatur
Für 15 Aufgaben haben Sie 3 Minuten Zeit.

1. Zarathustra (Beschreibung des sogenannten Übermenschen) ist von ...
    a) George
    b) Morgenstern
    c) Nietzsche

2. Der bedeutendste Erziehungs- und Entwicklungsroman um 1800 war »Wilhelm Meisters Lehr- und Wanderjahre« und stammt von ...
   a) Herder
   b) Schiller
   c) Goethe

3. Hans Jakob Christoph v. Grimmelshausen schuf im 17. Jahrhundert eine satirische Dichtung mit dem Namen ...
   a) Die Betschwester
   b) Der Arme Heinrich
   c) Der Simplicissimus

4. Über den Dreißigjährigen Krieg schrieb Schiller sein dreiteiliges Drama ...
   a) Don Carlos
   b) Wilhelm Tell
   c) Wallenstein

5. Ein bedeutender französischer Komödiendichter des 17. Jahrhunderts war ...
   a) Balzac
   b) Molière
   c) Tartuffe

6. Welcher deutsche Schriftsteller wurde bekannt durch einen Kriegsroman?
   a) Zweig
   b) Brecht
   c) Remarque

7. »Die Buddenbrooks«, die Familiengeschichte einer Lübecker Kaufmannsfamilie, schrieb 1901 ...
   a) Thomas Mann
   b) Stefan Zweig
   c) Hermann Hesse

8. Gerhart Hauptmanns soziales Drama »Die Weber« stammt aus der Epoche des ...
   a) Symbolismus
   b) Naturalismus
   c) Expressionismus

9. Dürrenmatt warf die Frage nach der Eigenverantwortung der Wissenschaftler neu auf. Seine Komödie, die hinsichtlich der atomaren Aufrüstung zu denken gibt, hat den Titel ...
   a) Die Physiker
   b) Der Besuch der alten Dame
   c) Ein Engel

10. Wer schrieb den Roman »Krebsstation«?
    a) Solschenizyn
    b) Bulgakow
    c) Pasternak

11. Der deutsche Dramatiker Hochhuth provozierte mit seinem Erstlingswerk politische Spannungen mit dem Vatikan. Dieses Werk heißt ...
    a) Guerillas
    b) Der Stellvertreter
    c) Soldaten

12. Wer schrieb »Die fromme Helene«?
    a) Kleist
    b) Busch
    c) Wagner

13. Wer schrieb den »Hauptmann von Köpenick«?
    a) Zuckmayer
    b) Valentin
    c) Böll

14. Wer schrieb »Emilia Galotti?«
    a) Lessing
    b) Schiller
    c) Goethe

15. Wie hieß Schillers erstes Drama?
    a) Die Räuber
    b) Kabale und Liebe
    c) Romeo und Julia

Technik
Sie haben für 15 Aufgaben
3 Minuten Zeit.

1. Bimsstein ist leichter oder schwerer als Wasser?
    a) schwerer
    b) leichter
    c) gleich schwer

2. Bei welchem Wetter pflanzt sich Schall schneller fort?
    a) bei warmem
    b) bei kaltem
    c) gleich

3. Von der Sonne bis zur Erde braucht Licht …
    a) 8 Minuten 13 Sekunden
    b) 1 Stunde 3 Minuten
    c) 2 Stunden 14 Minuten

4. Welche Funktion hat ein Transformator?
    a) Umspanner
    b) Speicher
    c) Gleichrichter

5. Das … ist ein Messinstrument für den Luftdruck.
    a) Hygrometer
    b) Barometer
    c) Thermometer

6. Was ist weiches Wasser?
    a) ohne Kalkgehalt
    b) mit starkem Kalkgehalt
    c) mit mittlerem Kalkgehalt

7. Wie viele Stunden zeigt die Skala einer Sonnenuhr an?
    a) 6 Stunden
    b) 12 Stunden
    c) 24 Stunden

8. Der/das … ist ein Messinstrument für Erdbeben.
    a) Quadrometer
    b) Seismograf
    c) Hygrometer

9. Welche Strahlen zeigt der Geigerzähler an?
    a) Röntgenstrahlen
    b) radioaktive Strahlen
    c) Sonnenstrahlen

10. Was ist ein Zyklotron?
    a) Beschleuniger für Elementarteilchen
    b) freiwerdendes Teilchen bei der Kernspaltung
    c) Gezeitenmesser

11. Was versteht man unter einem Semaphor?
    a) Messinstrument im Flugzeug
    b) optischer Signalgeber (Schifffahrt)
    c) Eisenbahnsignal

12. Wie wird beim Flugzeug die Geschwindigkeit geregelt?
    a) durch Neigungsveränderung der Flugflächen
    b) durch Gasgeben und Drosseln
    c) durch Verstellen der Landeklappen

13. Nach welchem Prinzip wird Rohrpost befördert?
    a) mit Druck- oder Saugluft
    b) mit dem Prinzip der schiefen Ebene
    c) mit Flüssigkeit

14. Können Diamanten verbrennen?
    a) ja, ohne Rückstand zu Kohlendioxyd
    b) nein, sie sind zu rein
    c) nein, sie sind zu hart

15. Wie bezeichnet man die in Höhlen von unten nach oben »wachsenden« Tropfsteine?
    a) Lapislazuli
    b) Stalaktiten
    c) Stalagmiten

Logisches Denken/Abstraktionsfähigkeit

Das logische Denken und die Abstraktionsfähigkeit sind Knackpunkte in jedem Einstellungstestverfahren. Unter dem Begriff Logik wird ein folgerichtiges, schlüssiges, gültiges, sogenanntes denkrichtiges Denken verstanden, das zu einleuchtenden, offenkundig und selbstverständlich richtigen Schlussfolgerungen und Aussagen führt. Logisch, dass Testanwender gern über diese Art zu denken verfügen möchten und deshalb auch ihre Testkandidaten bezüglich dieser Qualitäten einer ausführlichen Prüfung unterziehen. Der Unlogik – nämlich ihres wissenschaftlich und menschlich höchst fragwürdigen Vorgehens – sind sie sich dabei natürlich nicht bewusst.

Mithilfe unterschiedlicher Testaufgabentypen versucht man, sich an Logik- und Abstraktionsfähigkeiten der Getesteten heranzupirschen. Es lassen sich grafische Aufgaben, Sprach- (z. B. Analogien) und Zahlenaufgaben(-reihen) unterscheiden. Hier nun ein paar typische Aufgaben aus dem Testgebiet Logisches Denken und Abstraktionsfähigkeit. Die Lösungen finden Sie ab Seite 441.

Sinnvoll ergänzen

Sie sehen ein Rechteck mit 8 Figuren. Welcher der vorgegebenen 9 Lösungsvorschläge (rechts, a–i) passt als einziger in das freie 9. Feld?

1. Beispiel:

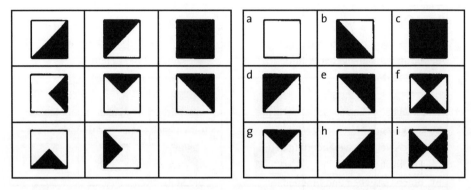

Lösung: b

Erklärung: Die schwarze Fläche der ersten Figur, addiert mit der schwarzen Fläche der zweiten Figur, ergibt, sozusagen als Summe, die dritte Figur. Dieses Prinzip gilt sowohl in vertikaler wie in horizontaler Richtung – ein wichtiger Hinweis für die generelle Bearbeitung dieses Aufgabentyps.

2. Beispiel:

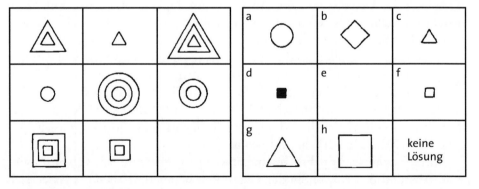

Lösung: f

Für die folgenden 8 Aufgaben haben Sie 7 Minuten Zeit.

Intelligenztests 389

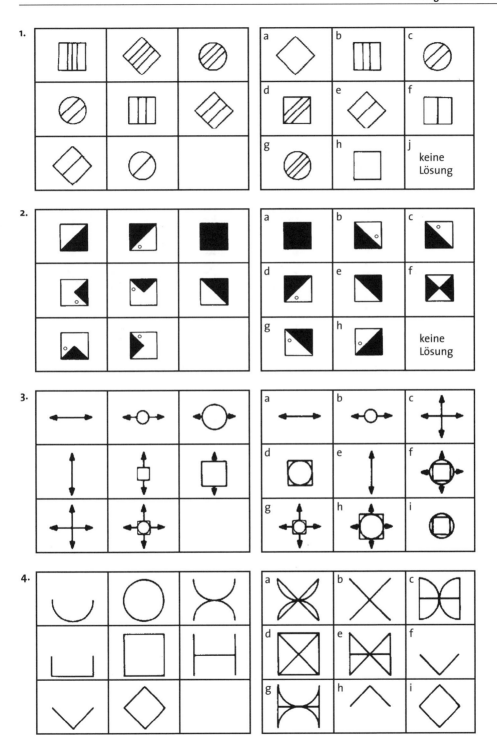

Einstellungstests

5.
6.
7.
8.

Zahlenmatrizen

Die folgende Aufgabe ist – ähnlich wie die vorangegangenen – eine Art Kombination aus Figuren- und Zahlenreihen.

1. Beispiel: *2. Beispiel:*

1	2	3		5	6	7
4	?	6		7	8	9
7	8	9		9	10	?

Lösung: 5   Lösung: 11

Erklärung: Senkrecht jede Zahl mit 3 bzw. 2 (2. Beispiel), waagerecht jede Zahl mit 1 addiert.

Für die folgenden 10 Aufgaben haben Sie 5 Minuten Zeit.

A	0	2	4		F	3	12	48
	2	4	6			9	36	144
	4	6	?			?	108	432
B	5	8	11		G	77	64	51
	3	6	?			90	77	64
	1	4	7			?	90	77
C	40	25	10		H	9	8	6
	32	17	2			6	5	3
	24	9	?			2	1	?
D	216	36	6		I	18	35	52
	72	12	2			9	26	43
	24	4	?			?	17	34
E	16	4	1		J	6	24	8
	32	?	2			2	8	8/3
	64	16	4			8	32	?

Dominos

Welcher Dominostein aus der rechten Lösungsgruppe passt in die linke Dominogruppe? Gesucht wird der Stein, der durch seine Punktzahl oben und unten die linke Dominogruppe logisch sinnvoll ergänzt. Dazu 2 Beispiele:

1. Beispiel:

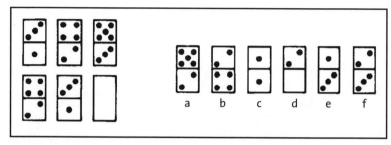

Lösung: d

Die erste Reihe Dominosteine baut sich im oberen (3–4–5 Punkte) wie im unteren Feld (1–2–3 Punkte) nach dem System +1 auf. Das Aufbauprinzip der zweiten Reihe Dominosteine ist entsprechend, aber nach dem System –1.

2. Beispiel:

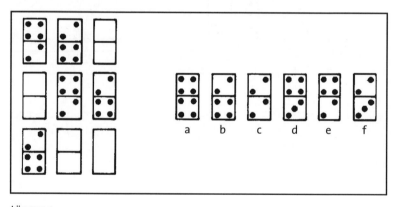

Lösung: e

Jetzt haben wir es mit drei Dominoreihen zu tun, die wir uns anschauen müssen. Auch hier gilt es, ein gemeinsames System festzustellen. Jede Reihe Dominosteine hat die Kombination 4–2, 2–4 (die Umkehrung) und einen 0–0-Stein. Diese Steinkombination wird lediglich unterschiedlich angeordnet. In der ersten Reihe ist der 0–0-Stein in der letzten Position, in der zweiten Reihe in der ersten, in der dritten Reihe in der zweiten Position.

Für die folgenden 8 Aufgaben haben Sie 6 Minuten Bearbeitungszeit.

Intelligenztests

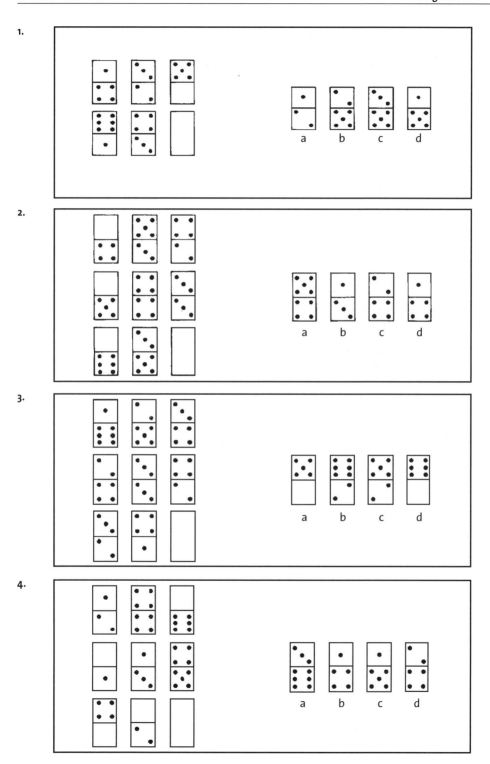

5.
6.
7.
8.

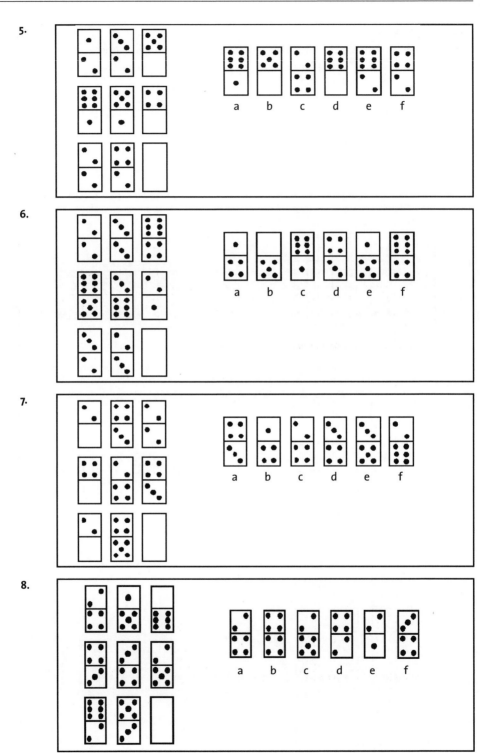

Grafik-Analogien

Ging es bei der vorigen Aufgabe darum, bestimmte Begriffe auf rein sprachlicher Ebene miteinander in Bezug zu setzen, ist jetzt die gleiche Aufgabenstellung auf grafischer Ebene zu bewältigen.

1. Beispiel:

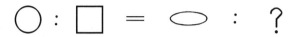

Lösungsvorschläge:

Lösung: e
Der Kreis verhält sich zum Quadrat wie die Ellipse zum Rechteck.

2. Beispiel:

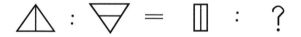

Lösungsvorschläge:

Lösung: a

Für die folgenden 8 Aufgaben haben Sie 4 Minuten Zeit.

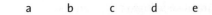

Absurde Schlussfolgerungen

Jetzt geht es darum zu überprüfen, ob Schlussfolgerungen, die aufgrund bestimmter Behauptungen gezogen werden, formal richtig oder falsch sind. Die »reale Wirklichkeit« spielt dabei überhaupt keine Rolle, was die Sache erheblich erschwert und – wie so oft in Tests – Verwirrung stiftet.

1. Beispiel: Alle Schnecken haben Häuser. Alle Häuser haben Schornsteine. Schlussfolgerung: Deshalb haben alle Schnecken Schornsteine.

    a) stimmt
    b) stimmt nicht   Lösung: a

2. Beispiel: Alle Schnecken sind Marathonläufer. Alle Marathonläufer können fliegen, weil sie Fische sind. Fische haben zwei Beine. Schlussfolgerung: Alle Schnecken haben zwei Beine.

    a) stimmt
    b) stimmt nicht   Lösung: a

3. Beispiel: Alle Mäuse essen Fisch. Fisch kann miauen. Also: Mäuse können miauen.

    a) stimmt
    b) stimmt nicht   Lösung: b

Essen und Können ist nicht das Gleiche. Es gibt Menschen, die zwar Fisch essen, aber deshalb noch lange nicht wie Fische schwimmen können!

Für die folgenden 7 Aufgaben haben Sie 6 Minuten Zeit.
Frage jeweils: Stimmt die Behauptung oder stimmt sie nicht?

1. Alle Bleistifte können lesen. Bücher können schreiben.
   Behauptung: Bleistifte können Bücher schreiben.
   a) stimmt
   b) stimmt nicht

2. Bücher können schreiben, aber nicht lesen. Bleistifte können lesen, aber nicht schreiben. Brillen können lesen und schreiben.
   Behauptung: Brillen sind intelligenter als Bücher und Bleistifte.
   a) stimmt
   b) stimmt nicht

3. Weitere Behauptung zu 2:
Bleistifte können von Brillen nicht zum Schreiben benutzt werden.
a) stimmt
b) stimmt nicht

4. Spione tauchen gerne unter. U-Boote auch.
Also: Spione sind U-Boote.
a) stimmt
b) stimmt nicht

5. Weitere Behauptung zu 4:
Was gerne taucht, ist ein U-Boot, aber kein Spion.
a) stimmt
b) stimmt nicht

6. Bälle können alles beißen. Alle Hunde sind Bälle, und alle Katzen sind rund, weil sie Bälle gerne essen.

   1. Behauptung: Alle Hunde können beißen.
   a) stimmt
   b) stimmt nicht

   2. Behauptung zu 6: Alle Bälle sind rund.
   a) stimmt
   b) stimmt nicht

   3. Behauptung zu 6: Bälle können Katzen beißen.
   a) stimmt
   b) stimmt nicht

7. Wenn alle rosa Elefanten zur Schule gehen und lesen können und rote Kugelschreiber nur rosa Elefanten sind, wenn sie singen und zur Arbeit gehen, stimmt dann die Behauptung, dass rosa Elefanten rote Kugelschreiber sind?
a) stimmt
b) stimmt nicht

Richtige Schreibweise

Ist das Wort richtig geschrieben? Falls nicht, bitte die richtige Schreibweise notieren (Achtung: neue Rechtschreibung)! Sie haben 5 Minuten Zeit.

1. allmehlich
2. tödlich
3. wohlweißlich
4. Kannone
5. Rhabarber
6. Depäsche
7. Gelantine
8. Sattelit
9. zusehends
10. atletisch
11. Gelleee
12. Galopprennbahn
13. unversehens
14. Theke
15. Metode
16. Filliale
17. Karosserie
18. Labürinth
19. Rododendrohn
20. Rytmus
21. Portmonaie
22. Wagabund
23. Wiederstand
24. Zyklohp
25. Synpathie

Praktisch-technische Intelligenz

Aufgaben, die der praktisch-technischen Intelligenz zugeordnet werden, umfassen Übungen zum mathematischen Denken, zum technischen Basisverständnis und zum räumlichen Vorstellungsvermögen. Die Lösungen zu den folgenden Aufgaben finden Sie ab Seite 442.

Grundrechnen

Bei den folgenden Aufgaben sollen Sie Ihre Rechenfähigkeit unter Beweis stellen. Sie haben 5 Minuten Zeit.

1. $33,24 + 1.725,11 + 1.845,23 + 2.936,12$
   a) 5.529,70
   b) 5.539,71
   c) 5.439,70
   d) 5.539,70
   e) 6.539,70

2. $12.176,11 - 2.181,32$
   a) 9.994,79
   b) 10.994,79
   c) 9.894,79
   d) 9.994,69
   e) 9.993,79

3. $11 \times 13,125$
   a) 144,365
   b) 143,375
   c) 134,375
   d) 144,375
   e) 14,375

4. $102,5 : 1,25$
   a) 83
   b) 8,2
   c) 81
   d) 82
   e) 72

5. Welche Zahl ist um 1.000 kleiner als 177.909.483?
   a) 177.809.483
   b) 177.919.483
   c) 177.908.483
   d) 177.909.383
   e) 177.819.483

6. $14 \times 8 = 7 \times ?$
   a) 14
   b) 16
   c) 15
   d) 18
   e) 22

Maße und Gewichte

Für 6 Aufgaben haben Sie 5 Minuten Zeit.

1. 4 Pfund und 30 Gramm sind wie viel Gramm?
   a) 430
   b) 4.030
   c) 203
   d) 20,3
   e) 2.030

2. Ein Kanister hat die Innenmaße:
   – Länge 80 cm
   – Breite 40 cm
   – Höhe 60 cm
   Wie viele Kubikdezimeter Wasser kann er enthalten?
   a) 0,192
   b) 192.000
   c) 1,92
   d) 192
   e) 19,2

3. Schreiben Sie 90 Zentner als Tonne.
   a) 9
   b) 4,5
   c) 45
   d) 0,45
   e) 0,9

4. Ein Pflasterer benötigt für eine Fläche von 50 qm Platten, deren Größe 10 x 20 cm beträgt. Wie viele Platten benötigt der Pflasterer?
   a) 500
   b) 2.500
   c) 50
   d) 250
   e) 5.000

5. Wie viele Stunden und Minuten sind 18.600 Sekunden?
   a) 5 Std. 10'
   b) 3 Std. 10'
   c) 31 Std.
   d) 5 Std.
   e) 3 Std.

6. Schreiben Sie 0,55 a als qm.
   a) 550
   b) 55
   c) 5.500
   d) 1.100
   e) 5,5

Technisch-physikalische Aufgaben

Beispiel:
Sie sehen drei Gewichte, die an einer Art Flaschenzug befestigt sind. Welches von diesen drei Gewichten kann man mit der geringsten Kraftanstrengung heben (A, B oder C)?

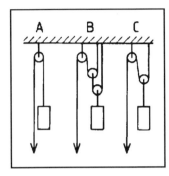

Lösung: b

Für die folgenden 8 Aufgaben haben Sie 4 Minuten Zeit.

Noch ein Hinweis: Im Gegensatz zur sonst üblichen Praxis können falsche Lösungen mit Minuspunkten bestraft werden – also Vorsicht beim Raten.

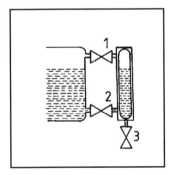

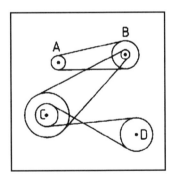

1. Wie leeren Sie die rechte Füllanzeige?
   a) Ventil 1 und 2 werden geschlossen, Ventil 3 geöffnet.
   b) Ventil 2 wird geschlossen, Ventil 1 und 3 geöffnet.
   c) Alle Ventile werden geöffnet.

2. Welches der Räder, A, B, C oder D, dreht sich am langsamsten?

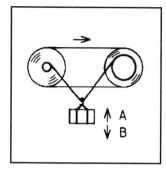
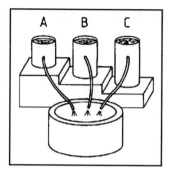
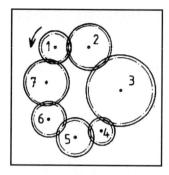

3. Bewegt sie sich, die Kiste, oder nicht – das ist hier die Frage. Und wenn ja, in welche Richtung?
   a) Richtung A
   b) Richtung B
   c) Sie bewegt sich nicht.

4. Drei Dosen müssen Wasser lassen. Aus dem Schlauch welcher Dose tritt das Wasser mit dem stärksten Druck heraus?
   a) Dose A
   b) Dose B
   c) Dose C
   d) Der Druck ist gleich stark.

5. Welche der Zahnräder drehen sich in die gleiche Richtung wie das Zahnrad 1?
   a) 6 und 4
   b) 3 und 5
   c) 1 und 6
   d) Die Zahnräder drehen sich überhaupt nicht.

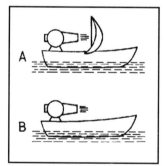
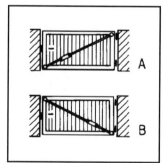
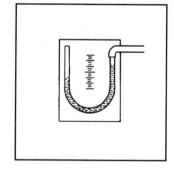

6. Welches der beiden Boote fährt vorwärts?
   a) A
   b) B
   c) Beide

7. Welche der beiden Spannvorrichtungen ist zweckmäßiger?
   a) A
   b) B
   c) Beide gleich

8. Was zeigt das U-Rohr an?
   a) Unterdruck
   b) Überdruck
   c) ein Vakuum

Leistungs-Konzentrationstests

Testaufgaben zur Überprüfung der Konzentrationsfähigkeit und des allgemeinen Leistungs- und Arbeitsverhaltens werden sehr oft bei Einstellungstests und Personalauswahlverfahren eingesetzt. Zu schön, um wahr zu sein, wenn man Bewerbern eine Arbeitsaufgabe vorlegen und ihnen beim Lösen – möglichst nicht länger als 30, maximal 60 Minuten – gewissermaßen über die Schulter schauen könnte, um daraus zuverlässig vorhersagen zu können: Dieser Bewerber kann gut, schnell und konzentriert arbeiten.

Dieser Wunsch ist verständlich, aber deshalb nicht leichter zu erfüllen. Es ist unrealistisch, aus einem Arbeitsproben-Miniausschnitt Rückschlüsse auf Lern- und Arbeitsverhalten ganz allgemein ziehen zu können. Und dennoch: So leicht lassen sich diese Testaufgaben trotz aller Vorbehalte nicht vom Tisch wischen. Hier geht es um das Leistungs-Konzentrations-Vermögen, Ihre Ausdauer und Belastbarkeit, um Ihren Sinn für Ordnung und Sorgfalt und um die Fähigkeit, sich die Arbeit gut zu organisieren.

Damit Sie wissen, was alles auf Sie zukommen kann und worauf es wirklich ankommt, möchten wir Ihnen einen Einblick in diese Aufgabentypen bieten. Die Lösungen finden Sie ab Seite 442.

Zahlensuche

Bei dieser Aufgabe geht es darum, alle (aus zwei Zeilen bestehenden) Zahlenblöcke herauszusuchen, die folgende Bedingungen erfüllen:

- obere Zeile von 0,1600 bis 0,3350
- untere Zeile > 240

Beispiel:

A	B	C	D	E	F	G
0,1434	2,4773	0,5540	0,8555	0,2156	0,2320	3,1843
(131)	(140)	(245)	(222)	(450)	(231)	(220)

Lösung: E

Die Lösungen sind entsprechend der Position in das Lösungsschema einzutragen.

Für 20 Aufgaben haben Sie 5 Minuten Zeit.

Einstellungstests

	A	B	C	D	E	F	G
1	0,1124 (243)	1,2260 (134)	0,8920 (326)	0,2572 (673)	1,1502 (215)	0,7221 (451)	9,6600 (534)
2	1,1576 (345)	0,2456 (267)	0,3051 (904)	0,1050 (762)	0,8060 (267)	0,4562 (156)	0,8742 (450)
3	0,1995 (135)	0,2950 (945)	0,2456 (456)	0,1670 (229)	0,2458 (192)	0,5470 (235)	0,2245 (210)
4	0,4672 (256)	0,2178 (230)	0,1645 (674)	0,1296 (236)	0,6281 (456)	0,7239 (330)	0,2980 (506)
5	0,2113 (845)	0,1565 (103)	1,1452 (506)	0,1672 (220)	0,1990 (206)	0,2147 (298)	0,2001 (245)
6	0,1750 (556)	0,7810 (348)	0,3450 (453)	0,1240 (249)	0,2361 (335)	0,6712 (863)	0,1265 (437)
7	0,1602 (215)	0,1279 (349)	0,2107 (317)	0,1456 (268)	0,1562 (654)	0,1376 (159)	0,7619 (560)
8	0,2789 (229)	0,5623 (658)	0,2935 (123)	0,3250 (569)	0,3103 (437)	0,2956 (216)	0,3345 (231)
9	0,3859 (299)	0,2217 (115)	1,1355 (564)	0,2459 (209)	0,3102 (158)	0,1925 (211)	0,2376 (391)
10	0,2568 (075)	0,3127 (213)	0,2547 (192)	0,1934 (298)	3,2458 (545)	1,2983 (875)	0,2884 (739)
11	0,1995 (135)	0,2950 (945)	0,2456 (456)	0,1670 (229)	0,2458 (192)	0,5470 (235)	0,2245 (210)
12	0,4672 (256)	0,2178 (230)	0,1645 (674)	0,1296 (236)	0,6281 (456)	0,7239 (330)	0,2980 (506)
13	0,2003 (845)	0,1560 (103)	0,1452 (506)	0,1672 (220)	0,1990 (206)	0,2147 (298)	0,2001 (245)
14	0,1750 (556)	0,7810 (348)	0,3450 (453)	0,1240 (249)	0,2361 (335)	0,6712 (863)	0,1265 (437)
15	0,1708 (125)	0,1279 (349)	0,2107 (317)	0,1456 (268)	0,1562 (654)	0,1376 (159)	0,7619 (560)
16	0,2789 (229)	0,5623 (658)	0,2935 (123)	0,3250 (569)	0,3103 (437)	0,2956 (216)	0,3345 (231)
17	0,3456 (298)	0,3210 (215)	1,2354 (514)	0,2557 (219)	0,3232 (168)	0,1445 (215)	0,2571 (341)
18	0,2568 (175)	0,3127 (213)	0,2547 (192)	0,1934 (298)	3,2458 (545)	1,2983 (875)	0,2884 (739)
19	0,1111 (240)	2,7878 (239)	1,7878 (676)	0,0001 (141)	0,2121 (889)	0,8988 (545)	0,1454 (666)
20	0,1711 (241)	3,7878 (229)	0,7878 (626)	1,0001 (121)	2,2121 (882)	0,8288 (525)	0,1464 (666)

	A	B	C	D	E	F	G
Bsp.	○	○	○	○	⊗	○	○
1	○	○	○	○	○	○	○
2	○	○	○	○	○	○	○
3	○	○	○	○	○	○	○
4	○	○	○	○	○	○	○
5	○	○	○	○	○	○	○
6	○	○	○	○	○	○	○
7	○	○	○	○	○	○	○
8	○	○	○	○	○	○	○
9	○	○	○	○	○	○	○
10	○	○	○	○	○	○	○
11	○	○	○	○	○	○	○
12	○	○	○	○	○	○	○
13	○	○	○	○	○	○	○
14	○	○	○	○	○	○	○
15	○	○	○	○	○	○	○
16	○	○	○	○	○	○	○
17	○	○	○	○	⊗	○	○
18	○	○	○	○	○	○	○
19	○	○	○	○	○	○	○
20	○	○	○	○	○	○	○

Zahlen verbinden

Versuchen Sie, in 30 Sekunden bei 1 beginnend so viele Zahlen wie möglich in der richtigen Reihenfolge (bis 30) zu verbinden. Fangen Sie mit dem Zahlenfeld A an:

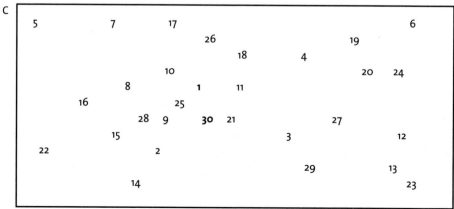

Beobachten

Schauen Sie sich bitte die folgenden drei Beispielaufgaben mit jeweils drei Gesichtern genau an. Zwei der drei Gesichter sind gleich, das dritte unterscheidet sich von den beiden anderen deutlich.

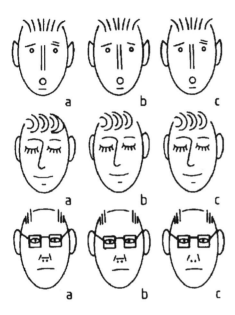

Lösungen: b (Augenbraue), a (Haar), c (Nase)

Beachten Sie bitte, dass das gesuchte Gesicht sich von den anderen beiden deutlich unterscheiden muss. Etwas wurde verändert, hinzugefügt oder weggelassen. Minimale Unterschiede in der Zeichnung (z. B. Strichlänge oder Form) haben keine Bedeutung.

Für die folgenden 32 Aufgaben haben Sie 4 Minuten Zeit.

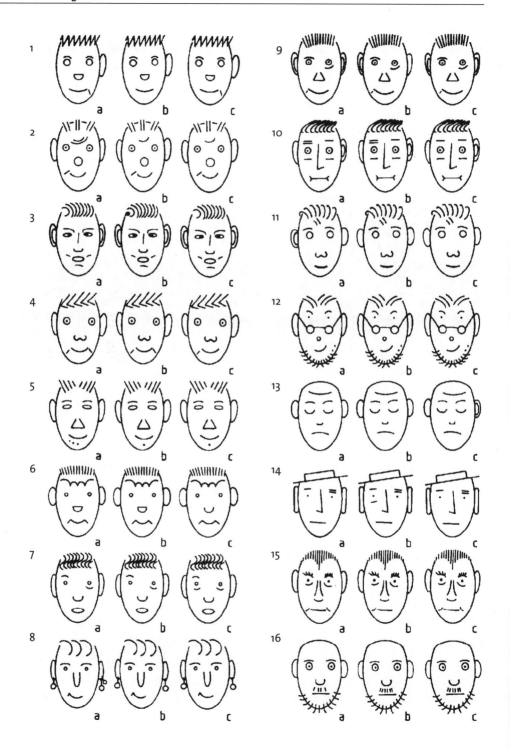

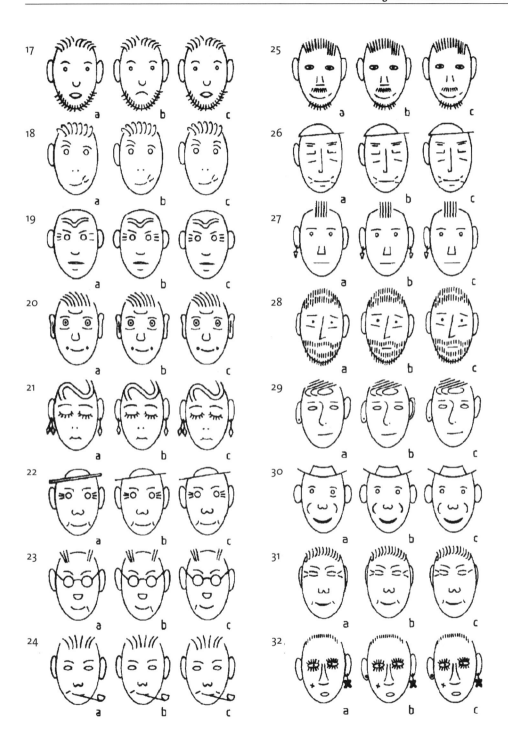

Persönlichkeitstests

Hier stehen die Persönlichkeitsmerkmale des Bewerbers im Vordergrund. Nicht Eignung oder Intelligenz, nicht primär die Fähigkeit, eine bestimmte Tätigkeit auszuüben, sind gefragt. Der Arbeitgeber will vielmehr wissen: Mit was für einem Menschen habe ich es zu tun? Es sollen also die Charaktereigenschaften, die Wesenszüge und die Persönlichkeit des Bewerbers ergründet werden.

Das in den Mittelpunkt gerückte Hauptkriterium gipfelt in der Frage: Passt dieser Bewerber zu uns? Fügt er sich möglichst reibungslos in das vorhandene Arbeitsteam ein? Ist er ein einsatzbereiter, umgangsfreundlicher, gut funktionierender potenzieller Mitarbeiter? Getestet wird all das natürlich auch im Vorstellungsgespräch.

Charakter ergründen

Durch den Einsatz von Persönlichkeitstests versucht man, einen maximalen Einblick in die Psyche des Bewerbers und in seine allgemeinen Verhaltensweisen zu bekommen, insbesondere aber in seine möglichen Reaktionsweisen in bestimmten Situationen (z. B. Konflikten).

Was aber ist nun eigentlich Persönlichkeit und/oder Charakter? Die Psychologie ist sich hier ebenso wie beim Intelligenzbegriff herzlich uneinig. Es existieren etliche, zum Teil widersprüchliche Persönlichkeitsmodelle und -theorien, die sich diesem Spezialgebiet widmen.

Ohne Zweifel hat ein Arbeitgeber Anspruch auf eine konkrete Arbeitsleistung durch den Arbeitnehmer, den er dafür entlohnt. Dem daraus abgeleiteten Ausforschungsinteresse des Arbeitgebers bei der Bewerberauswahl müssen jedoch Grenzen gesetzt werden. Unserer Meinung nach stellt der absolute Anspruch des Arbeitgebers, genau wissen zu wollen, um welche Bewerber- bzw. Mitarbeiterpersönlichkeit es sich handelt, eine rechtswidrige Ausnutzung eines Abhängigkeitsverhältnisses und eine Verletzung von grundlegenden Persönlichkeitsrechten dar.

Wir geben Ihnen jetzt einen tieferen Einblick in die gängigen Persönlichkeits-Testverfahren wie 16 PF (PF = Persönlichkeitsfaktoren), Satzergänzungstest sowie biografische Fragebögen.

16 PF

1. **Sachinteresse – Kontaktinteresse**
   Im Einzelnen verstehen die 16-PF-Testautoren z. B. unter Sachinteresse,
   ▶ wenn man sich bei gleicher Arbeitszeit und gleichem Lohn eher für den Beruf des Zimmermanns oder Kochs als für den des Kellners entscheiden würde.
   Kontaktinteresse signalisiert z. B., wer
   ▶ mit Leuten redet, damit die sich wohlfühlen.

2. **Konkretes Denkvermögen – Abstraktes Denkvermögen**
   Abstraktes gegenüber konkretem Denkvermögen beweist, wer u. a. begreift,
   ▶ dass sich Hund zu Knochen wie Kuh zu Gras verhält.
   Konkret und eher dümmlich ist z. B., wer
   ▶ nicht darauf kommt, dass folgende Relation gilt: Besser verhält sich zu am schlechtesten wie langsamer zu am schnellsten.

3. **Emotionale Labilität – Emotionale Stabilität**
   Emotionale Stabilität zeichnet sich u. a. dadurch aus, dass man
   ▶ bei beruflichen und privaten Entscheidungen nie auf mangelndes Verständnis vonseiten der Familie stößt.
   Als emotional labil z. B. gilt, wer
   ▶ sein Leben, wenn er es noch einmal zu leben hätte, anders planen würde.

4. **Soziale Anpassung – Dominanzstreben**
   Eher Dominanzstreben und Selbstbehauptung zeigt u. a., wer
   ▶ in einer fremden Stadt hingeht, wohin es ihm beliebt.
   Sozial angepasst ist z. B. jemand,
   ▶ der sich in einer Stadt verläuft und dann seinem Begleiter ohne zu murren folgt, obwohl er davon überzeugt ist, dass dieser den Weg auch nicht sicher weiß.

5. **Besonnenheit – Begeisterungsvermögen**
   Begeisterungsfähigkeit zeigt, wer
   ▶ öfter als einmal in der Woche ausgeht.
   Besonnenheit unterstreicht, wer
   ▶ Spaß dabei empfindet, Gäste einzuladen und sie zu unterhalten.

6. **Flexibilität – Pflichtbewusstsein**
   Wer Pflichtbewusstsein demonstrieren will,
   ▶ fühlt sich von unordentlichen Menschen abgestoßen und ärgert sich über sie.
   Flexibilität zeigt, wer
   ▶ zu Hause ist, über Zeit verfügt und nichts Bestimmtes macht, außer sich zu entspannen.

7. **Zurückhaltung – Selbstsicherheit**

   Selbstsicher wirkt, wer
   ▶ nicht verlegen reagiert, wenn er plötzlich zum Mittelpunkt der Aufmerksamkeit wird.

   Zurückhaltung und Schüchternheit zeichnet denjenigen aus, der
   ▶ mit Fremden in öffentlichen Verkehrsmitteln nicht leicht ins Gespräch kommt.

8. **Robustheit – Sensibilität**

   Robustheit ist dadurch charakterisiert, dass
   ▶ man im Fernsehen lieber eine nützliche und informative Sendung über neue Erfindungen anschaut als einen bekannten Konzertkünstler.

   Sensibel ist, wer
   ▶ lieber Kinderbücher schreibt, als elektrische Geräte zu reparieren.

9. **Vertrauen – Misstrauen**

   Vertrauen zeigt, wer
   ▶ glaubt, dass niemand es wirklich gern sehen würde, wenn man in Schwierigkeiten gerät.

   Misstrauen zeigt, wer
   ▶ nicht gut mit eingebildeten Leuten auskommt, vor allem wenn sie prahlen.

10. **Pragmatismus – Fantasie**

    Pragmatismus beweist, wer
    ▶ glaubt, dass es für einen Mann wichtiger sei, ein gutes Familieneinkommen zu sichern, als sich Gedanken über den Sinn des Lebens zu machen.

    Fantasie hat, wer
    ▶ gerne bei einer Zeitung Kritiken über Dramen, Konzerte oder Opern schreiben würde.

11. **Offenheit – Cleverness**

    Offenheit signalisiert, wer
    ▶ lieber mit höflichen Menschen verkehrt als mit ungeschliffenen Personen.

    Clever ist, wer
    ▶ das Leben eines Tierarztes, der Tiere behandelt und operiert, nicht toll findet.

12. **Selbstvertrauen – Besorgtheit**

    Durch Selbstvertrauen zeichnet sich aus, wer
    ▶ sich nicht entmutigt fühlt, auch wenn er von anderen kritisiert wird.

    Besorgtheit dagegen wird bei dem entdeckt, der
    ▶ sich fürchtet, etwas falsch gemacht zu haben, wenn er zu seinem Chef oder Lehrer gerufen wird.

13. **Sicherheitsdenken – Veränderungsbereitschaft**
    Sicherheitsdenken äußert sich in Statements wie
    - die Welt braucht mehr beständige und verlässliche Bürger,
    - besser Hausmannskost als ausländische Speisen.

    Veränderungsbereitschaft dokumentiert, wer
    - auch als Jugendlicher bei seiner Meinung blieb, selbst wenn die anders war als die der Eltern.

14. **Teamfähigkeit – Einzelgängertum**
    Teamfähigkeit wird belegt durch
    - Freude an gemeinschaftlichen Unternehmungen.

    Einzelgängertum zeichnet sich dadurch aus, dass man
    - lieber etwas alleine aufbaut als mit anderen zusammen.

15. **Spontaneität – Selbstkontrolle**
    Zu Spontaneität neigt, wer
    - beim Arbeiten, Ausgehen und Essen gern von einer Sache zur anderen wechselt.

    Selbstkontrolle manifestiert sich darin, dass man
    - alles plant und die Dinge nicht dem Zufall überlässt.

16. **Ausgeglichenheit – Angespanntheit**
    Angespannt wirkt, wer
    - sich oft zu schnell über andere ärgert.

    Ausgeglichenheit zeigt, wer
    - vor einem Test oder einer Prüfung gelassen bleiben kann.

Weiterhin werden fünf Zusatzfaktoren ermittelt:

- starke Normorientierung – geringe Normorientierung
- große Stresstoleranz – geringe Stresstoleranz
- große Autonomie – geringe Autonomie
- große Entscheidungsfreudigkeit – geringe Entscheidungsfreudigkeit
- starker Kontaktwunsch – geringer Kontaktwunsch

Der Satzergänzungstest

Testentwickler haben den freundlich klingenden Begriff Kreativitätsüberprüfung für den sogenannten Satzergänzungstest erfunden. Letztlich aber steckt nichts anderes als eine besondere Art von Persönlichkeitstests hinter diesem Verfahren.

Man legt Ihnen Satzanfänge vor und bittet Sie, den unvollständigen Satz nach Ihren Vorstellungen zu beenden:

- Ich möchte gerne ...
- Ich fürchte ...
- Ich mag es nicht, wenn ...

Egal wie diese Sätze anfangen, es geht darum, Ihnen Gedanken, Statements oder Meinungen zu entlocken, die dann entsprechend interpretiert werden sollen. Dass dieses Verfahren unseriös ist und Sie sich eigentlich weigern sollten, so etwas mitzumachen, ist eine Empfehlung – wenn auch in der Zwangssituation Bewerbung oftmals nicht realisierbar.

Auch wenn es scheinbar um andere Personennamen geht, wie z. B.

- Karl ist immer ...
- Marion mag es, wenn man ...

handelt es sich dabei um Sie, die Vervollständigung des Satzes soll also Rückschlüsse auf Ihre Persönlichkeitsstruktur ermöglichen.

Tipps für Satzergänzungstests

Halten Sie Ihre Antworten knapp und sozial erwünscht. Bleiben Sie sachlich, vermitteln Sie den Eindruck, dass Sie sich um aufrichtige Antworten bemüht haben, und bewegen Sie sich im sozial unverfänglich und konfliktfreien Klischee.

Hier drei Negativbeispiele, wie Sie es bitte nicht machen:

- Ich fürchte ... nicht den richtigen Erfolg zu haben.
- Früher war ich ... ein bisschen schüchterner als meine Freunde.
- Es ärgert mich besonders, wenn ... man mir nicht glaubt.

Diesen Beispielen seien andere, bessere Ergänzungsmöglichkeiten gegenübergestellt:

- Ich fürchte ... mich nicht.
- Früher war ich ... ein erfolgreicher Torwart unserer Schulmannschaft.
- Es ärgert mich besonders, wenn ... andere Menschen abergläubisch sind.

Verdeutlichen Sie sich positive Verhaltensklischees, die man von Ihnen erwarten kann. Machen Sie sich noch einmal klar: Es geht nicht um Wahrheit oder Ihre reale persönliche Meinung. Banal wirkende Sätze sind keine Gefahr, sondern eher ein Indiz dafür, dass Sie kein Neurotiker sind.

Weitere Beispiele, wie Sie sich geschickt aus der Affäre ziehen:

- Ich kann nicht ...
  Antwort: ... klagen.

- Wenn ich einen Fehler mache, dann ...
  Antwort: ... bemühe ich mich, ihn zu korrigieren.

- Als man mir sagte, das könne ich nicht ...
  Antwort: ... bat ich, es doch einmal versuchen zu dürfen.

- Wenn alles misslingt, dann ...
  Antwort: ... suche ich nach der Ursache und beseitige sie.

Biografische Fragebögen

»Wir haben hier noch einige Fragen an Sie. Bitte füllen Sie doch gleich mal unseren Personalfragebogen aus ...« Wenn Sie dazu aufgefordert werden, freuen Sie sich bitte nicht zu früh. Das heißt noch lange nicht, dass Sie es geschafft haben. Was aussieht wie die letzten Formalitäten vor dem endgültigen Arbeitsvertrag, ist nichts anderes als eine weitere Art von Persönlichkeitstest. Neben den persönlichen Daten (Namen, Adresse, Alter, Bildungsabschlüsse, Schuhgröße usw.) werden überwiegend Fragen aus folgenden Bereichen gestellt:

- Ursprungsfamilie (Größe, Ausbildung und Beruf der Eltern)
- Eigene Familie (Größe, Alter der Kinder, Ausbildung und Beruf des Partners)
- Kindheit/Jugend (elterlicher Erziehungsstil, prägende Erfahrungen)
- Schulischer Werdegang (geliebte/ungeliebte Fächer, Leistungen, Anpassung an Lehrer/Mitschüler)
- Ausbildung (Berufswahl, Ausbildungsschwerpunkte, Gründe für evtl. Fehlleistungen)
- Arbeits-/Berufserfahrung (Gründe für die Arbeitsplatzwahl, besondere Kenntnisse/Fähigkeiten, Häufigkeit von Arbeitsplatzwechseln, Gründe und zeitlicher Verlauf)
- Freizeitgestaltung/Interessen (Hobbys, soziales Engagement, außerberufliche Aktivitäten)
- Selbsteinschätzung (besondere Stärken und Schwächen, Gründe für Fehl- und Rückschläge, Entwicklungs- und Verbesserungschancen)
- Lebensziele (berufliche und persönliche Ziele, auch für die Kinder, optimistische/pessimistische Zukunftseinschätzung)

Aber auch Fragen, die Sie angeblich ganz frei beantworten können, etwa in Form eines Kurzaufsatzes, können es in sich haben. Dazu drei Beispiele:

- Welche Menschen bewundern Sie am meisten (bitte Namen nennen)?
- Nennen Sie einige von Ihnen bevorzugte Bücher!
- Welchen Beruf würden Sie wählen, wenn Sie ohne Rücksicht auf Gehalt und Vorbildung frei entscheiden könnten?

So bewältigen Sie Persönlichkeitstests

Entscheidend ist zunächst, Persönlichkeitstests als solche zu erkennen. Das Gebot der Bewerbungsstunde lautet deshalb: diese Testverfahren zu durchschauen und zu wissen, was auf einen zukommt und worauf es ankommt. Das ist leichter, als es sich anhört, denn diese Kunst ist erlernbar.

Zweitens ist es wichtig zu wissen, wer und vor allem wie man ist, also die eigene Persönlichkeit, die eigenen Charaktermerkmale möglichst gut zu kennen.

Die Erwartungen der anderen Seite

Drittens ist es unbedingt notwendig, in Erfahrung zu bringen, was die andere Seite (die Assessment-Center-Beobachter, der Arbeitgeber) für Persönlichkeitsmerkmale erwartet bzw. wünscht.

Viertens muss es einem gelingen – leichter gesagt, als getan –, diese Merkmale glaubhaft an die andere Seite zu vermitteln.

Es ist schwer, generelle Empfehlungen für das Bearbeiten von Persönlichkeitstests auszusprechen, aber achten Sie darauf, die Fragen nicht zu extrem in eine Richtung anzukreuzen. Es geht um die »richtige Mischung« aus folgenden drei Komponenten:

1. Wie stellt sich der Arbeitgeber den idealen Bewerber für diese Position/Aufgabe vor?
2. Wie glauben Sie wirklich zu sein?
3. Ausweichen auf die »Teils-teils«-Position.

Das ist aber noch nicht alles in Sachen Testomanie. Denn manchmal hat man bis zu mehreren Tage am Stück Aufgaben wie die eben vorgestellten und weitere Übungen zu bewältigen. Das Ganze nennt sich Assessment Center und trifft immer mehr Arbeitsuchende, wie Sie im folgenden Abschnitt lesen können.

Assessment Center: Tagelang unter Beobachtung

Führungskräfte, aber auch Hochschulabsolventen, Angestellte, die aufsteigen wollen, mitunter sogar angehende Azubis haben das zweifelhafte Vergnügen, ein Assessment Center bewältigen zu müssen. Worum handelt es sich dabei?

Es ist nicht – wie der Name vielleicht vermuten ließe – ein Zentrum oder eine spezielle Institution mit festem Platz, sondern vielmehr ein Verfahren, das Unternehmen/Organisationen nutzen, um Personal auszuwählen.

Das Assessment Center (Abkürzung AC, von engl. *to assess* = abschätzen, *center* = Mittelpunkt) wird von vielen Arbeitgebern als eine Art Wunderwaffe der Personalauslese gefeiert.

Laut Definition eines der AC-Päpste ist das AC ein systematisches Verfahren »zur qualifizierten Feststellung von Verhaltensleistungen bzw. Verhaltensdefiziten, das von mehreren Beobachtern gleichzeitig für mehrere Teilnehmer in Bezug auf vorher definierte Anforderungen angewandt wird«[13]. Nach den Worten eines anderen AC-Gurus bekommen Sie es mit »einer multiplen Verfahrenstechnik« zu tun, »zu der mehrere eignungsdiagnostische Instrumente oder leistungsrelevante Aufgaben zusammengestellt werden«. Dabei geht es um »die Einschätzung aktueller Kompetenzen oder die Prognose künftiger beruflicher Entwicklung und Bewährung«[14].

Subtile Psychotests

Wir möchten es lieber etwas salopper formulieren: Für uns ist das AC eine bunte Mischung aus subtilen Psychotests zur Personalauslese, eine spezielle Art von Personalauswahlprüfungen. Sie sind Ihnen unter anderem Namen bereits aus Grimms Märchen bekannt, in denen angehende Helden oder Freier von Königstöchtern nicht ohne das Absolvieren gewisser Prüfungen mit Erfolg zum Ziel gelangen konnten. Einen ersten Eindruck soll Ihnen folgender Erlebnisbericht vermitteln:

> *»Als Hochschulabsolventin gelang es mir, dank einer planvollen Bewerbungsstrategie und meiner ansehnlichen Unterlagen zu einer zweitägigen Informations- und Auswahlveranstaltung bei der (nennen wir sie mal) WP-Unternehmensberatung eingeladen zu werden. Auf Kosten der Gesellschaft wurden wir, die wir von weiter her angereist waren, bereits am Vortage in einem 230-Euro-pro-Nacht-Hotel einquartiert. Das macht zwar Eindruck, aber das Herz nicht eben leichter. Die bange Frage lautete so schon am Abend vorher: Kann ich deren Ansprüchen überhaupt gerecht werden?*
>
> *Pünktlich um 10 Uhr am nächsten Morgen begann eine Art »TV-Show« zur Auswahl von Braut und Bräutigam. Der Showmaster (Typ Sonnyboy, Kennzeichen: braun gebrannt, sportlich, attraktiv, dunkler Anzug) war ein externer Personalberater. Er sorgte bei seiner Vorstellung (in englischer Sprache) zwar im Gegensatz zu der eher steifen Atmosphäre der Unternehmensberatungsgesellschaft für eine doch recht freundliche, lockere Stimmung. Was dann aber gleich in der ersten Runde (Postkorb-Übung*

und Leistungstest) verlangt wurde, gestattete keinen Zweifel. Gesucht wurde the best and brightest.

Zuerst wurde das logische Denkvermögen auf die Probe gestellt, indem einfache Buchstabenfolgen ergänzt werden sollten. Zwar hatte ich das mit Zahlenreihen geübt, aber hier lag die Sache verzwickter. Wir sollten über mehrere Buchstabensequenzen im Alphabet rückwärtsspringen und durften dafür natürlich keine Notizen machen. Der Buchstabensalat war nicht nur für mich absolut unverdaulich!

Danach mussten nach bestimmten Handlungsanweisungen innerhalb eines skizzierten Ablaufs Lücken geschlossen werden (Stichwort: Flussoder Ablaufdiagramm). Diese Übung war wohl geeignet, um die Fähigkeiten in betriebswirtschaftlichen Abläufen und der EDV zu testen. Ich fand sie nicht sehr anspruchsvoll (Aufgabentypen dieser Art finden Sie in unserem Buch Testtraining 2000plus, siehe Hinweise am Buchende).

Die nächste Aufgabe hatte mit sehr komplexem Zahlenmaterial zu tun. Wir sollten in extrem kurzer Zeit Tabellen analysieren, Werte abschätzen und vergleichen sowie komplexe Abläufe interpretieren. Der Gag war der Taschenrechner, den wir gestellt bekamen. Hübsch hässlich: die Zeit hätte alleine fürs Eintippen niemals gereicht! Ehrlich gesagt, wir haben alle wie wild geraten, Kopfrechnen war bei den Zahlen nämlich auch unmöglich.

Nachträglich erklärte man uns nebenbei, dass das Benutzen des Taschenrechners negativ beurteilt worden wäre ... Übrigens, niemand ahnte auch nur im Entferntesten, dass sogar unsere Körperhaltung, Gestik und Mimik während dieser geistig anstrengenden Arbeit mitbewertet wurden – Big Brother lässt grüßen!

Die Snackpause wurde dann leider gestrichen, die englische Eingangsvorstellung unseres Showmasters hatte wohl zu lange gedauert. Es ging mit einem Gliederungs- und Strukturtest weiter. Unsinnig aufgebaute Konzeptvorschläge für ein Mitarbeiterfortbildungsprogramm sollten durch andere (genauso unsinnige) Strukturierungsvorschläge ersetzt werden. Wir wählten also brav von allen Übeln das kleinste aus und fragten uns, ob das als ernst zu nehmender Hinweis auf die Art unserer späteren Arbeit in einer Unternehmensberatung zu werten sei.

Ergänzt wurde diese Plackerei von einem Supergau in Sachen Chaos (einer weiteren voluminösen Postkorb-Übung). Kein Mensch auf Erden kann helfen, kein Telefon, kein Computer funktioniert, aber dennoch müssen rund 30 mehrmals verschachtelte, DIN A4 große Notizen in 60 Minuten irgendwie bearbeitet und unter die Leute gebracht werden. Wir spielten dabei den stellvertretenden Geschäftsführer, der erst seit einer Woche im Job ist, kurz vor seiner eigenen Reise steht, aber den todkranken Boss zu vertreten hat und leider noch anderen Stress bewältigen muss, da ihm Ehefrau und Freundin auf die Pelle rücken, was natürlich in der neuen Firma keiner wissen darf ...

Welch eine Erholung beim anschließenden Rechtschreibtest. Aber man soll den Vormittag nicht vor seinem Ende loben. Auch ohne nennenswerten Blutzuckerspiegel durften wir zu vorgerückter Stunde halb verhungert eine Verschärfung des D2-Konzentrationstests hinlegen. (Die Hesse/Schrader-Empfehlung, bei derartigen Tests immer einen kleinen Snack dabeizuhaben, ist doch nicht so falsch.)

Damit war der erste Tag noch nicht ganz zu Ende. Nach dem Essen, das zugegeben exzellent war (und bei dem wir uns endlich mal unbeobachtet unterhalten konnten), gab es die ersten Testergebnisse. Die Hälfte der Teilnehmer durfte abreisen. Ich auch. Auf einer Neuner-Skala hatte ich nicht bei allen Tests die 5 erreicht. Im Einzelfeedback wurde detailliert erläutert, woran es gehapert hatte. Bei mir war das Problem der Umgang mit dem komplexen Zahlenmaterial, also das Abschätzen und Raten.

Platterdings war mir diese Schwäche zuvor verborgen geblieben. Meine Lehrer in der Schule, meine Professoren an der Uni, meine Freunde zu Hause, sogar die Berufsberater hatten mir das Gegenteil bescheinigt (Mathe-Leistungskurs »sehr gut«). Vielleicht neige ich doch eher zu fundierten Ergebnissen als zu Schätzungen?

Damit hatte also die 5 ihr Wort gesprochen und es gab keinen weiteren Bedarf. Schade, ich dachte doch tatsächlich, die meinten, was in ihren Hochglanzprospekten steht. Da sollen ja angeblich Teamfähigkeit, Gesamteindruck, Persönlichkeit und Gruppenverhalten wichtig sein. Nun, all das sollte ich einen Monat später erneut unter Begutachtung stellen dürfen!

Mit Erfolg übrigens. Ja, ich wurde noch mal eingeladen. Bei einer anderen Unternehmensberatung veranstaltete exakt dieselbe Personalberatungsfirma nahezu exakt dasselbe AC. Ich schnitt fast überall mit 7 oder 8 ab. Da es angeblich keinen Lerneffekt bei solchen Übungen gibt, muss ich wohl innerhalb eines Monats zu einer Management-Intelligenzbestie mutiert sein.«

Der Beginn

Das AC wurde bereits in den 20er-Jahren von deutschen Heerespsychologen entwickelt und zuerst zur Auslese des Offiziersnachwuchses eingesetzt. Ab 1927 durfte kein Offizier der Reichswehr ernannt werden, ohne dass er das sogenannte heerespsychotechnische Auswahlverfahren erfolgreich durchlaufen hatte. Amerikanische Psychologen verfeinerten das Verfahren seit Beginn der 50er-Jahre; so wird das AC in den USA längst routinemäßig bei der Personalauswahl verwendet. Seit Mitte der 70er-Jahre werden Assessment Center auch wieder im deutschsprachigen Raum angewandt.

In Deutschland laden bereits mehrere Tausend Unternehmen Bewerber zum AC, um zu testen, wie die Kandidaten wirklich sind, ob sie zum Unternehmen passen, wo ihre Stärken und Schwächen liegen. 85 Prozent der großen deutschen Konzerne schleusen in erster Linie Hochschulabsolventen der Betriebswirtschaftslehre und Ingenieure durch diese Prozedur.

Heutzutage führen die meisten großen Firmen der deutschen Wirtschaft ACs durch, so z. B. *Allianz, BASF, Bayer, Bayrische HypoVereinsbank, Beiersdorf, BMW, DaimlerChrysler, Deutsche Bank, Deutsche Telekom, Dresdner Bank, Lufthansa, Münchener Rück, Siemens, Thyssen Krupp, Veba, VIAG, Volkswagen* und viele mehr. Aber auch wer die Beamtenlaufbahn einschlagen will oder Offizier werden möchte, muss mit einem Auswahl-AC rechnen.

Ein AC kann von mehreren Stunden über einen halben Tag bis zu einigen Tagen dauern, meist sind es zwei. Über diesen Zeitraum werden Sie von einer Prüfungskommission beobachtet.

Je nach Anzahl der Bewerber müssen Sie im Assessment Center mit drei bis sechs Assessoren – man nennt sie auch Beobachter – rechnen. Sie repräsentieren die Auswähler/die Arbeitsplatzvergeber, deren Daumenrichtung nach oben oder unten letztlich entscheidend ist. Neben den Assessoren tritt bisweilen auch ein sogenannter Moderator auf (eine Führungskraft der Firma oder ein Mitarbeiter des für die Durchführung eines ACs beauftragten Unternehmens). Seine Aufgabe besteht darin, die einführenden und überleitenden Worte zu den einzelnen AC-Aufgaben zu finden und den organisatorischen Ablauf zu gewährleisten. Er weist Beobachter und Teilnehmer ein und steuert den Gesamtablauf.

> *»Zuerst stellte sich uns, den etwa 35 Bewerbern für den gehobenen nichttechnischen Dienst, ein echter Spaßvogel von der Deutschen Gesellschaft für Personalwesen (DGP) vor, der uns im Laufe des Tests mit Witzchen unterhalten wollte – nach dem Motto: Im ersten Stock finden Sie das Kasino. Das ist natürlich nicht die Spielhölle (hihihi), sondern die (prust, gicker) Kantine ...*
> *In den folgenden achteinhalb Stunden wurde rauf- und runtergetestet, angefangen bei logischem Denken über Rechenkünste bis hin zu Merk- und Konzentrationstests. Wir bekamen es mit Wortverhältnistests zu tun (... verhält sich zu ... wie ... zu ...), mit Schlussfolgerungsübungen der mehr oder weniger sinnvollen Art (rosa Elefanten gehen zur Schule, können singen und essen Bleistifte). Den größten Wert legte man auf richtiges Schätzen anhand von Additions-, Subtraktions-, Multiplikations- und Divisionsaufgaben mit sechs- bis achtstelligen Zahlen, Brüchen und Dezimalbrüchen sowie Interpretationen von Säulen- und Kuchendiagrammen. Des Weiteren legte man uns Textaufgaben vor, die man nur bewältigen*

konnte, wenn man sattelfest in Sachen Prozentrechnen war. Konfrontiert wurden wir auch mit einer ganzen Menge von Zahlenmatrizen mit vier senkrechten Zahlenreihen. Neben diesen Denkaufgaben (Zitat des DGP-Spaßvögelchens) wurden die Rechtschreibfähigkeiten der Bewerber in Form eines Lückendiktats überprüft. Hierbei kam es auch auf das Schönschreiben an, und von Verbesserungen sollte doch bitte Abstand genommen werden, damit die ach so armen Auswerter nicht in Verlegenheit kämen, Unleserliches womöglich als falsch interpretieren zu müssen.

Endlich gab's dann für uns eine Pause, in der wir für lau in der regierungspräsidialen Kantine essen und trinken konnten. Der Pförtner, voll ehrlichen Mitgefühls, empfahl mir jedoch, diese in einem benachbarten Café zu verbringen. Frisch gestärkt ging's danach fröhlich weiter und uns wurde die Geschichte einer jungen Frau vorgelegt, die ihre Freundin besuchen wollte. Unterbrochen von anderen Konzentrationstests sollten hinterher Details der Geschichte wiedergegeben werden wie Telefonnummern, Geburtsdatum, Hausnummer, Name und Alter des Nachbarn, der ihr geholfen hatte, die Straßenbahnhaltestelle (Name und Standort) zu finden. Dazu gab es ein paar Skizzen, die im Laufe der Geschichte eingebaut wurden und die hinterher von uns wiedererkannt werden sollten. Nach weiteren Konzentrations- und anderen Aufgaben stand das große Finale auf dem Zeitplan: Der einstündige Allgemeinwissenstest, den der ach so lustige kleine Mann von der DGP uns als Entspannungsübung ankündigte. Selten so gelacht ... Wer bei einem solchen Test 95 Prozent Trefferquote erzielen will, der muss nicht nur wissen, dass Ignaz Semmelweis ein Arzt war, sondern auch, dass er das Kindbettfieber besiegte. Ich muss zugeben, dass ich bei vielen Fragen zur deutschen Gegenwartsliteratur – trotz meines Germanistik-Grundstudiums – überfordert war. Ich danke den Testern, dass sie es mühelos geschafft haben, mich von meinem hohen (Bildungs-)Ross zu schubsen. Das Bildungsideal der DGP zugrunde gelegt, verstehe ich mich von nun an als ungebildeten Vollidioten. Danke noch mal dafür.«

Weitere Bewerberberichte finden Sie auf der CD-ROM sowie in unseren Büchern zu den Themen *Assessment Center* und *Testtraining*.

Unter Druck

Ein oder mehrere Tage am Stück unter Zeitdruck und permanenter Kontrolle – kein Wunder, dass sich so mancher AC-Teilnehmer hinterher erschöpft und ausgelaugt fühlt wie ein Zehnkämpfer nach der letzten Disziplin.

Was immer Sie als AC-Kandidat vorzutragen und zu leisten haben, es wird versucht, die Kandidaten oder die Mitbewerber untereinander zu vergleichen und möglichst auch hinter die Fassade zu schauen.

Hinzu kommt, dass Sie sich als unfreiwillig-freiwilliger Teilnehmer auf ganz unterschiedliche Aufgaben einstellen müssen und nicht selten mitten in einer Übung unterbrochen werden, um dann schnell eine andere zu lösen. Beim AC wird man nicht selten systematisch in die Enge getrieben. Getestet wird, wie es um Ihre Frustrationstoleranz und Stressresistenz steht. Dass man da Nerven wie Drahtseile braucht, versteht sich von selbst.

Fast jeden trifft es

Bis vor einigen Jahren war es noch so, dass lediglich oder überwiegend Führungskräfte mit einem AC konfrontiert wurden. Aber die Zeiten, in denen das AC nur dem auserwählten Kreis hoch bezahlter Manager vorbehalten war, sind – wie bereits beschrieben – vorbei. Wer sich heutzutage um einen Ausbildungsplatz bei einer Bank, einer Versicherung, für die Beamtenlaufbahn oder sogar im Reisebüro bewirbt, muss ebenso mit diesem Verfahren oder zumindest mit Anteilen davon rechnen.

Übrigens: Wenn Ihnen als Bewerber ein AC bevorsteht, ist nicht unbedingt gewährleistet, dass man Ihnen das auch so deutlich sagt. Zahlreiche Begriffe haben sich Psychologen, Personalabteilungen, Unternehmen einfallen lassen, um das AC (um-)zubenennen – vielleicht um ihr Auswahlverfahren zu verschleiern, vielleicht auch nur aus Imagegründen. Wenn Sie also demnächst bei einem Management- bzw. Personalentwicklungsseminar, einem Führungskräfte-Potenzialtest, Qualifizierungsworkshop oder schlicht Auswahl-, Förderungs-, Beurteilungs-, Qualifikations-, Entwicklungsseminar dabei sind, wissen Sie, dass Sie sich auf ein AC einstellen können. Einige Firmen setzen auch gern auf geheimnisvolle Abkürzungen: So erfreuen sich bei Personalauslesern z. B. die drei Buchstaben PAC größter Beliebtheit. PAC steht für das AC der Hessischen Landespolizei.

Im Folgenden sehen Sie den typischen Ablauf eines Bank-ACs für einen Trainee-Platz.

1. Tag

8.00–9.30   **Einführung**
Allen Teilnehmern wird das AC, dessen Transparenz und Objektivität erläutert. Der genaue Zeitplan und der Ablauf werden bekannt gegeben. Die AC-Beobachter und -Moderatoren stellen sich vor. Im Anschluss daran Vorstellung der Teilnehmer, jeder stellt aber nicht sich selbst, sondern seinen Nachbarn vor.

9.30–10.30	**Gruppendiskussion** 6 Bewerber, 4 Beurteiler. Jeder erhält eine kurze Aufgabenbeschreibung. In dieser führerlosen Gruppendiskussion wird ein betriebswirtschaftlich-gesellschaftspolitisches Thema diskutiert und ein Maßnahmenkatalog von den Teilnehmern erarbeitet.
10.30–11.00	**Kaffeepause/Small Talk**
11.00–13.00	**Kombinierte Einzel- und Gruppenübung** Jeder Teilnehmer bekommt schriftliche Unterlagen einer Fallstudie, die er 30 Minuten alleine bearbeitet und für die er ein Kurzgutachten erstellt (Thema: ein personalpolitischer Fall). Anschließend gibt es für alle Gruppenteilnehmer weitere Unterlagen zu diesem Fall und auf Grundlage der individuellen Ergebnisse muss jetzt die Gruppe insgesamt das Problem weiterbearbeiten.
13.00–14.30	**Gemeinsames Mittagessen aller AC-Teilnehmer**
14.30–15.30	**Rollenspiel Verhandlung** 2 Bewerber und jeweils 2 Beobachter. Jeder Bewerber bekommt 2 Seiten Rollenanweisung und 20 Minuten Vorbereitungszeit. Rollen: Einkäufer und Verkäufer. Anschließend findet ein simuliertes Verkaufs- und Verhandlungsgespräch statt, bei dem ein Verkaufs-/Einkaufsergebnis zu erzielen ist.
15.30–16.15	**Kaffeepause/Small Talk**
16.15–17.00	**Vorbereitung Präsentation** Jeder Bewerber bekommt einen 20-seitigen betriebswirtschaftlichen Text, der zusammengefasst und im Anschluss vorgetragen werden muss.
17.00–18.00	**Präsentation** 1 Bewerber, 2 Beobachter. Der bearbeitete Text muss innerhalb von 10 Minuten vorgetragen werden. Die Beobachter bleiben passive Zuhörer.
18.00–19.00	**Zwischenbilanz** Alle AC-Teilnehmer tauschen sich aus, sprechen über positive und negative Aspekte und Eindrücke des ersten Tages.
20.00–21.00	**Gemeinsames Abendessen**
21.00–21.45	**Informationen über Trainee-Programm und Aufstiegsmöglichkeiten**

2. Tag

9.00–9.45	**Interview 1**
	Bewerber/Beobachter (Gespräch unter vier Augen)
	Themen: Lebenslauf, Motive der Berufswahl, Karriere- und Zukunftspläne, Sprachkenntnisse, Sonstiges
9.45–10.00	**Kaffeepause/Small Talk**
10.00–10.45	**Interview 2**
	Bewerber/anderer Beobachter (Gespräch unter vier Augen)
	(gleiche Themen wie im ersten Gespräch)
10.45–13.00	**Testbatterie**
	(Intelligenz-, Leistungs-/Konzentrations- und Persönlichkeitstests)
13.15–14.00	**Gemeinsames Mittagessen**
14.00–14.30	**Gruppenabschlussgespräch**
	Ende der Veranstaltung für die Teilnehmer
15.00–21.00	**Auswahlkonferenz**
	AC-Beobachter und -Moderatoren treffen sich zur Ergebnisdiskussion und -findung. Jeder einzelne AC-Kandidat wird ausführlich besprochen.

Die entscheidenden Kriterien

Mit dem AC erwartet Sie ein zum Teil recht ausgeklügeltes Ausleseverfahren. Entscheidend ist, dass Sie durchschauen, worum es bei diesem Auswahlverfahren wirklich geht. Die Prüfer sprechen davon, dass sie die Eignung des Bewerbers testen wollen, die sie in aller Regel an drei Kriterien festmachen:

1. Kompetenz (bedeutend): Haben Sie berufsrelevante Erfahrungen, Kenntnisse, Eigenschaften?
2. Leistungsmotivation (sehr wichtig): Sind Sie engagiert? Haben Sie Biss? Sind Sie wirklich lern-, einsatz- und arbeitswillig? Können Sie sich mit der Aufgabe/dem Unternehmen stark identifizieren?
3. Persönlichkeit (absolut entscheidend): Sind Sie sympathisch? Anpassungsfähig? Passen Sie zur Firma/ins Team?

Was für ein Mensch sind Sie?

Dass Sie fachlich was draufhaben – das konnte man schon Ihren Bewerbungsunterlagen bzw. den Personalunterlagen und Beurteilungen Ihrer Vorgesetzten entnehmen. Davon geht man also aus. Nun will man schauen, was für ein Mensch Sie sind. Die Personalauswähler interessiert, ob Sie jemand sind, mit dem man gerne den ganzen Tag und länger zusammenarbeiten könnte. Es wird geprüft, wie Sie mit anderen umgehen, wie Ihre Wirkung ist, ja, mit was für einer Persönlichkeit man es bei Ihnen zu tun hat.

Persönlichkeit zählt (neben Kommunikationsfähigkeit) zu den wichtigsten globalen Einstellungs- und Aufstiegskriterien.

Es geht zunächst also um den berühmt-berüchtigten ersten Eindruck, in dem bei Gesprächspartnern, die sich bisher unbekannt waren, die Weichen in Richtung einer positiven (Sympathie) oder negativen Gefühlsreaktion (Antipathie) gestellt werden. Das trifft sowohl auf die Beziehung Auswähler/Auszuwählender zu als auch auf die Gruppensituation unter den Kandidaten. Spezielle AC-Aufgaben beziehen sich sogar ganz konkret auf dieses Sympathiethema (»Wem aus der Gruppe würden Sie am ehesten ein gebrauchtes Auto abkaufen?«).

Sympathie entsteht übrigens aufgrund verbaler und nonverbaler Kommunikation, also über die Sprache (formal/inhaltlich) und Sprechweise (laut/leise, Klang, Dialekt …) einerseits und andererseits über Merkmale wie Aussehen, Auftreten, Körpersprache und Kleidung. Erkenne ich mich im anderen wieder, gibt es Gemeinsamkeiten (gleicher Geburtsort, Schule, Ausbildungshintergrund, Hobbys etc.)?

Die Kunst der Selbstdarstellung

Im AC ist auch Ihr schauspielerisches Talent ganz entscheidend: Es geht also nicht nur darum, was Sie können, sondern vor allem, wie Sie sich und Ihre Fähigkeiten darstellen.

Manch einem wird richtig mulmig, wenn er darüber nachdenkt, dass er unter Umständen mehrere Tage mit vielen anderen Bewerbern um einen Arbeitsplatz kämpfen soll. Besser als die anderen zu sein, das kann einen ganz schön unter Druck setzen. Dabei kommt es aber eben nicht unbedingt darauf an, wirklich besser zu sein, sondern sich gut verkaufen zu können. Gekonnte Selbstdarstellung, insbesondere Sympathiemobilisierung, bringt Punkte. Das heißt, Ihre schauspielerischen und selbstdarstellerischen Fähigkeiten sind gefragt.

Keine Anpassung um jeden Preis

Natürlich ist zu bedenken, wie weit Sie überhaupt mitspielen wollen. Denn eins ist klar: Bei einer Bewerbung handelt es sich immer um eine Anpassungsleistung. Doch das Ziel kann sicher nicht Anpassung um jeden Preis sein. Was nützt es Ihnen, den Beobachtern etwas vorzuspielen, das wenig mit Ihren eigentlichen Charaktereigenschaften gemein hat? Das wäre mit Sicherheit keine gute Voraussetzung für den Beginn am Arbeits- oder Ausbildungsplatz. Überlegen Sie sich also genau, wie weit Sie sich anpassen und ab welchem Punkt Sie sich regelrecht verbiegen müssten, um ins Konzept des Arbeitsplatzanbieters zu passen.

Zu Ihrer Orientierung: Die Beobachter richten ihr Augenmerk auf Folgendes:

Soziale Prozesse wie

- Kooperationsfähigkeit
- Kontaktfähigkeit
- Konfliktfähigkeit
- Sensibilität
- Integrationsvermögen
- Selbstkontrolle
- Informationsverhalten

Systematisches Denken und Handeln wie

- abstraktes und analytisches Denken
- kombinatorisches Denken
- Entscheidungsfähigkeit
- Planungs- und Kontrollfähigkeiten
- arbeitsorganisatorische Kompetenz

Aktivität wie

- Arbeitsmotivation, Arbeitsantrieb, Initiative
- Führungsmotivation und Führungsantrieb
- Durchsetzungsvermögen
- Selbstständigkeit/Unabhängigkeit
- Selbstvertrauen
- Ausdauer/Belastbarkeit
- Stresstoleranz

Ausdrucksvermögen wie

- schriftliche und mündliche Kommunikationsfähigkeit
- Flexibilität
- Überzeugungsfähigkeit

Um das Vorhandensein dieser Aspekte zu prüfen, werden die Kandidaten durch zahlreiche Aufgaben geschleust. Die AC-Konstrukteure nennen diese AC-Aufgabentypen gern Arbeitsproben oder Übungen. Doch diese harmlos klingenden Bezeichnungen sollten nicht darüber hinwegtäuschen, dass es sich bei den einzelnen Aufgaben des AC um knallharte Prüfungen handelt, die wir hier in aller Kürze vorstellen. Neben den bereits im vorherigen Kapitel vorgestellten Persönlichkeits-, Intelligenz-, Leistungs- und Konzentrationstests sollten Sie mit den nachfolgenden Übungen rechnen.

Gruppendiskussion

Die Gruppendiskussion ist ein klassischer Standardbaustein eines jeden AC, wobei die Gruppengröße zwischen vier, sechs und mehr Teilnehmern schwankt; oftmals wird eine größere Bewerbergruppe für diese Übung aufgeteilt.

Aufgabe aller Gruppenteilnehmer ist es, ein bestimmtes Thema zu diskutieren. Manchmal fängt es auch damit an, dass sich die Gruppe auf ein Thema – angeboten werden mehrere – einigen soll. Eine kurze Einführung in eine Thematik, in ein Problem oder Ähnliches stellt die versammelten Gruppenteilnehmer des AC vor die Aufgabe, unterschiedliche Meinungsäußerungen zu diskutieren und eventuell auf einen Gruppenkonsens zu bringen. Dabei geht es den Beobachtern viel weniger um das Diskussionsergebnis als um die Beobachtung der Interaktion der AC-Teilnehmer untereinander.

Zwei bis drei AC-Beobachter, die während der Diskussion die Teilnehmer genau beobachten und sich Notizen machen, sind die Regel, mehr oder weniger Beobachter dagegen eher selten, aber auch das kommt vor.

Die möglichen Formen der Gruppendiskussion:

1. Diskussion eines (eher globalen) Themas mit oder ohne Zielvorgabe

Hier besteht die Aufgabe darin, ein vom Auswahlgremium vorgegebenes oder frei zu wählendes Thema in einer Runde von Mitbewerbern gemeinsam zu diskutieren. Bisweilen wird ein Ergebnis gefordert (Stellungnahme, Konsens). Die Themenpalette reicht von Berufsbezogenem über Inhalte aus den Bereichen Politik, Umwelt, Wirtschaft, Zeitgeschehen bis hin zum privaten, persönlichen Bereich.

Möglich ist auch, dass die Gruppe die Aufgabe erhält, sich unter zehn Themen auf eins zu einigen, um dieses dann anschließend zu diskutieren. Bereits der Auswahlprozess durch die Gruppenmitglieder, der erfahrungsgemäß nicht leicht vonstattengeht, ist wichtiger Bestandteil der Beobachtung und Beurteilung. Wer hier eine von den anderen Gruppenmitgliedern akzeptierte Führungsrolle übernehmen kann, steht natürlich bei Weitem besser da als der graue Mitläufer oder der ewig nörgelnde Neinsager.

Häufig werden vor einer Gruppendiskussion – wie im obigen Beispiel geschildert – die Kandidaten aufgefordert, ihre Vorabeinschätzung schriftlich festzuhalten. Zweck dieser Übung ist es, die individuellen Standpunkte/Beurteilungen festzuschreiben, um hinterher vonseiten der AC-Beobachter einen Vergleich vornehmen zu können, inwieweit die individuelle Einschätzung von der Gruppenbeurteilung abweicht.

2. Diskussion einer speziellen Problemstellung (häufig aus dem BWL-Bereich)
Die Diskussion läuft in Form eines Unternehmensplanspiels mit der Aufgabe, gemeinsam einen konkreten Handlungsplan zu entwickeln:

Hier geht es um eine konkrete betriebswirtschaftliche Aufgabenstellung, die auf der Grundlage von schriftlichem Informationsmaterial innerhalb der AC-Gruppe zu diskutieren ist. Fiktive unternehmerische Rahmenbedingungen sind vorgegeben und Entscheidungen auf organisatorischer Ebene gefordert.

3. Diskussion eines vorgegebenen Themas
Dabei haben die AC-Teilnehmer eine ihnen vorgegebene Rolle oder Position zu vertreten: Hier liegt eine genaue Rollenfestlegung für die Diskutanten vor und jedem ist ein Standpunkt vorgegeben. Sie erhalten zunächst eine »Regieanweisung« und müssen als Diskussionsteilnehmer ausschließlich diese Rolle, diese Überzeugung oder diesen Standpunkt vertreten.

Klassisches Beispiel: Jeder Diskutant in der Runde bekommt auf seinem Regiezettel mitgeteilt, Außendienstvertreter einer Versicherungsgesellschaft zu sein. Für seine Arbeit steht ihm ein Dienstwagen zur Verfügung. Der eine AC-Teilnehmer – jetzt in der Rolle eines (Interessen-)Vertreters – hat einen relativ großen Wagen, obwohl er hauptsächlich in der Stadt arbeitet und die Parkplatznot kennt. Der andere hat ein schon recht altes und sehr häufig störanfälliges Modell, ist aber ein recht erfolgreicher Vertreter, ein dritter hat einen zu kleinen Dienst-PKW, obwohl er häufig mit mehreren Auszubildenden geschäftlich unterwegs ist usw.

Jeder Teilnehmer ist also mit einer Vorgabe ausgestattet, mit Pro-, aber auch Kontra-Argumenten hinsichtlich seiner Tätigkeit in Relation zu seinem zur Verfügung stehenden Dienstfahrzeug.

Das zu diskutierende Problem: Ein nagelneues kleines BMW-Sportcabriolet wird von der Geschäftsleitung zur Verfügung gestellt. Wer von den Vertretern (AC-Diskutanten) soll es bekommen, wer hat es sich verdient?

Die AC-Diskutanten sollen eine gemeinsame gerechte Lösung herbeiführen. Und das, obwohl doch jeder laut Rollenvorgabe den neuen Dienstwagen für sich beansprucht. Klar, dass sich hier eine heiße Auseinandersetzung anbahnt. Da gibt es einiges zu beobachten für die AC-Regisseure ...

Aggressiv-gereizte Stimmung

Die meisten Diskussionsrunden dauern ca. 15 bis 45 Minuten. Nicht selten ist die dabei zu diskutierende Thematik so komplex, dass das erforderte gemeinsame Ergebnis, etwa ein Gruppenkonsens, in der Kürze der vorgegebenen Zeit nicht zu erreichen ist. Dies führt häufig zu einer aggressiv-gereizten Stimmung, weil die Diskutanten sich unter einem enormen Leistungsdruck fühlen und entsprechende Versagensängste entwickeln. Lassen Sie sich nicht mitreißen. Denn dieser zum Teil bewusst erzeugte Stress ist für die AC-Beobachter ein willkommener Prüfstein, der auf ihren Checklisten unter verschiedenen Überschriften entsprechend benotet wird. Das bedeutet: Wer als AC-Kandidat in spürbare Aufregung gerät, sammelt Minuspunkte.

Wichtigste Empfehlung für die Gruppendiskussion: Spielen Sie nicht den stummen Fisch, aber auch nicht den eloquenten, narzisstischen Vielquatscher. Wenn es, bezogen auf die Häufigkeit Ihrer Beiträge, so etwas wie eine Dreier-Einteilung gibt, sind Sie am Ende des ersten Drittels gut platziert.

Rollenspiel

Das Rollenspiel ist eine Art Mini-Diskussionsgruppe. Personalchef, Vorgesetzter, Geschäftsführer, Teamleiter – das sind die typischen Rollen, die AC-Kandidaten meist übernehmen sollen. In der Regel geht es dabei um ein simuliertes Gespräch zwischen AC-Prüfling und meistens einem AC-Beobachter (oder Moderator), der aktiv den Part der zweiten Rolle übernimmt. Seltener sind Rollenspiele, die zwei AC-Prüflinge absolvieren müssen.

Für dieses Stegreif-Theater-Rollenspiel hat man 10 bis 30 Minuten Zeit. Vorher steht eine meist als zu knapp empfundene Vorbereitungszeit (etwa 5 bis 15 Minuten) zur Verfügung, in der sich der AC-Prüfling mit einer schriftlichen Rollen- und Situationsbeschreibung vertraut zu machen hat.

Im Rollenspiel wird versucht, betriebliche Interaktionen zu simulieren. Typisch: Konfliktgespräche zwischen Vorgesetztem und Mitarbeiter (Stichworte: Kündigung, schlechte Leistung, sonstige Kritik, einfach Unangenehmes).

Die Rolle, die Sie übernehmen müssen, ist weder leicht noch angenehm, auch dürfen Sie nicht mit allzu viel Entgegenkommen bei Ihrem Rollenspielpartner rechnen. Denn das ist dessen Geschäft, seine Rolle sieht eben vor, Ihnen das Leben schwer zu machen.

Kritikgespräch

Typisches Beispiel für ein Rollenspiel ist das Kritikgespräch. Man wird zum Vorgesetzten ernannt, der mit dem Mitarbeiter Meier ein ernstes Wörtchen zu reden hat. Denn dessen Leistungen am Arbeitsplatz lassen merklich nach – offensichtlich eine Folge seiner Alkohol- und Eheprobleme. Hinzu kommt, dass sein Kind gerade tödlich verunglückt ist. Keine einfache Ausgangsbasis also für das Gespräch mit ihm. Auch nicht gerade erleichternd wirkt der Umstand, dass seine Frau die Cousine des Vorstandsvorsitzenden ist ...

Im Rollenspiel stellt sich also vor allem die Frage: Wie geschickt sind Sie im verbalen Umgang mit anderen Menschen? Wie groß ist Ihre Empathie, d. h., wie gut können Sie sich in Ihr Gegenüber einfühlen? Sind Sie in der Lage, Verhaltenshintergründe zu erhellen und gemeinsame Lösungswege zu erarbeiten? Mit diesen Fragen entscheiden die AC-Beobachter darüber, ob AC-Kandidaten Plus- oder Minuspunkte sammeln.

Erfolgreich schneidet ab, wer die Grundregeln der Gesprächsführung beherrscht, als da wären:

1. aktives Zuhören
2. konkrete, klare Aussagen zum eigenen Standpunkt machen
3. Motive und Ziele der eigenen Argumentation verdeutlichen

Beim Rollenspiel kommt es nicht auf Härte, sondern auf Feingefühl an, bei gleichzeitiger konsequenter Verfolgung des eigenen Gesprächsziels. Und dieses ist deutlich gefärbt durch Interessen des Unternehmens, das Sie im Rollengespräch zu vertreten haben.

Gemeinsame Vereinbarung

Im Kritikgespräch generell und besonders hier in Ihrer AC-Situation geht es nicht um den Nachweis irgendeiner Schuld, sondern um die gemeinsame Vereinbarung, wie sich der Mitarbeiter in Zukunft verhalten sollte. Es kann also nicht Ihre Aufgabe sein, im Rollengespräch Ihr Gegenüber zur Schnecke zu machen.

Verfolgen Sie im Rollengespräch vielmehr Ziele wie:

- die psycho-sozialen Ursachen von Leistungsversagen oder Fehlverhalten bei Ihrem Gesprächspartner zu erhellen
- die Begründung Ihres Gegenübers für sein Verhalten zur Sprache zu bringen und ihm dabei gut zuzuhören
- die Förderung der Einsicht Ihres Gegenübers, dass Derartiges in Zukunft vermieden wird (Verhaltensänderung)

- das Erreichen einer Übereinkunft, dass zukünftig gemeinsam vereinbarte Ziele realisiert werden

Beim Rollenspiel geht es noch stärker als bei der Gruppendiskussion um die (verbal) gezeigte soziale Kompetenz. Gefragt ist dabei eine Mischung aus schauspielerischem Können und der Anwendung des Wissens, auf welche Anforderungsmerkmale es besonders ankommt. In diesem Fall: auf den demokratischen oder kooperativen Führungsstil, auf Kontaktfähigkeit, Einfühlungsvermögen, Verhandlungsgeschick – wichtige Bausteine Ihrer sozialen Kompetenz.

Speziell beim Kritikgespräch gilt ...

- Machen Sie sich zunächst klar, was Sie in dem Gespräch bewirken wollen (Ziel: Verhaltensänderung).
- Sorgen Sie für eine gute, sachlich-entspannte Gesprächsatmosphäre.
- Tragen Sie Ihre Kritikpunkte sachlich vor, weitestgehend neutral und wertfrei. Seien Sie dabei so konkret wie möglich (keine Pauschalisierungen wie: »Sie machen wohl in der letzten Zeit alles falsch.«) und belegen Sie Ihre Ausführungen mit konkreten Beispielen oder Vorfällen. Vermeiden Sie es, in die Problemdarstellung bereits eine persönliche Bewertung einzubringen.
- Berücksichtigen Sie auch die Gefühle Ihres Gegenübers. Machen Sie deutlich: Ihre Kritik gilt dem speziellen Verhalten oder einer speziellen Situation und nicht der gesamten Person.
- Fordern Sie Ihren Gesprächspartner auf, Stellung zu nehmen und seine Sicht der Dinge darzulegen. Bitten Sie um Erklärungen.
- Rechnen Sie auch mit offenen Aggressionen, Leugnen der Sachverhalte, Zweifel an Ihrer Kompetenz (vgl. auch Gruppendiskussion, siehe S. 427).
- Werden Sie nicht Ihrerseits aggressiv, drohen Sie nicht, vermeiden Sie Gegenattacken oder einen Streit darüber, wer nun recht hat.
- Wenden Sie ggf. als Gesprächsmethode die Spiegeltechnik an, eine bewährte Gesprächstechnik, deren Hauptfunktion darin besteht, durch Zuhören mehr Informationen zu bekommen und parallel emotional entlastend zu wirken.

Hören wir unserem Gegenüber aufmerksam zu, wird dieser über kurz oder lang erwarten, dass wir zu dem von ihm Gesagten Position beziehen, also selbst Stellung nehmen (damit er ggf. umso heftiger kontern kann).

Die Gesprächstechnik des Spiegelns hilft uns nun dabei, dies gerade eben nicht sofort tun zu müssen. Sie bewahrt uns davor, bereits in einer frühen Gesprächsphase in Widerspruch und wenig konstruktive Auseinandersetzungen mit unserem Gesprächspartner verstrickt zu werden.

Die Spiegeltechnik ermöglicht es Ihrem Gesprächspartner nicht zuletzt auch, seinen Gefühlen (vor allem Ärger!) entsprechend Ausdruck zu verleihen. Das entlastet und der Weg für einen konstruktiven und Erfolg versprechenden Lösungsansatz bzw. weiteren Gesprächsverlauf wird frei.

Ein Beispiel:

A: (sich beklagend) »… und dann haben mir die Kollegen gesagt, Sie hätten behauptet, ich würde für die Bearbeitung der Akten zum Vorgang XY die doppelte Zeit brauchen wie mein Vorgänger und das Ergebnis sei doch recht mager …«

Sie haben eine ganze Weile zugehört und wären jetzt eigentlich an der Reihe, Position zu beziehen. Mit der Spiegeltechnik können Sie diesen Zeitpunkt noch einmal hinausschieben, vielleicht sogar umschiffen. Statt beispielsweise jetzt empört zu sagen:

B: »Was soll ich gesagt haben, das ist ja ungeheuerlich, und so stimmt das gar nicht …«

und damit auf einer Streitebene zu landen, bei der es darum geht, wer wann was gesagt und wie gemeint hat (wechselseitige Schuldzuweisungen, Fronten verhärten sich), ist es günstiger, das Gespräch durch folgende »Spiegelung« der ersten Aussage von A weiter voranzubringen:

B: »Ihnen ist also von Ihren Kollegen gesagt worden, ich hätte mich negativ über Sie und Ihre Arbeitsleistung geäußert.«

Wenn Sie an dieser Stelle eine Pause machen, wird Ihr Gegenüber schnell wieder das Wort ergreifen und sich seinen Frust weiter von der Seele reden. Sie aber haben mit dieser Antwortreaktion überhaupt keine konkrete Stellung bezogen, also weder bejaht noch dementiert, sondern die Aussage von A lediglich gespiegelt.

Ihr Gegenüber fährt also fort, in dem Gefühl, Sie haben zugehört und zumindest verstanden, worum es ihm geht, anstatt gleich alles zu leugnen oder ihn gar anzugreifen. A könnte jetzt sagen:

A: »Ja, und dann haben mir die Kollegen noch gesagt …«

Jetzt besteht die realistische Chance, noch weitere Informationen zu bekommen und Aspekte sichtbar werden zu lassen, die für Ihre spätere Stellungnahme wichtig sind.

▶ Im Rollenspiel erwartet man nicht von Ihnen, dass Sie im Alleingang einen Lösungsvorschlag aus dem Hut zaubern. Viel besser ist es, wenn Sie zunächst konkrete Lösungsvorschläge vonseiten Ihres Gesprächspartners erbitten (»Was schlagen Sie selbst vor: Wie können Sie die Probleme und Schwierigkeiten in den Griff kriegen?«).
Entwickeln Sie dann gemeinsam Problembewältigungsstrategien (»Was halten Sie davon, wenn Sie in Zukunft …«).

Und einigen Sie sich nach einer Bewertung der verschiedenen Vorschläge auf ein konkretes zukünftiges Vorgehen, Handhaben usw.
- Fassen Sie das Gesprächsergebnis, den erarbeiteten Lösungsvorschlag, abschließend zusammen (»Wir sind zu dem Ergebnis gekommen, ... haben gemeinsam vereinbart ... Sie sind damit einverstanden, dass ...«).
- Denken Sie zum Schluss daran, das Gespräch mit einer positiven Bemerkung ausklingen zu lassen: »Ich freue mich, dass es uns gelungen ist, trotz aller Schwierigkeiten gemeinsam etwas erreicht zu haben ...«

Präsentation

In der Kürze liegt die Würze. Dieses gute alte Sprichwort trifft auch auf die Präsentation zu. Präzise und mit Witz auf den Punkt zu kommen, ohne mit öden Nebenschauplätzen zu langweilen – das macht den gelungenen Vortrag aus. Das Wie bei dieser Aufgabe ist häufig wichtiger als das Was. Denken Sie dran, es geht um Ihre Persönlichkeit, Ihre Ausstrahlung und Überzeugungskraft. Besonders die Eloquenz ist durchaus zu trainieren (siehe Kapiel »Gesprächsführung und Gesprächspsychologie«, S. 506).

Ob Sie die Aufgabe bekommen, als Moderator aufzutreten, oder mit Unterlagen in Form einer Fallstudie konfrontiert werden, deren Lösung vorzustellen ist, oder ob Sie nach kurzer Vorbereitungszeit über ein gesellschaftspolitisches Thema einen Vortrag halten sollen – eins ist sicher: Wenn eine solche Aufgabe an Sie herangetragen wird, dann handelt es sich um den AC-Baustein Präsentation.

Erklärtes Ziel ist es, ein Thema in der Kürze der Zeit inhaltlich zu erfassen und geschickt in einem mündlichen Vortrag den Zuhörern zu vermitteln. Dabei geht es in der Regel um Standpunkte, die zu vertreten sind, oder um Überzeugungsarbeit, die von Ihnen geleistet werden muss. Manchmal wird dabei dem AC-Prüfling explizit die Rolle eines Unternehmensberaters abverlangt, in die er sich hineinzuversetzen hat, um etwa dem fiktiven Vorstandsgremium eines Unternehmens angemessene Aktionen vorzuschlagen.

Übrigens: Möglich ist auch, dass die Präsentationsaufgabe darin besteht, sich selbst vorzustellen. Entweder ganz frei, sodass Sie selbst entscheiden können, wie Sie was über sich erzählen wollen, oder beispielsweise mit folgender Vorgabe: »Stellen Sie uns Ihre drei größten Stärken und Schwächen vor«, »Die wichtigsten Stationen in Ihrem Lebenslauf« oder »Beschreiben Sie Ihren Lieblingsurlaubsort«.

Die vorgegebene Zeit für Ihren Vortrag sollten Sie unbedingt einhalten. Und auch die 5 oder 10 Minuten Vortragszeit sind schneller vorbei, als der unter Prüfungsstress stehende Kandidat sich vorstellen kann. Wenn Sie mit dem Vortrag aufhören müssen, weil die Zeit abgelaufen ist, und wichtige Ihrer vorbereiteten Argumente ungesagt bleiben, haben Sie diese AC-Prüfung in den Sand gesetzt. Also: Verzichten Sie lieber auf ein paar zusätzliche, aber schwächere Argumente und lassen Sie genügend Raum für die wirklich guten.

Interessanter Einstieg

Der Anfang Ihres Vortrags ist von besonderer Bedeutung. Denn ein Einstieg entscheidet oft darüber, ob man Leser oder in Ihrem Fall Zuhörer für ein Thema interessieren kann oder nicht. Deshalb sollten Sie sich für den Anfang Ihres Vortrags ein Lockmittel überlegen, etwa die knallige Headline, die spannende Einleitung, die interessante Frage, die witzige Anekdote. Machen Sie Ihre Zuhörer neugierig auf das, was nun folgt.

Beleuchten Sie das Thema von verschiedenen Seiten und Standpunkten. Sparen Sie nicht mit sprachlichen Bildern oder Vergleichen. Greifen Sie auch bei dieser Übung zu didaktischen Hilfsmitteln (Flipchart, Overheadprojektor, Tafel usw.) und visualisieren Sie (komplizierte) Zusammenhänge. Zögern Sie nicht, auch einen Kernbegriff an die Tafel zu schreiben, um die Bedeutung zu unterstreichen. Zusammenhänge, die Sie durch Pfeile, Kreise oder andere Symbole vor den Augen der Zuschauer etwa auf der Overheadfolie optisch präsentieren, werden verständlicher und augenfällig – eine Methode, die gut ankommt.

Möglichst unterhaltsam

Geben Sie Ihren Zuhörern etwas zu denken, beteiligen Sie sie an Ihrem Thema und beziehen Sie sie mit ein (etwa durch Fragen). Fassen Sie die wichtigsten Aspekte des Themas kurz und prägnant zusammen und kommen Sie zum Schluss, der ähnlich gestrickt sein sollte wie der Anfang – gut unterhaltend.

Apropos: Es ist äußerst wichtig, dass es Ihnen gelingt, die Zuhörer zu unterhalten. Eine Prise Humor, ein Zitat oder eine angemessene Provokation bringt Ihnen dabei Pluspunkte. Wenn Sie langweilen, darüber hinaus noch nuscheln und mit der einen Hand verlegen vor dem Mund, mit der anderen nervös durchs Haar gehen, sammeln Sie jede Menge Minuspunkte. So gut kann Ihr Vortrag inhaltlich gar nicht sein, dieses Manko wieder auszugleichen.

Zur richtigen Körpersprache zählt auch, dass Sie von Anfang an Blickkontakt halten und diesen möglichst ausgewogen auf alle Zuhörer verteilen, insbesondere auf die AC-Beobachter. Sprechen Sie eher etwas langsamer als aufgeregt-schnell, nutzen Sie die Kunst der effektvoll inszenierten Pause.

Den Vortrag beenden Sie bitte nicht mit: »So, das war's.« Viel besser: »Ich danke Ihnen« oder einfach »Danke schön«.

Postkorb-Übung

Bei der sehr oft eingesetzten Postkorb-Übung besteht Ihre Aufgabe darin, dass Sie als Chef/Vorgesetzter/Geschäftsführer eine große Anzahl von Dokumenten durcharbeiten müssen, die sich in Ihrer Post angesammelt haben, weil Sie länger abwesend, vielleicht auf Dienstreise, waren. Unheimlich viele Entscheidungen sind von Ihnen zu treffen – typischerweise auf folgenden Gebieten:

- finanzielle Schwierigkeiten
- geschäftliche Dinge
- familiäre Probleme
- private Sorgen

Alles ist unter enormem Zeitdruck zu bearbeiten, weil es dann kurz danach wieder auf Dienstreise oder in den Urlaub geht.

Die Unmenge von unterschiedlichen Papieren durchzulesen, erfordert eigentlich schon den größten Teil Ihrer Bearbeitungszeit. Dann aber wird von Ihnen verlangt, sich in der gegebenen schwierigen Situation (diese ist Ihnen eingangs erklärt worden) sehr schnell für eine angemessene Umgangsweise mit den Ihnen vorgestellten Ereignissen, Anforderungen und Problemen zu entscheiden. Natürlich müssen Sie alles, was Sie zu tun gedenken, schriftlich begründen.

Entscheidungsmut zeigen

Auch wenn es in der realen Arbeitswelt durchaus angebracht ist, Dinge gründlich zu durchdenken – bei der Postkorb-Übung machen Sie damit keine Punkte. Dokumentieren Sie hier Entscheidungsmut und Entschlossenheit. Zeigen Sie ein gerüttelt Maß an Selbstsicherheit und Optimismus.

Zunächst sollten Sie, um sich einen Überblick zu verschaffen, alle Ihnen vorgelegten Informationen durchlesen und sich parallel auf einem Extrazettel Notizen machen. Dabei sollten Sie zu Beginn die folgenden Fragestellungen im Blick behalten und heranziehen:

- Ist ein Überblick geschafft?
- Lässt sich ein Zeitplan aufstellen?
- Welche Vorgänge/Ereignisse sind wirklich wichtig, von Bedeutung und warum?
- Welche können zurecht zurückgestellt, zunächst vernachlässigt werden und warum?
- Wie sind die Zusammenhänge zwischen einzelnen Vorgängen/Ereignissen?
- Welche weiteren Gemeinsamkeiten lassen sich finden?

Mit der »Vier-Häufchen-Methode« kommen Sie gezielt weiter: Ordnen Sie die Informationen folgenden vier Gruppen zu:

1. Muss ich selber machen
2. Kann ich delegieren
3. Kann warten
4. Kann in den Papierkorb

Fragen für die Eigenbearbeitung

- Welche Aufgaben muss ich unbedingt selbst bearbeiten?
- Welche Termine müssen eingehalten werden?
- Was passiert, wenn Termine verpasst werden?
- Lässt sich ein Ordnungssystem (Unterscheidungsmerkmale) für die einzelnen Vorgänge finden?
- Wo sind Prioritäten zu setzen und aus welchen Gründen?
- Wie ist dabei die Interessenlage?
- Wird bei der Bearbeitung und bei den Entscheidungen ein systematischer Leitfaden evident?

Fragen für zu delegierende Aufgaben

- Was lässt sich an andere Personen delegieren und warum?
- Kontrollfrage dabei: Könnte bei den AC-Beobachtern der Eindruck entstehen, sich vor Entscheidungen oder Aufgaben drücken zu wollen?
- Wie lässt sich dabei eine Effizienz- und Erfolgskontrolle gestalten?

Abschließend können Sie Ihre Entscheidungen noch einmal einer kritischen Fragenkontrolle unterziehen

- Fließen in die Entscheidungsfindung alle verfügbaren Informationen ein?
- Welche Konsequenzen, möglicherweise Probleme ziehen bestimmte Entscheidungen nach sich?
- Gibt es dazu Alternativen?
- Wie sind Entscheidungen zu erklären, zu rechtfertigen, zu begründen?
- Sind die Motive für Entscheidungen für die AC-Beobachter einsichtig?

Stressinterview

Mit harten Bandagen wird beim Stressinterview gekämpft, das in erster Linie Ihre Stress- und Frustrationstoleranz testen soll. Hauptziel der AC-Interviewer ist es dabei, Sie aus der Reserve zu locken, Sie zu provozieren und Ihr Verhalten in einer Stresssituation zu testen. Es liegt an Ihnen, wieweit Sie sich darauf einlassen und inwieweit Sie vorbereitet sind. Wichtig ist es, die Ruhe zu bewahren und gelassen zu bleiben, möglichst kurz und knapp zu antworten, jedoch nötigenfalls darauf hinzuweisen, dass es auch für Ihre Toleranz und Geduld Grenzen gibt.

Verwirrende Schweigepausen

Gern legen Interviewer zwischendurch Schweigepausen ein. Das soll die Kandidaten verwirren und aus dem Konzept bringen. Sie lassen sich natürlich nicht in diese Falle locken, durchschauen diesen Versuch und ertragen ihn mit freundlicher Gelassenheit. Machen Sie aber nicht den Fehler, jede kritische Frage als den Beginn eines Stressinterviews zu interpretieren, und begegnen Sie Ihrem AC-Interviewpartner nicht von vornherein misstrauisch.

Die 10 wichtigsten Verhaltensregeln für das AC-Interview

1. Hören Sie aufmerksam und konzentriert zu.
2. Halten Sie angemessenen Blickkontakt.
3. Beobachten Sie genau (ohne zu mustern).
4. Überlegen Sie, bevor Sie antworten, nehmen Sie sich die Zeit.
5. Scheuen Sie sich nicht, nachzufragen.
6. Reden Sie lieber etwas weniger als zu viel.
7. Lassen Sie Ihren Gesprächspartner (aus-)reden. Warten Sie ab, stehen Sie auch mal eine kleine Gesprächspause durch.
8. Seien Sie lieber etwas mehr zurückhaltend als zu wenig.
9. Bleiben Sie sachlich, ruhig, geduldig und gelassen.
10. Versuchen Sie, die wichtigsten Regeln der Körpersprache zu berücksichtigen (siehe S. 522).

Abschlussgespräch

Nach der Befragung gibt es in der Regel eine mehr oder minder ausführliche Einschätzung vonseiten der AC-Veranstalter und -Beobachter, wie man mit den Leistungen der Bewerber zufrieden ist. Meist wird darauf geachtet, die Kandidaten in freundlich-moderater Weise zu loben.

Dieses Abschlussgespräch soll das Auswahlverfahren abrunden und von Arbeitgeberseite aus eine gute Abgangsatmosphäre schaffen.

Kritik und Verbesserungsempfehlungen werden eigentlich nur an AC-Teilnehmer adressiert, die bereits zum Unternehmen gehören und sich um einen

Aufstieg bemüht haben. Bei diesen lohnt sich das, externe Bewerber dagegen werden immer mit lobenden Worten und natürlich mit allen guten Wünschen für die berufliche Zukunft verabschiedet.

Imagepflege

Falls Ihr Gegenüber mehr spricht und Sie kaum zum Zuge kommen, brauchen Sie sich nicht zu wundern. Manchmal nutzen Firmen das Abschlussgespräch eben zur Imagepflege.

Und denken Sie daran: Noch ist nichts entschieden, Sie sitzen immer noch auf dem Präsentierteller und werden nach wie vor genauestens beobachtet. Halten Sie Ihre Rolle weiter durch – so lautet die Devise für das Abschlussgespräch. Selbst die noch so joviale Aufforderung (nach dem Motto: »Jetzt, wo alles vorüber ist, können Sie offen sprechen, frei von der Leber weg kritisieren«) sollten Sie mit Vorsicht genießen. Denn der Test geht weiter. Dies ist nicht der Moment der Abrechnung oder der Entspannung!

Diplomatisches Geschick

Insbesondere bei Fragen zu Ihren AC-Mitbewerbern kommt es auf Ihr diplomatisches Geschick an. Natürlich bewundern Sie die guten Leistungen, die Eloquenz des einen oder anderen, und sollte sich jemand wirklich bis auf die Knochen blamiert haben, so ist hier der Moment, wohlwollendes persönliches Mitgefühl zu demonstrieren. Machen Sie sich bloß nicht lustig oder äußern Sie sich nicht verächtlich über Ihre Mitstreiter, selbst wenn Sie dazu aufgefordert werden.

Durchhalten bis zum Schluss

Ob in den Pausen, auf der gemeinsamen Fahrt in das wunderschön gelegene Ausbildungszentrum, auf der Toilette beim Händewaschen – was immer Sie zwischen erstem und letztem Kontakt während der AC-Veranstaltung sagen, es kann mit einfließen in die Gesamtbeurteilung Ihrer AC-Leistung. Sie werden auch in den Pausen und sogar noch nach der Verabschiedung beobachtet.

Die Kunst des Small Talks

Wie reden und verhalten Sie sich da – vielleicht ganz anders als in den AC-Übungen? Sind Sie jemand, der auf andere zugeht? Verstehen Sie die Kunst des Small Talks oder gelingt es Ihnen nicht, mit anderen hier und da ein wenig unverfänglich zu plaudern? Wer eine Führungsposition anstrebt, dem darf es nicht wahnsinnig schwerfallen, Kontakte zu knüpfen, mit Fremden zu plaudern. Auch in Berufen, die sehr kundenorientiert sind, wird diese Fähigkeit hoch bewertet. Sie sollen aber natürlich auch nicht ohne Punkt und Komma reden, sodass die anderen gar keine Chance mehr haben, zu Wort zu kommen. Dennoch macht es sich selbstverständlich gut, wenn Sie derjenige sind, dem es gelingt, peinliche Gesprächspausen durch entsprechende Themen und Fragen zu überbrücken.

Auch bei einer Essenseinladung – ob nun ganz edel im piekfeinen Restaurant oder nur in der Kantine – stehen Sie selbstverständlich nach wie vor auf dem Prüfstand. Bisweilen werden die AC-Kandidaten sogar explizit aufgefordert, sich mit den Beobachtern am Essenstisch zusammenzusetzen. Und wenn angeblich alles vorüber ist und man noch schnell auf ein Glas Bier oder Wein zusammenkommt und aufgefordert wird: »Nun mal ganz unter uns, wie fanden Sie es denn wirklich?«, dann drängt sich der Gedanke auf, ein AC scheint niemals zu enden, und das ganze Leben ist ein Test …

Tischmanieren

Man achtet darauf, wie Sie mit Speisekarte, Messer und Gabel, aber auch mit Kellnern umgehen. Schlingen Sie alles in sich hinein, aus Angst, zu kurz zu kommen, oder warten Sie ab, bis alle versorgt sind? Entpuppen Sie sich als Vegetarier, dem man nichts recht machen kann? Stopfen Sie Ihr Pfeifchen, nachdem Sie als Vorspeise ein Bauernomelette weggeputzt haben? Was machen Sie mit dem Rotweinfleck, den Sie versehentlich beim Einschenken eines Glases verursacht haben? Haben Sie sich zum Abendessen umgezogen, präsentieren Sie sich jetzt im Freizeitlook oder haftet Ihrer Kleidung die Transpiration angestrengter AC-Arbeitsstunden an?

Sie sehen, es gibt viele Fettnäpfchen, in die man bei einem solch ungezwungenen Zusammensein tappen kann. Daher sollten Sie auch hier auf der Hut sein.

Einige Erfahrungsberichte von Bewerbern, die ein AC absolviert haben, finden Sie auf der CD-ROM.

Auf den Punkt gebracht

Tests begleiten unser Leben. Ob Persönlichkeits-, Intelligenz-, Leistungstests oder ein komplettes Assessment Center: Hinter der Testomanie steckt der Wunsch von Arbeitgebern, den richtigen Kandidaten aus der großen Schar der Bewerber auszusieben. Auch wenn Testanwender immer wieder das Gegenteil behaupten – man kann sich sehr wohl auf diese Tests vorbereiten und sie durchschauen. Je besser Sie wissen, worauf Testbeobachter und Personalentscheider achten, desto effektiver können Sie als Kandidat Ihre Performance gestalten.

Machen Sie sich mit der Prüfungssituation »Test« unbedingt im Vorfeld vertraut. Und streben Sie eine größtmögliche Gelassenheit an. Das bedeutet einerseits die Bereitschaft, wirklich etwas dafür zu tun, dass es klappt. Andererseits darf man seine Enttäuschung nicht zu groß werden lassen, wenn es nicht auf Anhieb gelingt, den angestrebten Ausbildungs- oder Arbeitsplatz zu bekommen. Deshalb ganz wichtig: Machen Sie Ihr Selbstwertgefühl unabhängig vom Testergebnis. Das Testresultat ist kein »Gottesurteil« und sagt absolut nichts über Ihren Wert als Mensch und über Ihre angebliche (Nicht-)Eignung für einen speziellen Beruf oder für eine bestimmte Hierarchieebene aus. Bauen Sie also Ihre Test-, Autoritäts- und Wissenschaftsgläubigkeit ab und versichern Sie sich der unterstützenden Solidarität wichtiger Personen in Ihrer Umgebung.

Eine Einladung zu einem mehrstündigen, bisweilen mehrtägigen Assessment Center stellt schon eine sehr spezielle Herausforderung für die Kandidaten dar. Verschiedene Übungen und Rollenspiele in einer Gruppe von Kandidaten ermöglichen den Beobachtern und Auswählern einen unmittelbaren Vergleich zwischen den Bewerbern. Es gilt für die Kandidaten, verschiedene Gruppendiskussionen, Vortrags- und Präsentationsübungen zu überstehen und in schriftlichen Testverfahren wie Intelligenz-, Leistungs-Konzentrations- und Persönlichkeitstests einen guten Eindruck zu machen.

Sie müssen – wie übrigens im Vorstellungsgespräch auch – Sympathien für sich mobilisieren (Stichwort: Persönlichkeit). Daneben spielen Ihre Leistungsmotivation (Mitspielbereitschaft) und Ihre Problemlösungs- und Kommunikationskompetenz die zentrale Rolle.

Lösungen zu den Testaufgaben

Allgemeinwissen

Satzergänzung
1e / 2d / 3d / 4f / 5c / 6d / 7d / 8b / 9c / 10f / 11e / 12e/ 13a / 14e / 15f / 16 f / 17d / 18c / 19e / 20a

Geschichte
1c / 2b / 3d / 4c / 5b / 6b / 7b / 8a / 9c / 10a / 11b / 12b / 13b / 14d / 15c / 16a / 17b / 18c / 19b / 20c

Literatur
1c / 2c / 3c / 4c / 5b / 6c / 7a / 8b / 9a / 10a / 11b / 12b / 13a / 14a / 15a

Technik
1b / 2b / 3a / 4a / 5b / 6a / 7b / 8b / 9b / 10a / 11b / 12b / 13a / 14a / 15c

Logisches Denken/Abstraktionsfähigkeit

Sinnvoll ergänzen
1f / 2b / 3h / 4b / 5e / 6c / 7g / 8b

Zahlenmatrizen

		senkrecht:	waagerecht:
A	8	+ 2	+2
B	9	− 2	+3
C	− 6	− 8	−15
D	2/3	: 3	: 6
E	8	× 2	: 4
F	27	× 3	× 4
G	103	+ 13	− 13
H	− 1	−3, − 4	− 1, − 2
I	0	− 9	+ 17
J	3 2/3	: 3, × 4	× 4, : 3

Dominos
1b / 2c / 3a / 4b / 5d / 6f / 7c / 8b

Grafik-Analogien
1d / 2e / 3b / 4a / 5e / 6b / 7a / 8c

Absurde Schlussfolgerungen
1b / 2b / 3a / 4b / 5b / 6a, b, a / 7b

Richtige Schreibweise
1 allmählich / 3 wohlweislich / 4 Kanone / 6 Depesche / 7 Gelatine /
8 Satellit / 10 athletisch / 11 Gelee / 15 Methode / 16 Filiale / 18 Labyrinth /
19 Rhododendron / 20 Rhythmus / 21 Portemonnaie (Portmonee) /
22 Vagabund / 23 Widerstand / 24 Zyklop / 25 Sympathie

Praktisch-technische Intelligenz

Grundrechnen
1d / 2a / 3d / 4d / 5c / 6b

Maße und Gewichte
1e / 2d / 3b / 4b / 5a / 6b

Technisch-physikalische Aufgaben
1b / 2d / 3a / 4d / 5d / 6c / 7a / 8a

Zahlensuche
1D / 2BC / 3BC / 4CG / 5AFG / 6AE / 7C / 8DE / 9G / 10DG / 11BC / 12CG / 13AFG / 14AE / 15C / 16DE /
17G / 18DG / 19E / 20A

Zahlen verbinden
Wenn Sie in 30 Sekunden etwa 15 Zahlen verbinden, ist das ganz ordentlich. Wenn Sie mehr schaffen, umso besser. Weniger als 10 sollten Sie sich nicht leisten.

Beobachten
1b / 2a / 3b / 4c / 5a / 6c / 7c / 8a / 9b / 10c / 11a / 12a / 13c / 14b / 15b / 16a /
17b / 18c / 19a / 20c / 21b / 22a / 23c / 24c / 25c / 26b / 27b / 28a / 29b / 30a /
31c / 32a

Sowohl zu den Testaufgaben als auch zum Thema Persönlichkeitstests und Assessment Center finden Sie von uns Spezial-Bücher (siehe S. 560).

Vorstellungsgespräche

»Wer etwas bewirken will, muss große Worte finden.«
Kurt Masur

Sie haben es geschafft und mit Ihren Unterlagen, vielleicht auch mit dem Einstellungstest-Ergebnis überzeugt. Herzlichen Glückwunsch, nun haben Sie die Einladung zum Vorstellungsgespräch erhalten. Was ist zu tun? Auch auf die Gefahr hin, dass Sie es nicht mehr hören können, müssen wir es trotzdem leider noch einmal erwähnen. Richtig, die Vorbereitung ist auch beim Vorstellungsgespräch das A und O. Lesen Sie jetzt, wie Sie Ihren Auftritt erfolgreich gestalten und wie Sie das heikle Thema Gehalt am besten verhandeln.

Worauf es ankommt

Zunächst möchten wir Ihnen gratulieren. Wenn Sie es bis hierher, also bis zur Einladung zum Vorstellungsgespräch, geschafft haben, können Sie mit Recht stolz auf sich sein. Ein wichtiger Teil Ihres Bewerbungsvorhabens ist dem vorangegangen. Erfolgreich – denn sonst hätte man Sie nicht eingeladen, um Sie näher kennenzulernen.

Arbeitsplatzvergeber wie Personal- und Firmenchefs wollen im Vorstellungsgespräch wissen, ob Sie als Bewerber zum Unternehmen und in das vorhandene Team passen. Dabei geht es um persönliche und anforderungsbezogene Eignung, die im Vorstellungsgespräch am Bewerber, also an Ihnen, überprüft werden sollen. Aus diesem Grund hat man anhand der vorliegenden schriftlichen Bewerbungsunterlagen, die nach einer Stellenanzeige eingegangen sind, die interessantesten und vielversprechendsten Bewerber herausgesucht.

Gute Vorbereitung

In der Regel haben an diesem ersten Auswahlvorgang mehrere Personen mitgewirkt: der Chef, der Personalchef, der Abteilungsleiter, möglicherweise auch die Sekretärin. Vielleicht sind 250 Bewerbungen eingegangen, und nun muss man sich auf Arbeitgeberseite darauf verständigen, wie viele Kandidaten geeignet erscheinen und wie viele man näher kennenlernen will und kann (Zeitökonomie!).

Möglich, dass unter den vielen Bewerbern nur eine oder einer als kompetent erscheint. Wahrscheinlich favorisiert man aber doch drei bis zehn Bewerber. Leider ist es oft so, dass man aus Zeitgründen nur einen kleinen Teil der Kandidaten einlädt, die für die Aufgabe/den Arbeitsplatz infrage kommen.

Das Auswahlgremium möchte nun seine bisherigen Informationen aus den vorliegenden Bewerbungsunterlagen ergänzen und einen ganz persönlichen Eindruck von Ihnen als Bewerber bekommen. Dabei wird die Ausprägung von Persönlichkeitszügen und Eigenschaften wie Leistungsbereitschaft, Motivation, Anpassungsfähigkeit, Einordnungsbereitschaft und Kompetenz unter die Lupe genommen. Ebenso konzentriert man sich auf äußere Merkmale wie Aussehen, Auftreten, Manieren sowie auf das sprachliche Ausdrucksvermögen.

Grundlage der Entscheidung für einen Bewerber sind in der Regel – Sie werden es kaum glauben – etwa zu 60 bis 70 Prozent Ihre Persönlichkeit, nur zu 10 bis 15 Prozent Ihre fachliche Kompetenz und zu weiteren 25 Prozent Ihre Leistungsmotivation.

Wichtig für Sie als Bewerber zu wissen: Es gibt Einzel- und Gruppenvorstellungsgespräche. Ihre Dauer ist unterschiedlich, je nach Arbeitsplatz und zu bewältigender Bewerberzahl bzw. Gesprächsteilnehmern auf Arbeitgeberseite. Klar ist, dass ein Theaterintendant-Bewerber nicht nur ein längeres Vorstellungsgespräch hat, sondern mehrere, und dass eine Bäckereiverkäuferin mit allerhöchstens zwei Gesprächen rechnen muss, die eigentlich nicht länger dauern sollten als jeweils maximal eine halbe Stunde. Das erste Gespräch könnte dem Kennenlernen und der Vorauswahl dienen, das zweite, um zu einer konkreten Arbeitsvereinbarung (über Zeit und Bezahlung) zu kommen.

Das Vorstellungsgespräch ist eine mündliche Test- und Prüfungssituation, auf die man sich gut vorbereiten kann. Diese Vorbereitung benötigt mindestens die gleiche, wenn nicht sogar doppelt so viel Zeit wie die schriftliche Bewerbung. Sich dafür ein, zwei Tage oder mehr Zeit zu nehmen, ist nichts Außergewöhnliches. Natürlich bedarf es mehr Zeit, wenn es um das erste Vorstellungsgespräch geht, als wenn Sie hier schon eine gewisse Routine haben.

In der Regel läuft ein Vorstellungsgespräch nach einem bestimmten Schema ab, das von der Ausbildung und Erfahrung des Interviewers, also des Gesprächspartners von der Arbeitgeberseite, bestimmt wird. Es erfordert deshalb, wenn man als Bewerber etwas entgegensetzen will, ebenfalls eine gute Vorbereitung. Hier drängt sich unweigerlich der Vergleich mit einem Schauspieler auf, der sich um ein Engagement bewirbt und eine Rolle vorsprechen oder vorspielen muss. Auch er hätte ohne Vorbereitung, Übung und präzises Rollenstudium keine Chance. Schon der Begriff »Vorstellung« deutet – wie gesagt – auf die Parallele zum Theater hin.

Vier Hauptaspekte gilt es dabei zu berücksichtigen:

> ▸ die eigene Ausgangsposition
> ▸ Details über die Firma/die Institution
> ▸ den Gesprächsablauf und die zu erwartenden Fragen
> ▸ den organisatorischen Teil (Anreise, Kleidung usw.)

Für alle vier Aspekte gilt: Wissen ist Macht, und Übung macht den Meister. Je besser Sie sich auf die Prüfungssituation Vorstellungsgespräch vorbereiten, umso gelassener können Sie auf heikle und schwierige Fragen reagieren. Halten Sie sich den Tag, an dem das Gespräch stattfinden wird, frei von anderen Verpflichtungen.

Persönlichkeit, Motivation und Kompetenz

Der Arbeitgeber oder Personalchef will im Vorstellungsgespräch vor allem drei Aspekte überprüfen: Ihre Persönlichkeit, Ihre Leistungsmotivation und Ihre Kompetenz.

Beim Kennenlernen Ihrer Persönlichkeit geht es vor allem um folgende Aspekte:

- Wirken Sie sympathisch und vertrauenswürdig?
- Sind Sie anpassungs- und teamfähig?
- Passen Sie zur Institution/zum Unternehmen?

Ihre Leistungsmotivation soll durch folgende Fragestellungen erhellt werden:

- Bringen Sie Engagement und Enthusiasmus für die angestrebte Position mit?
- Sind Sie lernfähig und arbeitswillig?
- Werden Sie sich mit der Firma/Institution und Ihrer Aufgabe in hohem Maße identifizieren?

Kompetenz meint fachliche Qualifikation und das Vorhandensein berufsrelevanter Eigenschaften. Hier geht es vor allem um die Frage: Kann der Arbeitgeber Ihnen die Bewältigung des Jobs / der Aufgaben zutrauen (im Sinne von: Sie werden es schon schaffen, weil Sie so und so sind bzw. das und das können ...)?

Im Folgenden möchten wir Ihnen die einzelnen Gesprächsphasen ausführlich erläutern. Zunächst aber ein kleiner Exkurs zum zentralen Aspekt im Vorstellungsgespräch: Persönlichkeit und Sympathie.

(Er-)Forschungsgebiet: Ihre Seele

Vier große Untersuchungsthemen sollen insbesondere Ihre persönliche Eignungsvoraussetzung beleuchten, füllen den P-Faktor, aber auch den L-Faktor noch einmal deutlicher auf.

Was die absoluten Weichensteller sind, ist Ihnen klar:

- **Kompetenz** (Voraussetzung)
- **Leistungsmotivation** (der Treibstoff)
- **Persönlichkeit** (mag man Sie, sind Sie sympathisch, vertraut man Ihnen, dann traut man Ihnen den Job auch zu!)

Hier nun der P-Faktor etwas ausführlicher. Er setzt sich aus vier Unterpunkten zusammen und deshalb interessiert man sich für …

1. Ihre psychische Konstitution (Seelenzustand)
(Oder: Wie normal, wie stabil, wie gesund sind Sie?)
unterteilt nach

- Selbstbewusstsein
- Emotionale Stabilität
- Belastbarkeit

2. Ihre sozialen Kompetenzen (Sozialverhalten)
(Oder: Wie gehen Sie mit anderen um? Wie kommen Sie mit anderen klar?)
unterteilt nach

- Durchsetzungsfähigkeit
- Teamfähigkeit
- Kontaktfähigkeit
- Verträglichkeit
- Einfühlungsvermögen

3. Ihr Arbeitsverhalten (Arbeitsweise)
(Oder: Wie ist Ihr Arbeitsstil? Wie gehen Sie an Aufgaben heran?)
unterteilt nach

- Handlungsorientierung
- Flexibilität
- Gewissenhaftigkeit

4. Ihre berufliche Orientierung (Macht- und Leistungsanspruch)
(Oder: Was für berufliche Ziele haben Sie? In welcher »Liga«, auf welcher Ebene wollen Sie spielen?)
unterteilt nach

- Führungsmotivation
- Gestaltungsmotivation
- Leistungsmotivation

Fangen wir mit dem 4. Punkt an, der sicherlich nicht für alle Leser die gleiche Relevanz hat, Ihrem Macht- und Leistungsanspruch:

Einschätzungsfragen zu Ihrer beruflichen (Ziel-)Orientierung

Vielleicht ist das ja wirklich nicht Ihr Thema. Sie wollen beispielsweise nur als Sachbearbeiterin, und deshalb lediglich in Maßen, Verantwortung übernehmen. Aber selbst bei einer Bewerbung um diese Position kann es Ihnen leicht passieren, dass Sie zu solchen Themen kurz abgefragt oder genötigt werden, Stellung zu beziehen.

Ganz anders natürlich, wenn Sie sich um eine leitende, eine mit Personalverantwortung verbundene Position bewerben.

Thema: Führungsmotivation
Oder anders gefragt und in Sie hineingehört: Wären bzw. sind Sie gerne der Chef?

Welchen Anspruch auf die Führung einer Gruppe, eines Teams von Mitarbeitern haben Sie? Würden Sie gerne »anderen sagen, wo es langgeht«? Bereitschaft zur Übernahme von Personalverantwortung, Leitungsfunktion wahrnehmen zu wollen, soll hier erfragt bzw. abgeklärt werden. Wie steht es mit Ihrer Bereitschaft, in den »Handlungsspielraum« anderer aktiv einzugreifen? Lust auf Macht über andere oder besser nichts damit »am Hut haben« wollen?

Wenig Interesse, andere anzuleiten, führen zu wollen, Anordnungen, »Befehle« zu erteilen, vermitteln Sie mit Aussagen wie: »Den Chef spielen, immer wieder zu sagen, wo es langgeht, liegt mir überhaupt nicht. Das überlasse ich gerne anderen.«

Die Haltung dagegen, Verantwortung zu übernehmen, sich zu kümmern, innerlich Druck zu spüren und dies auch weiterzugeben, wird als Bereitschaft interpretiert, Führungsaufgaben zu übernehmen, für andere vielleicht doch gerne so etwas wie den Leithammel, den Chef spielen zu wollen.

Aber Vorsicht: Extreme Standpunkte und ständige Aussagen in diese oder die gegenteilige Richtung können missinterpretiert und damit auch zu einem Problem werden. Einerseits könnte der Eindruck entstehen, Sie akzeptierten nur etwas, wenn es »nach Ihrer Nase« geht, wenn Sie über andere bestimmen können. Andererseits deutet es möglicherweise darauf hin, dass Sie weniger Wert auf soziale Einflussnahme legen als auf fachlich anspruchsvolle Aufgaben und sich um nichts anderes kümmern wollen.

Es geht um (Selbst-)Beschreibungen, Statements und Aussagen wie:

Wie stehen Sie zu Führungsverantwortung?
Können Sie sich vorstellen, Kollegen zu sagen, was getan werden muss?

▶ Antwort: Das kann ich mir für mich gut vorstellen, damit hab ich auch schon Erfahrungen ...

Erfüllt es Sie mit Stolz, wenn Ihre Kollegen das machen, was Sie vorgeschlagen haben?
▶ Nicht unbedingt, aber es gefällt mir schon, wenn ich andere beeinflussen kann, das Richtige zu tun ...

Wären Sie gerne in einer Vorgesetztenposition?
▶ Ja, das reizt mich schon ...

Fällt es Ihnen schwer, andere zu kritisieren?
▶ Wenn es sein muss und gerechtfertigt ist, fällt es mir eigentlich nicht schwer. (Fast schon ein bisschen zu unsicher: Wenn es sein muss, eigentlich ...)

Ob als Fragen direkt an Sie gestellt oder Ihrerseits so dargestellt in Ihren Selbstbeschreibungen, mit Aussagen zu diesen Inhalten zeigen Sie ein ganz bestimmtes Bild von sich.

Thema: Gestaltungsmotivation
Wie stark ist Ihr Wunsch nach aktiver Einflussnahme und Gestaltung?
Sie müssen kein »Alpha-Tierchen« sein und sich auch nicht für eine entsprechende Führungsaufgabe bewerben. Dennoch ist man immer interessiert zu erfahren, wie viel Interesse Sie an der Gestaltung Ihrer Arbeitsumwelt und den Aufgaben haben. Spüren Sie den starken inneren Antrieb, sich Ihre berufliche Umgebung selbst gestalten zu wollen? Damit ist weniger das Tapetenmuster gemeint als vielmehr die beruflichen und sozialen Rahmenbedingungen.
Sie wollen sich gerne aktiv und engagiert an der Veränderung Ihrer Umgebung beteiligen?
Prima, das kommt meistens gut an, manchmal ist es sogar Voraussetzung, um den Job zu bekommen. Aber übertreiben dürfen Sie dabei selbstverständlich auch nicht. Sonst bekommt man Angst vor Ihnen. Ein niedrigeres (schlichtes Desinteresse) bedeutet, dass Sie eher auf die Kontinuität und Bewahrung des Bestehenden setzen, sich lieber ein- und unterordnen, als alles völlig infrage zu stellen oder gar umkrempeln zu wollen. Die eigenen Vorstellungen durchzusetzen, erkannt geglaubte Missstände zu beseitigen, etwas Neues zu gestalten sind Präferenzen, die mit einer hohen Gestaltungsmotivation einhergehen und ebenso gut mit hoher Bereitschaft in den Bereichen Führungs- und Leistungsmotivation zusammenpassen. Sicherlich nicht für jeden das Richtige.

Es geht um (Selbst-)Beschreibungen, Statements und Aussagen wie:

- Ich mag es, Dinge oder Prozesse so zu beeinflussen, wie ich es als richtig empfinde.
- Ich habe schon eine ganze Menge in meinem Leben bewegt.

Im Folgenden wird es schnell grenzwertig:

- Bisweilen muss ich schon mal in meinem Tatendrang gebremst werden. (Vorsicht, nicht übertreiben!)
- Ich bin sicher für einige so etwas wie ein unbequemer Querdenker. (Vorsicht, nicht übertreiben!)

Thema: Leistungsmotivation
Wie hoch ist Ihre Leistungsmotivation?

Das interessiert ganz besonders. Sind Sie bereit und mehr als nur willig oder ist bei Ihnen eher Zurückhaltung zu erwarten? Sich selbst stets etwas aufzuerlegen, sich immer wieder etwas abfordern zu müssen, sich permanent Höchstleistungen abzuringen, signalisiert, wer hier Aussagen, Statements wie unten beschrieben vorträgt oder auf Themenvorschläge entsprechend reagiert. Mit anderen Worten: »Immer höher, schneller, weiter ...« wäre Ihr rastloses Motto. Im Extremfall kann es aber auch häufige Unzufriedenheit und Ruhelosigkeit signalisieren. Vielleicht fehlt es Ihnen am nötigen Drive oder Schwung und Sie sind schnell mit dem Vorhandenen, einmal Erreichten zufriedenzustellen und machen entsprechend bei diesen Nachforschungen in Ihrer Arbeitspersönlichkeit nicht allzu viele Punkte. Im Extrem, bei sehr wenigen Anhaltspunkten dieser Art, laufen Sie Gefahr, für antriebsschwach bis faul gehalten zu werden.

Es geht um (Selbst-)Beschreibungen, Statements und Aussagen wie:

Welche Bedeutung hat Arbeit in Ihrem Leben?
- Für mich kommt meine Arbeit an erster Stelle. Oder auch: Wegen der vielen Arbeit vernachlässige ich bisweilen mein Privatleben.
- Es reizt mich besonders, schwierige Probleme zu lösen.

Achtung – nicht falsch aus falscher Bescheidenheit antworten:

Würden Sie sich als besonders ehrgeizig bezeichnen?
- Ich bin nicht besonders ehrgeizig. (Vorsicht! In Maßen schon.)

Von bedeutsamer Relevanz ist in jedem Fall das nächste Thema, egal, ob Sie als Bäckerei-Aushilfsverkäuferin in Teilzeit einen Arbeitsplatz suchen oder sich als Chefärztin bewerben.

Einschätzungsfragen zu Ihrem Arbeitsverhalten

Thema: Handlungsorientierung
Überlegen Sie zu viel und handeln zu wenig oder umgekehrt?
Zögern und zaudern Sie, bevor Sie endlich mit der Bearbeitung eines Problems beginnen? Oder gehen Sie entschlossen, rasch und ergebnisorientiert vor? Wissen Sie, worauf es bei einem Job vor allem ankommt? Wählen Sie die Prioritäten richtig oder verzetteln Sie sich leicht, verlieren schnell den Überblick und damit auch das Ziel aus den Augen?

Bei entsprechender Verneinung der Handlungsorientierung werden Sie kaum zu Schnellschüssen neigen. Arbeiten, die ein beherztes, entschlossenes Handeln verlangen, sind Ihnen vielleicht ein Graus. So jedenfalls wird man es vermuten, wenn Sie im Vorstellungsgespräch entsprechend antworten. Deutlich erkennbare Signale in die Richtung einer hohen Handlungsorientierung lassen die Hoffnung aufkommen, Sie seien ein souveräner Macher, vielleicht ein handfester Praktiker, ein Mensch, der auch wirklich etwas tut und sich nicht nur in Ankündigungen ergeht.

Wenn Sie allerdings übertreiben, laufen Sie Gefahr, dass man von Ihnen glaubt, Sie würden etwas auch unter allen Umständen durchboxen … Und das kann wiederum ängstigen.

Es geht um (Selbst-)Beschreibungen, Statements und Aussagen wie:

Würden Sie sich eher als ein Macher oder als ein Denker beschreiben?
▸ Während andere noch nachdenken und reden, handle ich bereits.
▸ Wenn ich mir etwas tagsüber vornehme, habe ich es am Abend meistens auch erledigt.
▸ Habe ich ein klares Ziel vor Augen, verzettle ich mich auch nicht.

Wie lange sollte man überlegen, bevor man handelt?
▸ Das kommt sicherlich immer auf die Situation an. Im Großen und Ganzen neige ich aber eher dazu …

Thema: Flexibilität
Wie schwer tun Sie sich mit notwendig werdender Anpassung?
Wie leicht können Sie sich neuen Gegebenheiten anpassen? Wie umständlich stellen Sie sich an, wenn unvorhergesehene Ereignisse Ihnen völlig andere Rah-

men- und Arbeitsbedingungen aufgeben, ein ganz neues Verhalten erforderlich wird? Brauchen Sie ein sehr stabiles, klar geordnetes Umfeld, um sich bei der Arbeit wohlzufühlen? Oder ist genau das eher langweilig und Sie bevorzugen die Überraschung, das ständig Neue oder wenigstens den gelegentlichen Wechsel? Deutliche Aussagen und Hinweise, aber auch Bestätigungen Ihrerseits signalisieren Vorliebe für immer neue Herausforderungen und damit den beständigen Wandel. Zu viel würde aber auch bedeuten können, Sie ertragen kaum die Kontinuität und die tägliche Routine ist Ihnen wahrscheinlich verhasst, Sie sind unbedingt auf permanente Abwechslung aus, langweilen sich ansonsten zu Tode. Ein »Zuwenig« bedeutet etwa, Sie sind berechenbar und stabil, bevorzugen dementsprechend ein klar geordnetes Arbeitsumfeld mit Aufgaben, die Sie – auch wenn sie zur Routine werden – nicht so schnell langweilen.

Alles hat also seine Vor- wie Nachteile. Es kommt eben darauf an, worum es geht und wie Sie selbst dastehen wollen.

Es geht um (Selbst-)Beschreibungen, Statements und Aussagen wie:

Wenn sich etwas in Ihrem Berufsleben gänzlich verändert. Wie gehen Sie damit um?
▶ Ich kann mich veränderten Gegebenheiten schnell und gut anpassen.

Was bevorzugen Sie? Routine- oder neue Aufgaben?
▶ Mir sind Aufgaben lieber, bei denen ich weiß, was auf mich zukommen kann.
▶ Aufgaben, die ein sofortiges Handeln bedingen, sind für mich eine positive Herausforderung.

Hier kommt es darauf an, was Sie wollen:

Wie stehen Sie zu Routineaufgaben?
▶ Wenn alles seinen gewohnten Gang geht, langweile ich mich schon mal (oder eben auch nicht ...).

Thema: Gewissenhaftigkeit
Sehen und beschreiben Sie sich eher als fixen Überflieger oder beinahe schon als Erbsenzähler?
Arbeiten Sie lieber schnell und dafür zwangsläufig etwas oberflächlicher oder haben Sie die sprichwörtliche Liebe zum Detail und sind sehr präzise, aber dadurch bedingt auch ein bisschen langsamer? Sehr pointiert: Überflieger oder Erbsenzähler? Pragmatiker oder Perfektionist? Das sind die Pole, um die es hier geht. Natürlich spielen dabei auf der einen Seite der Aspekt von Sorgfalt,

Genauigkeit und Zuverlässigkeit wie z. B. Termintreue eine wichtige Rolle, auf der anderen Seite Spontaneität, der sogenannte »Mut zur Lücke«, das Vorantreiben und endlich Fertigbekommen einer Sache oder Aufgabe.

Keine Aussagen in Richtung Wertschätzung von Sorgfalt und Gewissenhaftigkeit, Präzision und Detailliebe sprechen eher für den weniger Geduldigen, den weniger am Detail orientierten.

Eine Darstellung, die auf Genauigkeit und Akkuratesse besonderen Wert legt, eher für einen besonders gründlichen, sehr verantwortungsbewussten Vertreter. Feststellbar wird das auch schon an Ihrem Erzählstil. Zu große Detailbetonung könnte somit eher als Indiz für einen zwanghaften, zu geringe für einen etwas sehr sorglosen, leichtfertigen Vertreter (Bruder Leichtfuß) gewertet werden.

Es geht um (Selbst-)Beschreibungen, Statements und Aussagen wie:

- Ich bin für sehr hohe Sorgfalt und Präzision bei der Erledigung meiner Arbeitsaufgaben bekannt.
- Für mich gilt: Erst die Arbeit, dann das Vergnügen.
- Arbeiten, die ein hohes Maß an Sorgfalt und Ausdauer benötigen, liegen mir.
- Ich bin ziemlich perfektionistisch veranlagt.

Einschätzungsfragen zu Ihrer sozialen Kompetenz

Thema: Durchsetzungsstärke
Knicken Sie sehr schnell ein oder sind Sie eher etwas zu halsstarrig?
Kämpfen Sie schon mal für die Durchsetzung Ihrer Auffassung oder sind Sie eher kompromissbereit und anpassungswillig? Über dominantes Verhalten oder Nachgiebigkeit bis hin zur Unterwürfigkeit möchte man auch gerne etwas von Ihnen wissen. Mit anderen Worten: Muss einfach alles nach Ihrem Willen geschehen oder lassen Sie sich eher leicht lenken, vielleicht aber auch die »Butter vom Brot« und den »Wind aus den Segeln« nehmen?

Entsprechende Statements, Erzählungen oder Antworten auf Fragen bedeuten dann auch, Sie wissen sich durchzusetzen, können sich Gehör verschaffen und geben nicht so schnell »klein bei«. Sie haben und zeigen Rückgrat. Bei sehr starker Betonung erlebt man Sie aber auch als autoritär und kompromisslos. Aufgepasst! Es kommt immer auf den Job an, den Sie anstreben.

Die gegenteilige Position zeigt dann eher an, Sie geben eventuell zu schnell auf, wenn Sie Ihre Ideen, Vorschläge oder Meinung ein- und durchbringen sollten. Sie sind leicht zu beeinflussen und von Ihrem Anliegen abzubringen.

Es geht um (Selbst-)Beschreibungen, Statements und Aussagen wie:

Wie erreichen Sie etwas, wenn Sie etwas erreichen wollen?
Haben Sie Durchsetzungsvermögen?
- ▶ Ich weiß, wie ich mich durchsetzen kann.

Was ist Ihnen wichtiger? Durchsetzungsvermögen oder Kompromissbereitschaft?
- ▶ Beides zu seiner Zeit ist wichtig und richtig.
- ▶ Ich kann nur sagen: Es fällt mir auf der Arbeit leicht, andere Kollegen für meine Ideen einzunehmen.

Vorsichtig mit diesen Eingeständnissen

- ▶ Anderen gegenüber bin ich meist etwas zu nachgiebig. (Bloß nicht. Ein Negativbeispiel!)
- ▶ Bei einem Streit haben es andere mit mir schwer … (Vorsicht, fast schon gefährlich!)

Thema: Teamorientierung
Was bedeutet Ihnen Autonomie, was Kooperation?
Sehen Sie sich eher als starken Einzelkämpfer oder sind Sie erfolgreicher, wenn Sie in einem Team arbeiten? Brauchen Sie andere, um etwas zu erreichen, oder kommen Sie am besten allein zum Ziel? Sind Sie kompromiss- und kooperationsfähig? Wie sehr sind Sie bereit, auf andere Rücksicht zu nehmen, sich ein- und gelegentlich unterzuordnen? Wie wichtig sind Ihnen ein oder mehrere Gegenüber bei der Lösung von Problemen? Treffen Sie Entscheidungen lieber alleine oder stimmen Sie sich zu Ihrer eigenen Sicherheit lieber mit anderen ab und gehen so ein kleineres Risiko ein, denn: Auch andere haben über die Entscheidung mit nachgedacht.

Eine weniger auf Teamarbeit fixierte und zum Ausdruck gebrachte Haltung spricht eher für eine ausgeprägtere Selbstständigkeit und Unabhängigkeit fernab einer Arbeitsgruppe, eine klar präferierte Teamarbeit für Delegationsfähigkeit und Kooperationsbereitschaft und den Wunsch, in und mit einem Team etwas zu bewirken.

Es geht um (Selbst-)Beschreibungen, Statements und Aussagen wie:

Wie stehen Sie zum Thema Teamarbeit?
- ▶ Davon bin ich überzeugt: Gemeinsam geht es meist besser, erreicht man häufig mehr.
- ▶ Oder: Am liebsten arbeite ich mit anderen gemeinsam an einer Aufgabe und wir sind erfolgreich …

Verdächtig:

▸ Ich arbeite am besten/liebsten allein … (Vorsicht!)
▸ Ich mag es nicht, ständig alles mit andern diskutieren zu müssen. (Vorsicht!)

Thema: Kontaktfähigkeit
Wie leicht fällt es Ihnen, auf andere zuzugehen?
Fühlen Sie so etwas wie Unsicherheit und Befangenheit in (beruflichen) Situationen, in denen Sie auf neue, Ihnen unbekannte Personen stoßen? Oder bereitet es Ihnen eher Spaß, neue Leute in und aus Ihrem Arbeitsumfeld kennenzulernen? Haben Sie ein großes Netz an wichtigen und hilfreichen Kontakten oder reicht Ihnen eher ein ganz kleiner Kreis an ausgewählten Unterstützern? Neigen Sie zu einem umfangreichen Erfahrungsaustausch oder tun Sie sich eher schwer mit dem aktiven Aufbau von persönlichen Beziehungen?

Sicherlich ist es auch eine Frage Ihres Temperamentes, ob Sie offen sind für Small Talk oder doch eher etwas zurückhaltend mit Personen, die Sie noch nicht lang genug kennen. Eine deutliche Präferierung des Kontaktes spricht für eine stärkere Außenorientierung, ein Offensein im Umgang mit anderen, eine spielerische Leichtigkeit in der Kontakt- und Kommunikationsaufnahme und -pflege, eine eher gering zum Ausdruck gebrachte Kontaktfähigkeit für das Gegenteil. Vereinfacht ausgedrückt: Ein Zuviel würde Sie nicht als Leuchtturmwärter empfehlen, ein Zuwenig sicherlich nicht als Mitarbeiter an einer Hotelrezeption.

Es geht um (Selbst-)Beschreibungen, Statements und Aussagen wie:

Wie geht es Ihnen, wenn Sie auf unbekannte Personen stoßen?
▸ Es fällt mir relativ leicht, auf andere Menschen zuzugehen.
▸ Schnell mit anderen ins Gespräch zu kommen, ist für mich absolut kein Problem.
▸ Wegen meiner guten Kontaktfähigkeit werde ich schon mal von anderen beneidet.

So nicht:

Was schätzen Sie? Wie viele Menschen kennen Sie aus beruflichen Zusammenhängen, so in etwa …?
▸ Lassen Sie mich nachdenken, vielleicht so drei oder vier … (zu wenig!!!)
▸ Es fällt mir schwer, mich mit fremden Personen spontan über etwas zu unterhalten. (Vorsicht!)

Thema: Verträglichkeit
Wie freundlich wirken Sie auf andere?
Sind Sie aufgrund Ihrer liebenswürdigen Art überall beliebt und gern gesehen? Oder schätzt man Sie bestenfalls für Ihre ehrliche, unverblümte Art, anderen offen die Meinung zu sagen? Kommt es Ihnen vor allem auf Harmonie an oder scheuen Sie sich vor keiner Auseinandersetzung und sagen jedem ziemlich direkt und schonungslos, was Sie von ihm denken?

Mit entsprechenden Selbstaussagen und Beschreibungen erscheinen Sie eher als jemand, der meistens freundlich und sympathisch wirkt (bzw. wirken möchte). Mit einem etwas zu deutlichen, zu pointierten Ansatz aber auch als jemand, dem es schwerfällt, unangenehme Dinge beim Namen zu nennen, und der eher einen faulen Kompromiss eingeht, als ein klares Nein oder Stopp zu riskieren. Eine geringer ausgeprägte Beschreibung von Verträglichkeit spricht eher für das Gegenteil (Unverträglichkeit, »Harter Hund«), und es gibt nicht wenige berufliche Situationen, die eine etwas weniger vorhandene Soziabilität (Verträglichkeit, Liebenswürdigkeit ...) von Vorteil erscheinen lassen (Stichwort: Krieg am Arbeitsplatz oder kurz: *survival of the fittest*).

Es geht um (Selbst-)Beschreibungen, Statements und Aussagen wie:

- ▶ Die meisten Menschen, die ich kenne, mag ich eigentlich auch gut leiden.
- ▶ Wenn ich jemanden nicht mag, mache ich auch keinen Hehl daraus. (Vorsicht, nicht sehr diplomatisch!)
- ▶ Wer sich mit mir anlegt, wird es schnell bereuen. (Vorsicht!)

Thema: Einfühlungsvermögen
Überschätzen Sie (nicht) Ihr Einfühlungsvermögen?
Fällt es Ihnen leicht zu erspüren, was andere denken und, noch wichtiger, was andere fühlen? Sie fühlen sich dabei eher unbeholfen und bisweilen sogar hilflos? Verfügen Sie über ein Gespür für Stimmungen oder sind Sie weniger darauf ausgerichtet, die Befindlichkeit Ihres Gegenübers wahrzunehmen, und kommen auch so prima mit allem klar?

Vielleicht erleben Sie Situationen häufig als völlig unproblematisch, die es jedoch gar nicht sind, und staunen dann nicht schlecht, wenn plötzlich die Stimmungslage umschlägt, eventuell sogar explodiert, und man Ihnen Vorwürfe des Nicht-Verstehens macht.

Eine solch ausgeprägte Selbstbeschreibung könnte bedeuten, dass Sie mit den unterschiedlichsten und auch schwierigsten Menschen selbst in heiklen Situationen sehr gut klarkommen. Aber Vorsicht: In keinem anderen Beurteilungsbereich sind die Abweichungen zwischen Selbsteinschätzung und Fremdwahrnehmung so groß wie in diesem.

Es geht um (Selbst-)Beschreibungen, Statements und Aussagen wie:

Verstehen Sie die Menschen?
Wie gut können Sie sich in jemanden hineinversetzen?
- Ich kann mich gut in andere Menschen hineinversetzen.
- In heiklen Situationen treffe ich fast immer den richtigen Ton.
- Wenn sich jemand in meiner Gegenwart nicht wohlfühlt, bemerke ich das ziemlich schnell.

Vorsicht:

- Ich bin mir häufig nicht sicher, was andere von mir erwarten.

Einschätzungsfragen zu Ihrer seelischen Verfassung

Thema: Selbstbewusstsein
Sind Sie wirklich so, wie Sie sich geben, und finden Sie das auch gut so?
Machen Sie sich häufig Gedanken darüber, was andere über Sie denken, wie man Sie einschätzt bzw. ganz generell, was man von Ihnen hält? Sind Sie öfters in Sorge, weil Sie befürchten, andere würden Sie ablehnen, Sie nicht besonders mögen?
Verbale Schlagfertigkeit ist nicht Ihre Stärke, und wenn es zu Meinungsverschiedenheiten kommt, legen Sie eigentlich keinen Wert darauf, sich zu behaupten, geben eher um des lieben Friedens willen schnell nach? Vor versammelter Mannschaft etwas zu sagen, zu erklären oder vorzustellen ist Ihnen verhasst? Sie mögen es nicht, wenn alle Augen auf Sie gerichtet sind? Sie würden bei der Bejahung des zweiten Teils dieser Fragen ein deutlich unterentwickeltes Selbstbewusstsein vermitteln. Und das wäre sicherlich nicht zu Ihrem Vorteil!
Andernfalls gilt für Sie eher: Sie glauben, alles gut im Griff zu haben, sind spontan und schlagfertig, wenn es notwendig ist, und kennen keine Hemmungen, sich mit Ihrer Meinung ordentlich Gehör zu verschaffen. Sie sind stolz auf Ihre Erfolge und können diese anderen auch angemessen gut vermitteln. Eine entsprechende und glaubwürdige Selbstpräsentation dokumentiert das, und daraus könnte man dann folgern, Sie seien vielleicht doch ein bisschen eingebildet bis arrogant. Dahinter aber stecken eigentlich wieder nur Ängste …

Es geht um (Selbst-)Beschreibungen, Statements und Aussagen wie:

- Ich gebe mich meistens so, wie ich auch wirklich bin.
- Es ist mir ziemlich egal, was die Leute hinter meinem Rücken reden.

Vorsicht:

- Ich stehe eigentlich sehr ungern im Mittelpunkt.
- Wenn andere mich nicht mögen, macht mich das ziemlich unsicher.

Thema: Emotionale Stabilität
Wie schnell wirft Sie etwas aus der Bahn?
Erzählen Sie auf Nachfrage etwas von häufigen Stimmungsschwankungen, insbesondere Einbrüchen in negativ gefärbte Stimmungslagen? Geben Sie zu, dass Sie sich mit Herausforderungen schwertun, sich schnell überfordert fühlen und gestresst sind, insbesondere wenn Dinge nicht so laufen wie geplant? Verkraften Sie Misserfolge und Niederlagen nur sehr langsam und sind Sie leicht zu irritieren? Wenn Sie auch bei kleineren Anlässen häufig nervös reagieren, sich selbst und »alles und jedes« infrage stellen und außerdem noch zu tiefgründigen Grübeleien neigen, die Sie beinahe lähmen können, dann liegt es auf der Hand: Mit Ihrer Stabilität ist es nicht weit her ...

Eine entsprechend anders ausgeschmückte Selbstdarstellung oder die einschlägige Beantwortung so typischer Fragen wie »Alles läuft schief! Wenn Sie es bereits morgens geahnt hätten, wären Sie im Bett geblieben?« mit »Aber nein!« lässt Sie als stabile Persönlichkeit dastehen, die gut mit Rückschlägen und Niederlagen klarkommt, persönliche Probleme kaum kennt und sich stets durch ein hohes Maß an Gelassenheit auszeichnet. Sie sehen optimistisch in die Zukunft und kommen auch mit starken Herausforderungen gut klar. Schön wär's ja ...

Es geht um (Selbst-)Beschreibungen, Statements und Aussagen wie:

- Ich habe ziemlich gute Nerven.
- Ich kann zu Recht behaupten, dass ich ein ziemlich dickes Fell habe.

Nicht zu viel davon:

- Ich grüble ziemlich häufig über persönliche Probleme.
- Wenn mich Probleme richtig belasten, bin ich für andere ziemlich ungenießbar.

Thema: Belastbarkeit
Wie viel Stress, wie viel Arbeitsdruck vertragen Sie?
Kennen Sie die Grenzen Ihrer Leistungsfähigkeit und wie eng sind diese? Reagieren Sie schnell mit Kopf-, Bauch- oder Rückenschmerzen bzw. entwickeln Sie andere klassische (sogenannte psychosomatische) Symptome, wenn die Arbeitsbelastung, der Leistungsdruck zunimmt? Fühlen Sie sich schnell überfor-

dert, erschöpft und ausgelaugt oder beschreiben Sie sich als bemerkenswert gesund und leistungsstark? Verfügen Sie über enorme Energiereserven, aus denen Sie auch bei lang andauernden, starken Arbeitsanforderungen Ihre Kraft schöpfen, oder geht Ihnen (relativ) schnell die Puste aus? Mit Ihrer Selbsteinschätzung bzw. -beschreibung geben Sie zu diesem Thema, das wohl auch sehr dicht bei der emotionalen Stabilität liegt, weitreichende Auskünfte. Also aufgepasst!

Es geht um (Selbst-)Beschreibungen, Statements und Aussagen wie:

- Mich haut so schnell nichts um.
- Auch wenn alles gleichzeitig auf mich einströmt, bleibe ich relativ ruhig.
- Ich bleibe auch gelassen, wenn ich sehr hart arbeiten muss.

Und so eher weniger:

- Auf längere Sicht würde mir eine hohe Arbeitsbelastung ziemlich zu schaffen machen.

Sympathiebonus

Beim Vorstellungsgespräch geht es um den berühmt-berüchtigten ersten Eindruck, in dem bei zwei Gesprächspartnern, die sich bisher unbekannt waren, die Weichen in Richtung einer positiven (Sympathie) oder negativen Gefühlsreaktion (Antipathie) gestellt werden. Das Gelingen oder Misslingen dieser Prüfungssituation hängt entscheidend davon ab, wie sympathisch Sie auf den Auswähler (Arbeitgeber, Interviewer) wirken. So gesehen sind die ersten Minuten eines Vorstellungsgesprächs von entscheidender Bedeutung.

Die folgende Übersicht soll Ihnen auf einen Blick verdeutlichen, was Sympathien hervorruft oder verhindert:

Sympathie heißt Gefühl von …	Antipathie heißt Gefühl von …
Interesse an Ihrer Person	Desinteresse
Vertrauen	Misstrauen
etwas Positivem	etwas Negativem
Zuneigung	Abneigung
Wärme	Kälte
Gemeinsamkeiten	fehlenden Gemeinsamkeiten
Attraktivität	Abstoßung
Schönheit	Hässlichkeit
»gleicher Wellenlänge«	»anderer Wellenlänge«
Zugewandtheit	Abgewandtheit

Sympathie wird eher mobilisiert durch ...	Antipathie wird eher mobilisiert durch ...
Anpassung	mangelnde Anpassung
Charisma	fehlendes Charisma
Freundlichkeit	Unfreundlichkeit
Höflichkeit	Unhöflichkeit
Gelassenheit	Nervosität
Ruhe	Unruhe
Selbstsicherheit	Selbstunsicherheit
Geduld	Ungeduld
Toleranz	Intoleranz
Gleichberechtigung	Dominanz-/Machtstreben
Gewährenlassen (Freiheit)	Beherrschung (Unfreiheit)
Attraktivität	abstoßendes Äußeres
Schönheit	Hässlichkeit
Gewandtheit	Unsicherheit
Entspanntheit	Angespanntheit
gleiche/ähnliche Interessen/ Hobbys	stark unterschiedliche Interessen/ Hobbys

Zur Mobilisierung von Sympathiegefühlen kommt es immer dann, wenn Ihr Gegenüber den (ersten) Eindruck und die Hoffnung gewinnt, dass Sie einen Beitrag zu seiner Bedürfnisbefriedigung (Erfolg, Macht etc.) leisten können.

Vice versa: Das Gefühl der Antipathie basiert auf dem Eindruck, dass der/die andere zur eigenen Bedürfnisbefriedigung keinen oder einen zu geringen Beitrag leisten kann.

Sympathiefördernd sind vor allem Identifizierungsprozesse (»Mein Gegenüber ist ja genauso/ähnlich wie ich«) und biografische Gemeinsamkeiten (z. B. bezüglich früherer Wohnorte, Ausbildungsinstitutionen und Arbeitgeber).

Sympathie entsteht – auf beiden Seiten – aufgrund verbaler und nonverbaler Kommunikation:

Wer leistungsmotiviert und kompetent wirkt, macht sich zusätzlich zu seinen sonstigen Persönlichkeitsmerkmalen sympathisch. Damit sind auch die weiteren zentralen Faktoren im Vorstellungsgespräch – Leistungsmotivation und Kompetenz als flankierende Aspekte – mit angesprochen und einbezogen.

Dem Bewerber zugeschriebene Leistungsmotivation und Kompetenz tragen zur Realisierung des Interviewerbedürfnisses nach Erfolg bei. Für den Interviewer besteht Erfolg bereits darin, einen Kandidaten empfohlen zu haben, der den Posten bekommt und sich später bewährt.

Die Ausgangspositionen

Bedürfnisse der Arbeitgeber

Die beiden Ausgangspositionen – Ihre und die Ihres Gegenübers – bestimmen wesentlich den Verlauf des Vorstellungsgesprächs. Es ist erschreckend, wie wenige Bewerber sich vor einem Vorstellungsgespräch Gedanken über die Erwartungen der Arbeitgeber machen und wie viele lediglich ihre eigene Situation im Auge haben. Dabei sind Fragen, die sich mit Ihrem Gegenüber auseinandersetzen, von ganz entscheidender Bedeutung.

Die wichtigsten Fragen bei der Vorbereitung auf ein Vorstellungsgespräch:

- Worauf achten Arbeitgeber bei der Auswahl neuer Arbeitskräfte?
- Welche persönlichen und beruflichen Anforderungen stellt der Arbeitgeber?
- Wovon träumen Arbeitgeber? (siehe S. 124)

Arbeitgebern reicht es nicht, dass Sie Fähigkeiten besitzen. Sie wollen wissen, wie Sie diese einsetzen: ob Sie etwa Betriebsamkeit nur vortäuschen oder wirklich versuchen werden, Probleme zu lösen. Arbeitgeber suchen Angestellte, die Ergebnisse erzielen: Gewinne, Sicherheit, Kostensenkung, Organisation, neue Lösungen. Ein motivierter Bewerber geht auf die Bedürfnisse des Arbeitgebers ein. Wenn Sie nicht wissen, was in einem bestimmten Unternehmen oder Berufsfeld von Ihnen erwartet wird, werden Sie den Arbeitgeber nur schwerlich überzeugen können. Sie sollten ihm durch Zielstrebigkeit und Kenntnisse über sein Arbeitsfeld zeigen, was er in Zukunft von Ihnen erwarten kann.

Ein Anforderungsprofil

Wie zum Beispiel die Anforderungsmerkmale an Führungskräfte im Einzelnen aussehen, zeigt das folgende Profil systematisiert nach den drei Hauptaspekten Kompetenz, Leistungsmotivation und Persönlichkeit (KLP). Um all diese Aspekte geht es dem Arbeitgeber, wenn er Ihre Unterlagen durchsieht oder sich im Gespräch einen persönlichen Eindruck von Ihnen macht. Findet Ihre Bewerbung unterhalb der Führungsebene statt, streichen Sie einfach die entsprechenden Punkte von der Liste.

Persönlichkeit
1. Anforderungen an das Interaktionsverhalten
   ▷ Kontaktfähigkeit
   ▷ Kooperationsfähigkeit
   ▷ Verhandlungsgeschick
   ▷ Durchsetzungsfähigkeit
   ▷ Motivationsfähigkeit
   ▷ Kontrollfähigkeit
   ▷ Personalbetreuungs- und -auslesefähigkeiten
   ▷ Informationsbereitschaft

2. Anforderungen an die Selbstständigkeit
   ▷ Zielstrebigkeit
   ▷ Selbstbewusstsein
   ▷ Verantwortungsbewusstsein und -bereitschaft
   ▷ Kritikfähigkeit
   ▷ Zuverlässigkeit

3. Anforderungen an das Entscheidungsverhalten
   ▷ Risikobereitschaft
   ▷ Entscheidungskompetenz

4. Anforderungen an Delegationsbereitschaft und -verhalten
   ▷ Informationsfähigkeit und -bereitschaft

5. Anforderungen an die Belastbarkeit
   ▷ Stresstoleranz
   ▷ Vitalität

6. Anforderungen an die Flexibilität

7. Anforderungen an das Repräsentationsvermögen

Leistungsmotivation
1. Anforderungen an die Zielstrebigkeit
   ▷ Durchhaltevermögen
   ▷ Durchsetzungsvermögen
   ▷ Frustrationstoleranz
   ▷ Erfolgsorientierung
   ▷ Vitalität

2. Anforderungen an die intrinsische Motivation
   ▷ Idealismus
   ▷ Identifikationsbereitschaft mit Unternehmen/Institutionszielen

3. Anforderungen an die extrinsische Motivierbarkeit
   ▷ gesunder Materialismus

4. Anforderungen an die physische Fitness
   ▷ gesundheitliches Wohlbefinden

5. Anforderungen an die psychische Konstitution
   ▷ weitgehend unneurotische Persönlichkeitsstruktur

6. Anforderungen an die Selbstkontrollfähigkeiten
   ▷ Autonomie
   ▷ Zuverlässigkeit
   ▷ Selbstdisziplin

7. Anforderungen an systematische Arbeitsorganisation
   ▷ Zieldefinitionsfähigkeit
   ▷ Arbeitseffizienz
   ▷ Kosten-Nutzen-Bewusstsein

Positionsbezogene Kompetenzanforderungen
1. Bildungsanforderungen
   ▷ Schulbildung
   ▷ berufliche Grundausbildung
   ▷ Fremdsprachenkenntnisse
   ▷ Lern- und Weiterbildungsbereitschaft

2. Berufsspezifische Anforderungen
   ▷ beruflicher Werdegang
   ▷ Berufserfahrung
   ▷ Branchenkenntnisse
   ▷ Produktkenntnisse

3. Aufgabenspezifische Anforderungen
   ▷ Routineresistenz
   ▷ Kreativität
   ▷ Planungs- und Organisationsfähigkeit
   ▷ Koordinationsfähigkeit
   ▷ Problembewusstsein

▷ Problemlösungsfähigkeit
▷ Ausdrucksfähigkeit (verbal/schriftlich)
▷ technisches Verständnis
▷ künstlerische Begabung
▷ manuelles Geschick

4. Unternehmensspezifische Anforderungen
▷ unternehmenspolitische Anforderungen
▷ Führungsstil
▷ Normsystem/Unternehmenskultur
▷ soziale und gesellschaftliche Normen
▷ religiöse Normen
▷ politische Normen
▷ familiäre Normen
▷ gesetzliche Normen
▷ mitarbeiterorientierte Anforderungen
▷ unternehmenszielorientierte Anforderungen

Wie könnte man diese lange Liste etwas vereinfachen, noch besser auf den Punkt bringen, um letztendlich erfolgreich damit arbeiten zu können?

Denken wir uns ein Haus. Das Fundament oder der Keller (K wie Kompetenz) bietet die Ausgangsbasis, dann folgt der Lebensbereich (L wie Leistungsmotivation), die Räumlichkeiten, in denen Sie sich wohl am meisten aufhalten. Und obendrauf das Dach, das schützt das Ganze. Hier wäre also das P (im Sinne von »Dachstübchen«, Ihre Persönlichkeit/Psyche). Alle drei Teile (Keller, Lebensbereich und »Dachstübchen«) sind gleichermaßen wichtig.

Die Buchstabenformel KLP ist schon einmal ein erster guter Ansatz und Leitfaden. Hauptziel Ihres Bewerbungsvorhabens ist es, transparent zu machen, was Sie diesbezüglich anzubieten haben. Das geschieht zunächst im schriftlichen Angebotsteil (Ihren Bewerbungsunterlagen) und dann in der persönlichen Begegnung.

Ziehen Sie eine Bilanz Ihrer beruflichen und persönlichen Fähigkeiten und Stärken, und stellen Sie heraus, welche Eigenschaften Sie für die angestrebte Stelle qualifizieren. Konzentrieren Sie sich dabei auf konkrete Ergebnisse.

Ist es Ihnen beispielsweise gelungen, den Umsatz Ihrer Abteilung im Laufe von fünf Jahren um über 50 Prozent zu steigern? Sie haben erfolgreich verhandelt und konnten den Einkaufsrabatt von 10 auf 20 Prozent erhöhen? Von welcher Ihrer Schlüsselqualifikationen kann Ihr Gegenüber zukünftig ganz konkret profitieren?

Wir empfehlen Ihnen: Vermitteln Sie selbstbewusst und schlüssig Ihr berufliches und persönliches Profil. Dabei sollten sich Ihre Botschaften wie ein roter Faden durch Ihre gesamte Bewerbung (Anschreiben, Foto, Lebenslauf, Zeugnisse) und Ihren beruflichen Werdegang (Schule, Berufswahl, Ausbildung, Praxis) ziehen. Und auch Ihr bevorstehender Auftritt sollte zu Ihren Kernkompetenzen, zu Ihrer Persönlichkeit, Ihrem Leistungsversprechen und natürlich zu dem angestrebten Job passen.

Die Position des Bewerbers

Natürlich hat auch Ihre Ausgangsposition Einfluss auf den Verlauf des Vorstellungsgesprächs. Welche Determinanten bestimmen Ihre Situation?

- Ihr Arbeitsplatzwunsch und die aktuelle Arbeitsmarktsituation
  (z. B. Mangelberuf oder Überangebot)
- Berufsaus- und Weiterbildung
  (Wenn Ihre Ausbildung 20 Jahre zurückliegt und die letzte Fortbildungsmaßnahme vor 10 Jahren stattgefunden hat, fehlen Ihnen im Vorstellungsgespräch nicht nur gute Argumente.)
- Tätigkeit/Erfahrung
  (Wer als Außendienstmitarbeiter in den gehobenen Innendienst aufsteigen möchte, muss wissen, wie viele Stufen er sich auf einmal zu nehmen zutraut.)
- Ihre aktuelle Arbeitsplatzsituation
  (Steht schon alles in Flammen, ist das Schiff am Untergehen oder können Sie sich in Gelassenheit nach neuen Ufern umsehen?)
- Bisherige Arbeitsplatzwechsel-Häufigkeit
  (Soll das jetzt der dritte Wechsel innerhalb von zwei Jahren werden oder können Sie auf fünf Jahre Kontinuität an einem Arbeitsplatz zurückblicken?)
- Bisherige Bewerbungserfahrung
  (Wer nach 22 Absagen die 23. Bewerbung abschickt, braucht ein besonderes Reservoir an Optimismus und Energie, um weiterhin mit der notwendigen Selbstsicherheit und Überzeugungskraft auftreten zu können.)
- Kontakte und »Vitamin B«
  (Spielen auch gerade bei einer Bewerbung eine Rolle – haben Sie Beziehungen und können Sie diese nutzen?)
- Persönlichkeits- und Leistungsmerkmale
  (Als stark introvertierter, gehemmt wirkender Außendienstmitarbeiter ist es nicht leicht, in eine Gruppenleiterposition zu kommen.)
- Äußeres Erscheinungsbild
  (Mit einem Karl-Marx-Vollbart stößt man heute nicht nur in Bankkreisen auf Schwierigkeiten.)

- Alter
  (Mit 57 liegt z. B. bei der Bewerbung um eine leitende Position in der Aus- und Fortbildungsabteilung eines Großkonzerns die Zukunft vielleicht eher hinter einem, während in einem kleineren Unternehmen – gerade auch in den neuen Bundesländern – gute Chancen für erfahrene Praktiker bestehen.)

Marktchancen

Das sind zum Teil recht drastische Beispiele, um zu verdeutlichen, worum es geht. Sie sollen als Anregung dienen, darüber nachzudenken, welches die eigenen Plus- und Minuspunkte, die Marktchancen der von Ihnen angebotenen Ware Arbeitskraft sind. Denken Sie stets daran, dass Sie diese in das Vorstellungsgespräch als Präsentations- und Verkaufsargument mit einbringen.

Zum Überdenken Ihrer Ausgangsposition gehört auch eine kritische Reflexion über die eigene Person und typische Charaktereigenschaften, die Ihnen bisher vielleicht schon mehrfach in Ihrem Leben Schwierigkeiten gemacht haben.

Wenn Sie etwa dazu neigen, in einer Art unbewusstem Wiederholungszwang immer mit einem bestimmten Typ Vorgesetzten bereits nach wenigen Minuten in Streit zu geraten, weil Sie (unbewusst) an Ihren furchtbar cholerischen Vater oder einen autoritären älteren Bruder erinnert werden, darf Ihnen das im Vorstellungsgespräch nicht passieren.

Aber auch die Gegenseite hat ihre Ausgangsposition. Da ist die Arbeitsmarktsituation, die einen maßgeblichen Einfluss hat. Werden Spezialisten wie Sie gesucht oder gibt es Bewerber mit Ihrer Qualifikation wie Sand am Meer? Hat der Personalchef viele oder wenige Bewerbungen auf das Arbeitsplatzangebot erhalten? Handelt es sich um ein großes oder kleines Unternehmen? Stimmt das Timing der Personalplanung oder leidet das Unternehmen unter Personalnot und Zeitdruck? Hat man es mit einem wirklichen Personalauslese-Profi oder eher mit einem Autodidakten auf diesem Gebiet zu tun? Das alles hat seine spezifischen Auswirkungen.

Natürlich ist Ihr Interviewer auch nur ein Mensch mit unterschiedlicher Tagesform und all seinen Fehlern und Schwächen. Wenn er gerade stark mit eigenen Problemen und Stress belastet ist, könnte sich das bei Ihrem Vorstellungsgespräch (unbewusst) fortsetzen, ohne dass Sie von diesem Hintergrund etwas ahnen oder etwas dazu beigetragen haben.

Ihre Ausgangsposition wird gestärkt, wenn Sie wissen, worauf es im Vorstellungsgespräch ankommt. Dazu gehört, dass Sie die Hintergründe und Intentionen des Ausleseverfahrens genauestens kennen. Diese haben wir Ihnen global bereits im vorigen Abschnitt erläutert. Im Folgenden beschäftigen wir uns mit der Informationsgewinnung für die Bewerbungsvorbereitung – immer mit dem Ziel, Ihre persönliche Ausgangsposition zu stärken.

Informationsrecherche zu Aufgabe, Position und Anbieter

Wer zu seinem neuen potenziellen Arbeitgeber nur mit der Adresse im Kopf hingeht, handelt wirklich kopflos. Eine gründliche Vorbereitung auf den möglichen Arbeitgeber und sein Umfeld ist absolut notwendig. Wahrscheinlich haben Sie dies bereits in Vorbereitung auf Ihre schriftlichen Unterlagen getan (siehe S. 211).

Erste Informationen über das Unternehmen können Sie bereits der Anzeige entnehmen und der Art und Weise, wie der Kontakt mit Ihnen als Bewerber angebahnt wird, sowie auch dem Einladungsschreiben und den eventuell beigefügten Informationspapieren. Angenommen, Sie bewerben sich bei der Firma Siemens, sollten die folgenden Unternehmensdaten unbedingt zu Ihrem Basiswissen gehören:

1. Hauptsitz
2. Branchen
3. wichtige Tochterunternehmen/Beteiligungen
4. Niederlassungen im In- und Ausland
5. Produktpalette
6. Zahl der Mitarbeiter im In- und Ausland
7. Umsatz/Gewinn
8. Geschäftsleitung
9. Position auf dem nationalen und internationalen Markt (Marktanteile)
10. Mitbewerber auf dem in- und ausländischen Markt
11. wirtschaftliche Entwicklung der letzten fünf Jahre
12. aktueller Aktienstand
13. zukünftige Entwicklungschancen
14. Firmengeschichte

Neben diesen allgemeineren Informationen benötigen Sie Spezialwissen über die Abteilung oder den Unternehmenszweig, für den Sie sich beworben haben. Eine Bewerbung als Ingenieur um eine Position im Bereich Siemens-Dentaltechnik, Datenverarbeitung Siemens-Nixdorf oder Energieerzeugung KWU erfordert natürlich eine gezielte Einarbeitung in die jeweiligen speziellen Aspekte und Aufgabenstellungen des angestrebten Arbeitsplatzes.

Hintergrundinformationen zu Ihrem neuen potenziellen Arbeitgeber erhalten Sie beispielsweise direkt beim Unternehmen selbst (Pressestelle oder Internethomepage); darüber hinaus sind Industrie- und Handelskammer, Fachzeitschriften (Bibliotheken) und Nachschlagewerke hilfreich. Aber auch Personen, die bereits in dem Beruf, in der Branche oder Firma/Institution arbeiten, können Ihnen wichtige Insiderinformationen geben (siehe S. 115).

Die folgenden Besonderheiten sind bei der Analyse der Ausgangspositionen von Bedeutung:

Bewerben Sie sich

- bei Groß-, mittleren oder kleineren Unternehmen?
- in der Privatwirtschaft oder im öffentlichen Dienst?
- aus (vermeintlich) gesicherter Position heraus (idealtypisch)?
- aus erkennbar unsicherer Position, z. B. unter Druck, weil bereits gekündigt?

Es liegt auf der Hand: Die Bewerbungs- und Ausleseverfahren differieren je nach Branche und Ihrer Ausgangsposition in Nuancen, die Gemeinsamkeiten aber überwiegen. Ein wichtiges Kriterium, das diese Unterschiede wesentlich beeinflusst, ist die Unternehmensgröße Ihres potenziellen Arbeitgebers. Der mittelständische Betrieb etwa mit 100 Mitarbeitern, der einen berufserfahrenen leitenden Ingenieur für das Spezialgebiet der Belüftungstechnik sucht, geht in der Regel anders mit seinen Bewerbern um als der Lebensmittel-Großkonzern, der im mittleren Management (unterste Stufe) einen jüngeren Food-Produktmanager mit einer Reihe von Berufsjahren sucht. Während Sie bei einem mittelständischen Betrieb davon ausgehen können, ein bis zwei Gespräche mit dem Firmeninhaber oder Geschäftsführer sowie mit einem für Sie direkt verantwortlichen Vorgesetzten (z. B. Hauptabteilungsleiter) und einem oder mehreren zukünftigen Kollegen zu führen, sieht das bei einem Multi doch ganz anders aus.

Da gibt es oft sogar noch Gruppenauswahlgespräche. Recht wahrscheinlich sind vorgeschaltete Assessment-Center-Testveranstaltungen (siehe S. 416). Letztlich sehen Sie sich, nachdem Sie bereits von einigen Personalreferenten befragt und vorgetestet wurden, dem Personalchef und Ihrem potenziellen direkten Vorgesetzten gegenüber.

Wie das Bewerbungsverfahren im Einzelnen abläuft, ist dem Einladungsschreiben nicht immer zu entnehmen. Sollte Ihnen zu Ohren gekommen sein, dass Tests veranstaltet werden, ist es höchste Zeit, sich entsprechend vorzubereiten (vgl. S. 416). Vielleicht gelingt es Ihnen ja, vorab telefonisch in Erfahrung zu bringen, was Sie erwartet.

Vor dem Auftritt

Sie kommen nicht darum herum, sich im Vorfeld eines Vorstellungsgesprächs intensive Gedanken darüber zu machen, wer und wie Sie sind – vor allem aber, wie Sie Ihrem Gegenüber etwas von sich vermitteln wollen.

Ihr eigenes Drehbuch

»Wie bringen Sie was rüber?« lautet die Frage, die Herausforderung. Schreiben Sie sich nach Abschluss Ihrer Überlegungen eine Art persönliches Drehbuch. Beschreiben Sie Ihre wesentlichen Merkmale, Eigenschaften und Charakterzüge, die Sie vermitteln wollen, und notieren Sie sich, wie Sie diese glaubhaft darstellen können. Dabei gilt es, sich auf das Wesentliche zu beschränken, also Hauptmerkmale herauszuarbeiten, und nicht etwa ganze Listen von Superadjektiven auswendig zu lernen.

Stärken und Schwächen

Zu empfehlen sind drei, maximal vier bis fünf Merkmale, die Sie beruflich und charakterlich auszeichnen, nebst Beispielsituationen, mit denen Sie verdeutlichen und belegen können, worum es Ihnen dabei geht. Diesen positiven Hauptmerkmalen können Sie noch weitere drei hinzufügen, die auf einer zweiten Ebene vertiefend zu Ihrer Charakterisierung beitragen.

Aber auch zwei, maximal drei Merkmale, die weniger ausgeprägt sind, als Sie es sich wünschen, sollten Sie vorab erarbeiten. Dabei kommt es natürlich darauf an, sich nicht völlig bloßzustellen, schließlich befindet man sich ja nicht bei seinem Psychoanalytiker auf der Couch.

Wenn es nicht gerade um einen Arbeitsplatz in einer ausgesprochen technischen Branche geht, könnten Sie unter der Rubrik »Schwächen« anführen, dass Sie bedauerlicherweise nicht dazu in der Lage sind, Ihr Auto allein zu reparieren. Oder dass Sie Mühe haben, Kompositionen von Bach und Händel richtig zuzuordnen. Auch sind Sie vielleicht noch immer mit Ihren Spanischkenntnissen unzufrieden, obwohl Sie schon das dritte Mal dort Urlaub gemacht haben. Vielleicht kocht Ihre Frau oder Ihr bester Freund besser als Sie, was Sie beschämt.

Diese Beispiele sollen lediglich der Verdeutlichung dienen und Anregung sein, in entsprechend relativ harmloser Richtung nachzudenken. Vielleicht kommen Sie zu dem Ergebnis, dass Sie im Innersten Ihrer Seele Kritik an Ihrer Person nicht ertragen können. Diese Selbsterkenntnis wäre zwar ein erster Schritt zur Besserung, ist aber wirklich nicht dazu angetan, in einem Vorstellungsgespräch ausgebreitet zu werden.

Natürlich können Sie nicht nach jeder Interviewerfrage zunächst einmal in diesem Buch nachschlagen und versuchen, die richtige Einordnungskategorie zu finden, um sich dann anhand unserer Hinweise eine gute Antwort zu überlegen. Stecken Sie also jetzt – vorher – den Rahmen ab, was und wie Sie etwas über sich aussagen oder erzählen wollen. Dazu gehört in erster Linie Berufliches, jedoch auch ein gewisses Maß an Privatem. Was und wie viel, müssen Sie unbedingt vorab überlegen, um auch dann souverän bleiben zu können, wenn das Gespräch geradezu Verhörcharakter bekommen sollte.

Verzweifeln Sie nicht: Allein die Tatsache, dass Sie sich mithilfe unseres Buches mit den Hintergrundaspekten der verschiedenen möglichen Fragen im Vorstellungsgespräch gründlich auseinandersetzen werden, stärkt Sie. Dass Sie anfangs dabei ein flaues Gefühl haben und glauben, all dem nicht gewachsen zu sein, ist eigentlich ganz normal. Das Gegenteil sollte Sie übrigens viel eher misstrauisch machen.

Extratipp für Frauen

Damit Sie gut ankommen, ist auch entscheidend, wie Sie sprechen. Viele Frauen sprechen leise. Ursache dafür ist oftmals die Befürchtung, ein lauteres Sprechen würde möglicherweise unangenehm schrill oder gar hysterisch klingen. Hinzu kommt eventuell ein anerzogenes defizitäres Selbstwertgefühl, das sich durch die zurückgenommene, gedämpfte Stimmführung dokumentiert. Verinnerlichte elterliche Ermahnungen, »Sei leise – sprich nicht so laut«, zeigen Wirkung, ganz besonders dann, wenn es um Selbstbehauptung in Stresssituationen gegenüber vermeintlichen Autoritätspersonen geht. Das Vorstellungsgespräch ist eine solche typische Prüfungssituation.

Hier kommt ein zu leises, aber auch ein zu lautes Sprachauftreten nicht gut an. Sollten Sie also der Meinung sein, dass Sie mit Ihrer Stimme derartige Probleme haben, empfiehlt es sich, diese subjektive Einschätzung einer objektiven Überprüfung zu unterziehen. Am sinnvollsten ist es sicherlich, ein Vorstellungsgesprächs-Rollenspiel auf Tonband aufzunehmen (noch besser ist eine Videoaufzeichnung, wodurch sich die Signale der Körpersprache gleich mit kontrollieren lassen).

Oftmals sind die subjektiven Befürchtungen stärker als die objektive Realität. Die eigene Stimme vom Tonband zu hören ist schon ein Erlebnis, an das Sie sich wahrscheinlich erst einmal gewöhnen müssen. Wenn andere Personen Ihr Tonbandprotokoll günstiger einschätzen, als Sie es vielleicht zunächst einmal selbst tun, kann das nur zu Ihrer Entkrampfung beitragen und stärkt Ihr Selbstbewusstsein in dieser Vortragssituation. Wie ganz generell gilt natürlich auch hier: Auf die Übung kommt es an, im Vorfeld und unter schärferen Bedingungen, nämlich im realen Vorstellungsgespräch.

Erfahrungen sammeln

Es kann sehr hilfreich sein, Bewerbungserfahrungen zu sammeln, ohne dass Sie den angebotenen Arbeitsplatz unbedingt anstreben. Solch ein Vorstellungsgespräch, bei dem es nicht auf den Erfolg ankommt, ist eine ideale Experimentier-, Spiel- und Lernebene, von der Sie profitieren – immer für den Ernstfall, wenn es dann wirklich für Sie darum geht, einen bestimmten Arbeitsplatz zu erobern.

Die entspannte Anreise

Planen Sie genügend Zeit für Ihre Anreise ein, unter Berücksichtigung eventuell auftretender Verzögerungen (Staus etc.). Sollten Sie zu einem Vormittagstermin eingeladen sein, ist es von Vorteil, einen Tag oder spätestens am Abend vorher am Zielort zu sein.

Es empfiehlt sich, wenn irgend möglich, den Ort dieses für Sie bedeutsamen Treffens vorab wenigstens einmal von außen aus einer gewissen Entfernung in Augenschein zu nehmen. So kennen Sie den Anreiseweg, wissen, wo man parkt und wie man zu dem Hauptgebäude, in dem das Vorstellungsgespräch stattfindet, gelangt, und kennen Wegezeiten. Außerdem haben Sie sich mental und auch emotional schon ein bisschen eingestimmt.

Auf diese Weise können Sie sich psychisch auch ganz anders vorbereiten, haben Sie doch jetzt eine realistische Vorstellung, wie das äußere Szenario aussieht. Lassen Sie einmal die Atmosphäre auf sich wirken, schauen Sie sich an, was die Fenster und das andere Drumherum Ihnen sagen. Aus vielen Details werden Sie sich ein Bild zusammensetzen können, das Ihnen hilft, den Geist des Hauses, der Firma oder des potenziellen neuen Arbeitgebers besser zu erfassen.

Handelt es sich um futuristische Architektur oder ein Gebäude der Jahrhundertwende, dessen dicke Mauern langsam zu zerbröseln drohen? Ist der Zaun von der Art, wie man ihn um Gefängnisse baut, oder hat er mehr dekorativen als funktionalen Charakter? Alles Hinweise und Mosaiksteine für ein vorläufiges Bild, die am Tag der Begegnung zumindest keine negativ irritierende Überraschung mehr bei Ihnen auslösen.

Den Weg kennen

Auch wenn Sie glauben, den Weg gut zu kennen, können Sie nicht sicher sein, in einem labyrinthartigen Bürogebäudekomplex gleich den kürzesten Weg und das richtige Zimmer zu finden.

Besser also, Sie sind eine Viertelstunde zu früh da als zehn Minuten zu spät. Natürlich dürfen Sie nicht übertreiben. Insbesondere sollten Sie im Vorzimmer des Geschehens nicht mehr als fünf Minuten vor dem vereinbarten Termin eintreffen. Wer 20 Minuten zu früh aufkreuzt, macht einen denkbar schlechten Eindruck.

Entscheidend ist, dass Sie so ausgeruht wie nur irgend möglich sind. Sollten Sie sich wider Erwarten an einem so wichtigen Tag krank fühlen – aus welchen Gründen auch immer –, ist es sinnvoller, den Termin abzusagen, als beispielsweise mit allen sichtbaren und unsichtbaren Befindensbeeinträchtigungen einer schweren Erkältung anzutreten und sich nicht optimal präsentieren zu können.

Kostenerstattung

Ist das Vorstellungsgespräch für Sie mit Fahrt-, Verpflegungs- und Unterbringungskosten verbunden, so gilt für die Erstattung folgende Regelung: Bei einer Einladung zum Vorstellungsgespräch muss der potenzielle Arbeitgeber für alle angemessenen Kosten aufkommen, die Ihnen entstehen, egal ob ein Arbeitsvertrag zustande kommt oder nicht. Sollte ein potenzieller Arbeitgeber dazu nicht bereit sein, so muss er Ihnen diesen Sachverhalt vorher ausdrücklich mitgeteilt haben (was Sie sicherlich nachdenklich gestimmt hätte).

Wenn Sie allerdings anfangen, bei der Abrechnung der Ihnen entstandenen Kosten das Parkhausticket oder den Fahrschein des öffentlichen Nahverkehrs in Rechnung zu stellen, lassen Sie – gelinde gesagt – den adäquaten Blick für Proportionen vermissen. An der Art und Weise, wie Sie Ihre Abrechnungsunterlagen zusammenstellen und die Gegenseite die Zahlungsabwicklung gestaltet, ist wechselseitig viel abzulesen. Hier sieht man schnell, mit wem man es zu tun hat. Das gilt für Bewerber- wie Unternehmensseite. Stellen Sie sich bei einem Arbeitgeber aus Eigeninitiative vor, ohne die ausdrückliche Verabredung, dass dieser für die Reisekosten aufkommt, müssen Sie alle Auslagen selbst tragen.

Risiken bedenken

Nochmals: Abgesehen davon, dass längere Autoanfahrten zu einem so wichtigen Termin wie dem Ihres Bewerbungs- und Vorstellungsgespräches eine Qual sein können, bedenken Sie besonders auch die Risiken: Stau, Panne, Unwetter, Glatteis, Unfall.

Ihre Kleidung

Unsere zweite Haut, die Kleidung, ist ein ganz wesentlicher Signalträger und -geber unserer Befindlichkeit. Worin spiegelt sich unser Selbstbild deutlicher als in unserer Kleidung und unserem Outfit? An ihrer (Berufs-)Kleidung erkennen wir sie sofort: den Koch, Schornsteinfeger oder die Ärztin, den Obdachlosen, Jogger, Rocker oder Millionär. Ob Dame von Welt oder Vertreterin des ältesten Gewerbes der Welt, es gibt viele Be-Kleidungssignale, die uns bei der Einordnung und Orientierung behilflich sind.

Wer sich zum Beispiel um einen qualifizierten Arbeitsplatz in einem Versicherungskonzern bewirbt, kommt besser nicht in Joggingschuhen und Jeans daher, auch wenn das auf der Überlegung basiert, dadurch seine dynamische Note unterstreichen zu wollen. Sollten Sie nun aber glauben, dass diese Bekleidungsutensilien bei einem Sportartikelmulti dazu angetan sind, Pluspunkte zu sammeln, irren Sie.

Berufsangemessene Kleidung

Gibt es Patentrezepte? Das sicherlich nicht. Aber generell gilt: Heutzutage kleidet man sich für ein Vorstellungsgespräch wieder gediegen, zurückhaltend-vornehm, eher konservativ. Gefragt ist auch bei Damen die schlichte Eleganz. Unsere Empfehlung: Schauen Sie sich doch einfach mal typische Berufsvertreter in der von Ihnen angestrebten Position an und orientieren Sie sich für Ihr Vorstellungsoutfit an deren Kleidung.

Verdeutlichen Sie sich, dass Sie nach dem Bewerbungsanschreiben mit Ihrem Erscheinungsbild eine weitere Arbeitsprobe und Visitenkarte abgeben. Vermeiden Sie es möglichst, besser gekleidet zu sein als Ihr Gegenüber, und verzichten Sie auf jede Extravaganz, also auf eine grelle, poppige, übertriebene Maskerade (auch Schminke) – es sei denn, Sie bewerben sich bei einer Werbeagentur oder in der Kunstszene.

Diese Kurzempfehlungen ersetzen keinen Besuch beim Modeberater oder einem Farb- und Stilberatungsstudio. Sollen sie ja auch gar nicht. Aber wir können es nicht oft genug sagen: Die gepflegte Gesamterscheinung, angefangen von der Frisur über das Make-up bei Damen bis zu Kleidung, Schuhen und Accessoires (Brille, Uhr, Schmuck, Tasche und Tuch), alles muss aufeinander abgestimmt sein, zu Ihnen passen, Ihre persönliche Note unterstreichen und Sie vorteilhaft präsentieren.

Ob es Ihnen nun passt oder nicht, die Spiel- oder in diesem Fall Verkleidungsregeln sind streng. Sie entscheiden, wie Sie sich an Ihrem potenziellen Arbeitsplatz einordnen und anpassen wollen. Und genau das ist es, was man dann auch sehen möchte: Wissen Sie, was man von Ihnen erwartet, und spielen Sie mit? Ein noch so talentierter Mitarbeiter kann, ja darf einfach auch an einem heißen Sommertag nicht in kurzen Hosen aufkreuzen. Zugegeben ein etwas überspitztes Beispiel, aber plastisch!

Vorher Probe tragen

Und noch ein Tipp: Die Garderobe für Ihren wichtigen Auftritt müssen Sie kennen. Sie sollten sie vorher wenigstens an- und ausprobiert, besser einige Stunden bereits getragen haben. Drückende Schuhe, einquetschende, fast platzende Hemden, rutschende Hosen, knallenge Röcke, fehlende Knöpfe, kaputter Saum, Flecken, alles das stellt im Moment, da Ihr Auftritt kurz bevorsteht, eine furchtbare Falle, eine Quelle von Verunsicherung, Gefährdung und Unwohlsein dar. Gehen Sie kein unnötiges Risiko ein, machen Sie eine Generalprobe, stimmen Sie sich selbst vor dem Spiegel in Ihre Rolle ein, aber auch in Ihre Kleidung. Ihr Selbstwertgefühl wird es Ihnen danken.

Sollten Sie zu einem Termin fernab von der Heimat anreisen, gilt es, auch an Ersatz-Vorzeigekleidung zu denken, falls etwa im Flugzeug eine Tasse Kaffee auf Ihrem Anzug/Kostüm landet. Ersparen Sie sich den Stress, noch schnell in letzter Minute einen Kostümverleih oder eine Schnellreinigung ausfindig machen zu müssen.

Betrachten Sie sich zu Hause gründlich im Spiegel, stellen Sie zu Ihrer geplanten Rolle und Ausstattung eine Beziehung her. Üben Sie Ihr Auftreten in der von Ihnen gewählten, sorgfältig zusammengestellten Kleidung.

Extratipp für Bewerber über 45

Gerade als gestandener älterer Bewerber müssen Sie darauf achten, dass Hemden, Blusen, Schuhe, Schnitt von Kostümen und Anzug, Breite von Kragen und Schlips modern sind, um sich nicht nachsagen zu lassen, von gestern zu sein.

Übrigens: Viele weitere Tipps und Anregungen, um die Erfolgsaussichten Ihrer Bewerbung zu verbessern, finden Sie in unserem Ratgeber: *Erfolgreich bewerben mit 45plus. Entdecken Sie Ihre Chancen – nutzen Sie Ihre Vorteile!* (Frankfurt/M. 2007).

Ihr Auto

Wenn Sie mit dem Auto anreisen, denken Sie daran, dass es ebenso wie Ihre Kleidung einiges über Sie verrät. Ob Sie nämlich im nostalgischen Käfer, in einem legendären Mercedes 180 D, einem knallroten Porsche, einem Fiat Uno oder, oder, oder vorgefahren kommen, wird nicht lange unregistriert bleiben. Spätestens bei einem zweiten Treffen schaut man Ihnen hinterher und sieht, womit Sie abfahren.

Und ob Ihr Wagen hinten voll mit Stickern beklebt ist oder ob Sie einen Wackeldackel oder Muttis Puppe mit selbst gehäkeltem Kleid, unter dem die Klorolle verborgen ist, im Heckfenster platziert haben, sagt eben auch etwas über Sie und Ihre Wesensart aus. Ganz zu schweigen vom verbeulten, rostigen oder auch dreckigen Autoäußeren.

Aber nicht nur Ihre Kleidung und Ihr Auto sollten Sie vorteilhaft erscheinen lassen. Auch das, was Sie über sich erzählen, darf ruhig weitgehend Ihre Schokoladenseite präsentieren. Warum Sie im Bewerbungsfall ein Recht auf Notlüge haben, lesen Sie jetzt.

Zur Not auch eine Lüge

Vorausgeschickt werden muss: Bestimmte Fragen und Themen dürfen im Bewerbungsverfahren gar nicht erst behandelt werden. Es sind nur solche Fragen erlaubt, die arbeitsbezogen sind, also in direktem Zusammenhang mit dem zu besetzenden Arbeitsplatz stehen. Leider halten sich nicht alle Arbeitgeber daran. Deshalb hat das Bundesarbeitsgericht entschieden, dass bestimmte Fragen im Vorstellungsgespräch, etwa nach der Zugehörigkeit zu einer politischen Partei, nicht wahrheitsgemäß beantwortet werden müssen, wenn der Bewerber davon ausgehen muss, dass von einer bestimmten Antworttendenz die Vergabe des Arbeitsplatzes abhängen könnte. Der Bewerber hat also eine Art Notwehrrecht auf Lüge.

Unzulässige Fragen

Unzulässig sind die Ausforschung der politischen Meinung, ebenso wie Fragen nach (auch früherem!) gewerkschaftlichem Engagement oder Privatplänen in puncto Heiraten, Familienplanung, Freizeitgestaltung und Hobbys. Frühere Krankheiten und die Frage nach einer Schwangerschaft sollten genauso tabu sein wie die Frage nach den Berufen von Lebenspartnern (oder anderen Personen, z. B. Eltern, Geschwistern) sowie nach den privaten Vermögensverhältnissen (evtl. Schulden).

»Verboten sind außerdem Fragen nach Vorstrafen, soweit ganz allgemein gefragt wird, also nicht nur nach solchen Vorstrafen, die ›einschlägig‹ sind, unzulässig ist dann konsequenterweise auch das Verlangen, ein polizeiliches Führungszeugnis vorzulegen, nicht statthaft sind schließlich Fragen nach laufenden Ermittlungsverfahren.

Unzulässig ist auch (s. o.) die Frage nach der früheren Arbeitsvergütung (sie dient ja u. a. dazu, eventuelle Lohnansprüche des Bewerbers zu dämpfen); zulässig ist diese Frage jedoch dann, wenn sich daraus für die konkret anstehende Tätigkeit Folgerungen ziehen lassen, z. B. wenn die Höhe der Vergütung Rückschlüsse auf die mit der früheren Tätigkeit verbundene Verantwortung ermöglicht und die in Aussicht genommene Position ebenfalls besonders verantwortliche Aufgaben mit sich bringt.

Beantwortet der Bewerber eine unzulässige Frage falsch, so hat das für die Wirksamkeit des Arbeitsvertrages keinerlei nachteilige Folgen. Dies ist zwangsläufig die Konsequenz des eingeschränkten Fragerechts des Arbeitgebers. Denn das bloße Recht, die Antwort zu verweigern, würde dem Bewerber nichts nützen; hier wäre keine Antwort eben auch eine Antwort. Lassen sich Tatsachen, die der Bewerber nicht anzugeben braucht, aus dem Lebenslauf erschließen, so darf der Bewerber den Lebenslauf insoweit ›normalisieren‹.«[15]

Dr. X., niedergelassener Chirurg mit Kassenpraxis in Berlin, entschied sich für die charmante Michaela als seine neue Arzthelferin. Nach der Probezeit stellte sich heraus: Michaelas bezaubernder damenhafter Habitus entsprach nicht ganz den biologischen Tatsachen. Die Arzthelferin Michaela war, da sie sich noch keiner geschlechtsverändernden Operation nach dem Transsexuellengesetz unterzogen hatte, biologisch und offiziell beurteilt der Arzthelfer namens Michael.

Der kleine Unterschied musste dem Berliner Knochendoktor ganz offensichtlich beim Vorstellungstermin und bei der sich anschließenden Entscheidungsprozedur entgangen sein. Dennoch kündigte der Doktor seiner Arzthelferin Michael(a) nun fristlos, weil er sich arglistig getäuscht fühlte. Vor dem Bundesarbeitsgericht sah man sich, da Michael(a) sich nicht in ihr Arbeitsschicksal fügen wollte, nach kostspieligem Rechtsstreit wieder. Hier wurde entschieden: Ungefragt müsse kein Transsexueller mit seiner biologischen Sexualidentität aufwarten, und selbst bezüglich der konkreten Nachfragen von Arbeitsplatzanbieterseite schienen dem Bundesarbeitsgericht Zweifel angebracht.

Ohne ausdrückliche Einwilligung des Bewerbers sind

- medizinische Untersuchungen,
- psychologische Tests,
- grafologische Gutachten,
- Sicherheitsüberprüfungen sowie die
- Genomanalyse

unzulässig.

Bewerber dürfen persönliche Umstände verheimlichen oder auf entsprechende Fragen konsequent lügen. Und mehr noch: »Allzu neugierige Arbeitgeber müssen schmerzlichen Schadenersatz fürchten«.[16] »Nachdem die Materie vor deutschen Arbeitsgerichten jahrzehntelang auf Sparflamme köchelte, macht jetzt der Europäische Gerichtshof in Luxemburg (EuGH) mächtig Dampf.« Ansatzpunkt ist die Gleichberechtigung der Geschlechter und die eigentlich auch schon früher als Tabuzone geschützte Intim- und Privatsphäre. Nur eben jetzt mit dem Unterschied, dass es für den Arbeitgeber beim allzu hemmungslosen Bewerberausfragen wirklich teuer werden kann. Natürlich gibt es wie bei jeder Regel auch Ausnahmen. Wenn etwa jemand für die katholische Kirche arbeiten will, ist die Frage des Arbeitgebers Kirche nach der Religionszugehörigkeit des Bewerbers durchaus zulässig. Ebenfalls einsichtig ist die Frage nach früheren Krankheiten bei Pilotenbewerbern oder Zugführern.

Gewissenskonflikte

In der Alltagsbewerbungssituation ist es aber leider so, dass nahezu jeder Arbeitgeber unzulässige Fragen an die Bewerber stellt. Wohnsituation, Privatbeziehungen, Heiratsabsichten, Familienplanung, Gesundheitszustand, frühere Erkrankungen. Durch seinen Eingriff in die per Grundgesetz geschützte Privatsphäre des Arbeitsuchenden löst er bei diesem einen nicht zu unterschätzenden Gewissenskonflikt aus, dem mit dem Notwehrrecht auf Lüge Rechnung getragen wird.

Fragenrepertoire und Gesprächsablauf

Am Vorstellungsgespräch führt kein Weg vorbei. Wie es aber konkret abläuft, liegt auch mit in Ihrer Hand. Sie beeinflussen, ja bestimmen ganz wesentlich den Gesprächsverlauf.

Beweis: Wetten, dass ein relativ ausgefallenes Hobby wie Fallschirmspringen, das Sie in Ihrem Lebenslauf erwähnt haben, Ihr Gegenüber mit an Sicherheit grenzender Wahrscheinlichkeit veranlasst, mehr darüber von Ihnen erfahren zu wollen?

Auch wenn dies ein wenig konstruiert klingen mag, es geht uns darum, Ihnen zu verdeutlichen, dass sich ein Teil der Fragen im Vorstellungsgespräch von Ihren Angaben im Bewerbungsanschreiben, Lebenslauf und den Anlagen (z. B. Arbeitszeugnissen) ableiten lässt.

Die (Lebenslauf-)Tatsache beispielsweise, dass Sie Ihre beiden vorletzten Arbeitgeber jeweils bereits nach einem dreiviertel Jahr wieder verlassen haben, wird unweigerlich intensiveres Nachfragen provozieren.

Sie bestimmen den Verlauf selbst

Mit anderen Worten: Die Art und Weise, wie Sie antworten, wie glaubwürdig und nachvollziehbar, was Sie wie ausführlich und in welchem Stil mitteilen, hat einen deutlichen Einfluss auf den weiteren Verlauf des Gesprächs.

Um Ihnen vorab einen Überblick über die auf Sie möglicherweise zukommenden Fragen zu geben, haben wir die 100 am häufigsten gestellten Fragen für Sie zusammengetragen.

Erläuterungen zum jeweiligen Fragenhintergrund und Hinweise auf Antwortstrategien finden Sie ab Seite 482.

Hier nun die Fragen – die wichtigsten 30 haben wir mit einem * markiert:

*1. Wie ist es eigentlich zu Ihrer Bewerbung als ... bei unserem Unternehmen/unserer Institution gekommen?
*2. Was reizt Sie an dieser Aufgabe/Position?
*3. Warum wollen Sie gerade bei uns, in unserem Unternehmen/unserer Institution arbeiten?
*4. Wie gut kennen Sie unsere Produkte/Dienstleistungen etc.?
*5. Warum haben Sie vor, den Arbeitsplatz zu wechseln?
*6. Weshalb wollen Sie Ihre jetzige Tätigkeit/Position aufgeben?
7. Warum haben Sie in Ihrer jetzigen Firma/Institution keine Aufstiegschancen?
*8. Was sind die Gründe für Ihre Unzufriedenheit?
9. Was reizt Sie an der neuen Aufgabe?

*10. Was erwarten Sie speziell von uns, was erhoffen Sie sich?
11. Üben Sie Ihre jetzige berufliche Tätigkeit gerne aus?
*12. Was hat Ihnen bisher an Ihrer Aufgabe/Position gefallen, was missfallen, und warum?
13. Was, glauben Sie, ist bei uns anders?
14. Wie gut kennen Sie uns bereits, unsere … (z. B. Produktion/Marktposition/Dienstleistungen usw.)?
*15. Wie stellen Sie sich Ihre Tätigkeit bei uns vor?
16. Haben Sie einen besonderen persönlichen Bezug zu unserem Unternehmen?
17. Kennen Sie Mitarbeiter aus unserem Haus?
18. Was haben diese Ihnen denn so alles über uns erzählt?
19. Haben Sie zurzeit noch andere Bewerbungsverfahren laufen?
20. Gibt es schon konkrete Verhandlungen bzw. Ergebnisse?
*21. Was bewog Sie damals – im Jahre xx und dann xx –, den Arbeitsplatz zu wechseln?
22. Was hat für Sie Priorität bei Ihrer Arbeit?
23. Wie stellen Sie sich im Idealfall Ihre Arbeit/Aufgaben vor?
24. Was sind – aus Ihrer Sicht – die Vor- und Nachteile der von uns angebotenen Position und wie wollen Sie damit umgehen?
*25. Auf welche Ihrer beruflichen Leistungen und Erfolge sind Sie besonders stolz?
26. Und jetzt zu Ihren Misserfolgen …
27. Wie sehen Sie Ihre Zukunft?
28. Was sind Ihre Ziele?
*29. Was möchten Sie in drei und was in fünf Jahren erreicht haben?
*30. Wie verlief Ihr bisheriger Berufsweg?
*31. Aus welchen Gründen haben Sie sich für den Beruf/die Branche/die Arbeitsplätze X, Y und Z entschieden?
32. Und warum jetzt für diese neue Position in unserem Haus?
33. Berichten Sie uns etwas über die wichtigsten Aspekte Ihrer bisherigen Tätigkeiten.
34. Was sind zurzeit Ihre konkreten Arbeitsaufgaben?
35. Was machen Sie davon gerne, was ungern?
36. Schildern Sie einmal den Ablauf eines typischen Arbeitstages.
*37. Warum haben Sie Ihren Arbeitgeber öfter/selten gewechselt?
38. An welchen Fortbildungsmaßnahmen haben Sie teilgenommen? Wer hat diese initiiert?
39. Was zeichnet Ihrer Meinung nach einen guten Vorgesetzten aus?
40. Was einen guten Mitarbeiter?
41. Jetzt diese beiden Fragen mit umgekehrten Vorzeichen – »schlechten« Vorgesetzten … usw.

42. Was schätzen Sie an Ihren Arbeitskollegen/Vorgesetzten – was nicht?
43. Fühlen Sie sich in Ihren beruflichen Leistungen von Ihren früheren Vorgesetzten angemessen beurteilt?
44. Was würden Sie gern an Ihrem jetzigen Arbeitsplatz verändern, wenn Sie Veränderungen durchführen könnten, wie Sie wollen?
45. Was war bisher Ihr schlimmstes, unangenehmstes (Arbeits-)Erlebnis?
*46. Wir wollen Sie gerne kennenlernen, erzählen Sie uns etwas über sich.
*47. Wie würden Sie sich kurz charakterisieren?
*48. Was sind Ihre Stärken, was Ihre Schwächen?
*49. Was ist Ihr größter Erfolg/Misserfolg (beruflich/privat)?
50. Was war bisher in Ihrem Leben Ihr schlimmstes Erlebnis?
*51. Was schätzen Sie generell an anderen Menschen, was nicht (Arbeitskollegen/Vorgesetzte/Freunde/Bekannte)?
52. Haben Sie Leitbilder?
*53. Warum sollten wir gerade Sie einstellen?
54. Wir wollen Sie als Mensch kennenlernen. Was machen Sie neben Ihrer Berufstätigkeit?
*55. Welche Interessen, welche Hobbys haben Sie?
56. Welche Sportarten betreiben Sie?
57. Was bedeutet Teamarbeit für Sie?
58. Mit welchen Menschen arbeiten Sie gern/ungern zusammen?
59. Hatten Sie schon mal Schwierigkeiten mit Vorgesetzten und/oder Kollegen?
60. Wenn ja: Mit wem? Warum? Wie sind Sie damit umgegangen? Was haben Sie daraus gelernt?
61. Worüber können Sie sich so richtig ärgern?
62. Was macht Sie wütend?
63. Was bereitet Ihnen Sorgen?
64. Wie gehen Sie mit Kritik um?
65. Was sind Ihre ganz persönlichen Lebensziele?
66. Was möchten Sie persönlich für sich in naher/ferner Zukunft erreichen?
67. Was sind Ihrer Meinung nach die größten Missstände …
    ▸ in der Welt?
    ▸ in unserem Land?
    ▸ in Ihrer Heimatstadt?
    ▸ in dem Unternehmen, in dem Sie zurzeit arbeiten?
68. Wie sieht Ihre aktuelle Lebenssituation aus?
69. Stellen Sie uns doch bitte mal Ihre Familie vor.
70. Was macht Ihre Frau/Ihr Mann beruflich, und wo?
71. Was sagt Ihr Lebenspartner zu Ihren Plänen? Gibt es da eventuell Probleme (Umzug/Arbeitszeiten etc.)?
72. Gibt es Bereiche, in denen Sie sich besonders engagieren?

73. Mit welchen Menschen sind Sie gerne zusammen, und was verbindet Sie mit diesen?
74. Waren Sie schon mal ernstlich erkrankt?
75. Bestehen bei Ihnen gesundheitliche Einschränkungen mit beruflichen Auswirkungen?
76. Gab es Krankenhausaufenthalte/Unfälle, leiden Sie an Allergien?
77. Waren Sie im letzten Jahr mehr als zweimal beim Arzt?
78. Haben Sie einen Hausarzt?
*79. Wie gut kennen Sie sich in unserer Branche/in unserem Metier aus?
80. Wie schätzen Sie die aktuelle (zukünftige) Marktsituation ein?
81. Kennen Sie ... (dieses Verfahren, die Person, die Diskussion um etc.)?
82. Was ist Ihre Meinung über ...?
83. Wie beurteilen Sie ...?
84. Was würden Sie machen, wenn ...?
85. Welche Publikation (Fachbuch/Artikel) aus Ihrem Arbeitsgebiet hat Sie in der letzten Zeit besonders beschäftigt?
86. Welche Fachzeitschriften haben Sie abonniert/lesen Sie regelmäßig?
87. Welche Kongresse, Fachtagungen, Weiterbildungen etc. haben Sie in der letzten Zeit besucht?
88. Auf welchem Sektor lag Ihr Ausbildungsschwerpunkt, und wie kam es dazu?
*89. Was würden Sie als Ihren aktuellen spezifischen Arbeitsschwerpunkt bezeichnen?
*90. Was schätzen Sie: Wie lange brauchen Sie, um sich bei uns in Ihr neues Aufgabengebiet einzuarbeiten?
*91. Auf welchem Gebiet haben Sie noch größere Defizite, und was gedenken Sie dagegen zu tun?
92. Können Sie uns noch einmal verdeutlichen: Was spricht für und was gegen Sie als unser Kandidat?
93. Warum sollten wir gerade Sie einstellen?
94. Was machen Sie, wenn Sie den Arbeitsplatz bei uns nicht bekommen, wenn wir uns für einen anderen Bewerber entscheiden?
*95. Welche Gehaltsvorstellung haben Sie?
96. Wie hoch sind Ihre aktuellen Bezüge?
97. Wann könnten Sie bei uns anfangen?
98. Wenn wir uns für Sie entscheiden, brauchen wir Sie sofort. Ist das möglich?
99. Können Sie bitte noch einmal kurz zusammenfassen, was Ihre Stärken, aber auch Ihre Schwächen sind?
*100. Was sind Ihre Fragen an uns?

Die Fragen, die Ihnen im Vorstellungsgespräch begegnen, folgen einem bestimmten Ablauf, der sich in zehn Phasen teilen lässt:

1. Begrüßung und Einleitung des Gesprächs
2. Bewerbungsmotive und Leistungsmotivation
3. Beruflicher Werdegang
4. Persönlicher, familiärer und sozialer Hintergrund
5. Gesundheitszustand
6. Berufliche Kompetenz und Eignung
7. Informationen für den Bewerber
8. Arbeitskonditionen
9. Fragen des Bewerbers
10. Abschluss des Gesprächs und Verabschiedung

Abgesehen von der Begrüßungs- und Verabschiedungsphase kann die Reihenfolge variieren. Auch müssen nicht gleich beim ersten Vorstellungsgespräch alle Themen ausführlich behandelt werden (z. B. Arbeitskonditionen). Diese Übersicht gibt Ihnen jedoch einen optimalen Eindruck, welche Themen insgesamt auf Sie zukommen können.

Nun möchten wir Ihnen die zehn Phasen des Vorstellungsgesprächs detailliert erläutern. Dazu haben wir das folgende Schema gewählt:

▸ Frage(n), die an Sie gerichtet werden
▸ Hintergrund dieser Fragen
▸ Hinweise für eine optimale Beantwortung

Sehr wichtig ist es uns, Sie mit dem eigentlichen Hintergrund der einzelnen Fragen vertraut zu machen, der sich – insbesondere in der Stresssituation Vorstellungsgespräch – nicht auf den ersten Blick erschließt. So klingt etwa die aufmunternde Aufforderung »Erzählen Sie doch mal etwas über sich« (vgl. S. 491) wie eine Einladung zum harmlos-lockeren Partygeplauder. In Wirklichkeit steckt dahinter ein komplexer Persönlichkeitstest, der Versuch, Ihre Privatsphäre zu erkunden, der Wunsch, Ihre Seelenlandschaft auszuforschen.

Unsere Hinweise sind keine Vorgaben oder konkrete Formulierungsvorschläge, sondern sollen Chancen und Gefahren einzelner Beantwortungsmöglichkeiten verdeutlichen. Sie können Ihr Bemühen, zu jeder Frage jeweils Ihre ganz persönliche Antwortstrategie zu entwickeln, nicht ersetzen.

Für die nun vorgestellten Fragen gilt: Nicht alle können Ihnen in einem ersten Gespräch gestellt werden. Rechnen Sie mit einer Auswahl von etwa zehn bis 20 Fragen. Sie wissen aber nach dem Studium unseres umfassenden Fragenkatalogs, was potenziell auf Sie zukommen kann, und sind in der Lage, sich entsprechend vorzubereiten. Böse Überraschungen sind somit praktisch ausgeschlossen, Angst und Aufregung wirksam reduziert.

Auftakt: Begrüßung und Einleitung des Gesprächs

Begrüßung, Händedruck, Vorstellung

Ihr Auftritt. Der berühmte erste Eindruck, wechselseitig. Sie bekommen ihn und man bekommt ihn von Ihnen. Versuchen Sie, gelassen zu wirken, einigermaßen selbstsicher zu erscheinen. Vermeiden Sie es, abgehetzt, angespannt und nervös aufzutreten. Lächeln Sie Ihr Gegenüber freundlich an, schauen Sie Ihrem Gegenüber in die Augen. Wichtig: Bedanken Sie sich für die Einladung. Stellen Sie sich, falls Ihr Name noch nicht gefallen ist, deutlich, aber in angemessener Lautstärke vor mit Vor- und Nachnamen. Merken Sie sich die Namen Ihres oder (das ist schon schwerer) Ihrer Gesprächspartner(s). Es dient dazu, Ihr Gegenüber ganz direkt namentlich ansprechen zu können (nichts hört man lieber als seinen eigenen Namen). Auch für spätere Nachfassaktionen (siehe S. 529) muss man unbedingt wissen, mit wem man gesprochen hat. Schauen Sie sich ruhig ein bisschen um. Enthalten Sie sich jedoch jeder Kommentierung oder Frage (»Was für ein herrlicher Kandinsky!«, »Ist der Perser echt?«, »Das sind wohl Ihre Frau und Ihre Kinder da auf dem Foto?«).

Immer nur lächeln ...

Hintergrund: Es geht in dieser allerersten Phase um die direkte persönliche Kontaktaufnahme, um Ihr Äußeres, Ihr Auftreten und Ihre Umgangsformen.
Kommen Sie pünktlich oder auf die letzte Minute? Wirken Sie gehetzt, ängstlich-nervös oder ruhig, natürlich und gelassen – ohne übertriebene Selbstsicherheit, Gleichgültigkeit oder sogar Arroganz? Sind Sie anpassungsfähig – vor allem aber: Machen Sie einen sympathischen (ersten) Eindruck?
Hinweise: Die bereits beschriebenen generellen Hintergrundaspekte des Vorstellungsgespräches spielen von den ersten Sekunden an eine wichtige Rolle. Wer dem Gesprächspartner – ob Personalchef oder Firmeninhaber – unpünktlich, abgehetzt und transpirierend gegenübertritt oder wie unter Tranquilizern stehend unterkühlt bis gelangweilt wirkt, vielleicht sogar deutlich genervt reagiert, weil er/sie 20 Minuten warten musste, reagiert auf die Eröffnung der Schachpartie Vorstellungsgespräch nicht optimal (vorsichtig formuliert).
Ein zu kräftiger Händedruck (Marke »Knochenbrecher«) oder verschämte Laschheit (»tote Hasenpfote«) erzeugen wenig Sympathie in den ersten wichtigen Sekunden dieser für Sie bedeutsamen Begegnung mit Ihrem potenziellen Arbeitgeber. Das Abwischen der schweißfeuchten Hand an Rock oder Hose wirkt absolut peinlich. Der verschämte Blick nach unten oder an die Decke, der

enttäuscht-verkrampfte Gesichtsausdruck, weil der Gesprächspartner nicht Ihren Erwartungen entspricht (zu jung, zu alt, nicht Ihr Typ), könnte folgenschwer auf Sie selbst zurückfallen, die Weichen gänzlich falsch stellen.

Unsere Empfehlung: Freundlich anlächeln, mitten ins Gesicht schauen, angemessen (zurück-)grüßen.

Warming up

Small Talk: *Wir danken Ihnen für Ihr Kommen ... / Haben Sie gut hergefunden ...? / Was für ein schöner Tag / Was für schlechtes Wetter ...*

Hintergrund: Ihre Gesprächspartner wollen – wenn Sie entsprechend geschult sind – Sie und sich selbst in einer sogenannten »Warming-up«-Phase einstimmen, eine freundliche Gesprächsatmosphäre herstellen und Ihre eventuelle Verkrampfung (Prüfungsangst) abbauen helfen.

Hinweise: Das ist zunächst alles ganz nett, sollte Sie aber nicht dazu verführen, zu ausführlich auf die angebotenen Themen einzugehen (Wetter, Parkplatzsuche, evtl. Anreise, Unterkunft usw.). Wer sich hier beklagt, dass das Hotelbett nicht seinen Erwartungen entsprach, dass er keinen Parkplatz gefunden hat, dass das Wetter ja jedes Mal so schlecht ist, wenn er zu Bewerbungsgesprächen anreisen muss, könnte eigentlich schon gleich wieder seine Sachen packen und gehen.

Nörgler und Pessimisten entsprechen nicht den Erwartungen des Personalchefs an die Charaktermerkmale zukünftiger Mitarbeiter. Natürlich dürfen Sie das Small-Talk-Angebot nicht ablehnen – etwa mit dem Unterton: »Geht's hier ums Wetter? Jetzt aber bitte zur Sache!« –, sondern müssen diplomatisch und angemessen darauf eingehen.

Bisweilen wird Ihnen vielleicht sogar etwas angeboten: Kaffee, andere Getränke (Säfte, Mineralwasser), etwas zu rauchen, möglicherweise sogar Alkoholisches. Letzteres ist ohne Zögern klar abzulehnen. Aber auch das Rauchen ist problematisch, vor allem wenn Ihr Gegenüber keinen Ascher auf dem Tisch hat oder selbst keine Zigarette in den Händen hält. Nichtraucher sind auf dem Vormarsch. Besser also, falls Sie überhaupt rauchen: Sie lehnen dankend ab. Rauchen ist nicht mehr in, schon gar nicht während der ersten Minuten des Vorstellungsgesprächs.

Gibt es eine Kaffeerunde oder werden Mineralwasser und Saft angeboten, sollten Sie sich nicht ausschließen. Falls Sie einen Getränkewunsch äußern dürfen, machen Sie es nicht kompliziert und bringen Sie niemanden in Verlegenheit, vor allem nicht sich selbst. Nicht jede Bürogetränkebar hat Tomatensaft mit Salz, Pfeffer und kleinen Eisstückchen vorrätig. Auch ein Pfefferminztee ist extrem unüblich und provoziert vielleicht vollkommen falsche Rückschlüsse auf den Gesundheitszustand Ihres Magen-Darm-Trakts.

Warten Sie einen günstigen Moment ab, um geschickt herauszufinden (falls Sie es noch nicht wissen), wie viel Zeit für Ihr Gespräch vorgesehen ist. Diese wichtige Information dient Ihnen dazu, Ausführlichkeit und Länge Ihrer Antworten dem vorgegebenen Zeitrahmen anzupassen. Weniger als eine halbe Stunde Gesprächszeit wäre enttäuschend, dagegen über eine oder gar mehrere Stunden schon etwas außergewöhnlich für die erste Begegnung.

Bereits in dieser »Warming-up«-Phase ist es nicht unüblich, dass Ihr Gegenüber die Gesprächsphase 7 (Informationen für den Bewerber, siehe S. 499) vorzieht. Dann wird Ihnen über die Firma/Institution, die Produkte/Dienstleistungen und deren Bedeutung referiert.

Hören Sie interessiert zu, denn hier erfolgt ein Stück Arbeitgeber-Selbstdarstellung, deren narzisstischen Anteil Sie durch erhöhte und demonstrative Aufmerksamkeit wertschätzen müssen. Möglicherweise erfahren Sie Dinge, die im späteren Gesprächsverlauf erneut Thema werden (z. B. dann, wenn man offen erzählt, wie man sich den Traumkandidaten für diesen Arbeitsplatz vorstellt).

Bewerbungsmotive und Leistungsmotivation

Motive der Bewerbung

▶ *Wie ist es eigentlich zu Ihrer Bewerbung als ... bei unserem Unternehmen/unserer Institution gekommen?*
▶ *Was reizt Sie an dieser Aufgabe/Position?*
▶ *Warum wollen Sie gerade bei uns, in unserem Unternehmen/unserer Institution arbeiten?*
▶ *Wie gut kennen Sie unsere Produkte/Dienstleistungen etc.?*

Hintergrund: Alle Fragen dienen der Überprüfung Ihrer Motivation und Ihres Interesses. Wie fundiert ist beides? Was bewegt Sie wirklich? Aus welcher Situation heraus bewerben Sie sich? Ist dieser Arbeitsplatz (das Unternehmen/die Aufgabe) erste Wahl oder nur eine Kompromiss- oder gar Notlösung? Wie sind Image und Stellenwert des potenziellen Arbeitgebers bei Ihnen gewichtet? Wissen Sie den eventuellen neuen Arbeitgeber zu schätzen?

Hinweise: Auf diese Standardfragen müssen Sie wirklich gut vorbereitet sein und wenigstens fünf Minuten flüssig sprechen können. Es handelt sich hierbei um die wichtigsten, entscheidendsten Fragen und Themen im ganzen Gespräch! Dabei darf der Unterhaltungs- und Spannungswert auf keinen Fall zu kurz kommen, was Sie übrigens ganz generell für viele Antworten berücksichtigen sollten. Langweilen Sie bloß nicht!

- *Warum haben Sie vor, den Arbeitsplatz zu wechseln?*
- *Weshalb wollen Sie Ihre jetzige Tätigkeit/Position aufgeben?*
- *Warum haben Sie in Ihrer jetzigen Firma/Institution keine Aufstiegschancen?*
- *Was sind die Gründe für Ihre Unzufriedenheit?*

Hintergrund: Es geht weiter um die Motive Ihrer Bewerbung, um die Ausleuchtung Ihrer Ausgangs- und Hintergrundsituation. Sind Sie in einer beruflichen/persönlichen Drucksituation, und wenn ja, warum? Wie hoch ist der Grad Ihrer Unzufriedenheit und wodurch ist diese bedingt?

Hinweise: Wie begründen Sie den Wunsch nach einem Arbeitsplatzwechsel oder einem Neu- bzw. Wiedereinstieg? Hier muss Ihnen eine plausibel klingende, überzeugende Argumentation gelingen. Verlieren Sie sich nicht in Details, beklagen Sie sich auf keinen Fall über Ihren jetzigen oder über frühere Arbeitgeber/Vorgesetzte oder über Ihre Aufgabenbereiche. Gern wird gehört: Man will vorankommen, die neue Aufgabe wird als Herausforderung betrachtet, ist reizvoll, man möchte es sich und anderen beweisen. (Provoziert übrigens die nächste Frage:)

- *Was reizt Sie an der neuen Aufgabe?*
- *Was erwarten Sie speziell von uns, was erhoffen Sie sich?*

Hintergrund: Weiterhin geht es um die Überprüfung Ihrer Motivation. Wie gut sind Sie vorbereitet, wie realistisch sind Ihre Einschätzungen?

Hinweise: Wieder müssen Sie überzeugend und variantenreich argumentieren, Geduld zeigen und sich nicht in Widersprüche oder simple Wiederholungen verstricken. Sind die von Ihnen angeführten Bewerbungsgründe nachvollziehbar? Machen Sie deutlich, dass Sie sich auf die beruflichen Aufgaben und den potenziellen Arbeitgeber gut vorbereitet haben. Gern gehört sind Stichworte wie »Zukunftschancen« und »Image der Firma« – aber vermeiden Sie plumpe Schmeicheleien.

- *Üben Sie Ihre jetzige berufliche Tätigkeit gerne aus?*
- *Was hat Ihnen bisher an Ihrer Aufgabe/Position gefallen, was missfallen, und warum?*
- *Was, glauben Sie, ist bei uns anders?*

Hintergrund: … ist die Sorge, dass Sie Ihre eventuell bestehende Unzufriedenheit sozusagen als chronische Erkrankung mit an den neuen Arbeitsplatz bringen und dass somit nicht objektive, sondern negativ-subjektive Gründe den gewünschten Wechsel bedingen.

Hinweise: Selbstverständlich üben Sie Ihre jetzige berufliche Tätigkeit gerne aus und identifizieren sich mit Ihrem Beruf. Einerseits möchte man Sie (ab-)werben, andererseits hat man Angst, dass sich hinter Ihrer Wechselbereitschaft unangenehme Überraschungen auch für den potenziellen neuen Arbeitgeber und Arbeitsplatz verbergen. Es geht um die Befürchtung des Arbeitgebers, sich durch Sie eine Art Kuckucksei ins Nest zu holen.

Schildern Sie Ihre jetzigen Aufgaben zu negativ, wird man an Ihnen zweifeln, bei zu positiver Darstellung wirkt Ihr Wunsch nach einem Arbeitsplatzwechsel unglaubwürdig. Ein Ausweg aus diesem Dilemma ist die plausible Darstellung, worin die Verbesserung durch den Wechsel oder Neustart/Wiedereinstieg für Sie besteht.

- *Woher ist Ihnen unser(e) Unternehmen/Institution bekannt?*
- *Wie gut kennen Sie uns bereits, unsere ... (z. B. Produktion/Marktposition/Dienstleistungen usw.)?*
- *Wie stellen Sie sich Ihre Tätigkeit bei uns vor?*

Hintergrund: Die Fragen zur Überprüfung der Qualität Ihrer Vorbereitung auf das Vorstellungsgespräch werden konkreter und detaillierter. Wie überzeugend ist Ihre Darstellung, und wie ziehen Sie sich auch bei unangenehmen Fragen aus der Affäre?

Hinweise: Bei guter Vorbereitung haben Sie einiges über das Unternehmen/die Institution in Erfahrung gebracht und machen jetzt bei den Fragen zu diesem Punkt einen kompetenten Eindruck. Das darf Sie aber nicht dazu verleiten, sich bei der Frage, wie Sie sich die Tätigkeit beim neuen Arbeitgeber vorstellen, zu sehr zu exponieren. Es ist eigentlich Sache Ihres Gesprächspartners, Ihnen eine Arbeitsplatzbeschreibung zu geben. Es besteht leicht die Gefahr, dass Sie sich vergaloppieren und als notorischer Besser- oder Alleswisser unangenehm auffallen.

- *Haben Sie einen besonderen persönlichen Bezug zu unserem Unternehmen?*
- *Kennen Sie Mitarbeiter aus unserem Haus?*
- *Was haben die Ihnen denn so alles über uns erzählt?*

Hintergrund: Welche Wertschätzung bringen Sie Ihrem potenziellen Arbeitgeber entgegen? Woher beziehen Sie Ihre Informationen? Wissen Sie, was man wie sagt und was man lieber für sich behält?

Hinweise: Ein persönlicher Bezug zum Unternehmen kann von Vorteil sein. Wenn Sie sich auf diese Frage vorbereitet haben und die Auskunft glaubwürdig klingt, sammeln Sie Pluspunkte. Lassen Sie sich nicht dazu verleiten, eventuelle

Kenntnisse aus der internen Firmengerüchteküche auszuplaudern. Wenn Sie angeben möchten, jemanden aus dem Unternehmen zu kennen, sollten Sie einschätzen können, wie deren/dessen Position und Ansehen ist.

- *Haben Sie zurzeit noch andere Bewerbungsverfahren laufen?*
- *Gibt es schon konkrete Verhandlungen bzw. Ergebnisse?*

Hintergrund: Wieder geht es um die Motivation und die Ernsthaftigkeit Ihres Wunsches nach einem Arbeitsplatzwechsel, um die Frage, wie viel Druck hinter diesem Anliegen steckt. Aber auch die besondere Wertschätzung gegenüber dem speziellen potenziellen Arbeitgeber soll mit diesen Fragen erforscht werden. Ist diese Firma/Institution erste Wahl oder rangiert sie irgendwo unter »ferner liefen«? Setzen Sie alles auf eine Karte oder haben Sie – aus welchem Druck und Antrieb auch immer – eine Vielzahl von Bewerbungsschreiben ausgestreut?

Hinweise: Wie hoch ist Ihre Identifikation mit dem jetzt gerade ablaufenden Bewerbungsverfahren? Also: Kein Wort über eventuelle Absagen und Fehlschläge, und besser nichts über parallele Verhandlungen, es sei denn, Sie haben ein ganz konkretes Angebot, das für Sie ernsthaft in Betracht kommt. Gefahr: Sie wirken unglaubwürdig bis erpresserisch und vermasseln sich Ihre Chancen.

- *Was bewog Sie damals – im Jahre xx und dann xx –, den Arbeitsplatz zu wechseln?*

Hintergrund: Wechseln bzw. wechselten Sie im Frieden oder Unfrieden? Gibt es bei Ihnen sich wiederholende Motive, die Sie zum Arbeitsplatzwechsel veranlassen? Spielen dabei in Ihrer Person begründete Probleme eine Rolle (vor denen man sich aus Arbeitgebersicht bewahren möchte)?

Hinweise: Seien Sie darauf vorbereitet, (auch frühere) Arbeitsplatzwechsel plausibel darstellen zu können. Schuldzuweisungen kommen immer extrem schlecht an, diese addieren sich letztlich nur auf dem Negativkonto der Person, die sie ausspricht.

Leistungsmotivation

- *Was hat für Sie Priorität bei Ihrer Arbeit?*
- *Wie stellen Sie sich im Idealfall Ihre Arbeit/Aufgaben vor?*
- *Was sind – aus Ihrer Sicht – die Vor- und Nachteile der von uns angebotenen Position und wie wollen Sie damit umgehen?*

Hintergrund: Wie intensiv haben Sie diese Themen bereits durchdacht? Wie realistisch sind Ihre Einschätzungen? Was für eine Arbeitspersönlichkeit sind

Sie? Wie präsentieren Sie sich? Welche Merkmale (auch: Persönlichkeit) zeigen Sie oder lassen Sie erkennen? Welche Prognose für Ihre Leistungsmotivation kann man bei Ihnen aufgrund Ihrer Antworten wagen?
Hinweise: Stellen Sie sich geschickt an im Umgang mit schwierigen, weil komplexen Themen? Empfehlung: Nicht in Details verlieren und nicht zu sehr »Überflieger« sein. Das realistische Mittelmaß – aber nicht zu glatt! – wird honoriert. Wer hier in ein 20-minütiges Referat verfällt oder Extrempositionen vertritt, kommt nicht gut an.

▸ *Auf welche Ihrer beruflichen Leistungen und Erfolge sind Sie besonders stolz?*
▸ *Und jetzt zu Ihren Misserfolgen ...*

Hintergrund: Was haben Sie als Leistungsnachweis anzubieten? Nebenbei: Wie gehen Sie mit heiklen, komplexen Fragen um?
Hinweise: Ihr mögliches Erschrecken beim Lesen dieser Frage (»Mein Gott, was würde ich denn darauf antworten?«) dokumentiert noch einmal die Bedeutsamkeit einer guten Vorbereitung. Sie erspart das Schockiertsein mit nachfolgendem Stammeln oder Verplappern in der Realsituation Vorstellungsgespräch.

An Ihren Erfolgen und besonders an den von Ihnen eingestandenen Misserfolgen werden Sie gewogen. Wer keine Misserfolge zu berichten weiß, macht sich extrem verdächtig. Wer eingesteht, ein Millionending in den Sand gesetzt zu haben, stellt sich selbst bloß.

Während man bei den Erfolgsberichten etwas großzügiger (aber nicht unglaubwürdig) sein darf – insbesondere die Teamleistung sollte hervorgehoben werden –, gilt es bei den Misserfolgen, eher bei sich selbst zu bleiben, ohne jedoch wirklich gravierende, irreparable Schäden zu beichten.

Die Analyse Ihrer Erfolgs- und Misserfolgsberichte lässt viele Rückschlüsse auf Sie als potenziellen Mitarbeiter zu.

▸ *Wie sehen Sie Ihre Zukunft?*
▸ *Was sind Ihre Ziele?*
▸ *Was möchten Sie in drei und was in fünf Jahren erreicht haben?*

Hintergrund: Wieder geht es um Leistungsbereitschaft und Motivation, um »Biss«, »Drive«, »visionäre Begabung« oder schlicht um Ihre Zukunftsplanung.
Hinweise: Hier behandeln Sie natürlich zunächst ausschließlich Ihre beruflichen Perspektiven. Als leistungsmotivierter Mitarbeiter sind Sie zuversichtlich, was Ihren beruflichen Werdegang betrifft. Aber: Exponieren Sie sich nicht zu sehr, damit man vor Ihnen keine Konkurrenzangst bekommt und glaubt, Sie würden gleich die Säge am Stuhl Ihres Chefs/Vorgesetzten ansetzen ...

Beruflicher Werdegang

- *Wie verlief Ihr bisheriger Berufsweg?*
- *Aus welchen Gründen haben Sie sich für den Beruf/die Branche/die Arbeitsplätze X, Y und Z entschieden?*
- *Und warum jetzt für diese neue Position in unserem Haus?*

Hintergrund: Planung oder Zufall? Ist ein roter Faden bei Ihren Motiven für Arbeitsplatz- und Positionswechsel erkennbar?
Hinweise: Was Sie in Ihren Bewerbungsunterlagen kunstvoll zu Papier gebracht haben, müssen Sie jetzt überzeugend und gegebenenfalls auch ausführlich darstellen und begründen können. Wichtig ist dabei die Präsentation eines logischen Zusammenhanges zwischen einzelnen beruflichen Stationen. Mit dem gereizten Hinweis »Aber das steht doch bereits alles schon in meinen Unterlagen!« würden Sie sich sofort aus dem Bewerbungsverfahren katapultieren.

- *Berichten Sie uns etwas über die wichtigsten Aspekte Ihrer bisherigen Tätigkeiten.*

Hintergrund: Gelingt es Ihnen, komplexe Sachverhalte überzeugend auf den Punkt zu bringen, und passt dies inhaltlich zu der angebotenen Stelle?
Hinweise: »Aufgrund meiner Arbeitsgebiete/Tätigkeiten X, Y und Z glaube ich, für die Aufgabe/Position gut vorbereitet zu sein« –, so könnte ungefähr der Tenor bei der Beantwortung dieser Frage lauten, ohne das wörtlich so auszusprechen.

- *Was sind zurzeit Ihre konkreten Arbeitsaufgaben?*
- *Was machen Sie davon gerne, was ungern?*
- *Schildern Sie einmal den Ablauf eines typischen Arbeitstages.*

Hintergrund: Hier geht es dem Interviewer darum, einen tieferen Einblick in Ihre derzeitigen Aufgaben zu bekommen und zu überprüfen, ob der gute Eindruck aufgrund Ihrer schriftlichen Bewerbungsunterlagen Bestand hat. Mit anderen Worten: Man versucht, Ihre beruflichen Schwachstellen zu enttarnen.
Hinweise: Diese auf den ersten Blick harmlos klingenden Fragen sind schwieriger zu beantworten, als Sie glauben. Deshalb erfordern sie eine besonders gute Vorbereitung im Hinblick auf den angestrebten Arbeitsplatz. Wer etwa behauptet, an seinem aktuellen Arbeitsplatz alles nur gut und gerne gemacht zu haben, lügt ausgesprochen ungeschickt. Warum dann wohl der angestrebte Wechsel?

- *Warum haben Sie Ihren Arbeitgeber öfter/selten gewechselt?*

Hintergrund: Schwachstellen aufdecken; den Bewerber durch diese Frage mit einer schwierigen, vielleicht auch peinlichen Situation konfrontieren und beobachten, wie er sich verhält.
Hinweise: Vorbereitet sein; gut argumentieren können; glaubwürdige Darstellung, auch mit Anerkennung von eigenen Fehlern; Sie sollten sich nicht aus der Ruhe bringen lassen und schon gar nicht aggressiv reagieren.

- *An welchen Fortbildungsmaßnahmen haben Sie teilgenommen? Wer hat diese initiiert?*

Hintergrund: Überprüfung von Leistungsmotivation und Kompetenz. Fortbildung aufgrund von Eigeninitiative oder nur auf Anordnung?
Hinweise: Wenige Sätze reichen aus. Es kommt darauf an, dass Sie etwas Relevantes zu berichten wissen. Fachliteratur und der regelmäßige Austausch mit Kollegen in einem vergleichbaren Arbeitsbereich sind das unterste Niveau, das hier inhaltlich beschritten werden kann. Besser sind Tagungen, Messen, Fortbildungsveranstaltungen etc.

- *Was zeichnet Ihrer Meinung nach einen guten Vorgesetzten aus?*
- *Was einen guten Mitarbeiter?*
- *Jetzt diese beiden Fragen mit umgekehrten Vorzeichen – »schlechten« Vorgesetzten ... usw.*
- *Was schätzen Sie an Ihren Arbeitskollegen/Vorgesetzten – was nicht?*

Hintergrund: Was sind Ihre Maßstäbe bei der Beurteilung von Vorgesetzten und Kollegen? Worauf kommt es Ihnen an? Erneut: Wie gehen Sie mit schwierigen Fragen um?
Hinweise: Zeigen Sie Wertschätzung für Vorgesetzte und Kollegen, machen Sie aber gegebenenfalls auch deutlich, dass Sie in bestimmten Situationen anders entschieden hätten. Vermitteln Sie Respekt und die richtige Mischung aus Selbstbewusstsein und Loyalität.

- *Fühlen Sie sich in Ihren beruflichen Leistungen von Ihren früheren Vorgesetzten angemessen beurteilt?*

Hintergrund: Wie gehen Sie mit dem heiklen Thema Leistungsbeurteilung um? Lassen Sie sich provozieren und nehmen Sie Schuldzuweisungen vor? Ergreifen Sie die erstbeste Gelegenheit, über andere herzuziehen? Sind Sie der Typ des ewig verkannten Genies?

Hinweise: Halten Sie sich bedeckt und lassen Sie sich nicht provozieren. Vermeiden Sie vor allem Klagen über Ihre früheren Vorgesetzten und eine unglückliche Selbstdarstellung.

- *Was würden Sie gern an Ihrem jetzigen Arbeitsplatz verändern, wenn Sie Veränderungen durchführen könnten, wie Sie wollen?*

Hintergrund: Sind Sie ein notorischer Besserwisser oder gar ein »Revolutionär«? Ein reiner Provokationstest – es geht nicht um Kreativität.
Hinweise: Natürlich gibt es Dinge, die veränderungswürdig sind, aber dies ist hier nicht der Rahmen, detailliert und angemessen die Probleme an Ihrem derzeitigen Arbeitsplatz auszubreiten. Halten Sie sich einfach bedeckt.

- *Was war bisher Ihr schlimmstes, unangenehmstes (Arbeits-)Erlebnis?*

Hintergrund: Ein Persönlichkeitstest in Frageform. Es geht darum, Ihnen auf den Zahn zu fühlen, eventuelle Widersprüche über bisherige Misserfolge aufzudecken.
Hinweise: Aufgepasst – was war Ihre Antwort bei der Frage nach Ihrem größten Misserfolg? Welches Bild geben Sie von sich ab?

Persönlicher, familiärer und sozialer Hintergrund

In dieser Gesprächsphase geht es um drei Bereiche:

1. Wer und wie sind Sie?
2. Mit wem leben Sie zusammen und wie sind diese Personen?
3. Wie sieht Ihr erweitertes soziales Umfeld (Freunde, Bekannte, Kollegen) aus?

Zu Ihrer Person

- *Wir wollen Sie gerne kennenlernen, erzählen Sie uns etwas über sich.*
- *Wie würden Sie sich kurz charakterisieren?*

Hintergrund: Ein umfassender Persönlichkeits-Check-up, der mit zwei Fragen auskommt. Ein unverstellter Versuch, in die Schränke und Schubladen Ihrer Persönlichkeit zu schauen. Es geht um die zentrale Frage: Passt der Bewerber in unser Unternehmen?
Hinweise: Hier haben Sie es mit aufdringlichen Fragestellern zu tun, die unter Umständen sogar in Ihre Privatsphäre eindringen wollen. Es liegt an Ihnen,

sich auf Derartiges gut vorzubereiten. Wichtig: Beginnen Sie bei sogenannten offenen Fragen wie dieser immer erst damit, die berufliche Ebene anzusprechen und später – wenn überhaupt notwendig – die private.

- *Was sind Ihre Stärken, was Ihre Schwächen?*
- *Was ist Ihr größter Erfolg/Misserfolg (beruflich/privat)?*
- *Was war bisher in Ihrem Leben Ihr schlimmstes Erlebnis?*

Hintergrund: Wie stellen Sie sich dar? Wie glaubwürdig wirken Sie dabei? Lassen sich ungeahnte Schwächen entdecken?
Hinweise: Sie sollten mit Gelassenheit sowohl die positiven als auch einige harmlose negative Dinge darstellen und vertreten (die berufliche Seite zuerst; vielleicht geht der Interviewer schon zur nächsten Frage über, bevor Sie zur Darstellung von natürlich unverfänglichen Schwächen und Misserfolgen im privaten Bereich kommen). Überlegen Sie sich genau, welche Offenheit Sie sich bei der Darstellung von Schwächen und Misserfolgen leisten können. Und nie vergessen: Sie befinden sich nicht auf der Couch Ihres Psychoanalytikers oder beim Pfarrer im Beichtstuhl!

- *Was schätzen Sie generell an anderen Menschen, was nicht (Arbeitskollegen/Vorgesetzten/Freunden/Bekannten)?*
- *Haben Sie Leitbilder?*

Hintergrund: Durchleuchten der Persönlichkeit (siehe auch entsprechende Fragen im vorigen Abschnitt).
Hinweise: Hier gilt wieder der generelle Hinweis, dass jede Aussage über andere immer auch eine Mitteilung über Sie selbst bedeutet.

- *Warum sollten wir gerade Sie einstellen?*

Hintergrund: Ein fundamentaler Test Ihres Selbstbewusstseins und Selbstvertrauens. Sind Sie in der Lage, die für Sie sprechenden Eigenschaften im Hinblick auf die angestrebte Position prägnant zusammenzufassen?
Hinweise: Obwohl diese Frage zu den absoluten Standardfragen gehört, trifft sie viele Bewerber völlig überraschend und unvorbereitet. Ihnen sollte es nicht so gehen. Das ist Ihre große Chance. Aber bitte keinen 20-Minuten-Monolog (Vorschlag: Argumentation erstens, zweitens, drittens reicht aus).

- *Wir wollen Sie als Mensch kennenlernen. Was machen Sie neben Ihrer Berufstätigkeit?*
- *Welche Interessen, welche Hobbys haben Sie?*
- *Welche Sportarten betreiben Sie?*

Hintergrund: Es geht um das Kennenlernen der »ganzen Person«, um Ihr Interessenspektrum, um Besonderheiten, Hobbys, kulturelle Aktivitäten und Neigungen (z. B. Lesen – Kant oder Konsalik?). Denken Sie auch an Ihre körperliche Fitness (Tennis oder Tischtennis?).
Hinweise: Die Beantwortung sollten Sie nicht dem Zufall überlassen. Die Antwort »Polospielen« macht einen anderen Eindruck als die Beschäftigung mit Briefmarken. (Vorsicht beim Bluffen – auf Nachfragen vorbereitet sein!) Sehr viel Sport ist leider wegen der begrenzten Freizeit nicht möglich, aber zu Ihrem Körper haben Sie natürlich ein gesundes Verhältnis. Vorsicht bei Risikosportarten.

- *Was bedeutet Teamarbeit für Sie?*

Hintergrund: Sind Sie eher extro- oder introvertiert, ist hier die Frage. Sind Sie lieber Einzelkämpfer oder Gruppenmensch?
Hinweise: Was wird wohl bei der von Ihnen angestrebten Position eher gewünscht? Heutzutage werden insbesondere teamfähige Leute gesucht – auch wenn dann später in der Realität jeder gegen jeden (an-)tritt.

- *Mit welchen Menschen arbeiten Sie gern/ungern zusammen?*
- *Hatten Sie schon mal Schwierigkeiten mit Vorgesetzten und/oder Kollegen?*
- *Wenn ja: Mit wem? Warum? Wie sind Sie damit umgegangen? Was haben Sie daraus gelernt?*

Hintergrund: Es geht weiter ganz unverstellt zur Sache, hier um den Aspekt: Wie ist es um Ihr Konfliktlösungspotenzial bestellt?
Hinweise: Wenn es Ihnen bei diesen Fragen die Sprache verschlägt, spricht das gegen Sie. Jeder Mensch bevorzugt bestimmte Kollegen und hat schon mal Schwierigkeiten mit seinem Chef gehabt. Nur gerade jetzt müssen Sie wissen, was Sie darüber preisgeben wollen und auf welche Weise.

- *Worüber können Sie sich so richtig ärgern?*
- *Was macht Sie wütend?*
- *Was bereitet Ihnen Sorgen?*

Hintergrund: Fortsetzung der Psychodiagnostik. Wie gehen Sie mit derartigen Fragen um? Kann man Sie damit ärgern oder gar verängstigen?
Hinweise: Machen Sie sich nicht ganz zu (verkrampfen Sie nicht), aber lassen Sie auch nicht die Katze völlig aus dem Sack.
Da Sie hier eigentlich nur die Wahl zwischen Pest und Cholera haben, also nur schlechte Zensuren ernten können, kommt es darauf an, diese kritische Stressinterview-Phase (siehe S. 519) mit Format und Gelassenheit durchzustehen. Weichen Sie nicht auf, sondern aus – etwa auf (relativ) Unverfängliches (die

letzte Heimniederlage Ihres Lieblingsclubs, Ihre Schwiegermutter, Hundekot auf der Straße, die Vernichtung von Lebensmitteln im EU-Raum, schlechte kulturelle Leistungen bei Theater- und Konzertaufführungen Ihrer Lieblingsstücke usw.). Auch das Sorgenthema müssen Sie ähnlich geschickt umschiffen: eine Herausforderung an Ihre Inszenierungsbegabung für das Ohnsorg-Theater.

▶ *Wie gehen Sie mit Kritik um?*

Hintergrund: Wieder eine Frage, um Ihre Persönlichkeit zu testen.
Hinweise: Es kommt sicherlich immer darauf an, wer Sie wann wie und weshalb kritisiert. Kritik bringt Sie nicht um (selbstverständlich auch nicht solche Fragen), sondern hoffentlich weiter.

▶ *Was sind Ihre ganz persönlichen Lebensziele?*
▶ *Was möchten Sie persönlich für sich in naher/ferner Zukunft erreichen?*

Hintergrund: Eine gewisse Lebensplanung mit beruflichen und privaten Zielsetzungen rundet das Idealbild eines guten Bewerbers ab.
Hinweise: Lernen, Leistung, Vorwärtskommen. Haben Sie ein Gespür dafür, was man hier wohl von Ihnen hören will. Achtung: Es geht primär um Berufliches – vermeiden Sie private Offenbarungen.

▶ *Was sind Ihrer Meinung nach die größten Missstände ...*
  – in der Welt?
  – in unserem Land?
  – in Ihrer Heimatstadt?
  – in dem Unternehmen, in dem Sie zurzeit arbeiten?

Hintergrund: Wie differenziert ist Ihre Kritikfähigkeit? Welchen Einblick erlauben Ihre Antworten in persönliche Grund- und Werthaltungen, ja sogar in Ihre Persönlichkeitsstruktur? Im letzten Frageteil geht es um Ihre Loyalität zu Ihrem jetzigen Arbeitgeber.
Hinweise: Wer auf allen vier Ebenen (Welt, Land, Stadt, Firma) das unerträgliche Umsichgreifen der Korruption in markant-larmoyanten Worten beklagt, sagt damit (unwissentlich) mehr über sich als über die beklagten objektiven Missstände. Sie können das Wort »Korruption« durch Pornografie, Werteverfall, Egoismus auf allen Ebenen usw. ersetzen – jede Aussage beleuchtet mehr die Persönlichkeit des Antwortenden als die vordergründig abgefragten Missstände. Achtung: Damit ist diese Frage ein knallharter (unzulässiger) Persönlichkeitstest!
Übrigens: Auch wenn Sie auf den verschiedenen Ebenen unterschiedliche

Missstände benennen, wird der geschulte Zuhörer den gemeinsamen Oberbegriff herauszuhören versuchen, um Rückschlüsse auf Ihre Persönlichkeit vorzunehmen.

Der Interviewer will Sie mit den Fragen nach größeren Zusammenhängen (Welt, Land, Stadt) möglicherweise von dem für ihn eigentlich interessanten Aspekt ablenken: welche Kritikbereitschaft Sie Ihrem aktuellen Arbeitgeber gegenüber einnehmen (Stichwort: Loyalität).

Bei den globalen Missständen könnten Sie auf Kriege, Umweltzerstörung, Hunger in der Dritten Welt etc. hinweisen, in unserem Land vielleicht auf die Arbeitslosigkeit und das Problem der Steuerumverteilung, in Ihrer Stadt auf Verkehrs-, Bau- und Umweltprobleme, in Ihrer Firma sehr vorsichtig auf die noch nicht optimal organisierte Gleitarbeitszeit etc.

Zu Ihrer Familie

▸ *Wie sieht Ihre aktuelle Lebenssituation aus?*

Hintergrund: Mit wem leben Sie zusammen? Als Single, mit Lebens- oder Ehepartner?
Hinweise: Verliebt, verlobt, verheiratet, geschieden, verwitwet, Kinder? Alles Themen, die den Arbeitgeber eigentlich absolut nichts angehen. Aber allzu häufig fragt er nun mal leider unzulässigerweise danach.

▸ *Stellen Sie uns doch bitte mal Ihre Familie vor.*
(Gegenfrage: Welche? Meine Ursprungsfamilie oder meine jetzige?)

Hintergrund: Neugieriges Informationsbedürfnis über den Bewerber und das Milieu, das ihn umgibt, aus dem er kommt (möglicherweise also beide Familien ...).
Hinweise: Gehen Sie nicht zu sehr ins Detail, Sie müssen sich nicht rechtfertigen, warum Sie geschieden, wiederverheiratet oder überhaupt nicht verheiratet oder liiert sind. Ebenso: warum Sie sich keine oder zahlreiche Kinder leisten und was Ihre eigenen Eltern gemacht bzw. versäumt haben, wie es bei Ihnen zu Hause damals zuging ... (vgl. auch S. 474, »Zur Not auch eine Lüge«).

▸ *Was macht Ihre Frau/Ihr Mann beruflich und wo?*

Hintergrund: Abchecken der sozialen Verhältnisse. Nach dem Motto: Zeige mir deinen Partner und ich weiß ein bisschen mehr, wer und wie du bist.
Hinweise: Seien Sie sich darüber im Klaren, dass Sie eine relativ konfliktfreie, weitgehend problemlose heile Welt präsentieren müssen.

▸ *Was sagt Ihr Lebenspartner zu Ihren Plänen? Gibt es da eventuell Probleme (Umzug/Arbeitszeiten etc.)?*

Hintergrund: Bekommen Sie Unterstützung? Ist Ihr Lebenspartner mit Ihren Plänen einverstanden oder gibt es da Hemmnisse?
Hinweise: Wer hier nicht überzeugend positiv auftritt oder gar zugeben muss, noch nichts besprochen, nichts geklärt zu haben, sammelt Minuspunkte.

Zu Ihrem sozialen Hintergrund

▸ *Gibt es Bereiche, in denen Sie sich besonders engagieren?*

Hintergrund: Wie sieht es mit politischen oder sozialen Prioritäten aus, für die Sie sich bisher engagiert haben (Parteien, Gewerkschaften, Bürgerinitiativen, Kirche, Vereine, soziale Institutionen – z. B. Telefonseelsorge, Anonyme Alkoholiker, Spastikerhilfe, Greenpeace, Amnesty International, DRK etc.)?
Hinweise: Machen Sie sich bewusst, welches Bild Sie von sich entwerfen, wenn Sie sich zu dem einen oder anderen sozialen oder politischen Engagement bekennen, und wie das wohl von Ihrem potenziellen Arbeitgeber eingeschätzt wird.

▸ *Mit welchen Menschen sind Sie gerne zusammen und was verbindet Sie mit diesen?*

Hintergrund: »Zeige mir deine Freunde und ich sage dir, wer du bist« – Informationen über Dritte sind Informationen über einen selbst. Sind Sie kontaktorientiert?
Hinweise: Natürlich geht es nicht wirklich um Herrn oder Frau XY aus Ihrem Freundes- und Bekanntenkreis, sondern um Sie. Wie sehen Ihre sozialen, zwischenmenschlichen Beziehungen aus – quantitativ und qualitativ?

Gesundheitszustand

▸ *Waren Sie schon mal ernstlich erkrankt?*
▸ *Bestehen bei Ihnen gesundheitliche Einschränkungen mit beruflichen Auswirkungen?*
▸ *Gab es Krankenhausaufenthalte/Unfälle, leiden Sie an Allergien?*

Hintergrund: Wie steht es um Ihre uneingeschränkte gesundheitliche Leistungsfähigkeit?

Hinweise: Absolute Gesundheit gibt es wohl heutzutage kaum. Lassen Sie trotzdem keine Zweifel daran aufkommen, dass es bei Ihnen keine berufsrelevanten Beeinträchtigungen gibt. (Sie sind hier ja nicht beim Arzt.)
Der Arbeitgeber darf sich nur nach aktuellen Erkrankungen erkundigen, die die berufliche Leistungsfähigkeit einschränken. Hier werden sehr häufig die rechtlich zulässigen Fragegrenzen überschritten – also aufgepasst! Sollten Sie Zweifel haben, ob Sie ganz gesund sind, fragen Sie Ihren Arzt, aber lassen Sie keine Zweifel im Vorstellungsgespräch aufkommen. Bagatellerkrankungen, wie etwa ein kleinerer, jährlich wiederkehrender Heuschnupfen, gehen den Arbeitgeber nichts an.

- *Waren Sie im letzten Jahr mehr als zweimal beim Arzt?*
- *Haben Sie einen Hausarzt?*

Hintergrund: Fangfragen zur Überprüfung des Gesundheitszustandes im Hinblick auf befürchtete Fehlzeiten.
Hinweise: Achtung, aufgepasst – nicht (ver-)plappern. Das sind üble Rhetoriktricks, auf die man nicht hereinfallen darf.

Berufliche Kompetenz und Eignung

- *Wie gut kennen Sie sich in unserer Branche/in unserem Metier aus?*
- *Wie schätzen Sie die aktuelle (zukünftige) Marktsituation ein?*

Hintergrund: Wie sieht Ihr aktueller Wissensstand aus? Können Sie kompetent mitreden, einschätzen, beurteilen?
Hinweise: Es gilt das schon mehrfach zum Thema Vorbereitung/Recherche Gesagte. Sollten Sie bei einer dieser Fragen trotz guter Vorbereitung nicht genug Hintergrundwissen haben, bekennen Sie sich dazu. Es macht Sie nicht unsympathisch, wenn Sie in Maßen Kenntnislücken zugeben.

- *Kennen Sie ... (dieses Verfahren, die Person, die Diskussion um etc.)?*
- *Was ist Ihre Meinung über ...?*
- *Wie beurteilen Sie ...?*
- *Was würden Sie machen, wenn ...?*

Hintergrund: Test von Informationsstand und Fachwissen bis hin zur Aufforderung, spontan im Gespräch eine »Mini-Arbeitsprobe« abzulegen.
Hinweise: Hier werden Sie selbst am besten wissen, wie Sie auf diese Fragen zu reagieren, zu antworten haben. Möglicherweise handelt es sich auch um eine Testfrage, mit der man Sie aufs Glatteis führen will, und das XYZ-Verfahren,

von dem man suggestiv behauptet, dass Sie es doch sicherlich kennen, existiert in Wirklichkeit überhaupt nicht. Also bekennen Sie sich im Zweifel dazu, dass Sie es nicht kennen.

- *Welche Publikation (Fachbuch/Artikel) aus Ihrem Arbeitsgebiet hat Sie in der letzten Zeit besonders beschäftigt?*
- *Welche Fachzeitschriften haben Sie abonniert/lesen Sie regelmäßig?*
- *Welche Kongresse, Fachtagungen, Weiterbildungen etc. haben Sie in der letzten Zeit besucht?*

Hintergrund: Überprüfung von Engagement, Motivation und Kompetenz in fachlicher Hinsicht.
Hinweise: Siehe Hinweis zur vorigen Frage. Eine aktuelle, auch fachwissenbezogene Vorbereitung (in Maßen) zahlt sich hier aus.

- *Auf welchem Sektor lag Ihr Ausbildungsschwerpunkt, und wie kam es dazu?*
- *Was würden Sie als Ihren aktuellen spezifischen Arbeitsschwerpunkt bezeichnen?*

Hintergrund: Wie kompetent können Sie sich und Ihr Arbeitsgebiet darstellen? Auch die Art und Weise Ihres »Vortrags« wird an dieser Stelle mitbewertet.
Hinweise: Fragen nach Ihrer Ausbildung (evtl. Lehre, Studium) und der ersten beruflichen Einstiegsposition kommen sicherlich bei einem gestandenen Praktiker seltener vor. Dennoch ist es wichtig, auf derartige Nachfragen, bei denen es auch um die Verknüpfung von Vergangenheit und Gegenwart geht, nicht ganz unvorbereitet zu sein.

- *Was schätzen Sie: Wie lange brauchen Sie, um sich bei uns in Ihr neues Aufgabengebiet einzuarbeiten?*
- *Auf welchem Gebiet haben Sie noch größere Defizite, und was gedenken Sie dagegen zu tun?*

Hintergrund: Wie realistisch ist Ihre Selbsteinschätzung, und wie gehen Sie mit kritischen Fragen zu Ihrer Person um?
Hinweise: Bei der ersten Frage wären Ihrerseits Hinweise auf Unterstützung und Kooperation durch den Arbeitgeber, Fachvorgesetzte und Kollegen angemessen, auf die Sie in der Einarbeitungszeit angewiesen sind. Natürlich haben Sie Defizite, die Sie aber vielleicht jetzt noch nicht ganz überblicken und dank der betrieblichen Unterstützung und Ihres besonderen Engagements sowie Ihrer Fortbildungsbereitschaft schnellstens beheben können. Empfehlung: bloß nicht kränken oder provozieren lassen.

▶ *Können Sie uns noch einmal verdeutlichen: Was spricht für und was gegen Sie als unseren Kandidaten?*
▶ *Warum sollten wir gerade Sie einstellen?*

Hintergrund: Abermals ein Test zur Selbsteinschätzung und -darstellung.
Hinweise: Eine Kurzzusammenfassung der Argumente, die für Sie sprechen, ist jetzt gefordert. Gut, dass Sie darauf vorbereitet sind ... An Argumenten gegen Ihre Person fällt Ihnen höchstens eins ein, maximal anderthalb. Natürlich etwas relativ Harmloses, was jeder potenzielle Arbeitgeber leicht entkräften könnte. Sie werden doch nicht selbst den Stab über sich brechen.

▶ *Was machen Sie, wenn Sie den Arbeitsplatz bei uns nicht bekommen, wenn wir uns für einen anderen Bewerber entscheiden?*

Hintergrund: Wie verarbeiten Sie Frustrationen und inwieweit zeigen Sie dies?
Hinweise: Weder wären Sie völlig zerknirscht oder am Boden zerstört noch heilfroh und glücklich, wenn Ihnen dieser Job erspart bliebe. Bringen Sie zum Ausdruck, dass Sie eine Entscheidung gegen Sie als Kandidaten bedauern, aber akzeptieren würden (was bleibt Ihnen auch übrig!). Sie sind – wie auch immer – derzeit gut verankert und keinesfalls auf den neuen Arbeitsplatz absolut angewiesen.

Informationen für den Bewerber

Früher oder später im Gespräch kommt der Moment, wo Ihr Gegenüber berichten will, wie es bei ihm in der Firma/Institution zugeht. Das ist eine wichtige Gesprächsphase, in der es vor allem auf Ihre demonstrative Zuhörfähigkeit ankommt – im Psychojargon »aktives Zuhören« genannt.

Hintergrund: Selbstdarstellungslust und Imagepflege auf Arbeitgeberseite.
Hinweise: Hören Sie wirklich aufmerksam zu, unterbrechen Sie nicht leichtfertig, machen Sie einen stark interessierten Eindruck, fragen Sie nach und eröffnen Sie Ihrem Gegenüber auf diese Weise neue Selbstdarstellungsfelder. Er wird es Ihnen danken.
 Verdeutlichen Sie aber auch, dass Sie sich vorbereitet haben und einige Informationen oder Details bereits wussten, ohne arrogant aufzutrumpfen: »Weiß ich schon alles.« So sammeln Sie auf leichte Art und Weise Sympathiepunkte.
 Häufig steht ein Teil der Informationen für den Bewerber bereits am Anfang des Gesprächs. Dann haben sie u. a. die Funktion, das Gespräch einzuleiten und die Aufregung des Bewerbers abzubauen. Dennoch besteht auch immer mitten im Gespräch die Chance, den Gesprächspartner zur Selbstdarstellung

anzuregen und so viele angenehme (Zuhör-)Minuten mit leicht verdienten Sympathiepunkten zu verbringen.

Spätestens in dieser Phase des Gespräches ist nun auch Ihr Gegenüber in einer Bewerbungsposition und das Rollenspiel wechselt ein bisschen.

Übrigens: An der Qualität und Quantität des Informationsangebotes und seiner Vermittlung können Sie durchaus das Interesse an Ihrer Person sowie Ihren Stellenwert als Bewerber erkennen.

Arbeitskonditionen

Es liegt auf der Hand: In einer ersten Vorstellungsrunde sind Sie einer von mehreren Kandidaten. Möglicherweise hat der Arbeitsplatzanbieter noch nicht alle Bewerber kennengelernt, sodass die Arbeitskonditionen in einem ersten Gespräch nicht die gleiche wichtige Rolle spielen wie zu einem späteren Zeitpunkt des Bewerbungsverfahrens, beispielsweise in einem zweiten Vorstellungsgespräch.

Trotzdem geht es natürlich darum, schon in der ersten Gesprächsrunde grob abzuklären, ob man sich auf die Rahmenbedingungen einigen könnte. Diese beinhalten auch inhaltliche Aspekte des potenziellen Arbeitsplatzes. Am Beispiel der Unterpunkte eines fiktiven Arbeitsvertrages zeigen wir auf, worum es hier gehen kann:

Aufgabengebiet; Arbeitszeit; Probezeit; Kündigungsfristen; Kompetenzen und Vollmachten; Urlaubsregelung; Bezahlung; Geheimhaltungspflichten; Konkurrenz-/Wettbewerbsschutz; Nebenbeschäftigung; Vertragsänderungen; sonstige Abmachungen und Sondervereinbarungen wie z. B. Dienstwagen, Altersversorgung, Umzugskosten, Trennungsentschädigung, Reisekostenvergütung, Unfallversicherung, Sonderzahlungen bei längerer Erkrankung etc.

Wie gesagt: Detailliert verhandelt werden diese Aspekte erst, wenn man wirklich in die absolut engere Wahl gekommen ist, und sehr selten gleich beim ersten Vorstellungsgespräch. Halten Sie sich also mit Fragen in dieser Richtung zurück. Jetzt ist dafür noch nicht der richtige Zeitpunkt.

Trotzdem – an dieser Stelle zwei Kernfragen:

- ▶ *Welche Gehaltsvorstellung haben Sie?*
- ▶ *Wie hoch sind Ihre aktuellen Bezüge?*

Hintergrund: Das alte Spiel: Der Preis ist heiß. Zahlemann & Söhne.
Hinweise: Können Sie den Wert Ihrer Arbeitsleistung angemessen einschätzen? In welchem Verhältnis steht Ihre Forderung zu Ihren jetzigen Bezügen? (Siehe S. 532.)

▸ *Wann könnten Sie bei uns anfangen?*
▸ *Wenn wir uns für Sie entscheiden, brauchen wir Sie sofort. Ist das möglich?*

Hintergrund: Wie integer sind Sie und wie loyal Ihrem alten Arbeitgeber gegenüber? Wie weit lassen Sie sich unter Druck setzen und manipulieren?
Hinweise: Tappen Sie nicht in die Loyalitätsfalle, auch wenn Ihnen viel an diesem neuen Job liegt. Sie verlassen Ihren alten Arbeitsplatz nicht Hals über Kopf und laufen nicht einfach davon, weder jetzt bei Ihrem alten noch später bei dem neuen Arbeitgeber. Die vertraglichen und arbeitsrechtlichen Spielregeln sind allgemein bekannt. Trotzdem: Gegen eventuelle Sondierungsgespräche mit Ihrem alten Arbeitgeber bezüglich eines früheren Austrittstermins ist nichts zu sagen.

Fragen des Bewerbers

In jedem Vorstellungsgespräch gibt es einen programmierten Rollenwechsel in der Art, dass Sie als Bewerber nun Fragen stellen dürfen, die Ihr Gesprächspartner beantworten wird.

▸ *Was sind Ihre Fragen an uns?*

Hintergrund: An den klugen Fragen erkennt man einen klugen Kopf sowie einen motivierten und kompetenten Bewerber. Was Sie jetzt wissen wollen, wird hinterfragt, auf Sinngehalt und aktives Interesse hin überprüft.
Hinweise: Sollten Sie mit Themen auffallen, die Sie eigentlich im Vorfeld hätten klären können oder durch aufmerksames Zuhören an einer anderen Stelle des Gesprächs längst hätten »speichern« müssen, erzielen Sie einen negativen Effekt.
   Wer zuerst auf die Betriebsrente oder den Urlaub zu sprechen kommt, ist für sein Negativimage selbst verantwortlich. Sinnvolle Fragen können sich auf folgende Aspekte beziehen: Aufgabengebiet, Zuständigkeit, Verantwortung, Kooperationspartner, globale Bezahlung. Gehen Sie hier nicht weiter ins Detail. Beachten Sie den Hinweis: Detailliert verhandelt wird erst, wenn Sie in der engeren Wahl sind (siehe S. 532).
   Übrigens: Es macht keinen schlechten Eindruck, wenn Sie schriftlich vorbereitete Fragen aus der Tasche ziehen und sich auch während der verbalen Ausführungen Ihres Gegenübers gelegentlich dezent Notizen machen.
   Hier einige Beispielfragethemen (eventuell auch für das zweite Vorstellungsgespräch, siehe S. 532):

- Ist diese Position/dieser Arbeitsplatz neu geschaffen worden oder fester Bestandteil in Ihrem Unternehmen?
- Wer hat diese Aufgabe bisher wahrgenommen?
- Mit welchem Erfolg, was gab es für Probleme?
- Warum ist der Arbeitsplatz frei geworden?
- Was macht der ehemalige Stelleninhaber jetzt?
- Haben Sie eine detaillierte Stellenbeschreibung? Darf ich die sehen und mitnehmen?
- Gibt es ein Organigramm (Organisationsplan), in dem der ausgeschriebene Arbeitsplatz dargestellt wird?
- Mit welchen Personen/Abteilungen werde ich zusammenarbeiten?
- Welche speziellen Erwartungen haben Sie an den neuen Stelleninhaber?
- Was, meinen Sie, sollte dieser als Erstes tun, was ist das Wichtigste?
- Ist die Möglichkeit gegeben, die neuen Kolleginnen und Kollegen, mit denen ich zusammenarbeiten würde, vorab kennenzulernen?
- Welchen beruflichen Hintergrund haben die zukünftigen Kollegen/Vorgesetzten?
- Wie ist die Einarbeitungsphase geplant? (Ansprechpartner, Programm, auch: wo, wie lange?)
- Welche späteren Entwicklungsmöglichkeiten gibt es für mich von dieser Position aus?
- Welche Fort- und Weiterbildungsangebote gibt es in Ihrem Unternehmen?
- In Ihrer Anzeige (in Ihren Unterlagen) schreiben Sie … Was verstehen Sie darunter?
- Welche aktuellen Vorhaben stehen in Ihrem Hause für die nahe Zukunft an?
- Welche Probleme in Ihrem Unternehmen bedrücken Sie am meisten?
- Wie würden Sie den Führungs- und Umgangsstil in Ihrem Haus charakterisieren?

Und noch einmal: Machen Sie nicht den Fehler, Fragen zu stellen, als ob Sie bereits sicher wären, morgen anfangen zu können und im nächsten Moment den Arbeitsvertrag zu unterschreiben. Dieser und seine Konditionen sind noch weitestgehend tabu. Aber auch ein Nachfragen in Richtung »Wie werden Sie sich entscheiden, wann höre ich von Ihnen und wie sind meine Chancen?« ist zu diesem Zeitpunkt noch nicht opportun.

Zeigen Sie abermals Geduld und Gelassenheit. Geben Sie Ihrem Gegenüber nicht das Gefühl, dass Sie ihn bedrängen. Zeigen Sie sich interessiert, aber auch geduldig abwartend.

Abschluss des Gesprächs und Verabschiedung

▸ *Können Sie bitte noch einmal kurz zusammenfassen, was Ihre Stärken, aber auch Ihre Schwächen sind?*

Hintergrund: Wie auch in der Gesprächsphase 4 erläutert, geht es um negative, aber vor allem um positive Eigenschaften, die Sie charakterisieren und vor allem in einen Bezug zum angestrebten Arbeitsplatz bringen sollten.
Hinweise: Diese Aufforderung können Sie gut benutzen, um noch einmal die wichtigsten Argumente für Ihre Person und Bewerbung zusammenfassend vorzutragen (im Stil etwa: 1. ..., 2. ..., 3. ...). Negative Argumente fallen Ihnen nicht ein – überlassen Sie diese (später) Ihrem Gesprächspartner. Achtung: Wiederholungsfrage!

Zum Schluss kommt es auf den Versuch eines angenehmen Abgangs an, auch unter dem Aspekt der Imagepflege für den Arbeitsplatzanbieter. Man wird sich bei Ihnen für Besuch, Bewerbung und das Interesse an der Firma/Institution bedanken.

Wichtig ist nun eine Klärung, wie es weitergeht, wer voraussichtlich wann zu einer Entscheidung gelangt. Dies alles sollte aber ohne Bedrängung, Ungeduld oder gar Selbstzweifel vorgetragen werden.

Kommen Sie also bloß nicht auf die Idee, direkt oder verklausuliert zu fragen: »Wie finden Sie mich?« oder: »Wie werden Sie sich entscheiden?« Das braucht naturgemäß Zeit, und die haben Sie, denn Sie stehen ja nicht (erkennbar) unter Druck. Unser Vorschlag: »Was meinen Sie, wie sollten wir verbleiben? Soll ich Sie anrufen – sagen wir in einer Woche – oder melden Sie sich, bekomme ich Nachricht von Ihnen?«

Nun unser letzter Hinweis: Keep smiling. Beim Hinausgehen vor der Bürotür auf jeden Fall die Contenance bewahren. Die Tür nicht zuknallen, nicht erleichtert aufatmen (und wenn, nur ganz leise), keine Flüche, weiterhin aufrecht gehen ...

Extratipp für Führungskräfte

Führungskräfte werden natürlich mit ähnlichen Fragen wie den gerade vorgestellten konfrontiert. Hinzu kommen Fragen, die speziell Führungsfähigkeiten überprüfen sollen:
▸ *Was bedeutet Mitarbeiterführung?*
▸ *Wie definieren Sie die Hauptaufgaben einer Führungskraft?*
▸ *Welchen Führungsstil bevorzugen Sie?*

Hintergrund: Haben Sie sich mit diesen Begriffen und der dazu geführten aktuellen Diskussion auseinandergesetzt? Wie ist Ihr Standpunkt, wie sieht Ihre persönliche Philosophie aus?

Hinweise: Zeigen Sie Kompetenz durch fundiertes Hintergrundwissen, das Sie prägnant in ein bis zwei Minuten zum Ausdruck bringen können.

- *Was schätzen Sie: Wie lange brauchen Sie zur Einarbeitung in Ihr neues Arbeitsgebiet bei uns?*
- *Auf welchem Gebiet haben Sie größere Defizite und was gedenken Sie, dagegen zu tun?*

Hintergrund: Wie realistisch ist Ihre Selbsteinschätzung und wie gehen Sie mit kritischen Fragen zu Ihrer Person um?
Hinweise: Bei der ersten Frage wären Ihrerseits Hinweise auf eine erwartete Unterstützung und Kooperation durch den Arbeitgeber angemessen, auf die Sie in der ersten Zeit angewiesen sind. Natürlich haben Sie Defizite, die Sie wahrscheinlich nicht ganz überblicken und bestimmt dank der betrieblichen Unterstützung sowie mithilfe Ihrer Fortbildungsbereitschaft schnell beheben können. Empfehlung: Nicht kränken oder provozieren lassen, im Prinzip zustimmen und Mao zitieren: »Handeln heißt lernen.« Also lebenslängliche Lernbereitschaft signalisieren.

- *Was sind Ihre ganz persönlichen Lebensziele?*
- *Was möchten Sie persönlich für sich in naher/ferner Zukunft erreichen?*

Hintergrund: Lebensplanung und Zielsetzungen beruflicher wie privater Art gehören zum Idealbild der »guten« Führungskraft.
Hinweise: Lernen, Leistung, Vorwärtskommen. Entwickeln Sie ein Gespür dafür, was man hier wohl von Ihnen hören will. Achtung: Es geht primär um Berufliches – vermeiden Sie private Offenbarungen.

- *Was zeichnet Ihrer Meinung nach eine gute Führungskraft aus?*
- *Was einen guten Vorgesetzten?*
- *Was einen guten Mitarbeiter?*

Anschließend diese drei Fragen mit umgekehrtem Vorzeichen – »schlechte Führungskraft« usw.

- *Was schätzen Sie an Ihren Arbeitskollegen/Vorgesetzten – was nicht?*
- *Worin unterscheiden Sie sich Ihrer Meinung nach von Ihren jetzigen Vorgesetzten?*

Hintergrund: Haben Sie ein idealtypisches Anforderungsprofil – auch für Ihre eigene Person? Wissen Sie, worauf es ankommt? Wie gehen Sie mit schwierigen Fragen um?
Hinweise: Besonders heikel ist die letzte Frage. Der Unterschied liegt in der Position (Gehalt und Verantwortung). Zeigen Sie Wertschätzung für Ihren Vorgesetzten, machen Sie aber gegebenenfalls auch deutlich, dass Sie in bestimmten Situationen

anders entschieden hätten. Zeigen Sie Respekt und die richtige Mischung aus Selbstbewusstsein und Loyalität.

Extratipp für Frauen

In den Spitzenpositionen von Wirtschaft, Industrie und Handel findet man nicht einmal 6 Prozent Frauen, obwohl mittlerweile über 50 Prozent der Frauen im Alter zwischen 15 und 65 Jahren in Deutschland berufstätig sind. In der Regel leiten Männer die Vorstellungsgespräche.»Was wollen, was können Sie, und trauen Sie sich diese Aufgabe wirklich zu?« ist der möglicherweise skeptische Unterton von Männerseite. Nicht selten kommt es sogar zu dem Versuch des Fragen-(und Fallen-)stellers, Ihnen die ganze Bewerbung um den Arbeitsplatz oder den Job auszureden. Ein übler Motivationstest! Mit welchen Fragen muss frau rechnen? Zum Beispiel mit folgenden:

- *Was sagt denn Ihr Partner zu Ihren Plänen?*
- *Wie können Sie Beruf und Familie miteinander vereinbaren?*

Bis 1972 war es in der Bundesrepublik noch so, dass Ehefrauen die Erlaubnis des Mannes benötigten, wenn sie arbeiten gehen wollten. Die Zeiten sind zum Glück vorbei – dennoch fragen Männer aller Altersgruppen Bewerberinnen gern nach der Meinung des Partners. Bleiben Sie ruhig, sagen Sie, dass Sie dessen volle Unterstützung hätten, alles »im grünen Bereich« sei etc., das beruhigt ungemein. Familie und Beruf lassen sich deshalb auch wunderbar vereinbaren, denn Ihr Partner ist im Notfall auch für die Kinder da.

- *Wollen Sie sich wirklich beruflich engagieren?*

Eine Frage, die einem Mann so wohl nie gestellt würde. Das klassische männliche Vorurteil (Frauen wissen nicht, was sie wollen) kommt hier zum Tragen. Männer als Entscheidungsträger in einem Unternehmen neigen dazu, lediglich zwei Kategorien von Mitarbeiterinnen zu kennen: diejenigen, die aus purem Vergnügen nur ein bisschen dazuverdienen wollen und die man(n) nicht ernst nehmen kann, und dann diejenigen, die »richtig« Karriere machen wollen und vor denen man(n) sich wirklich in Acht nehmen muss, weil sie gefährlich werden können. Wenn Sie sich während des Gesprächs durch die Frage nach Ihrem »wahren« beruflichen Engagement in die Enge getrieben sehen, heißt das oberste Gebot: cool bleiben. Was auch immer Sie sagen – es könnte zu Ihrem Nachteil ausgelegt werden. Deshalb gibt es dafür überhaupt kein Patentrezept – leider! Sie müssen situationsbedingt reagieren und versuchen, die Bedenken des Gegenübers zu zerstreuen.

▶ *Wie sieht Ihre Familienplanung aus?*

Auch wieder eine typische Frage, die nur Frauen gestellt wird. Der Arbeitgeber befürchtet ökonomische Einbußen infolge von Fehlzeiten (z. B. Schwangerschaft, Erziehungszeiten ...). Sie müssen diese Frage nicht wahrheitsgemäß beantworten. Anfragen nach der Familienplanung und nach einer bestehenden Schwangerschaft sind prinzipiell verboten. Hier dürfen Sie ungestraft lügen.

──────────── **Extratipp für Bewerber über 45** ────────────

Erkundigen Sie sich vor dem Gespräch, ob Sie förderungsberechtigt durch das Arbeitsamt sind. Es gibt für ältere Langzeitarbeitslose einige Förderungen. Dies kann ein durchaus gewichtiges Argument für einen Arbeitgeber sein. Wenn Sie nicht darauf angesprochen werden, überlegen Sie, wann der richtige Augenblick gekommen ist, um diesen Vorteil in die Waagschale zu werfen.

Werden Sie zu Ihren Hobbys befragt, macht es sich gut (wie beim Abschnitt Lebenslauf bereits erwähnt), wenn Sie Ihre Fitness mit einer sportlichen Freizeitbeschäftigung belegen können. Die Antwort Schwimmen oder Tanzen macht einen anderen Eindruck als Briefmarkensammeln. Erwähnen Sie bei der Frage nach Ihren Hobbys bitte nicht »meine Enkelkinder«. Auch wenn Sie die lieben Kleinen noch so gern haben, hilft Ihnen das in diesem Fall kaum weiter. Ihr Gegenüber wird womöglich Enkelkinder = Oma/Opa = alt = altes Eisen assoziieren. Und damit wären in kürzester Zeit wieder all die Vorurteile wachgerufen, mit denen ältere Bewerber ohnehin zu kämpfen haben.

Eine weitere Frage und damit auch Ihre Antwort können entscheidend für den Ausgang des Vorstellungsgesprächs sein – die Frage nach Ihren Zielen. Ihr Gegenüber möchte damit herausfinden, wie engagiert Sie (noch) sind. Oder wollen Sie die letzten Jahre bis zur Rente nur ruhig und sicher verbringen? Zeigen Sie Leistungswillen, Lernbereitschaft, Interesse am Weiterkommen.

Gesprächsführung und Gesprächspsychologie

Im Vorstellungsgespräch stehen Sie als Bewerber auf dem Prüfstand. Jedoch nicht Sie alleine. Auch Sie haben die Gelegenheit, Ihr Gegenüber genauer kennenzulernen und dessen Persönlichkeitsstruktur und Umgangsstil zu beurteilen. Es geht also darum, abzuschätzen, ob Sie eigentlich das Arbeitsplatzangebot annehmen wollen. Aufgrund der schwierigen Arbeitsmarktlage mag Ihnen diese Überlegung unangemessen wählerisch erscheinen. Dennoch ist angesichts der

Lebenszeit, die Sie an Ihrem Arbeitsplatz verbringen, eine kritische Reflexion, mit wem Sie es auf der Vorgesetztenseite zu tun bekommen werden, angebracht.

Unter mehr als vier Augen: Das Gruppengespräch

Halten wir noch einmal fest: Im Vorstellungsgespräch geht es dem potenziellen neuen Arbeitgeber primär darum, persönliche und anforderungsbezogene Eignungsmerkmale des Bewerbers festzustellen. Die bisherigen Informationen (Bewerbungsunterlagen/ggf. Testergebnisse) sollen ergänzt werden durch einen persönlichen Eindruck, den man von Ihnen als Bewerber im Vorstellungsgespräch erhalten will.

Einzel- und Gruppengespräche

Bei Vorstellungsgesprächen ist zu unterscheiden zwischen Einzel- und Gruppengesprächen. Die Gesprächsdauer ist unterschiedlich und schwankt je nach zu bewältigender Bewerberanzahl und zu besetzender Position zwischen einer und bis zu mehreren (drei, vier) Stunden. Unter der klassischen Vorstellungsgesprächssituation stellt man sich ein Gespräch unter vier Augen vor: (Personal-)Chef (oder in einer Vorstufe: Personalberater) und Bewerber sitzen sich gegenüber.

Möglich sind aber auch andere Konstellationen: Der einzelne Bewerber sitzt zwei oder mehr Personen gegenüber – einem Auswahlgremium (z. B. dem Firmeninhaber und einem wichtigen leitenden Angestellten, Personalberater, Personalchef und Abteilungsleiter, mehreren Personalreferenten und Betriebspsychologen, Betriebsratsmitgliedern bis hin zu zukünftigen Kollegen und Untergebenen).

Ist es in der Bewerbungssituation vielleicht gerade noch erträglich, mit zwei Interviewern umgehen zu müssen (psychologisch gesehen: die klassische Vater-Mutter-Kind-Konstellation), wird eine Konfrontation mit einem Vierer- oder Mehrpersonengremium schnell ungemütlich.

Vielleicht fällt Ihnen bald auf, dass bei einem aus drei Personen bestehenden Auswahlgremium ein Gesprächspartner Sie besonders freundlich behandelt, ein weiterer recht »böse« mit Ihnen umgeht und der dritte Sie ständig beobachtet, Notizen macht und ansonsten schweigt. Diese Rollenverteilung ist kein Zufall. Sie ist sorgfältig vorbereitet und abgesprochen. Hier will man Ihnen ganz besonders auf den Zahn fühlen. Bleiben Sie trotzdem ruhig und gelassen und versuchen Sie, möglichst zu allen – besonders zu dem freundlichen Gesprächspartner – einen guten Kontakt aufzubauen (Blickkontakt, namentlich ansprechen, lächeln).

Schwierig wird es, wenn Sie als Einzelner mit mehr als fünf Personen konfrontiert sind. Glauben Sie uns: Zehn bis zwanzig Personen als glotzende, fragende und zuhörende Meute sind in Vorstellungsgesprächen nicht so selten, wie man es sich wünscht. Im psychosozialen Bereich beispielsweise hat häufig das gesamte Team bei der Bewerberauswahl ein Wörtchen mitzureden.

Denkbar – wenn auch zunehmend seltener praktiziert – ist eine Konstellation, bei der mehrere Bewerber einem Auswahlgremium gegenübersitzen. Das können drei Kandidaten sein, die drei Interviewer vor sich haben, es können aber auch zehn und mehr Bewerber sein gegenüber fünf oder sechs Auswählern (z. B. bei einem Assessment Center, siehe S. 416).

Sollten Sie das Pech haben, in einer größeren Bewerbergruppe antreten zu müssen, bietet Ihnen das vielleicht den Vorteil, von der Präsentationstechnik Ihrer Mitbewerber zu profitieren. In der Regel beginnt so ein Gruppengespräch mit der freundlichen Aufforderung, jeder möge sich zunächst einmal kurz vorstellen. Manchmal wird an die Vorstellung eine zusätzliche Aufforderung geknüpft, z. B.: »Stellen Sie sich bitte kurz vor und erzählen Sie uns, warum Sie sich hier beworben haben.«

Hintergrund dieser Gruppenvorstellungsrunde ist der Wunsch, die Bewerber direkt miteinander zu vergleichen, sie in eine gewisse Konkurrenzsituation untereinander zu versetzen, um dadurch besondere Informationen über den Einzelnen zu bekommen. Im Wesentlichen geht es um das Sozialverhalten, die soziale Kompetenz.

Ein anderer Aspekt auf Unternehmensseite ist die Ökonomie: Aus einer Gruppe werden relativ schnell die Wunschkandidaten (drei bis fünf) herausgesiebt. Insbesondere bei Vorstellungsgesprächen im Rahmen eines firmen- bzw. institutionsinternen Aufstiegsverfahrens werden Gruppenauswahlgespräche wie eben beschrieben sehr häufig angewandt.

Wer als Bewerber in einem derartigen Gruppengespräch bei der Vorstellung den Anfang macht oder Schlusslicht ist, hat es deutlich schwerer als die anderen. Die Positionen im ersten oder letzten Drittel bieten bessere Chancen. Am Anfang ist die Aufnahme- und Zuhörbereitschaft des Auswahlgremiums höher. Gegen Ende hat man die Chance, durch einen Beitrag, der sich von den bisherigen angenehm unterscheidet (was sicherlich nicht leicht ist!), Aufmerksamkeit und Kurzzeitgedächtnis der Auswähler zu erobern.

Für die Unglücklichen, die die Rolle des »Alpha-« oder »Omega-Huhns« wahrnehmen müssen, gilt unsere Empfehlung: Sprechen Sie das Problem der Anfangs- bzw. Endposition humorvoll an (»Einer muss ja den Anfang machen, ich will mich nicht in den Vordergrund drängen, aber …«, »Den Letzten beißen die Hunde, aber einer muss ja das Schlusslicht bilden …«). Wenn es Ihnen gelingt, Schmunzler oder sogar Lacher auf Ihre Seite zu ziehen, sammeln Sie Pluspunkte.

Soziale Interaktion

Während der Gruppenvorstellung können Sie wahrscheinlich den Versuch verschiedener Bewerber beobachten, sich deutlich in den Vordergrund zu spielen, um sich zu profilieren. Sich geschickt in Szene zu setzen ist eine Kunst, die nur wenige Bewerber beherrschen. Es ist nicht unbedingt von Nachteil, hier eher eine gewisse Zurückhaltung an den Tag zu legen, ohne allerdings in das Extrem des stummen Fisches zu verfallen.

Der Auswählergruppe geht es unter anderem darum, die soziale Interaktion, den Umgang der Bewerber miteinander zu beobachten. Daraus werden dann verschiedene Rückschlüsse gezogen im Hinblick auf Teamfähigkeit, Durchsetzungsvermögen, Anpassungsbereitschaft usw.

Frage- und Antworttechniken

In diesem Abschnitt wollen wir auf eine ganz wichtige Hintergrundthematik im Vorstellungsgespräch eingehen: die Technik, Fragen als Bewerber geschickt zu beantworten.

Wie ein Vorstellungsgespräch abläuft, können Sie zwar nicht allein bestimmen, aber doch ganz wesentlich durch Antworten, Bemerkungen und Fragen steuern. Dabei ist zunächst wichtig zu wissen, wie viel Zeit für Ihr Vorstellungsgespräch vorgesehen ist. Ob Sie 20 Minuten oder zwei Stunden für Ihren Auftritt haben, macht einen wesentlichen Unterschied in der Gestaltung und in der von Ihnen zu wählenden Inszenierung oder Dramaturgie.

Generell gilt: Führen Sie das Gespräch defensiv. Sie sind der Bewerber, der die meisten Fragen zu beantworten hat. Versuchen Sie nicht, die Rollen umzukehren und immer wieder mit Gegenfragen zu kontern.

Da Sie gut vorbereitet sind, können Sie auf die wichtigsten Fragen (siehe Fragenkatalog S. 477 und 538) überzeugend und relativ knapp, aber gut formuliert antworten. Dies geschieht immer in Relation zu der Zeit, die Ihnen zur Verfügung steht, bedeutet jedoch nicht, dass Sie ständig reden oder Auskunft geben müssen.

Zuhören

Bis zu etwa 80 Prozent der Gesamtzeit – so zeigen erstaunlicherweise entsprechende wissenschaftliche Untersuchungen – verbringen Sie im Vorstellungsgespräch mit Zuhören, d. h., Ihr Gegenüber spricht. 80 Prozent Interviewer-Redezeit sind zwar nicht überall die Regel, dennoch: Lassen Sie Ihren Gesprächspartner reden und hören Sie aufmerksam zu. Wenn es Ihnen zudem noch gelingen sollte, einige verständnisvolle, kurze Zwischenbemerkungen zu machen oder bestätigend zu nicken, haben Sie möglicherweise schon gewonnen. Ihr Gegenüber wird sich vielleicht endlich mal wieder tief verstanden fühlen und Ihnen das mit entsprechenden Sympathiepunkten honorieren.

Diese Technik der positiven Verstärkung von sprechenden Personen ist sehr gut bei Fernsehjournalisten zu beobachten, die ihre Interviewpartner durch beständiges zustimmendes Kopfnicken ermuntern, in ihrem Redefluss fortzufahren, mag der Inhalt auch noch so fragwürdig sein.

Es kann aber auch krass umgekehrt ablaufen, weil man Sie, den Bewerber, zum Sprechen, Erzählen, ja Schwadronieren bringen will. In so einem Fall haben Sie es sehr wahrscheinlich mit einem Vollprofi zu tun, der wirklich nur 10 Prozent des Vorstellungsgesprächs bestreitet und Ihnen die restlichen 90 Prozent aufbürden möchte.

Eine beliebte Gesprächstechnik beinhaltet dabei den Einsatz sogenannter offener Fragen. Klassisches Beispiel:

> ▸ *Wir wollen Sie gern kennenlernen. Erzählen Sie uns doch bitte mal etwas über sich.*

Unter Rhetorikfachleuten gilt die Frage als Königin der Dialektik. Und in der Tat: Gute Fragen zu stellen ist weitaus schwieriger, als sie zu beantworten. Mit Fragen kann man ein Gespräch hervorragend lenken. Besonderer Beliebtheit erfreut sich da die offene Frage. Sie erlaubt dem Gefragten nicht, einfach mit Ja oder Nein zu antworten wie bei der geschlossenen Frage, sondern provoziert längere Antwortsätze und eine ausführlichere verbale Darstellung. Genau darauf kommt es dem Frager an, denn je mehr sein Gegenüber spricht und vielleicht unwillkürlich seinen freien Assoziationen folgt, desto mehr an Information erhofft er sich. An einigen Beispielen können wir uns das gut verdeutlichen:

Die geschlossene Interviewerfrage »Hatten Sie an Ihrem letzten Arbeitsplatz persönliche Schwierigkeiten?« ist heikel (Fragehintergrund: Bewerbermotive Arbeitsplatzwechsel, Hypothese: schwieriger Mensch), würde aber den Bewerber schnell mit Nein (ggf. »Nein, keine«) antworten lassen, und schon wäre der Ball wieder zurückgespielt und der Interviewer müsste eine neue Frage stellen. »Mit welchen persönlichen Schwierigkeiten mussten Sie sich an Ihrem letzten Arbeitsplatz auseinandersetzen?« hat den gleichen Fragehintergrund, ist jetzt aber als offene Frage gestellt. Kein Mensch könnte hier nur mit einem schlichten Nein antworten.

Diese Frage provoziert mehrere Antwortsätze, ja ganze Erklärungen, und schnell verfängt sich der Bewerber in Rechtfertigungen, Entschuldigungen, ja sogar Anklagen, wer ihm beim letzten Arbeitsplatz Steine in den Weg gelegt habe.

Dass diese Informationen von höchster Wichtigkeit für einen neuen Arbeitgeber sind, liegt ebenso auf der Hand wie die Tatsache, dass sie aus Bewerbersicht nicht in das Vorstellungsgespräch hineingehören.

Nicht hinreißen lassen

Hier kann es dem Interviewer mittels der offenen Fragetechnik erfolgreich gelingen, beim Bewerber eine Barriere zu durchbrechen. Der Befragte wird sich möglicherweise hinreißen lassen, mehr zu erzählen, als er ursprünglich wollte. Wenn diese Fragetechnik professionell angewandt wird und der so Befragte Raum und Zeit hat, ausführlich zu berichten, und der Interviewer zusätzlich die Ausführungen des Bewerbers gelegentlich durch eine freundliche Miene, Kopfnicken und zustimmendes »Mmh« oder »Ja, sehr interessant« begleitet, können in der Regel optimale Informationsgewinne erzielt werden. Gewinner ist dabei der Frager; Verlierer muss nicht der Befragte sein – es kommt darauf an, was und wie er etwas preisgibt.

Noch effektiver präsentiert man als Interviewer die eingangs formulierte Frage nach den persönlichen Schwierigkeiten am letzten Arbeitsplatz so:

▶ *Wie haben Sie es erfolgreich geschafft, persönliche Schwierigkeiten, die man Ihnen am letzten Arbeitsplatz gemacht hat, gut zu überwinden?*

Zunächst: Wer wüsste nicht als Arbeitnehmer von solchen Problemen ein Lied zu singen? Trotzdem ahnen Sie ja bereits, wie heikel diese Frage ist.

Durch die gut vorgetragene und positiv verpackte, wohlwollend klingende Frage werden sich zwei Drittel der Bewerber verführen lassen, Dinge zu erzählen, die hier im Vorstellungsgespräch mit einem potenziellen neuen Arbeitgeber eigentlich auf keinen Fall erwähnt werden sollten. Das hängt natürlich auch mit der besonderen Drucksituation zusammen, die in einem solchen Gespräch nun einmal besteht.

Die eben beschriebene Fragetechnik stellt einen durchaus kritischen Sachverhalt (persönliche Schwierigkeiten) in den Hintergrund und verkauft deren erfolgreiche Überwindung dem Gefragten schmeichelhaft als gute Gelegenheit, sich selbst darzustellen. Auf diese Art von »Verführung« fallen viele Bewerber herein. Der Verschiebung der Aufmerksamkeit auf ein weniger heikles Besprechungsthema – in diesem Fall auch noch positiv verpackt (Durchsetzungsvermögen) – ist sicherlich nicht leicht zu widerstehen.

Entscheidend bleibt aber trotz aller Fragen und gesprächstechnischer Raffinessen, was Sie von sich und über Ihre Arbeit erzählen und was Sie preisgeben wollen. Das bedarf natürlich einer intensiven Vorbereitung und Reflexion.

Zur Problematik der »heiklen Fragen« finden Sie noch ausführliche Hinweise in nachfolgenden Kapiteln (ab S. 501): Umgang mit unangenehmen Einwänden gegenüber Ihrer Person, dem sogenannten Stressinterview und juristisch unzulässigen Fragen, die man Ihnen zumuten könnte.

Kommen wir jetzt aber zu der ersten großen offenen Aufforderungsfrage zurück:

▸ *Wir wollen Sie gern kennenlernen. Erzählen Sie uns doch bitte mal etwas über sich.*

Dieser so nett und harmlos vorgetragenen Bitte wird sich der Bewerber kaum entziehen können oder sogar wollen und gegebenenfalls weit ausholen. Wer hier jedoch bei Adam und Eva, seiner frühesten Kindheit, Schul- und Ausbildungszeit etc. anfängt, um vielleicht nach 15 Minuten bei Höhepunkten seiner beruflichen Laufbahn anzukommen und dann noch willig sein Privat- und Familienleben offenbart, führt nicht nur eine Art »seelischen Striptease« mit in der Regel verheerenden Auswirkungen vor, sondern langweilt »tödlich« und demonstriert, dass er Wesentliches nicht von Unwesentlichem unterscheiden kann.

Andere offene Fragen wie

▸ *Was ist wichtig in Ihrem Leben?*

sind immer in Bezug auf den angestrebten Arbeitsplatz mit seinen spezifischen Aufgaben zu beantworten und nicht etwa Gelegenheit, in epischer Breite Einblick in die Privatsphäre zu geben (obwohl dies durchaus Ziel der Frage oder Wunsch des Fragestellers sein kann).

Was, glauben Sie, macht es für einen Eindruck, wenn Sie als Bewerber auf diese Aufforderung hin anfangen, von Ihren Surferlebnissen bei Windstärke 6 auf dem Steinhuder Meer zu schwärmen, oder wenn Sie in Angelabenteuern an der Leine schwelgen?

Höflichkeit, Freundlichkeit, Blickkontakt, Bemühtheit und Interesse tragen wesentlich dazu bei, die Sympathiegefühle Ihres Gegenübers zu mobilisieren. Verlieren Sie aber beim Sprechen nicht die Kontrolle über den Rest Ihrer Person: Wer mit der Hand vor dem Mund spricht, kann sich nur schwer verständlich machen, und wer sich alle Augenblicke mit derselben nervös durchs Haar fährt, überzeugt nicht. Auch wenn wir hier nicht weiter auf die Signale des Körpers eingehen, ist es bereits jetzt erwähnenswert, dass viele Personalchefs meinen, aus der Körpersprache Rückschlüsse auf die Persönlichkeit ziehen zu können (siehe S. 522).

Nur so viel: Die Körpersprache beeinflusst ebenfalls das Gespräch, und wenn Ihr Gegenüber bereits zum zweiten Mal gähnt, könnte dies ja vielleicht an Ihrem langatmigen Vortrag liegen.

Cool bleiben

Lassen Sie sich durch nichts provozieren, fragen Sie zurück, ob Sie eine Frage, die Ihnen merkwürdig vorkommt, richtig verstanden haben, und reagieren Sie mit Gelassenheit. Möglicherweise will man ja genau das herausbekommen, nämlich wie Sie reagieren, wenn man Sie persönlich angreift, kritisiert und/oder hinterfragt.

Wittern Sie aber andererseits nicht gleich hinter jeder Frage eine Falle. Es geht schließlich darum, Sie kennenzulernen – und wer möchte nicht gerne wissen, mit wem er es zu tun hat.

Und noch etwas sehr Wichtiges: Sprechen Sie nie schlecht über andere Menschen (z. B. frühere oder heutige Vorgesetzte, Kollegen, Mitarbeiter etc.), auch wenn Sie wirklich allen Grund dazu hätten. Hier geht es um die Überprüfung Ihrer Loyalität, und ein Ausplaudern von Firmeninterna wird kein potenzieller Arbeitgeber in dieser Situation honorieren.

Worauf es im Gespräch wirklich ankommt
Auf den Punkt gebracht: Was sind die Essentials bei der Beantwortung der Fragen im Vorstellungsgespräch?

- Seien Sie gut vorbereitet.
- Hören Sie aufmerksam zu.
- Erkennen Sie den Fragehintergrund, die zugrunde liegende Intention.
- Nehmen Sie sich Zeit zum Überlegen.
- Fragen Sie ggf. nach, ob Sie richtig verstanden haben (auch dadurch gewinnen Sie Antwortvorbereitungszeit und wissen besser, wohin der Hase läuft).
- Überlegen Sie kurz vorher, was Sie mit der Beantwortung sagen und erreichen wollen, was Ihr Ziel ist.
- Was spricht für Sie, was eventuell gegen Sie?
- Welche Beweise können Sie anbieten?
- Wie begegnen Sie eventuellen Einwänden?

Hoffentlich haben Sie Ihre Vorbereitung mit der Analyse der vier Fragen »Was für ein Mensch bin ich? Was kann ich? Was will ich? Was ist möglich?« ausreichend genug vorangetrieben. Dann kennen Sie Ihre Ziele.

Über den Fragehintergrund sind Sie nach der intensiven Durcharbeitung unseres Vorstellungs-Fragenkatalogs gut informiert. Sie wissen, was Sie sagen wollen, besonders aber, was nicht.

Erarbeiten Sie sich Techniken, die Ihnen bei schwierigen Fragen Zeitgewinn ermöglichen. Zum Beispiel bei der Frage des Interviewers:

- *Was machen Sie, wenn wir in der Probezeit feststellen, uns in Ihnen getäuscht zu haben?*

Eine nicht ganz leichte Frage, warten Sie einige Sekunden, vermitteln Sie den Eindruck nachzudenken:

- »Mmh..., habe ich Sie richtig verstanden? Sie wollen von mir wissen, wie ich in dem Fall ..., also wenn Sie sich für mich entschieden haben ..., wie ich mit dem Problem umgehe, in der Probezeit nicht Ihre Erwartungen erfüllt zu haben ...«

Sehr wahrscheinlich wird der Interviewer jetzt wieder das Wort ergreifen und – je nachdem, ob er mehr oder weniger Profi ist – seine Frage kürzer oder länger wiederholen. Nicht selten sogar bis hin zu sehr ausführlichen, mit deutlichen Hinweisen versehenen Aspekten, die Ihnen seine Frageintention verdeutlichen, etwa mit dem Zusatz, ob Sie daran dächten, wieder zu Ihrer alten Firma zurückzugehen. Nun wissen Sie, worum es geht, und können gezielt darauf eingehen.

Sicherlich hätten Sie auch so reagieren können:

- »Das ist eine interessante Frage ...«
- »Über diese Frage muss ich erst mal nachdenken ...«
- »Zugegeben, mit dieser Frage habe ich mich noch nie beschäftigt ... Ist das jetzt sehr wichtig ...? Hängt davon ... ab?«

Sie könnten aber auch auf eine allgemeinere Ebene ausweichen:

- »In dieser Situation würden wohl viele Menschen so und so reagieren. Was meinen Sie? Würden Sie meine Einschätzung teilen ...?«
- »Interessant! Ist so etwas bei Ihnen im Unternehmen in der letzten Zeit vorgekommen ...?«

Wie und was Sie auch immer in dieser Situation antworten würden, die Beispiele sollen Ihnen zeigen, wie man sogar mit schwierigen Fragen ganz gut fertig werden kann.

Rhetorik: Wie Sie richtig argumentieren

Nun ist es nicht Anliegen dieses Buches, einen Lehrgang in Rhetorik zu ersetzen. Dennoch kann es durchaus von Nutzen sein, einige rhetorische Techniken zu kennen, um möglichst geschickt mit Fragen oder Einwänden umzugehen.

Mit Zweifeln umgehen

Auch wenn man Sie nicht gleich mit unangenehmen Fragen konfrontiert – auf der Arbeitgeberseite bestehen in der Regel immer Bedenken, Vorurteile und

Zweifel, mit denen Sie als Bewerber rechnen müssen. Wie gehen Sie damit um? Bei diesem wechselseitigen Frage-und-Antwort-Spiel im Vorstellungsgespräch bietet die Fünfsatz-Argumentation ein gutes gedankliches Rüstzeug sowie nutzbringende praktische Hilfe und Orientierung. Sie leistet hervorragende Dienste, wenn Sie Ihre Statements situativ und hörerbezogen vortragen.

1. Benennen Sie klar und kurz Ihren Standpunkt:
   »Ich bin davon überzeugt, für die Aufgabe der richtige Kandidat zu sein.«
2. Präsentieren Sie Ihre Argumente:
   »Meine Qualitäten für diese Position sind …« (Fähigkeiten, Kenntnisse, Erfahrungen …)
3. Untermauern Sie dies durch Beispiele und Beweise:
   »Ich habe mit Erfolg z. B. … gemacht. Als Nachweis für … kann ich anführen …« usw.
4. Begegnen Sie möglichen Einwänden bzw. kommen Sie ihnen zuvor:
   »Sie werden jetzt denken … Ich aber versichere Ihnen …«
5. Ziehen Sie das Fazit:
   »Aus diesen Gründen (1., 2., 3.) traue ich mir die Aufgabe zu und werde sie bestimmt erfolgreich bewältigen.«

Beachten Sie bei dieser Vorgehensweise, dass

- Sie Ihre Munition (Argumente) nicht zu früh verschießen,
- bei mehreren Argumenten das beste am Schluss, das zweitbeste am Anfang stehen sollte,
- sich Ihr Gegenüber auf das schwächste Argumentationsglied Ihrer Kette konzentrieren wird.

Nehmen Sie die Chance wahr, dabei wirkungsvoll zu überzeugen. Das soll nicht bedeuten, den anderen an die Wand zu reden. Wie Sie mit Einwänden umgehen, ist oftmals wichtiger und bringt mehr Sympathiepunkte als der vermeintliche argumentative Sieg. Begreifen Sie also den vorgebrachten Einwand immer auch als Wunsch nach Verständnishilfe und unterstützen Sie das Orientierungsbedürfnis Ihres Gesprächspartners.

Wie Sie Einwänden am besten begegnen
Standardtechniken der Rhetorik sind die bedingte Zustimmung, die Umformulierungsmethode, die Verzögerungstechnik und die Vorteil-Nachteil-Methode.

Die bedingte Zustimmung: Man greift einen Teilaspekt des vorgebrachten Einwandes heraus, dem man aus taktischen Erwägungen (bedingt) zustimmt, um daraufhin seinen eigenen Standpunkt umso besser zu präsentieren. Im Anschluss daran relativiert man den vorgebrachten Einwand nun insgesamt und gewinnt.

Beispiel: Der Interviewer wendet ein, Sie seien für die verantwortungsvolle Position vielleicht doch noch ein bisschen zu jung.

- ▸ *»Das ist ein wichtiger Punkt, den Sie da ansprechen. Sie haben recht. Ich bin XX Jahre alt. Sollte man aber die Vergabe dieser wichtigen Aufgabe alleine vom Alter des Bewerbers abhängig machen ...?«*
- ▸ *»Nein, das sicherlich nicht ...«, wird die Antwort lauten.*
- ▸ *»Sehen Sie ..., ich bin ganz Ihrer Meinung. Es gibt da andere, wichtigere Kriterien, die ... Wir sind uns also darin einig, dass ... viel größere Bedeutung hat.«*

Die Umformulierungsmethode: Hierbei wird der Einwand durch eine (tendenziöse) Umformulierung weitestgehend entschärft.

- ▸ *»Wenn ich Sie richtig verstanden habe ..., kommt es Ihnen auf die Erfahrung und – sagen wir mal – Reife an, die für die zu besetzende Position mit eine wichtige Rolle spielen sollten ...«*

Jetzt können Sie wieder mit Ihren Erfahrungen argumentieren und andere Kriterien in den Vordergrund rücken oder als wichtig herausstreichen.

Die Verzögerungstechnik: Sie signalisieren, den Einwand verstanden zu haben, und bitten darum, zunächst noch dies und das sagen, erklären, zeigen, fragen zu dürfen, was Sie dann auch sofort tun und was die Sache möglichst voranbringt. In jedem Fall kommt das Gespräch zu einem anderen Punkt, der den vorherigen Einwand hoffentlich vergessen oder nicht mehr interessant erscheinen lässt.

- ▸ *»Eine interessante Frage, kann ich aber zunächst noch einmal darauf hinweisen, dass ...«*

Die Vorteil-Nachteil-Methode:

- ▸ *»Ich habe Sie doch richtig verstanden – bitte korrigieren Sie mich, wenn ich da jetzt irgendwie falschliege – Sie meinen also, das Alter sei für diese Position von wichtiger Bedeutung. Da gebe ich Ihnen natürlich recht. Der Vorteil eines jüngeren Kandidaten liegt bei ..., der Nachteil eines älteren bei ... Aus meiner Sicht ist der Vorteil eines älteren ..., der Nachteil eines jüngeren aber nicht so gravierend, sodass ich hier den Standpunkt vertreten möchte: Der Vorteil eines jüngeren Kandidaten überwiegt doch* *ganz deutlich ... und ist natürlich auch abhängig von anderen Faktoren wie z. B. ...«*

Hier wird scheinbar der gebotene Einwand aufgenommen, Vor- und Nachteile werden abgewogen. Da Sie das selbst formulieren, liegt das Ergebnis in Ihrer Hand und ist damit gut steuerbar. Dies hilft, Ihre Position auszubauen, und in dem Beispiel führen Sie – nicht völlig uneigennützig – gleich weiter zu anderen argumentativen Positionen.

Das bringt uns unweigerlich zum Thema: Wie kommen Sie mit wirklich unangenehmen Fragen klar, wie verhalten Sie sich gegenüber Einwänden zu Ihrer Person?

Antworten auf Angstfragen

Welche Fragen fürchten Sie im Vorstellungsgespräch? Machen Sie sich vorab eine Liste unangenehmer Fragen (»Angstfragen«) und versuchen Sie, wie bei den anderen Themen auch, sich im Vorfeld Antwortmöglichkeiten zu überlegen. Reagieren Sie zum Beispiel sehr zurückhaltend auf die Frage im Vorstellungsgespräch:

▸ *Was spricht gegen Sie als Bewerber für diese Aufgabe?*

Heben Sie an dieser Stelle noch einmal hervor, was für Sie spricht, und bieten Sie nach theatralischem, wohlkalkuliertem Zögern einen Punkt oder maximal zwei Punkte an, die aber nicht wirklich überzeugend gegen Sie sprechen.

Pluspunkte betonen

Natürlich müssen Sie sich das vorher genau überlegt haben, damit Sie in so einer kritischen Situation den bestmöglichen Eindruck machen und nicht etwa unfreiwillig selbst den Stab über sich brechen (etwa nach dem Motto: »Ich glaube, Herr Direktor, ich bin einfach zu sensibel ...«).

Standardeinwände gegen Bewerber sind: zu alt, zu jung, zu wenig erfahren, zu teuer, über- oder unterqualifiziert, zu lange am gleichen Arbeitsplatz, zu oft gewechselt, falsches Geschlecht, zu häufig krank (wird eher gedacht als ausgesprochen), zu kritisch, zu schüchtern, falsche (auch ehemalige) politische Überzeugung und/oder Parteizugehörigkeit usw. – mal eben das eine und dann auch wieder das genaue Gegenteil.

Dazu gehören auch Fragen wie:

▸ *Was würden Sie machen, wenn ...?*

Und dann folgen Horror- oder Katastrophenszenarien, fast unlösbare Aufgaben und Situationsbeschreibungen, die Sie nun mal eben so aus dem Stegreif lösen oder doch wenigstens bearbeiten sollen.

Was immer man gegen Sie einwendet (wenn überhaupt offen), es kommt darauf an, wie Sie damit umgehen. Manche Interviewer leiten einen solchen Provokationstest mit den Worten ein:

▶ *Was würden Sie sagen, wenn wir Ihnen den Arbeitsplatz nicht anbieten, weil ...?*

Hier empfiehlt sich etwa folgende Strategie: »Darauf würde ich Ihnen antworten, dass ich Ihr Argument einerseits verstehe, andererseits aber doch anführen oder bemerken möchte, dass ...«

Im Grunde genommen geht es bei einer derartigen Fragetechnik immer darum, zu sehen, ob und wie Sie Gelassenheit bewahren und mit solchen Fragen, Bemerkungen und Feststellungen sachlich-professionell umgehen können.

Wirkliche Einwände gegen Ihre Person wird man nie direkt mit Ihnen diskutieren. Also ist das Ganze ein Teil des Gesamtschauspiels »Vorstellungsgespräch« und Sie sollten an diesem Punkt nicht verzweifeln. Hier gilt es eher, Chancen zu nutzen, weil Sie ja nun wissen, worauf es eigentlich ankommt.

Trotzdem kann es auch sinnvoll sein, etwa den Vorwurf, Sie hätten zu häufig gewechselt, einfach zu akzeptieren und nicht krampfhaft zu versuchen, sich herauszureden. Offenheit kann manchmal sehr entwaffnend wirken.

Das Stressinterview: Gelassenheit ist Trumpf

Gelegentlich werden Bewerbungsgespräche zum Teil als sogenanntes Stressinterview angelegt, über das wir im AC-Abschnitt (siehe S. 436) berichtet haben. Deshalb an dieser Stelle nur noch ein paar Sätze dazu.

In einer Art Kreuzverhör konfrontiert man Sie mit einer Reihe von unangenehmen und unerwarteten Fragen, um Sie in die Ecke zu treiben und stark zu verunsichern. Alles ist darauf angelegt, Ihr Selbstbewusstsein zu erschüttern. Eine Lawine von unglaublichen Beschuldigungen, Sarkasmus, Zynismus, Ironie und hin und wieder ein Kompliment könnten Sie erwarten. Das Kompliment wird übrigens nur deshalb eingestreut, damit Sie nicht einfach davonlaufen oder schlicht umkippen. Oft fehlt bei diesen Attacken jeder Bezug zum potenziellen neuen Arbeitsplatz.

Sachlich bleiben

Nach einer Anwärmphase – sie dient der Entspannung und der Bereitschaft, sich dem interviewenden Gesprächspartner zu öffnen – versucht man ganz gezielt, Sie massiv unter Druck zu setzen.

Behauptet nun Ihr Gegenüber im Gespräch, Ihre gesamten Angaben und Aussagen seien »geschönt« oder, noch krasser, »erstunken und erlogen«, man solle doch jetzt einmal »Klartext miteinander reden«, ist dies möglicherweise der Gong zur ersten Runde.

Wie reagieren Sie darauf? Bloß nicht zu heftig. Bleiben Sie sachlich, gelassen und warten Sie ab. Versuchen Sie, alle Fragen so knapp wie möglich zu beantworten, und stehen Sie auch unangenehme Schweigepausen durch, schweigen Sie mit. Dazu ein kleines Beispiel:

> Interviewer: *»Finden Sie nicht auch, dass Sie für diese Position viel zu unerfahren sind, ohne ausreichende Kompetenz?«*
> Antwort: *»Nein, da bin ich anderer Meinung.«* (Und abwarten, nur nicht aus Verunsicherung oder Verzweiflung anfangen zu argumentieren.)
> Interviewer: *»Ich habe den deutlichen Eindruck gewonnen, dass man in Ihrer Abteilung recht froh wäre, wenn Sie die Firma verlassen würden.«*
> Mögliche Antwort Ihrerseits: *»Das ist Ihr subjektiver Eindruck. Ich weiß nicht, wie Sie dazu kommen. Ich sehe das anders.«* (Und STOPP – nicht weiterplappern!)
> Interviewer: *»Sie haben sich doch jahrelang auf Ihrem letzten Posten vor der Lösung konkreter Probleme gedrückt. Wie glauben Sie denn jetzt bei uns mit den hier auf Sie wartenden praktischen Aufgaben und den damit verbundenen Schwierigkeiten klarzukommen?«*
> Mögliche Antwort: *»Ich teile nicht Ihre Einschätzung bezüglich meiner Erfahrung im Umgang mit konkreten Problemen, und was den Arbeitsplatz betrifft, traue ich es mir sehr wohl zu, die anstehenden Probleme konkret zu lösen.«*
> Interviewer: *»Sie vermitteln den Eindruck, recht unbeherrscht und impulsiv zu sein. Das macht Ihnen doch sicherlich häufig Schwierigkeiten?«*
> Ihre mögliche Antwort: *»Ich weiß nicht, wie Sie darauf kommen, aber damit habe ich in der Regel keine Schwierigkeiten.«*
> Interviewer: *»Na sehen Sie, Sie sagen es selbst. In der Regel. Es gibt also doch Ausnahmen.«*
> Ihre mögliche Antwort: *»Eigentlich nicht, aber, wie Sie selbst sagen, Ausnahmen bestätigen die Regel. Jedenfalls im Allgemeinen…«*

Diese kleine und sicherlich unvollständige Dialogkostprobe sollte Ihnen kurz und knapp Tendenzen und Antwortmöglichkeiten aufzeigen. Ein geschulter

Stressinterviewer wird Ihnen kaum die Möglichkeit lassen, unverletzt aus so einer Situation herauszukommen.

Wenn Sie sich aber von vornherein darüber im Klaren sind, dass diese Fragen nur der Provokation dienen und gezielt verletzen sollen, um Sie zum Äußersten zu bringen, dann können Sie entsprechend gelassen und defensiv reagieren. Sollten Sie das zu sehr übertreiben, also zu cool bleiben, wird es natürlich noch stärkere Provokationen vonseiten des Interviewers geben.

Grenzen aufzeigen

Möglicherweise erreicht das Gespräch – aber bitte nicht zu früh – einen Punkt, an dem Sie sich Frechheiten, Unterstellungen etc. von Ihrem Gegenüber in angemessener, aber noch immer relativ höflicher Form verbitten sollten. Es ist ab einem bestimmten Zeitpunkt notwendig, angemessen aggressiv (immer noch im Sinne von defensiv) zu reagieren, um damit auch zu zeigen, dass man in der Lage ist, sich abzugrenzen.

Neben der gezielten Form, jemanden durch provokative und beleidigende Fragen zu kränken und aus der Reserve zu locken, versuchen manche Interviewer, den Bewerber durch extreme Passivität auflaufen zu lassen.

Lange Schweigepausen des Interviewers oder eine abwartende, desinteressierte Haltung sollen

a) Sie in Zugzwang bringen, viel zu reden und damit möglichst etwas von sich zu erzählen und preiszugeben;
b) Ihr Verhalten – auch in puncto Körpersprache (siehe S. 522) – in einer Schweigesituation testen und Ihre Stressresistenz prüfen.

Auch Fragen wie

▸ *Wo sind Ihre größten Schwächen?*
▸ *Falls Sie überhaupt Freunde haben, wie kommen die eigentlich mit Ihnen klar?*

müssen Sie mit Gleichmut ertragen. Fängt man an, Ihnen Dummheit zu unterstellen, etwa nach dem Motto

▸ *Sie bewerben sich hier um eine Position – ist die nicht wirklich drei Nummern zu groß für Sie?*,

dürfen Sie ruhig darauf hinweisen, dass man sich mit Ihnen nicht diese Mühe geben würde, wenn man von vornherein davon überzeugt gewesen wäre, Sie würden nicht in diese Position passen.

Noch ein Provokationsbeispiel:

> »*Eigentlich sitzen mir hier auf diesem Platz nur Leute gegenüber, die wirklich exzellente Leistungen aufzuweisen haben. Sie können in dieser Hinsicht nicht viel vorweisen. Sicherlich haben Sie andere Qualitäten, sonst hätten Sie sich ja wohl nicht bei uns beworben? Nun, die Zeit ist knapp, am besten, Sie berichten mir etwas über sich. Ich werde Sie nicht unterbrechen.*«

Sogar auf so eine breite und offene Frage kann man sich vorbereiten. Sie sollten immer in der Lage sein, das Gespräch zehn bis 15 Minuten allein zu bestreiten und dabei nicht zu langweilen. Das sind Sie sich einfach schuldig. Aber erwarten Sie bitte nicht ein interessiertes, begeistertes Gesicht von Ihrem Gegenüber. Der wird sich alle Mühe geben, furchtbar gelangweilt dreinzuschauen. Macht nichts, ein Stressinterview eben!

Und noch etwas: Unternehmen oder Personalberater, die dieses Verfahren praktizieren, sind für Sie möglicherweise nicht die richtige Arbeitsadresse. Machen Sie sich deutlich, was Ihnen unter Umständen erspart bleibt, wenn Sie auf einen Arbeitsplatz bei einem solchen Arbeitgeber verzichten.

Lassen Sie sich nicht verleiten

Generell: Wer fragt, sollte auch eine Antwort bekommen. Bestimmen Sie aber, was Sie sagen oder erzählen wollen. Lassen Sie sich nicht verleiten oder dazu hinreißen, Dinge auszuplaudern, die Sie eigentlich nicht mitteilen wollten. Gehen Sie in schwierigen Situationen diplomatisch vor, bewahren Sie Haltung und Gelassenheit. Das Motto könnte lauten: Kontrollierte Spontaneität.

Es gibt sicherlich einige unangenehme Fragen, mit denen Sie im Vorstellungsgespräch konfrontiert werden können. Einen Teil haben wir Ihnen schon vorgestellt, und Sie selbst wissen sicherlich weitere Fragen.

Hier noch einmal eine Kurzübersicht über unangenehme Fragen:

- *Warum sollten wir Ihnen diese Position gerade nicht anbieten?*
- *Was spricht gegen Sie als Kandidat?*
- *Was sind Ihre Schwächen, Nachteile, Defizite?*
- *Was haben Sie alles in Ihrem (Berufs-)Leben trotz Vorsätzen (noch) nicht erreicht?*
- *Ihr größter (beruflicher) Misserfolg, Ihre größte Enttäuschung etc.?*
- *Was haben Sie daraus gelernt, welche Konsequenzen gezogen?*
- *Wovor fürchten Sie sich?*
- *Was kann Sie so richtig ärgerlich machen?*

- Was mögen Sie nicht, schätzen Sie bei ... nicht, haben Sie Schwierigkeiten mit ...(bei der Arbeit, am Arbeitsplatz, tätigkeits- und personenbezogene bei Kollegen, Mitarbeitern, Vorgesetzten, sich selbst)?
- Stellen Sie uns aus Ihrer beruflichen Laufbahn (aus Ihrem Werdegang, Leben) Negativ-(Anti-)Vorbilder vor und erklären Sie ...
- Was würden Sie in Ihrem (Berufs-)Leben anders machen, wenn Sie es könnten (wenn Sie noch mal von vorn anfangen könnten)?
- Was wollen Sie wann und wie (beruflich) in Ihrem Leben erreicht haben?
- Was sind Ihre persönlichen (beruflichen) Ziele, Ihr Motto (bis hin zum Sinn des Lebens)?
- Wie definieren Sie für sich die Begriffe: Verantwortung, Schwäche, Leistung, Moral, Ethik etc.?
- Wie sollte Ihr Stellvertreter sein?
- Worin sollte er Sie ergänzen? Was sollte er haben oder vorweisen, was Sie nicht haben?
- Was machen Sie, wenn wir Sie nicht nehmen?
- Was würden Sie tun, wenn Sie nicht mehr arbeiten müssten?

Natürlich könnten Ihnen auch positiv gefärbte und formulierte Fragen durchaus Schwierigkeiten machen, so etwa nach Ihren persönlichen Vorbildern, Ihrem größten Erfolg, was Sie auszeichnet usw. Und auch die sich daraus ergebenden Nachfragen (Warum? Wieso?) können es in sich haben.

Mittels unseres Fragenkatalogs haben Sie jetzt jedenfalls gute Trainingsmöglichkeiten. Beachten Sie auch unsere Empfehlungen ab Seite 505 zum argumentativen Vorgehen. Aber nicht nur die Worte spielen im Vorstellungsgespräch eine Rolle ...

Körpersprache: Deutliche Aussagen ohne Worte

Viele Personalchefs und Taschenpsychologen glauben, die Körpersprache zu beherrschen oder besser: zu verstehen. Der Körper lügt angeblich nicht. Erhobener Zeigefinger, hochgezogene Augenbrauen, gerümpfte Nase und eine in Falten gelegte Stirn sprechen eine deutliche Sprache. Wer die Hände im Schoß faltet oder hinter dem Kopf verschränkt, gibt seiner Umwelt bewusst oder unbewusst Signale. Nur welche, das ist hier die Frage.

Personalauswähler hantieren gerne mit Listen, aus denen sie schnell ablesen können, was eine bestimmte Haltung, Geste oder Mimik angeblich für eine Bedeutung hat – auf ähnlich düsterem Niveau wie die diversen Traumdeutungsbücher, die einem angeblich aufs Stichwort verraten, was der Traum der vergangenen Nacht bedeutet.

Im Wesentlichen geht es um

- Blickverhalten
- Mimik
- Gestik
- Körperhaltung
- Sprechweise
- Geruch

Bitte nehmen Sie die folgende Liste nicht zu ernst, aber Sie sollten wissen, wie Ihr Verhalten möglicherweise interpretiert werden könnte.

Körpersignal	Bedeutung
Blickverhalten	
Augen betont weit offen	Aufmerksamkeit, Aufnahmebereitschaft, Sympathie, Weltoffenheit, Flirtverhalten
Augen wenig offen	Konzentration, Entschlossenheit, Eigensinn, Kleinlichkeit, überkritische Haltung
zugekniffene Augen	Abwehr, Unlust
gerader Blick	Offenheit, reines Gewissen, Vertrauen
schräger Blick	abschätzende Zurückhaltung
häufiger Blickkontakt	Sympathie
häufiges Wegsehen	mangelnde Sympathie oder Verlegenheit
auffällig häufiger Lidschlag	Unsicherheit, Befangenheit, u. U. nervöse Störung
Mimik	
offenes Lächeln	offene Heiterkeit, uneingeschränkte Mitfreude
gequältes Lächeln	ironisch, schadenfroh, blasiert, ängstlich
überwiegend geöffneter Mund	Mangel an Selbstkontrolle
zusammengepresster Mund	Zurückhaltung, Reserviertheit, Verkniffenheit, Kontaktarmut
Mundwinkel nach unten	Bitterkeit, Pessimismus, depressiv
Mundwinkel nach oben	Aktivität bis Abwehr
Heben der Augenbrauen	Ungläubigkeit oder Arroganz

Gesten

übertrieben kräftiger Händedruck	Rücksichtslosigkeit, Angeberei (»Knochenbrecher«)
kräftiger Händedruck ohne Übertreibung	Aufrichtigkeit, Sicherheit
schlaffer Händedruck (»tote Hasenpfote«)	Unsicherheit, kontaktarm, leicht beeinflussbar
Hand wegziehend	Verschlossenheit
verschränkte Arme – bei Männern – bei Frauen	 Ablehnung, Verschlossenheit Selbstschutz, Angst
Hand vor den Mund halten – während des Sprechens – nach dem Sprechen	 Unsicherheit will das Gesagte zurücknehmen
Sprecher hält Armlehnen mit beiden Händen fest	Aggressivität, aber etwas unsicher, neigt zur Weitschweifigkeit
Kopf auf Hände stützen	Nachdenklichkeit, Erschöpfung, Langeweile
Spitzdach mit den Händen formen	Arroganz, Abwehr gegen Einwände
Hände reiben	selbstgefällig, selbstzufrieden
spielende Hände	Zeichen von Erregung, Nervosität, Befangenheit, Angst, Verwirrung
mit dem Finger auf den Gesprächspartner zeigen	Angriff, Wut
Hand zur Faust ballen	Wut, verhaltener Zorn
Anfassen der Nase	Nachdenklichkeit, kritische Haltung, Verlegenheit
über den Hinterkopf streichen	Verlegenheit, Unbehagen, Ärger
Zupfen an den Ohren, Streichen des Kinns	Nachdenklichkeit, Zufriedenheit
Finger zum Mund nehmen	verlegen, unsicher
mit den Fingern trommeln	Nervosität, Ungeduld
häufiges Spielen mit dem Ring	Eheprobleme, frustriert vom häuslichen Leben
häufiges Abnehmen der Brille	Ablehnung, Angriff, Nervosität

Körperhaltung

Achselzucken, Handflächen nach außen	Hilflosigkeit
übereinandergeschlagene Beine – zum Gesprächspartner hin – vom Gesprächspartner weg	 Aufbau eines Sympathiefeldes Ablehnung, Unwillen

übergeschlagene Beine, Knie in die Hand gestützt	kritisch, skeptisch
dicht aneinandergestellte Füße beim Sitzen	schuldhafte Ängstlichkeit, Einzelgänger, überkorrekte Grundeinstellung
breit auseinanderklaffende Beine beim Sitzen	sorglose Unbekümmertheit, Rücksichtslosigkeit
alarmbereite Sitzweise (auf dem Sprung sein)	Mangel an Selbstvertrauen und Sicherheit, auch Misstrauen, innere Unruhe, Angst
Füße um die Stuhlbeine legen	Unsicherheit, Suche nach Halt
Füße nach hinten nehmen	Ablehnung
mit den Füßen wippen	Arroganz, Ungeduld, Sicherheit, Aggressivität
steife, militärische Körperhaltung	Unterdrückung von Angst
geziert aufrecht, breitbeinig dastehen, Daumen in Achselhöhlen	Selbstsicherheit
den Oberkörper weit nach vorn lehnen	Interesse, Sympathie, Wunsch zu unterbrechen
den Oberkörper weit zurücklehnen	Desinteresse, Ablehnung

Sprechweise

lautstarke Stimme	Vitalität, Selbstbewusstsein, Kontaktfreude, aber auch Unbeherrschtheit, Geltungsdrang
leise, flüsternde Stimme	Schwäche, mangelndes Selbstbewusstsein, aber auch Sachlichkeit, Bescheidenheit
schnelles Sprechtempo	Impulsivität, Temperament, aber auch ungezügelt, nervös
langsames Sprechtempo	antriebsschwach, aber auch Sachlichkeit, Besonnenheit, Ausgeglichenheit
wechselndes Sprechtempo	innere Unausgeglichenheit
ausgeprägte Pausengestaltung	Disziplin, Selbstbewusstsein
starke Akzentuierung	Lebhaftigkeit, Gefühlsstärke
schwache Akzentuierung	Uninteressiertheit, mangelnde geistige Flexibilität

Geruch

parfümiert	werbend
überstark parfümiert	unsicher, vernebelnd
Schweißgeruch	ängstlich, unordentlich

Es ist sicher: Nicht nur, was Sie sagen, sondern besonders das »Wie« ist nicht ganz zu Unrecht Anlass für Interpretationen und damit Orientierungs- und Entscheidungshilfe. Das trifft vor allem für das Vorstellungsgespräch zu. Um es krass auszumalen: Ein Bewerber, der mit zitternden Händen und Schweißperlen auf der Stirn unruhig hin und her schaukelnd berichtet, wie er ein neues Außendienst-Abrechnungssystem entwickelt und durchgesetzt hat, wirkt nun einmal nicht sehr überzeugend.

Schön wäre es ja schon, wenn man den Leuten von der Nasenspitze ablesen könnte, ob sie gerade etwas übertreiben, flunkern, faustdick lügen oder bei der Wahrheit bleiben. Diese ist übrigens immer subjektiv, und von allem stimmt ja auch oft das Gegenteil.

In einem Fachtext für Personalbeurteiler werden acht Merkmale angeboten, die aufgrund von Körpersignalen zu beurteilen seien:

1. Gepflegtheit, der gesamte äußere Eindruck
2. gute Manieren, Verhalten, Benehmen (z. B. im Restaurant)
3. Kontaktfähigkeit
4. Dominanz, Führungsanspruch
5. Vitalität, Dynamik, Extrovertiertheit
6. körperliche Verfassung und Belastbarkeit
7. nervliche Belastbarkeit
8. Selbstsicherheit

Negatives auf den Punkt gebracht: Eine amerikanische Personalberatungsfirma hat 200 Vorstellungsgespräche ausgewertet, in denen die Bewerber gescheitert sind. Die Analyse ergab sechs Aspekte, die für den Misserfolg verantwortlich zu machen waren:

1. keine überzeugende äußere Erscheinung, unpassende Kleidung bzw. ungepflegtes Äußeres
2. Mängel in der Fähigkeit, die eigene Meinung deutlich zum Ausdruck zu bringen
3. Mängel in der Fähigkeit, die eigene Person weitgehend objektiv darzustellen
4. unzureichende Ausstrahlung von Selbstvertrauen und Begeisterungsfähigkeit
5. zu starke Kritik an früheren Arbeitgebern
6. zu häufiger Stellenwechsel

Erneut wird deutlich, dass der Faktor Persönlichkeit entscheidend ist: Die ersten fünf Ablehnungsgründe hängen eindeutig mit Persönlichkeitsmängeln zusammen.

Positives auf den Punkt gebracht: Die folgenden Persönlichkeitsmerkmale sind für Ihren Erfolg im Vorstellungsgespräch von besonderer Relevanz:

- Auftreten
- Ausstrahlung
- Autorität
- Integrität
- Selbstsicherheit
- Glaubwürdigkeit
- Lebendigkeit
- Begeisterungsfähigkeit
- Entschlossenheit
- Bestimmtheit
- Rücksicht
- Einfühlungsvermögen
- Verständnis
- (angemessene) Vertrautheit

Nach dem Auftritt

Egal, ob Sie mit Ihrem Auftritt zufrieden sind oder nicht, gönnen Sie sich erst einmal eine Pause. Lassen Sie sich verwöhnen oder tun Sie sich selbst etwas Gutes. Sie brauchen neue, frische Kräfte für eine eventuelle nächste Runde. Und die kommt unweigerlich auf Sie zu, wenn Sie Ihre Chancen ernsthaft wahrnehmen wollen.

Es lohnt sich, über Folgendes nachzudenken: Sie als Arbeitskraftvergeber haben zwar schon im Vorstellungsgespräch Ihre Fragen an das Unternehmen gestellt, aber wie sieht es denn mit den anderen Punkten aus: Mit welchen Persönlichkeitsstrukturen sind Sie bei Ihren potenziellen Vorgesetzten konfrontiert? Was könnte deren Motivation sein – allgemein, bezogen auf das Unternehmen, bezogen auf Sie? Wie schätzen Sie die menschliche und fachliche Kompetenz Ihrer Gesprächspartner, des Unternehmens ein? Schwant Ihnen da etwas? Blühen da etwa die Neurosen?

Fragen über Fragen

Mit der Ausgangsposition Ihres Gegenübers hatten Sie sich ja bereits vorab beschäftigt, ebenso wie mit der Informationsrecherche zur möglichen Arbeitsaufgabe, zu Position und Branche. Was läuft da wirklich, was hat man mit Ihnen vor? Wie ist man mit Ihnen umgegangen, wie sind Sie angesprochen worden, wie wurden Ihre Fragen beantwortet?

Und nicht nur Sie sind gemustert worden (Schuhe, Schmuck, Krawatte, Frisur), auch das Unternehmen und seine Repräsentanten haben ein Äußeres. Welcher »Verkleidungsstil« kennzeichnet das Unternehmen, und wie ist man vor Ort ausgestattet? Wie sind die Wände dekoriert, wie ist der Fußbodenbelag, was steht bei Ihrem Gesprächspartner auf dem Schreibtisch, und welche Bildchen oder Sprüche hat die Sekretärin an der Wand? In welchem Zustand ist das Mobiliar, und welcher technische Standard ist bei der Bürokommunikation erreicht? Welche Größe haben die Räume, wie gestaltet sich der Blick nach draußen?

Atmosphäre

Wie sieht es einige Hundert Meter vor dem Ort Ihrer Vorstellung aus? Brüllen sich die Mitarbeiter auf dem Flur an? Grüßt man sich und Sie? Riecht man die Kantine im ganzen Haus, oder stinkt es aus der Toilette? Wie ist die allgemeine Unternehmenskultur? Das alles sind wichtige Orientierungspunkte, die Ihr Vorwissen und Ahnen über den potenziellen Arbeitgeber entscheidend ergänzen und abrunden. Diese tragen wesentlich zu Ihrer Entscheidung bei, ob Sie Ihre Lebenszeit und Arbeitskraft hier investieren sollten oder besser nicht.

Denken Sie an Ihren jetzigen Arbeitsplatz und dass es Ihre ursprüngliche Intention war, sich zu verbessern.

Der Blick zurück

Wie ist das Vorstellungsgespräch gelaufen? Mit welchen Fragen haben Sie gerechnet, mit welchen nicht? Was ist Ihnen gelungen, was weniger? Was könnten Sie jetzt mit mehr Gelassenheit und Nachdenkzeit besser beantworten? Worauf müssen Sie sich beim nächsten Mal intensiver vorbereiten? Was haben Sie aus all dem gelernt?

Zu diesen wichtigen Nachbereitungsaktivitäten gehört vor allem die Erstellung eines möglichst ausführlichen Gedächtnisprotokolls des gesamten Gesprächsablaufes inklusive aller Personen samt Namen, die Ihnen begegnet sind. Wenn Sie wissen, wie die Sekretärin des Personalchefs heißt, können Sie diese beim nächsten Telefonat persönlich ansprechen. Vielleicht hilft's, und Sie bekommen durch Ihre nette Ansprache den Chef persönlich ans Telefon, obwohl seine Sekretärin ansonsten generell alle Anrufer an diesem Tag abwimmelt.

Anrufen

Hoffentlich haben Sie am Ende Ihres Vorstellungsgesprächs eine Information erbeten und erfahren, wie und wann der Entscheidungsprozess weitergeht. Natürlich müssen Sie jetzt erst einmal einige Tage abwarten und sehen, ob sich etwas tut. Es sei denn, Sie haben etwas anderes vereinbart. Üben Sie sich in Geduld, und fragen Sie nicht vor Ablauf einer Frist von fünf bis maximal sieben Tagen telefonisch nach, was aus Ihrer Bewerbung geworden ist.

Sollten Sie allerdings vier Wochen verstreichen lassen, ohne sich interessiert zu zeigen und nachzufragen, wird das sehr wahrscheinlich gegen Sie ausgelegt. Eine von Ihrem Gesprächspartner zu verantwortende lange Wartezeit spricht aber auch gegen Ihren potenziellen Arbeitgeber, denn man lässt Kandidaten nach einem Vorstellungsgespräch nicht längere Zeit ohne Zwischenbescheid im Unklaren.

Nachfassbrief

Zu den besonderen Tricks, sich als Bewerber von anderen deutlich abzuheben, gehört der Nachfassbrief. Ein bis maximal drei Tage nach Ihrem Auftritt abgeschickt, wird dieses Schreiben Ihren Gesprächspartner (deshalb sind Namen so wichtig!) veranlassen, sich erneut mit Ihnen zu beschäftigen. In diesem Brief bedanken Sie sich nicht nur für das interessante Gespräch, sondern knüpfen an das an, was offengeblieben ist oder was Sie noch nachtragen möchten.

Interesse unterstreichen

Im Wesentlichen geht es darum, mit dieser Aktion (eine Seite reicht vollkommen aus, evtl. sogar handschriftlich) deutlich zu machen, dass Sie sehr interessiert bzw. motiviert sind, verstanden haben, worum es geht, und gerne bereit sind, das konstruktive Gespräch jederzeit weiter fortzusetzen, dass Sie am liebsten aber natürlich Ihre ganze Arbeitskraft für das Unternehmen einsetzen wollen.
  Achtung: Machen Sie so etwas plump oder gar blöd (vielleicht auch nur ungeschickt oder langweilig) und ist das Vorstellungsgespräch eher schwer und schleppend verlaufen, gewinnen Sie nichts. Gelingt es Ihnen aber, nach einem gut verlaufenen Gespräch mit dieser Briefaktion intelligent an sich zu erinnern, verbessern Sie Ihre Chancen, auf die ersten drei Plätze (wenn nicht gleich an die Spitze) zu kommen.
  Dabei kann es sich sogar lohnen, maßgeschneiderte, individuelle Briefe an die unterschiedlichen Hauptakteure des Vorstellungsgesprächs zu schicken. Wir denken dabei an den Personalchef oder seinen Vertreter auf der einen und den Fachabteilungsleiter oder den unmittelbaren Vorgesetzten auf der anderen Seite, wenn Sie deren Bekanntschaft gemacht haben. Bisweilen tut es aber auch ein einzelner Brief an den potenziellen zukünftigen Chef.
  Dass hier in diesem Brief allergrößte Sorgfalt an den Tag gelegt und die Verkaufsbotschaft sorgfältig abgewogen werden muss, versteht sich eigentlich von selbst. Worum kann es in so einem Schreiben gehen, und was ist zu berücksichtigen?

DIETLINDE KÖNIG

Jenaer Straße 121
35396 Gießen
Tel.: 0641 291134

Internationale Liegenschaftsbank
Personalabteilung
Herrn Teschner
Wilhelmplatz 9
14109 Berlin

Gießen, 10.01.2010

<u>Vorstellungsgespräch am Freitag, den 09.01.2010</u>
<u>Meine Bewerbung als Organisationsentwicklerin</u>

Sehr geehrter Herr Teschner,

vielen Dank für das informative Gespräch. Besonders die offene, herzliche Gesprächsatmosphäre und Ihre Erläuterungen über Aktivitäten und Ziele bis hin zur Unternehmenskonzeption der ILG fand ich äußerst spannend. Dies alles bestärkt mich in meinem Wunsch, bei Ihnen tätig sein zu dürfen, mein Wissen und Engagement für die Optimierung der Organisation voll einzubringen.

In einem so kurzen Zeitraum des sich Kennenlernens, wie es das Vorstellungsgespräch nun einmal ist, fällt es mir nicht leicht, die Eigenschaften herauszustellen, die mich besonders für die zu besetzende Position qualifizieren. Im Nachhinein möchte ich gern hinzufügen, dass

- meine fundierten kaufmännischen Kenntnisse als Groß- und Außenhandelskauffrau,
- meine Erfahrungen in der Projektarbeit (Studium, Diplomarbeit),
- meine Kommunikations- und Lernfähigkeit
- mein persönliches Organisationstalent sowie meine Eigenschaft, Ziele nicht aus dem Auge zu verlieren

gute Voraussetzungen für die Organisationsentwicklung darstellen.

Nachdem Sie mir eine Hotelunterkunft für den Start in Aussicht gestellt haben, bin ich gern bereit, meinerseits alles Erforderliche zu tun, um am 01. März 2010 bei Ihnen anfangen zu können.

Ich freue mich darauf, von Ihnen zu hören, und verbleibe
mit freundlichen Grüßen nach Berlin

Dietlinde König

1. Sie danken Ihrem Gesprächspartner für Zeit und Interesse.
2. Sie arbeiten noch einmal die drei wichtigsten »Verkaufsargumente« heraus, die für Sie sprechen und von denen Sie annehmen können, dass der Briefempfänger wertzuschätzen weiß. Dieser von Ihnen wohlformulierte Briefabsatz wird Sie vor dem geistigen Auge Ihres potenziellen Arbeitgebers neu aufleben lassen und als wichtigen und ernst zu nehmenden Kandidaten weit vorne ins Bewusstsein heben.
3. Setzen Sie etwaigen Negativeindrücken oder Mankos, die im Vorstellungsgespräch offensichtlich geworden sind, etwas entgegen, räumen Sie beispielsweise ein, dass Ihre Erfahrungen auf dem Sektor XY noch nicht so fundiert sind, Sie jedoch aufgrund von ... meinen, Sie hätten etwas anzubieten. Vermeiden Sie jedoch, alles rechtfertigen zu wollen oder sogar neue gravierende Negativmerkmale zu betonen. Führen Sie dabei keine negativen Aspekte an, die Ihr Gegenüber übersehen, vergessen oder als irrelevant eingeschätzt haben könnte. Wiederholen Sie auch keine Schwachpunkte, denen Sie nicht wirklich etwas entgegenzusetzen wissen.
4. Als positiver Abschluss des Briefes könnte Ihnen ein gut formulierter Absatz dienen, der einen neuen, zusätzlichen Kompetenzaspekt in Bezug auf die angestrebte Position beinhaltet und im Vorstellungsgespräch noch nicht von Ihnen herausgestellt werden konnte.

Wie ein solcher Nachfassbrief aussehen kann, zeigen wir Ihnen mit dem Beispiel auf Seite 530, das Ihnen als Anregung dienen soll.

Zum Umgang mit Absagen

Sie hatten eine Einladung zum Vorstellungsgespräch und die Gelegenheit, das Unternehmen und seine Repräsentanten kennenzulernen. Auf Unternehmensseite wollte man Sie kennenlernen. Für den Fall, dass das Ergebnis eine Absage beinhaltet – egal von welcher Seite –, bedenken Sie bitte Folgendes:

Rituale

Bewerbungssituationen und insbesondere Vorstellungsgespräche sind klassische Prüfungssituationen, die uns im Grunde genommen lebenslänglich begleiten. Prüfungen sind Rituale, in denen eine Anpassungsleistung gefordert wird. Meistens handelt es sich um Initiationsriten, deren erfolgreiches Über- und Bestehen mit der Prämie eines Ein- und/oder Aufstieges honoriert wird (z. B. von der Auszubildenden zur Angestellten, von der Sachbearbeiterin zur Abteilungsleiterin, vom Arbeitsplatzsuchenden zum Mitarbeiter).
Prüfungen und Initiationsriten sind Ausdruck des »ewigen Kampfes der Ge-

nerationen«[17] und der Auseinandersetzung zwischen den Mächtigen und den Machtlosen in der Gesellschaft. Bei Frauen, die sich in der Mehrzahl in der Bewerbungssituation mit Männern als Arbeitsplatzvergebern konfrontiert sehen, kommt noch der »Kampf der Geschlechter« hinzu.

Wer Bewerbungsrituale, Auswahlprozeduren und Vorstellungsgespräche erfolgreich überstanden hat, bietet gute Gewähr, an die herrschenden Normen angepasst zu sein und auch in Zukunft nicht aufzumucken. So gesehen ist das ganze Leben eine Art Prüfung, ein Kette von Anpassungsleistungen und somit auch Bewerbungssituationen.

Gegenstand dieses Kapitels waren nicht die zahlreichen schulischen oder Berufsausbildungs-Abschlussprüfungen, sondern die besondere Berufseingangsprüfung Vorstellungsgespräch. Dabei haben wir uns bemüht, Ihnen das Knowhow für das erfolgreiche Überstehen dieser Prüfung (= Anpassungsleistung) und die Erfüllung der gesetzten Normen zu vermitteln.

An dieser Stelle wollen wir nochmals zu bedenken geben, dass jeder für sich selbst überprüfen und entscheiden muss, wie weit er in seiner Anpassungsbereitschaft und damit auch Anpassungsleistung in einer Bewerbungssituation gehen will. Diese muss sich um der Zielerreichung willen lohnen. Lohnt sie sich wirklich? Das ist die Frage, die Sie sich selbstkritisch immer wieder stellen müssen. Vergessen Sie nicht, dass sich in der Prüfungssituation Vorstellungsgespräch die Prüfer ebenfalls auf dem Prüfstand befinden. Auch Sie als Bewerber haben das Recht und die Pflicht zu prüfen, im Besonderen auch, was die Neurosen der Chefs anbetrifft ... (siehe S. 506).

Was immer die Gründe für eine etwaige Absage sein mögen: Es muss nicht an Ihnen liegen. Bedenken Sie, was Ihnen bei dem Unternehmen vielleicht erspart bleibt.

Das zweite Vorstellungsgespräch mit der Gehaltsverhandlung

Haben Sie keine Absage bekommen, dann sind Sie ganz nah dran am Ziel Ihrer Träume. Allerdings ist es möglich, dass ein weiteres Vorstellungsgespräch auf Sie wartet. Manchmal wird man sogar zu einem dritten Gespräch eingeladen. Hier geht es darum, offengebliebene Fragen ausführlich abzuklären, einen noch besseren persönlichen Eindruck zu bekommen und Sie als Kandidaten Ihren potenziellen Kollegen vorzustellen, um möglicherweise auch deren Meinung mit zu berücksichtigen.

Sympathiebonus überprüfen

Ziel eines zweiten Vorstellungsgespräches ist es, aus der reduzierten Gruppe von Bewerbern (in der Regel zwei bis vier Kandidaten) durch intensives Fragen noch mehr Informationen zu bekommen. Dabei geht es um die Überprüfung, ob der Sympathiebonus, den sich der Bewerber im ersten Gespräch erworben hat, standhält und verstärkt wird. Ein gezieltes Hinterfragen kann den Bewerber durchaus in Verlegenheit bringen, sodass er sich in dieser Stresssituation dann eventuell von einer besonders negativen Seite zeigt. Seien Sie also auf diese Aspekte eingestellt und auf der Hut.

Geschickte Gesprächsführung Ihrerseits, neue interessante Fragen, Ihre angemessen zunehmende Bereitschaft, etwas mehr von Ihrer Privatseite zu zeigen, können Ihre Position im kleinen Kreis der wichtigsten Bewerber stärken. Jetzt geht man schon mehr in die wirklichen Details, und sehr bald ist auch der Zeitpunkt erreicht, an dem die Gehaltsfrage intensiver erörtert wird.

Arbeitsbedingungen und Gehalt

Oftmals werden erst jetzt, in dieser zweiten Runde, die Arbeitsbedingungen und Gehaltswünsche richtig verhandelt. Seien Sie also informiert, was man für die Position, auf die Sie sich bewerben, in der Regel an Gehalt erwarten kann. Je nachdem, welche Qualifikation, vielleicht sogar Vorerfahrung Sie einbringen und welche zukünftige Leistung Sie glaubwürdig in Aussicht stellen, werden sich Ihre Gehaltswünsche realisieren lassen.

Zeigen Sie aber auch bei den Gehaltsverhandlungen Besonnenheit und vermitteln Sie nicht den Eindruck, dass es Ihnen nur ums Geld geht. Beide Seiten – Arbeitgeber und Arbeitnehmer – müssen einen tragbaren Kompromiss in der Gehaltsfrage finden. Vereinbaren Sie beispielsweise, dass nach einer Einarbeitungsphase (halbes/dreiviertel Jahr) Ihr Gehalt automatisch um x Prozent angehoben wird.

Verdeutlichen Sie sich und Ihrem Arbeitgeber in jedem Fall, dass Sie nicht bereit sind, Ihre Arbeitsleistung unter Wert zu verkaufen. Den richtigen Preis für Ihre Leistung zu bestimmen ist eine Aufgabe, die mit zu den wichtigen Vorüberlegungen gehört. Dass es da unterschiedliche Auffassungen geben kann, liegt in der Natur der Sache.

Sicherlich ist es nicht ganz leicht für Sie, den Wert Ihrer Arbeitskraft realistisch einzuschätzen, wenn Sie nach einer längeren Pause (Familie, Arbeitslosigkeit, unbezahltem Urlaub) wieder in den Beruf einsteigen.

Als Wiedereinsteiger sollten Sie sich Informationen über die aktuellen Tarifgehälter und Sonderleistungen von den jeweiligen Gewerkschaften, Industrie- und Handelskammern, Verbänden oder Interessengemeinschaften besorgen. Wenn Sie Ihre Stelle wechseln möchten, haben Sie es einfacher: etwa 10 bis maximal 20 Prozent mehr als Ihr derzeitiges Gehalt sollten Sie von Ihrem neuen Arbeitgeber verlangen. Begehen Sie dabei nicht den Fehler, bei der konkreten Nachfrage nach Ihrem aktuellen Gehalt zu sehr zu mogeln – Personalchefs wissen in der Regel, was woanders gezahlt wird (zum Recht auf Lüge siehe S. 474).

Immer das Jahresgehalt verhandeln

Verhandeln Sie immer über das Jahresgehalt und verdeutlichen Sie sich, bevor Sie in die Verhandlung gehen, durch eine präzise Aufstellung sämtlicher Neben- und Sonderleistungen, wie sich Ihr Gehalt in Ihrer alten Firma zusammengesetzt hat. Nur so können Sie wirklich einen genauen Vergleich anstellen und sich entsprechend finanziell verbessern.

»Wie hoch ist denn Ihr jetziges Einkommen?«, fragt der Personalchef den Bewerber nach etwa 45 Minuten Gesprächsdauer. Dieser hatte sich auf das Stellenangebot eines Hochbaukonzerns beworben. Gesucht wurde ein Bauingenieur mit spezieller Erfahrung im Brückenbau. Im Anzeigentext wurden als Jahresanfangsgehalt 45.000 Euro angeboten. Nicht zu Unrecht befürchtet der Bewerber, dass bei Nennung seines jetzigen Gehalts von knapp 30.000 Euro – also gut ein Drittel weniger als das Angebot dieses potenziellen Arbeitgebers – Zweifel an ihm als Kandidaten für die neue, gehobene Position auftauchen würden.

Das Jahresgehalt von 30.000 Euro war für den Bewerber dann auch mit ein wichtiger Grund, sich nach einer neuen, besser bezahlten Position umzuschauen. Damals, vor dreieinhalb Jahren, ein Jahr nach dem Hochschulabschluss, fast als Berufsanfänger, schien ihm die Bezahlung nicht so wichtig. Insbesondere das Aufgabengebiet bei der jetzigen Firma fand er seinerzeit attraktiv und als Einstieg in die Berufstätigkeit lohnend. Aufgrund verschiedener Einflüsse und Entwicklungen war für ihn jetzt der Zeitpunkt gekommen, sich nach einer neuen Position in einem anderen Unternehmen umzusehen. Dem Bewerber war klar, dass er sich mit der Frage auseinanderzusetzen hatte, wieso er bisher für lediglich 30.000 Euro Jahresgehalt (auch abgekürzt mit p. a. = pro anno) gearbeitet habe. Er befürchtete nicht ohne Grund, dass die Konsequenz daraus bedeuten könnte, bei einem Wechsel mit etwa 37.500 Euro eingekauft zu werden. 45.000 Euro lagen also sehr deutlich über dem, was neue Arbeitgeber in der Regel in Relation zum vorherigen Gehalt zu zahlen bereit sind.

»Unzulässig ist ... die Frage nach der früheren Arbeitsvergütung (sie dient ja unter anderem dazu, eventuelle Lohnansprüche des Bewerbers zu dämpfen)«[18], so Eckehart Stevens-Bartol, Richter am Bayerischen Landessozialgericht.

Bisheriger Verdienst

Verrate mir dein Jahreseinkommen und ich sage dir, was du wert bist. Nicht selten versucht der potenzielle Arbeitgeber, durch direktes Erfragen das aktuelle Gehalt oder die Jahresbezüge des Bewerbers in Erfahrung zu bringen. Hintergrund ist die Überlegung, dass ein Kandidat mit bisher 30.000 Euro Jahreseinkommen nicht unbedingt auf einen Schlag einen so großen Gehaltssprung zu machen braucht, dass er jetzt auf 45.000 Euro im Jahr kommt.

Dieser Kandidat – so der Gedankengang – wäre wahrscheinlich auch mit einer Steigerung auf 37–40.000 Euro zufrieden und damit für den Arbeitgeber preisgünstiger als ein anderer Bewerber. Aus diesem Grund findet sich bei Stellenangeboten häufig der Hinweis, man möge sich in seinem Bewerbungsschreiben auch zu seinen Gehaltsvorstellungen äußern.

Aber nicht nur bei einer größeren Differenz zwischen dem aktuellen Gehalt des Bewerbers und einer deutlichen Gehaltsverbesserung bei einer neuen Position gibt es Probleme, sondern besonders im umgekehrten Fall: Wenn also ein Bewerber gegenwärtig zum Beispiel 35.000 Euro im Jahr verdient, sich nun aber, aus welchem Grund auch immer, neu orientieren möchte und sich auf ein Stellenangebot meldet, das pro Jahr 30.000 Euro in Aussicht stellt, also 5.000 Euro weniger, tauchen ganz besondere Probleme auf.

Der potenzielle Arbeitgeber wird sich über diesen freiwilligen Gehaltsverzicht wundern und den Bewerber möglicherweise nicht in die engere Wahl ziehen, da er davon ausgeht, dass bei einer Gehaltsverschlechterung die Motivation des Arbeitnehmers zu wünschen übrig lassen könnte.

Nun mag es sowohl für den Arbeitnehmer wie auch für den Arbeitgeber gute Gründe geben, die diese Annahme bestätigen. Verallgemeinern sollte man sie jedoch besser nicht. Sind Sie als Arbeitnehmer in der schwierigen Situation, wechseln zu wollen, und bereit, auch einen gewissen Gehaltsabschlag dafür in Kauf zu nehmen, sollten Sie davon ausgehen, dass man Ihnen mit Misstrauen begegnet. Ein sogenannter Gehaltsabstieg ist unbedingt erklärungsbedürftig. Es gibt also gute Gründe, einem potenziellen neuen Arbeitgeber sein derzeitiges Gehalt nicht sofort und ganz detailliert zu offenbaren.

> *»Wie hoch ist Ihr Einkommen zurzeit?«, fragt der Personalchef den Bewerber.*
> *»Ich kann mir gut vorstellen, mit den von Ihnen im Inserat angebotenen 45.000 Euro p. a. zunächst auszukommen«, antwortet der Bewerber.*
> *»Wie darf ich das verstehen, wie meinen Sie das?«, fragt der Personalchef, der das »zunächst« nicht überhört hat.*
> *»Wenn ich gesagt habe ›zunächst‹, dann gehe ich davon aus, dass sich im Laufe der Zeit vielleicht Gehaltserhöhungen ergeben werden.«*
> *»Aber sicher doch, selbstverständlich«, bemerkt der Personalchef, »wenn Sie die Leistung bringen«, und setzt noch einmal nach: »Wie sieht denn Ihr aktuelles Monatseinkommen aus?«*
> *»Nun also, meine Jahresbezüge bei meinem jetzigen Arbeitgeber unterscheiden sich schon etwas von dem, was Sie in Ihrem Angebot benannt haben. Gibt es bei Ihnen im Hause bereits Vorstellungen, wann Sie bereit wären, über eine Gehaltsverbesserung – etwa im Anschluss an die Einarbeitungszeit – nachzudenken?«*

Wieder ist der Personalchef beschäftigt und hoffentlich abgelenkt. Es ist nicht unwahrscheinlich, dass es dem Bewerber auf diese Weise gelingen könnte, das Gespräch von der Frage nach seinen aktuellen Bezügen wegzuführen, ohne dass er sich offenbart hat oder krass lügen musste.

Damit soll aufgezeigt werden, dass es durchaus ohne größere Schwierigkeiten gelingen kann, sich beim Thema »aktuelles Gehalt« in Relation zum potenziellen neuen Gehalt nicht sofort in alle Karten schauen zu lassen.

Natürlich kann man sich als Bewerber auf die direkte Frage nach den aktuellen Bezügen nur sehr schlecht verweigern und sich gar nicht dazu äußern. Andererseits sitzt Ihnen weder ein Finanzbeamter der Steuerfahndung noch Ihr Steuerberater gegenüber, sodass Sie sehr wohl etwas großzügiger und weniger präzise auf- oder abrunden können und möglicherweise auf weitere Vergünstigungen, Sozialleistungen besonderer Art, Extras usw. hinweisen dürfen oder diese überschlägig mit einrechnen können, um den Jahreseinkommensbetrag schön gerundet zu präsentieren.

»Ich erwarte im Jahr mindestens 45.000 Euro«, wäre auch eine Antwortmöglichkeit auf die Frage nach den konkreten Jahresbezügen.

Es liegt auf der Hand, dass ein Arbeitnehmer, der seinen Arbeitsplatz wechseln möchte, damit die Hoffnung verbindet, auch sein Einkommen zu verbessern. Insbesondere bei einer stärker ausgeprägten Karriereorientierung ist ein Wechsel, der sich auch auf die Bezüge auswirkt, die natürlichste Sache der Welt. Eine Verbesserung von etwa 15 Prozent ist dabei für den Um- bzw. Neueinstieg der Regelfall.

Sollten Sie dagegen bereit sein zu wechseln und Ihr Gehalt würde sich um weniger als 10 Prozent verbessern, erzeugen Sie als Kandidat Misstrauen (Hintergedanken: Was motiviert den Bewerber wirklich, welche Probleme hat er am jetzigen Arbeitsplatz, dass er für nur 5 Prozent mehr Gehalt bereit ist zu wechseln?).

Wer dagegen gleich zwei oder mehr Stufen auf einmal nehmen will und einen Wechsel anstrebt, der mehr als 20 Prozent einbringt, provoziert Überlegungen seines potenziellen neuen Arbeitgebers, ob er das Geld auch wirklich wert ist oder ob nicht etwas weniger auch ausreichend wäre. Dies wird dann schnell gerechtfertigt durch Argumente wie Alter, Erfahrung, Einarbeitungszeit u. Ä. Auf jeden Fall lassen sich immer Gründe ins Feld führen, warum Sie nicht der richtige oder der ideale Kandidat für diese Position sind. Oftmals finden diese Überlegungen bereits beim Bewerber selbst statt, der mit 30.000 Euro Jahresgehalt vor Anzeigen zurückschreckt, die ihm 40.000 Euro anbieten, obwohl der beschriebene Arbeitsplatz durchaus seiner Qualifikation entspricht. Hier verhindert die Schere im eigenen Kopf bereits bei vielen Bewerbern eine deutlichere Gehaltsweiterentwicklung.

Marktanalyse

Zur Vorbereitung auf das Bewerbungsverfahren gehört unbedingt eine Marktanalyse unter dem Aspekt »Was wird gezahlt – was ist meine Arbeitsleistung wert?«. Informationen dazu erhalten Sie bei Berufs- und Interessenverbänden, Gewerkschaften und in Wirtschaftszeitungen oder -zeitschriften (z. B. *Capital, Wirtschaftswoche, Handelsblatt,* die regelmäßig Übersichten abdrucken, was in den verschiedenen Branchen und Positionen verdient wird). Nun liegt es bei Ihnen, die eigenen Fähigkeiten und Ihren Erfahrungsschatz einzuschätzen und ein Preismarketing für Ihre Ware Arbeitskraft vorzunehmen.

Wer sich als Bewerber eindeutig unter Wert anbietet, wird erfahrungsgemäß nicht geschätzt. Wer sich überschätzt, hat es sicher auch nicht leicht, aber es ist oftmals leichter, einen Kredit über 5 Millionen Euro zu bekommen als einen über 50.000.

Auf den Punkt gebracht

Je besser Sie sich auf die Prüfungssituation Vorstellungsgespräch vorbereiten, desto gelassener können Sie auf heikle und schwierige Fragen reagieren. Personalentscheider wollen in der direkten Begegnung mit Ihnen wissen, ob Sie zum Unternehmen, in das vorhandene Team passen. Dabei geht es um persönliche und anforderungsbezogene Eignungsmerkmale wie Kompetenz, Leistungsmotivation, insbesondere aber um Ihre Persönlichkeit. Deshalb achtet man bei Ihnen auch ganz besonders auf die präsentierten äußeren Merkmale wie Aussehen, Auftreten, »Manieren« sowie auf das sprachliche Ausdrucksvermögen.

Viel kann schon bei der Anreise schieflaufen, aber auch in der Auswahl Ihres Outfits. Planen Sie genügend Zeit für Ihre Anreise ein, berücksichtigen Sie dabei eventuell auftretende Verzögerungen (Staus, Verspätungen etc.). Je planvoller Sie die Anreise organisieren, desto entspannter sind Sie im Vorstellungsgespräch! Mit der Wahl Ihrer Kleidung vermitteln Sie einen Eindruck, was Sie »darstellen«, welche Position Sie innehaben bzw. erreichen wollen. Generell gilt: eher gediegen, zurückhaltend und konservativ kleiden. Gefragt ist auch bei Damen die schlichte Eleganz. Schauen Sie sich doch einfach mal typische Berufsvertreter in der von Ihnen angestrebten Position an.

Wissen Sie um Ihre Körperhaltung, Ihre Mimik und Ihre Körpersprache, insbesondere dann, wenn es etwas stressig wird? Körpersprache drückt sich vor allem durch Ihre Haltung, Ihren Gesichtsausdruck und Ihre Bewegungsabläufe aus. Körpersprache ist somit ein wichtiger Bestandteil Ihres Erfolges und wird ganz bewusst von Ihrem potenziellen Arbeitgeber wahrgenommen.

Ähnlich wie bei einer mangelnden Vorbereitung auf einen Einstellungstest laufen Sie Gefahr, ohne Vorbereitung auf die typischen Fragen einen schlechten Eindruck zu hinterlassen. Schreiben Sie sich nach Abschluss Ihrer Überlegungen zur Vorbereitung eines Vorstellungsgespräches eine Art »Drehbuch«. Beschreiben Sie darin Ihre wesentlichen beruflichen und (in Grenzen) persönlichen Merkmale, Eigenschaften und Charakterzüge, die Sie vermitteln wollen. Notieren Sie sich auch, wie Sie diese glaubhaft belegen können.

Das Fragenrepertoire für jede der zehn Phasen des Vorstellungsgespräches ist begrenzt. Für den Gesamtpool von maximal etwa 100 Fragen gilt: Nicht alle können Ihnen auf einmal in einem ersten Gespräch gestellt werden. Rechnen Sie mit einer Auswahl von etwa 10 bis 15 pro Fragestunde. Hier auf einen Blick noch einmal die 11 wichtigsten Fragen im Vorstellungsgespräch:

1. Erzählen Sie uns etwas über sich.
2. Warum bewerben Sie sich für diese Position?
3. Warum sind Sie der/die richtige Kandidat/-in?
4. Was erwarten Sie für sich/von uns/dem Job?
5. Was sind Ihre Stärken/Schwächen?
6. Worauf sind Sie stolz, was sind Ihre Erfolge/Misserfolge?
7. Was möchten Sie in 3/5/10 Jahren erreicht haben?
8. Warum haben Sie diesen Beruf gewählt?
9. Wo liegen Ihre Arbeitsschwerpunkte?
10. Wie verbringen Sie Ihre Freizeit?
11. Welche Fragen haben Sie an uns?

Oft folgt ein zweites oder bisweilen sogar ein drittes Vorstellungsgespräch. Dann ist in der Regel auch der Zeitpunkt gekommen, sich über die Gehaltsvorstellungen auszutauschen. Versuchen Sie, sich nicht unter Preis zu verkaufen. Seien Sie sich darüber im Klaren, was Sie zu bieten haben.

Wenn Sie die Sympathie und dadurch das Vertrauen Ihres Gegenübers gewinnen, dann werden Ihnen auch Leistungsbereitschaft und Eignung zugetraut. Man mag Sie einfach und vertraut Ihnen. Und das bedeutet dann: Man traut Ihnen den Job auch zu.

Die Essentials bei der Beantwortung der Fragen im Vorstellungsgespräch

- Seien Sie gut vorbereitet.
- Hören Sie aufmerksam zu.
- Erkennen Sie den Fragehintergrund.
- Nehmen Sie sich Zeit zum Überlegen.
- Fragen Sie ggf. nach, ob Sie richtig verstanden haben (auch dadurch gewinnen Sie Zeit).
- Überlegen Sie kurz vorher, was Sie mit der Antwort sagen und erreichen wollen.
- Was spricht für Sie, was eventuell gegen Sie?
- Welche Beweise können Sie anbieten?
- Wie begegnen Sie eventuellen Einwänden?

Je besser Sie Ihre Ziele kennen (Analyse der vier Fragen: Was für ein Mensch bin ich? Was kann ich? Was will ich? Was ist möglich?), desto leichter wird es Ihnen fallen, das Gespräch von Ihrer Seite aus positiv zu beeinflussen.

Arbeitseinstieg

»Neue Leute dürfen nicht Bäume ausreißen,
nur um zu sehen, ob die Wurzeln noch dran sind.«
Henry Kissinger

Mit der Aufnahme Ihrer Tätigkeit fängt eine neue Phase in Ihrem (Berufs-)Leben an. Sie haben Erwartungen an den neuen Arbeitsplatz, die Kollegen, den Vorgesetzten und diese wiederum an Sie. Es ist oft gar nicht so leicht, sich gleich zurechtzufinden. Vieles ist neu und ungewohnt. Zudem will man als Neue(r) alles besonders gut machen, um nicht schnell als unfähig abgestempelt zu werden. Wie Sie den Neuanfang gut überstehen und sich bei Konflikten am besten verhalten, lesen Sie jetzt.

Geschafft!

Auf Arbeitgeberseite hat man sich unter den vielen Kandidaten für Sie entschieden. Und auch Sie haben eine Entscheidung getroffen: Der angebotene Arbeitsplatz, die Aufgaben und die Rahmenbedingungen sagen Ihnen zu. Sie sind bereit, Ihr jetziges Engagement aufzugeben, und haben den neuen Arbeitsvertrag unterschrieben.

Nicht untypisch ist der 1. Oktober oder April als Ihr Eintrittstermin. Dem ist auf Arbeitgeber- wie -nehmerseite einiges vorausgegangen. Auf beiden Seiten ging diesem Auswahl- und Entscheidungsprozess ein nicht zu unterschätzender Kosten- und Zeitaufwand voran (vor Einstellung entstehen Kosten in Höhe von 50 bis 100 Prozent des Jahreseinkommens des zu besetzenden Arbeitsplatzes).

Beim für den Arbeitgeber mit erheblichem finanziellen und personellen Aufwand verbundenen Suchen, Auswählen und Entscheiden ist es umso erstaunlicher, was dann in der Regel folgt. Der neue Mitarbeiter, für den so viel Zeit und Geld bereits investiert wurden, wird in den ersten Wochen und Monaten kaum oder nur mangelhaft betreut und eingearbeitet. Die meisten Unternehmen haben kein dafür speziell entwickeltes Programm. Während man auf Arbeitgeberseite bereit ist, Zeit, Mühe und damit verbunden auch hohe finanzielle Kosten für die Auswahl angeblich bestgeeigneter Mitarbeiter zu investieren, ist nach der Unterschriftenleistung im Arbeitsvertrag das Investitionsinteresse erlahmt.

Natürlich gibt es eine Probezeit, drei Monate bis ein halbes Jahr, aber durch den formalen Aspekt, dass man sich ja relativ leicht voneinander trennen kann, wird das Augenmerk auf die neue konstruktive Zusammenarbeit generell eher vernachlässigt.

In jedem Fall steht das, was nach der Unterschriftenleistung und mit Arbeitsbeginn für den neuen Mitarbeiter und dessen Integration in das Unternehmen getan wird, in keinem Verhältnis zu dem vorher betriebenen Aufwand.

Es liegt auf der Hand, dass gerade in dieser sensiblen Prägephase des Neubeginns, des Einstiegs in einen neuen Arbeitsplatz und dessen Aufgaben wichtige Weichen gestellt werden. Da gibt es wechselseitige Erwartungen, aber auffallend wenig Struktur, Rahmen oder Rituale, sich offen darüber auszutauschen. Natürlich macht es einen Unterschied, ob es sich um ein sehr großes Unternehmen handelt, in dem Sie als neuer Mitarbeiter, Kollege, Auszubildender oder Vorgesetzter anfangen, oder eher um einen kleineren Betrieb. Ebenso spielt der Bereich, in den Sie einsteigen – ob Vertrieb, Produktion, Verwaltung oder Forschung –, eine nicht zu unterschätzende Rolle.

In jedem Fall stehen Sie als Einsteiger vor der Aufgabe, herauszufinden, wie was an Ihrem neuen Arbeitsplatz funktioniert. Während man vielleicht bei größeren Unternehmen – auch im öffentlichen Dienst – mit etwas mehr Geduld gegenüber dem Neueinsteiger in der Einarbeitungszeit rechnen kann, sind gerade kleinere Unternehmen, die vielleicht in ihrer Personalplanung etwas kurzfristiger handeln, darauf bedacht, dass der Neue möglichst schnell profitabel arbeitet.

Ob als Berufseinsteiger oder Wechsler, Sie haben bestimmt eine ganze Menge Hoffnungen im Zusammenhang mit der neuen Aufgabe und Position. Dazu kommt das schöne Gefühl, von vielen Bewerbern für diesen Arbeitsplatz derjenige zu sein, der es geschafft hat.

Praxisschock

Als Neueinsteiger droht Ihnen vielleicht der erste (Berufs-)Praxisschock, weil alles doch ein weniger anders ist, als Sie sich das so vorgestellt haben. Aber auch wenn Sie schon länger im Berufsleben stehen, kann der Wechsel von einem Arbeitsplatz zum anderen eine kritische Lebensereignis-Situation mit einer Reihe potenzieller Fußangeln sein. Damit aus Ihrem neuen Traumjob kein Albtraum wird, müssen Sie eine Menge von Anpassungsleistungen erbringen. Ein Vorgeschmack darauf war bereits der Initiationsritus Bewerbung, den Sie ohne eine gute Begabung für Anpassungsübungen wohl nicht so erfolgreich überstanden hätten. Während Sie an Ihrem alten Arbeitsplatz wussten, nach welchen Gesetzen der Laden läuft, die offiziellen, aber auch inoffiziellen Wege, Möglichkeiten und Chancen kannten, befinden Sie sich nun bei Ihrem neuen Arbeitsplatz erneut in einer Anfängersituation.

Sie sind zunächst einmal ein Lernender. Vieles von dem, was Sie an Wissen mitbringen, erweist sich möglicherweise als hilfreich, aber längst nicht alles funktioniert so, wie Sie es gewohnt waren oder erfolgreich praktizieren konnten.

Was Ihnen jetzt weiterhilft, sind zunächst einmal die akribischen Beobachtungen von Arbeitsabläufen und interpersonellen Strukturen sowie die richtigen Schlussfolgerungen daraus. Suchen Sie sich Ansprechpartner, die Sie unterstützen und die Sie hemmungslos ausfragen können. Vermeiden Sie es, Kollegen, Mitarbeiter und Vorgesetzte dadurch schnell zu Gegnern werden zu lassen, dass Sie alles ganz anders und natürlich viel besser machen wollen.

Als neuer Mitarbeiter an Ihrem neuen Arbeitsplatz sind Sie in diesem Stadium auf Informationen aller Art dringend angewiesen. Ob es sich bei dem Versuch, die Eingliederungsphase so effizient wie möglich zu gestalten, und dem dafür notwendigen Know-how um Bring- oder Holschulden handelt, ist sekundär.

Natürlich hat die Unternehmensleitung die Aufgabe, dafür zu sorgen, dass Sie umfassend über alle für Ihre Eingliederung wichtigen Details informiert werden. Darüber hinaus sind aber auch andere Informationsquellen wie Kollegen oder Mitarbeiter wichtig für Sie und zudem als Kooperationspartner von nicht zu unterschätzendem Wert.

Aktiv sein

In jedem Fall ist es jetzt Ihre Aufgabe, auf andere zuzugehen, Fragen zu stellen und sich aktiv darum zu bemühen, alle wichtigen Informationen zu bekommen. Dies schließt natürlich auch ein, dass Sie bereit sind, Ihrerseits den anderen Informationen über sich und Ihre eigene Arbeit zur Verfügung zu stellen.

Übrigens: Wenn es mittags in die Kantine geht, fragen Sie einen netten Kollegen, ob Sie mitkommen können. Bleiben Sie aber bescheiden im Hintergrund, hören Sie den anderen aufmerksam zu und bekunden Sie freundliches Interesse. So sammeln Sie weiter Pluspunkte, weil die anderen sehen: Sie interessieren sich für das, was sie zu sagen haben. Ihr Verhalten auch bei Tisch wird fein säuberlich registriert und trägt zu dem Bild bei, das man sich von Ihnen macht.

Die beiden Unterschriften, die Ihres zukünftigen Arbeitgebers und die Ihrige, unter dem neuen Arbeitsvertrag sind also keinesfalls der krönende Abschluss Ihres Bewerbungsverfahrens. Das Sich-Bewerben geht weiter. Da müssen etwa langjährige Mitarbeiter umworben werden, hätten sie doch vielleicht lieber einen ihrer Kollegen aus dem Haus auf dem von Ihnen jetzt eingenommenen Platz gesehen. Oder – noch viel schwieriger – wären selbst gerne in diese Position aufgestiegen.

Extratipp für Azubis/Berufseinsteiger

Nach all den Bewerbungsmühen, die Sie auf sich genommen haben, noch immer ein bisschen schwebend auf Wolke sieben, den Uni- oder Schulabschluss in der Tasche, und endlich ... haben Sie ihn nun, Ihren Traumjob. Aus der Traum? Die erste Woche oder der erste Monat an Ihrem neuen Arbeitsplatz kann sehr ernüchternd wirken. Der Berufseinstieg wird von Psychoexperten gern mit dem Terminus »Praxisschock« charakterisiert. Und in der Tat: Damit aus dem Traumjob kein Albtraum wird, muss weiter so manches an Anpassungsleistung von Ihnen erbracht werden. Wieder sind Sie Lernender, vieles an der Uni oder in der Schule Einstudierte erweist sich im Berufsalltag als wenig hilfreich. Jetzt müssen Sie, und das fällt gerade Hochschulabsolventen nicht ganz leicht, mit der Zumutung fertig werden, sich nach dem Uniabschluss quasi in den Niederungen des Anfängerstatus wieder zurechtzufinden. Aufkommende Frustrationsgefühle sind keine Seltenheit, aber es besteht kein Grund, ihnen nachzugeben. Viele Berufsanfänger sind speziell in den ersten Tagen am Arbeitsplatz verunsichert. Wie verhalte ich mich? Ist es peinlich, wenn ich nicht gleich kapiere, wie ich etwas machen soll?

Machen Sie als Neue(r) nicht den Fehler, sich in einer Ecke zu verkriechen. Eine wesentliche Regel lautet: »Sie zuerst.« Wenn Sie neu in ein Team kommen, ist es an Ihnen, zuerst auf die anderen zuzugehen, jene zuerst anzulächeln usw.

Es ist schon richtig, sich nicht um jeden Preis in den Vordergrund zu drängen. Aber Sie sind ja dort, um etwas zu lernen. Und das gelingt Ihnen nicht, wenn Sie darauf warten, dass andere auf Sie zukommen. Bieten Sie Ihre Mitarbeit an, fragen Sie, ob Sie helfen können.

Haben Sie am Arbeitsplatz Verbesserungsvorschläge, müssen Sie damit nicht hinterm Berg halten. Andererseits sollten Sie diese den anderen nicht gleich zu Beginn um die Ohren hauen. Sonst haben Sie schnell den Stempel »Besserwisser« weg. Und Sie wissen ja: Einen ersten Eindruck zu revidieren ist sehr schwierig.

Die Phasen des Neuanfangs

Die Eingliederung neuer Mitarbeiterinnen und Mitarbeiter in ein Unternehmen lässt sich in drei aufeinanderfolgende Phasen einteilen:

Nach der Phase der Vorbereitung (Bewerbung, Auswahlverfahren, Wünsche und Hoffnungen) folgt mit dem Eintritt in das Unternehmen die Phase der Orientierung. Hier geht es hauptsächlich um die wechselseitigen Erwartungen, also die des neuen Mitarbeiters an die Organisation und umgekehrt. Dass dies häufig als Realitätsschock oder milder als Überraschung erlebt wird, ist bedauerlicherweise nicht außergewöhnlich. Entsprechend sind Enttäuschungen und die Auseinandersetzung mit ersten Konflikten vorprogrammiert.

In der dritten Phase geht es um den Versuch der Bewältigung von Widersprüchen zwischen Erwartungen und der Realität, aber auch der bewussten Integration oder Anpassung an die vorhandene Organisation. Nun kommt es vor allem darauf an, sich Verhaltensweisen anzueignen und die zugedachte Rolle aufzunehmen, um nunmehr als vollwertiges Mitglied des Teams seinen Teil zu den Ergebnissen oder Zielen beitragen zu können.

Angstgefühle

Es liegt auf der Hand: Die erste Zeit an einem neuen Arbeitsplatz ist im Wesentlichen durch Unsicherheit, teilweise sogar auch durch Angstgefühle und das Erleben von Stress gekennzeichnet. In dieser durch wechselseitige Unsicherheit geprägten Phase kommt es auf beiden Seiten zu Einstellungen und Verhaltensweisen, die sich im unglücklichen Falle für den Fortbestand des Arbeitsverhältnisses und ein entsprechendes Engagement von Arbeitnehmerseite negativ auswirken können.

Ungelöste Konflikte in der Einarbeitungszeit führen nicht selten zu Kündigungsfantasien oder auch zu vorzeitigem Ausscheiden aus dem Unternehmen. Dass dies mit erheblichen Kosten für beide Seiten verbunden ist, dürfte klar sein. Umso mehr ist die Forderung berechtigt, gerade die Einarbeitungszeit vonseiten des Arbeitgebers aktiv erfolgreich mitzugestalten. Hier muss der nicht einfachen Sozialisation und Eingliederung des neuen Mitarbeiters viel mehr Aufmerksamkeit gewidmet werden, als dies bisher geschieht.

Sie als neuer Mitarbeiter können dazu beitragen, indem Sie über Ihre Schwierigkeiten offen kommunizieren.

Extratipp für Führungskräfte

Als Neue(r) werden Sie jetzt in der Anfangsphase von Ihren unmittelbaren Vorgesetzten und den für diese Personalentscheidung zuständigen Verantwortungsträgern beäugt, um zu sehen, ob die Wahl des Kandidaten die richtige gewesen ist. Dieser Prüfungsvorgang ist immer von zwei Aspekten gekennzeichnet: Die einen hoffen, dass sich ihre positive Prognose bewahrheitet, nur Sie seien der richtige Kandidat, die anderen suchen nach Bestätigung ihrer negativen Vorahnung, sie hätten doch gleich gewusst, dass man sich besser nicht für Sie, sondern für jemand anderes entschieden hätte.

Jetzt helfen Ihnen Gespräche und vor allem die Fähigkeit, sorgfältig zuzuhören. Versuchen Sie um Gottes willen nicht, sich als der dynamische Erneuerer zu profilieren, bevor Sie Ihre Vorgesetzten, Kollegen und Mitarbeiter genauer kennengelernt und die Spielregeln des neuen Unternehmens begriffen haben.

Dieser Tipp ist ganz wichtig, das kann auch der Hamburger Unternehmensberater Peter Fischer bestätigen: »Viele Führungswechsel scheitern, weil der neue Chef in der fremden Umgebung nicht klarkommt, die Chemie nicht stimmt und er dem Druck der – ihm oft unbekannten – Erwartungen nicht standhalten kann.« Fragen an die Umgebung bieten die beste Möglichkeit zur Orientierung: »Was sind die Probleme in der Abteilung und wie sollte man sie Ihrer Meinung nach lösen? Gibt es bestimmte Erwartungen, die Sie an mich haben?« Nehmen Sie sich also genügend Zeit für intensive Gespräche. Fragen Sie präzise nach dem, was man von Ihnen erwartet. Hören Sie heraus, was man Ihnen dabei auch an indirekten Botschaften vermittelt. Investieren Sie Zeit, um die Qualitäten, aber auch Fehler Ihres Vorgängers (sofern es einen gab) kennenzulernen.

Prüfen Sie die Vorschläge und Wünsche Ihrer Mitarbeiter genau. Diese kennen sich in dem für Sie neuen Unternehmen besser aus und können Ihnen wertvolle Informationen für eine erfolgreiche Einarbeitung geben. Besprechen Sie die zukünftige Kooperation mit den Kollegen anderer Abteilungen. Verhalten Sie sich dabei anfangs besonders bescheiden und zurückhaltend, denn nichts macht neue Kollegen unbeliebter als deren oft übertriebene Arbeitswut, kombiniert mit dem Drang, alles auf den Kopf zu stellen. Wichtigstes Verhalten ist und bleibt die Bereitschaft und die Fähigkeit des Zuhörens.

Denken Sie daran, die internen Mitbewerber einzubeziehen, die vielleicht auch gern auf Ihrem Stuhl gesessen hätten. Sonst haben Sie von Anfang an knallharte Konkurrenz im eigenen Haus, die Ihnen das Leben – nicht zuletzt wegen Ihres Wissensvorsprungs – sehr schwer machen kann.

Wenn's am Arbeitsplatz kracht

Das Arbeitsleben ist durch höchst unterschiedliche Interessen Einzelner und ganzer Gruppen geprägt. Wo aber der eine – ob Mitarbeiter, Kunde oder Chef – sein Ziel nur auf Kosten des anderen glaubt erreichen zu können, wo Werthaltungen, Interessenschwerpunkte oder konkretes Verhalten in direktem Widerspruch zueinander stehen, entsteht der (Zünd-)Stoff, aus dem Konflikte sind.

Wer kennt sie nicht: Konflikte, Auseinandersetzungen, Machtmissbrauch, Streitereien, Rivalität, Neid, Missgunst und Intrigen, Mobbing. Warum sollte das menschliche Grundthema Aggression ausgerechnet unser Arbeitsleben aussparen?

Konflikte sind normal

Wo immer Menschen zusammenarbeiten, treten Unterschiede und Widersprüche in ihren Zielvorstellungen, Werthaltungen, Interessen und in ihrem Verhalten auf. Banal, aber wahr: Menschen unterscheiden sich in ihrem Fühlen, Denken und Handeln und differieren in ihrer Persönlichkeitsstruktur – Hintergrund für jede Menge Konfliktpotenzial.

Was also tun, wenn etwa ein Kollege Gerüchte über Sie verbreitet? Sprechen Sie am besten den Urheber an und fragen Sie ihn, warum er das tut. Überlegen Sie vorher auch für sich selbst, ob Sie ihn irgendwie verärgert haben könnten, dass er so reagiert. Und fordern Sie ihn eindringlich auf, damit aufzuhören.

Konflikte werden häufig – vor allem im Anfangsstadium – nicht offen ausgetragen. Sie kündigen sich jedoch durch Symptome an. Dies ist vergleichbar mit einer Krankheit, deren Diagnose durch das Erkennen und das richtige Deuten der Symptome bereits im Frühstadium eine adäquate und damit aussichtsreichere Behandlung ermöglicht. Die Chancen zur Klärung und Lösung sind beim rechtzeitigen Erkennen deutlich verbessert. Warten Sie also nicht, bis der Konflikt eskaliert. Wichtig ist, dass Sie – auch wenn's schwerfällt – versuchen, die Situation möglichst nüchtern und ehrlich zu analysieren. Haben Sie wirklich nichts zu dem Konflikt beigetragen, sind Sie wirklich nur das Opfer?

Reflexion

Noch einmal grundsätzlich: Wenn der Konfliktfall da ist und Spannungen zu spüren sind, sollten Sie zunächst einmal reflektieren: Was bedrückt Sie? Sie spüren, dass sich die Beziehung zu einer oder mehreren Personen in Ihrem Arbeitsumfeld verschlechtert. Denken Sie noch einmal in Ruhe über dieses Gefühl nach – ehe es überhand nimmt. Sind Sie sich der Beurteilung dieser Situation sicher und können Sie die Quelle der Spannungen klar benennen? Liegt es wirklich an der anderen Person, oder sind möglicherweise Sie gestresst? Erleben und werten Sie Äußerungen oder Handlungen einer anderen Person empfindlicher und bedeutungsvoller, als sie eigentlich gemeint sind? Wenn Sie sicher sind, dass es sich um ein echtes Problem handelt, kommen Sie mit folgenden Fragen weiter:

- Wer hat ein Interesse, Sie anzugreifen?
- Worin könnten die Ursachen und Motive liegen?
- Worauf legt es der Kollege/legen es die Kollegen an?
- Wie ist seine/ihre Position?
- Wen könnten Sie zu Ihrem Verbündeten machen?
- Was können und wollen Sie zur Konfliktlösung beitragen?

Nach dieser ersten Überprüfung Ihres eigenen Standpunktes und der gesamten Situation sollten Sie sich überlegen, ob Sie das Problem zum jetzigen Zeitpunkt bereits ansprechen wollen oder ob es Ihnen günstiger erscheint, die Situation zunächst weiter zu beobachten. Vielleicht handelt es sich ja auf der Gegenseite nur um eine kurze, vorübergehende Schlechtwetterlage oder um ein persönliches Tief, das Sie nicht auf sich beziehen sollten.

Wenn Sie sich bezüglich der Einschätzung einer beginnenden Problemsituation unsicher sind, kann ein Gespräch mit gründlich ausgewählten Personen aus Ihrer (Arbeits-)Umgebung sinnvoll sein. Ziel dabei ist es, deren Beurteilung und Einschätzung kennenzulernen und mit der eigenen Sichtweise abwägend zu vergleichen.

Wenn Sie dann aktiv werden und mit dem betreffenden Kollegen, mit dem Sie den Konflikt haben, gesprochen und hoffentlich eine Vereinbarung getroffen haben, gilt es, deren Umsetzung abzuwarten.

Was tun Sie, wenn sich der Erfolg nicht einstellt?

Gespräch suchen

Auch wenn's schwerfällt und Sie eine große Wut im Bauch haben, sollten Sie dem Kollegen erneut das Gespräch anbieten. Wem ist damit gedient, den Konflikt eskalieren zu lassen? Sie sollten zudem über erste Konsequenzen nachdenken und diese ankündigen, falls auch nach diesem Gespräch keine Besserung einkehrt.

Wenn sich trotz aller Gesprächsversuche der Erfolg nicht einstellt, müssen Sie die Situation neu analysieren. Worum geht es wirklich? Was ist der wahre Hintergrund dieser Auseinandersetzung? Mit was für einem Gegenüber haben Sie es zu tun? Versuchen Sie einmal weitgehend vorbehaltlos, sich in dessen Rolle hineinzuversetzen. Was kann Motivation, was Ziel sein? Auf jeden Fall dürfen Sie nicht resignieren und sich zurückziehen. Sie brauchen jetzt Unterstützung. Überlegen Sie, wer Ihnen helfen könnte. Das kann ein älterer, erfahrener Kollege sein, dem Sie vertrauen. Sie können letztlich auch beim Personal- oder Betriebsrat um Hilfe bitten. Vor allem sollten Sie sich nicht verkriechen und aus lauter Frustration nur noch Dienst nach Vorschrift machen. Infolgedessen kann es dann zu wirklichen Problemen und zu einer Eskalation kommen, die nur noch schwer in den Griff zu bekommen ist. Stellen Sie sich den Auseinandersetzungen möglichst mit sachlichen Argumenten und der nötigen inneren Ruhe.

Auf den Punkt gebracht

Manchmal erinnert der erste Arbeitstag an einen Gang aufs unsichere Eis. Fast jeder, der eine neue Stelle antritt, weiß nicht wirklich, was ihn erwartet. Ist die Aufgabe wirklich so, wie sie im Vorstellungsgespräch dargestellt wurde? Auch Arbeitgeber zeigen im Auswahlgespräch nun mal nur ihre Schokoladenseite. Und wie wird die Zusammenarbeit mit den Kollegen sein?

Fehlen dem Neuen wichtige Informationen oder die Unterstützung der Kollegen, um die übertragenen Aufgaben erledigen zu können, fühlt er sich bald wie mit Schonern unter den Schlittschuhen aufs Eis geschickt. Leider mit dem Unterschied, dass er oftmals nicht weiß, wo die Fehlerursache ist. Das traurige Ende ist, dass er das Handtuch wirft oder nach der Probezeit nicht übernommen wird.

Die Eingliederung neuer Mitarbeiter in ein Unternehmen lässt sich in drei aufeinanderfolgende Phasen einteilen: Nach der Phase der Vorbereitung (Bewerbung, Auswahlverfahren, Wünsche und Hoffnungen) folgt mit dem Eintritt in das Unternehmen die Phase der Orientierung. Hier geht es hauptsächlich um die wechselseitigen Erwartungen, also die des neuen Mitarbeiters an die Organisation und umgekehrt. Dass dies häufig als Realitätsschock – oder milder: als Überraschung – erlebt wird, ist nicht außergewöhnlich. Entsprechend sind Enttäuschungen und die Auseinandersetzung mit ersten Konflikten vorprogrammiert.

In der dritten Phase geht es um den Versuch der Bewältigung von Widersprüchen zwischen Erwartungen und der Realität, aber auch der bewussten Integration bzw. Anpassung an die vorhandene Organisation. Dabei kommt es vor allem auf das Aneignen von Verhaltensweisen an, das Aufnehmen der zugedachten Rolle, um nunmehr als vollwertiges Mitglied der Arbeitsgemeinschaft seinen Teil zum Ergebnis oder Ziel beitragen zu können.

Jeder Neubeginn ist eine sensible Prägephase, in der wichtige Weichen gestellt werden. Für Sie als Einsteiger gilt es jetzt, herauszufinden, was Ihr neuer Arbeitsplatz von Ihnen fordert. Zunächst ist es vor allem wichtig, akribisch die Arbeitsabläufe und interpersonellen Strukturen zu beobachten und sich darüber hinaus Unterstützer zu suchen. Gehen Sie auf andere zu, stellen Sie Fragen. Vermeiden Sie besserwisserisch wirkendes Verhalten. Treten Konflikte auf, ist es gut, sie möglichst früh anzusprechen. Wenn keine Besserung eintritt, können Sie sich bei einem erfahrenen Kollegen oder auch beim Betriebsrat Hilfe holen. Und: Lassen Sie sich nicht aus der Ruhe bringen. Konflikte gehören leider zum Berufsalltag.

Resümee

»Was ist der langen Rede kurzer Sinn?«
Friedrich von Schiller

Begreifen Sie sich als Unternehmer (insbesondere als Problemlösungsexperte) und Ihren Gegenüber (den Arbeitsplatzanbieter) als Ihren wichtigsten Kunden. Diese Denkweise wird Ihr Handeln im Such- und Bewerbungsprozess deutlich erfolgreicher werden lassen. Setzen Sie vor allem auf Sympathie und Vertrauensbildung, dann wird Ihr »Kunde« Ihnen schon die Problemlösung zutrauen. Investieren Sie Zeit und Muße in Ihre Bewerbungsunterlagen, und bereiten Sie sich auf das Vorstellungsgespräch angemessen vor. Ihre Kompetenz, Leistungsmotivation und Persönlichkeit sind die entscheidenden Weichensteller, im schriftlichen wie im mündlichen Bewerbungsprozess.

Die 50 wichtigsten Merksätze für die Bewerbung

Um Ihnen die Erinnerung an die entscheidendsten Regeln zu vereinfachen, haben wir die 50 wichtigsten Merksätze zur Bewerbung für Sie zusammengestellt:

1. Arbeitsplatzsuche und Bewerbungen sind Schwerstarbeit.
2. Lernen Sie, unternehmerisch zu denken, und betreiben Sie Marketing in eigener Sache.
3. Die innere Vorbereitung – die Einstellung zur Einstellung – ist ein entscheidender Faktor.
4. Nehmen Sie sich ausreichend Zeit für die Vorbereitung.
5. Es ist nicht leicht, aber sehr wichtig, vorab herauszufinden, wer man ist, was man kann, was man will und was möglich ist.
6. Nehmen Sie die Unterstützung durch andere an.
7. Bauen Sie systematisch ein Beziehungsnetz auf, pflegen und nutzen Sie diese Kontakte.
8. Sie müssen wissen, was Sie in Ihren Bewerbungsunterlagen über sich und Ihr Anliegen vermitteln wollen.
9. Recherchieren geht vor Probieren. Wer mehr über den Adressaten seiner Bewerbung weiß, ist eindeutig im Vorteil.
10. Das Internet ist ein hervorragendes Rechercheinstrument. Es bietet Ihnen neben wertvollen Informationen über potenzielle Arbeitgeber, Arbeitsmärkte und Stellenangebote auch den Einstieg in soziale Netzwerke. Im Einzelnen können Sie das Netz für folgende Zwecke nutzen:
    - Die Suche nach Stellenangeboten in Zeitungen
    - Die Suche nach Stellenangeboten auf den Firmenhomepages
    - Die Suche auf virtuellen Arbeitsmärkten
    - Das Stellengesuch
    - Die elektronische Kontaktaufnahme
    - Social Networking: Die Suche nach Kontakten im Netz
11. Form- und Inhaltsfehler in den schriftlich und elektronisch erstellten Bewerbungsunterlagen sind meistens der Grund, weshalb Bewerber nicht zum Vorstellungsgespräch eingeladen werden, nicht etwa deren mangelnde Eignung. Ganz besonders in diesen Zeiten kommt es auf die Verpackung und auf die gelungene Präsentation an. In der Kürze liegt die Würze.
12. Verwenden Sie für Bewerbungsanschreiben und Lebenslauf gutes weißes oder dezent getöntes, nicht liniertes DIN-A4-Papier, das Sie nur einseitig beschreiben.
13. Benutzen Sie – wenn nicht ausdrücklich etwas Handschriftliches verlangt wird – einen PC mit gutem (Laser- oder Tintenstrahl-)Drucker.

14. Für Ihre Unterschrift (kein Autogramm und keine Rezeptblock-Arzt-Unterschrift) empfehlen wir konservatives Königsblau aus einem Füllfederhalter oder Tintenschreiber. Rot, Grün oder Schwarz kommen nicht gut an.
15. Für Ihre Schreiben gilt: nicht radieren, verbessern, durchstreichen oder mit Tipp-Ex korrigieren, sondern im Falle eines Fehlers neu schreiben.
16. Rechtschreibung und Zeichensetzung müssen korrekt sein – ob alt oder neu.
17. Achten Sie auf eine übersichtliche, klare Gliederung (Absätze).
18. Wichtig sind eine gute Platzeinteilung und angemessene Ränder (ca. 4 cm links, ca. 3 cm rechts).
19. Flecken, Eselsohren, zerknülltes Papier fallen extrem negativ auf, aber die Dokumente in einzelne Klarsichtfolien einzuschweißen ist auch keine Lösung. Niemals alle Unterlagen in eine Hülle zwängen, aus der sie der Personalchef dann wieder mühsam hervorzerren kann.
20. Das Anschreiben nur lose oben auf die Bewerbungsmappe legen. Für die Mappe gibt es schöne, moderne Präsentationssysteme. Thermoschnell- oder Spiralbindesysteme zusammen mit Klarsichtfolien- und Kartondeckel stellen eine solche Alternative dar. Ähnliche Effekte erzielt man mit preiswerten Klemmschienen.
21. Ein gutes Foto ist Ihr Sympathieträger. Es sagt mehr als tausend Worte.
22. Auch die Anlagen sind mit größter Sorgfalt auszuwählen.
23. Machen Sie unbedingt Fotokopien von allen Unterlagen, die Sie verschicken, damit Sie nach 6 oder gar 10 Wochen noch wissen, wer was von Ihnen weiß oder auf dem Tisch hat.
24. Verwenden Sie für die postalische Zusendung aller Unterlagen einen stabilen, rückenkartonierten DIN-A4-Umschlag.
25. Achten Sie auf die korrekte Umschlaggestaltung – keine innovativen Experimente bei Adresse, Absender, Briefmarkenpositionierung (bloß keine Aufkleber). Professionell wirken maschinengeschriebene Adressen- und Absenderetiketten (oder eigener Stempel).
26. Versandart: ganz normal, nur in Ausnahmefällen Express, auf keinen Fall jedoch per Einschreiben-Rückschein oder Wertbrief senden (= Zwangscharakter).
27. Wichtig: die richtige Frankierung.
28. Der Einsatz des Telefons kann in der Bewerbungssituation sehr hilfreich sein.
29. Bereiten Sie das Telefonat gut vor, machen Sie sich Notizen.
30. Seien Sie am Telefon präzise, vermeiden Sie allzu leere Floskeln und kommen Sie schnell zur Sache.
31. Achten Sie auf den Klang Ihrer Stimme. Klingen Sie fröhlich, freundlich, selbstbewusst, pessimistisch, aggressiv oder unsicher?

32. Auch beim Telefonieren gilt: Übung macht den Meister. Learning by Doing ist eine gute Methode. Starten Sie Ihre Telefonaktion also nicht gerade bei dem Unternehmen, für das Sie am liebsten arbeiten würden.
33. Die Bewerbung im Netz wird mehr und mehr zur Selbstverständlichkeit. Auch hier gibt es zahlreiche Möglichkeiten, die Sie – individuell abgestimmt auf das jeweilige Unternehmen und mit ebenso großer Sorgfalt wie bei der klassischen schriftlichen Bewerbung – für Ihren Bewerbungsprozess nutzen können. Im Einzelnen sind das:
    - Die E-Mail-Bewerbung
    - Online-Bewerbungsformulare
    - Profile auf der Firmenhomepage
    - Online-Assessments
    - PowerPoint-Präsentation
    - Die eigene Homepage
    - Das Weblog
    - Das Bewerbervideo
34. Machen Sie sich mit den technischen Voraussetzungen für eine Bewerbung im Netz vertraut, nutzen Sie jede Möglichkeit, sich in standardisierten Abläufen mit individuellen Aussagen und gut gemachten Unterlagen von der Masse der Mitbewerber abzuheben. Sehen Sie diese Form der Bewerbung stets nur als eine sinnvolle Ergänzung im Bewerbungsprozess und vernachlässigen Sie keinesfalls den persönlicheren Kontakt zu Ihrem potenziellen neuen Arbeitgeber.
35. Auch das überzeugend formulierte Stellengesuch kann Ihnen zu einem Arbeitsplatz verhelfen.
36. Vergessen Sie nie: Es geht um Werbung in eigener Sache, um Ihr Produkt Arbeitskraft.
37. Selbstdarstellung will geübt sein. Auch ein Schauspieler muss seine Rolle gut einstudieren, muss sich vorbereiten und üben.
38. Die Fragen des Vorstellungsgesprächs stehen vorher bereits fest. Überlegen Sie sich vorab Ihre Antworten und die Tendenz Ihrer Präsentation.
39. Bereiten Sie sich gezielt auf Ihr Gegenüber vor (Person, Institution, Aufgabe).
40. Als Bewerber sollten Sie wissen, was und wie Sie etwas sagen wollen. Insbesondere aber muss Ihnen klar sein, was Sie nicht sagen wollen – und wie Sie mit Worten schweigen.
41. Es geht im Vorstellungsgespräch primär um Ihre Persönlichkeit und damit um die Frage, wie sympathisch Sie wirken. Leistungsmotivation und Kompetenz sind auch wichtig, aber deutlich nachrangig.
42. Machen Sie sich bewusst: Sie bestimmen den Vorstellungsgesprächsverlauf weitestgehend mit.

43. Angemessene, selbstbewusste Gelassenheit und höfliche Konzentration kennzeichnen einen erfolgreichen Bewerber.
44. Das per Grundgesetz geschützte Persönlichkeitsrecht setzt dem Fragerecht des Arbeitgebers Grenzen. Wo er es überschreitet, dürfen Sie ungestraft lügen.
45. Was immer man gegen Sie einwendet, es kommt darauf an, wie Sie damit umgehen.
46. Sprechen Sie nie negativ über ehemalige Vorgesetzte, Kollegen oder Arbeitsplatzbedingungen.
47. Hier die wichtigsten zehn Bewerber-Verhaltensregeln für das »Frage- und-Antwort-Spiel« Vorstellungsgespräch:
    ▸ Hören Sie aufmerksam und konzentriert zu.
    ▸ Halten Sie angemessenen Blickkontakt.
    ▸ Beobachten Sie genau (ohne zu mustern).
    ▸ Überlegen Sie, bevor Sie antworten.
    ▸ Scheuen Sie sich nicht nachzufragen.
    ▸ Reden Sie lieber etwas weniger als zu viel.
    ▸ Lassen Sie Ihren Gesprächspartner (aus-)reden.
    ▸ Warten Sie ab, stehen Sie auch mal eine kleine Gesprächspause durch.
    ▸ Seien Sie lieber etwas zurückhaltend als zu forsch.
    ▸ Versuchen Sie, Ihre Mimik, Gestik und Körperhaltung zu beherrschen.
    ▸ Bleiben Sie immer sachlich, ruhig, geduldig und gelassen.
48. Versuchen Sie nicht, perfekt zu erscheinen. Räumen Sie auch ruhig mal ein, etwas nicht zu wissen, getan oder bedacht zu haben. Präsentieren Sie sich auf keinen Fall rechthaberisch oder kleinkariert.
49. Bereiten Sie sich gründlich auf die Gehaltsverhandlung vor. Sie sollten sich z. B. über die aktuellen Tarifgehälter und Sonderleistungen informieren.
50. Und bedenken Sie: Wir sind nicht auf der Welt, um so zu sein, wie andere uns haben wollen.

Anhang

Neben einem ausführlichen Literaturverzeichnis sind es besonders unsere Spezialbücher, die Ihnen helfen können, das eine oder andere Thema noch intensiver zu bearbeiten. Wichtigster Anhang jedoch ist unsere CD-ROM mit Video-Erklärungen, Hörsequenzen, weiteren Ausführungen, Zusammenfassungen, Checklisten und vielen überzeugenden Beispielunterlagen.

Anmerkungen

1 Ausführlicher haben wir uns zu diesem Thema in unserem Buch *Selbstbewusstsein* (2005) geäußert.

2 Patricia Linville von der Duke-Universität ließ eine Gruppe von Versuchspersonen zwei Wochen lang Tagebuch über ihr Seelenleben führen. Fazit: Je komplexer die Tagebuchschreiber ihr Selbst darstellen konnten, desto weniger Stimmungsschwankungen waren sie unterworfen. Menschen, die über ein sehr komplexes und detailliertes Selbstbild verfügen und die eigenen Widersprüche und Abgründe gut kennen, lassen sich durch Erfolgs- oder Misserfolgserlebnisse offenbar viel weniger aus der Bahn werfen als Menschen, die ein eher einfach strukturiertes Charakterbild von sich entworfen haben. Vgl. Saum-Aldehoff 2001, S. 30–33

3 Vgl. Branden 2002, S. 299

4 Vgl. André/Lelord 2002, S. 278

5 Vgl. von Münchhausen 2002 sowie von Münchhausen/Scherer 2003

6 Vgl. Becker 1994, S. 184–188

7 Bolles, Richard Nelson: *What Color Is Your Parachute?* 1997, S. 109

8 Vgl. zu David Maister in Bolles 1997

9 Unsere Darstellung des EKS-Konzeptes erfolgt in Anlehnung an: Friedrich/Seiwert 1993

10 Sternberg 1998, S. 275–294

11 Sternberg 1998, S. 283

12 Sternberg 1998, S. 289

13 Jeserich 1981, S. 33

14 Schuler 1987, S. 2

15 Zit. nach Stevens-Bartol 1990, S. 18 f.

16 *Capital* (2/92)

17 E. Stengel, zit. nach Fenichel 1981, S. 166

18 Zit. nach Stevens-Bartol 1990, S. 167

Literatur

- André, Christophe und Lelord, François: *Die Kunst der Selbstachtung.* Berlin 2002
- Becker, Kuni: *Die perfekte Frau und ihr Geheimnis.* Reinbek bei Hamburg 1994
- Branden, Nathaniel: *Die sechs Säulen des Selbstwertgefühls*, München 2002
- Bolles, Richard Nelson: *What Color Is Your Parachute? A Practical Manual for Job-Hunters & Career-Changers.* Berkeley 1997, dt. Ausgabe: Richard Nelson Bolles: *Durchstarten zum Traumjob. Das Bewerbungshandbuch für Ein-, Um- und Aufsteiger.* Aus dem Englischen von Ines Bergfort. Deutschsprachige Bearbeitung von Madeleine Leitner. Frankfurt/New York 2009
- Bolles, Richard Nelson: *The Parachute Workbook & Resource Guide.* Berkeley 1997, dt. Ausgabe: Richard Nelson Bolles: *Durchstarten zum Traumjob. Das Workbook.* Aus dem Englischen übersetzt, für die deutsche Ausgabe bearbeitet und aktualisiert von Madeleine Leitner. Frankfurt/New York 2007
- Christiani, A. und Scheelen, F. M.: *Stärken stärken*, München 2002
- Fenichel, Otto: *Aufsätze*, Band II. Olten/Freiburg 1981
- Friedrich, Kerstin und Seiwert, Lothar J.: *Das 1 x 1 der Erfolgsstrategie.* Bremen 1993
- Hossiep, R. et al.: *Persönlichkeitstests im Personalmanagement*, Göttingen 2000, S. XVII
- Jeserich, Wolfgang: *Mitarbeiter auswählen und fördern.* München/Wien 1981
- Kernberg, Otto F.: *Innere Welt und äußere Realität.* München/Wien 1988
- König, Karl: *Kleine psychoanalytische Charakterkunde.* Göttingen 1992
- Saum-Aldehoff, Thomas: »Heute so, morgen so«. In: *Psychologie Heute compact*, Wie gut kennen Sie sich? Heft 6, Wiesbaden 2001, S. 30–33
- Schuler, Heinz: »Assessment Center als Auswahl- und Erfolgsinstrument: Einleitung und Überblick«. In: Heinz Schuler/Willi Stehle: *Assessment Center als Methode der Personalentwicklung.* Stuttgart 1987
- Sternberg, Robert J.: *Erfolgsintelligenz. Warum wir mehr brauchen als EQ und IQ.* München 1998
- Stevens-Bartol, Eckehart: *Bewerbung, Einstellung, Vertragsschluss.* München 1990
- von Münchhausen, Marco: *So zähmen Sie Ihren inneren Schweinehund! Vom ärgsten Feind zum besten Freund.* Frankfurt/New York 2002
- von Münchhausen, Marco und Scherer, Hermann: *Die kleinen Saboteure. So zähmen Sie die inneren Schweinehunde im Unternehmen.* Frankfurt/New York 2003

Weiterführende Literatur zu einzelnen Bewerbungsthemen von Hesse/Schrader:

- Hesse/Schrader: *Assessment Center für Führungskräfte. Das erfolgreiche Trainingsprogramm.*
  ISBN 978-3-86668-396-9

- Hesse/Schrader: *Erfolgreich bewerben mit 45plus. Entdecken Sie Ihre Chancen – nutzen Sie Ihre Vorteile.*
  ISBN 978-3-86668-418-8

- Hesse/Schrader: *Neue Wege der Bewerbung.*
  ISBN 978-3-86668-412-6

- Hesse/Schrader: *Testtraining 2000plus Einstellungs- und Eignungstests erfolgreich bestehen.*
  Mit CD-ROM.
  ISBN 978-3-86668-394-5

- Hesse/Schrader: *Selbstbewusstsein: Woher es kommt – wie man es stärkt und erfolgreich einsetzt.*
  ISBN 978-3-86668-415-7

- Hesse/Schrader: *Testtraining plus. Das interaktive Trainingsprogramm.*
  CD-ROM.
  ISBN 978-3-86668-395-2

- Hesse/Schrader: *Training Arbeitszeugnis. Schreiben – Interpretieren – Verhandeln.*
  Mit CD-ROM.
  ISBN 978-3-86668-364-8

- Hesse/Schrader: *Training Initiativbewerbung. Auffallen – Überzeugen – Gewinnen.* Mit CD-ROM.
  ISBN 978-3-86668-365-5

- Hesse/Schrader: *Training Schriftliche Bewerbung. Anschreiben – Lebenslauf – E-Mail und Online-Bewerbung.* Mit CD-ROM.
  ISBN 978-3-86668-366-2

- Hesse/Schrader: *Training Vorstellungsgespräch. Vorbereitung – Alle Fragen und Antworten – Körpersprache und Rhetorik.*
  Mit CD-ROM.
  ISBN 978-3-86668-367-9

- Hesse/Schrader: *Was steckt wirklich in mir? Die Potenzialanalyse.*
  ISBN 978-3-86668-411-9

Was Sie noch wissen sollten

Das Autorenteam Hesse/Schrader ist seit über 25 Jahren auf dem Sektor der Bewerbungsratgeber sowie zu weiteren Themen aus der Arbeitswelt publizistisch tätig und hat im Laufe dieser Zeit mehr als 120 Bücher veröffentlicht. Viele davon liegen auch als Taschenbuchausgabe vor. Am Anfang stand die erstmalige Veröffentlichung aller gängigen sogenannten Intelligenztests und deren kritische Reflexion in dem Buch *Testtraining für Ausbildungsplatzsucher* (1985) – allein dies inzwischen mit einer Gesamtauflage von knapp einer Million Exemplare. Ebenfalls Neuland zum Bereich »Überleben in der Arbeitswelt« erschloss ihr Buch *Die Neurosen der Chefs – die seelischen Kosten der Karriere*.

Besonders interessant für die Bewerbung sind die Bücher in DIN-A4-Format, z.B. *Die perfekte Bewerbungsmappe*. Sie zeigen Musterbewerbungen im Originalformat.

Beide Autoren verfügen über eine langjährige Erfahrung als Seminarleiter bei Test- und Bewerbungstrainings. Ein besonderes Interesse gilt der gewerkschaftlichen Bildungsarbeit in Form von Anti-Mobbing- und Konfliktmanagement-Seminaren. 1992 gründeten sie in Berlin das *Büro für Berufsstrategie*, das ausschließlich Arbeitnehmer in allen erdenklichen beruflichen Fragen berät und unterstützt.

Stichwortverzeichnis

Absage 143, 235, 330, 465, 487, 531 ff.
- ▶ Antwortbrief 14
- ▶ Antworttelefonat 14

AIDA-Formel 213
Anpassungsleistung 426, 531 f., 543 f.
Arbeitgeber, Bedürfnisse der 58, 124, 461
Arbeitslosigkeit 14, 21, 31 f., 115, 136, 161, 168, 254, 286, 290 ff., 350, 495, 533
Arbeitsmarkt 17, 21 ff., 33, 36, 76, 81, 89, 98, 101, 104 ff., 114 ff., 149, 152, 163, 171, 174, 198, 296, 552
Arbeitsmarkt-Adressen 156
Arbeitsplatz 13, 18, 20 ff., 30 ff., 56 f., 62 f., 71 ff., 81, 85 ff., 98, 116 ff., 123 ff., 141, 155, 165 ff., 176, 207, 210, 217, 219, 224, 234, 285, 290 ff., 357, 369, 425, 430, 440, 444, 451, 456, 465 ff., 499 ff., 510 ff., 517 ff., 528, 536, 541 ff., 547, 550, 554
- ▶ Sorgfalt bei der Auswahl 46
- ▶ zu lange Verweildauer 293

Arbeitsplatzwechsel 69, 71 f., 217, 415, 465, 485 ff., 510
Arbeitsproben 125, 232, 328, 363, 367, 427
Arbeitssuche 13, 20 ff., 32 ff., 57, 59, 85, 120, 122
- ▶ Zielvorstellungen 85 ff.

Arbeitszeugnis 80, 135, 173 ff., 196 ff., 209 f., 229, 233, 286, 288, 349, 477
- ▶ Checkliste 184
- ▶ Geheimsprache/Interpretation 180 ff.
- ▶ Textbausteine 198 ff.

Assessment Center 19 f., 321, 351, 354, 378, 416 ff., 468
- ▶ Abschlussgespräch 437 f.
- ▶ Assessoren/Beobachter 416 ff.
- ▶ Beispiel Personalberatung 19, 419
- ▶ Gruppendiskussion 427 ff.
- ▶ Kritikgespräch 430 f.
- ▶ Postkorb-Übung 356, 417 f., 435
- ▶ Rollenspiel 423, 429 ff., 440

Auszeit, Eltern 166
Benchmarking 24
Berufliche Kompetenz 285, 370, 481, 497
Berufliche Neuorientierung 286 f., 296
Berufsausbildungszeugnis 174, 177
Bestandsaufnahme 20, 45 ff., 102
Bewerber 45plus 32, 221, 229, 474, 506
Bewerbungsalltag 375
Bewerbungsanschreiben 69 f., 142, 164, 212 ff., 216, 223, 234 f., 241, 312, 473, 477, 552
- ▶ Anrede 235, 325
- ▶ DIN-5008-Richtlinien 237
- ▶ Eröffnungen 236

Bewerbungsformular 319, 330
Bewerbungsstrategie 13, 22, 55, 297, 417
Bewerbungsunterlagen 159 f., 164, 171, 211 ff.
- ▶ Abfolge 216, 218, 295
- ▶ Anlagenverzeichnis 214, 225, 233, 246, 254
- ▶ Deckblatt 214 f., 225, 232
- ▶ Einleitungsseite 225, 233
- ▶ Inhaltsübersicht 225, 232 f.
- ▶ Präsentation 238 f.
- ▶ Verpackung 238, 246, 370, 552
- ▶ Versand 238 f., 246, 319
- ▶ Essentials 26 ff., 233, 272

Beziehungsnetz 43, 117, 119, 552
Botschaft 55 ff., 68, 72 ff., 90, 120, 135, 158, 165, 212, 224 f., 234, 307, 316, 333, 349
Chiffre 138
Chiffreanzeige 240 f.
Dienstleistungsunternehmen, eigenes 98, 105
Dritte Seite 214 f., 223 f., 246, 316, 366
E-Mail-Bewerbung 321 ff.
Eindruck, erster 482
Einschätzungsfragen 448, 451, 453, 457
- ▶ Arbeitsverhalten 447, 451
- ▶ Führungsmotivation 426, 447 f.
- ▶ Seelische Verfassung 457
- ▶ Soziale Kompetenz 447, 453

Einstellung, die richtige/innere 21, 24, 30, 44, 71, 128
Einstiegschance 167
EKS-Strategie 98 f., 128

Elternzeit, Wiedereinstieg nach 166 ff.
Empfehlung, persönliche 116
Erfolg 91 ff.
Erfolge, berufliche 112, 149
Erfolgsintelligenz 109 ff., 128 f.
Fähigkeiten 17, 22 f., 28 ff., 40, 44, 56 ff., 64 ff., 75, 120, 132, 141, 163, 165, 175, 177, 181, 185, 212, 230 f., 295, 299, 334, 354, 375, 415, 425, 461 ff., 515, 537
Familie, Vereinbarkeit von Beruf und F. 168, 170
Familienphase 166 ff., 221
Flexibilität 22, 27, 94, 212, 218, 221, 229, 291, 294 f., 299, 411, 427, 447, 451, 462
Fragen, offene 334, 492, 512
Freizeitbeschäftigungen/Hobbys 32, 34, 96, 123, 158, 217, 221, 223, 244, 288 f., 299, 316, 330, 349, 357, 415, 425, 475, 479, 492 f., 506
Gehälter 163
Gehaltsverhandlung 532, 555
Gehaltswunsch 297, 533
Gesprächspsychologie 506 ff.
Gestaltungsmotivation 447, 449
Gewissenhaftigkeit 201, 447, 452 f.
Handschriftenprobe 212, 223, 225, 229
Homepage, eigene 152, 158, 321, 362 ff., 373 f., 554
Initiativbewerbung 35, 93 f., 141, 143, 163 ff., 171, 247 f., 262, 272, 322, 324, 330 f., 353
Internet 23, 34, 92 f., 119, 131, 146, 152, 171, 318 ff.
Jobsharing 169
Karrierechancen 95
Kindererziehung 221, 286, 295, 313
Körpersignale 526
Körpersprache 425, 434, 437, 470, 512, 520, 522, 537 f.
Kommunikationsfähigkeit 93, 95, 133, 141, 425, 427
Kommunikationsziel 72 ff., 135, 158, 164, 316, 333, 351
Konflikt 39, 410, 541 ff.
Konfliktlösungspotenzial 493
Kontaktaufnahme 46, 105, 117, 132, 136 ff., 142, 145, 159 f., 272, 314, 347, 375, 482

Kontakte 14, 23, 30, 92, 103, 114 ff., 149 ff., 160, 182, 247, 297, 350, 363, 439, 459, 455, 465, 552
Krankheiten 290, 294 ff., 475 f.
Kreativität 41, 58, 82, 224, 241, 299, 326, 463, 491
Kreativitätsüberprüfung 413
Kündigung 25, 36, 179, 197, 206 f., 288, 429
Kurzbewerbung 164, 241, 246, 271, 323
Lebenslauf 216 ff.
▶ Anlagen 212, 214 f., 223 ff.
▶ Einleitungsseite 225, 233
▶ Foto 214, 220, 226 ff.
▶ Gestaltung 217 ff., 224
▶ Gliederung 218, 553
▶ Inhaltsübersicht 225, 332 f.
▶ Lücken 216 f., 285 f., 290, 294 f., 300
▶ Probleme 285, 288, 290, 295, 300
Leistungsmotivation 27, 44, 73, 103, 126 f., 164, 243, 285 ff., 315, 333, 424, 440, 446 ff., 460 ff., 484, 487 ff., 537, 551, 554
Leistungspotenzial 78
Marketing 45, 56, 98, 202, 552
Messen 115, 247, 272, 348, 490
Nachfassbrief 314, 529, 531
Neigungstest 47
Networking 91 f., 95, 103, 115 ff., 152, 160 f., 374, 552
Netzwerke 13, 117 ff., 123, 129, 160 f., 373, 552
Neuanfang, Phasen 545
Neueinsteiger 543
Onlineformular 13, 155, 317, 321, 330 ff., 339, 347, 350 ff., 366, 375
Personalfragebogen 378, 415
Persönlichkeit 22, 27, 39, 44, 56, 58 ff., 73, 75 f., 84, 103, 126, 148, 164, 217, 219, 241, 243, 286 ff., 315, 333 f., 349, 353, 363 f., 370 f., 375, 377, 424 ff., 446 ff., 458, 461 ff., 488, 491, 494 f., 512, 526, 537, 551, 554
Persönlichkeitstest 354 f., 378, 410 ff., 481, 491, 494
Praktikum 114, 142, 294
Problemlösungsfähigkeiten 106
Prüfungen 19, 38, 378, 417, 427, 531
Rechtschreibung 215, 322, 399, 553

Referenzen 212, 225, 230 f.
Referenzgeber 123, 230 f.
Satzergänzungstest 379, 410, 413 f.
Schlüsselqualifikationen 28, 167, 464
Schwachpunkte 102, 531
Selbstbewusstsein 18, 26, 36 ff., 60, 62, 65, 68, 76, 93, 229, 289, 299, 447, 457, 462, 470, 490, 492, 505, 518, 525
Selbstbild 38 f., 62 f., 68, 101, 103, 472
Selbstdarstellung 68 f., 133, 212, 215, 299, 337, 340, 344, 357, 367, 369, 375, 425, 458, 491, 554
Selbstvertrauen 22, 29, 32, 35 ff., 66, 113, 129, 286, 412, 426, 492, 525 f.
Selbstbehauptung 42, 411, 470
Selbstwirksamkeit 37, 40
Small Talk 38, 95, 97, 438, 455, 483
Stellenangebote/-anzeigen 23, 70, 92, 115 f., 131 f., 135 f., 150, 152, 154 f., 163, 173, 331, 335, 552
Stellengesuch 23, 93, 129, 133 ff., 171, 552, 554
Stellengesuch Internet 152, 156 ff.
Stressinterview 436 f., 493, 511, 518, 520 f.
Suchstrategien 21, 92 ff.
Sympathie 22, 25, 95 ff., 125 f., 142, 226, 307, 316, 367, 425, 440, 446, 459 f., 482, 523, 525, 538, 551
Teamorientierung 65, 133, 454
Teilzeitarbeit 168 ff.
Telefonieren 93, 122, 145 f., 148, 151, 306, 554
Tests 377 ff.
Tischmanieren 439
Traumjob 23, 330, 543 f.
Unterstützer 30, 101, 107, 455, 550
Unterstützung 13, 30, 37, 43 f., 107, 117, 120 f., 140, 161, 167, 204, 210, 362, 366, 368, 496, 498, 504 f., 549, 552
Vorstellungsgespräch 443 ff.
- ▶ Ablauf 445, 477 ff.
- ▶ Angstfragen 517
- ▶ Anreise 445, 471 ff., 483, 537
- ▶ Arbeitskonditionen 481, 500
- ▶ Begrüßung 481 f.
- ▶ Beruflicher Werdegang 463, 465, 485, 488 f.
- ▶ Bewerbungsmotive 481, 484
- ▶ Einschätzungsfragen 448, 451, 453, 457
- ▶ Einwänden begegnen 513, 515
- ▶ Essentials 513, 539
- ▶ Frage- und Antworttechniken 509
- ▶ Fragenrepertoire 477 ff., 538
- ▶ Gruppengespräch 507 f.
- ▶ Kleidung 445, 472 ff., 526 f., 537
- ▶ Position des Bewerbers 465
- ▶ Rhetorik 514 f.
- ▶ Unangenehme Fragen 63, 521
- ▶ Unzulässige Fragen 475 f., 511
- ▶ Verabschiedung 481, 503
- ▶ Verlauf 461, 465, 477
- ▶ Vorbereitung 445, 461, 467, 486, 488 f., 497 f., 511, 513
- ▶ (Aktives) Zuhören 499
- ▶ Zweites 532

Werbung in eigener Sache 93, 157, 164, 171, 212, 218, 234
Wiedereinstieg 140, 294, 485
Wunscharbeitgeber/-beruf 24, 30, 121 f., 142, 160
Zeitarbeit 94, 129, 156, 167
Zeugnisse 173 ff., 229, 327
Zeugnisanspruch 179
Zwischenzeugnis 174, 176 ff., 185, 198, 209 f., 349

Die »Bibel für Bewerber« Die Zeit

Hesse/Schrader
Testtraining 2000plus
E10206
608 Seiten, mit CD-ROM • Broschur
€ 22,95 (D) sFr 38,50
ISBN 978-3-86668-394-5

Testtraining 2000plus ist das bewährte Kompendium der gängigen und ganz neuen Testverfahren. Die vollständig überarbeitete und erweiterte Neuausgabe ist an die aktuellen Entwicklungen in der Testpraxis und auf dem Arbeitsmarkt angepasst:

- Intelligenztests
- Leistungs-Konzentrationstests
- Merkfähigkeitstests
- Kreativitätstests
- Berufseignungstests
- Persönlichkeitstests
- Assessment-Center-Tests

Mit über 200 Übungsaufgaben, konkreten Bearbeitungshilfen sowie Tipps und Berichten von Bewerbern. Die beiliegende CD-ROM bietet zudem 15 interaktive Tests zur optimalen Vorbereitung auf computer- und webgesteuerte Auswahlverfahren.

Können wir noch mehr für Sie tun?

Unser erfahrenes Berater- und Trainerteam bietet Ihnen professionelle Beratung zu allen beruflichen Themen und Fragestellungen an. Wir wissen, worauf es ankommt und unterstützen Mitarbeiter und Führungskräfte bei der Umsetzung ihrer beruflichen Wünsche und Ziele. Ebenso beraten wir Berufsanfänger, Wiedereinsteiger, bei Veränderungen oder Kündigungen.

Jürgen Hesse und Hans Christian Schrader

Gerne beraten wir Sie auch persönlich und telefonisch!

Wobei benötigen Sie Unterstützung?

Beratung & Coaching zu

- Karriereplanung
- Potenzialanalyse
- Coaching
- Bewerbungsstrategien
- Berufsorientierung
- Bewerbungsunterlagen
- Vorstellungsgespräche
- Assessment Center-Training
- Arbeitszeugnisse
- Outplacement & Kündigung

Seminare & Trainings zu

- Bewerbung & Karriereentwicklung
- Kommunikation & Arbeitstechniken
- Verhandeln & Verkauf
- Führung & Personal
- Umgang mit Anderen
- Gesund im Job

Sie finden auf unserer Homepage unter

www.berufsstrategie.de

viele Texte, praktische Tipps und Informationen zu Job & Beruf.

Außerdem können Sie sich dort über unsere individuellen Beratungsangebote und alle Seminartermine informieren, E-Books und Mustervorlagen downloaden oder weitere Bücher von Hesse/Schrader bestellen.

Möchten Sie regelmäßig unser Hesse/Schrader-Telegramm erhalten? Dann melden Sie sich gleich an:

www.berufsstrategie.de

Büro für Berufsstrategie Hesse/Schrader
Oranienburger Straße 4-5
10178 Berlin
Telefon 030 2888570
E-Mail info@berufsstrategie.de

Büro für Berufsstrategie
Hesse/Schrader
Die Karrieremacher.

Berlin · Frankfurt · Hamburg · München
Köln · Leipzig · Stuttgart · Wiesbaden